Access

Die verständliche Anleitung

von

Mareile Heiting, Carsten Thiele

Liebe Leserin, lieber Leser,

willkommen in der spannenden und herausfordernden Welt von Microsoft Access! Ob Sie die Software privat, für Ihren Verein, im Unternehmen oder auch im Studium nutzen möchten – Sie halten mit diesem Buch den idealen Begleiter in den Händen.

Mareile Heiting und Carsten Thiele führen Sie Schritt für Schritt und mit großer Fachkenntnis durch die Möglichkeiten von Access. Ihre Fähigkeit, komplexes Wissen verständlich zu vermitteln, wird Sie begeistern. Der Weg von den Grundlagen relationaler Datenbanken bis hin zu fortgeschrittenen Datenbank-tools wird klar und nachvollziehbar aufbereitet. Dabei wird stets betont, warum eine gute Datenstrukturierung so essenziell ist. Am Ende können Sie Ihr eigenes Projekt erfolgreich in Access umsetzen.

Besonders hervorheben möchte ich die praktischen Datenbankbeispiele, die Ihnen unter *www.rheinwerk-verlag.de/5674* zum Download bereitgestellt werden. Sie ermöglichen Ihnen, das Gelernte direkt anzuwenden und zu vertiefen.

Dieses Buch wurde mit größter Sorgfalt geschrieben und hergestellt. Sollten Sie dennoch einmal einen Fehler finden oder inhaltliche Anregungen haben, freue ich mich, wenn Sie mit mir in Kontakt treten. Für Kritik bin ich dabei ebenso offen wie für lobende Worte.

Viel Erfolg und Freude beim Entdecken und Anwenden von Microsoft Access!

Ihr Erik Lipperts
Lektorat Vierfarben
erik.lipperts@rheinwerk-verlag.de

Auf einen Blick

1 Etwas Grundlagenwissen vorab ... 11

2 Access – eine erste Übersicht ... 24

3 Ein einfaches Beispiel: die »Archiv«-Datenbank für private Zwecke ... 43

4 Tabellen anlegen – Strukturen definieren ... 89

5 Dateneingabe – die Basis erzeugen ... 166

6 Abfragen – Informationen finden und auswerten ... 211

7 Formulare – Dateneingabe und Bedienung vereinfachen ... 283

8 Steuerelemente – kleine Helfer zahlen sich aus ... 323

9 Berichte – Ergebnisse darstellen und visualisieren ... 348

10 Makros – ein Schritt weiter ... 385

11 Datenbankoptimierung und -wartung ... 400

Wir hoffen, dass Sie Freude an diesem Buch haben und sich Ihre Erwartungen erfüllen. Ihre Anregungen und Kommentare sind uns jederzeit willkommen. Bitte bewerten Sie doch das Buch auf unserer Website unter **www.rheinwerk-verlag.de/feedback**.

An diesem Buch haben viele mitgewirkt, insbesondere:

Lektorat Erik Lipperts, Felix Jüstel
Korrektorat Petra Biedermann, Reken
Herstellung Stefanie Häb
Typografie und Layout Vera Brauner
Einbandgestaltung Silke Braun
Coverbild Shutterstock: 1143836417 © Branislav Nenin
Satz III-Satz, Kiel
Druck mediaprint solutions, Paderborn

Dieses Buch wurde gesetzt aus der TheSans (10 pt/14,5 pt) in FrameMaker.

Gedruckt wurde es mit mineralölfreien Farben auf chlorfrei gebleichtem, PEFC®-zertifiziertem Offsetpapier (90 g/m²). Der Umwelt zuliebe wurde auf die Einschweißfolie verzichtet.

Hergestellt in Deutschland.

Bibliografische Information der Deutschen Nationalbibliothek:

Die Deutsche Nationalbibliothek verzeichnet diese Publikation in der Deutschen Nationalbibliografie; detaillierte bibliografische Daten sind im Internet über *http://dnb.dnb.de* abrufbar.

ISBN 978-3-8421-0955-1

1. Auflage 2024

Vierfarben ist eine Marke des Rheinwerk Verlags. Der Name Vierfarben spielt an auf den Vierfarbdruck, eine Technik zur Erstellung farbiger Bücher. Der Name steht für die Kunst, die Dinge einfach zu machen, um aus dem Einfachen das Ganze lebendig zur Anschauung zu bringen.

Informationen zu unserem Verlag und Kontaktmöglichkeiten finden Sie auf unserer Verlagswebsite **www.rheinwerk-verlag.de**. Dort können Sie sich auch umfassend über unser aktuelles Programm informieren und unsere Bücher und E-Books bestellen.

Inhalt

Materialien zum Buch 9

Kapitel 1: Etwas Grundlagenwissen vorab 11

1.1 Wozu benötigt man Access eigentlich? 11
1.2 Relationale Datenbanken einfach erklärt 13
1.3 Wichtige Empfehlung: Erst die Planung, dann die Umsetzung 16
1.4 Ein kurzer Ausblick 22

Kapitel 2: Access – eine erste Übersicht 24

2.1 Los geht es: Access starten 24
2.2 Ein erster Rundgang: Die Oberfläche von Access 28
2.3 Datenbankobjekte im Schnelldurchlauf 33
2.4 Hilfe, wenn es mal nicht weitergeht 39

Kapitel 3: Ein einfaches Beispiel: die »Archiv«-Datenbank für private Zwecke 43

3.1 Der wichtigste Schritt zu Beginn: Das Datenbankmodell entwerfen 43
3.2 Neue Datenbank erzeugen und Tabellen hinzufügen 53
3.3 Beziehungen zwischen den Tabellen erzeugen 63
3.4 Daten direkt oder per Formular eingeben 71
3.5 Daten suchen, sortieren und mithilfe von Abfragen filtern 79
3.6 Berichte erstellen und drucken 85

Kapitel 4: Tabellen anlegen – Strukturen definieren 89

4.1 Tabellen erstellen und sichern 90
4.2 Felddatentypen und ihre Besonderheiten 103

4.3 Die Dateneingabe per Feldeigenschaften beeinflussen 121
4.4 Beziehungen zwischen Tabellen 134
4.5 Mehr Tempo dank Indizes 156
4.6 Änderungen an der Tabellenstruktur vornehmen 161

Kapitel 5: Dateneingabe – die Basis erzeugen 166

5.1 Daten in Tabellen eingeben, ändern und löschen 166
5.2 Daten importieren 181
5.3 Tabellen nach Dateneingabe anpassen 201
5.4 Suchen, ersetzen, sortieren und filtern 203

Kapitel 6: Abfragen – Informationen finden und auswerten 211

6.1 Einfache Abfragen erstellen 211
6.2 Berechnungen durchführen und Funktionen nutzen 236
6.3 Komplexe Abfragen über mehrere Tabellen erstellen 248
6.4 Den Abfrage-Assistenten nutzen 264
6.5 Mithilfe von Aktionsabfragen Daten hinzufügen, ändern oder löschen 272
6.6 Und was ist die SQL-Ansicht? 279

Kapitel 7: Formulare – Dateneingabe und Bedienung vereinfachen 283

7.1 Ein einfaches Formular erstellen 283
7.2 Ein Formular in der Layoutansicht anpassen 289
7.3 Formulare in der Entwurfsansicht anpassen 298
7.4 Formulareigenschaften ändern 304
7.5 Ein Formular mit Unterformular erstellen 313

Kapitel 8: Steuerelemente – kleine Helfer zahlen sich aus ... 323

8.1 Wissenswertes rund um Steuerelemente ... 324
8.2 Bezeichnungs- und Textfelder ergänzen ... 327
8.3 Kombinations- und Listenfelder hinzufügen ... 332
8.4 Steuerelemente für Dateianlagen ... 340
8.5 Grafische Steuerelemente ... 342
8.6 Schaltflächen ergänzen ... 344

Kapitel 9: Berichte – Ergebnisse darstellen und visualisieren ... 348

9.1 Das sollten Sie über Berichte wissen ... 348
9.2 Einen einfachen Bericht erzeugen und anpassen ... 351
9.3 Einen Bericht aus einer Abfrage erzeugen ... 360
9.4 Sortieren und Gruppieren in Berichten ... 373
9.5 Berichte drucken ... 379
9.6 Etiketten erstellen ... 382

Kapitel 10: Makros – ein Schritt weiter ... 385

10.1 Eigenständige Makros erstellen ... 385
10.2 Ein eingebettetes Makro erstellen ... 393
10.3 Das ereignisgesteuerte Datenmakro ... 396

Kapitel 11: Datenbankoptimierung und -wartung ... 400

11.1 Daten exportieren ... 400
11.2 Ein Navigationsformular erstellen ... 408
11.3 Interessante Datenbanktools ... 418
11.4 Access-Optionen im Blick ... 424

Anhang

A Tastenkombinationen ... 429
B Namenskonventionen ... 433
C Glossar ... 435

Stichwortverzeichnis ... 442

Materialien zum Buch

Damit Sie die in diesem Buch beschriebenen Schritt-für-Schritt-Anleitungen besser nachvollziehen können, stehen Ihnen auf der Webseite *www.rheinwerk-verlag.de/5674* alle verwendeten Beispieldatenbanken unter **Materialien** zum Download zur Verfügung.

Nachdem Sie die Datei *0955_Materialien.zip* auf Ihren Computer heruntergeladen haben, müssen Sie die Dateien noch entpacken. Hierzu reicht im Explorer ein Doppelklick auf den Dateinamen. Wählen Sie dann im Menüband den Befehl **Alle extrahieren**. Nach einem Klick auf **Durchsuchen** legen Sie den Speicherort für die Dateien fest, den Sie dann mit **Extrahieren** bestätigen. Die Beispieldatenbanken und weitere Materialien sind nach Kapiteln sortiert, die vierstellige Versionsnummer einer Datei weist auf die Kapitel- sowie Abschnittsnummer hin (z. B. »0601« für den 1. Abschnitt in Kapitel 6).

Hinweis: Wenn Sie die Workshops selbst in Access ausprobieren und Ihre Ergebnisse mit den Abbildungen im Buch vergleichen, kann es geringe Abweichungen geben. Dies liegt daran, dass im Verlauf der Workshops die Daten immer wieder verändert werden. Mal werden Datensätze hinzugefügt, mal gelöscht. Es gibt in der Datenbank somit keinen finalen Stand.

Kapitel 1
Etwas Grundlagenwissen vorab

Microsoft Access zählt zu den beliebtesten Programmen, wenn es um das Speichern, Verwalten und Analysieren großer Datenmengen geht. Wie Microsoft Word, Excel, Outlook und PowerPoint ist auch Access Bestandteil der Office Suite *Microsoft 365*. All diese Programme weisen eine recht ähnliche Benutzeroberfläche auf, so dass man sich schnell beim Wechsel von der einen zur anderen Anwendung zurechtfindet. Während Sie mit Word sofort Ihre Briefe schreiben oder mit Excel Berechnungen durchführen können, geht es in Access nach dem Programmstart nicht ganz so einfach weiter. Denn hier muss zuerst die Struktur einer meist doch etwas komplexeren Datenbank festgelegt werden, bevor diese überhaupt mit Daten gefüllt werden kann. Wer keine Bruchlandung erleben möchte, sollte sich etwas Zeit für die Vorbereitung und Planung seiner Datenbankprojekte nehmen.

Nach ein paar interessanten Fakten rund um Access möchten wir Ihnen in diesem Kapitel wichtige Begriffe zum Thema relationale Datenbanken näherbringen und Ihnen anschließend zeigen, wie Sie die Struktur einer Datenbank entwickeln.

1.1 Wozu benötigt man Access eigentlich?

Wenn es um das reine Erfassen und Verwalten von Daten wie Adressen oder auch Produkten geht, greifen viele Anwender*innen zunächst zu einem Tabellenkalkulationsprogramm wie Excel. Die Bedienung ist einfach, die Tabelle(n) entsprechend schnell erzeugt. Doch irgendwann nimmt nicht nur die Datenmenge zu, auch die Ansprüche ändern sich. Im Falle eines Vereins sollen beispielsweise nicht mehr nur die Adressdaten der Mitglieder verwaltet werden, sondern auch unterschiedliche Mitgliedschaften, Trainingstermine, Räumlichkeiten und mehr. Das kleine Start-up-Unternehmen wiederum, das anfangs nur eine Handvoll Produkte und ebenso viele Kunden hatte, expandiert. Nun gilt es, nicht nur Produkte und Kunden unter einen Hut – sprich in einer Tabelle – unterzubringen, sondern auch mehrere Mitarbeiter und eventuell auch Lieferanten. Ein Programm wie Excel kommt dabei an seine Grenzen, und der Ruf nach einer anderen Lösung wird laut. Hier schlägt nun die Stunde von Access.

In Excel erfassen Sie die Daten in einer Tabelle (auch als Arbeitsblatt bezeichnet), die aus maximal 1.048.576 Zeilen und 16.384 Spalten bestehen kann. Eine Excel-Datei (sprich Arbeitsmappe) kann zwar mehrere Arbeitsblätter enthalten, eine Verknüpfung der Daten zwischen den Arbeitsblättern und -mappen mittels Funktionen und Formeln gestaltet sich aber meist als sehr aufwendig. In Access hingegen lassen sich Daten bequem über mehrere Tabellen hinweg verteilen, die wiederum in Beziehung zueinander gesetzt werden können. Im folgenden Abschnitt werden Sie das Prinzip dieser sogenannten *relationalen Datenbanken* näher kennenlernen. Eine Access-Datenbank kann bis zu zwei GB Speicherplatz belegen. Sollte dieser Platz nicht ausreichen, lässt sich die Datenbank in mehrere verknüpfte Datenbankdateien aufteilen.

Mithilfe von Formularen, die Sie ganz nach Ihren Wünschen gestalten können, lässt sich das Erfassen der Daten stark vereinfachen. Access stellt Ihnen außerdem eine Vielzahl an Funktionen zur Verfügung, die für eine fehler- und redundanzfreie Dateneingabe sorgen. Leistungsstarke Abfragen unterstützen Sie dabei, auch in umfangreichen Datenbanken wichtige Informationen wiederzufinden. Die Abfrageergebnisse können Sie dann z. B. als übersichtlich aufbereitete Berichte ausdrucken.

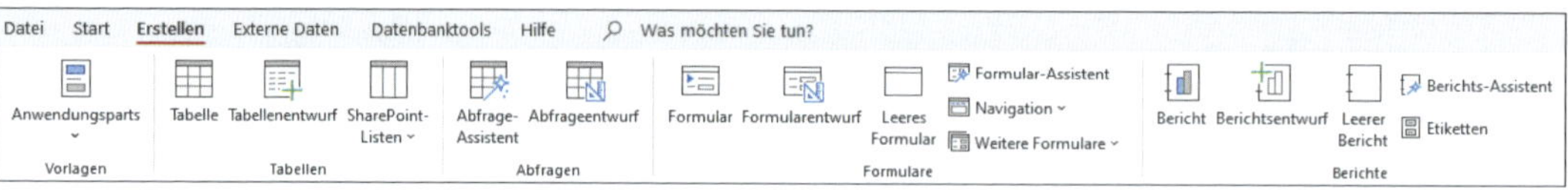

Abbildung 1.1 *Assistenten unterstützen Sie beim Erstellen von Tabellen, Abfragen, Formularen oder auch Berichten.*

Um all dies einsetzen zu können, müssen Sie keine Programmiersprache lernen. Denn nicht nur die grafische Benutzeroberfläche erleichtert das Arbeiten mit Access. Das Programm bietet außerdem zahlreiche Assistenten, die Sie Schritt für Schritt zielsicher bei vielen Aufgaben begleiten. All diese Vorteile können Sie nicht nur allein genießen: Rein theoretisch kann eine Access-Datenbank von bis zu 255 Anwender*innen zeitgleich genutzt werden. Sollten Sie diese Anzahl an Benutzer*innen tatsächlich ausreizen, müssen Sie allerdings mit Leistungseinschränkungen rechnen. In der Realität wird dieses Szenario aber wahrscheinlich recht selten auftreten.

1.2 Relationale Datenbanken einfach erklärt

Bei Microsoft Access handelt es sich um eine Software, mit der Sie eine Datenbank erstellen und verwalten können. Man spricht auch von einem *Datenbankmanagementsystem* (kurz *DBMS*). Die Datenbank selbst enthält die Daten, sprich die Informationen, die nach bestimmten Themen und Regeln strukturiert sind. Dabei kann es sich um Kundendaten, Produktinformationen, private CD-Archive und vieles mehr handeln. Um eine gute Datenbank zu erzeugen, die noch lange Ihren Anforderungen genügt, ist es wichtig, sich vorab mit ihren Strukturen zu befassen. Um diese nachvollziehen zu können, sehen Sie sich am besten den Aufbau einer Datenbank an.

Die einfachste Form einer Datenbank ist eine Einzeltabellendatenbank, die, wie der Name bereits sagt, aus einer einzelnen Tabelle besteht. Mancherorts ist hierfür auch die Bezeichnung *flache Datenbank* zu lesen. Zu einer solchen Datenbank zählt beispielsweise eine in Excel erzeugte Adressliste. Ein relationales Datenbanksystem, zu dem auch Access gehört, besteht aus mehreren Einzeltabellen, die miteinander in Beziehung stehen, sprich verknüpft werden.

Jede einzelne Tabelle besteht aus Zeilen und Spalten. Bei einer relationalen Datenbank wird eine Zeile als *Datensatz* ❶ bezeichnet und eine Tabellenspalte als *Feld* ❷. Jedes Feld enthält eine bestimmte Kategorie an Information, also etwa Namen, Vornamen oder auch die Telefonnummern der Kunden. Die kleinste Informationseinheit einer Tabelle, sprich eine einzelne Zelle, wird als *Datenfeld* ❸ bezeichnet. Mithilfe von Datentypen (z. B. Text oder Zahl) und Eigenschaften (z. B. Gültigkeitsregeln) lässt sich genau festlegen, welche Art von Daten in den einzelnen Datenfeldern erlaubt sind. Nicht jedes Datenfeld muss auch Daten enthalten. Ist eine Telefonnummer beispielsweise nicht bekannt, kann das entsprechende Datenfeld auch leer bleiben.

Kunden_ID	Name	Vorname	Straße	PLZ	Ort	Telefonnummer
23	Seeberger	Christine	Seeweg 2	80202	Fantasiedorf	0894-123456
24	Gruber	Ferdinand	Schillerstr. 81	80399	Bad Birnau	08144-545454
27	Dülling	Ernst	Am Berge 5	80336	München	
30	Asam	Selina	Danzigerweg 3	80240	Karlauer	08842-987654
31	Heinzinger	Katrin	Ahornstr. 27	80336	München	089-1099999

❶ ❷ ❸

Abbildung 1.2 *Tabelle mit Kundendaten*

Jeder Datensatz innerhalb einer Tabelle sollte eindeutig identifizierbar sein. Dies stellt ein sogenannter *Primärschlüssel* sicher. Bei einem Primärschlüsselfeld handelt es sich um ein einzelnes Datenfeld oder eine Kombination mehrerer Datenfelder, deren Wert innerhalb einer Tabelle einmalig vorkommt. Ein klassisches Beispiel für einen Primärschlüssel ist etwa eine Kundennummer, in Abbildung 1.2 als **Kunden_ID** bezeichnet.

Das Primärschlüsselfeld spielt bei der Erstellung einer Access-Datenbank eine wichtige Rolle: Wie erwähnt, können in einer relationalen Datenbank die einzelnen Tabellen in Beziehung zueinander stehen. Eine solche Beziehung wird durch die Verwendung des Primärschlüssels erreicht. Dabei wird der Primärschlüssel des Datensatzes einer Tabelle ❶ als Wert in ein Feld der verknüpften Tabelle eingefügt ❷. Das Feld in der verknüpften Tabelle wird als *Fremdschlüssel* bezeichnet. In Abbildung 1.3 sehen Sie ein einfaches Beispiel für eine Beziehung zwischen zwei Tabellen. In der Tabelle **Kunde** lässt sich jeder Datensatz anhand der **Kunden_ID** eindeutig identifizieren. Die **Kunden_ID** ist in dieser Tabelle also der Primärschlüssel. Die **Kunden_ID** taucht in der Tabelle **Bestellung** wiederum als Fremdschlüssel auf. Jede Bestellung lässt sich eindeutig durch die **Bestell_ID** identifizieren. Mithilfe des Schlüssels **Kunden_ID** lässt sich genau feststellen, welcher Kunde an welchem Tag welche Bestellung aufgegeben hat. So hat Ernst Dülling beispielsweise am 07.06.2023 eine Bestellung getätigt.

Tabelle Kunde

Kunden_ID	Name	Vorname	Straße	PLZ	Ort	Telefonnummer
23	Seeberger	Christine	Seeweg 2	80202	Fantasiedorf	0894-123456
24	Gruber	Ferdinand	Schillerstr. 81	80399	Bad Birnau	08144-545454
27	Dülling	Ernst	Am Berge 5	80336	München	
30	Asam	Selina	Danzigerweg 3	80240	Karlauer	08842-987654
31	Heinzinger	Katrin	Ahornstr. 27	80336	München	089-1099999

❶

Tabelle Bestellung

Bestell_ID	Kunden_ID	Bestelldatum
1	23	12.05.2023
2	27	07.06.2023
3	30	30.06.2023
5	23	17.07.2023
8	31	24.98.2023

❷

Abbildung 1.3 *Die Beziehung zwischen der Tabelle »Kunde« und der Tabelle »Bestellung« wird über das Schlüsselfeld »Kunden_ID« hergestellt.*

Bei Beziehungen lassen sich drei Varianten unterscheiden:

- **1:n-Beziehung**: Die »Ein-zu-viele«-Beziehung ist die am häufigsten vorkommende Beziehungsform, bei der ein Datensatz der einen Tabelle mit beliebig vielen Datensätzen der zweiten Tabelle verknüpft ist. Ein klassisches Beispiel hierfür: Ein Kunde kann viele Bestellungen aufgeben, eine Bestellung kann aber nur einem bestimmten Kunden zugeordnet werden (siehe Abbildung 1.4).
- **n:m-Beziehung**: Bei der »Viele-zu-viele«-Beziehung können viele Datensätze der einen Tabelle vielen Datensätzen der anderen Tabelle zugeordnet werden. So kann ein Produkt, etwa Äpfel, von mehreren Lieferanten angeboten werden. Ein Lieferant wiederum kann mehrere Produkte (Äpfel, Birnen, Kartoffeln etc.) vertreiben.
- **1:1-Beziehung**: In einer »Eins-zu-eins«-Beziehung wird ein Datensatz der einen Tabelle mit genau einem Datensatz der zweiten Tabelle verknüpft. Trennen Sie die Kundendaten beispielsweise in eine Tabelle mit Adressdaten und in eine mit Bankverbindungen, besteht zwischen diesen beiden Tabellen eine 1:1-Beziehung, sofern jeder Kunde nur über eine Bankverbindung verfügt. Diese Art der Beziehung ist ausgesprochen selten.

Die folgende Abbildung zeigt, wie die am häufigsten vorkommende 1:n-Beziehung in Access dargestellt wird: Eine Verbindungslinie führt vom Primärschlüssel der einen Tabelle zum Fremdschlüssel in der verknüpften Tabelle. Der Beschriftung am jeweiligen Ende der Linie, also **1** und **∞** (dem Symbol für »unendlich«), können Sie entnehmen, um welche Art von Beziehung es sich handelt. Das Beispiel zeigt die oben bereits erwähnte 1:n-Beziehung zwischen Kunde und Bestellung.

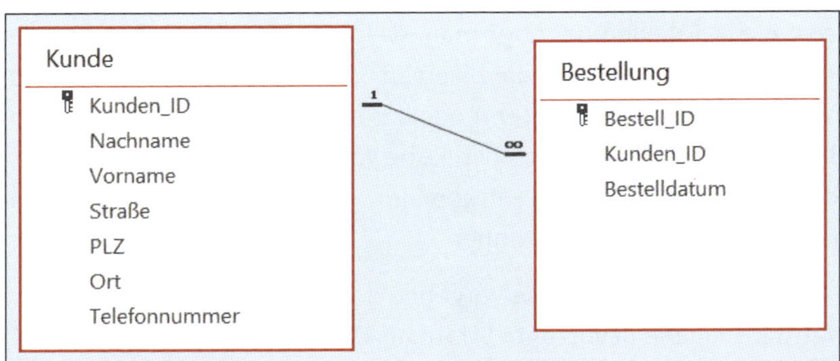

Abbildung 1.4 *Darstellung einer 1:n-Beziehung in Access*

Falls die Begriffe Sie hier noch etwas verwirren: Im Verlauf dieses Buches werden Sie zahlreiche Informationen und Tipps rund um die Wahl des passenden Primärschlüssels und das Erzeugen von Beziehungen erhalten. Doch zuvor möchten wir Ihnen zeigen, was Sie beim Entwurf einer Datenbank unbedingt berücksichtigen sollten.

1.3 Wichtige Empfehlung: Erst die Planung, dann die Umsetzung

Es wäre zu schön, wenn man gleich mit Access durchstarten und die erste Datenbank erstellen könnte. Doch im Gegensatz zu Programmen wie Word oder Excel gilt bei Access: erst die Planung, dann die Umsetzung. Denn erstellen Sie Ihre Datenbanken ohne ein Konzept (man spricht hier auch gerne von der sogenannten *Datenmodellierung*), kann das fatale Folgen haben. So gehen beim Löschen von Daten womöglich auch Informationen verloren, die man eigentlich noch dringend benötigt hätte. Veraltete oder fehlerhafte Daten können bei Abfragen und Berichten wiederum zu falschen Ergebnissen führen. Im schlimmsten Fall ist eine Datenbank damit nutzlos.

Dieses schlimme Szenario sollte aber gar nicht erst Realität werden. Denn derartige Probleme lassen sich mithilfe eines gut durchdachten Datenmodells bereits von Anfang an auf ein Minimum reduzieren, wenn nicht gar verhindern. Mit den folgenden Tipps möchten wir Sie bei diesem Prozess unterstützen.

1.3.1 Erste Phase: Datenmodellierung

Eine relationale Datenbank besteht aus Tabellen, die miteinander in Beziehung stehen. Doch welche Tabellen benötigt man, welche Felder sollte eine Tabelle enthalten, und wie verknüpft man die diversen Tabellen anschließend? Diese Fragen werden in der Phase der Datenmodellierung geklärt. Nehmen Sie sich hierfür ausreichend Zeit, und gehen Sie in Ruhe vor, denn je besser das daraus resultierende Datenmodell die Realität abbildet, desto mehr Vorteile werden Sie auch aus der Datenbank ziehen können.

Wie Sie im Einzelnen in dieser Phase vorgehen sollten, ist nicht fest vorgegeben. Jeder hat seine eigene bevorzugte Strategie. Die folgenden Schritte dienen deshalb auch lediglich der groben Orientierung. Am besten notieren Sie sich die Informationen, die Sie bei der Abarbeitung folgender Fragen sammeln, auf einem Stück Papier oder auch in einem Programm wie Word.

1. **Welche Aufgabe soll die Datenbank erfüllen?**

   Die Frage klingt simpel, die Beantwortung hilft aber bereits, den Zweck der Datenbank näher zu bestimmen. Mit der Datenbank, die wir als Beispiel Schritt für Schritt in den weiteren Kapiteln entwickeln werden, sollen die Kunden-, Bestell-, Produkt- und Lieferantendaten verwaltet werden.

2. **Welche Informationen soll Ihnen die Datenbank liefern, welche Daten müssen hierzu erfasst werden?**

   Bei der Auflistung der Informationen können Sie sich am zuvor festgelegten Aufgabenbereich orientieren. Überlegen Sie sich beispielsweise, welche Kundendaten benötigt werden, um eine Bestellung ausliefern zu können. Müssen Sie die Lieferanten der Produkte per E-Mail kontaktieren, oder reicht ein Telefonanruf? Notieren Sie alle Stichwörter, die Ihnen einfallen. Überflüssiges lässt sich später jederzeit streichen. Falls Sie Kunden mit einem besonders hohen Jahresumsatz durch einen Rabatt belohnen möchten, sollten Sie alle hierfür benötigten Informationen vermerken. Gibt es Produkte, die in unterschiedlichen Mengeneinheiten verkauft werden? Etwa der Apfelsaft, der als Einzelflasche mit 0,75 l erworben werden kann oder alternativ in einem Karton mit 6 Flaschen? Auch solche Details sollten Sie in der Liste festhalten.

3. **Wie lassen sich diese Informationen thematisch, sprich in sinnvollen Kategorien zusammenfassen?**

   Haben Sie alle Informationen notiert, geht es daran, sie in Themenblöcken zusammenzufassen. Jedes Thema wird später zu einer eigenen Tabelle. Auf unsere Beispieldatenbank bezogen, ergeben sich etwa die vier Haupttabellen Kunden, Bestellungen, Produkte und Lieferanten. Welche weiteren Tabellen sinnvoll sind, erfahren Sie im folgenden Abschnitt.

4. **Welche Felder ergeben sich aus den Informationen für die einzelnen Tabellen?**

   Nachdem Sie die Tabellen festgelegt haben, überlegen Sie, über welche Felder jede Tabelle verfügen muss. Im Fall der Kundentabelle zählen sicherlich der Name, Vorname und die Felder zur Erfassung der Anschrift dazu. Falls Sie in der Tabelle z. B. auch Informationen zu Lieferwünschen (etwa »nur nachmittags«) notieren möchten, sollten Sie auch ein entsprechendes Bemerkungsfeld einplanen.

5. **Welches dieser Felder identifiziert einen Datensatz eindeutig?**

   In diesem Schritt geht es darum, einen möglichen Kandidaten für einen Primärschlüssel ausfindig zu machen. Dieser ist, wie zuvor geschrieben, wichtig, um anschließend eine Beziehung zwischen den Tabellen herstellen zu können. Im Falle der Tabelle, in der alle Bestellungen erfasst werden, könnte dies beispielsweise die Bestellnummer sein. Können Sie in der Tabelle keinen geeigneten Kandidaten ausfindig machen, über den sich jeder Datensatz eindeutig identifizieren lässt, ist dies nicht schlimm. Denn Access bietet eine bequeme Möglichkeit, einen künstlichen Primärschlüssel zu erzeugen. Dieses Thema werden wir im weiteren Verlauf des Buches noch intensiv beleuchten.

6. **Zwischen welchen Tabellen besteht eine Beziehung?**

   Bis zu diesem Zeitpunkt haben Sie einzelne, noch voneinander unabhängige Tabellen, also etwa eine Tabelle, die die Bestellungen enthält, und eine, in der alle Kunden erfasst werden. Nun geht es daran, die über mehrere Tabellen verteilte Informationen wieder miteinander zu verknüpfen. Dies geschieht über die zuvor bereits erwähnten Primär- und Fremdschlüssel. Auch dieses Thema werden wir selbstverständlich ausführlich behandeln.

Sind Sie an diesem Punkt des Datenbankentwurfs angelangt, ist Ihre Datenbank bereits so gut wie fertig. Nun sind noch etwas Feinarbeit und Optimierung angesagt. Hierbei hilft die sogenannte *Normalisierung*, die wir im nächsten Abschnitt vorstellen.

1.3.2 Fehler mithilfe der Normalisierung vermeiden

Eine Schwierigkeit, mit der viele bei der Datenmodellierung zu kämpfen haben: Es werden zu viele Informationen in eine einzige Tabelle gepackt. Dies führt aber schnell zu *Datenredundanz* und *Dateninkonsistenz* – beides Dinge, die es in einer relationalen Datenbank unbedingt zu vermeiden gilt. Datenredundanz bedeutet, dass dieselben Daten mehrfach gespeichert werden. Von Dateninkonsistenz spricht man, wenn die Daten widersprüchlich sind. Wie problematisch beides ist, lässt sich gut anhand Abbildung 1.5 erläutern.

Produkt-nummer	Produktname	Lieferant	Lieferantanschrift	Produktpreis	Produktkategorie
P1	Blumenkohl	Hofladen Lenz	Obere Mühle 24, 80599 Dorfen	3,99 €	Gemüse
P2	Lauch	Biobauer Beckmann	Heimatallee 111 - 80666 Heimatlos	1,99 €	Gemuese
P3	Apfel	Obsthof Wolf	Landstraße 17, 80661 Apfelwiese	3,59 €	Obst
P4	Limette	Obsthof Wolf	Landstr. 17 - 80661 Apfelwiese	40 ct	Obst

Abbildung 1.5 *Diese Tabelle weist nicht nur Datenredundanz auf, die Daten sind auch inkonsistent.*

In der Tabelle werden neben den Produkten auch die Lieferanten mit ihren Anschriften erfasst. Die Tabelle enthält lediglich vier Datensätze. Der Obsthof Wolf taucht nicht nur doppelt auf ❶, seine Anschrift wird zudem beide Male anders geschrieben ❷. Sollte sich die Anschrift des Lieferanten ändern, müssen diese Angaben mehrfach in der Tabelle korrigiert werden. Welch Fehlerpotenzial dies bietet, zeigt sich bereits an den nur zwei Datensätzen. Unterschiedlichen Schreibweisen bedeuten bei umfangreichen Tabellen aber nicht nur einen immensen Korrekturaufwand, sie machen Abfragen auch schier unmöglich. Denn welches Auswahlkriterium soll hier beispielsweise zugrunde gelegt werden? Das Gleiche gilt auch für die Produktkategorie **Gemüse** bzw. **Gemuese** ❸, auch wenn sich ein solcher Tippfehler meist schnell ausbessern lässt.

Unsere kleine Tabelle zeigt noch ein weiteres Phänomen: Sollte beispielsweise der Blumenkohl aus dem Sortiment genommen werden, wird hierdurch automatisch auch der Lieferant inklusive Anschrift aus der Datenbank gelöscht. Falls später eine erneute Zusammenarbeit mit dem Hofladen geplant ist, müssen alle Daten neu erfasst werden.

Einheitliche Daten

Anhand der Werte im Feld **Produktpreis** lässt sich ein weiteres Problem gut beschreiben: Die unterschiedlichen Währungseinheiten – mal Euro, mal Cent – können im späteren Verlauf Abfragen erschweren. Achten Sie bei solchen Daten unbedingt auf einheitliche Angaben.

Wie das kleine Tabellenbeispiel demonstriert: Doppelt vorkommende Daten sollten in Tabellen unbedingt vermieden werden. Sie nehmen nicht nur unnötig Speicherplatz in Anspruch, sondern erhöhen auch das Risiko, dass sich Fehler in der Datenbank einschleichen. Stellen Sie fest, dass Sie die gleichen Informationen mehrfach erfassen müssen, sollten Sie die Daten in mehrere Tabellen aufteilen. Hierbei hilft die sogenannte *Normalisierung*, bei der Tabellen so angepasst werden, dass sie den folgenden drei Normalformen entsprechen.

1.3.3 Die erste Normalform

Die erste Normalform ist erfüllt, wenn alle Felder einer Tabelle atomar vorliegen, also nicht weiter aufteilbar sind. In dem kleinen Tabellenbeispiel verletzt das Feld **Lieferanschrift** diese Normalform. Das lässt sich aber schnell korrigieren, indem man die einzelnen Informationen auf verschiedene Felder aufteilt. Aus einem einzigen Feld **Lieferanschrift** werden somit die vier Felder **Straße**, **Hausnummer**, **PLZ** und **Ort**.

Produkt-nummer	Produktname	Lieferant	Strasse	Haus-nummer	PLZ	Ort	Produktpreis	Produktkategorie
P1	Blumenkohl	Hofladen Lenz	Obere Mühle	24	80599	Dorfen	3,99 €	Gemüse
P2	Lauch	Biobauer Beckmann	Heimatallee	111	80666	Heimatlos	1,99 €	Gemüse
P3	Apfel	Obsthof Wolf	Landstr.	17	80661	Apfelwiese	3,59 €	Obst
P4	Limette	Obsthof Wolf	Landstr.	17	80661	Apfelwiese	40 ct	Obst

Abbildung 1.6 *Die Tabelle erfüllt nun die erste Normalform.*

1.3.4 Die zweite Normalform

Für die zweite Normalform muss eine Tabelle zwei Bedingungen genügen: Es muss die erste Normalform erfüllt sein, und jeder Datensatz muss voll funktional abhängig vom Primärschlüssel sein. Diese schwer verständliche Beschreibung lässt sich auch bildlicher formulieren: Jeder Datensatz darf nur einen einzigen Sachverhalt abbilden.

Produkt-nummer	Produktname	Produktpreis	Produktkategorie
P1	Blumenkohl	3,99 €	Gemüse
P2	Lauch	1,99 €	Gemüse
P3	Apfel	3,59 €	Obst
P4	Limette	40 ct	Obst

Lieferanten-nummer	Lieferant	Strasse	Haus-nummer	PLZ	Ort
L1	Hofladen Lenz	Obere Mühle	24	80599	Dorfen
L2	Biobauer Beckmann	Heimatallee	111	80666	Heimatlos
L3	Obsthof Wolf	Landstr.	17	80661	Apfelwiese

Abbildung 1.7 *Die Tabelle wird aufgeteilt, um die zweite Normalform zu erfüllen.*

Enthält eine Tabelle mehrere Themen, müssen diese auf mehrere Tabellen aufgeteilt werden. Unsere kleine Tabelle in Abbildung 1.5 entspricht somit nicht der zweiten Normalform, da nicht nur Produkte erfasst werden, die sich anhand des Primärschlüssels **Produktnummer** eindeutig identifizieren lassen, sondern auch die Daten der Lieferanten. Eine Aufteilung in eine Tabelle **Produkte** sowie eine Tabelle **Lieferanten** löst das Problem.

1.3.5 Die dritte Normalform

Damit eine Tabelle die dritte Normalform erfüllt, muss sie sich in der 2. Normalform befinden. Außerdem müssen die Nichtschlüsselfelder voneinander unabhängig sein. Auf das obige Beispiel bezogen bedeutet dies, dass es keine gegenseitigen Abhängigkeiten von Nichtschlüsselfeldern (in diesem Fall der Produktname und die Produktkategorie) geben darf. Die Produktkategorie (z. B. **Obst**) hängt hier aber noch vom Produktnamen (z. B. **Äpfel**) ab. Um diese Abhängigkeit zwischen den Nichtschlüsselfeldern aufzulösen, wird das Feld **Produktkategorie** in eine eigene Tabelle ausgelagert.

Produkt-nummer	Produktname	Produktpreis	Kategorienummer (Fremdschlüssel)	Lieferantennummer (Fremdschlüssel)
P1	Blumenkohl	3,99 €	K1	L1
P2	Lauch	1,99 €	K1	L2
P3	Apfel	3,59 €	K2	L3
P4	Limette	40 ct	K2	L3

Kategorienummer	Produktkategorie
K1	Gemüse
K2	Obst

Lieferanten-nummer	Lieferant	Strasse	Haus-nummer	PLZ	Ort
L1	Hofladen Lenz	Obere Mühle	24	80599	Dorfen
L2	Biobauer Beckmann	Heimatallee	111	80666	Heimatlos
L3	Obsthof Wolf	Landstraße	17	80661	Apfelwiese

Abbildung 1.8 *Alle drei Tabellen erfüllen die dritte Normalform. Durch das Ergänzen der Fremdschlüssel in der Produkttabelle sind die Beziehungen zwischen den Tabellen wiederhergestellt.*

Die drei so erzeugten Tabellen müssen nun noch verknüpft werden, um die Beziehung zwischen ihnen wiederherzustellen. Die geschieht mithilfe der Primärschlüsselfelder **Kategorienummer** und **Lieferantennummer**, die als Fremdschlüssel in der Produkttabelle ergänzt werden.

Es gibt offiziell noch weitere Normalformen, die in der Praxis aber nur selten berücksichtigt werden.

1.4 Ein kurzer Ausblick

In diesem Kapitel war es uns wichtig, Ihnen etwas Grundlagenwissen rund um eine relationale Datenbank zu vermitteln, um Ihnen den Einstieg in die Welt der Access-Datenbanken zu erleichtern. Im nächsten Kapitel starten Sie nun mit Access durch. Dabei lernen Sie nicht nur die Oberfläche des Programms kennen, sondern auch die wichtigsten Objekte einer Datenbank. Als Basis dient eine Archivdatenbank, mit der sich die private CD-Sammlung erfassen lässt. Wie Sie diese Datenbank selbst von Grund auf erstellen, erfahren Sie Schritt für Schritt in Kapitel 3. Hier greifen wir auch den Prozess der Datenmodellierung nochmals auf, den Sie im vorherigen Abschnitt in nur groben Zügen kennengelernt haben. Die Archivdatenbank soll Ihnen einen Vorgeschmack geben auf das, was sich alles mit Access realisieren lässt, auch wenn es bei den einzelnen Themen wie Abfragen, Formularen oder auch Berichten immer nur bei einem kurzen Reinschnuppern bleibt.

Ab Kapitel 4 werden wir die einzelnen Themen detaillierter betrachten. Damit es auch dann nicht zu theoretisch wird, geschieht dies auf Basis eines weiteren konkreten Beispiels. Darin wird eine Datenbank für ein kleines, fiktives Handelsunternehmen namens *DelikatEssen* entwickelt, das Gemüse, Obst, Feinkost und mehr vertreibt. In der Datenbank werden Produkte, Lieferanten, Kunden sowie Bestellungen erfasst – auch diese Daten sind alle frei von uns erfunden. Die meisten Datenbanken sind in der Realität sicherlich weitaus komplexer. Unser Beispiel ist jedoch bewusst einfach gehalten, damit es für Sie gut nachvollziehbar ist. Abbildung 1.9 zeigt das Datenmodell, das der Datenbank *DelikatEssen* zugrunde liegt.

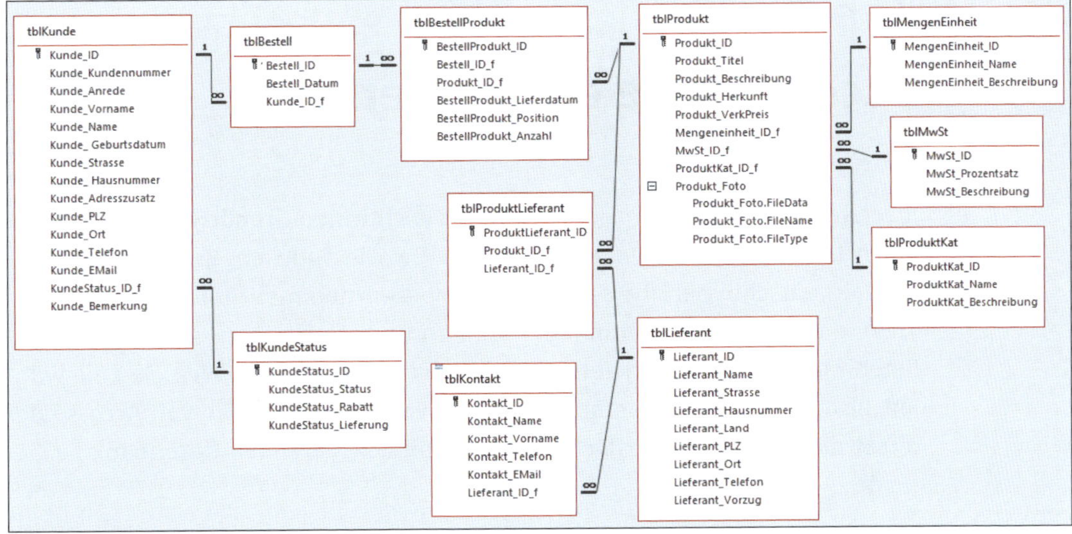

Abbildung 1.9 *Übersicht über den Aufbau der Datenbank »DelikatEssen«*

Kapitel 2
Access – eine erste Übersicht

Im ersten Kapitel konnten Sie sich mit den wichtigsten Grundlagen einer relationalen Datenbank vertraut machen. Begriffe wie Tabellen, Beziehungen oder auch Primärschlüssel sind somit keine Unbekannten mehr für Sie. Nach so viel Theorie wenden wir uns nun der Praxis zu und starten Access. Hierfür stehen Ihnen mehrere Varianten zur Auswahl. Abhängig von dem Weg, den Sie wählen, bekommen Sie nach dem Öffnen entweder die Startseite von Access oder direkt die Programmoberfläche einer bereits existierenden Datenbank zu Gesicht.

Damit Ihnen die Orientierung in Access in den folgenden Kapiteln leichter fällt, stellen wir Ihnen die wichtigsten Bedienelemente vor. Als Basis hierfür nutzen wir die bereits fertig angelegte Datenbank namens *Archiv*. Sie dient der Erfassung von CDs und ist zur Veranschaulichung mit ein paar Daten gefüllt. Diese Beispieldatenbank steht Ihnen auf der Webseite *www.rheinwerk-verlag.de/access-die-verstaendliche-anleitung* im Register **Materialien** zum Download zur Verfügung. Falls Sie die folgenden Anleitungen parallel zum Lesen gleich selbst ausprobieren möchten, sollten Sie die Materialien zuvor auf Ihren Computer herunterladen. Informationen hierzu erhalten Sie zu Beginn des Buchs im Abschnitt »Materialien zum Buch«. Wie Sie die *Archiv*-Datenbank selbst erstellen und mit Daten füllen, erfahren Sie Schritt für Schritt in Kapitel 3, »Ein einfaches Beispiel: die »Archiv«-Datenbank für private Zwecke«.

2.1 Los geht es: Access starten

Startmenü, Suchfeld oder doch lieber Explorer? Wie bei allen Programmen stehen Ihnen auch zum Öffnen von Access diverse Möglichkeiten zur Auswahl. Hier eine kurze Übersicht:

- **Suchfeld der Taskleiste**: Falls auf Ihrem Computer das Suchfeld in der Taskleiste angezeigt wird, geben Sie hier »Access« ein. Sobald als Ergebnis die App **Access** aufgeführt wird, klicken Sie darauf.

- **Startmenü**: Rufen Sie das Startmenü durch Drücken der [⊞]-Taste auf. Unter Windows 10 können Sie **Access** nun direkt in der App-Liste auswählen. Wer mit Windows 11 arbeitet, muss zuvor noch auf **Alle Apps** klicken, um zur App-Liste zu gelangen.
- **Explorer**: Wer eine bereits vorhandene Datenbank mit Access öffnen möchte, kann auch den Weg über den Explorer gehen, den Sie z. B. mit der Tastenkombination [⊞] + [E] bequem starten. Navigieren Sie zum Verzeichnis, in dem die Datenbankdatei gespeichert ist, und doppelklicken Sie auf den Dateinamen. Datenbankdateien haben die Dateiendung *.accdb* und sind im Explorer gut anhand des Access-Symbols zu erkennen. Als Standardspeicherort für Datenbankdateien verwendet Access das Verzeichnis *C:\Users\Benutzername\Documents*.

Falls Sie eine bereits vorhandene Datenbank gewählt haben, gelangen Sie direkt zur Programmoberfläche von Access. Diese lernen Sie in Abschnitt 2.2, »Ein erster Rundgang: Die Oberfläche von Access«, genauer kennen. In allen anderen Fällen bekommen Sie stattdessen die sogenannte *Startseite* von Access zu Gesicht.

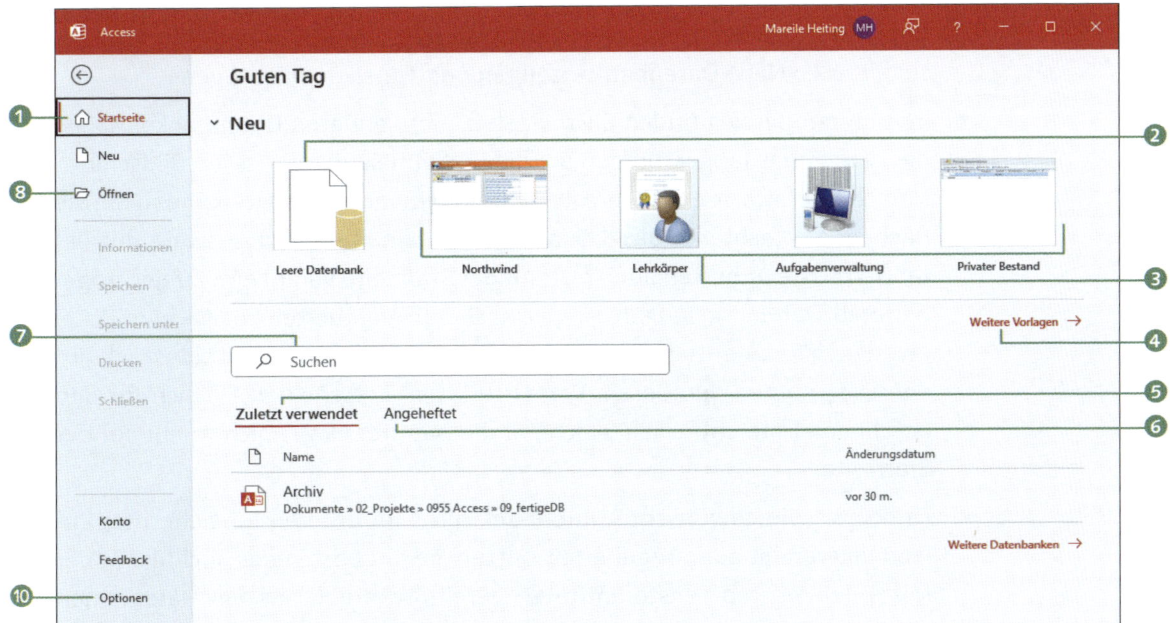

Abbildung 2.1 *Die Startseite von Access*

Datenbank noch schneller aufrufen

Wenn Sie eine bestimmte Datenbank häufiger nutzen, bietet es sich an, eine Verknüpfung zu ihr auf dem Desktop zu hinterlegen. Klicken Sie die Datenbankdatei hierzu im Explorer mit der rechten Maustaste an. Unter Windows 11 wählen Sie im Kontextmenü den Befehl **Weitere Optionen anzeigen** und dann **Senden an • Desktop (Verknüpfung erstellen)**. Unter Windows 10 wird Ihnen der Befehl **Senden an** direkt im ersten Kontextmenü angeboten. Falls Sie das Programm-Icon von Access fest in der Taskleiste verankern möchten, klicken Sie es nach dem Start von Access mit der rechten Maustaste an und wählen **An Taskleiste anheften**.

Ob Sie sich auf der Startseite befinden, können Sie mit einem schnellen Blick auf die linke Spalte überprüfen: Hier sollte **Startseite** ❶ (siehe Abbildung 2.1) markiert sein. Der rechte Bereich des Programmfensters lässt sich in drei Bereiche aufteilen:

- Im oberen Bereich haben Sie die Möglichkeit, eine neue leere Datenbank zu erzeugen ❷ oder eine der aufgeführten Vorlagen zu wählen ❸. Weitere Vorlagen werden Ihnen nach einem Klick auf den gleichnamigen Link angeboten ❹. Wie Sie eine leere Datenbank erstellen, zeigen wir ausführlich in Abschnitt 3.2, »Neue Datenbank erzeugen und Tabellen hinzufügen«.
- Im unteren Bereich finden Sie die zuletzt verwendeten Datenbanken ❺. Ist die Liste etwas länger, nutzen Sie die Bildlaufleiste am rechten Bildschirmrand zum Blättern. Falls Sie eine Datenbank häufig nutzen, können Sie sie nach einem rechten Mausklick auf den Dateinamen und Auswahl des Befehls **An Liste anheften** auch fest auf der Startseite verankern. Zu den angehefteten Dateien gelangen Sie per Klick auf **Angeheftet** ❻. Um eine Datei aus der Liste zu entfernen, wählen Sie nach einem rechten Mausklick auf den Dateinamen den Befehl **Von Liste lösen**. Entscheiden Sie sich für den Befehl **Von Liste entfernen**, erscheint die Datenbank gar nicht mehr auf der Startseite.
- Finden Sie die gewünschte Datenbank nicht im unteren Bereich unter **Zuletzt verwendet** oder **Angeheftet**, nutzen Sie am besten das Suchfeld in der Mitte der rechten Fensterhälfte ❼. Bereits während Sie den Dateinamen eingeben, zeigt Access erste Ergebnisse an, die dem Suchbegriff entsprechen. Wählen Sie die gewünschte Datenbank per Mausklick aus.

Falls Sie sich nicht mehr genau an den Namen der Datenbank erinnern können, aber den Speicherort der Datei kennen, klicken Sie in der linken Spalte auf **Öffnen** ❽ und dann auf **Durchsuchen**. Es öffnet sich ein Dialog, in dem Sie zum gewünschten Speicherort navigieren, dann die Datei markieren ❾ und auf **Öffnen** klicken. Dies ist auch der Weg, wenn Sie die Datenbankdatei *Archiv.accdb* öffnen möchten, um die Informationen der nächsten Abschnitte direkt in Access nachvollziehen zu können. Das Verzeichnis, in dem sich die Datei befindet, haben Sie nach dem Download selbst vorgegeben (siehe »Materialien zum Buch«).

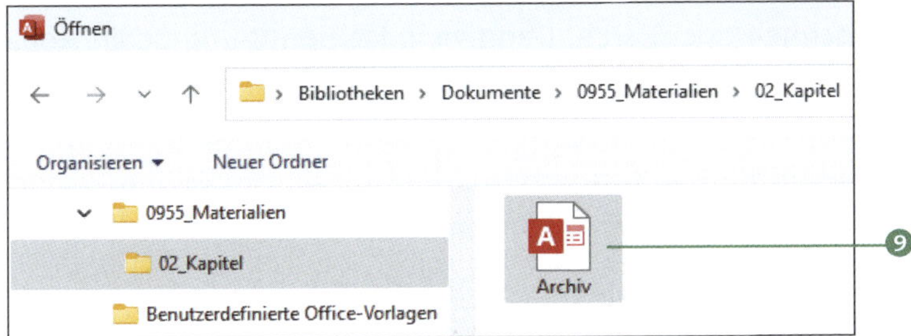

Abbildung 2.2 *Der Öffnen-Dialog in Access*

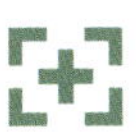

Informationen zu Vorlagen erhalten

Bei den Vorlagen handelt es sich um fertige Datenbanken, die Sie Ihren Wünschen entsprechend anpassen und mit Ihren Daten füllen können. Aus dem Namen einer Vorlage allein lässt sich häufig nicht entnehmen, was sich dahinter verbirgt. Um mehr Informationen zu erhalten, markieren Sie die Vorlage per Mausklick. Hat die Kurzbeschreibung, die Sie nun sehen, Ihr Interesse geweckt, geben Sie einen Dateinamen an und bestätigen mit **Erstellen**. Die Datenbankdatei wird nun im angegebenen Verzeichnis auf Ihrem PC gespeichert und direkt in Access geöffnet. Sagt Ihnen die Vorlage hingegen nicht zu, schließen Sie den Dialog einfach per Klick auf das Kreuzsymbol in der rechten oberen Ecke des Dialogfensters.

Falls Sie keine Vorlagen in Access angeboten bekommen, liegt dies übrigens an den Datenschutzeinstellungen. Um diese zu ändern, klicken Sie auf der **Startseite** von Access in der linken Spalte auf **Optionen** ❿. Im Dialog **Access-Optionen** markieren Sie links das **Trust Center** und klicken dann rechts auf **Einstellungen für das Trust Center**. Es öffnet sich der Dialog **Trust Center**. Sobald Sie links die **Datenschutzoptionen** markiert haben, können Sie rechts die **Datenschutzeinstellungen** auswählen. Blättern Sie im folgenden

Dialog nach unten, und versehen Sie, falls noch nicht geschehen, das Kontrollkästchen **Erfahrungen aktivieren, die Onlineinhalte herunterladen** mit einem Häkchen. Bestätigen Sie alle geöffneten Dialoge mit **OK**.

2.2 Ein erster Rundgang: Die Oberfläche von Access

Wer bereits mit einem der Programme der Microsoft Office Suite arbeitet, wird sich auch in Access schnell orientieren. Denn viele Elemente und Bedienkonzepte von Access finden sich auch in Word, Excel, PowerPoint oder Outlook wieder. Auf der folgenden kleinen Tour lernen Sie die wichtigsten Komponenten der Programmoberfläche von Access kennen. Als Basis hierfür verwenden wir die bereits zuvor erwähnte Datenbank *Archiv*.

Nach dem Öffnen einer Datenbank wird am oberen Rand des Programmfensters in der Titelleiste der Dateipfad und -name der Datenbankdatei angezeigt ❶. Am rechten Rand der Leiste finden Sie die sicherlich aus anderen Programmen wohl bekannten Schaltflächen zum Minimieren, Maximieren bzw. Verkleinern und Schließen des Programmfensters ❷. Dem Menüband ❸ mit seinen diversen Registern widmen wir uns gleich noch ausführlich.

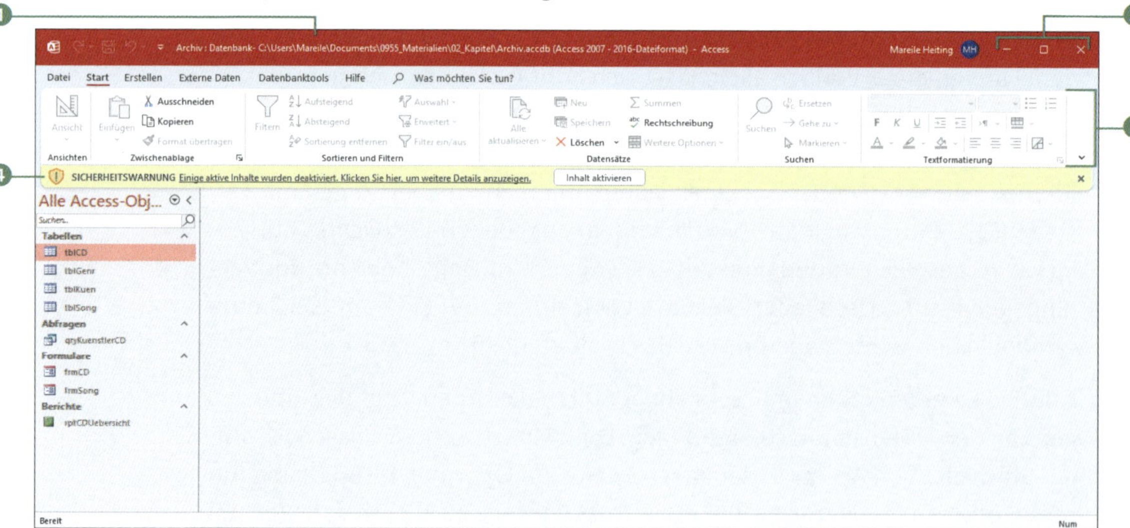

Abbildung 2.3 *Die Programmoberfläche von Access direkt nach dem ersten Öffnen der Datenbankdatei »Archiv«*

Zuvor aber ein wichtiger Hinweis: Öffnen Sie eine Datenbank das erste Mal, erscheint unterhalb des Menübands eine Sicherheitswarnung ④. Sie weist Sie in leuchtendem Gelb darauf hin, dass einige aktive Inhalte deaktiviert wurden. Solch aktiven Inhalte wie z. B. Makros oder auch Module können potenziell schädlichen VBA-Code enthalten. Keiner möchte sich natürlich den Computer infizieren. Überlegen Sie daher bitte kurz, ob es sich bei der Quelle, aus der die Datenbank stammt, um eine sichere Quelle handelt. Nur dann sollten Sie auf **Inhalt aktivieren** klicken. Die Datenbankdatei wird anschließend von Access in die Liste der vertrauenswürdigen Dokumente aufgenommen. Damit erscheint der Sicherheitshinweis zukünftig nicht mehr beim Öffnen der Datenbank.

Zurück zum wichtigen Menüband: Zunächst werden hier nur die Hauptregisterkarten **Datei**, **Start**, **Erstellen**, **Externe Daten**, **Datenbanktools** und **Hilfe** eingeblendet ①. Um zu einem Register zu wechseln, reicht ein Klick auf den Registernamen, etwa **Erstellen**. Der Name des gerade aktiven Registers wird fett hervorgehoben und unterstrichen. Jedes Register enthält eine Vielzahl an Symbolen und Schaltflächen. Falls diese bei Ihnen erst nach einem Klick auf einen Registernamen erscheinen, sonst aber lediglich die Registerreiter zu sehen sind, wurde das Menüband vermutlich reduziert. Das schafft zwar im Programmfenster etwas Platz für die Anzeige der Datenbank, ist gerade anfangs, wenn man noch nicht so fit in der Bedienung eines Programms ist, aber eher unpraktisch. Um das Menüband vollständig anzuzeigen, klicken Sie mit der rechten Maustaste auf einen beliebigen Registernamen. Im Kontextmenü ist der Befehl **Menüband reduzieren** mit einem Häkchen versehen. Klicken Sie auf den Befehl, um das Häkchen zu entfernen und somit die Reduzierung aufzuheben. Alternativ können Sie auch die Tastenkombination `Strg` + `F1` nutzen, um das Menüband ein- und auszublenden.

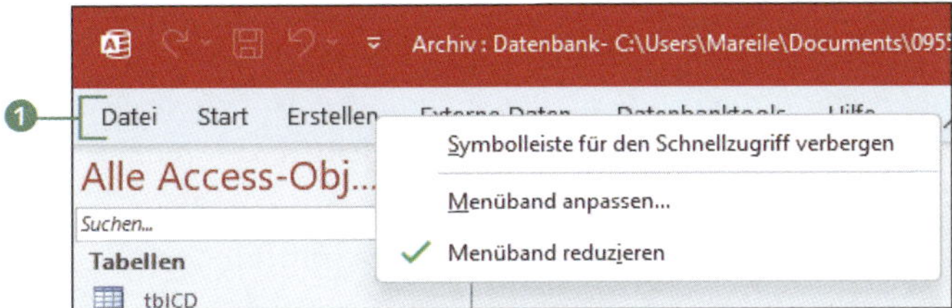

Abbildung 2.4 *Entfernen Sie das Häkchen vor »Menüband reduzieren«, um das Menüband dauerhaft einzublenden.*

Alle Schaltflächen und Symbole sind innerhalb der Register in Gruppen aufgeteilt. In Abbildung 2.5 sehen Sie z. B. die Gruppe **Berichte** des Registers **Erstellen**. Der jeweilige Gruppenname wird am unteren Rand des Menübands eingeblendet ❷. Je nach Größe des Programmfensters reicht der Platz im Menüband nicht aus, um innerhalb einer Gruppe sowohl ein Symbol als auch seine Beschriftung anzuzeigen ❸. Wird der Platz knapp, werden zuerst die Beschriftungen ausgeblendet, wie die mittlere Abbildung veranschaulicht ❹. Verkleinern Sie ein Programmfenster sehr stark, ist bei einigen Gruppen sogar nur noch der Gruppenname zu sehen. Schaltflächen und Symbole erscheinen in diesem Fall erst dann, wenn Sie auf den Pfeil unterhalb des Gruppennamens ❺ klicken (siehe untere Abbildung). Um zu erfahren, welcher Befehl mit einem Symbol verknüpft ist, bewegen Sie den Mauszeiger auf das Symbol, und schon gibt eine Quickinfo die entsprechende Auskunft.

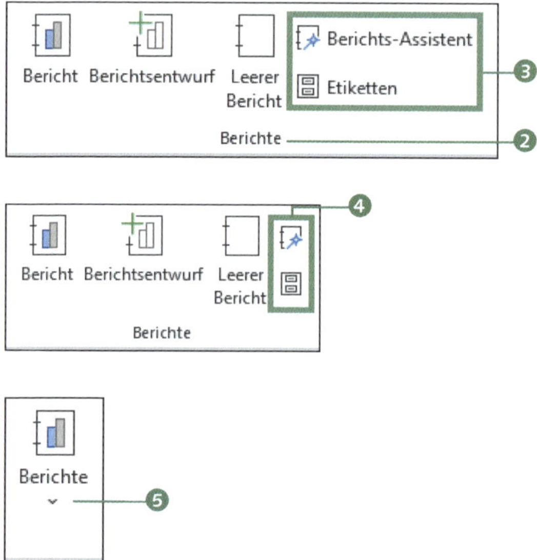

Abbildung 2.5 *Je nach Größe des Programmfensters werden innerhalb einer Gruppe alle Symbole und Beschriftungen angezeigt, nur Symbole oder auch nur der Gruppenname.*

Direkt nach dem Öffnen der Datenbankdatei sind einige der Schaltflächen grau statt schwarz. Dies ist z. B. bei fast allen Schaltflächen und Symbolen im Register **Start** der Fall. Die damit verknüpften Funktionen stehen zum aktuellen Zeitpunkt noch nicht zur Verfügung, sondern erst dann, wenn Sie beispielsweise eine Tabelle oder ein Formular öffnen. Werfen Sie einen genaueren Blick auf die Schaltflächen, werden Sie bei einigen von ihnen zusätzlich zum Symbol einen kleinen Pfeil entdecken. Nach einem Klick auf den Pfeil klappt eine Drop-down-Liste mit mehreren Optionen auf, aus der Sie die gewünschte dann per Mausklick auswählen.

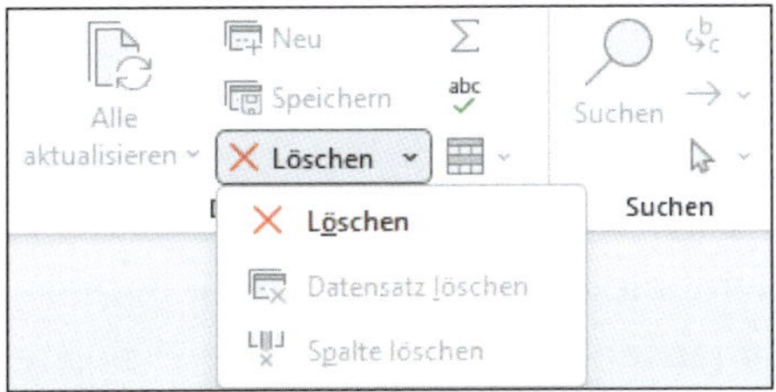

Abbildung 2.6 *Eine Drop-down-Schaltfläche*

Wechseln Sie in das Register **Datei**, verschwindet das Menüband. Stattdessen erscheint am linken Rand des Programmfensters eine Liste mit häufig benötigten Befehlen. So können Sie sich beispielsweise Informationen zur Datenbank anzeigen lassen ❶ oder die Datenbank speichern ❷. Wählen Sie den Befehl **Schließen** ❸, wird lediglich die Datenbank geschlossen, das Programmfenster von Access bleibt aber weiterhin geöffnet. Über den Befehl **Drucken** ❹ starten Sie den Druckvorgang, um z. B. einen zuvor generierten Bericht auszudrucken. Um wieder zur aktuell geöffneten Datenbank zurückzukehren, klicken Sie auf den Pfeil oben links ❺.

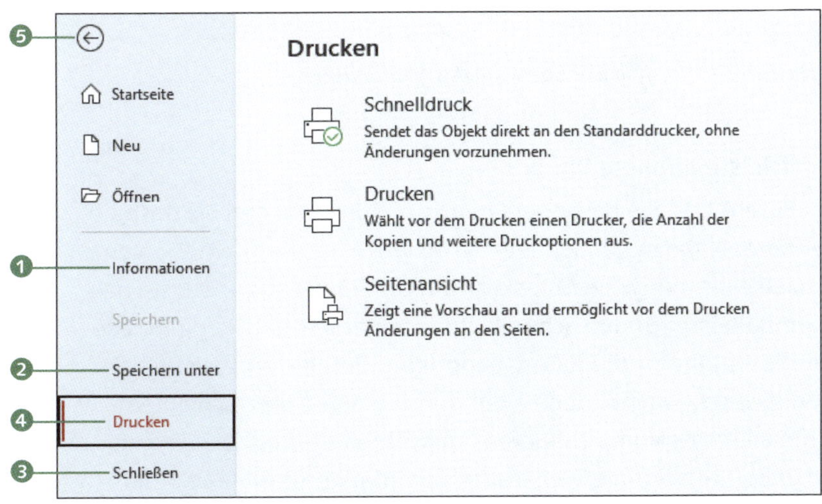

Abbildung 2.7 *Das Register »Datei«*

Abgesehen von den erwähnten Hauptregisterkarten erscheinen im Menüband auch kontextsensitive Register. Sie sind nur dann zu sehen, wenn ein Objekt wie eine Tabelle, eine Abfrage, ein Formular oder auch ein Bericht geöffnet ist. Das Öffnen eines solchen Objekts erfolgt über die entsprechenden Einträge im Navigationsbereich, der sich am linken Rand des Programmfensters befindet. Mit ihm sowie dem Anzeigebereich rechts vom Navigationsbereich werden wir uns ausführlich im folgenden Abschnitt beschäftigen.

Zuvor sei aber noch kurz auf die *Schnellzugriffsleiste* am oberen Rand des Programmfensters hingewiesen. Sie enthält Symbole für häufig benötigte Befehle, wie etwa **Speichern** ❶ oder **Rückgängig machen** ❷. Die Schnellzugriffsleiste kann oberhalb oder auch unterhalb des Menübandes angezeigt werden. Um die Position zu ändern, klicken Sie mit der rechten Maustaste auf die Schnellzugriffsleiste. Im aufklappenden Menü wählen Sie dann die gewünschte Position aus. Falls Sie die Leiste gar nicht wüschen, lässt sie sich über den Befehl **Symbolleiste für den Schnellzugriff verbergen** auch ganz ausblenden. Wenn Sie sie später doch gerne zurückhätten, klicken Sie am rechten Rand des Menübandes auf den nach unten weisenden Pfeil ❸ und wählen **Symbolleiste für den Schnellzugriff anzeigen**.

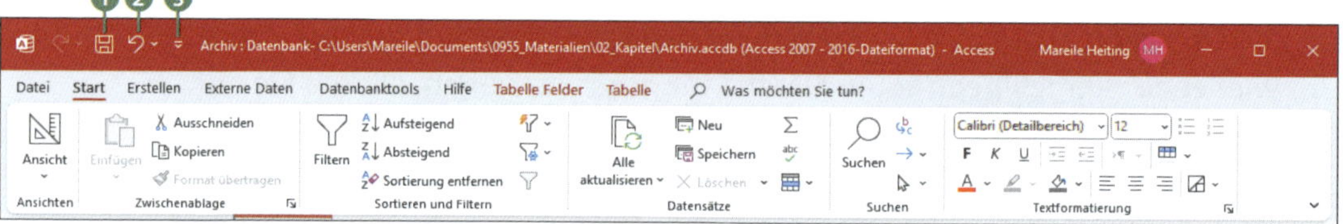

Abbildung 2.8 *Die Schnellzugriffsleiste oberhalb des Menübandes*

Schnellzugriffsleiste anpassen

Es gibt einen Befehl, den Sie besonders häufig nutzen, und den Sie deshalb gerne in greifbarer Nähe in der Schnellzugriffsleiste hätten? Kein Problem. Wählen Sie nach einem rechten Mausklick auf die Schnellzugriffsleiste den Befehl **Die Symbolleiste für den Schnellzugriff anpassen**. Im Dialog **Access-Optionen** werden zunächst die häufig benötigten Befehle aufgelistet. Ist der von Ihnen gesuchte Befehl noch nicht dabei, wählen Sie nach einem Klick auf den Pfeil rechts vom Feld **Befehl auswählen** die Registerkarte aus, auf der Sie den Befehl normalerweise aufrufen. Markieren Sie den Befehl dann in der Liste darunter, und fügen Sie ihn mit einem Klick auf **Hinzufü-**

gen der Schnellzugriffsleiste hinzu. Benötigen Sie eines des Symbole in der Schnellzugriffsleiste nicht mehr, markieren Sie es im Dialog **Access-Optionen** in der rechten Spalte, und klicken Sie dann auf **Entfernen**. Übernehmen Sie Ihre Änderungen mit **OK**.

2.3 Datenbankobjekte im Schnelldurchlauf

Eine Access-Datenbank besteht aus mehreren sogenannten *Datenbankobjekten*. Die wichtigsten Objekte sind die Tabellen, gefolgt von Abfragen, Formularen, Berichten, Makros und Modulen. Jedes Objekt erfüllt eine bestimmte Aufgabe.

2.3.1 Datenbankobjekte öffnen und schließen

Alle Objekte einer Datenbank werden im Navigationsbereich am linken Rand des Programmfensters aufgeführt. Hier eine kurze Übersicht über die Datenbankobjekte von Access:

- **Tabellen**: Die Tabellen enthalten die eigentlichen Daten. Eine Datenbank besteht aus mindestens einer, meist aber mehreren Tabellen. Jede Tabelle speichert Informationen zu einem bestimmten Thema. Die *Archiv*-Datenbank in unserem Beispiel besteht aus vier Tabellen, in der jeweils die CDs, Genres, Künstler und Songs erfasst werden. Die Bezeichnungen der Tabellen lauten **tblCD**, **tblGenr**, **tblKuen** und **tblSong** ❶.
- **Abfragen**: Mithilfe einer Abfrage lassen sich Informationen aus verschiedenen Tabellen abrufen und übersichtlich darstellen. Neben diesem Filtern und Sortieren ermöglichen Abfragen aber auch das Ändern, Hinzufügen oder Löschen von Daten. Auch Berechnungen lassen sich mithilfe von Abfragen durchführen. Unser Beispiel enthält eine Abfrage namens **qryKuenstlerCD** ❷, über die sich CDs eines bestimmten Künstlers ermitteln lassen.
- **Formulare**: Formulare helfen dabei, die Dateneingabe sowie die Darstellung von Daten zu vereinfachen. Als Grundlage eines Formulars kann z. B. eine Tabelle oder auch eine Abfrage dienen. Für unsere *Archiv*-Datenbank wurden zwei Formulare namens **frmCD** und **frmSong** ❸ erstellt, über die jeweils die CDs der CD-Sammlung sowie die auf den CDs enthaltenen Songs erfasst werden.

- **Berichte**: Mithilfe von Berichten lassen sich Daten optisch ansprechend aufbereiten. Das Ergebnis können Sie ausdrucken oder beispielsweise auch als PDF-Datei speichern und per E-Mail verteilen. Die Beispieldatenbank enthält einen Bericht namens **rptCDUebersicht** ❹, der eine Übersicht über alle in der Datenbank erfassten Künstler, die dazugehörigen CDs und Genres erstellt.
- **Makros**: Makros dienen dazu, immer wiederkehrende Aufgaben zu automatisieren. So lässt sich etwa mit einem Makro automatisch nach der Ausführung einer Abfrage ein Bericht generieren, der dann auch direkt ausgedruckt wird. Unsere Beispieldatenbank *Archiv* enthält kein Makro. Das Thema werden wir aber in Kapitel 10, »Makros – ein Schritt weiter«, aufgreifen.
- **Module**: Ähnlich den Makros helfen auch Module bei der Automatisierung von Aufgaben. Im Gegensatz zur Erstellung von Makros, für die keinerlei Programmierkenntnisse erforderlich sind, wird bei Modulen der Code in der VBA-Programmiersprache selbst geschrieben. Dieses doch recht komplexe Thema ist nicht Bestandteil dieses Buchs.

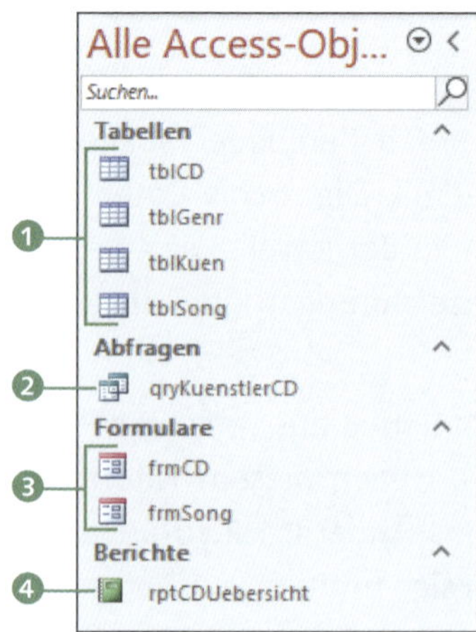

Abbildung 2.9 *Die Datenbankobjekte der »Archiv«-Datenbank*

Alle Datenbankobjekte werden, wie bereits erwähnt, im Navigationsbereich links aufgeführt. Ist bei Ihnen lediglich der Schriftzug **Navigationsbereich** zu sehen, klicken Sie auf den nach unten weisenden Pfeil ❶. Alternativ können Sie den Bereich zur Anzeige aller Access-Objekte auch über die Taste F11 ein- und ausblenden.

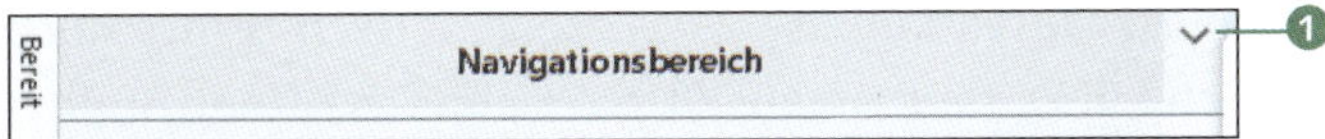

Abbildung 2.10 *Der ausgeblendete Navigationsbereich*

Die Datenbankobjekte werden im Navigationsbereich zunächst nach Gruppen sortiert aufgelistet. Über den Pfeil, der jeweils rechts von einem Gruppennamen (z. B. **Tabellen**) zu sehen ist, lässt sich eine Gruppe minimieren und maximieren, so dass entweder nur noch der Name ❷ oder aber alle Elemente der Gruppe ❸ sichtbar sind.

Abbildung 2.11 *Die Elemente einer Gruppe können Sie über das Pfeilsymbol ein- und ausblenden.*

Individuelle Darstellung der Datenbankobjekte im Navigationsbereich

Es wäre Ihnen lieber, wenn nicht alle Access-Objekte im Navigationsbereich angezeigt werden, sondern lediglich die Abfragen oder auch Formulare? Oder benötigen Sie eine Sortierung nach Änderungsdatum und nicht nach Objekttyp? Welche Datenbankobjekte im Navigationsbereich erscheinen und wie sie sortiert werden, können Sie selbst bestimmen. Klicken Sie einfach auf das runde Symbol rechts von **Alle Access-Objekte** ❹. In der aufklappenden Liste sind die aktuellen Sortier- und Anzeigeeinstellungen jeweils durch ein Häkchen gekennzeichnet. Per Mausklick auf die gewünschte Darstellung ändern Sie die bisherigen Einstellungen.

Reicht die Breite des Navigationsbereichs nicht aus, um die vollen Namen der Datenbankobjekte anzuzeigen, positionieren Sie den Mauszeiger auf der Trennlinie ❶ zwischen dem Navigations- und dem Anzeigebereich rechts. Mit gedrückter linker Maustaste lässt sich nun die Breite anpassen.

Direkt nach dem Öffnen einer Datenbank ist der Anzeigebereich rechts noch leer. In diesem Fall lässt sich ein Datenbankobjekt ganz einfach öffnen, indem Sie es mit gedrückter linker Maustaste nach rechts in den Anzeigebereich ziehen. Sobald der Anzeigebereich nicht mehr leer ist, öffnen Sie ein gewünschtes Objekt per Doppelklick auf den Objektnamen im Navigationsbereich. **Vorsicht**: Falls Sie doch das Ziehen versuchen, obwohl bereits ein Objekt im Anzeigebereich zu sehen ist, kann es passieren, dass Access die darin enthaltenen Datensätze in das bereits geöffnete Objekt einfügt. Es erscheint in diesem Fall zwar ein Warnhinweis, so dass Sie noch mit einem **Nein** ❷ gegensteuern können. Sie sollten es aber besser nicht provozieren.

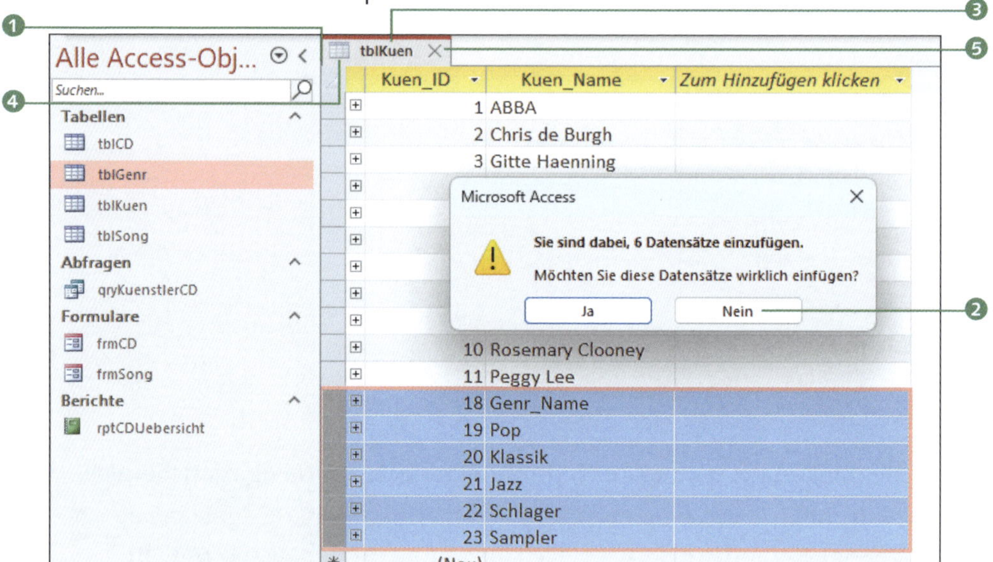

Abbildung 2.12 *Vorsicht beim Öffnen von Objekten per Drag & Drop. Dies kann zu ungewollten Effekten führen.*

Jedes Objekt wird im Anzeigebereich in einer eigenen Registerkarte dargestellt. Um welches Objekt es sich handelt, können Sie dem Namen im Registerreiter entnehmen ❸. Links vom Objektnamen gibt ein kleines Symbol Aufschluss über den Objekttyp ❹. Noch besser ist es allerdings, wenn Sie den Objekttyp auch bei der Namensvergabe berücksichtigen. In unserem Beispiel zeigt das Präfix **tbl** etwa an, dass es sich um eine Tabelle handelt, während Formulare das Präfix **frm** tragen. Was Sie noch so alles bei der Benennung von Tabellen, Abfragen, Berichten und mehr beachten sollten, erfahren Sie in Abschnitt 3.1.4, »Passende Tabellen- und Feldnamen vergeben«.

Falls Sie mehrere Objekte geöffnet haben, reicht ein Mausklick auf den Registerreiter, um zwischen ihnen zu wechseln. Zum Schließen eines Objekts klicken Sie einfach auf das Kreuzsymbol direkt rechts vom Objektnamen im entsprechenden Registerreiter ❺. (Hinweis: In älteren Access-Versionen finden Sie das Kreuzsymbol nicht direkt neben dem Namen, sondern am äußersten rechten Rand).

2.3.2 Datenbankobjekte – alles eine Frage der Ansicht

Bevor Sie eine Tabelle mit Daten füllen können, muss die Tabelle, genauer gesagt die Tabellenstruktur, in Access erzeugt werden. Das Gleiche gilt für Abfragen, Formulare oder auch Berichte: Erst steht das Erstellen des entsprechenden Objekts an, bevor es genutzt werden kann. Für jeden dieser Arbeitsschritte bietet Access eine speziell optimierte Ansicht des Objekts an, die Sie bei der jeweiligen Aktion besonders unterstützt. Für jeden Objekttyp gibt es eine Standardansicht. Diese Darstellung kommt immer dann zum Zuge, wenn Sie ein Objekt per Doppelklick auf den Objektnamen im Navigationsbereich öffnen. Tabellen und Abfragen werden z. B. in der sogenannten *Datenblattansicht* geöffnet, die große Ähnlichkeit mit einer Excel-Tabelle hat. Sie eignet sich vor allem, um Datensätze hinzuzufügen, zu ändern, zu löschen oder auch zu filtern bzw. zu sortieren.

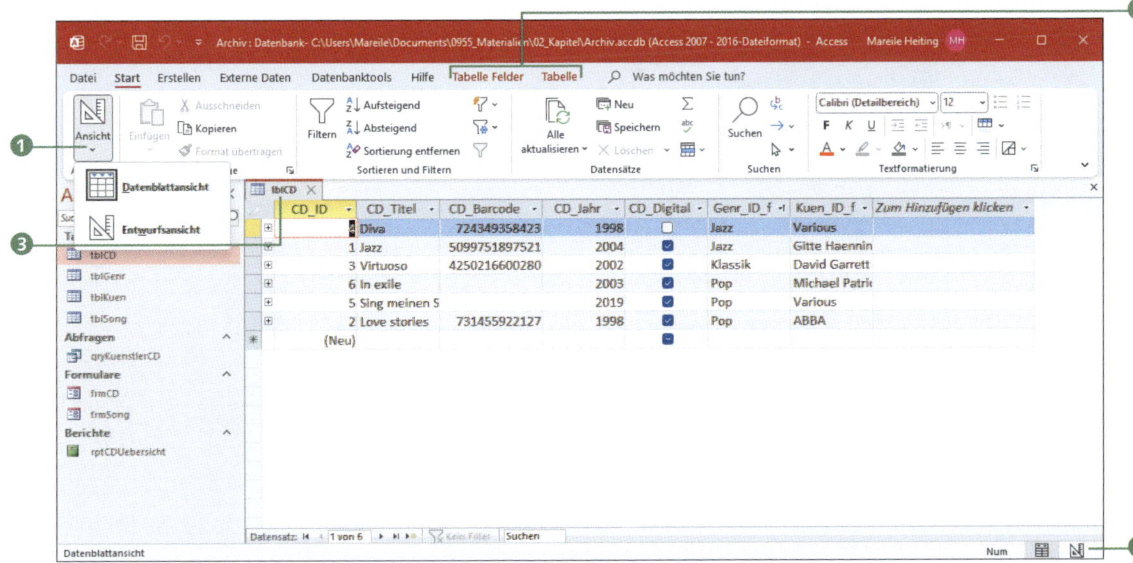

Abbildung 2.13 *Eine Tabelle in der Datenblattansicht*

Ein Formular wird nach dem Öffnen per Doppelklick in der *Formularansicht* angezeigt, ein Bericht in der *Berichtsansicht*. Keine dieser drei Ansichten ist allerdings dazu geeignet, das entsprechende Objekt – sprich Tabelle, Abfrage, Formular oder auch Bericht – zu erzeugen. Hier kommt die sogenannte *Entwurfsansicht* ins Spiel.

Um in die Entwurfsansicht zu wechseln, klicken Sie im Register **Start** in der Gruppe **Ansichten** auf den Pfeil unterhalb von **Ansicht** ❶. In der aufklappenden Liste werden alle für den aktuell ausgewählten Objekttyp zur Verfügung stehenden Ansichten aufgeführt. Markieren Sie die **Entwurfsansicht**. Alternativ können Sie in der Statusleiste auch auf das Symbol für die Entwurfsansicht klicken ❷. Oder Sie führen einen rechten Mausklick auf den Objektnamen im Registerreiter aus ❸ und wählen im Kontextmenü die gewünschte Ansicht aus. Probieren Sie die Entwurfsansicht z. B. bei einer Tabelle aus, sehen Sie nun nur noch die **Feldnamen** und die **Felddatentypen** ❹. Was sich im Einzelnen dahinter verbirgt und welche vielfältigen Einstellungen Sie hier vornehmen können, erfahren Sie in den weiteren Kapiteln. Für Formulare und Berichte bietet Access eine weitere Ansicht an: die sogenannte **Layoutansicht**. Auch diese Ansicht werden Sie später noch genauer kennenlernen.

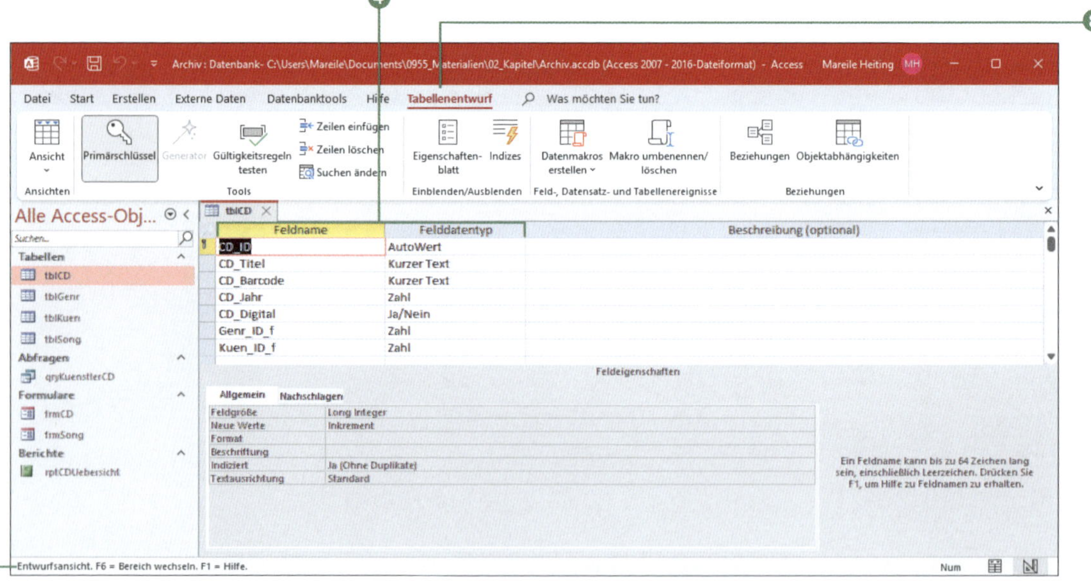

Abbildung 2.14 *Die gleiche Tabelle in der Entwurfsansicht*

Sie müssen ein Objekt übrigens nicht erst per Doppelklick in seiner Standardansicht öffnen und dann über die oben beschriebenen Wege in die gewünschte Ansicht wechseln. Klicken Sie einen Objektnamen im Navigationsbereich mit der rechten Maustaste an ❺, stehen Ihnen im Kontextmenü alle verfügbaren Ansichten zur Auswahl. Ein Mausklick reicht, und das Objekt wird direkt in der gewünschten Ansicht geöffnet. Wer sich nicht sicher ist, um welche Darstellung es sich gerade handelt: Die Bezeichnung der gerade aktiven Ansicht wird auch in der linken unteren Ecke des Programmfensters eingeblendet ❻.

Beim Wechseln der Ansicht ändert sich übrigens nicht nur die Darstellung des Objekts im Anzeigebereich. Werfen Sie einen Blick ins Menüband, werden Sie feststellen, dass dieses jeweils um neue Registerkarten erweitert wird. So finden Sie bei einer Tabelle in der Datenblattansicht z. B. zusätzlich die Register **Tabelle Felder** sowie **Tabelle** ❼, während in der Entwurfsansicht das Register **Tabellenentwurf** zu sehen ist ❽. Diese kontextsensitiven Register werden jeweils rot hervorgehoben.

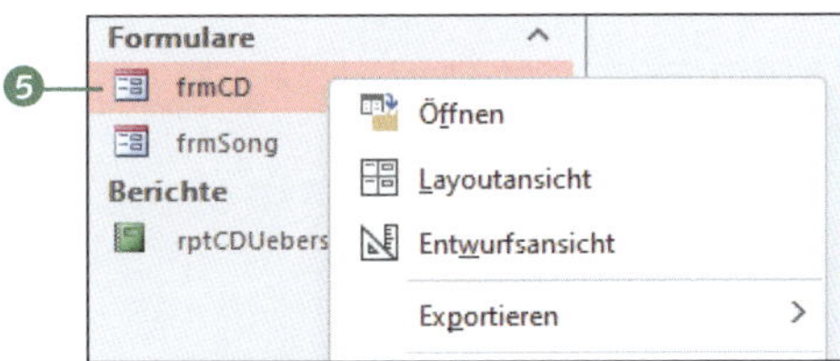

Abbildung 2.15 *Die Auswahl der Ansicht kann auch über das Kontextmenü eines Objekts im Navigationsbereich erfolgen.*

2.4 Hilfe, wenn es mal nicht weitergeht

Kein Mensch kann alles wissen. So ist es auch keine Schande, wenn man mal in Access nicht weiterweiß. Zumal es viele Möglichkeiten gibt, sich Hilfe zu holen. Drei davon stellen wir Ihnen im Folgenden vor.

Angenommen, Sie möchten einen Bericht erstellen, wissen aber nicht mehr genau, wo Sie die hierfür nötigen Befehle finden. In einer solchen Situation sollten Sie als erste Anlaufstelle das Suchfeld **Was möchten Sie tun?** im Menüband wählen ❶.

Abbildung 2.16 *Access fragt Sie direkt, was Sie tun möchten.*

Um eine Suchanfrage zu starten, klicken Sie in das Feld und geben einen Suchbegriff ein, für unser Beispiel etwa »Bericht«. Bereits während der Eingabe listet Access einige Ergebnisse auf. Bei den unter den Überschriften **Beste Aktion** bzw. **Aktionen** aufgeführten Treffern handelt es sich um Befehle. Klicken Sie eine solche Aktion an, wird der Befehl direkt ausgeführt. Mit einem Klick auf **Bericht** ❷ erzeugt Access z. B. sofort einen Bericht; entscheiden Sie sich für **Berichts-Assistent** ❸, wird der gleichnamige Assistent gestartet. Helfen Ihnen die Aktionen bei Ihrem Problem nicht weiter, können Sie sich per Klick auf das Suchergebnis im Abschnitt **Hilfe anfordern zu** (im Beispiel **»Bericht«** ❹) weitere Informationen anzeigen lassen.

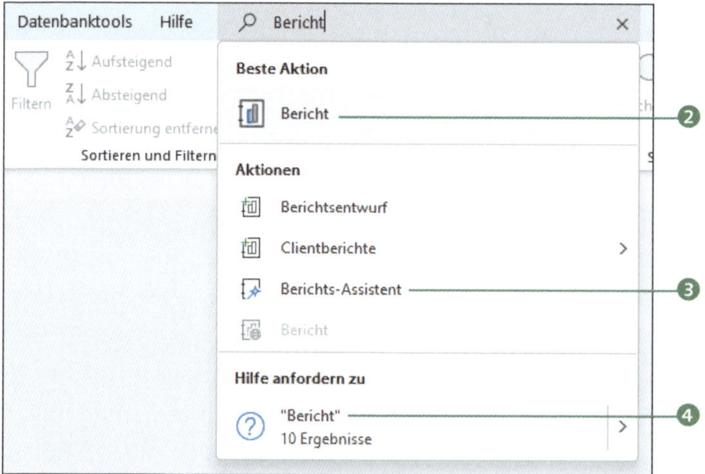

Abbildung 2.17 *Sie können eine Aktion auswählen, die anschließend direkt ausgeführt wird, oder weitere Hilfe anfordern.*

Access blendet hierauf in der rechten Fensterhälfte die Spalte **Hilfe** ein. Um in der Ergebnisliste zu blättern, nutzen Sie die Bildlaufleiste am rechten Rand der Spalte ❺. Mit einem Klick auf **Mehr anzeigen** ❻ am Ende der Liste werden weitere Ergebnisse eingeblendet. Interessiert Sie einer der aufgeführten Artikel, reicht ein Klick auf den blauen Titel ❼, und schon erhalten Sie die ausführlichen Informationen.

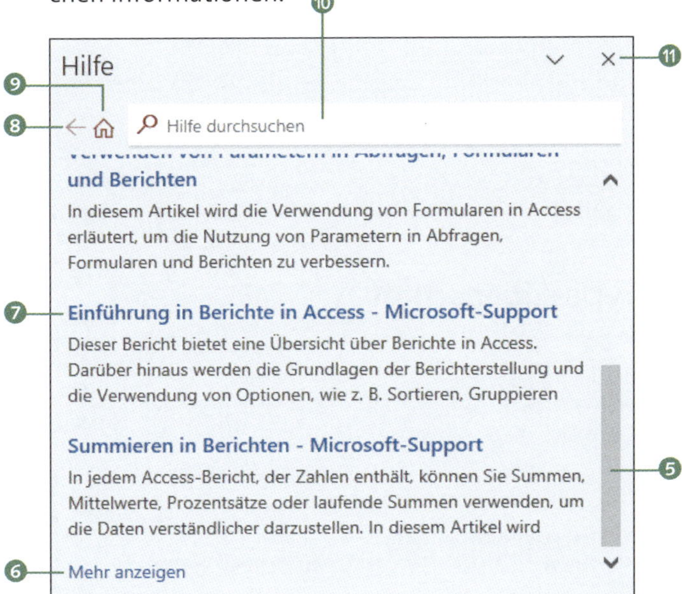

Abbildung 2.18 *Artikel bieten ausführliche Informationen zum gesuchten Thema.*

Per Klick auf den nach links weisenden Pfeil ❽ zu Beginn der Spalte **Hilfe** kehren Sie wieder zur Ergebnisübersicht zurück. Über das Haussymbol ❾ gelangen Sie zur Startseite der Hilfefunktion, auf der Sie verschiedene allgemeine Themen finden. Diese Seite erreichen Sie übrigens auch, indem Sie im Menüband das Register **Hilfe** aufrufen und dann auf *Hilfe* klicken. Über das Suchfeld ❿ können Sie natürlich auch eine gezielte Suche starten. Um die Spalte **Hilfe** wieder auszublenden, klicken Sie auf das Kreuzsymbol oben rechts ⓫.

Schnelle Hilfe erhalten Sie nicht nur über die oben beschriebenen Wege. Angenommen, Sie sind bereits mit einer bestimmten Aktion beschäftigt, etwa dem Anlegen einer Tabelle. Beim Auswählen der Felddatentypen und -eigenschaften verlieren Sie aber gerade etwas den Überblick. Hier reicht das Drücken der Taste F1, und schon wird der Browser mit ausführlichen Informationen zum Thema geöffnet. Keine Sorge übrigens, wenn Sie mit den Begriffen Felddatentypen und -eigenschaften gerade noch nichts anfangen können: In Kapitel 3, »Ein einfaches Beispiel: die »Archiv«-Datenbank für private Zwecke«, lernen Sie beides ausführlich kennen.

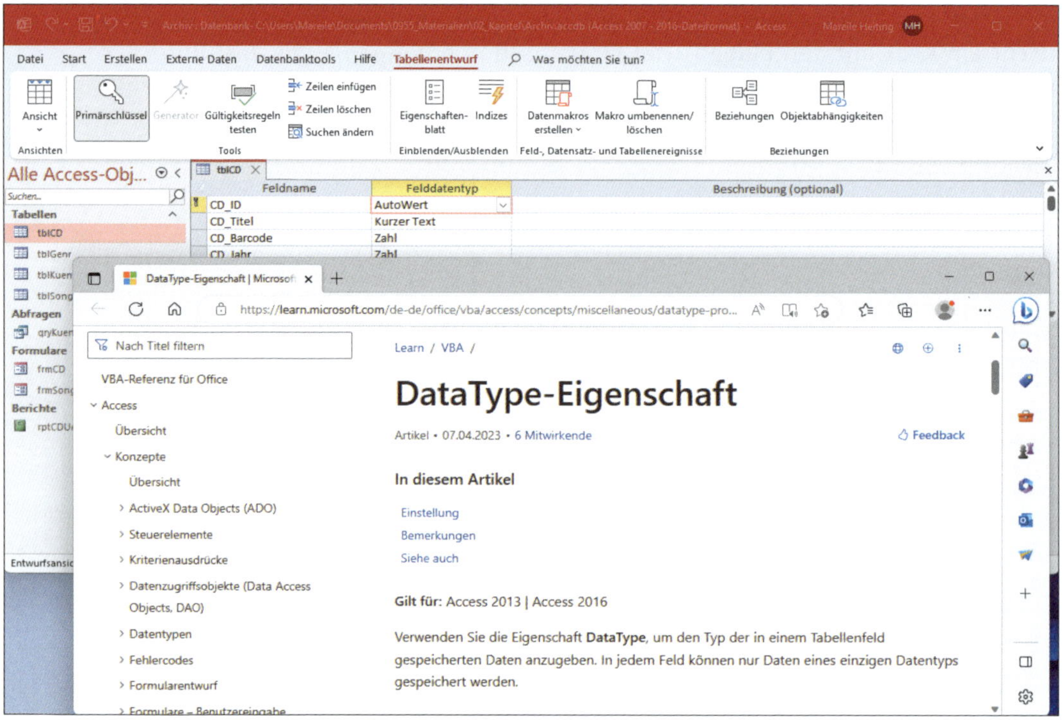

Abbildung 2.19 *Die Funktionstaste* (F1) *hilft häufig ebenfalls weiter.*

Welche Access-Version nutze ich eigentlich?

Das Internet bietet in Hülle und Fülle Hilfe zu Access. Einige Workshops und Videos beziehen sich auf die aktuelle Access-Version, andere wurden bereits vor ein paar Jahren veröffentlicht und gelten somit auch für ältere Versionen von Access. Jede Version bringt ein paar Neuerungen mit. So kann es gut passieren, dass Sie eine Anleitung in Ihrem Access nicht nachverfolgen können. Möchten Sie prüfen, welche Access-Version Sie einsetzen, rufen Sie das Register **Datei** auf und klicken links auf **Konto**. In der rechten Fensterhälfte erfahren Sie unter **Info zu Access**, welche Version Sie nutzen und um welchen Build es sich handelt.

Kapitel 3
Ein einfaches Beispiel: die »Archiv«-Datenbank für private Zwecke

In diesem Kapitel möchten wir Ihnen am Beispiel eines Archivs für eine CD-Sammlung zeigen, wie unkompliziert die Entwicklung, aber auch die Nutzung einer Datenbank in Access ist. Hierzu werden wir zunächst das Modell für die Datenbank erstellen. Anschließend geht es daran, die Datenbank mit ihren Tabellen und Beziehungen in Access anzulegen und mit Daten zu füllen. Mithilfe eines Formulars lässt sich Letzteres besonders komfortabel umsetzen. Um die Daten nach bestimmten Kriterien zu durchsuchen und zu filtern, kommen Abfragen zum Einsatz. Zu guter Letzt erfahren Sie, wie sich Daten zu einem übersichtlich formatierten Bericht zusammenfassen und ausdrucken lassen. Diese kleine Tour ist lediglich ein Vorgeschmack auf das vielseitige Potenzial von Access. In den weiteren Kapiteln werden wir die Themen noch tiefer durchleuchten.

Das für dieses Kapitel gewählte Beispiel eines CD-Archivs kommt sicherlich häufiger im privaten als im beruflichen Umfeld vor, ist aber natürlich nicht hierauf beschränkt. Auch lässt sich das Szenario einfach abwandeln, falls Sie statt der CDs lieber Bücher, Beiträge aus Fachmagazinen, die DVD-Sammlung oder anderes archivieren möchten. Eine Erweiterung ist ebenfalls denkbar, falls Sie die Medien beispielweise verleihen möchten.

3.1 Der wichtigste Schritt zu Beginn: Das Datenbankmodell entwerfen

Wir können es nicht häufig genug wiederholen: Die erste wichtige Phase bei der Entwicklung einer Datenbank sollte immer die Planung des Datenbankmodells sein. Gehen Sie diesen Schritt zu oberflächlich an, müssen Sie später in Access womöglich mit massiven Problemen wie inkonsistenten oder auch redundanten Daten kämpfen. Mit einem guten Konzept lassen sich diese Probleme aber leicht umgehen. Bevor Sie also gleich in Access loslegen, sollten Sie in Ruhe überlegen, welche Anforderungen Sie an die Datenbank stellen.

3.1.1 Welche Informationen müssen in der Datenbank gespeichert werden?

Sehen wir uns die Phasen eines Datenbankentwurfs anhand unseres Beispiels an. Die Aufgabe lautet, eine Datenbank zur Archivierung einer CD-Sammlung zu erstellen. Dazu muss zunächst geklärt werden, welche Informationen überhaupt erfasst werden sollen. Spontan fallen hier jedem sicherlich Stichwörter wie CD-Titel, Künstler, Songtitel, Erscheinungsjahr oder auch das Genre (z. B. Jazz, Pop oder auch Klassik) ein. Wer seine selbst gedrehten Videos gerne mit Musik untermalen möchte, für den könnte die Spiellänge eines Songs von Interesse sein. Vorausgesetzt, er hat eine CD bereits digitalisiert oder plant dies. Dies ergibt gleich eine weitere wichtige Information, die gespeichert werden sollte.

Gefällt einem eine CD irgendwann nicht mehr, möchte man sie eventuell bei Anbietern wie momox, rebuy oder ZOXS verkaufen. In solch einem Fall ist es praktisch, wenn man gleich den Barcode der CD zur Hand hat, um einen möglichen Verkaufspreis auf den Portalen zu prüfen. Im Handumdrehen sind so einige Informationen gesammelt, die Sie einfach auf ein Stück Papier schreiben oder – wer lieber mit dem PC arbeitet – in einem Programm wie Word oder PowerPoint festhalten.

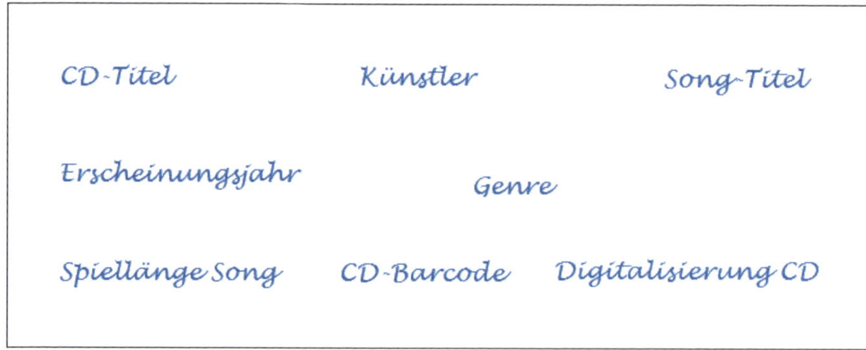

Abbildung 3.1 *Die ersten spontan notierten Stichwörter*

3.1.2 Wie lassen sich die Informationen sinnvoll in Tabellen aufteilen?

Wie werden aus den bunt zusammengewürfelten Stichwörtern nun sinnvolle Tabellen? Die Antwort ist recht einfach: Indem Sie die Informationen in themenbasierte Kategorien aufteilen. So erscheint es z. B. naheliegend, eine Tabelle anzulegen, in der alle Informationen zu einer CD eingetragen werden.

Dazu zählen etwa der CD-Titel, das Erscheinungsjahr, die Digitalisierung und der Barcode.

CD-Titel	Erscheinungsjahr	Digitalisierung	Barcode
The Miracle	1989	ja	123456789
Mensch	2002	ja	987654321
Hide your heart	1988	nein	554433221

Abbildung 3.2 *Aktueller Stand der CD-Tabelle mit einigen Beispielen zur Verdeutlichung*

Jede CD enthält mehrere Musikstücke, auch kurz Songs genannt. Diese werden in einer eigenen Tabelle gespeichert. Abgesehen von den Songtiteln wird darin auch die jeweilige Spiellänge eines Songs erfasst. Um einen Musiktitel schnell auf einer CD wiederzufinden, ist das Hinzufügen der Nummer des Songs auf einer CD, sprich die Position auf der CD, sinnvoll.

Songtitel	Spiellänge	Songnummer
Notes from america	00:04:54	1
Hide your heart	00:04:23	2
Turtle blues	00:04:11	10

Abbildung 3.3 *Aktueller Stand der Songtabelle mit einigen Beispielen*

Manchmal ist weniger mehr

Eine CD enthält mehrere Songs, ein Song kann aber auch auf mehreren CDs enthalten sein. Man denke nur an die vielen Best-of-Alben oder auch Konzertmitschnitte von Künstlern. Dies ist eigentlich ein klassisches Beispiel für eine n:m-Beziehung, die mithilfe einer Zwischentabelle in zwei 1:n-Beziehungen aufgeteilt werden müsste (siehe auch Abschnitt 1.3.2, »Fehler mithilfe der Normalisierung vermeiden«). Da es sich bei den Songs meist um unterschiedliche Aufnahmen handelt, die sich z. B. durch ihre Spiellänge oder auch den Künstler voneinander unterscheiden, verzichten wir in unserem Datenmodell auf die Zwischentabelle. Stattdessen wird jeder Song einzeln, sprich als eigener Datensatz, in der Songtabelle erfasst. Dies gilt auch für Songs, die vermeintlich mehrfach auf einer CD vorhanden sind. Denn auch hier gibt es Unterscheidungsmerkmale wie etwa den Zusatz »Maxi-Version«, »Remix« oder auch »Live-Version«.

Ein vermeintlich eindeutig zuzuordnendes Stichwort ist der Künstler. Bei näherer Betrachtung stellt es sich aber als nicht ganz so trivial heraus. Künstler veröffentlichen CDs, was den Schluss nahelegt, den Künstler in der CD-Tabelle aufzunehmen. Handelt es sich bei der CD um ein Soundtrack-Album oder einen Mitschnitt eines Konzerts, auf dem diverse Künstler auftraten, funktioniert diese Variante aber nicht. In einem solchen Fall muss man sich mit einer Angabe wie »Various Artists«, auf Deutsch »verschiedene Künstler«, behelfen. Für unsere *Archiv*-Datenbank entscheiden wir uns, die Künstler sowohl den CDs als auch den Songs zuzuordnen. Um Mehrfachspeicherung und auch Inkonsistenzen durch z. B. nicht einheitliche Schreibweisen der Künstlernamen zu vermeiden, werden die Künstler in einer eigenen Tabelle erfasst, die dann jeweils mit der CD- und der Songtabelle verknüpft wird. Hierauf werden wir gleich noch ausführlicher eingehen.

Eine wichtige Information, die in der Datenbank erfasst werden soll, fehlt noch: das Genre. Jede CD lässt sich meist einer Musikrichtung wie Pop, Klassik oder auch Schlager zuordnen. Ähnlich wie bei den Künstlern kann es aber auch hier Ausnahmen geben, wie etwa im Falle eines Samplers. Befinden sich solche CDs in der CD-Sammlung, bietet es sich an, für das Genre einen zusammenfassenden Begriff wie »Sampler« zu ergänzen. Diesen Weg werden wir auch für unsere *Archiv*-Datenbank wählen. Jeder Fan wird sicherlich nicht nur eine CD seines bevorzugten Musikstils besitzen. Um eine Mehrfachspeicherung zu vermeiden, wird deshalb im Datenmodell auch für das Genre eine eigene Tabelle angelegt, die dann mit der CD-Tabelle verknüpft wird.

3.1.3 Welche Primär- und Fremdschlüssel werden benötigt?

Aus den bisherigen Überlegungen ergeben sich die vier Tabellen *CD*, *Song*, *Künstler* und *Genre*. Jeder Datensatz innerhalb einer Tabelle muss eindeutig identifizierbar sein. Dies wird durch den sogenannten *Primärschlüssel* sichergestellt, der in unseren vier Tabellen aber noch fehlt. Das lässt sich aber schnell korrigieren, indem jeder Tabelle jeweils ein Feld für die Identifikationsnummer (kurz ID) hinzugefügt wird. Für die CD-Tabelle würde sich als Primärschlüssel auch der Barcode anbieten, da dieser eindeutig ist. Weil es bei der Eingabe mehrstelliger Zahlen aber schnell zu einem Tippfehler kommen kann, raten wir hiervon ab. Eine automatisch generierte Identifikationsnummer ist hier meist die bessere Lösung.

ID	CD-Titel	Erscheinungsjahr	Digitalisierung	Barcode
24	The Miracle	1989	ja	123456789
25	Mensch	2002	ja	987654321
26	Farbenspiel	2013	nein	554433221

Abbildung 3.4 *Die CD-Tabelle inklusive der ID als Primärschlüssel*

ID	Songtitel	Spiellänge	Songnummer
45	Notes from america	00:04:54	1
46	Hide your heart	00:04:23	2
47	Turtle blues	00:04:11	10

Abbildung 3.5 *Die Songtabelle inklusive der ID als Primärschlüssel*

ID	Künstlername
1	Bonnie Tyler
2	Herbert Grönemeyer
3	Helene Fischer

Abbildung 3.6 *Die Künstlertabelle inklusive der ID als Primärschlüssel*

ID	Genre-Name
1	Pop
2	Klassik
3	Schlager

Abbildung 3.7 *Die Genretabelle inklusive der ID als Primärschlüssel*

Der nächste wichtige Schritt besteht in der Verknüpfung der Tabellen. Hier kommt der sogenannte *Fremdschlüssel* ins Spiel. Dabei handelt es sich um ein Feld, dessen Werte den Werten des Primärschlüssels in einer anderen Tabelle entsprechen. Die Erklärung klingt zugegebenermaßen sehr theoretisch. Der Praxisbezug ist aber schnell wiederhergestellt: Wie wir zuvor festgelegt haben, lässt sich jede CD einem Genre zuordnen. Die verschiedenen Genres werden in einer eigenen Tabelle erfasst. Wie jede Tabelle enthält auch die Genretabelle einen Primärschlüssel, nämlich die Identifikationsnummer. Diese Genre-ID wird nun in der CD-Tabelle als eigenes Feld, also als Fremdschlüssel, ergänzt. Damit lässt sich jede in der CD-Tabelle erfasste CD einem in der Genretabelle gespeicherten Musikstil zuordnen.

ID	CD-Titel	Erscheinungsjahr	Digitalisierung	Barcode	Genre-ID
24	The Miracle	1989	ja	123456789	1
25	Mensch	2002	ja	987654321	1
26	Farbenspiel	2013	nein	554433221	3

Abbildung 3.8 *Die vollständige CD-Tabelle inklusive Fremdschlüssel*

Gleichermaßen erfolgt die Verknüpfung der CD-Tabelle mit der Künstlertabelle und der Songtabelle mit der Künstlertabelle: Sowohl die CD- als auch die Songtabelle werden jeweils um ein Feld erweitert, in dem die Werte des Primärschlüssels der Künstlertabelle eingefügt werden. Um zusätzlich die Beziehung zwischen Songtabelle und CD-Tabelle herzustellen, wird in der Songtabelle ein weiteres Feld ergänzt, das auf den Primärschlüssel der CD-Tabelle verweist.

ID	Songtitel	Spiellänge	Songnummer	Künstler-ID	CD-ID
45	Notes from america	00:04:54	1	1	24
46	Hide your heart	00:04:23	2	1	24
47	Turtle blues	00:04:11	10	1	24

Abbildung 3.9 *Die vollständige Songtabelle inklusive Fremdschlüssel*

Der Datenbankentwurf ist damit im Grunde genommen abgeschlossen. Bevor Sie die Tabellen in Access anlegen, sollten Sie sich überlegen, wie Sie die Tabellen und Felder bezeichnen möchten.

3.1.4 Passende Tabellen- und Feldnamen vergeben

Wenn es an die Benennung von Tabellen, Feldern, Abfragen, Berichten oder auch Formularen geht, zeigt sich Access sehr großzügig und lässt Ihnen viel Spielraum. Sie könnten also fast ohne Probleme die im vorherigen Abschnitt gewählten Spaltennamen für die Tabellenfelder übernehmen. Access gibt lediglich diese Einschränkungen vor:

- Ein Name darf maximal 64 Zeichen lang sein.

- Ein Name darf weder mit einem Leerzeichen beginnen noch enden. Um Probleme mit Leerzeichen auszuschließen, sollten Sie am besten ganz darauf verzichten.
- Sonderzeichen wie Anführungszeichen (»"«), Ausrufezeichen (»!«), eckige Klammern (»[« und »]«), Hochkomma (»'«) und Punkt (».«) sind nicht erlaubt. Umlaute und andere Sonderzeichen wie der Bindestrich (»-«) oder der Schrägstrich (»/«) sind zwar gestattet, können aber zu Problemen führen und sollten daher ebenfalls nicht verwendet werden. Eine Ausnahme bildet nur der Unterstrich (»_«), der problemlos eingesetzt werden kann.

In unseren vier Beispieltabellen sind somit der Bindestrich in *Genre-ID*, *Künstler-ID* und *CD-ID* sowie die Umlaute in *Künstler* und *Spiellänge* problematisch. Abhilfe ist aber schnell geschaffen, indem der Bindestrich einfach durch einen Unterstrich ersetzt wird. Die Umlaute »ü« und »ä« lassen sich schnell mithilfe eines »ue« und »ae« korrigieren.

Bei der Benennung von Feldern sind Ihnen bis auf die gerade erwähnten Einschränkungen keine Grenzen gesetzt. Manche Bezeichnungen wie etwa *Name* oder auch *Date* können allerdings zu einer Fehlermeldung führen, wie in Abbildung 3.10 zu sehen. Erhalten Sie eine solche Warnung, müssen Sie sich eine neue Bezeichnung für das Feld überlegen.

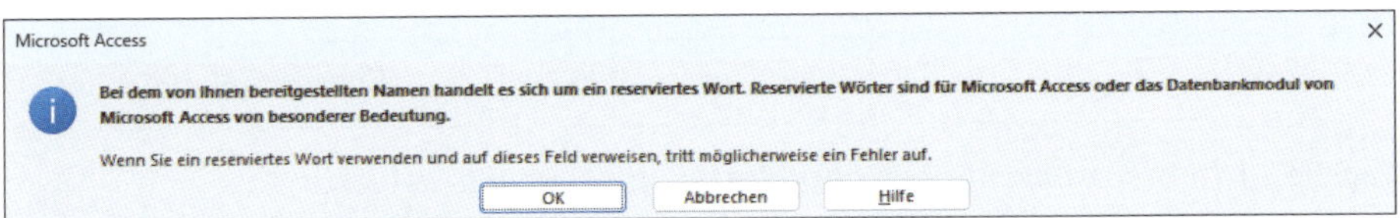

Abbildung 3.10 *Versuchen Sie, ein in Access reserviertes Wort wie etwa »Name« zu verwenden, erhalten Sie eine Fehlermeldung.*

In unseren vier Beispieltabellen tauchen solch reservierte Namen nicht auf. Falls dies bei Ihrer Datenbank aber einmal der Fall sein sollte, lässt sich das Problem z. B. durch die Ergänzung eines maximal drei- oder vierstelligen Präfixes beheben. Wählen Sie am besten ein Kürzel, das sich eindeutig aus dem Tabellennamen ableitet (etwa *Kuen* für »Kuenstler«). Das Vorgehen empfiehlt sich übrigens nicht nur bei reservierten Namen, sondern generell für alle Feldnamen. In unseren Beispieltabellen taucht z. B. in jeder Tabelle der Feldname *ID* auf. Ergänzen Sie hier jeweils ein Präfix, sehen Sie sofort, zu welcher Tabelle ein Feldname gehört. Auch im Zusammenhang mit Fremdschlüsseln ist dies ausgesprochen praktisch. Um einen solchen noch besser zu kennzeichnen, bietet es sich sogar an, ein Suffix in der Form »_f« für Fremdschlüssel hinzuzufügen. Berücksichtigen Sie alle bisherigen Ratschläge, ergibt sich für das Feld *Künstler-ID* in der CD- bzw. Songtabelle somit die Bezeichnung *Kuen_ID_f*.

Für die Benennung von Datenbankobjekten hat sich im Laufe der Jahre eine eigene Namenskonvention eingebürgert. Hierbei wird jedem Namen ein Präfix bestehend aus drei Buchstaben vorangestellt, aus dem der Typ des Objekts abgeleitet werden kann. Aus der Bezeichnung *tblSong* geht beispielsweise sofort hervor, dass es sich um eine Tabelle handelt; die Bezeichnung *frmSong* wiederum kennzeichnet ein Formular. Welche Präfixe nach der sogenannten *Leszynski Naming Convention*, kurz LNC, üblich sind, zeigt Tabelle 3.1. Ob Sie sich jeweils für die englische oder die deutsche Variante entscheiden, liegt ganz bei Ihnen, Hauptsache, Sie verwenden sie einheitlich.

Datenbankobjekt (englische Bezeichnung)	Englisches Präfix	Deutsches Präfix	Beispiel
Tabelle (*table*)	tbl	tab	*tblSong*
Abfragen (*queries*)	qry	abf	*qryKuenstlerCD*
Formulare (*forms*)	frm	frm	*frmSong*
Berichte (*reports*)	rpt	ber	*rptCDUebersicht*
Makros (*macros*)	mcr	mak	*mcrBeispiel*

Tabelle 3.1 *Namenskonventionen nach der LNC für Datenbankobjekte*

Um die Lesbarkeit von Namen zu verbessern, die sich aus mehreren Wörtern zusammensetzen, nutzen Sie am besten den Unterstrich (»_«) oder alternativ auch die sogenannte *CamelCase-Schreibweise*. Bei Letzterer wird immer der erste Buchstabe eines Wortes großgeschrieben. Auch hier ist es wieder Ihnen überlassen, welche Variante Sie wählen, Sie sollten lediglich auf eine einheitliche Schreibweise achten. In unserer *Archiv*-Datenbank werden wir für die Namen von Datenbankobjekten (also Tabellen, Abfragen, Formulare etc.) die CamelCase-Schreibweise wählen (z. B. *tblKuen*) und für die Feldnamen den Unterstrich einsetzen (etwa *Kuen_Name*).

Berücksichtigt man alle erwähnten Regeln und Tipps, ergibt sich für unsere *Archiv*-Datenbank das in den folgenden Abbildungen gezeigte Ergebnis. Die Bezeichnungen in Klammern geben jeweils den Namen an, unter dem die Tabelle in Access gespeichert wird.

Kuen_ID	Kuen_Name
1	Bonnie Tyler
2	Herbert Grönemeyer
3	Helene Fischer

Abbildung 3.11 *Die Künstlertabelle (Bezeichnung »tblKuen«)*

Genr_ID	Genr_Name
1	Pop
2	Klassik
3	Schlager

Abbildung 3.12 *Die Genretabelle (Bezeichnung »tblGenr«)*

CD_ID	CD_Titel	CD_Jahr	CD_Digital	CD_Barcode	Genre_ID_f	Kuen_ID_f
24	The Miracle	1989	ja	123456789	1	1
25	Mensch	2002	ja	987654321	1	2
26	Farbenspiel	2013	nein	554433221	3	3

Abbildung 3.13 *Die CD-Tabelle (Bezeichnung »tblCD«)*

Song_ID	Song_Titel	Song_Laenge	Song_Nr	Kuen_ID_f	CD_ID_f
45	Notes from america	00:04:54	1	1	24
46	Hide your heart	00:04:23	2	1	24
47	Turtle blues	00:04:11	10	1	24

Abbildung 3.14 *Die Songtabelle (Bezeichnung »tblSong«)*

3.1.5 Welche Felddatentypen eignen sich für welche Felder?

»So langsam müsste die Phase des Datenbankentwurfs doch erledigt sein und es endlich in Access weitergehen«, denken Sie vielleicht. Der Datenbankentwurf ist tatsächlich abgeschlossen, über eine Kleinigkeit sollten Sie sich aber trotzdem noch Gedanken machen, bevor Sie mit Access starten. Sobald Sie in Access die Tabellen anlegen und die Felder hinzufügen, müssen Sie für jedes

Feld auch einen Felddatentyp bestimmen. Dieser Schritt mag im ersten Moment unwichtig erscheinen, er ist es aber keineswegs! Denn mithilfe des Felddatentyps legen Sie fest, welche Art von Werten in den Feldern eingegeben werden dürfen. Wählen Sie für das Feld **CD_Jahr** als Felddatentyp z. B. **Zahl**, lässt Access tatsächlich nur die Eingabe einer Zahl zu. Sobald jemand versucht, einen Buchstaben einzutragen, erscheint eine Fehlermeldung. Das Festlegen von Felddatentypen reduziert somit mögliche Eingabefehler und liefert einen wichtigen Beitrag zur Sicherstellung der Datenkonsistenz.

Auf die verschiedenen Felddatentypen, die Ihnen in Access zur Verfügung stehen, werden wir ausführlich in Kapitel 4, »Tabellen anlegen – Strukturen definieren«, eingehen. Für das Beispiel der *Archiv*-Datenbank ist die folgende kurze tabellarische Zusammenfassung ausreichend. Sie enthält nur die Felddatentypen, die in unserer *Archiv*-Datenbank Verwendung finden.

Felddatentyp	Kurzbeschreibung
Kurzer Text	Erlaubt jegliche Art von Zeichenfolge bestehend aus bis zu 255 Zeichen.
Zahl	Dient dem Speichern von ganzen Zahlen, Dezimal- und Prozentzahlen.
AutoWert	Bei diesem Felddatentyp ergänzt Access automatisch eindeutige, aufeinanderfolgende ganze Zahlen. Er kommt in erster Linie bei ID-Feldern, sprich den Primärschlüsseln, zum Einsatz.
Ja/Nein	Kommt als Feldinhalt nur ein »Ja« oder »Nein« in Frage, ist dieser Felddatentyp perfekt geeignet.
Datum/Uhrzeit	Wird zur Speicherung jeglicher Zeitangaben wie Datum oder auch Uhrzeit verwendet.

Tabelle 3.2 *Übersicht über die Felddatentypen, die in der »Archiv«-Datenbank zum Einsatz kommen*

Mithilfe der Felddatentypen lassen sich bereits einige Fehleingaben verhindern. Access bietet aber noch weitaus mehr Einschränkungsmöglichkeiten, um sicherzustellen, dass nur gültige und korrekte Daten in der Datenbank erfasst werden. Mit diesem Thema werden wir uns ausführlich in Abschnitt 4.3, »Die Dateneingabe per Feldeigenschaften beeinflussen«, beschäftigen. Eine kleine

Auswahl wie etwa eine erzwungene Dateneingabe oder die Vorgabe des Eingabeformats lernen Sie bereits im weiteren Verlauf dieses Kapitels kennen.

3.2 Neue Datenbank erzeugen und Tabellen hinzufügen

Das Datenbankmodell für unsere *Archiv*-Datenbank ist fertig, d. h., es steht fest, welche Informationen in welchen Feldern einer Tabelle gespeichert werden sollen und welche Beziehungen zwischen den Tabellen bestehen. Sogar die Namen von Tabellen und Feldern sowie die Felddatentypen haben wir festgelegt. Nun geht es endlich daran, das Datenmodell in Access zu übertragen.

3.2.1 Neue Datenbank erstellen und erste Tabelle anlegen

Für unsere *Archiv*-Datenbank muss zunächst eine neue Datenbank erzeugt werden. Direkt im Anschluss wird die erste Tabelle angelegt und gespeichert.

1. Starten Sie Access beispielweise über den gleichnamigen Eintrag im Startmenü von Windows.
2. Auf der **Startseite** des Programms klicken Sie auf **Leere Datenbank**.

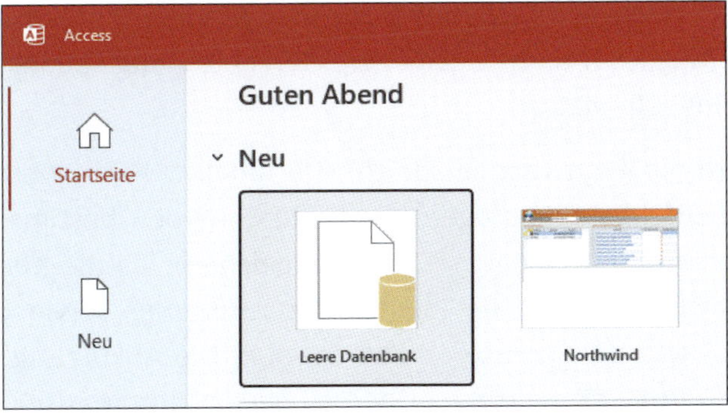

3. Vergeben Sie im folgenden Dialog im Feld **Dateiname** eine eigene Bezeichnung für Ihre Datenbank. In unserem Beispiel bietet sich etwa der Name »Archiv« an ❶.
4. Unterhalb des Feldes wird der Standardspeicherort der Datenbankdatei aufgeführt. Falls Sie die Datei in einem anderen Verzeichnis sichern möchten, kli-

cken Sie auf das Ordnersymbol ❷. Im folgenden Dialog wählen Sie den gewünschten Speicherort aus und übernehmen diesen mit einem Klick auf **OK**.

5. Bestätigen Sie Ihre Angaben mit **Erstellen** ❸.

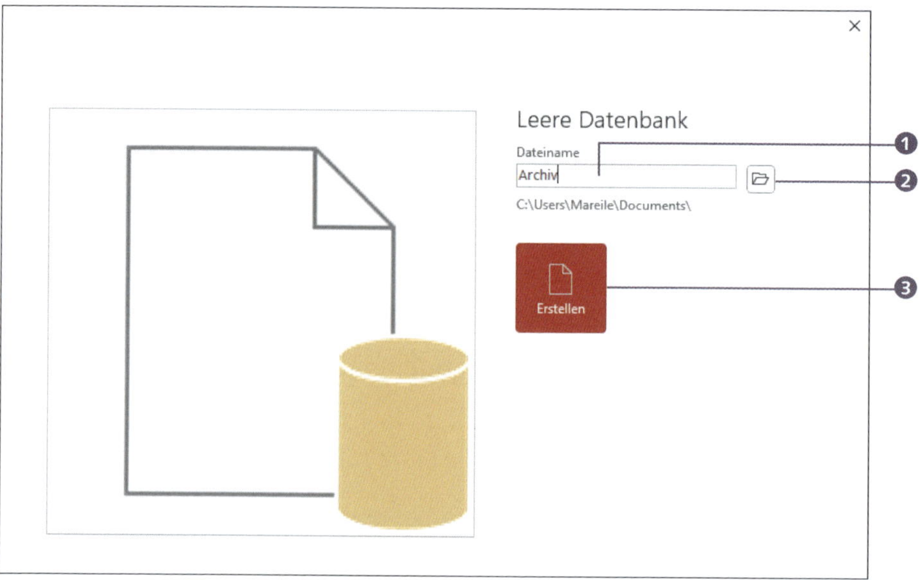

Access legt nun eine neue Datenbank an. Zugleich wird eine erste Tabelle mit der Bezeichnung **Tabelle1** erzeugt. Der Name erscheint links im Navigationsbereich ❹. Die noch leere Tabelle wird im Anzeigebereich rechts in der sogenannten *Datenblattansicht* eingeblendet ❺.

In unserem Beispiel wird die leere Tabelle zur Künstlertabelle. Hierzu werden wir zunächst die Tabellenfelder hinzufügen, die Felddatentypen bestimmen und die Tabelle abschließend unter neuem Namen speichern. Da die Künstlertabelle nur aus zwei Feldern für die Identifikationsnummer sowie den Künstlernamen besteht, sind die Schritte schnell erledigt. Die Abkürzung für Identifikationsnummer, die **ID** ❻, wurde von Access bereits automatisch als Überschrift der ersten Spalte ergänzt. Dieses Feld ist zugleich der Primärschlüssel der Tabelle, als Felddatentyp wählt Access ebenfalls automatisch **AutoWert**. Hierum müssen Sie sich also nicht mehr kümmern. Wie in Abschnitt 3.1.4, »Passende Tabellen- und Feldnamen vergeben«, erwähnt, sollten Sie aber den Feldnamen zur besseren Übersicht ändern.

1. Um den Namen zu korrigieren, doppelklicken Sie auf **ID**.
2. Die Bezeichnung wird markiert und kann nun mit dem neuen Namen entsprechend der Namenskonventionen überschrieben werden. Für die Künstlertabelle wählen wir die Bezeichnung »Kuen_ID«. Schließen Sie die Eingabe durch Drücken der Taste [↵] ab.

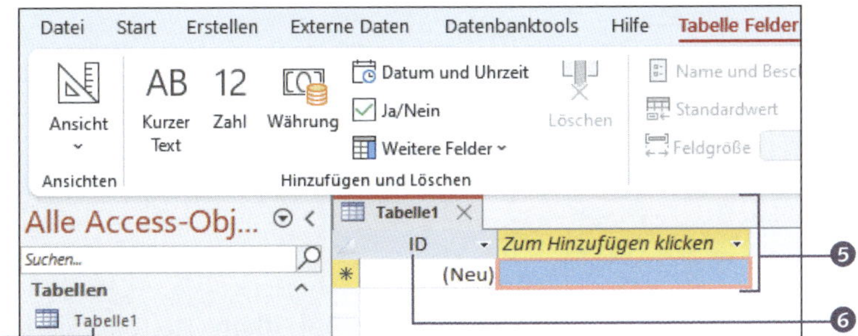

3. Unterhalb von **Zum Hinzufügen klicken** ❼ klappt automatisch eine Liste auf, in der Sie den gewünschten Felddatentyp für das nächste Feld markieren. Bei diesem Feld handelt es sich um den Künstlernamen. Als Felddatentyp wird hier **Kurzer Text** benötigt. Wählen Sie den entsprechenden Eintrag per Mausklick ❽ aus. Sollte die Liste bei Ihnen nicht aufklappen, klicken Sie einfach auf **Zum Hinzufügen klicken**.

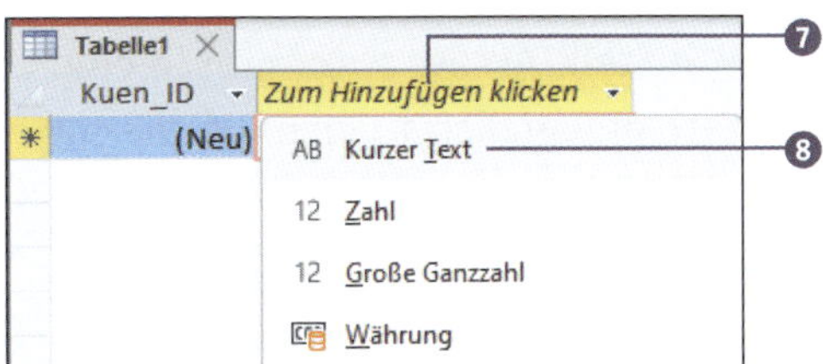

4. Nach der Auswahl des Felddatentyps wird ein neues Feld mit dem Namen **Feld1** erzeugt. Diesen Namen sollten Sie ebenfalls nicht übernehmen. Da er bereits markiert ist, können Sie ihn direkt mit der Bezeichnung »Kuen_Name« überschreiben. Bestätigen Sie die Eingabe mit der [↵]-Taste.

   Damit ist die Struktur der Künstlertabelle auch schon fertiggestellt. Nun müssen Sie den Tabellenentwurf nur noch speichern.

5. Klicken Sie im Anzeigebereich mit der rechten Maustaste auf die Registerkarte **Tabelle1** ❾. Wählen Sie im Kontextmenü den Befehl **Speichern**.

6. Überschreiben Sie den markierten Namen im Feld **Tabellennamen** mit der neuen Bezeichnung, in unserem Beispiel »tblKuen«. Schließen Sie den Dialog **Speichern unter** mit einem Klick auf **OK**.

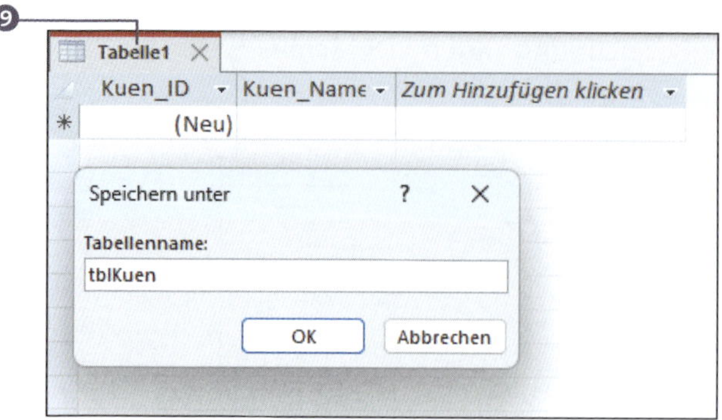

Damit haben Sie erfolgreich die erste Tabelle der Datenbank erstellt. Sie können die Tabelle per Klick auf das Kreuzsymbol rechts vom Namen schließen. Im nächsten Abschnitt erfahren Sie, wie Sie weitere Tabellen hinzufügen. Falls Sie nicht sofort mit der nächsten Anleitung fortfahren möchten, können Sie Access in der Zwischenzeit natürlich auch beenden. Hierzu reicht ein Klick auf das Symbol **Schließen** in der rechten oberen Ecke des Programmfensters.

3.2.2 Weitere Tabellen erstellen

Beim Erzeugen einer neuen Datenbank erstellt Access automatisch eine erste Tabelle, wie im vorherigen Abschnitt gezeigt. Bei dieser einen Tabelle soll es in unserem Beispiel nicht bleiben. Schritt für Schritt werden wir nun die drei Tabellen zur Erfassung der CDs, Songs sowie der Genres hinzufügen. Im Gegensatz zur ersten Tabelle, die in der Datenblattansicht erzeugt wurde, kommt jetzt die Entwurfsansicht zum Einsatz.

Sollten Sie Access in der Zwischenzeit geschlossen haben, starten Sie die Anwendung, und öffnen Sie die Datenbank per Klick auf den Datenbanknamen **Archiv** auf der Startseite von Access. Sollte unterhalb des Menübandes die Sicherheitswarnung erscheinen, bestätigen Sie sie mit einem Klick auf **Inhalt aktivieren**.

Als Nächstes wird die Tabelle mit der Bezeichnung **tblGenr** erstellt, in der später die Musikstile wie z. B. Klassik, Pop oder auch Jazz eingetragen werden.

1. Wechseln Sie in das Register **Erstellen** ❶, und klicken Sie in der Gruppe **Tabellen** auf **Tabellenentwurf** ❷.

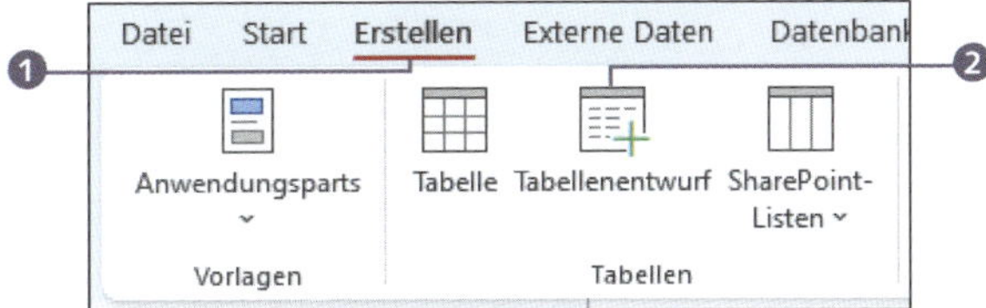

Access öffnet eine neue Tabelle mit der Bezeichnung **Tabelle1** ❸. Der Name wird später beim Speichern der Tabelle geändert. Die Tabelle wird in der Entwurfsansicht angezeigt, in der Sie nun die Tabellenstruktur, sprich die Feldnamen mit jeweils dazugehörigen Felddatentypen und Eigenschaften, bestimmen.

2. Die erste Tabellenzelle direkt unterhalb der Spaltenüberschrift **Feldname** ist bereits markiert. Tippen Sie »Genr_ID« ein, und bestätigen Sie die Eingabe durch Drücken der Taste [↵].

3. In der Zelle rechts von Ihrer Eingabe wird als Felddatentyp **Kurzer Text** angeboten. Bei der **Genr_ID** handelt es sich aber um den Primärschlüssel der Tabelle, für den dieser Datentyp nicht geeignet ist. Um den Felddatentyp zu ändern, klicken Sie auf den Pfeil am rechten Rand der Zelle, und wählen Sie in der aufklappenden Liste **AutoWert** ❹ aus.

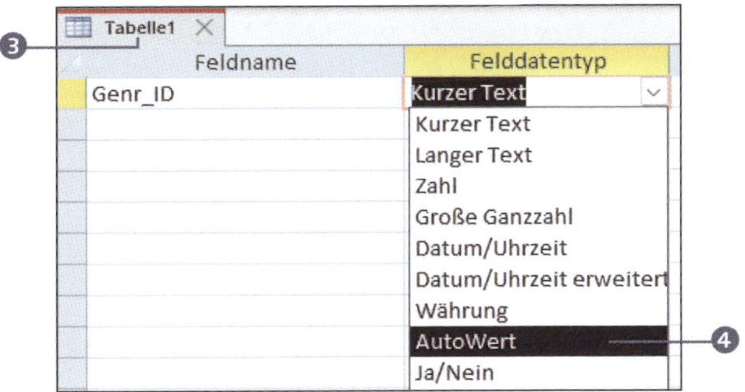

4. Im Gegensatz zur Datenblattansicht, in der Access das erste Feld der Tabelle automatisch als Primärschlüssel festlegt, müssen Sie dies in der Entwurfsansicht selbst erledigen. Hierzu reicht im Register **Tabellenentwurf** in der Gruppe **Tools** ein Klick auf **Primärschlüssel** ❺.

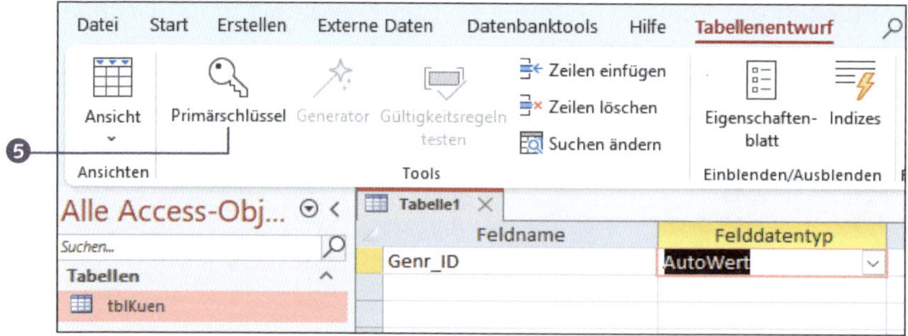

In der Zelle links von **Genr_ID** erscheint nun ein kleines Schlüsselsymbol ❻, das Kennzeichen des Primärschlüssels.

5. In der zweiten Zeile innerhalb der Spalte **Feldname** tragen Sie als Nächstes »Genr_Name« ❼ ein. Als Felddatentyp können Sie **Kurzer Text** ❽ beibehalten.

6. Damit ist die Genretabelle bereits fertig und kann gespeichert werden. Klicken Sie hierzu in der Schnellzugriffsleiste in der linken oberen Ecke des Programmfensters auf das Symbol **Speichern** ❾.

7. Im Dialog **Speichern unter** geben Sie als Tabellenname »tblGenr« ein, und bestätigen mit **OK**. Schließen Sie dann die Tabelle mit einem Klick auf das Kreuzsymbol am rechten Rand des Tabellennamens.

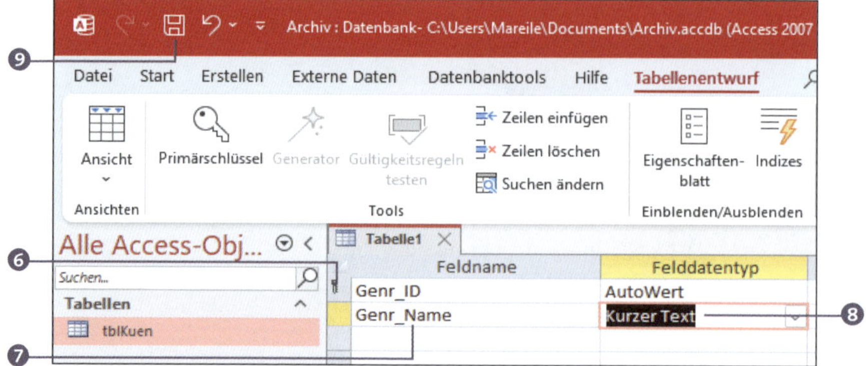

Die Tabelle zur Erfassung der Genres ist fertig. Als Nächstes wird die Tabelle zur Erfassung der CDs erstellt. Hierzu gehen Sie wie in den vorherigen Schritten für die Tabelle **tblGenr** gezeigt vor.

1. Klicken Sie im Register **Erstellen** auf **Tabellenentwurf**.

2. Geben Sie in der Spalte **Feldname** die Bezeichnungen der Felder ein, und ordnen Sie diesen jeweils in der Spalte **Felddatentyp** den gewünschten Datentyp zu, wie in der folgenden Abbildung zu sehen.

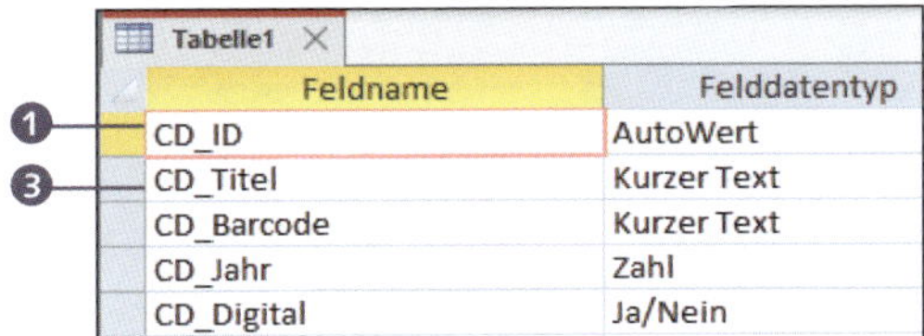

Feldname	Felddatentyp
CD_ID	AutoWert
CD_Titel	Kurzer Text
CD_Barcode	Kurzer Text
CD_Jahr	Zahl
CD_Digital	Ja/Nein

3. Dem Feld **CD_ID** soll wieder der Primärschlüssel zugewiesen werden. Markieren Sie den Feldnamen ❶, und klicken Sie im Register **Tabellenentwurf** auf **Primärschlüssel** ❷. Links vom Feldnamen erscheint nun das Schlüsselsymbol.

4. Es wäre wenig sinnvoll, alle Informationen einer CD zu erfassen, ausgerechnet aber den Titel der CD nicht anzugeben. Damit Ihnen ein solcher Fehler später nicht versehentlich unterläuft, können Sie die Eingabe von Daten im Feld **CD_Titel** zwingend festlegen. Klicken Sie hierzu einmal auf den Feldnamen **CD_Titel** ❸.

5. Im unteren Fensterbereich werden nun die **Feldeigenschaften** für dieses Feld eingeblendet. Im Register **Allgemein** finden Sie die Zeile **Eingabe erforderlich**. Klicken Sie in das Feld rechts davon, das aktuell den Wert **Nein** ❹ anzeigt. Am rechten Rand des Feldes wird ein Pfeilsymbol eingeblendet. Nach einem Klick hierauf ❺ wählen Sie in der aufklappenden Liste **Ja** ❻ aus.

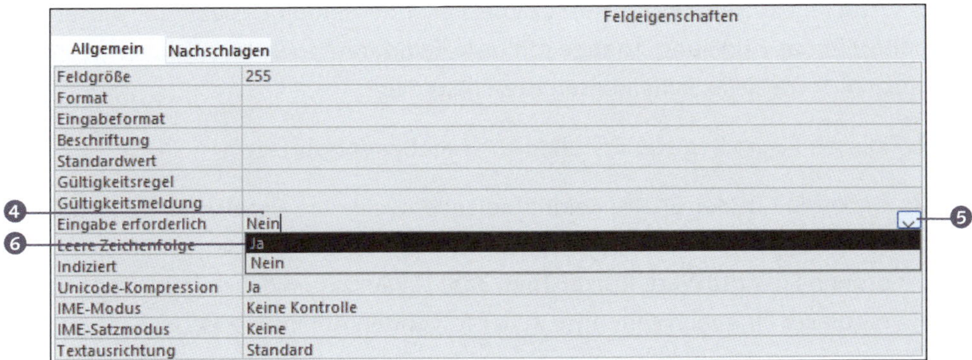

Feldgröße	255
Format	
Eingabeformat	
Beschriftung	
Standardwert	
Gültigkeitsregel	
Gültigkeitsmeldung	
Eingabe erforderlich	Nein
Leere Zeichenfolge	Ja
Indiziert	Nein
Unicode-Kompression	Ja
IME-Modus	Keine Kontrolle
IME-Satzmodus	Keine
Textausrichtung	Standard

6. Um die Tabelle zu sichern, klicken Sie mit der rechten Maustaste auf den Tabellennamen **Tabelle1** ❼ und wählen im Kontextmenü den Befehl **Speichern**. Als Tabellenname geben Sie »tblCD« ein, und bestätigen Sie mit **OK**.

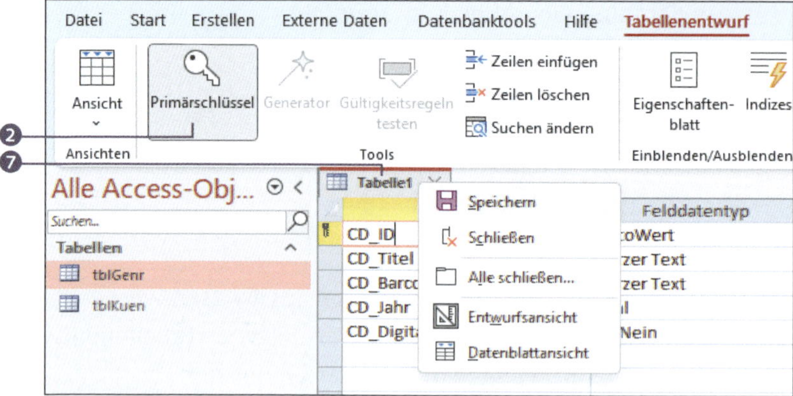

7. Schließen Sie die Tabelle über das Kreuzsymbol rechts vom Tabellennamen.

Lesern, die den Abschnitt »Ein einfaches Beispiel: Die »Archiv«-Datenbank für private Zwecke« zu Beginn dieses Kapitels aufmerksam gelesen haben, wird nicht entgangen sein, dass in der Tabelle noch zwei wichtige Felder fehlen, nämlich das Feld **Kuen_ID_f** und das Feld **Genr_ID_f**, in denen jeweils der Fremdschlüssel auf das Feld **Kuen_ID** der Tabelle **tblKuen** sowie der Fremdschlüssel auf das Feld **Genr_ID** der Tabelle **tblGenr** ergänzt wird. Wie Sie hierzu vorgehen, erfahren Sie im folgenden Abschnitt.

Zuvor werden wir aber noch schnell die letzte der vier Tabellen unseres *Archiv*-Beispiels erzeugen: die Tabelle zur Erfassung der Songs. Die wichtigsten Schritte hierfür kennen Sie bereits. Eine Besonderheit gibt es aber bei dieser Tabelle: Für das Feld **Song_Laenge** mit dem Felddatentyp **Datum/Uhrzeit** werden zusätzlich spezielle Feldeigenschaften festgelegt.

1. Klicken Sie im Register **Erstellen** auf **Tabellenentwurf**.
2. Geben Sie in der Spalte **Feldname** zeilenweise die Bezeichnungen »Song_ID«, »Song_Titel«, »Song_Nr«, und »Song_Laenge« ein. Als Felddatentypen ordnen Sie **AutoWert**, **Kurzer Text**, **Zahl** sowie **Datum/Uhrzeit** zu. Das Ergebnis dieser Eingaben sehen Sie in der folgenden Abbildung ❶.

3. Markieren Sie den Feldnamen **Song_ID**, und kennzeichnen Sie ihn per Klick auf **Primärschlüssel** im Register **Tabellenentwurf** als ebensolchen.

4. Rufen Sie per rechten Mausklick auf **Tabelle1** das Kontextmenü auf, und wählen Sie den Befehl **Speichern**. Geben Sie als Tabellenname »tblSong« ein, und bestätigen Sie mit **OK**.

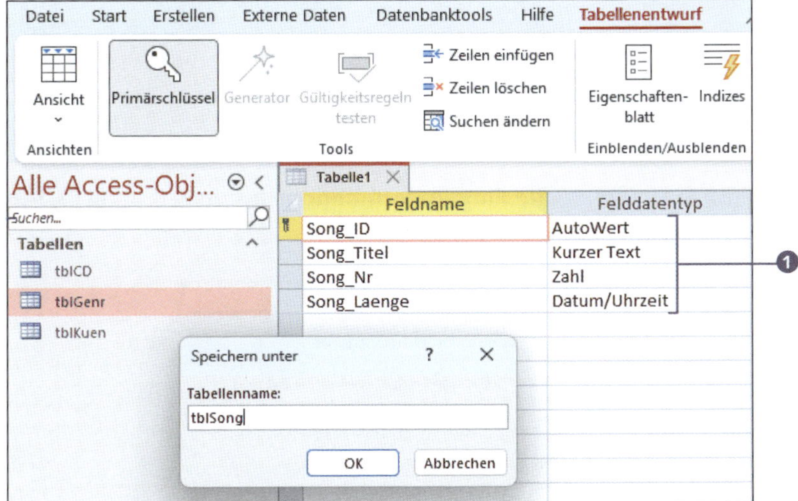

Die Länge eines Songs soll klassischerweise in der Form hh:mm:ss eingegeben werden, wobei »h« für das englische »hour«, zu Deutsch »Stunde«, »m« für Minute und »s« für Sekunde steht. Für einen Song, der drei Minuten und 44 Sekunden lang ist, sollte in der Tabelle also später 00:03:44 eingetragen werden. Damit Access dies auch so anzeigt, müssen Sie das Eingabeformat entsprechend anpassen. Dies erledigen Sie im Bereich **Feldeigenschaften** in der unteren Hälfte des Programmfensters.

5. Markieren Sie in der Tabelle **tblSong** das Feld **Datum/Uhrzeit** ❷.

6. Stellen Sie im Anschluss sicher, dass im Bereich **Feldeigenschaften** das Register **Allgemein** ❸ aktiviert ist, sich also im Vordergrund befindet.

7. Klicken Sie in das Feld rechts von **Eingabeformat** ❹. Am rechten Rand dieses Feldes wird eine Schaltfläche mit drei Punkten eingeblendet, auf die Sie nun klicken ❺. Hierdurch wird der Dialog **Eingabeformat-Assistent** geöffnet.

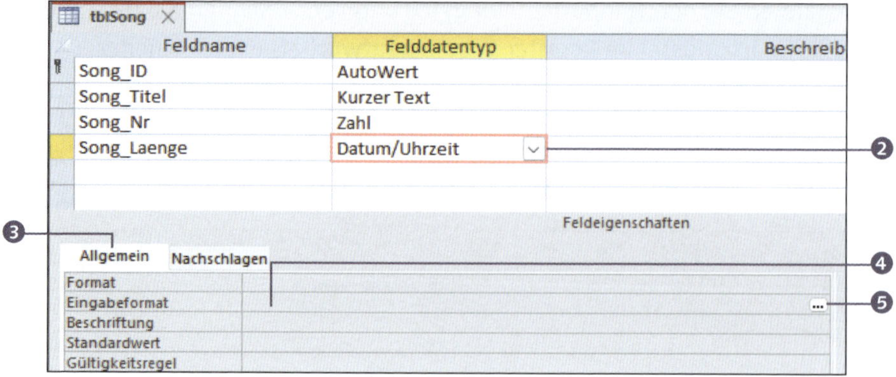

8. Markieren Sie in der Spalte **Eingabeformat** den Eintrag **Zeit, lang** ❻. Fahren Sie mit einem Klick auf **Weiter** fort.

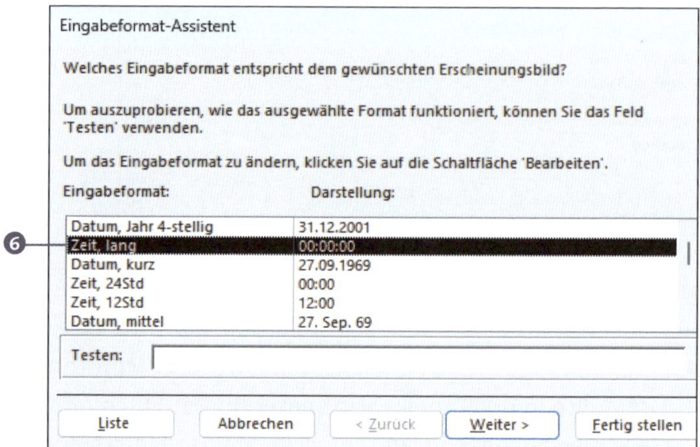

9. Wählen Sie nach einem Klick auf den Pfeil rechts vom Feld **Platzhalterzeichen** in der Liste das Rautensymbol **#** aus ❼.

10. Klicken Sie in das Feld **Testen**, erfahren Sie, wie das Eingabeformat später in der Tabelle angezeigt wird ❽, sobald Sie zur Eingabe einer Songlänge in das entsprechende Feld klicken. Die Rauten sind eine gute Erinnerungsstütze dafür, die Stunden-, Minuten- und Sekundenangaben zweistellig einzutragen.

11. Alle notwendigen Angaben für das Eingabeformat sind erfolgt, so dass Sie den Dialog mit **Fertig stellen** ❾ beenden können.

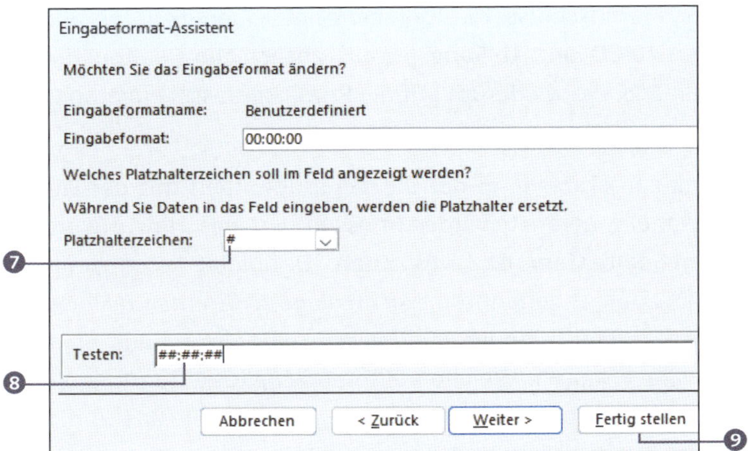

12. Bei der Eingabe von Songdaten wäre es – ähnlich wie zuvor für die CD-Tabelle beschrieben – wenig sinnvoll, wenn ausgerechnet der Songtitel fehlen sollte. Um die Eingabe zu erzwingen, markieren Sie in der Spalte **Feldname** den **Song_Titel** und wählen dann im Bereich **Feldeigenschaften** im Feld rechts von **Eingabe erforderlich** nach einem Klick auf den Pfeil **Ja** aus.

13. Da Sie nach Schritt 4 noch Änderungen am Tabellenentwurf vorgenommen haben, muss die Tabelle nochmals gespeichert werden. Nutzen Sie hierzu einfach das **Speichern**-Symbol in der Schnellzugriffsleiste, oder drücken Sie die Tastenkombination `Strg` + `S`. Anschließend können Sie die Tabelle über das Kreuzsymbol rechts vom Tabellennamen schließen.

Auch die Tabelle zur Erfassung der Songs ist noch nicht ganz vollständig. Hier fehlt jeweils noch ein Fremdschlüssel auf die Tabelle **tblCD** sowie die Tabelle **tblKuen**. Hierum kümmern wir uns nun ausführlich im folgenden Abschnitt.

3.3 Beziehungen zwischen den Tabellen erzeugen

Die vier Tabellen **tblKuen**, **tblGenr**, **tblCD** und **tblSong** sind erstellt und gespeichert. Ein wesentlicher Aspekt fehlt allerdings noch: Die Beziehungen, die zwischen diesen Tabellen bestehen. Würden Sie die Tabellen im aktuellen Zustand mit Daten füllen, ginge aus ihnen z. B. nicht hervor, welche CD welche Songs enthält und welcher Künstler welchen Song interpretiert. Hier kommen nun die wichtigen Fremdschlüssel ins Spiel. Dazu werden wir, wie in Abschnitt 3.1.3,

»Welche Primär- und Fremdschlüssel werden benötigt?«, bereits aufgeführt, in den beiden Tabellen **tblCD** und **tblSong** jeweils zusätzliche Spalten für die Fremdschlüssel ergänzen, die wiederum auf die Primärschlüssel einer anderen Tabelle verweisen.

Wir beginnen mit der CD-Tabelle, in der die Verknüpfungen mit der Genre- sowie der Künstlertabelle ergänzt werden müssen. Für das Hinzufügen der hierfür notwendigen Spalte **Genr_ID_f** bzw. **Kuen_ID_f** bietet Access ein praktisches Werkzeug an: den sogenannten *Nachschlage-Assistenten*. Mit seiner Hilfe wird ein Nachschlagefeld erzeugt, in dem sich später Werte aus einer anderen Tabelle auswählen lassen. Welche weiteren Möglichkeiten Ihnen zum Erzeugen von Beziehungen zur Verfügung stehen, erfahren Sie ausführlich in Abschnitt 4.4, »Beziehungen zwischen Tabellen«.

Um den Fremdschlüssel **Genr_ID_f** mithilfe des Assistenten in der Tabelle **tblCD** hinzuzufügen, gehen Sie folgendermaßen vor:

1. Klicken Sie im Navigationsbereich doppelt auf den Tabellennamen **tblCD** ❶. Die geöffnete Tabelle ist im Anzeigebereich nun in der Datenblattansicht zu sehen.

2. Klicken Sie in der letzten, rechten Spalte auf **Zum Hinzufügen klicken** ❷, und wählen Sie in der aufklappenden Liste **Nachschlagen und Beziehung** ❸.

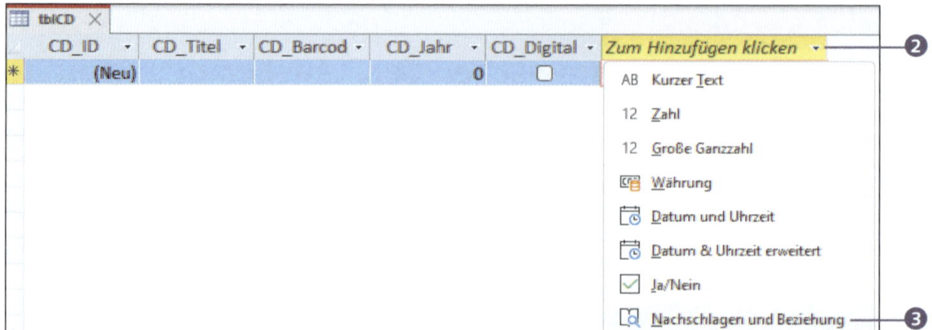

3. Der Dialog **Nachschlage-Assistent** wird gestartet. Lassen Sie die Option **Das Nachschlagefeld soll die Werte aus einer Tabelle oder Abfrage abrufen** ❹ aktiviert. Bestätigen Sie mit **Weiter**.

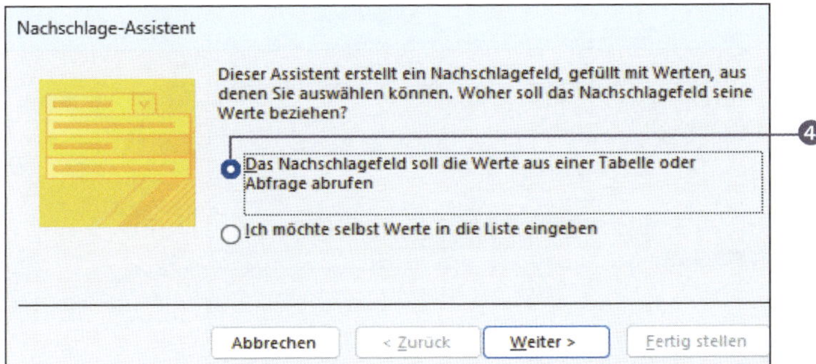

4. Markieren Sie die Tabelle, die die Werte für das Nachschlagefeld enthält. In unserem Beispiel handelt es sich dabei um die Tabelle **tblGenr** ❺. Fahren Sie mit **Weiter** fort.

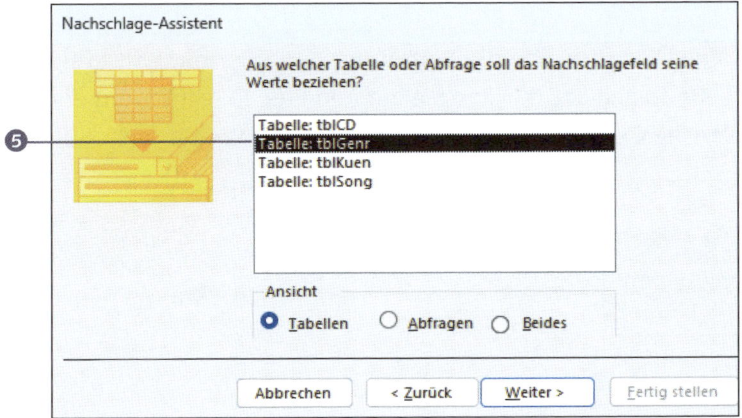

5. Als Nächstes wählen Sie die Felder aus, die das Nachschlagefeld enthalten soll. Hier wird es etwas trickreich: Ganz wichtig ist das Feld des Primärschlüssels, hier also **Genr_ID** ❻. Markieren Sie es, und klicken Sie auf den kleinen nach rechts zeigenden Pfeil ❼. Es wird anschließend in der Liste **Ausgewählte Felder** angezeigt.

6. Primärschlüssel sind ganze Zahlen. Für die spätere Auswahl eines Genres ist es schwierig, nur anhand dieser Zahl das gewünschte Genre zu finden. Weitaus leichter gelingt dies, wenn statt der Zahl der Genrename angezeigt und

ausgewählt werden kann. Der Nachschlage-Assistent macht dies möglich. Markieren Sie einfach das Feld **Genr_Name** ❽, und fügen Sie es per Klick auf den nach rechts weisenden Pfeil der Liste **Ausgewählte Felder** hinzu.

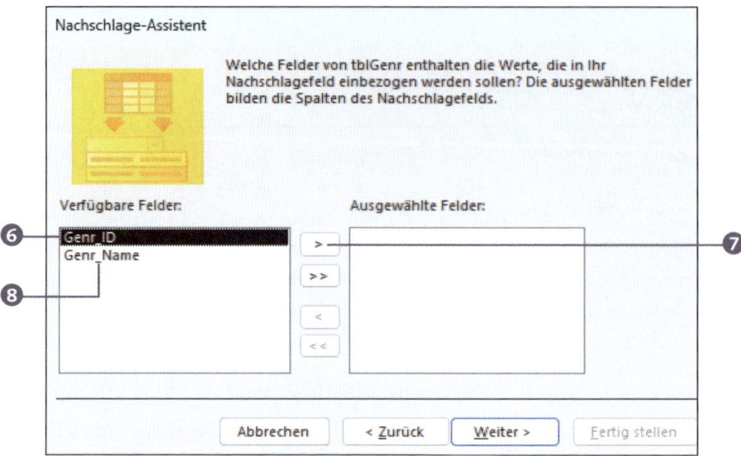

7. Bestätigen Sie mit **Weiter**.

8. Als Nächstes legen Sie fest, wie die Sortierung der angezeigten Daten im Nachschlagefeld erfolgen soll. Klicken Sie auf den Pfeil ❾ rechts vom ersten Feld, und wählen Sie **Genr_Name** aus ❿. Fahren Sie mit **Weiter** fort.

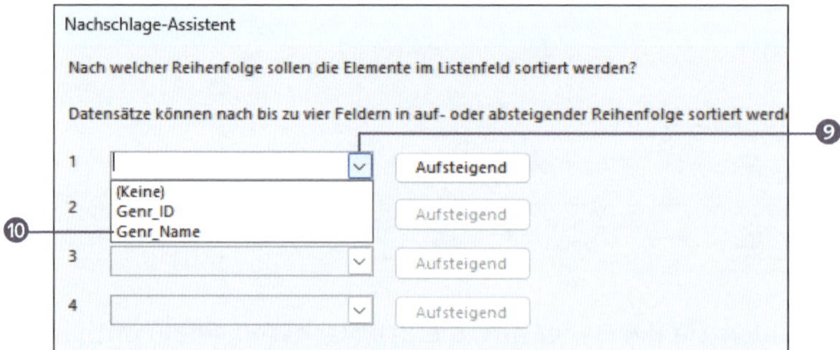

9. Im Nachschlagefeld sollen in unserem Beispiel lediglich die Genrenamen angezeigt werden, nicht die Identifikationsnummern. Lassen Sie daher das Kontrollkästchen **Schlüsselspalte ausblenden (empfohlen)** ⓫ aktiviert. In der Realität wird es später zwar nicht ausgeblendet, ist aber aufgrund einer Spaltenbreite von 0 cm nicht zu sehen. Die Spaltenbreite des Feldes **Genr_Name** bereits jetzt anzupassen, ergäbe noch keinen Sinn, da die Tabelle

noch keine Daten enthält und so die notwendige Breite nicht abschätzbar ist. Die Spaltenbreite lässt sich später jederzeit noch korrigieren. Klicken Sie auf **Weiter**.

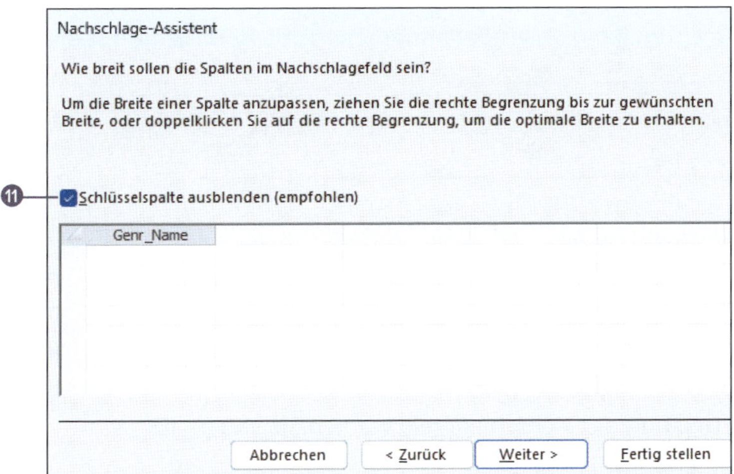

10. Überschreiben Sie die markierte Bezeichnung **Feld1** mit dem Namen für das Feld, im Beispiel also »Genr_ID_f« ⓬.

11. Versehen Sie das Kontrollkästchen **Datenintegrität aktivieren** ⓭ mit einem Häkchen. Damit stellen Sie sicher, dass zu jedem Datensatz der CD-Tabelle auch ein Genrename in der Genretabelle existiert. Beenden Sie den Nachschlage-Assistenten mit einem Klick auf **Fertig stellen** ⓮.

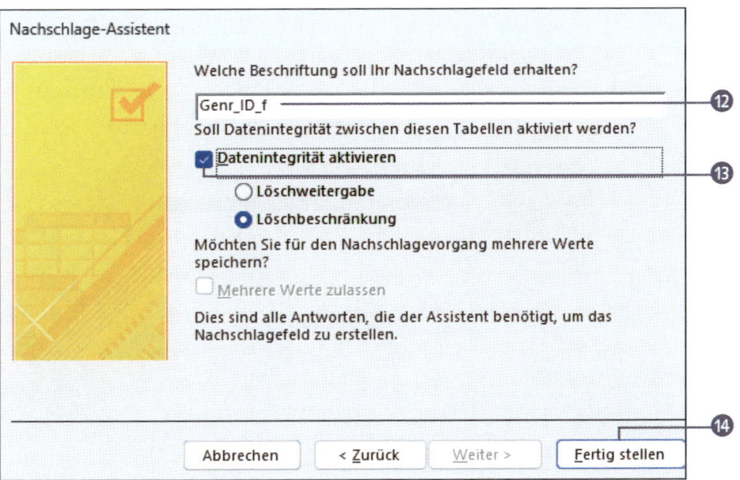

12. Es ist nun wieder die Tabelle **tblCD** in der Datenblattansicht zu sehen, in der Access automatisch das Feld **Genr_ID_f** hinzugefügt hat. Drücken Sie die Tastenkombination `Strg` + `S`, um die Änderungen, die Sie an der Tabelle vorgenommen haben, zu sichern. Mit einem Klick auf das Kreuzsymbol am rechten Rand des Tabellennamens schließen Sie die Tabelle ⑮.

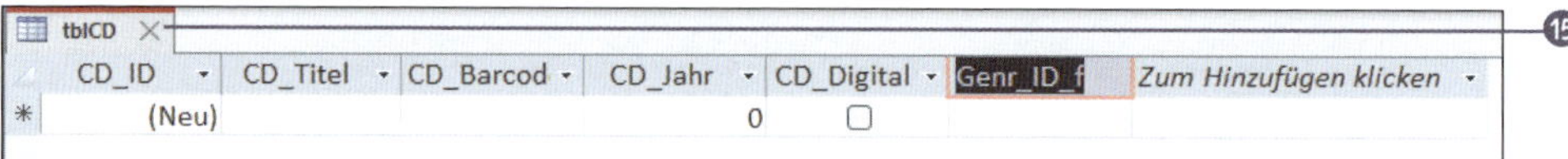

Die Beziehung zwischen der CD-Tabelle und der Genretabelle ist erfolgreich hergestellt. Um in der CD-Tabelle die Verknüpfung zur Künstlertabelle herzustellen, wiederholen Sie die Schritte 1 bis 12. Sie müssen in der vorherigen Anleitung lediglich das »Genr« durch »Kuen« ersetzen, wenn es daran geht, die gewünschte Tabelle (**tblKuen**) und entsprechenden Felder (**Genr_ID**, **Genr_Name**) auszuwählen. Als Beschriftung für das Nachschlagefeld wählen Sie »Kuen_ID_f«.

Nun fehlen nur noch die Beziehungen zwischen der Künstlertabelle und der Songtabelle sowie der CD-Tabelle und der Songtabelle. Hierzu werden in der Tabelle **tblSong** die beiden Felder **Kuen_ID_f** und **CD_ID_f** eingefügt. Beginnen wir mit der Beziehung zwischen der Songtabelle und der Künstlertabelle. Hierzu öffnen Sie per Doppelklick auf **tblSong** ❶ die Songtabelle.

1. Nach einem Klick auf **Zum Hinzufügen klicken** ❷ wählen Sie in der Liste **Nachschlagen und Beziehung** aus.

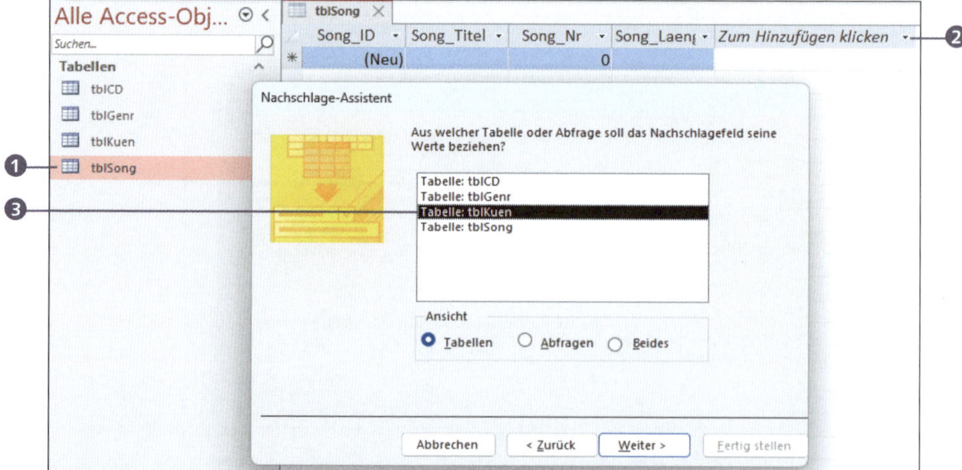

2. Behalten Sie die Option **Die Werte für das Nachschlagefeld sollen aus einer anderen Tabelle oder Abfrage abgerufen werden** bei. Bestätigen Sie mit **Weiter**.
3. Markieren Sie die Tabelle **tblKuen** ❸, und fahren Sie mit **Weiter** fort.
4. Markieren Sie in der Liste **Verfügbare Felder** die **Kuen_ID**, und übernehmen Sie sie mit einem Klick auf den nach rechts weisenden Pfeil in die Liste **Ausgewählte Felder**. Wiederholen Sie dies mit **Kuen_Name**. Klicken Sie auf **Weiter**.
5. Für die Sortierung wählen Sie **Kuen_Name** aus, bevor Sie mit **Weiter** bestätigen. Stellen Sie sicher, dass **Schlüsselspalte ausblenden (empfohlen)** aktiviert ist, und fahren Sie mit **Weiter** fort.
6. Tragen Sie als Beschriftung »Kuen_ID_f« ein ❹, und versehen Sie **Datenintegrität aktivieren** ❺ mit einem Häkchen. Mit **Fertig stellen** beenden Sie den Assistenten.

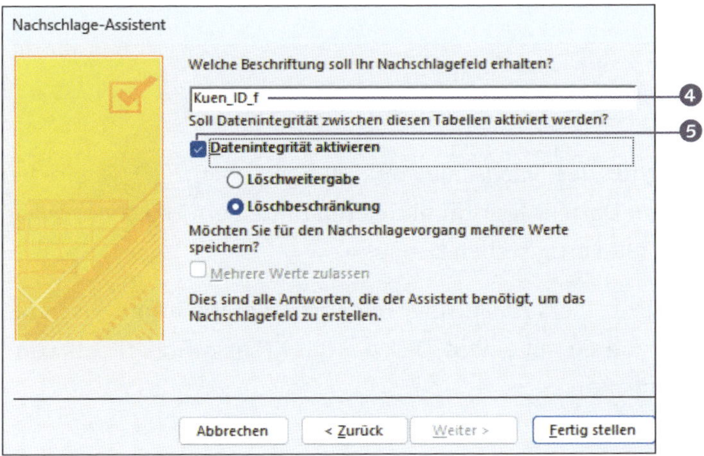

Access ergänzt automatisch in der Tabelle **tblSong** das Feld **Kuen_ID_f**. Damit fehlt nur noch der Fremdschlüssel, der die Songtabelle mit der CD-Tabelle verknüpft. Das hierfür notwendige Feld **CD_ID_f** wird ebenfalls in der Tabelle **tblSong** hinzugefügt. Sie können die Tabelle also gleich geöffnet belassen. Dann gehen Sie vor wie bereits beschrieben:

1. Klicken Sie auf **Zum Hinzufügen klicken**, und wählen Sie **Nachschlagen und Beziehung** aus. Nach einem Klick auf **Weiter** markieren Sie die Tabelle **tblCD** und bestätigen wieder mit **Weiter**.

2. Klicken Sie in der Liste **Verfügbare Felder** auf **CD_ID** ❶ und dann auf den nach rechts weisenden Pfeil ❷. Wiederholen Sie dies mit **CD_Titel** ❸. Übernehmen Sie Ihre Auswahl mit **Weiter**.

3. Für die Sortierung wählen Sie das Feld **CD_Titel** aus. Dann geht es **Weiter**. Ist **Schlüsselspalte ausblenden (empfohlen)** aktiviert, bestätigen Sie mit **Weiter**.

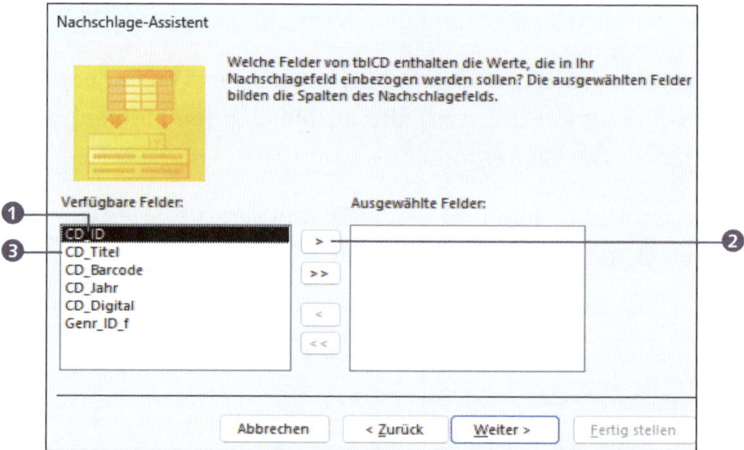

4. Als Beschriftung für das Nachschlagefeld geben Sie »CD_ID_f« ein. Versehen Sie außerdem **Datenintegrität aktivieren** mit einem Häkchen, bevor Sie den Assistenten mit **Fertig stellen** beenden.

5. Vergessen Sie nicht, die Tabelle über die Tastenkombination [Strg] + [S] zu sichern, bevor Sie sie mit einem Klick auf das Kreuzsymbol rechts vom Tabellennamen schließen.

Damit sind alle Tabellenstrukturen der *Archiv*-Datenbank vollständig erstellt. Der Nutzung der Datenbank steht damit nichts mehr im Wege, und Sie können beginnen, sie mit Daten zu füllen.

Beziehungen überprüfen

Sie sind sich nicht ganz sicher, ob Access auch die korrekten Beziehungen zwischen den Tabellen erzeugt hat? Dies lässt sich schnell überprüfen. Sollte eine der Tabellen im Anzeigebereich noch geöffnet sein, schließen Sie sie per Klick auf das Kreuzsymbol rechts vom Tabellennamen. Rufen Sie dann im Menüband das Register **Datenbanktools** auf. Nach einem Klick auf **Beziehungen** in der gleichnamigen Gruppe erscheint im Anzeigebereich das Datenbankdiagramm, das alle Tabellen und Beziehungen zeigt. Weitere Informationen zu diesem Datenbanktool erhalten Sie in Abschnitt 4.4.2, »Beziehungen zwischen Tabellen erstellen«. Dort erfahren Sie auch, wie Sie eine fehlerhaft hinzugefügte Beziehung korrigieren oder auch löschen. Die Registerkarte **Beziehungen** schließen Sie ebenfalls per Klick auf das Kreuzsymbol rechts vom Registernamen. Sollten Sie Änderungen an der Darstellung vorgenommen haben, indem Sie die Tabellen z. B. mit gedrückter linker Maustaste verschoben haben, werden Sie aufgefordert, die Änderungen mit **Speichern** zu sichern.

3.4 Daten direkt oder per Formular eingeben

Ist die Tabellenstruktur in Access erzeugt, kann es an die Dateneingabe gehen. Bei kleinen, recht übersichtlichen Tabellen gelingt dies am schnellsten in der Datenblattansicht. Wie Sie hierzu vorgehen, zeigen wir Ihnen gleich anhand der beiden Tabellen **tblGenr** und **tblKuen**. Die Datenblattansicht kann aber auch schnell lästig werden. Etwa dann, wenn eine Tabelle mehr Felder enthält, als auf einmal im Anzeigebereich eingeblendet werden können. Wer sich hier das nervende Scrollen mithilfe der Bildlaufleiste sparen möchte, erstellt am besten ein Formular, mit dem sich dann ganz komfortabel die Daten erfassen lassen. Wie schnell ein solches Formular mithilfe des Formular-Assistenten erzeugt ist, zeigen wir Ihnen am Beispiel der beiden Tabellen **tblCD** und **tblSong**. Natürlich können Sie ein Formular auch von Grund auf selbst gestalten. Dies wird aber erst in Kapitel 7, »Formulare – Dateneingabe und Bedienung vereinfachen«, Thema sein.

Datensätze mit identischen Inhalten zulassen oder nicht?
Primärschlüssel müssen immer eindeutig sein. Mit der Zuweisung des Felddatentyps **AutoWert** stellt Access dies automatisch sicher, es ist also unmöglich, in einem solchen Feld einen bereits existierenden Wert einzutragen. Sie können dies überprüfen, indem Sie in einer in der Datenblattansicht geöffneten Tabelle das ID-Feld, sprich das Primärschlüsselfeld, markieren. Blenden Sie dann das Register **Tabelle Felder** ein. In der Gruppe **Feldüberprüfung** ist das Kontrollkästchen **Eindeutig** mit einem Häkchen versehen. Diese

Eigenschaft können Sie auch sinnvoll für andere Felder nutzen. Sowohl in der Künstler- als auch in der Genretabelle sollte beispielweise weder der Künstler- noch der Genrename doppelt vorkommen. Um dies zu verhindern, öffnen Sie die jeweilige Tabelle in der Datenblattansicht, markieren dann das Namensfeld (**Genr_Name** bzw. **Kuen_Name**) und versehen anschließend im Register **Tabelle Felder** das Kontrollkästchen **Eindeutig** mit einem Häkchen. Vergessen Sie nicht, die Tabelle zu speichern. Versuchen Sie nun, ein bereits erfasstes Genre oder einen Künstler einzugeben, blendet Access einen entsprechenden Warnhinweis ein. Bei den Songtiteln sollten Sie auf diese Eigenschaft verzichten, denn hier kann durchaus ein Songtitel doppelt vorkommen, die jeweiligen Datensätze sich dabei aber durch die Songlänge oder auch den Künstler voneinander unterscheiden.

3.4.1 Daten in der Datenblattansicht eingeben

Um eine Tabelle schnell mit Daten zu füllen, eignet sich die Datenblattansicht hervorragend. Sie haben sie bereits kurz in Abschnitt 3.2, »Neue Datenbank erzeugen und Tabellen hinzufügen«, kennengelernt, als wir die Tabelle **tblKuen** erstellt haben. Diese Tabelle öffnen Sie nun auch, um in ihr anschließend die Künstler einzugeben.

1. Klicken Sie im Navigationsbereich doppelt auf **tblKuen** ❶. Die Tabelle wird damit im Anzeigebereich in der Datenblattansicht eingeblendet.
2. Nach dem Öffnen einer Tabelle ist automatisch das erste Feld im ersten Datensatz markiert. In unserem Beispiel handelt es sich dabei um die ID, der als Felddatentyp der **AutoWert** zugewiesen wurde. Ist die Tabelle noch leer, zeigt Access in diesem Feld den Wert **(Neu)** an ❷. Die eigentliche Identifikationsnummer ergänzt Access automatisch, sobald Sie zum nächsten Feld navigieren. Drücken Sie hierzu entweder die Taste [↵] oder die Taste [⇆].

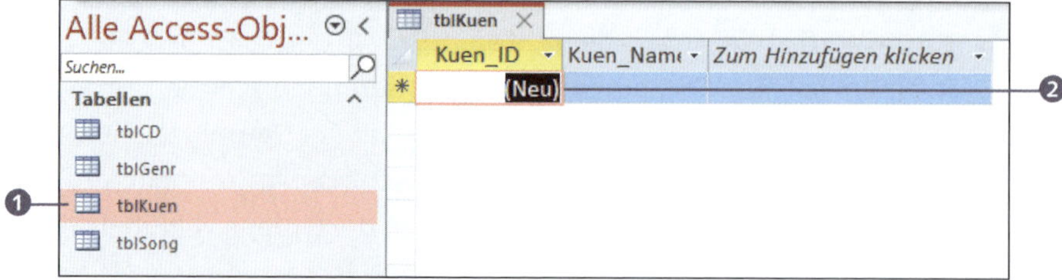

3. Geben Sie jetzt den ersten Künstlernamen ein, z. B. »ABBA«. Zu Beginn der Datensatzzeile erscheint in der Spalte des Datensatzmarkierers nun ein Stiftsymbol ❸. Daran erkennen Sie, dass sich der Datensatz im Bearbeitungsmodus befindet. Solange dieses Zeichen zu sehen ist, wurden Ihre Eingaben noch nicht in der Datenbank gespeichert.

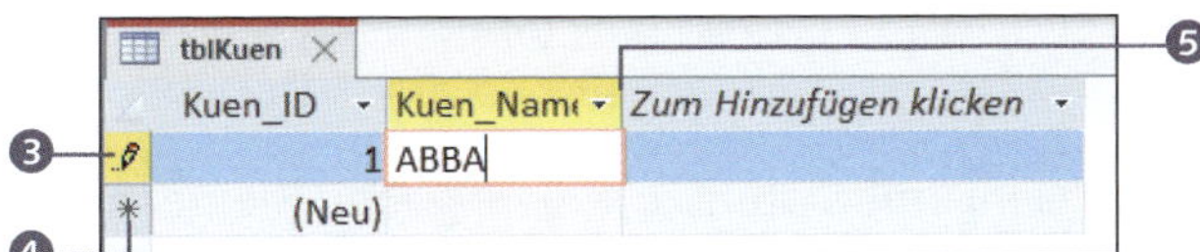

4. Da die Tabelle nur aus zwei Spalten besteht, ist der Datensatz damit bereits vollständig erfasst und kann gespeichert werden. Letzteres geschieht in Access automatisch, sobald Sie zu einem anderen Datensatz navigieren. Um den nächsten Datensatz einzugeben, drücken Sie entweder die Taste [⭾] oder die Taste [↵].

5. Bereits während Sie in Schritt 3 die ersten Buchstaben des Künstlers eingegeben haben, wurde von Access unterhalb dieser Datensatzzeile ein neuer leerer Datensatz hinzugefügt. Der Datensatzmarkierer hat hier die Form eines Sterns ❹. Der Stern kennzeichnet jeweils die letzte Zeile einer Tabelle, in der ein neuer Datensatz erfasst werden kann. Nach Schritt 4 wird automatisch der Eintrag **(Neu)** markiert. Da Access die Künstler-ID wieder automatisch ergänzt, können Sie durch Drücken der Taste [⭾] oder [↵] gleich ins nächste Feld springen und hier den nächsten Künstler, z. B. »Chris de Burgh«, eingeben. Zum Speichern des Datensatzes navigieren Sie wieder zur nächsten leeren Datensatzzeile.

6. Wiederholen Sie die Schritte 4 und 5 so häufig, bis Sie alle gewünschten Künstler in der Tabelle eingetragen haben. Falls Sie keine weiteren Datensätze erfassen möchten, können Sie die letzte Eingabe auch mit einem Klick auf das Stiftsymbol sichern.

Spaltenbreite anpassen

Die in der Tabelle erfassten Künstlernamen sind nicht vollständig lesbar? Um die Spaltenbreite anzupassen, positionieren Sie den Mauszeiger einfach auf der Linie zwischen den Feldern **Kuen_Name** und **Zum Hinzufügen klicken** ❺. Nimmt der Mauszeiger die Form eines Doppelpfeiles an, drücken

Sie die linke Maustaste doppelt. Access passt die Spaltenbreite damit automatisch dem längsten Eintrag entsprechend an. Alternativ können Sie die Breite auch selbst ändern, indem Sie die Trennlinie zwischen beiden Spalten mit gedrückter linker Maustaste verschieben. Die Änderungen, die Sie an der Tabellenstruktur vorgenommen haben, müssen abschließend z. B. mit der Tastenkombination Strg + S gespeichert werden.

Um als Nächstes die Tabelle **tblGenr** mit Daten zu füllen, gehen Sie genauso vor, wie gerade für die Künstlertabelle gezeigt.

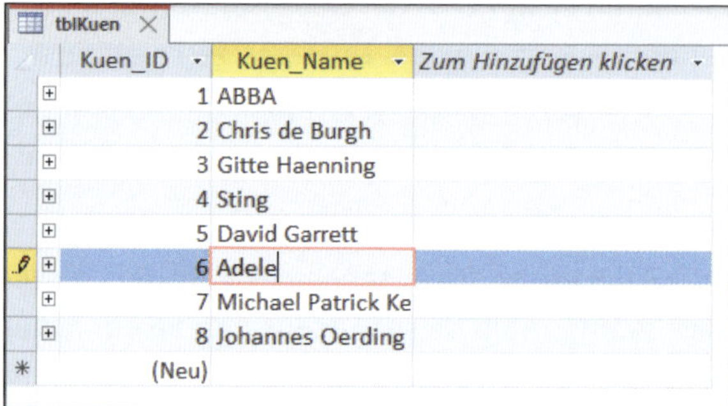

Abbildung 3.15 *Das Stiftzeichen signalisiert, dass die vorgenommenen Korrekturen noch nicht gespeichert wurden.*

Sollten Sie feststellen, dass Sie sich bei der Eingabe eines Wertes verschrieben haben (z. B. »Adel« statt »Adele«), markieren Sie das entsprechende Feld einfach. Nun können Sie den eingetragenen Wert korrigieren. Während Sie die Änderungen vornehmen, erscheint zu Beginn der Zeile wieder das Stiftsymbol. Mit einem Klick darauf übernehmen Sie die Änderungen und sichern den Datensatz zugleich. Falls Sie die Dateneingabe abbrechen möchten, drücken Sie die Taste Esc. Durch ein erneutes Drücken der Taste Esc beenden Sie das Bearbeiten des Datensatzes, ohne die vorgenommenen Änderungen zu speichern. Wenn Sie keine Änderungen mehr an einer Tabelle vornehmen möchten, können Sie diese auch per Klick auf das Kreuzsymbol rechts vom Tabellennamen schließen.

Datensätze löschen

Die CD ist verkauft, der entsprechende Datensatz soll in der Datenbank deshalb gelöscht werden. Natürlich lässt Access eine solche Aktion zu. Allerdings sollte sie mit großer Vorsicht vorgenommen werden, da das Löschen eines Datensatzes nicht wieder rückgängig gemacht werden kann. Wie Sie einen Datensatz entfernen und worauf Sie dabei achten sollten, erfahren Sie in Abschnitt 5.1.4, »Datensätze löschen«.

3.4.2 Ein einfaches Formular zur Dateneingabe erzeugen

Für so übersichtliche Tabellen wie die Genre- und die Künstlertabelle, die lediglich aus zwei Spalten bestehen, eignet sich die Datenblattansicht zur Dateneingabe hervorragend. Je mehr Spalten eine Tabelle umfasst, desto unpraktischer ist die Datenblattansicht aber. Ein Formular erweist sich hier als weitaus komfortabler. Bei der Erstellung eines solchen holen wir uns die Unterstützung des sogenannten *Formular-Assistenten*.

1. Markieren Sie im Navigationsbereich mit einem einfachen Mausklick die Tabelle, für die Sie ein Formular zur Dateneingabe erzeugen möchten, in unserem Beispiel die Tabelle **tblCD** ❶.

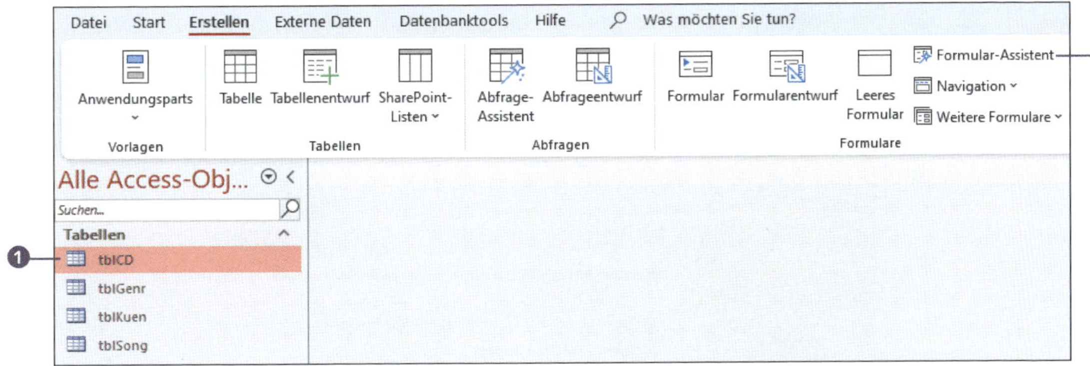

2. Rufen Sie im Menüband das Register **Erstellen** auf. Hier klicken Sie in der Gruppe **Formulare** auf das Symbol **Formular-Assistent** ❷. Es wird der gleichnamige Dialog geöffnet.

3. Der Assistent möchte von Ihnen wissen, welche Felder das Formular enthalten soll. Da mithilfe des Formulars Datensätze vollständig erfasst werden sollen, benötigen wir auch alle Felder der Tabelle. Sie könnten die Felder nun einzeln markieren und dann jeweils per Klick auf den nach rechts weisenden Einzelpfeil in die Liste **Ausgewählte Felder** übernehmen. Schneller

gelingt es allerdings mit einem Klick auf den nach rechts weisenden Doppelpfeil ❸. Bestätigen Sie die Auswahl mit **Weiter**.

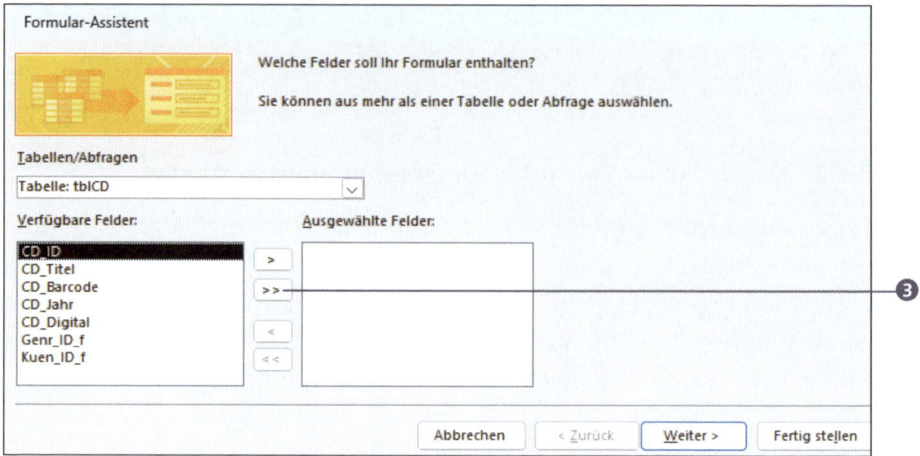

4. Bestimmen Sie nun das Layout des Formulars. Bei der bereits markierten Option **Einspaltig** werden die einzelnen Datensätze nacheinander angezeigt, wie es bei klassischen Formularen der Fall ist. In unserem Beispiel behalten wir diese Option daher bei. Mit einem Klick auf **Weiter** fahren Sie fort.

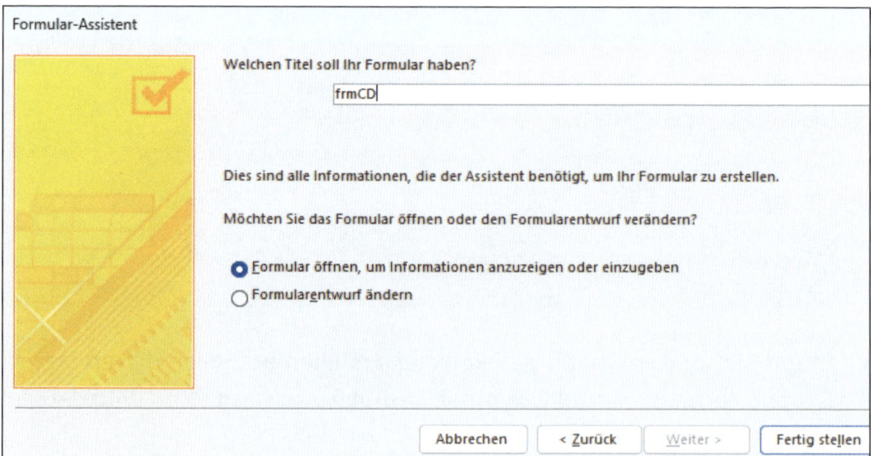

5. Als Titel des Formulars zeigt der Assistent den Namen der Tabelle an, für die das Formular erstellt wird, hier also **tblCD**. Diesen Namen sollten Sie natürlich nicht übernehmen. Markieren Sie ihn, und überschreiben Sie den Text mit einer neuen Bezeichnung. Entsprechend der Namenskonvention für Formulare ergibt sich für dieses Beispiel die Bezeichnung »frmCD«.

6. Um die Tabelle gleich mit Daten zu füllen, behalten Sie die Option **Formular öffnen, um Informationen anzuzeigen oder einzugeben** bei. Mit einem Klick auf **Fertig stellen** beenden Sie den Assistenten.

Das Formular wird im Anzeigebereich nun in der sogenannten *Formularansicht* eingeblendet. Im Navigationsbereich wurde der zusätzliche Abschnitt **Formulare** mit dem gerade erzeugten **frmCD** ❶ ergänzt. Wann immer Sie zukünftig die CD-Tabelle mit Daten füllen möchten, reicht ein Doppelklick auf den Objektnamen, und schon wird das Formular geöffnet.

Die Dateneingabe im Formular ist größtenteils sicher selbsterklärend. Die Werte im Feld **CD_ID** ergänzt Access aufgrund des Felddatentyps **AutoWert** automatisch. Ist die Tabelle noch leer, wird auch hier zunächst **(Neu)** angezeigt. Sobald Sie in den anderen Feldern Werte eingeben, ersetzt Access den Text durch die Identifikationsnummer ❷. Wie in der Datenblattansicht springen Sie mithilfe der Taste [⇆] von einem Feld zum nächsten. Sie können ein Feld aber auch per Mausklick auswählen und dann die Eintragungen vornehmen.

In den Feldern **CD_Titel**, **CD_Barcode** und **CD_Jahr** ❸ müssen Sie die Angaben selbst eintippen. Bei dem Feld **CD_Digital** ❹ handelt es sich um ein Ja/Nein-Feld, d. h., die CD wurde entweder bereits digitalisiert (»Ja«) oder nicht (»Nein«). Falls die Digitalisierung vorgenommen wurde, versehen Sie das Kontrollkästchen per Klick mit einem Häkchen. Kein Häkchen bedeutet, die CD wurde noch nicht digital erfasst.

Eine besondere Bedeutung kommt den Feldern **Genr_ID_f** sowie **Kuen_ID_f** zu. Klicken Sie auf den Pfeil am rechten Rand eines der beiden Felder ❺, klappt eine Liste auf, in der alle bereits von Ihnen erfassten Genres bzw. Künstler ❻ aufgeführt werden. Sie erinnern sich an Abschnitt 3.3, »Beziehungen zwischen den Tabellen erzeugen«, in dem die Beziehungen zwischen den Tabellen mithilfe des Nachschlage-Assistenten erzeugt wurden. Dabei wurden zwar sowohl das Primärschlüsselfeld als auch das Namensfeld ausgewählt.

Es wurde aber auch festgelegt, dass der Primärschlüssel nicht eingeblendet wird. Hier im Formular zeigt sich nun der Vorteil: Sie können ganz bequem das Genre anhand des Genrenamens bzw. analog den Künstler anhand seines Namens auswählen, ohne sich Gedanken über die jeweilige Identifikationsnummer machen zu müssen.

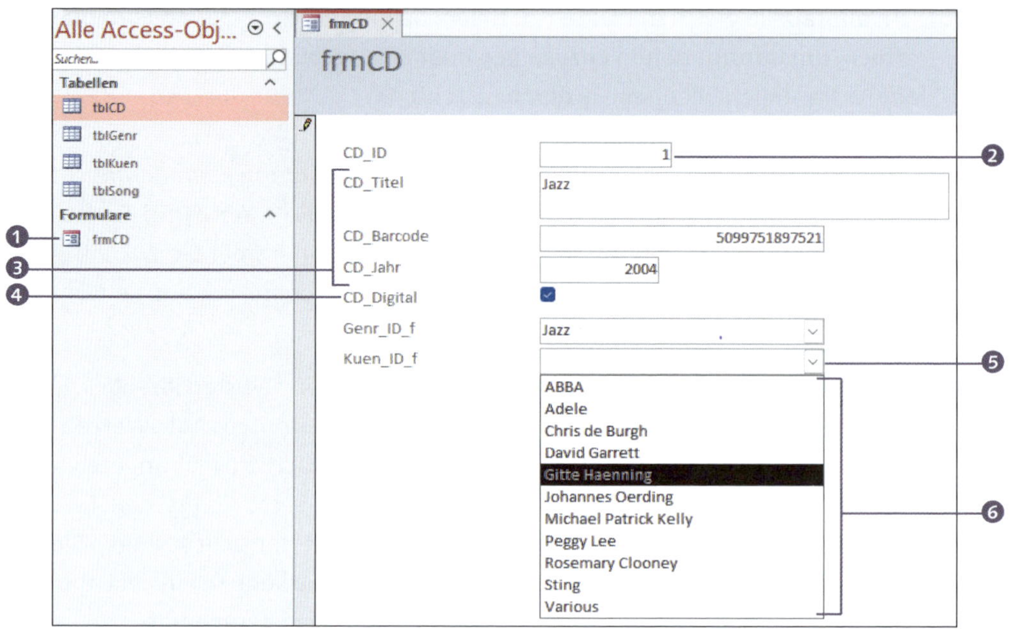

Abbildung 3.16 *Der Künstler kann ganz bequem anhand des Namens im Nachschlagefeld ausgewählt werden.*

Um den nächsten Datensatz zu erfassen, klicken Sie am unteren Rand des Formulars auf das Symbol **Neuer (leerer) Datensatz** [▶✱]. In diesem Moment wird auch der zuvor angelegte Datensatz automatisch von Access gespeichert. Über die weiteren Navigationssymbole springen Sie jeweils einen Datensatz vor ❶ oder auch zurück ❷. Mit einem Klick auf das Symbol [I◀] gelangen Sie zum ersten Datensatz innerhalb der Tabelle, das Symbol [▶I] führt Sie zum letzten Datensatz. Im Feld zwischen diesen Pfeilen erfahren Sie, wie viele Datensätze die Tabelle enthält und welcher gerade im Formular zu sehen ist ❸.

Abbildung 3.17 *Schaltflächen zum Navigieren innerhalb des Formulars*

Möchten Sie über das Formular keine weiteren Datensätze eingeben oder bearbeiten, schließen Sie es einfach per Mausklick auf das Kreuzsymbol rechts vom Formularnamen. Beim nächsten Öffnen des Formulars wird automatisch der erste Datensatz der Tabelle angezeigt.

Um ein Eingabeformular für die Songtabelle anzulegen, gehen Sie genauso vor, wie soeben für die CD-Tabelle gezeigt. Als Name für das Formular bietet sich hier nach den Namenskonventionen **frmSong** an.

Das Formular sagt Ihnen optisch noch nicht zu? In Kapitel 7, »Formulare – Dateneingabe und Bedienung vereinfachen«, erfahren Sie, wie Sie ein Formular manuell erstellen und ganz nach Ihren Wünschen anpassen.

3.5 Daten suchen, sortieren und mithilfe von Abfragen filtern

Was nützt die schönste Datenbank, wenn man die gesuchten Datensätze nicht findet? In Access dürfte dieses Problem eher selten passieren, denn es bietet Ihnen eine Vielzahl an Möglichkeiten, Ihre Daten zu suchen, zu sortieren oder zu filtern. Für jedes dieser drei Szenarien stellen wir Ihnen ein Beispiel vor.

3.5.1 Einen Datensatz gezielt suchen

Sie suchen einen ganz bestimmten Song, können sich aber weder an den Künstler erinnern noch an die CD, auf der der Musiktitel gespeichert ist? Haben Sie den Song in der Songtabelle erfasst, ist er schnell gefunden:

1. Doppelklicken Sie im Navigationsbereich auf die Tabelle, in der sich das gesuchte Element befindet, hier also **tblSong** ❶.
2. Klicken Sie auf das Feld, das Sie durchsuchen möchten, im Beispiel **Song_Titel** ❷.
3. Anschließend klicken Sie im Register **Start** in der Gruppe **Suchen** auf das Symbol **Suchen** ❸. Alternativ hierzu können Sie auch die Tastenkombination `Strg` + `F` drücken. Es öffnet sich der Dialog **Suchen und Ersetzen**.
4. Geben Sie im Feld **Suchen nach** den gewünschten Suchbegriff ein, sprich den Musiktitel ❹. Mit einem Klick auf **Weitersuchen** starten Sie die Suche.
5. Wird Access in der Tabelle fündig, wird der entsprechende Datensatz markiert. Falls es sich bei dem Suchergebnis noch nicht um den von Ihnen gesuchten Song handelt, setzen Sie die Suche mit einem erneuten Klick auf

Weitersuchen fort. Wird das gesuchte Element nicht gefunden, blendet Access einen entsprechenden Hinweis ein, den Sie mit **OK** schließen.

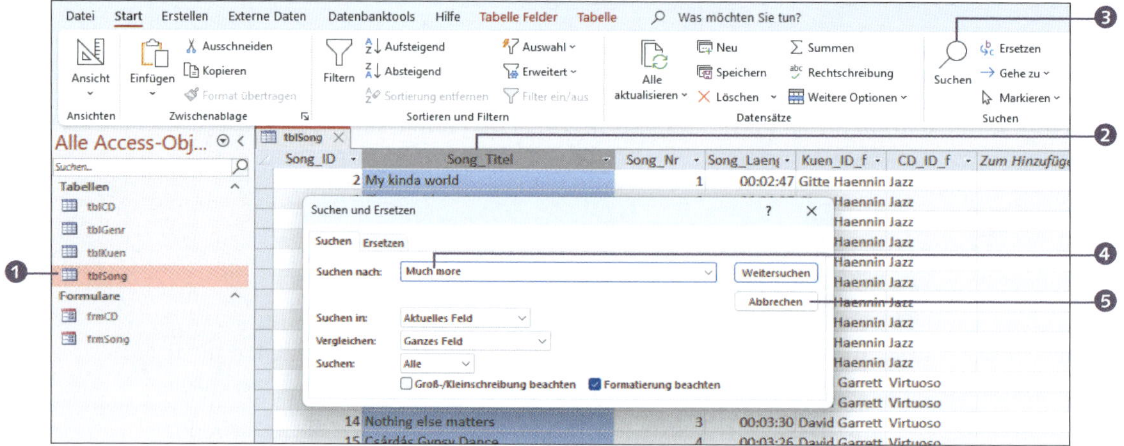

6. Der Dialog **Suchen und Ersetzen** ist weiterhin geöffnet. Sie können sich nun überlegen, ob Sie die Suche mit einem neuen Suchbegriff nochmals starten oder **Abbrechen** ❺.

Eventuell hat die Suchanfrage nur deshalb nicht zum Erfolg geführt, weil Sie die falsche Tabelle oder auch das falsche Feld ausgewählt haben. Auch ein Tippfehler – sei es bei der Eingabe des Suchbegriffs oder gar ganz zu Beginn beim Erfassen des Datensatzes – kann zu einer missglückten Suche führen.

3.5.2 Daten sortieren

Per Standardeinstellung wird jede Tabelle nach dem Primärschlüssel sortiert angezeigt, sprich in der Reihenfolge, in der die Daten eingegeben wurden. Diese Darstellung ist meist wenig aussagekräftig, sie lässt sich zum Glück aber auch mit wenigen Mausklicks ändern. Wie dies funktioniert, zeigt das folgende Beispiel, in der die in der Tabelle **tblCD** erfassten CDs dem Genre nach aufgelistet werden sollen.

1. Öffnen Sie per Doppelklick auf **tblCD** die Tabelle in der Datenblattansicht.
2. Markieren Sie die Spalte **Genr_ID_f** ❶ per Mausklick auf den Feldnamen.

3. Klicken Sie im Register **Start** in der Gruppe **Sortieren und Filtern** auf **Aufsteigend** ❷. Die Datensätze werden nun dem Genre nach alphabetisch von A bis Z sortiert angezeigt. Ziehen Sie die umgekehrte Reihenfolge – also von Z nach A – vor, wählen Sie **Absteigend**.

4. Falls Sie die Sortierung wieder aufheben möchten, klicken Sie im Register **Start** in der Gruppe **Sortieren und Entfernen** auf das Symbol **Sortierung entfernen** ❸.

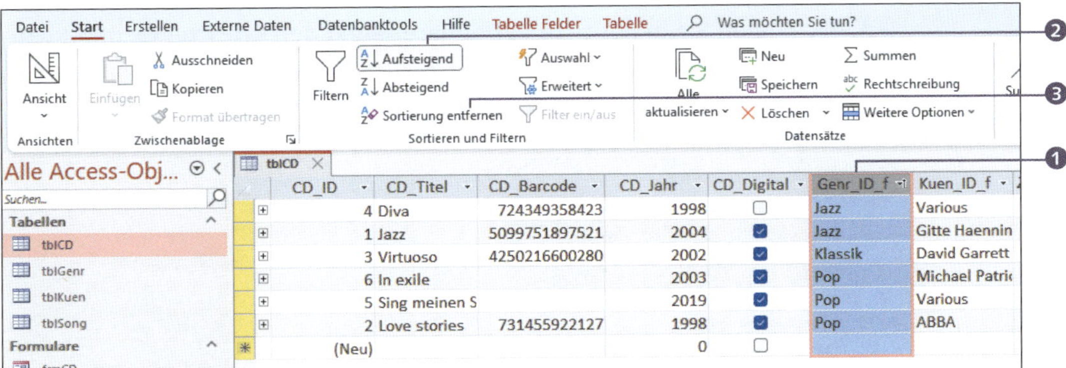

3.5.3 Daten mithilfe einer Abfrage filtern

Sie möchten gerne eine Übersicht über alle CDs erstellen, die Sie von einem bestimmten Künstler besitzen? Eine solche Abfrage lässt sich schnell mithilfe des Abfrage-Assistenten erstellen.

1. Überlegen Sie sich zunächst, welche Daten nach Durchführung der Abfrage angezeigt werden sollen. In unserem Beispiel sind dies lediglich der Künstlername sowie der CD-Titel.

2. Rufen Sie im Register **Erstellen** in der Gruppe **Abfragen** den **Abfrage-Assistenten** auf.

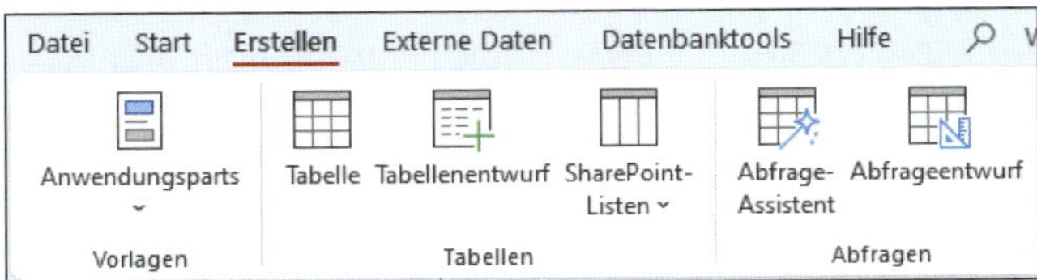

3. Access verfügt insgesamt über vier Abfrage-Assistenten, die Ihnen bei den unterschiedlichsten Aufgaben zur Seite stehen. Für unser Beispiel benötigen Sie den **Auswahlabfrage-Assistent**. Ist dieser markiert, bestätigen Sie mit **OK**.
4. Wählen Sie nach einem Klick auf den Pfeil rechts vom Feld **Tabellen/Abfragen** die Tabelle aus, die das erste Feld enthält, das später als Ergebnis Ihrer Abfrage aufgeführt werden soll, für unser Beispiel also **Tabelle:tblCD** ❶.
5. Markieren Sie in der Liste **Verfügbare Felder** den **CD_Titel** ❷, und übernehmen Sie ihn per Klick auf den nach rechts weisenden Pfeil ❸ in die Liste **Ausgewählte Felder**.

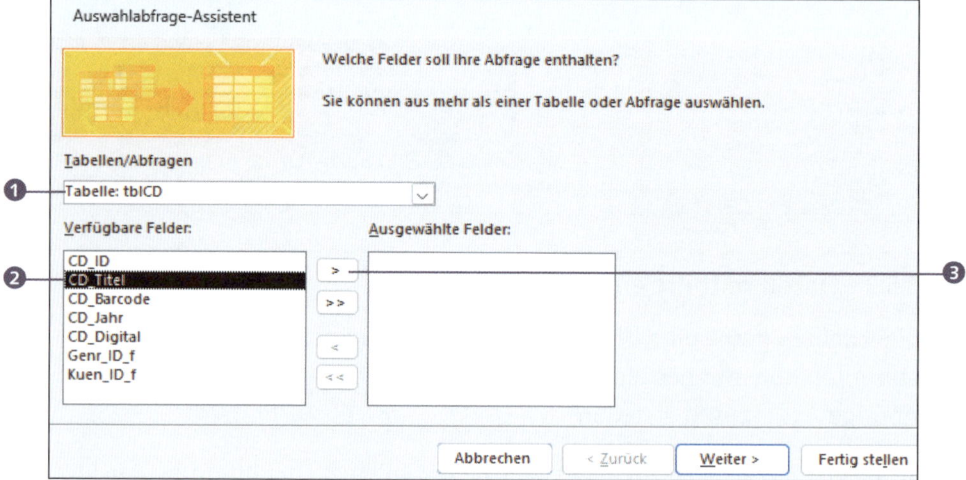

6. Damit die Abfrage den Künstlernamen berücksichtigt, stellen Sie im Feld **Tabellen/Abfragen** die **Tabelle:tblKuen** ein. Markieren Sie dann unter **Verfügbare Felder** das Feld **Kuen_Name**, und klicken Sie auf den nach rechts weisenden Pfeil. Für unser Beispiel sind damit alle benötigten Felder ausgewählt.
7. Geben Sie für die Abfrage einen aussagekräftigen Namen an. Entsprechend der Namenskonvention sollte er das Präfix »qry« vorangestellt bekommen, also etwa »qryKuenstlerCD« ❹.
8. Würden Sie die voreingestellte Option **Abfrage öffnen, damit Informationen angezeigt werden** beibehalten, würden Sie nach einem Klick auf **Fertig stel-**

len lediglich eine Übersicht über alle Künstler und ihre CDs in der Datenblattansicht erhalten. Um das Filterkriterium, sprich einen Künstlernamen, einzutragen, benötigen Sie aber die Entwurfsansicht. Aktivieren Sie daher die Option **Abfrageentwurf ändern** ❺, und klicken Sie erst dann auf **Fertig stellen**.

Die folgende Ansicht zeigt in der oberen Hälfte die von Ihnen für die Abfrage ausgewählten Tabellen an. In der unteren Hälfte, dem sogenannten *Abfrageentwurfsbereich*, werden die Felder aufgeführt, die bei einer Abfrage berücksichtigt werden sollen. Jede Spalte beginnt jeweils mit dem Feldnamen.

In der nächsten Zeile wird der Tabellenname eingeblendet. Die Zeilen darunter dienen zur Festlegung der Abfragekriterien. Hier lässt sich bereits in etwa erahnen, welch komplexe Abfragen sich formulieren lassen. Unser Beispiel ist als Vorgeschmack hierauf bewusst einfach gewählt.

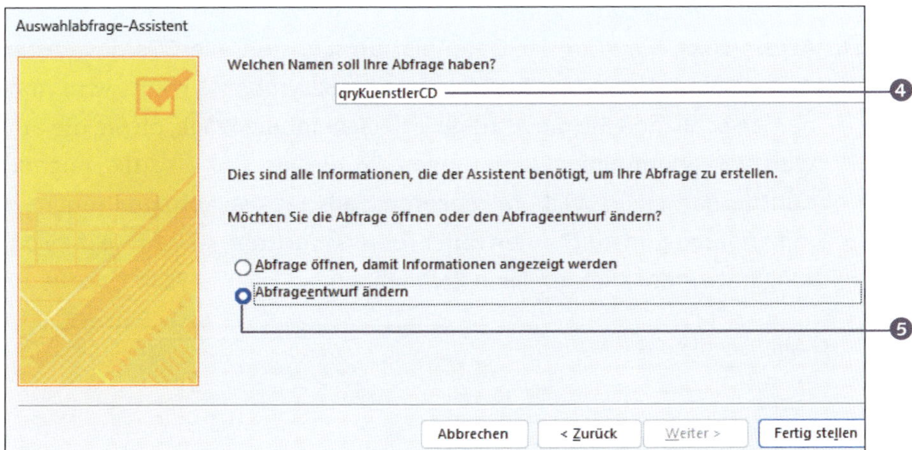

9. Um sich die CDs eines bestimmten Künstlers anzeigen zu lassen, klicken Sie in der Spalte **Kuen_Name** in die Zelle ❻ der Zeile **Kriterien**. Geben Sie den gewünschten Künstlernamen ein, z. B. »ABBA«. Schließen Sie die Eingabe durch Drücken der [↵]-Taste ab.

10. Klicken Sie im Register **Abfrageentwurf** in der Gruppe **Ergebnisse** auf das Symbol **Ausführen** ❼.

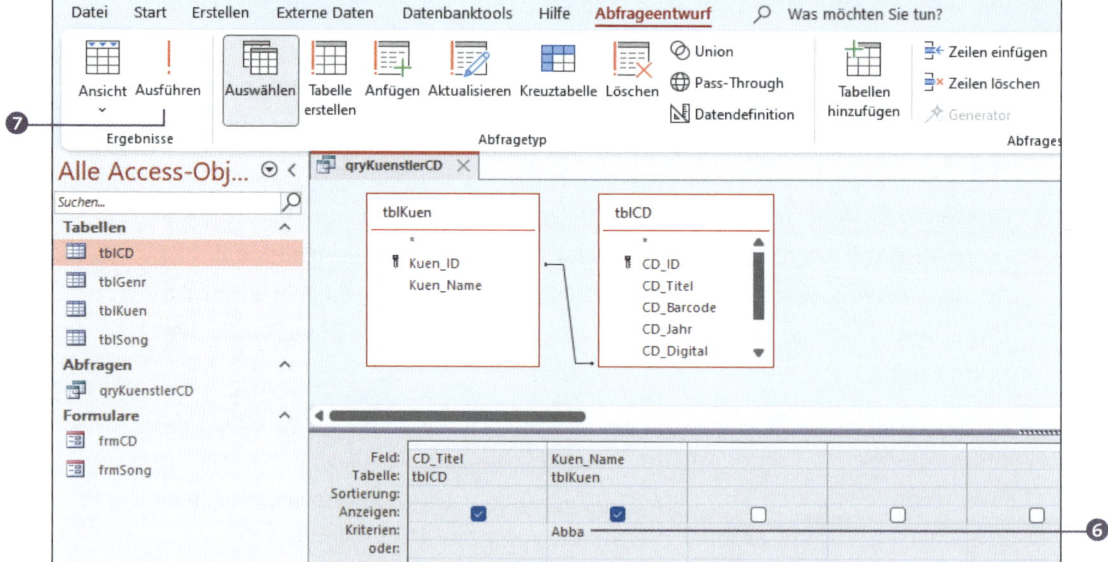

11. Access zeigt Ihnen in der Datenblattansicht nun alle CDs des gesuchten Künstlers an. Mit einem Klick auf das Kreuzsymbol ❽ rechts vom Abfragenamen schließen Sie die Abfrage. Es erscheint die Frage, ob Sie die am Entwurf vorgenommenen Änderungen (in diesem Fall also die Angabe des Künstlernamens) speichern möchten. Falls Sie die Abfrage immer wieder mit anderen Künstlernamen durchführen möchten, sollten Sie die Speicherung mit einem Klick auf **Nein** ❾ ablehnen.

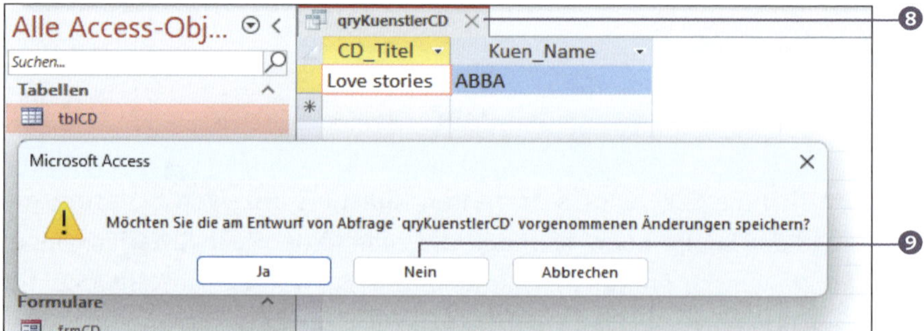

12. Um eine neue Abfrage zu starten, klicken Sie im Navigationsbereich mit der rechten Maustaste auf den Abfragenamen **qryKuenstlerCD** und wählen im Kontextmenü die **Entwurfsansicht**. Sie sehen nun die aus Schritt 9

bekannte Ansicht. Geben Sie den gewünschten Künstlernamen ein, und starten Sie die Abfrage mit **Ausführen**.

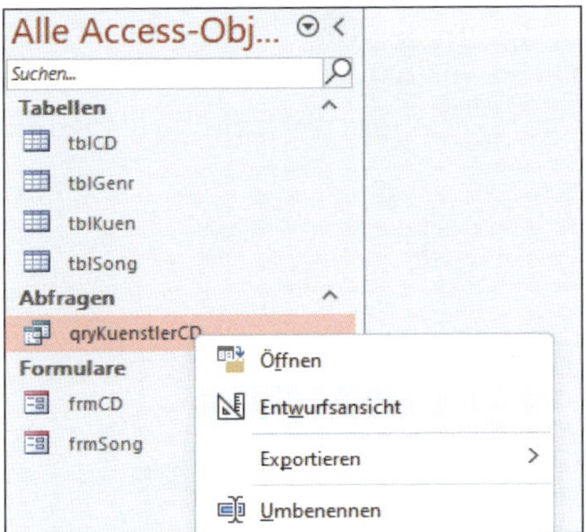

3.6 Berichte erstellen und drucken

Vieles lässt sich heutzutage am Bildschirm erledigen, aber ab und an ist es vonnöten, eine Auswertung oder eine Übersicht auf Papier auszudrucken. Hier kommen die Berichte ins Spiel. Wie schnell ein solcher erstellt ist und wie komfortabel sich das Layout eines Berichts ändern lässt, zeigen wir Ihnen wieder an einem einfachen Beispiel: Es soll eine Übersicht über alle erfassten CDs mit Künstlername und Genre erzeugt und dann ausgedruckt werden.

1. Markieren Sie im Navigationsbereich die Tabelle, für die ein Bericht erstellt werden soll, im Beispiel die Tabelle **tblCD**. Klicken Sie im Register **Erstellen** in der Gruppe **Berichte** auf **Bericht**.

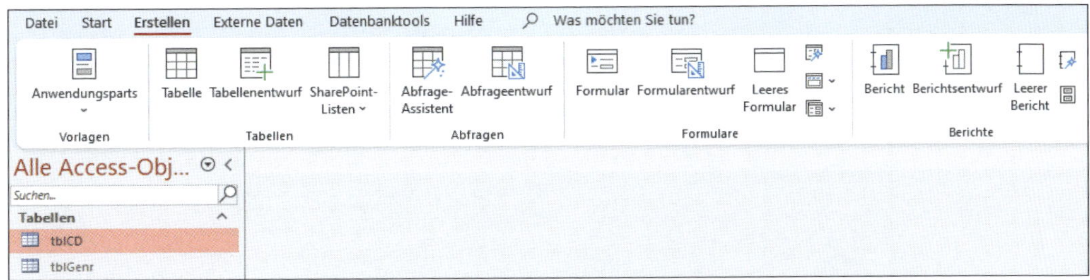

Im Anzeigebereich erscheint nun ein Bericht, der alle in der CD-Tabelle erfassten Informationen enthält. Für den gewünschten Bericht reichen aber die drei Spalten **CD_Titel**, **Genr_ID_f** sowie **Kuen_ID_f**. Alle anderen Spalten können gelöscht werden.

2. Klicken Sie hierzu mit der rechten Maustaste auf den Feldnamen einer zu löschenden Spalte, etwa **CD_ID**. Wählen Sie im Kontextmenü den Befehl **Gesamte Spalte auswählen**. Drücken Sie die Taste `Entf`, um die Spalte zu löschen.

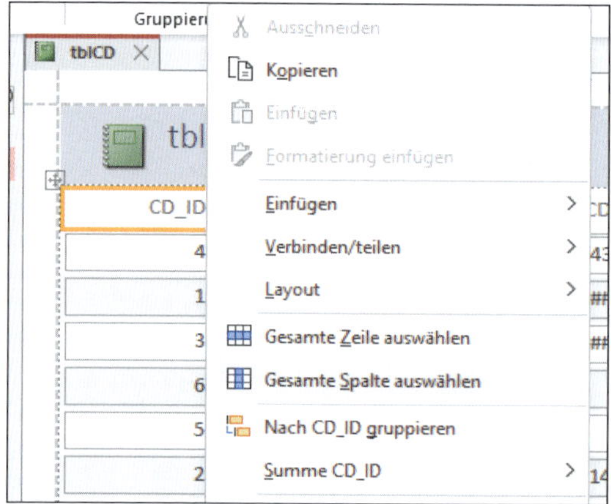

3. Wiederholen Sie Schritt 2 für die Spalten **CD_Barcode**, **CD_Jahr** und **CD_Digital**.

4. Die Reihenfolge der Spalten entspricht derjenigen innerhalb der Tabelle. Um z. B. die Künstler ganz links anzuzeigen, markieren Sie die Spalte **Kuen_ID_f** wie zuvor gezeigt. Ziehen Sie die Spalte nun mit gedrückter linker Maustaste nach links. Erscheint links von der Spalte **CD_Titel** ❶ eine senkrechte rote Linie, lassen Sie die Maustaste los. Die Spalte mit den Künstlernamen wird nun links von den CD-Titeln eingeblendet.

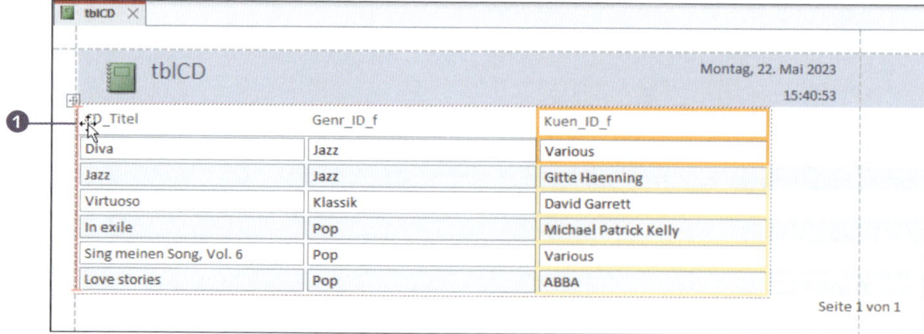

5. Die Übersicht soll den Künstlern nach sortiert werden? Auch das ist schnell erledigt. Klicken Sie einfach auf den Feldnamen **Kuen_ID_f**. Drücken Sie dann die rechte Maustaste, und wählen Sie im Kontextmenü **Von A bis Z sortieren** ❷.

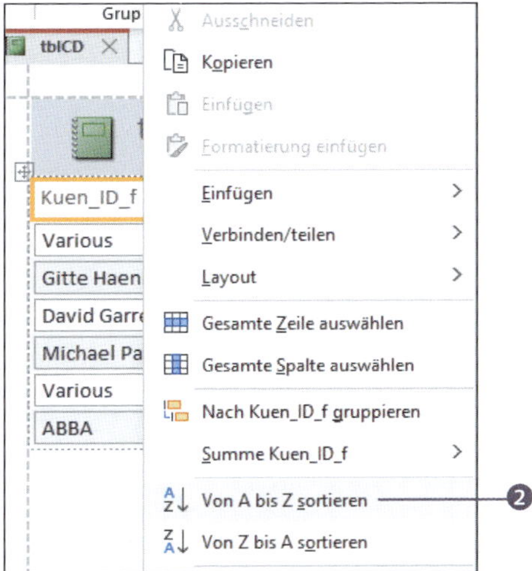

6. Die Spaltenüberschriften entsprechen den Feldnamen der Tabelle, für einen Bericht könnten sie aber etwas aussagekräftiger sein. Um z. B. die Überschrift **Genr_ID_f** zu ändern, doppelklicken Sie darauf. Die Einfügemarke blinkt nun innerhalb des Feldes, und Sie können den Text ändern. Für diese Spalte reicht z. B. die Angabe »Genre« ❸. Wiederholen Sie dies mit allen weiteren Spaltenüberschriften. Auch der Titel des Berichts, der aktuell noch den Namen der Tabelle **tblCD** enthält, lässt sich so korrigieren ❹.

7. Eine gestrichelte Linie in der rechten Hälfte des Anzeigebereichs zeigt den Rand eines DIN-A4-Blattes an ❺. Häufig reicht die Seitenangabe über diese Grenze hinaus. Sie würde damit auf einer zweiten Seite ausgedruckt. Um sie zu verschieben, markieren Sie die Seitenangaben per Mausklick ❻. Nimmt der Mauszeiger die Form eines Vierfachpfeils an, ziehen Sie die Seitenangaben mit gedrückter linker Maustaste nach links. Befinden sie sich links von der gestrichelten Linie, lassen Sie die Maustaste los.

8. Sind alle Korrekturen vorgenommen, müssen Sie den Bericht noch speichern. Klicken Sie hierzu in der Schnellzugriffsleiste auf **Speichern**. Alternativ hierzu können Sie auch die Tastenkombination `Strg` + `S` drücken. Geben Sie einen Namen für den Bericht an. Falls Sie sich dabei an die Namenskonvention halten möchten, stellen Sie das Präfix »rpt« voran, also etwa »rptCDUebersicht«. Bestätigen Sie mit **OK**.

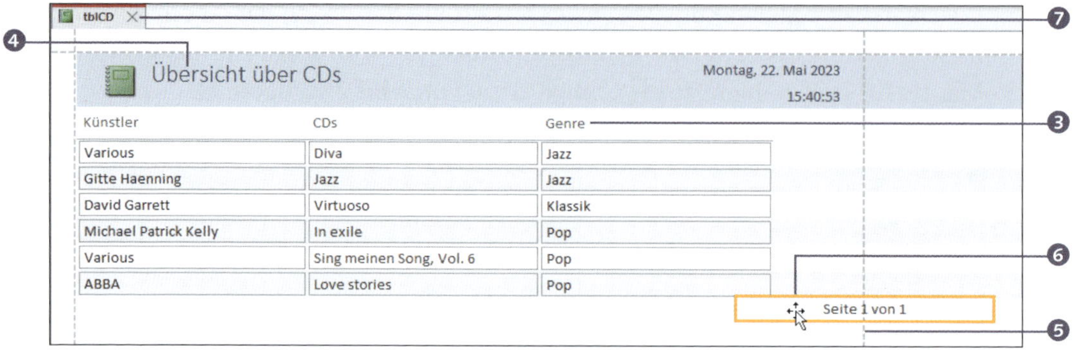

9. Um den Bericht auszudrucken, rufen Sie im Register **Datei** den Befehl **Drucken** auf. Falls Sie nicht noch den Drucker auswählen müssen oder andere Druckeinstellungen anpassen wollen, reicht ein Klick auf **Schnelldruck**, und schon startet der Druckvorgang.

Um den Bericht zu schließen, reicht ein Klick auf das Kreuzsymbol rechts vom Berichtsnamen ❼. Sie können den gespeicherten Bericht jederzeit wieder per Doppelklick auf den Namen im Navigationsbereich aufrufen. Der Bericht zeigt immer den aktuellen Datenbestand an. Sollten Sie seit dem letzten Aufruf also Daten hinzugefügt oder gelöscht haben, wird dies im Bericht übernommen.

Kapitel 4
Tabellen anlegen – Strukturen definieren

In diesem Kapitel stehen die Tabellen und ihre Strukturen im Fokus. Tabellen stellen den Grundstock einer relationalen Datenbank wie Access dar, denn in ihnen werden die eigentlichen Daten abgelegt. Bevor Sie die Datenbank mit Daten füttern können, ist allerdings einiges an Vorarbeit nötig. Sowohl in Kapitel 1, »Etwas Grundlagenwissen vorab«, als auch in Kapitel 3, »Ein einfaches Beispiel: die »Archiv«-Datenbank für private Zwecke«, haben Sie bereits ausführlich erfahren, wie wichtig es ist, sich im Voraus Gedanken zu machen, welche Anforderungen die Datenbank erfüllen muss, wie die Daten strukturiert und miteinander verknüpft werden sollen und wie sich Fehler wie Datenredundanzen oder auch -inkonsistenzen vermeiden lassen. Ist die Phase der Datenmodellierung erfolgreich abgeschlossen, kann die Datenbankimplementierung, sprich die Umsetzung in Access, beginnen. Einige der Grundschritte, die hierfür nötig sind – etwa das Anlegen von Tabellen mit den jeweiligen Feldern und das Erzeugen von Beziehungen zwischen Tabellen –, haben wir bereits im vorherigen Kapitel angerissen. Nun gehen wir in die Tiefe und nehmen die Tabellen mit ihren Feldnamen, -datentypen und -eigenschaften sowie Beziehungen genauer unter die Lupe. Auch hier wird wieder derjenige belohnt, der sich für diese Phase etwas Zeit nimmt und präzise vorgeht. Denn mit den richtigen Definitionen und Einstellungen lassen sich so einige Fehler, die bei der Dateneingabe unterlaufen könnten, verhindern. Das wiederum zahlt sich später bei komplexen Abfragen und Berichten aus.

Unser Beispiel: Die Datenbank »DelikatEssen«

Die Tabellen, die wir in diesem und den folgenden Kapiteln als Beispiele nutzen, sind Teil der Datenbank *DelikatEssen*. Das zugrundeliegende Datenmodell haben wir in Kapitel 1 bereits kurz vorgestellt. Sie können sich die verschiedenen Versionen der Datenbank über die Website *www.rheinwerk-verlag.de/access-die-verstaendliche-anleitung* auf Ihren Computer herunterladen. Nähere Informationen hierzu erhalten Sie unter »Materialien zum Buch«.

4.1 Tabellen erstellen und sichern

Der wichtigste Schritt bei der Implementierung einer Datenbank besteht darin, die benötigten Tabellen zu erzeugen. Dabei legen Sie die Namen der einzelnen Felder fest, weisen ihnen jeweils den passenden Felddatentyp zu und speichern die Tabelle unter einem aussagekräftigen Namen. Bevor Sie eine neue Tabelle anlegen können, müssen Sie in Access entweder eine bereits vorhandene Datenbank öffnen oder eine neue Datenbank erzeugen. Wie Sie hierzu vorgehen, können Sie in Abschnitt 2.1, »Los geht es: Access starten«, sowie Abschnitt 3.2, »Neue Datenbank erzeugen und Tabellen hinzufügen«, nachlesen.

Entscheiden Sie sich für die neue Datenbank, öffnet Access direkt im Anschluss daran eine leere Tabelle in der *Datenblattansicht*. Diese Ansicht ist in erster Linie dafür vorgesehen, alle Datensätze innerhalb einer Tabelle anzuzeigen und ihre Bearbeitung zu ermöglichen, das Anlegen einer neuen Tabelle zählt hingegen nicht unbedingt zu ihren Stärken. Wann es sich doch lohnen könnte, den Weg über die Datenblattansicht zu gehen, erfahren Sie im folgenden Abschnitt. Anschließend werden wir das Erstellen einer Tabelle in der *Entwurfsansicht* beschreiben, die Ihnen eine Vielzahl an Optionen bietet und daher meist den empfehlenswerteren Weg darstellt.

Für die folgenden Anleitungen gehen wir davon aus, dass Sie entweder eine bereits bestehende Datenbank geöffnet oder eine neue Datenbank z. B. mit der Bezeichnung *DelikatEssen* erstellt haben.

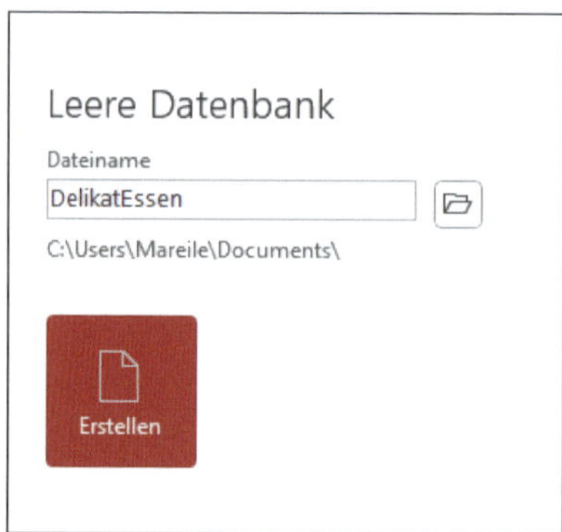

Abbildung 4.1 *Um die folgenden Anleitungen selbst in Access nachvollziehen zu können, öffnen Sie entweder eine bereits vorhandene Datenbank oder erstellen eine neue. Der Name unserer Beispieldatenbank lautet »DelikatEssen«.*

4.1.1 Der schnelle, aber oberflächliche Weg über die Datenblattansicht

Sie benötigen schnell eine kleinere Tabelle mit einer überschaubaren Anzahl an Feldern, die fast alle den Felddatentyp **Kurzer Text** erhalten sollen? Dann sind Sie in der Datenblattansicht durchaus richtig. Unsere Beispieldatenbank *DelikatEssen* bietet gleich die passende Tabelle: **tblProduktKat**, in der die Produktkategorien wie etwa Gemüse, Obst, Feinkost oder auch Säfte erfasst werden. Die Tabelle soll lediglich aus drei Feldern bestehen: Das erste Feld namens **ProduktKat_ID** enthält die Identifikationsnummer zur eindeutigen Identifizierung der Datensätze, sprich den Primärschlüssel der Tabelle. Bei den beiden folgenden Feldern namens **ProduktKat_Name** sowie **ProduktKat_Beschreibung** handelt es sich jeweils um Textfelder, deren Inhalt selbsterklärend sein dürfte. Tipps zur sinnvollen Bezeichnung von Datenbankobjekten wie Tabellen oder Abfragen sowie Feldern finden Sie in Abschnitt 3.1.4, »Passende Tabellen- und Feldnamen vergeben«.

Beim Erstellen einer Tabelle in der Datenblattansicht stehen Ihnen zwei Vorgehensweisen zur Auswahl: Sie können entweder zuerst die Tabellenstruktur festlegen und dann Daten eingeben. Oder, und das ist die Besonderheit in dieser Ansicht, Sie geben direkt Daten ein und beschäftigen sich erst dann mit den Feldnamen und -datentypen. Da wir die erste Vorgehensweise bereits in Abschnitt 3.2, »Neue Datenbank erzeugen und Tabellen hinzufügen«, beschrieben haben, beschränken wir uns jetzt auf die zweite Variante, die direkte Dateneingabe. Und diese funktioniert so:

1. Um eine neue leere Tabelle in der Datenblattansicht anzulegen, klicken Sie im Register **Erstellen** in der Gruppe **Tabellen** auf **Tabelle** ❶. Anschließend wird im Anzeigebereich die **Tabelle1** ❷ eingeblendet. Falls Sie zuvor eine neue Datenbank erstellt haben, wurde dieser Schritt bereits von Access übernommen, so dass Sie direkt mit Schritt 2 beginnen können.

2. Die Tabelle verfügt bereits über ein erstes Feld mit der Bezeichnung **ID** ❸. Als Felddatentyp wurde **AutoWert** festgelegt. Dies bedeutet, dass Access in dieser Spalte automatisch die fortlaufende Identifikationsnummer ergänzt, sobald Sie die Tabelle mit Daten füllen. Sie selbst können keine Eingaben oder Korrekturen in einem Feld dieses Datentyps vornehmen. Das Feld dient zugleich als Primärschlüssel der Tabelle.

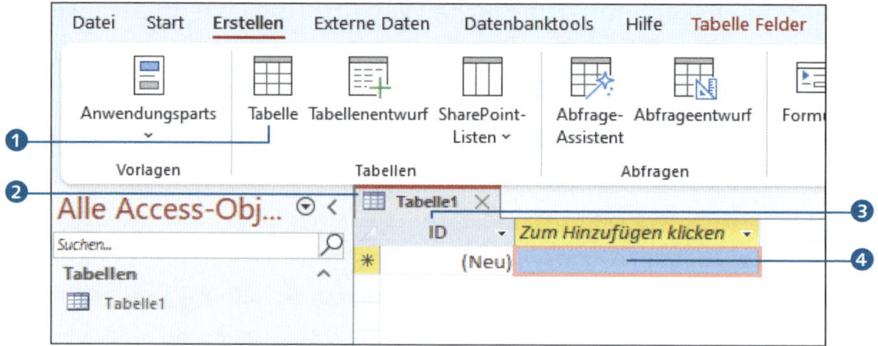

3. Access sieht für Felder standardmäßig den Felddatentyp **Kurzer Text** vor. In unserem Beispiel sollen in der zweiten Spalte die Namen der Produktkategorien ergänzt werden. Dabei handelt es sich um Text, so dass der Standardfelddatentyp beibehalten werden kann. Das Feld in der ersten Zeile der zweiten Spalte ist blau markiert ❹ und wartet somit quasi auf die erste Dateneingabe. Tippen Sie z. B. »Gemüse« ein. Bestätigen Sie die Eingabe durch Drücken der Taste [Tab].

4. Das zweite Feld erhält automatisch die Bezeichnung **Feld1** ❺. Die Einfügemarke befindet sich jetzt in der folgenden Spalte ❻. Auch hier sieht die Standardeinstellung als Felddatentyp **Kurzer Text** vor, was für unser Beispiel perfekt ist. Geben Sie die Kurzbeschreibung der Produktkategorie ein, etwa »Gemüse, Salat und Kräuter«.

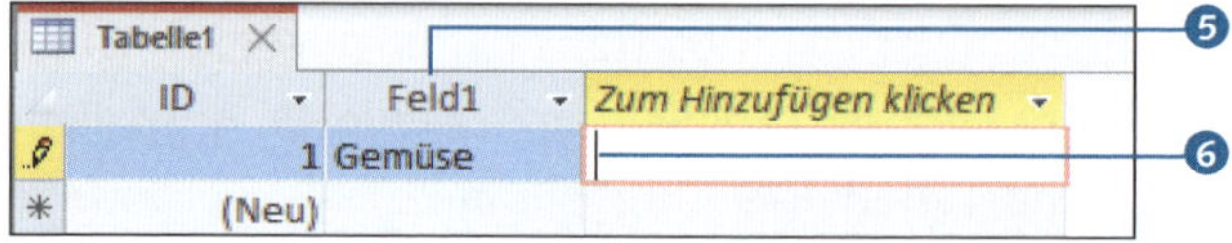

5. Durch Drücken der [Tab]-Taste schließen Sie die Eingabe ab. Die dritte Spalte erhält nun die Bezeichnung **Feld2** ❼, die Einfügemarke blinkt im folgenden Feld. Falls Sie noch weitere Felder benötigen, können Sie sie wie zuvor beschrieben ergänzen. Für unser Beispiel sind die bisher erzeugten Felder ausreichend.

6. Um den Datensatz zu speichern, klicken Sie auf das kleine Stiftsymbol ❽ am linken Rand der Zeile.

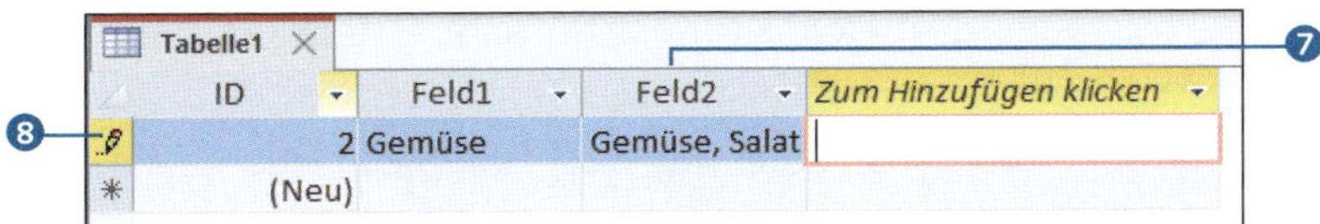

7. Die automatisch von Access festgelegten Feldnamen **ID**, **Feld1** und **Feld2** sind nicht sehr aussagekräftig und sollten daher nicht übernommen werden. Um sie durch eigene Bezeichnungen zu ersetzen, doppelklicken Sie auf einen Feldnamen, etwa **ID**. Überschreiben Sie den nun markierten Namen mit einer eigenen Bezeichnung, für unser Beispiel etwa mit »ProduktKat_ID«. Wiederholen Sie dies mit den beiden anderen Feldern, denen Sie z. B. den Namen »ProduktKat_Name« sowie »ProduktKat_Beschreibung« geben ❾.

8. Die Feldnamen werden in der Datenblattansicht häufig nicht vollständig angezeigt. Wenn Sie die Spaltenbreite vergrößern möchten, positionieren Sie den Mauszeiger auf der Trennlinie zwischen zwei Spalten ❿. Nimmt er die Form eines Doppelpfeils an, führen Sie mit der linken Maustaste einen Doppelklick aus.

9. Nun fehlt der Tabelle nur noch der passende Name. Dies erledigen Sie beim ersten Speichern der Tabelle. Klicken Sie hierzu entweder auf das **Speichern**-Symbol in der Schnellzugriffsleiste ⓫, oder drücken Sie die Tastenkombination [Strg] + [S]. Geben Sie im Dialog **Speichern unter** den gewünschten Tabellennamen ein. Für unser Beispiel lautet er »tblProduktKat«. Bestätigen Sie mit **OK**.

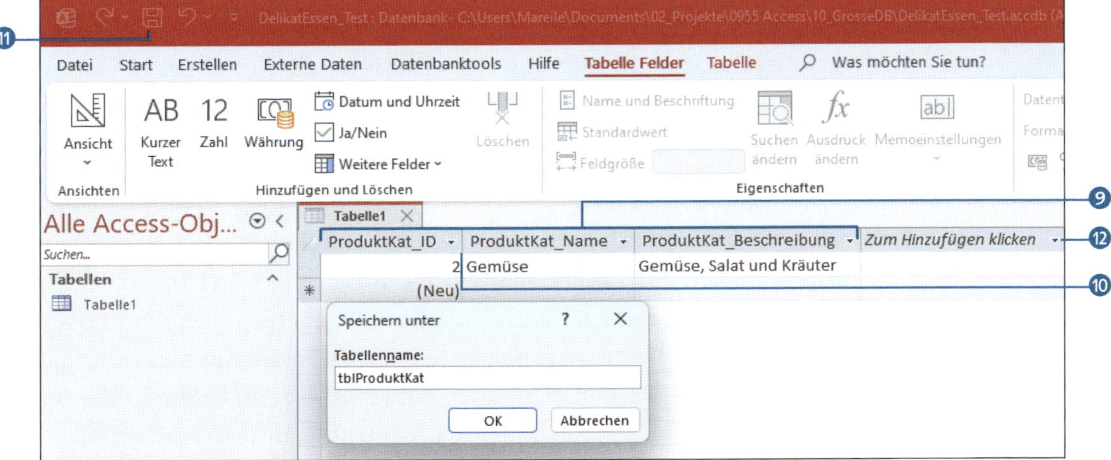

Damit ist die Tabelle erfolgreich in der Datenblattansicht erstellt und kann mit weiteren Daten gefüllt werden. Für Tabellen mit Textfeldern ist dies, wie Sie selbst sehen konnten, ein durchaus bequemer Weg. Falls Sie in einem Feld eine Zahl eingeben (z. B. »24«), erkennt Access diese und weist dem Feld automatisch den Felddatentyp **Zahl** zu. Zumindest in der Theorie, denn in der Praxis verhaspelt sich das Programm durchaus einmal. Wenn Sie sicherstellen möchten, dass der richtige Felddatentyp zum Zuge kommt, sollten Sie ihn selbst festlegen. Hierzu sind in der Datenblattansicht etwas mehr Schritte notwendig: Statt direkt mit der Dateneingabe zu beginnen, müssen Sie auf die Schaltfläche **Zum Hinzufügen klicken** ⑫ klicken, dann den gewünschten Felddatentyp (z. B. **Zahl**, **Währung** oder auch **Datum/Zeit**) auswählen, anschließend den von Access automatisch ergänzten und bereits markierten Feldnamen (z. B. **Feld1**, **Feld2** etc.) mit einer eigenen Bezeichnung überschreiben und Ihre Eingabe durch Drücken der Taste ↵ abschließen. Erst dann sollte die Eingabe von Daten erfolgen. Vergessen Sie auch hier nicht, die Tabelle zu speichern.

4.1.2 Die Grundschritte zur Tabellenerzeugung in der Entwurfsansicht

Als Alternative zu der zuvor vorgestellten Datenblattansicht lässt sich eine neue Tabelle auch in der Entwurfsansicht erzeugen. Der Vorteil dieser Ansicht besteht nicht nur darin, dass sich Feldnamen und -felddatentypen blitzschnell festlegen lassen. Die Entwurfsansicht zeichnet sich vor allem durch die Vielzahl an Einstellungen und Anpassungen aus, die Sie für jeden der Felddatentypen individuell vornehmen können. Was sich im Einzelnen dahinter verbirgt, zeigen wir Ihnen in Abschnitt 4.2, »Felddatentypen und ihre Besonderheiten«, und Abschnitt 4.3, »Die Dateneingabe per Feldeigenschaften beeinflussen«. An dieser Stelle geht es zunächst nur um die Grundschritte, die zum Erzeugen einer Tabelle in der Entwurfsansicht nötig sind. Als Beispiel wählen wir hier die Tabelle **tblKunde**, in der später die Daten der Kunden des *DelikatEssen*-Geschäfts erfasst werden sollen.

1. Wechseln Sie im Menüband in das Register **Erstellen**. Klicken Sie hier in der Gruppe **Tabellen** auf **Tabellenentwurf** ①. Im Anzeigebereich erscheint nun die neue Tabelle in der Entwurfsansicht. Im Gegensatz zur Datenblattansicht wurden hier von Access weder bereits ein Feldname noch ein Felddatentyp hinzugefügt. Somit fehlt auch ein Identifikationsfeld und der damit verbundene Primärschlüssel. All dies müssen Sie nun selbst ergänzen.

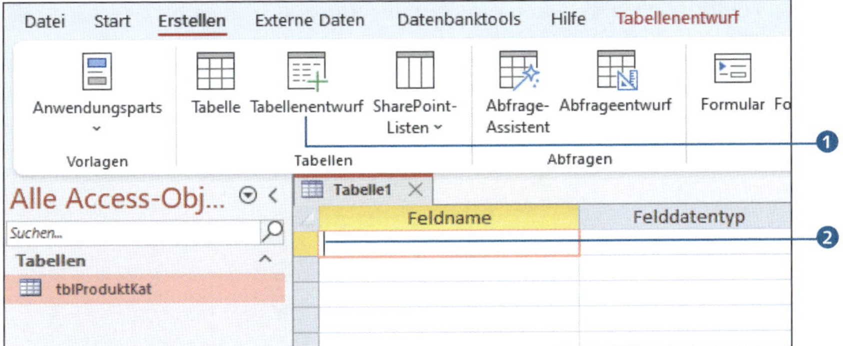

2. Die Einfügemarke blinkt bereits in der ersten Zeile der Spalte **Feldname** ❷, so dass Sie gleich die Bezeichnung des ersten Feldes eingeben können. Für die Kundentabelle soll diese »Kunde_ID« lauten.

3. Klicken Sie in der Spalte **Feldname** in das nächste leere Feld unterhalb von **Kunde_ID**, und geben Sie den Feldnamen »Kunde_Anrede« ein. Analog ergänzen Sie alle weiteren Feldnamen, wie in der folgenden Abbildung zu sehen ❸.

   Wie Sie sehen, weist Access jedem Feld automatisch den Standardfelddatentyp **Kurzer Text** zu. Für die meisten Felder ist dies sogar korrekt, aber nicht für alle. Hier ist Nacharbeit angesagt.

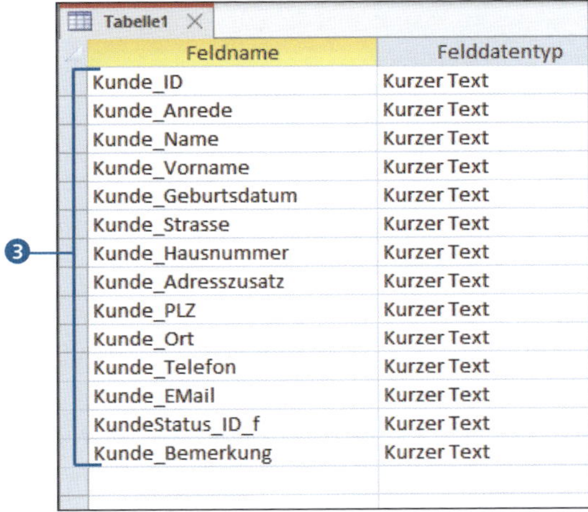

Feldname	Felddatentyp
Kunde_ID	Kurzer Text
Kunde_Anrede	Kurzer Text
Kunde_Name	Kurzer Text
Kunde_Vorname	Kurzer Text
Kunde_Geburtsdatum	Kurzer Text
Kunde_Strasse	Kurzer Text
Kunde_Hausnummer	Kurzer Text
Kunde_Adresszusatz	Kurzer Text
Kunde_PLZ	Kurzer Text
Kunde_Ort	Kurzer Text
Kunde_Telefon	Kurzer Text
Kunde_EMail	Kurzer Text
KundeStatus_ID_f	Kurzer Text
Kunde_Bemerkung	Kurzer Text

4. Beginnen wir mit dem Feld **Kunde_Geburtsdatum**, in das später ein Datum eingegeben werden soll. Klicken Sie in der Zeile **Kunde_Geburtsdatum** in die

Spalte **Felddatentyp** ❹. Nach einem Klick auf den nun sichtbaren Pfeil ❺ am rechten Rand des Feldes wählen Sie in der aufklappenden Drop-down-Liste den Felddatentyp **Datum/Uhrzeit** ❻ aus.

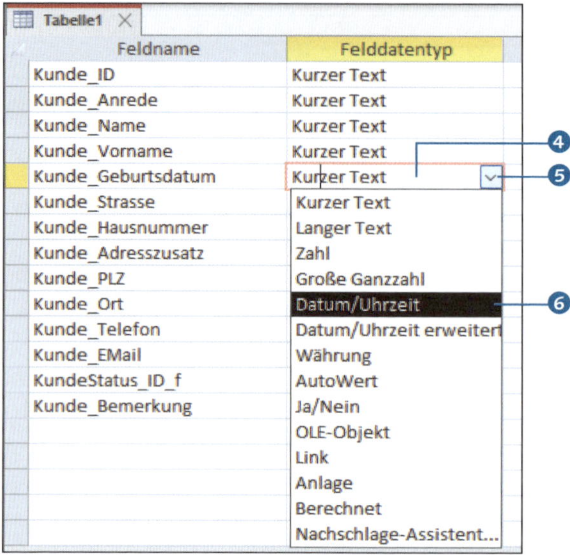

5. Gehen Sie analog vor, um dem Feld **Kunde_EMail** den Felddatentyp **Link** ❼ zuzuweisen, dem Feld **KundeStatus_ID_f** den Felddatentyp **Zahl** ❽ und dem Feld **Kunde_Bemerkung** den Felddatentyp **Langer Text** ❾.

Wer das Beispiel der *Archiv*-Datenbank in Kapitel 3, »Ein einfaches Beispiel: die »Archiv«-Datenbank für private Zwecke«, studiert hat, erkennt bereits an der dort vorgestellten Namenskonvention, dass es sich bei dem Feld **KundeStatus_ID_f** um ein wichtiges Fremdschlüsselfeld handelt. Dieser Fremdschlüssel wird die Verknüpfung auf die Tabelle **tblKundeStatus** ermöglichen. Hierauf werden wir ausführlich in Abschnitt 4.4, »Beziehungen zwischen Tabellen«, eingehen. Was es generell mit den Felddatentypen **Zahl**, **Link** oder auch **Langer Text** auf sich hat, werden wir in Abschnitt 4.2, »Felddatentypen und ihre Besonderheiten«, detailliert beleuchten.

Sollen Tabellen später miteinander verknüpft werden, benötigt jede Tabelle einen *Primärschlüssel*, über den sich jeder Datensatz innerhalb der Tabelle eindeutig identifizieren lässt. Im Gegensatz zur Datenblattansicht, in der Access in einer neuen Tabelle automatisch die Spalte **ID** als Primärschlüssel definiert, müssen Sie dies in der Entwurfsansicht selbst erledigen. In unserer Kundentabelle bietet sich das Feld **Kunde_ID** als Primärschlüssel an. Bei der **Kunde_ID** soll es sich um eine Zahl handeln. Der Felddatentyp muss also auch hier noch geändert werden. Der sicherste Weg, einen eindeutigen Primärschlüssel zu erhalten, besteht darin, dem Feld den Felddatentyp **AutoWert** zuzuweisen. In diesem Fall nummeriert Access die Datensätze automatisch mit einem fortlaufenden Zähler. Einige Hintergrundinformationen, die Sie bei der Auswahl eines Primärschlüssels unterstützen, erhalten Sie in Abschnitt 4.4.1, »Ein paar Tipps rund um den Primärschlüssel«.

6. Klicken Sie in das Feld rechts von **Kunde_ID**, und legen Sie als Felddatentyp **AutoWert** ⑩ fest.

7. Stellen Sie sicher, dass im Menüband das Register **Tabellenentwurf** aktiviert ist. Klicken Sie in der Gruppe **Tools** auf das Symbol **Primärschlüssel** ⑪. Am linken Rand der Zeile wird nun das Symbol des Primärschlüssels eingeblendet ⑫.

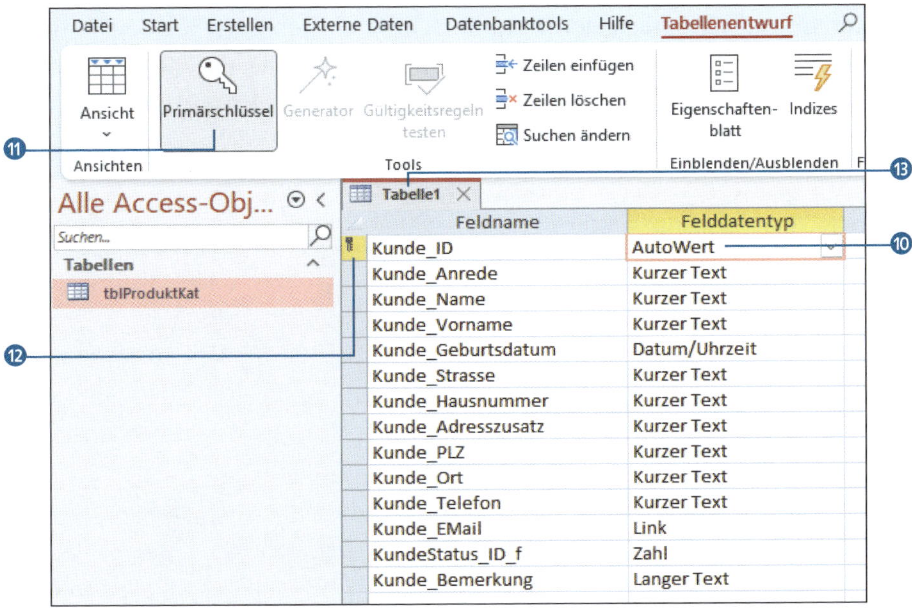

8. Das Grundgerüst der Tabelle ist damit fertig. Nun muss die Tabelle nur noch unter einem aussagekräftigen Namen gespeichert werden. Klicken Sie hierzu mit der rechten Maustaste auf den derzeitigen Tabellennamen **Tabelle1** ⓭. Im Kontextmenü markieren Sie den Befehl **Speichern**. Geben Sie den Tabellennamen ein (»tblKunde«), und bestätigen Sie mit **OK**. Die Tabelle erscheint nun auch im Navigationsbereich.

Standardfelddatentypen ändern
In Ihren Datenbanken taucht der Felddatentyp **Zahl** häufiger auf als ein kurzer Text? Das Ändern des Standardfelddatentyps ist schnell erledigt: Rufen Sie das Register **Datei** auf, und klicken Sie unten links auf **Optionen**. Im Dialog **Access-Optionen** markieren Sie links den **Objekt-Designer**. Nun können Sie rechts im Abschnitt **Entwurfsansicht für Tabellen** im Feld **Standardfeldtyp** den von Ihnen bevorzugten Felddatentyp auswählen, also etwa **Zahl**. Mit **OK** übernehmen Sie die Einstellung.

Auf die beschriebene Weise können Sie nun die in den folgenden Abbildungen zu sehenden fünf Tabellen anlegen, die wir für den weiteren Verlauf dieses Kapitels benötigen. Hierzu gehen Sie jeweils wie in den Schritten 1 bis 8 gezeigt vor. Die Namen, unter denen Sie die Tabellen speichern, können Sie dem Registerreiter ⓮ und zusätzlich der Bildunterschrift entnehmen. Für den Primärschlüssel wählen Sie jeweils das ID-Feld in der ersten Zeile, das Sie gut anhand des Schlüsselsymbols ⓯ am linken Rand des jeweiligen Feldes erkennen.

⓮ tblLieferant

Feldname	Felddatentyp
⓯ Lieferant_ID	AutoWert
Lieferant_Name	Kurzer Text
Lieferant_Strasse	Kurzer Text
Lieferant_Hausnummer	Kurzer Text
Lieferant_Land	Kurzer Text
Lieferant_PLZ	Kurzer Text
Lieferant_Ort	Kurzer Text
Lieferant_Telefon	Kurzer Text
Lieferant_Vorzug	Ja/Nein

Abbildung 4.2 *Die Tabelle »tblLieferant«, in der später die Adressen der Produktlieferanten ergänzt werden*

tblKontakt

Feldname	Felddatentyp
Kontakt_ID	AutoWert
Kontakt_Name	Kurzer Text
Kontakt_Vorname	Kurzer Text
Kontakt_Telefon	Kurzer Text
Kontakt_EMail	Link
Lieferant_ID_f	Zahl

Abbildung 4.3 *Die Tabelle »tblKontakt« zur Erfassung der Ansprechpartner bei den diversen Lieferanten*

tblProdukt

Feldname	Felddatentyp
Produkt_ID	AutoWert
Produkt_Titel	Kurzer Text
Produkt_Beschreibung	Kurzer Text
Produkt_Herkunft	Kurzer Text
Produkt_VerkPreis	Währung
MengenEinheit_ID_f	Zahl
MwSt_ID_f	Zahl
ProduktKat_ID_f	Zahl
Produkt_Foto	Anlage

Abbildung 4.4 *Die Tabelle »tblProdukt«, in der die Produkte aufgenommen werden, die im DelikatEssen-Geschäft zum Verkauf angeboten werden*

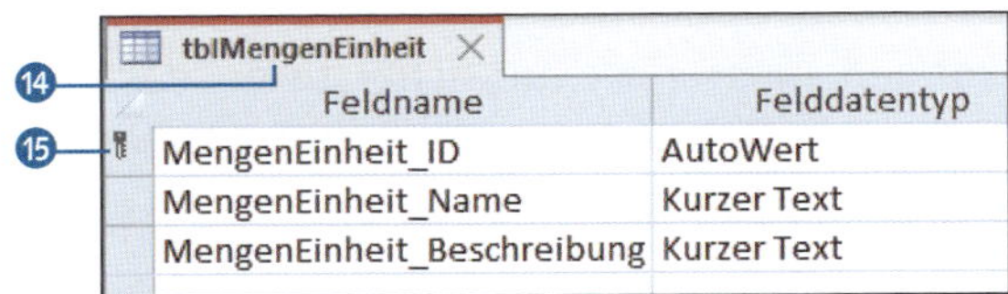

tblMengenEinheit

Feldname	Felddatentyp
MengenEinheit_ID	AutoWert
MengenEinheit_Name	Kurzer Text
MengenEinheit_Beschreibung	Kurzer Text

Abbildung 4.5 *In der Tabelle »tblMengenEinheit« werden Angaben zu den Mengeneinheiten erfasst, in denen Produkte erworben werden können, etwa das Gewicht oder Flaschen diverser Größen.*

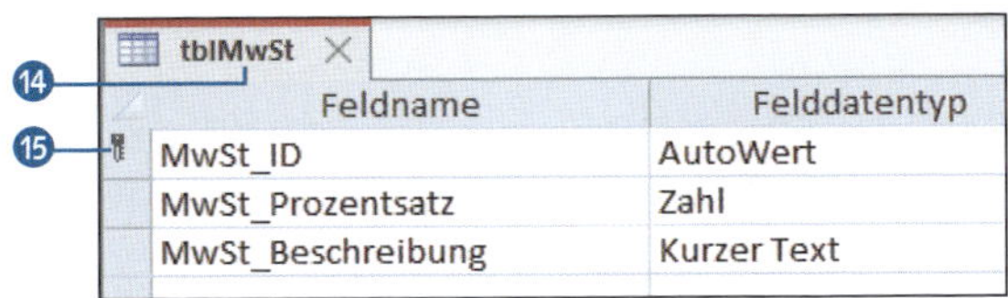

tblMwSt

Feldname	Felddatentyp
MwSt_ID	AutoWert
MwSt_Prozentsatz	Zahl
MwSt_Beschreibung	Kurzer Text

Abbildung 4.6 *In der Tabelle »tblMwSt« werden die Prozentsätze der Mehrwertsteuer ergänzt.*

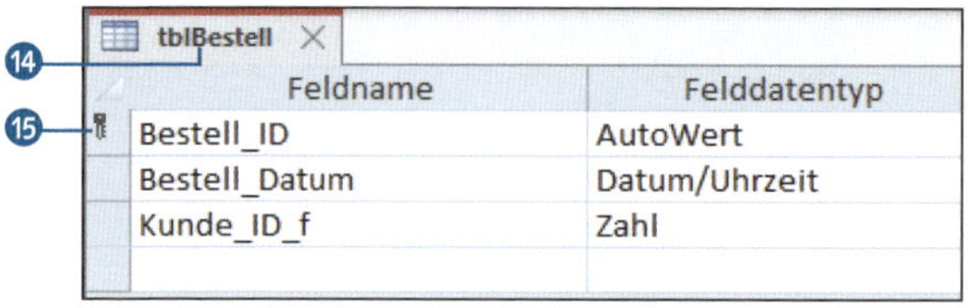

tblBestell

Feldname	Felddatentyp
Bestell_ID	AutoWert
Bestell_Datum	Datum/Uhrzeit
Kunde_ID_f	Zahl

Abbildung 4.7 *In der Tabelle »tblBestell« werden die Bestellungen eines Kunden inklusive Bestelldatum erfasst.*

Beispieldatenbank zum Download

Wer sich nicht selbst die Arbeit machen und die Tabellen erstellen möchte, findet die Datenbankdatei *DelikatEssen_0401.accdb* mit dem Stand bis zu diesem Abschnitt auch in der Zip-Datei, die Sie sich über die Website *www.rheinwerk-verlag.de/access-die-verstaendliche-anleitung* auf Ihren Computer herunterladen können.

4.1.3 Tabelle umbenennen oder löschen

Beim ersten Abspeichern der Tabelle wird zugleich ihr Name festgelegt. Hier kann es durchaus einmal vorkommen, dass man sich vertippt. Oder Sie stellen im Verlauf der Datenbanknutzung fest, dass ein Tabellenname doch nicht so geschickt gewählt war. Solche Fälle machen das Umbenennen einer Tabelle notwendig. Bevor Sie dies erledigen können, müssen Sie nur sicherstellen, dass die Tabelle geschlossen, sprich nicht im Anzeigebereich zu sehen ist. Falls dies doch der Fall sein sollte, schließen Sie die Tabelle mit einem Klick auf das Kreuzsymbol rechts vom Tabellennamen im Registerreiter. Anschließend kann es folgendermaßen weitergehen:

1. Klicken Sie im Navigationsbereich mit der rechten Maustaste auf die Tabelle, deren Namen Sie ändern möchten. Wählen Sie im Kontextmenü den Befehl **Umbenennen** ❶.

2. Der Tabellenname ist nun markiert. Überschreiben Sie ihn mit der gewünschten neuen Bezeichnung, und schließen Sie die Eingabe durch Drücken der Taste [↵] ab.

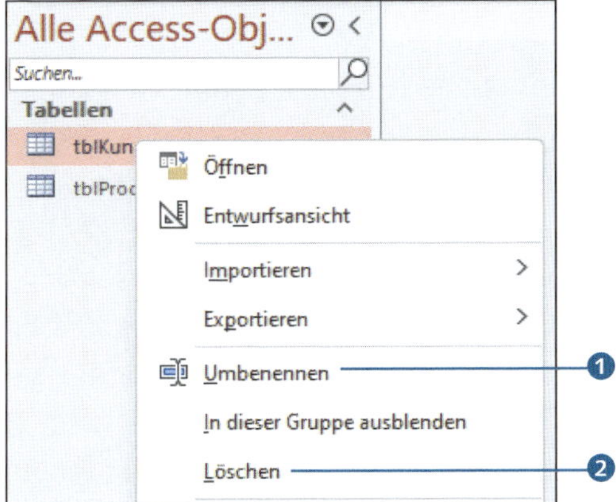

Die Tabelle trägt nun den neuen Namen. Falls die Tabelle Bestandteil einer Beziehung, einer Abfrage, eines Formulars oder auch Berichts ist, müssen Sie sich keine Gedanken machen: Access übernimmt automatisch die Aktualisierung aller Objekte, die mit der Tabelle verbunden sind.

Auch ein Löschen der Tabelle kann ab und an nötig sein, etwa dann, wenn Sie die Tabelle nur zu Testzwecken erstellt haben. Auch hierfür muss die Tabelle geschlossen sein. Sollte die Tabelle noch geöffnet sein, während Sie den Löschbefehl ausführen möchten, erhalten Sie einen entsprechenden Hinweis. Bestätigen Sie diesen mit **OK**, schließen Sie die Tabelle, und wiederholen Sie das Löschen. Doch zuvor eine Warnung: Das Entfernen einer Tabelle hat womöglich weitreichende Folgen. Denn hierdurch werden alle Beziehungen, die zu dieser Tabelle bestehen, gelöscht. Für Abfragen oder auch Berichte kann dies beispielsweise bedeuten, dass sie nicht mehr korrekt funktionieren. Sind Sie sich sicher, dass die Tabelle gelöscht werden soll, gehen Sie so vor:

1. Führen Sie im Navigationsbereich einen rechten Mausklick auf der Tabelle aus. Im Kontextmenü klicken Sie auf den Befehl **Löschen** ❷.
2. Bestätigen Sie den Warnhinweis mit **Ja**, wenn Sie die Tabelle wirklich entfernen möchten. Falls Sie doch Zweifel haben, können Sie den Vorgang mit **Nein** abbrechen.

Haben Sie sich für **Ja** entschieden, wird die Tabelle endgültig gelöscht. Diese Aktion lässt sich nicht wieder rückgängig machen!

Zur Sicherheit ein Backup erstellen

Sie haben im Tabellenentwurf ein unnötiges Feld hinzugefügt oder ein wichtiges Feld gelöscht? Solche Aktionen lassen sich leicht mithilfe der Tastenkombinationen [Strg] + [Z] oder über das Symbol **Rückgängig** in der Schnellzugriffsleiste ungeschehen machen. Für das Löschen einzelner Datensätzen oder gar der ganzen Tabellen gilt dies leider nicht. Um solche Daten wiederherstellen zu können, benötigen Sie eine Sicherungskopie. Ein Backup der Datenbank herzustellen, ist nicht weiter schwer. Zuvor müssen Sie lediglich alle Objekte (also Tabellen, Formulare, Abfragen und mehr) schließen. Rufen Sie dann im Register **Datei** den Befehl **Speichern unter** auf. Behalten Sie unterhalb von **Dateitypen** die Auswahl **Datenbank speichern als** ❶ bei. Das Gleiche gilt unterhalb von **Datenbank speichern als** für die Auswahl **Access-Datenbank Standarddatenbankformat** ❷.

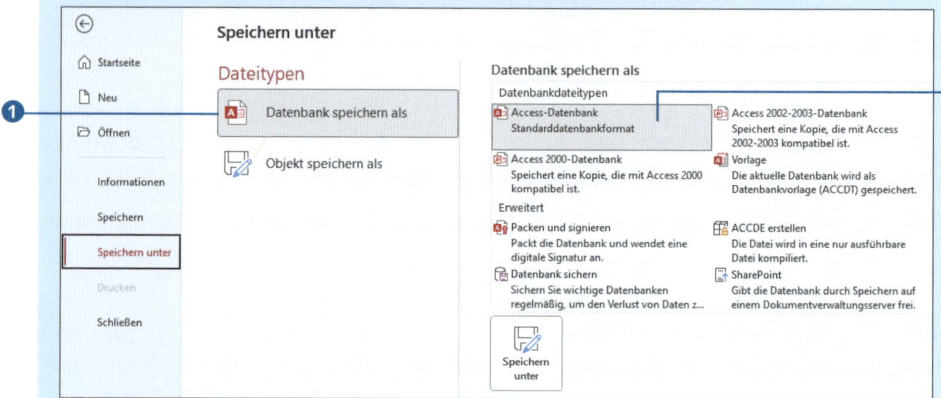

Abbildung 4.8 *Um eine Kopie der Datenbank zu erzeugen, reicht es, die Datenbank unter neuem Namen abzuspeichern.*

Klicken Sie auf **Speichern unter**, und geben Sie einen neuen Namen für die Datenbank ein. Für Backups eignet sich z. B. ein Suffix mit dem aktuellen Datum oder auch eine Versionsangabe (also etwa »DelikatEssen_120823« oder »DelikatEssen_V2«). Beachten Sie, dass nach dem Speichern die gerade erzeugte Datenbank geöffnet ist. Falls Sie mit der Originaldatenbank fortfahren möchten, für die Sie gerade das Backup erstellt haben, schließen Sie die Backup-Datenbank über **Datei • Schließen** und öffnen dann über

Datei • Öffnen das Original. Das Backup der gesamten Datenbank sollte in regelmäßigen Abständen durchgeführt werden. So haben Sie auch im Falle eines Systemausfalls immer eine Sicherungskopie zur Hand.

Abbildung 4.9 *Nach dem Speichern der Datenbank ist die gerade erzeugte Datenbank geöffnet.*

Vor aufwendigeren Aktionen, wie etwa dem Löschen von Datensätzen, ist es manchmal auch ausreichend, lediglich die Tabelle zu sichern, die bearbeitet wird. Im Kasten »Tabellen kopieren und einfügen« in Abschnitt 5.2.3, »Datenimport aus einer anderen Access-Datenbank«, erfahren Sie, wie Sie eine einzelne Tabelle kopieren können.

4.2 Felddatentypen und ihre Besonderheiten

Kurzer Text, **Langer Text**, **Zahl**, **Währung**, **Datum/Uhrzeit** – Access stellt eine Vielzahl an Felddatentypen zur Auswahl. Doch warum ist es überhaupt so wichtig, den passenden Datentyp für ein Feld festzulegen? Die Antwort ist eigentlich ganz einfach: Durch die Wahl des passenden Felddatentyps stellen Sie sicher, dass die Daten in korrekter Form eingegeben werden und somit die Datenkonsistenz sichergestellt wird. Wurde einem Feld beispielsweise der Datentyp **Datum/Uhrzeit** zugewiesen, wandelt Access eine Eingabe in der Form »01. Mai 2023« automatisch in ein »01.05.2023« um. Würde man es bei dem Textformat belassen und die unterschiedliche Dateneingabe zulassen, würde dies z. B. beim Sortieren einer Tabelle zu Fehlern führen, wie das Beispiel in Abbildung 4.10 zeigt. Links ist die Tabelle mit einem als **kurzer Text** formatierten Datumsfeld zu sehen, rechts zeigt das Datumsfeld mit den als **Datum/Uhrzeit** formatierten Daten. Beide Tabellen wurden gleichermaßen aufsteigend sortiert. Das Ergebnis zeigt das Dilemma: Die linke Tabelle wurde zwar alphabetisch korrekt sortiert, nur leider nicht wie gewünscht dem Datum nach.

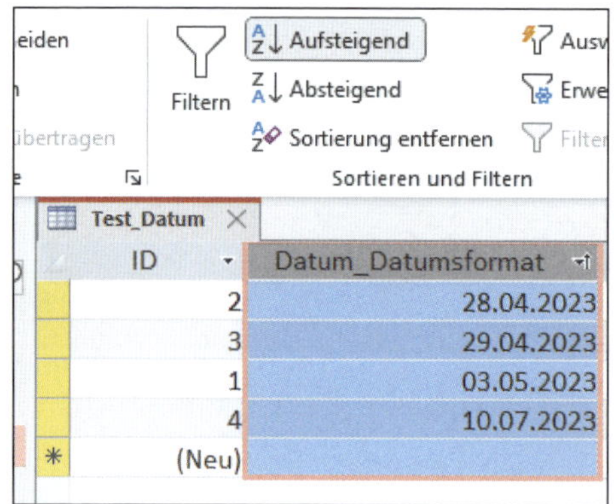

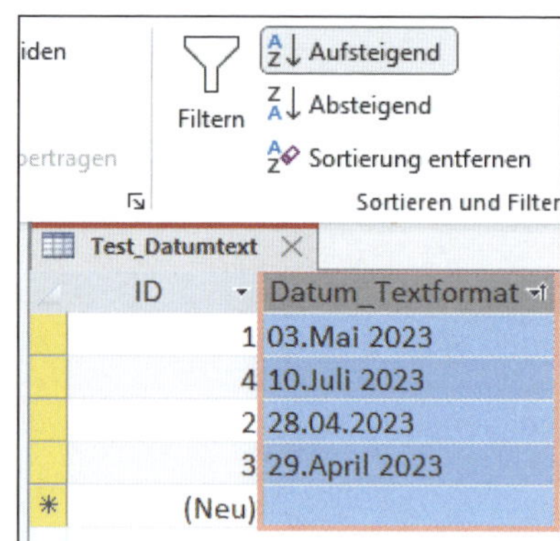

Abbildung 4.10 *Die linke Tabelle zeigt ein als Text formatiertes Datumsfeld, rechts die gleichen Daten mit dem Felddatentyp »Datum/Uhrzeit«.*

Woher wissen Sie aber, welcher Felddatentyp der passende ist? Eine solche Entscheidung lässt sich am besten treffen, wenn Sie die Besonderheiten eines jeden Datentyps kennen. Und genau diese möchten wir Ihnen nun vorstellen.

4.2.1 Der Felddatentyp »Kurzer Text«

Der Felddatentyp **Kurzer Text** ist der Standarddatentyp von Access. Geben Sie selbst also keinen Felddatentyp vor, wählt Access **Kurzer Text** automatisch aus. Der Datentyp lässt jegliche Eingabe von alphanumerischen Zeichen wie Buchstaben, Zahlen oder auch Sonderzeichen zu. Damit eignet er sich für Felder, in denen Namen, Adressen oder auch kurze Beschreibungen erfasst werden sollen. Er sollte aber auch für Zahlenwerte verwendet werden, mit denen nicht gerechnet wird. Dazu zählen beispielsweise Telefonnummern oder auch Postleitzahlen. Würden Sie ein Postleitzahlfeld z. B. als **Zahl** definieren, gäbe es bei der Eingabe von Postleitzahlen, die mit einer »0« beginnen, Probleme, da Access normalerweise die führende Null einfach streicht. Welche Tricks Access für die Eingabe solcher Daten parat hält, zeigen wir Ihnen in Abschnitt 4.3.1, »Per Eingabeformat nur passende Daten zulassen«.

In einem als **Kurzer Text** formatierten Feld (bis zur Version 2013 von Access übrigens nur kurz **Text** genannt) können maximal 255 Zeichen eingegeben werden. Die maximal mögliche Textlänge lässt sich über die Feldeigenschaft **Feldgröße** aber auch beschränken. Um z. B. sicherzustellen, dass im Feld **Produkt_Herkunft** der Tabelle **tblProdukt** nur ein zweistelliges Länderkürzel für das Herkunftsland eines Produkts ergänzt wird (etwa »DE« für Deutschland), gehen Sie folgendermaßen vor:

1. Öffnen Sie die Tabelle **tblProdukt** in der Entwurfsansicht, indem Sie im Navigationsbereich mit der rechten Maustaste auf den Tabellennamen klicken und im Kontextmenü **Entwurfsansicht** auswählen.
2. Markieren Sie den Feldnamen **Produkt_Herkunft** ❶. Klicken Sie im Bereich **Feldeigenschaften** in das Feld rechts von **Feldgröße**, das standardmäßig den Wert **255** enthält. Tragen Sie stattdessen »2« ein ❷, und bestätigen Sie die Eingabe durch Drücken der Taste [↵].
3. Klicken Sie im Schnellzugriffsmenü auf das Symbol **Speichern**, um Ihre Einstellungen zu sichern. Alternativ hierzu können Sie auch die Tastenkombination [Strg] + [S] drücken. Dieser Schritt muss immer dann erfolgen, wenn Sie in der Entwurfsansicht Änderungen an der Tabellenstruktur durchgeführt haben.

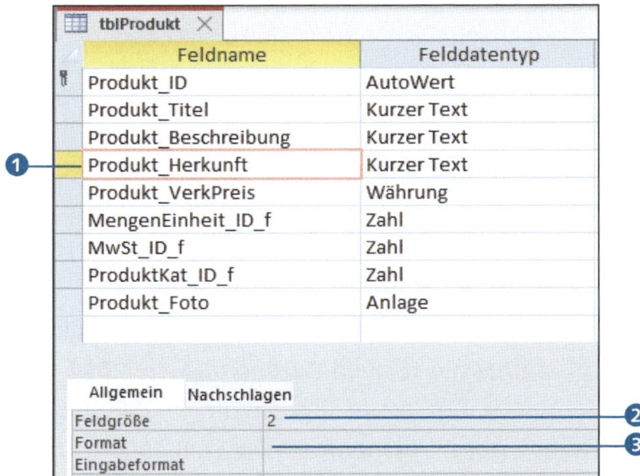

Gehen Sie bei der Anpassung der Feldgröße nicht zu rigide vor, denn das kann umgekehrt auch zu Problemen führen. Würden Sie die Feldgröße des Feldes **Kunde_Strasse** in der Tabelle **tblKunde** z. B. auf **20** beschränken, lässt sich ein Straßenname wie »Bürgermeister-Neumeier-Straße« nicht vollständig eintragen. Access schneidet in diesem Fall die zu viel eingegebenen Zeichen einfach ab. Für solche Felder ist eine Feldgröße von 50 meist geeigneter.

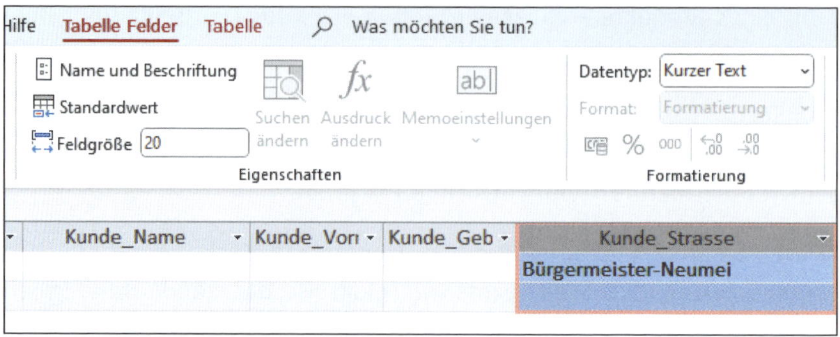

Abbildung 4.11 *Wählen Sie die Feldgröße für ein Textfeld zu klein, schneidet Access die zu viel eingegebenen Zeichen einfach ab.*

Das Format für »Kurzer Text«-Felder anpassen

Access zeigt in einem als **Kurzer Text** formatierten Feld den Inhalt so an, wie Sie ihn eingegeben haben. Die Darstellung lässt sich aber auch anpassen. Soll ein Text z. B. ausschließlich in Großbuchstaben eingeblendet werden, klicken Sie im Bereich **Feldeigenschaften** in das Feld **Format** ❸. Tippen Sie hier ein Größer-als-Zeichen (»>«) ein. Die Änderung an der Tabellenstruktur müssen Sie wie üblich speichern. Eine Kleinschreibung forcieren Sie wiederum mit dem Kleiner-als-Zeichen (»<«).

4.2.2 Der Felddatentyp »Langer Text«

Reichen Ihnen die 255 Zeichen, die der Felddatentyp **Kurzer Text** ermöglicht, nicht aus, entscheiden Sie sich stattdessen für den Datentyp **Langer Text** (bis Access 2010 noch **Memo** genannt). Mit ihm lassen sich um die 65.000 Zeichen erfassen. Ihre Wahl sollte allerdings nur in Ausnahmefällen (z. B. in Kommentar- und Bemerkungsfeldern) auf diesen Datentyp fallen, denn ein **Langer Text** hat auch seine Schattenseiten. So ist es beispielsweise nicht möglich, eine Tabelle in der Datenblattansicht nach diesem Feld zu sortieren. Bei einer Sortierung per Abfrage berücksichtigt Access lediglich die ersten 255 Zeichen des Textes, das Gleiche gilt für das Filtern. Die Feldgröße lässt sich bei einem **Langer Text**-Feld nicht ändern.

In unserer Beispieldatenbank *DelikatEssen* kommt der Felddatentyp **Langer Text** lediglich in der Tabelle **tblKunde** im Feld **Kunde_Bemerkung** zum Einsatz.

Das Feld bietet Platz für besondere Notizen über die Produktwünsche eines Kunden oder auch Probleme bei Lieferungen etc.

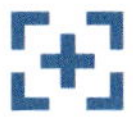

Lange Texte formatieren

Sie würden in einem Bemerkungsfeld, das einen längeren Text enthält, gerne einzelne Begriffe farbig hervorheben? Dies lässt sich mit einem kleinen Trick bewerkstelligen: Markieren Sie in der Entwurfsansicht einer Tabelle den Feldnamen des **Langer Text**-Feldes, in der Tabelle **tblKunde** also das Feld **Kunde_Bemerkung**. Blättern Sie nun im Bereich **Feldeigenschaften** ganz nach unten bis zum Feld **Textformat**. Markieren Sie das Feld rechts davon, und wählen Sie nach einem Klick auf den Pfeil am äußeren rechten Feldrand in der aufklappenden Liste **Rich-Text** aus. Speichern Sie die Tabelle anschließend. Ergänzen Sie nun in der Datenblattansicht im Feld **Kunde_Bemerkung** einen Text, können Sie diesen wie z. B. von Word gewöhnt formatieren. Die Formatierungen wählen Sie im Register **Start** in der Gruppe **Textformatierung** aus. Access speichert die Formatierungen als HTML-Code. Beim Felddatentyp **Kurzer Text** lässt sich das Textformat nicht ändern.

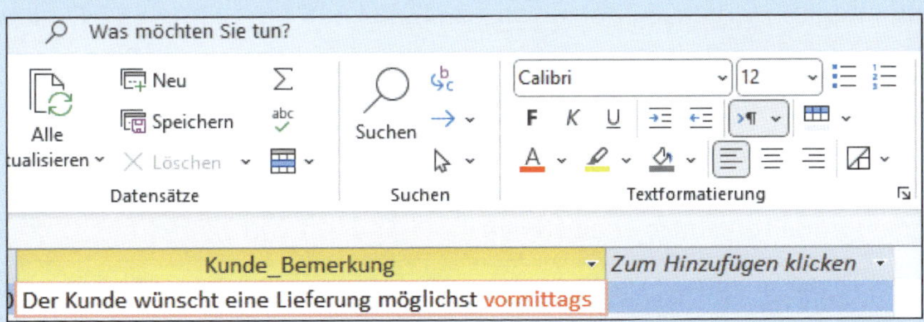

Abbildung 4.12 *Wurde für ein »Langer Text«-Feld als Textformat »Rich-Text« eingestellt, lässt sich der Text formatieren.*

4.2.3 Der Felddatentyp »Zahl«

Der Felddatentyp **Zahl** sollte immer dann eingesetzt werden, wenn Sie mit den Daten eines solchen Feldes rechnen möchten. Denn geben Sie in einem Textfeld Zahlen ein, interpretiert Access sie lediglich als Ziffern, Berechnungen sind damit nicht möglich. Versuchen Sie, in einem als **Zahl** definierten Feld Text einzutippen, erhalten Sie eine Fehlermeldung.

Per Standardeinstellung handelt es sich bei dem **Zahl**-Felddatentyp um ganze Zahlen (auch *Integerzahlen* genannt). Falls Sie Zahlen mit Dezimalstellen erfassen möchten, müssen Sie die **Feldgröße** im Bereich **Feldeigenschaften** anpassen. Vergessen Sie dies, kann es bei der Eingabe von Dezimalzahlen zu nicht erwünschten Rundungsfehlern kommen. Schnell wird so aus dem Wert »42,65« eine »43«. Die gewählte Feldgröße beeinflusst außerdem den benötigten Speicherplatz. Wählen Sie bei der Feldgröße deshalb immer die kleinste ausreichende Größe aus, um nicht unnötig Speicherplatz zu verschwenden.

Um die Feldgröße festzulegen, weisen Sie einem Feld in der Entwurfsansicht zunächst den Felddatentyp **Zahl** zu. Klicken Sie dann im Bereich **Feldeigenschaften** in das Feld rechts von **Feldgröße**. Nach einem Klick auf den Pfeil werden Ihnen nun folgende Feldgrößen angeboten:

- **Byte**: Diese Option sollten Sie für ganze Zahlen von 0 bis 255 wählen. Der Speicherplatzbedarf beträgt ein Byte.
- **Integer**: Mit dieser Option lassen sich ganze Zahlen von –32.768 bis +32.767 erfassen. Eine Zahl mit der Feldgröße **Integer** benötigt zwei Byte an Speicherplatz.
- **Long Integer**: Für ganze Zahlen von –2.147.483.648 bis +2.147.483.647 bietet sich diese Feldgröße an. Der Speicherplatzbedarf beträgt vier Byte. Access verwendet diese Feldgröße für **AutoWert**-Felder. Wenn Sie einen Fremdschlüssel erzeugen, den Sie mit dem **AutoWert**-Primärschlüsselfeld einer anderen Tabelle in Beziehung setzen möchten, sollten Sie daher ebenfalls die Feldgröße **Long Integer** einstellen.
- **Single**: Diese Feldgröße verwenden Sie am besten für numerische Gleitkommawerte (sprich Fließkommazahlen), die von –3,4 × 1.038 bis +3,4 × 1.038 reichen und bis zu sieben Dezimalstellen haben (auch als *signifikante Stellen* bezeichnet). **Single** bietet sich auch als passende Feldgröße an, wenn es um die Erfassung von Prozentwerten geht. In unserer Beispieldatenbank *DelikatEssen* kommt er in der Tabelle **tblMwSt** im Feld **MwSt_Prozentsatz** zum Einsatz. Der Speicherplatzbedarf von **Single** umfasst vier Byte.
- **Double**: Reichen die sieben Dezimalstellen der Feldgröße **Single** nicht aus, wählen Sie die Option **Double**. Mit ihr lassen sich numerische Gleitkommawerte erfassen, die von –1,797 × 10.308 bis +1,797 × 10.308 reichen und bis zu 15 signifikante Stellen haben. Double nimmt acht Byte an Speicherplatz für sich in Anspruch.

- **Dezimal**: Diese Feldgröße erlaubt bis zu 18 Dezimalstellen. Sie sollten sie für numerische Werte von –9,999... × 1.027 bis +9,999... × 1.027 wählen. Der Speicherplatzbedarf beträgt 12 Byte.

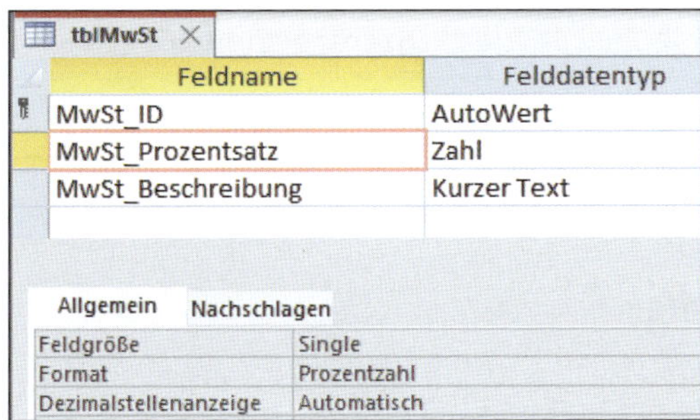

Abbildung 4.13 *Dem Feld »MwSt_Prozentsatz« werden der Felddatentyp »Zahl«, die Feldgröße »Single« und das Format »Prozentzahl« zugewiesen.*

Für Geldwerte gibt es den eigenen Felddatentyp **Währung**, den wir im nächsten Abschnitt vorstellen. Für beide Felddatentypen, also **Zahl** und **Währung**, stehen die gleichen Formate zur Auswahl. Mithilfe des Formats legen Sie fest, wie der Inhalt eines Feldes dargestellt werden soll. Die entsprechende Einstellung nehmen Sie im gleichnamigen Feld in den **Feldeigenschaften** vor. Tabelle 4.1 zeigt eine Übersicht über die in Access verfügbaren Formate für die Felddatentypen **Zahl** und **Währung**.

Format	Darstellungsform
Allgemeine Zahl	Zeigt Zahlen ohne weitere Formatierung genau so, wie sie gespeichert sind.
Währung	Stellt Zahlen als allgemeine Geldwerte dar. Das Währungssymbol hängt von den auf dem PC vorgenommenen Ländereinstellungen ab.
Euro	Versieht allgemeine Geldwerte mit dem €-Zeichen, unabhängig davon, welche Ländereinstellungen auf dem PC vorgenommen wurden.
Festkommazahl	Zeigt den Dezimalwert ohne Punkt als Tausendertrennzeichen.

Tabelle 4.1 *Verfügbare Formate für die Felddatentypen »Zahl« und »Währung«*

Format	Darstellungsform
Standardzahl	Zeigt den Dezimalwert mit dem Tausendertrennzeichen ».«.
Prozentzahl	Ergänzt hinter jeder Zahl das Prozentzeichen (»%«).
Exponentialzahl	Stellt Zahlen in der wissenschaftlichen Notation dar.

Tabelle 4.1 *Verfügbare Formate für die Felddatentypen »Zahl« und »Währung« (Forts.)*

4.2.4 Der Felddatentyp »Währung«

Der Felddatentyp **Währung** stellt die richtige Wahl dar, wann immer es um Geldwerte geht. Dabei handelt es sich um eine Festkommazahl, die auf bis zu 15 Stellen links und bis zu vier Stellen rechts vom Dezimaltrennzeichen genau ist. Dies spielt vor allem dann eine Rolle, wenn Sie präzise Berechnungen durchführen müssen. Das Währungszeichen, das Access in einem Feld des Datentyps **Währung** einblendet, ist abhängig von den Ländereinstellungen des Computers. Diese lassen sich unter Windows 11 z. B. in der Einstellungen-App unter **Zeit und Sprache • Sprache und Region** festlegen.

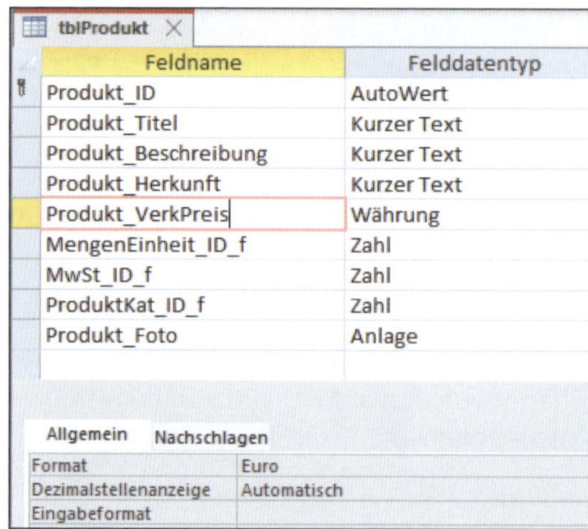

Abbildung 4.14 *In unserer Beispieldatenbank »DelikatEssen« wird in der Tabelle »tblProdukt« im Feld »Produkt_VerkPreis« der Felddatentyp »Währung« mit dem Format »Euro« verwendet.*

4.2.5 Der Felddatentyp »Datum/Uhrzeit«

Immer wenn es darum geht, ein Datum oder eine Uhrzeit zu erfassen, ist der Felddatentyp **Datum/Uhrzeit** die richtige Wahl. In unserer Beispieldatenbank *DelikatEssen* kommt er z. B. in der Tabelle **tblKunde** für das Feld **Kunde_Geburtsdatum** zum Einsatz. Auch beim Erfassen von Bestellungen wird er eine Rolle spielen. Die hierfür nötigen Tabellen werden wir später noch vorstellen.

Über das Feld **Format** im Bereich **Feldeigenschaften** können Sie einstellen, wie ein Datum bzw. eine Uhrzeit angezeigt werden soll. Wählen Sie hier etwa **Datum, lang** und geben später ein Datum in der kurzen Form »26.11.2023« in ein Datumsfeld ein, erscheint im Feld die lange Form »Sonntag, 26. November 2023«. In den meisten Fällen dürfte aber das Format **Datum, kurz** das richtige sein.

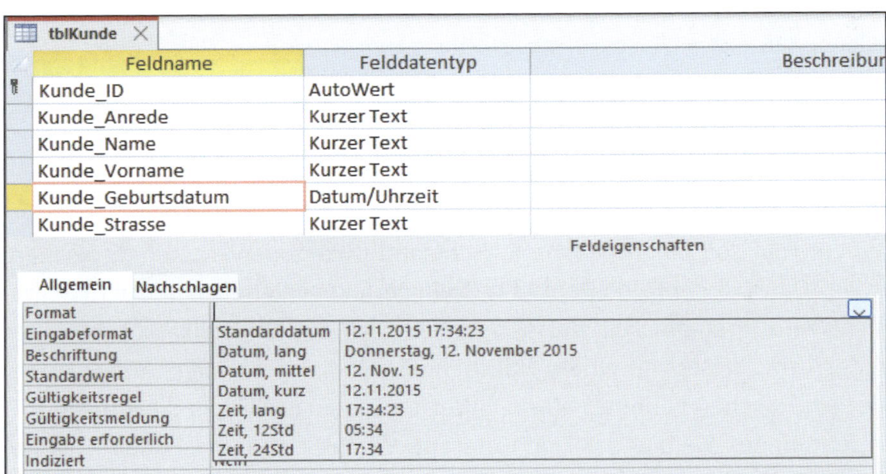

Abbildung 4.15 *Im Feld »Format« im Bereich »Feldeigenschaften« legen Sie fest, wie ein Datum oder eine Uhrzeit angezeigt werden sollen.*

4.2.6 Der Felddatentyp »AutoWert«

Ein mit dem Felddatentyp **AutoWert** versehenes Feld enthält eine automatisch von Access erzeugte Nummer. Die Nummerierung erfolgt fortlaufend, beginnend mit der Nummer 1. Sie selbst können in einem **AutoWert**-Feld keinerlei Eingaben oder Änderungen vornehmen. In unserer Beispieldatenbank *DelikatEssen* wird der Felddatentyp **AutoWert** für alle Felder verwendet, denen der Primärschlüssel zugewiesen wird. Diese Felder tragen jeweils das Suffix »_ID« (bitte nicht verwechseln mit dem Suffix »_ID_f«, mit dem in unseren Beispielen die Fremdschlüsselfelder gekennzeichnet werden). Pro Tabelle lässt Access lediglich für ein einziges Feld den Felddatentyp **AutoWert** zu. Versuchen Sie, ihn einem zweiten Feld zuzuweisen, erhalten Sie spätestens beim Speichern der Tabelle eine entsprechende Fehlermeldung.

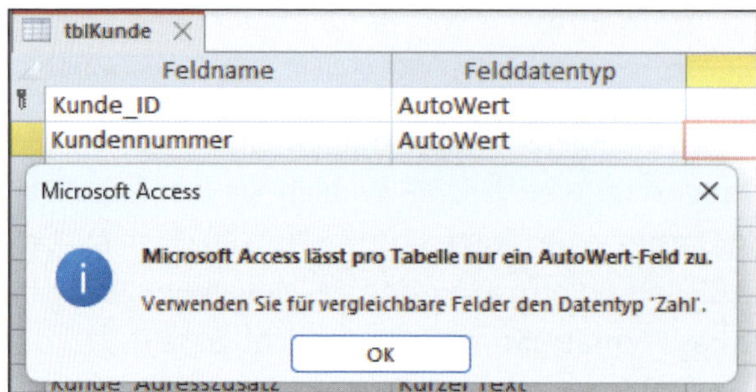

Abbildung 4.16 *Um die Fehlermeldung zu provozieren, wurde in der Tabelle »tblKunde« exemplarisch ein Feld »Kundennummer« ergänzt und mit dem Felddatentyp »AutoWert« versehen.*

4.2.7 Der Felddatentyp »Ja/Nein«

In einem Feld soll eine einfache Entscheidung »Ja« oder »Nein« gespeichert werden? Dann ist der Felddatentyp **Ja/Nein** perfekt geeignet. In der Datenblattansicht wird in einem Feld dieses Typs lediglich ein Kontrollkästchen eingeblendet. Wird dieses mit einem Häkchen versehen, interpretiert Access es als »Ja«, kein Häkchen bedeutet »Nein«. Werfen Sie einen Blick in die Tabelle **tblLieferant**, finden Sie hier das Feld **Lieferant_Vorzug** mit dem Felddatentyp **Ja/Nein**. Mit nur einem Mausklick in ein Kontrollkästchen können die Datenbanknutzer*innen damit festlegen, ob ein Unternehmen (z. B. eine bestimmte Bäckerei) der bevorzugte Lieferant für die Produkte ist. Statt des Formats **Ja/Nein** lässt sich im Feld **Format** im Bereich der **Feldeigenschaften** auch ein **Wahr/Falsch** oder **Ein/Aus** auswählen.

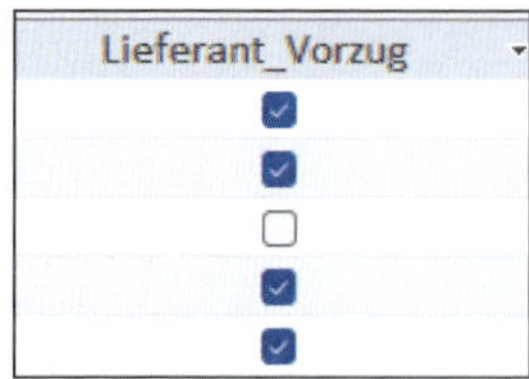

Abbildung 4.17 *Ein gesetztes Häkchen steht für »Ja«, ein leeres Kontrollkästchen für »Nein«.*

4.2.8 Die Felddatentypen »Link«, »Anlage« und »OLE-Objekt«

Access bietet noch weitere Felddatentypen, die allerdings eher selten Verwendung finden. Zwei dieser Felddatentypen haben den Sprung in unsere Beispieldatenbank geschafft: **Link** und **Anlage**.

Der Felddatentyp **Link** ermöglicht die Speicherung von Hyperlinks und ist damit perfekt für Felder geeignet, in denen Webadressen, E-Mail-Adressen oder auch Dateipfade erfasst werden sollen. Der Hyperlink kann damit direkt im Feld angeklickt werden. Anschließend wird der Standardbrowser, der Explorer oder das Standard-E-Mail-Programm mit dem entsprechenden Element geöffnet. In unserer Beispieldatenbank *DelikatEssen* wird der Felddatentyp **Link** in den Tabellen **tblKunde** sowie **tblKontakt** jeweils zur Speicherung der E-Mail-Adressen verwendet.

Abbildung 4.18 *Wurde einem Feld der Felddatentyp »Link« zugewiesen, kann die E-Mail-Adresse direkt angeklickt werden, und schon wird das E-Mail-Programm mit der E-Mail-Adresse geöffnet.*

Falls Sie in der Datenbank z. B. Bilder, Word-, Excel- oder auch PowerPoint-Dateien erfassen möchten, sollten Sie den Felddatentyp **Anlage** wählen. In unserer Beispieldatenbank *DelikatEssen* nutzen wir ihn in der Tabelle **tblProdukt** im Feld **Produkt_Foto** für Produktbilder. Wie Sie die Bilddateien hinzufügen, erfahren Sie in Abschnitt 5.1, »Daten in Tabellen eingeben, ändern und löschen«. Bei dem Felddatentyp **Anlage** ist es wichtig zu wissen, dass nicht die Dateien selbst in der Datenbank gespeichert werden, sondern lediglich eine Verknüpfung zu ihnen. Da Bilddateien meist sehr umfangreich sind, lässt sich hierdurch viel Speicherplatz sparen, was Ihnen die Datenbank mit einer besseren Performance dankt.

Als ein weiterer Felddatentyp, den Access zur Verfügung stellt, soll noch kurz der Felddatentyp **OLE-Objekt** erwähnt werden. Die Abkürzung *OLE* steht für *Object Linking and Embedding*, zu Deutsch *Objektverknüpfung und -einbettung*. Ähnlich dem Felddatentyp **Anlage** können Sie mit diesem Datentyp ein Objekt, also z. B. ein Bild oder auch eine PDF-Datei, einbetten. Die Betonung liegt hier auf dem Singular »ein« bzw. »eine«, denn im Gegensatz zur **Anlage**, mit der auch mehrere Dateien erfasst werden können, lässt der Datentyp **OLE-Objekt** nur die Speicherung einer einzelnen Datei zu. In unserer Beispieldatenbank *DelikatEssen* wird **OLE-Objekt** nicht verwendet.

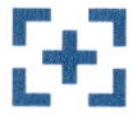

Beschriftung und Beschreibung ergänzen

Haben Sie einem Feld den Felddatentyp **Anlage** zugewiesen, erscheint in der Datenblattansicht statt des Feldnamens das Symbol einer Büroklammer. Dies lässt sich leicht ändern, indem Sie in der Entwurfsansicht im Bereich **Feldeigenschaften** den Feldnamen im Feld **Beschriftung** eintragen. Dies ist auch bei allen anderen Felddatentypen möglich. Allerdings sollte der Feldname bereits so aussagekräftig gewählt werden, dass ein Ändern der Beschriftung nicht notwendig ist. Die Spalte **Beschreibung (optional)** in der Entwurfsansicht ist für Ihre Notizen vorgesehen. Der hier eingetragene Text erscheint in der Statusleiste, sobald Sie innerhalb eines Formulars das dazugehörige Feld markieren. Eine solche Notiz wäre in unserer Beispieldatenbank z. B. für das Feld **Lieferant_Telefon** in der Tabelle **tblLieferant** sinnvoll, um Anwender darauf hinzuweisen, dass hier die Telefonnummer der Zentrale eines Lieferanten eingetragen werden soll (siehe auch Abbildung 4.20).

4.2.9 Der Felddatentyp »Berechnet«

Ein klassisches Beispiel für den Felddatentyp **Berechnet**: Sie möchten anhand des Nettobetrags eines Produkts und des Mehrwertsteuersatzes den Bruttobetrag berechnen. Für solche Berechnungen dienen in Access eigentlich die Abfragen, die sogar noch weitaus mehr bewältigen können als solch simple Aufgaben. Sie werden sich anhand verschiedener Beispiele in Abschnitt 6.2, »Berechnungen durchführen und Funktionen nutzen«, selbst ein Bild davon machen können.

Trotzdem bietet Access einen Felddatentyp namens **Berechnet**. Auch wenn dieser Felddatentyp optimalerweise, wie gerade geschrieben, nicht eingesetzt werden sollte, werden wir ihn der Vollständigkeit halber hier doch vorstellen. Wichtig zu wissen: Um den Felddatentyp verwenden zu können, müssen alle für die Berechnung benötigten Felder in der gleichen Tabelle verfügbar sein!

Unsere Beispieldatenbank *DelikatEssen* enthält kein Feld dieses Felddatentyps. Zu Demonstrationszwecken werden wir daher eine zusätzliche Tabelle erzeugen, in der der oben erwähnte Bruttobetrag berechnet werden soll.

1. Wählen Sie im Register **Erstellen** den **Tabellenentwurf** aus. Geben Sie den ersten Feldnamen »Nettobetrag« ein, und weisen Sie ihm den Felddatentyp **Währung** zu.

2. Ergänzen Sie den zweiten Feldnamen **Mehrwertsteuer**, für den Sie den Felddatentyp **Zahl** wählen. Klicken Sie dann im Bereich **Feldeigenschaften** in das Feld rechts von **Feldgröße**. Nach einem Klick auf den nun sichtbaren Pfeil markieren Sie in der aufklappenden Liste den Eintrag **Single**. Analog stellen Sie im Feld **Format** die **Prozentzahl** ein.

3. Speichern Sie die Tabelle per Klick auf das Symbol **Speichern** in der Schnellzugriffsleiste. Geben Sie einen beliebigen Tabellennamen ein, etwa »tblBerechnung«. Sobald Sie mit **OK** bestätigen, weist Access Sie darauf hin, dass noch kein Primärschlüssel definiert wurde. Dieser ist für das Herstellen von Beziehungen zwischen Tabellen zwingend erforderlich. Da die Tabelle aber mit keiner anderen verknüpft werden soll, können Sie den Hinweis mit **Nein** schließen.

4. Geben Sie als dritten Feldnamen »Bruttobetrag« ein. Als Felddatentyp wählen Sie nun **Berechnet**. Es wird automatisch der Dialog **Ausdrucks-Generator** gestartet.

5. Im oberen Feld tragen Sie nun die Formel zur Berechnung des Bruttobetrags ein: »[Nettobetrag]*(1+[Mehrwertsteuer])«. Die Werte soll die Formel aus den beiden Feldern **Nettobetrag** und **Mehrwertsteuer** beziehen. Die Feldnamen werden in der Formel hierzu in eckigen Klammern ergänzt. Statt sie selbst zu tippen, können Sie sie aber auch per Doppelklick auf den jeweiligen Eintrag in der Liste **Ausdruckskategorien** auswählen. Damit die Feldnamen hier erscheinen, muss links in der Liste **Ausdruckselemente** die Tabelle **tblBerechnung** markiert sein. Ist der Bereich trotzdem leer, wurde die Tabelle noch nicht gespeichert. Klicken Sie in diesem Fall auf **Abbrechen**, und sichern Sie die Tabelle. Den Dialog **Ausdrucks-Generator** öffnen Sie anschließend über das Symbol **Generator** im Register **Tabellenentwurf**.

6. Wurde die Formel korrekt eingegeben, bestätigen Sie den Dialog mit **OK**.

7. Nun ist noch eine kleine Zusatzeinstellung für das Feld **Bruttobetrag** nötig. Markieren Sie das Feld, und wählen Sie im Bereich **Feldeigenschaften** im Feld **Format** den Eintrag **Euro** aus.

8. Sichern Sie die an der Tabellenstruktur vorgenommenen Änderungen mit der Tastenkombination Strg + S.

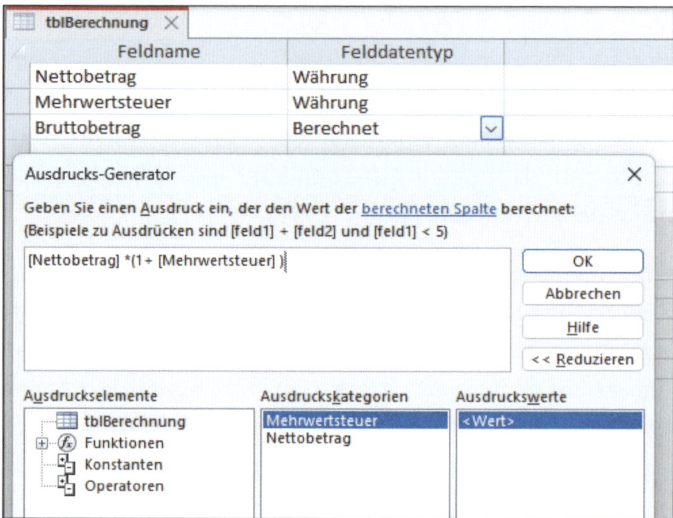

9. Klicken Sie mit der rechten Maustaste auf den Tabellennamen, und wählen Sie die **Datenblattansicht** aus.

10. Geben Sie im Feld **Nettobetrag** einen beliebigen Betrag ein, der Einfachheit halber z. B. »100«. Drücken Sie die Taste ⇆, und tragen Sie im Feld **Mehrwertsteuer** z. B. eine »7« für den ermäßigten Mehrwertsteuersatz ein. Nach dem Drücken der Taste ⇆ sollte im Feld **Bruttobetrag** nun der korrekte Betrag, für unser Beispiel 107,00 €, angezeigt werden.

Erscheint nicht der korrekte Wert, überprüfen Sie in der Entwurfsansicht die Feldeigenschaften für die einzelnen Felder. Eventuell hat sich auch bei der Eingabe der Formel ein Fehler eingeschlichen. Die Formel wird nach Markierung des Feldnamens **Bruttobetrag** im Bereich **Feldeigenschaften** im Feld rechts von **Ausdruck** angezeigt. Ist die Formel tatsächlich fehlerhaft, klicken Sie auf die Formel. Nun können Sie über **Tabellenentwurf • Generator** den **Ausdrucks-Generator** öffnen und die Formel korrigieren.

Die Tabelle dient, wie gesagt, nur zur Demonstration des **Berechnet**-Felddatentyps. Sie können sie anschließend schließen und nach einem rechten Mausklick auf den Tabellennamen im Navigationsbereich **löschen**.

Inhalt mehrerer Felder in einem Feld zusammenführen

Der **Berechnet**-Felddatentyp wird ab und an auch dazu verwendet, den Inhalt mehrerer Felder in einem Feld zusammenzuführen, etwa *PLZ* und *Ort*. Das Ergebnisfeld, das als Inhalt nun *PLZ Ort* erhält, erfüllt allerdings nicht mehr die erste Normalform. Diese fordert, dass Informationen nicht weiter zerlegbar sein dürfen (siehe auch Abschnitt 1.2, »Relationale Datenbanken einfach erklärt«).

4.2.10 Der Nachschlage-Assistent: Ein Kombinationsfeld erzeugen

Manchmal ist es sinnvoll, dem Anwender bzw. der Anwenderin eine Liste an Werten vorzugeben, aus denen der gewünschte Wert mit nur einem Mausklick ausgewählt werden kann. Ein klassisches Beispiel hierfür ist ein Anrede-Feld etwa mit den Listeneinträgen »Frau«, »Herr«, »Dr.« oder auch »Prof.«. Eine solche Liste erleichtert die Dateneingabe nicht nur, sie verhindert auch fehlerhafte oder uneinheitliche Eingaben (etwa »Herrn« statt »Herr«).

Ein durchaus komplexes Beispiel eines Nachschlagefeldes haben Sie bereits in Kapitel 3, »Ein einfaches Beispiel: Die »Archiv«-Datenbank für private Zwecke«, kennengelernt. Das Nachschlagefeld diente dort zur Herstellung einer Beziehung zwischen zwei Tabellen. Entsprechend wurden die Werte für das Nachschlagefeld aus einer anderen Tabelle bezogen. Das Thema Beziehungen werden wir in Abschnitt 4.4, »Beziehungen zwischen Tabellen«, ausführlich behandeln. An dieser Stelle möchten wir Ihnen am Beispiel des zuvor erwähnten Anrede-Feldes zeigen, wie Sie mithilfe des Nachschlage-Assistenten ein einfaches Kombinationsfeld erzeugen. In diesem Fall werden die Werte nicht aus einer anderen Tabelle bezogen, sondern direkt im Dialog des Nachschlage-Assistenten eingegeben. Für die folgenden Schritte benötigen Sie die Tabelle **tblKunde** in der Entwurfsansicht.

1. Klicken Sie in der Spalte **Felddatentyp** in das Feld links von **Kunde_Anrede**. Nach einem Klick auf den Pfeil wählen Sie in der aufklappenden Liste **Nachschlage-Assistent** aus.

2. Der gleichnamige Dialog wird gestartet. Aktivieren Sie die Option **Ich möchte selbst Werte in die Liste eingeben**. Bestätigen Sie mit **Weiter**.

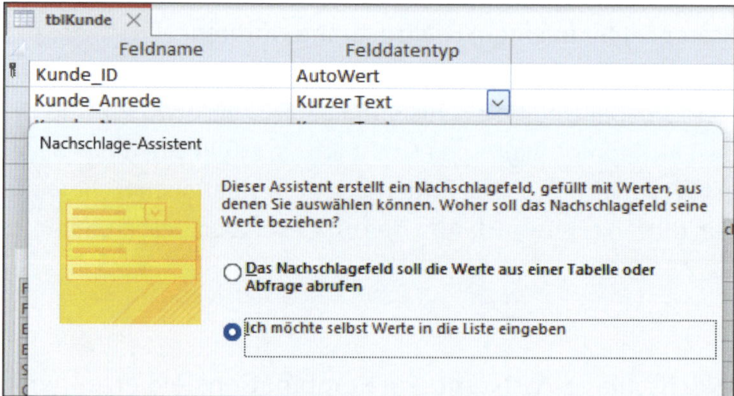

3. Access möchte nun wissen, aus wie vielen Spalten die Werteliste bestehen soll. Für unser Beispiel reicht die bereits voreingestellte eine Spalte aus.

4. Klicken Sie in der Spalte **Sp1** in die erste Zelle, und geben Sie den ersten Wert der Liste ein, etwa »Frau«. Ergänzen Sie untereinander die weiteren Werte, für unser Beispiel also »Herr«, »Dr.« und »Prof.«. Fahren Sie dann mit **Weiter** fort.

5. Die Beschriftung des Nachschlagefeldes behalten Sie bei. Versehen Sie das Kontrollkästchen **Nur Listeneinträge** mit einem Häkchen (lesen Sie hierzu auch den Kasten »Sinn oder Unsinn: Mehrere Werte in einem Auswahlfeld zulassen« am Ende dieses Abschnitts). Mit einem Klick auf **Fertig stellen** beenden Sie den Nachschlage-Assistenten.

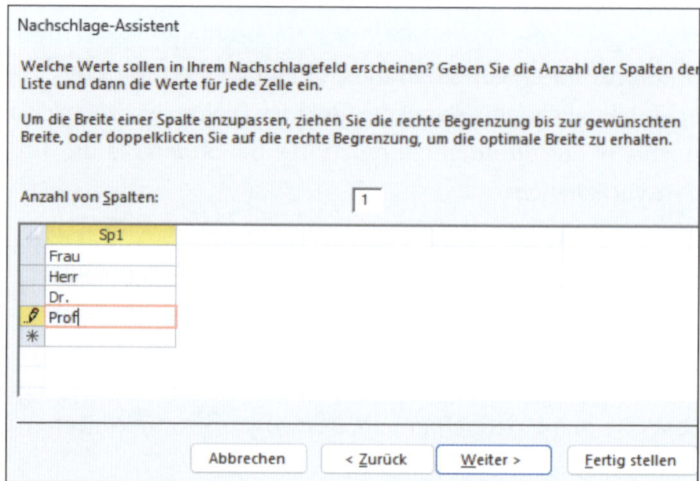

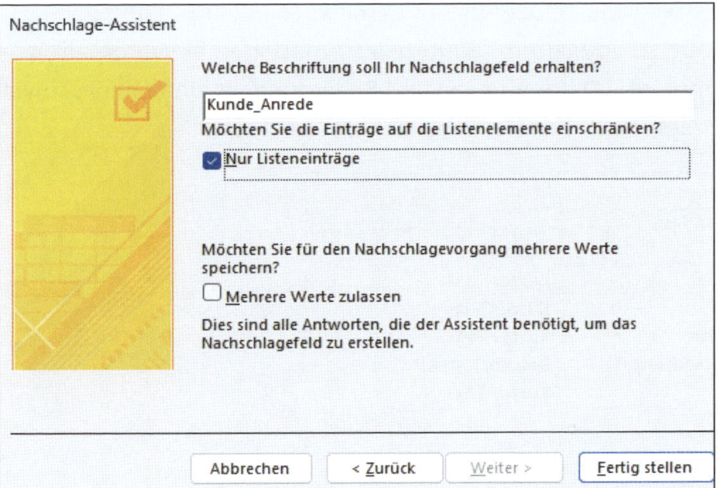

6. Speichern Sie die Änderungen, die Sie an der Tabellenstruktur vorgenommen haben, z. B. mit einem Klick auf das Symbol **Speichern** in der Schnellzugriffsleiste.

7. Wechseln Sie per Klick auf das Symbol **Datenblattansicht** in der Statusleiste in die Datenblattansicht. Klicken Sie in das Feld **Kunde_Anrede**, wird nun am rechten Rand ein Pfeil eingeblendet. Nach einem Klick hierauf erscheint die gerade erzeugte Werteliste, aus der nur noch der gewünschte Eintrag ausgewählt werden muss.

Für unser Anredebeispiel wird dies zwar eher selten gelten, aber im Verlauf eines Datenbanklebens kann es immer mal passieren, dass man eine Werteliste anpassen muss. Falls Sie einen Wert hinzufügen oder auch löschen möchten, rufen Sie die Tabelle wieder in der Entwurfsansicht auf. Markieren Sie das Kombinationsfeld, hier also **Feld_Anrede**. Blenden Sie dann im Bereich **Feldeigenschaften** das Register **Nachschlagen** ein. Sie sehen nun alle Einstellungen des Kombinationsfeldes. Im Feld **Datensatzherkunft** werden die einzelnen Werte aufgeführt. Jeder Wert steht in Anführungszeichen, die einzelnen Werte sind wiederum durch ein Semikolon (»;«) voneinander getrennt. Sie können nun einen nicht mehr benötigten Wert löschen, indem Sie den Text inklusive Anführungszeichen entfernen. Falls Sie einen Wert hinzufügen möchten, ergänzen Sie zunächst ein Semikolon und geben dann in Anführungszeichen den Wert ein. Vergessen Sie nicht, die Änderungen an der Tabellenstruktur zu sichern.

Listen- und Kombinationsfelder werden gerne auch in Formularen genutzt, um die Dateneingabe zu erleichtern. Weitere Informationen hierzu erhalten Sie in Kapitel 7, »Formulare – Dateneingabe und Bedienung vereinfachen«, sowie Kapitel 8, »Steuerelemente – kleine Helfer zahlen sich aus«.

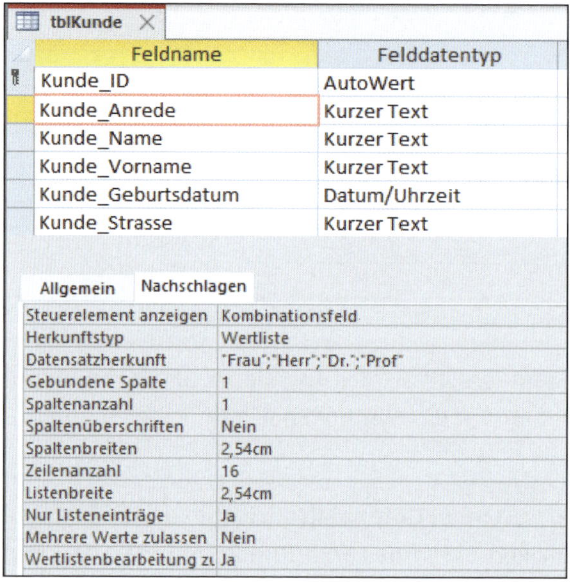

Abbildung 4.19 *Änderungen an der Werteliste lassen sich in den »Feldeigenschaften« im Register »Nachschlagen« vornehmen.*

Sinn oder Unsinn: Mehrere Werte in einem Nachschlagefeld zulassen

Bei der Erzeugung eines Nachschlagefeldes erhalten Sie die Möglichkeit, über die Option **Mehrere Werte zulassen** ein mehrwertiges Feld zu erstellen. In einem solchen Feld können aus der Werteliste mehrere Einträge ausgewählt werden, im Fall des Anrede-Feldes also etwa »Frau« und »Prof.«. Was im ersten Moment interessant klingt, stellt sich auf den zweiten Blick aber als nicht sinnvoll heraus. Die wichtigste Bedingung, die relationale Datenbanken erfüllen sollen, ist die *erste Normalform*. Diese fordert, dass pro Feld nur eine Information erfasst werden darf. Ein mehrwertiges Feld widerspricht dieser Bedingung.

4.3 Die Dateneingabe per Feldeigenschaften beeinflussen

Die Wahl des passenden Felddatentyps ist ein erster Schritt, um eine korrekte Dateneingabe zu gewährleisten. Access bietet aber weitaus mehr Möglichkeiten, fehlerhafte Daten zu vermeiden. Im Folgenden stellen wir Ihnen einige interessante Feldeigenschaften vor, die genau dieses leisten.

Um Änderungen an der Tabellenstruktur vorzunehmen, sollten Sie die gewünschte Tabelle in der Entwurfsansicht öffnen und dann das Feld markieren, dessen Eigenschaften geändert werden sollen. Nun können Sie im Bereich **Feldeigenschaften** im Register **Allgemein** die gewünschten Einstellungen anpassen. Achtung: Wann immer Sie Änderungen an der Tabellenstruktur vornehmen, müssen Sie sie abschließend speichern! Verzichten Sie darauf, werden Ihre Änderungen nicht übernommen.

Feldeigenschaften in der Datenblattansicht festlegen
Einige Feldeigenschaften lassen sich übrigens auch über das Register **Tabelle Felder** anpassen, das immer dann im Menüband eingeblendet wird, wenn Sie eine Tabelle in der Datenblattansicht öffnen. Nachdem Sie in der Tabelle einen Feldnamen markiert haben, können Sie dem Register den aktuellen Felddatentyp sowie die Feldeigenschaften entnehmen und diese auch ändern.

Falls Sie verhindern möchten, dass Anwender oder Anwenderinnen in der Datenblattansicht Korrekturen am Tabellenentwurf vornehmen, öffnen Sie zunächst die Datenbank in Access. Rufen Sie dann **Datei • Optionen** auf, und markieren Sie im Dialog **Access-Optionen** links die **Aktuelle Datenbank**. Entfernen Sie rechts im Abschnitt **Anwendungsoptionen** das Häkchen vor **Entwurfsänderungen für Tabellen in der Datenblattansicht aktivieren**. Bestätigen Sie mit **OK**, schließen Sie die Datenbank über **Datei • Schließen**, und öffnen Sie sie anschließend wieder. Bis auf die Feldgröße von Textfeldern lassen sich nun in der Datenblattansicht keine Änderungen mehr im Register **Tabelle Felder** vornehmen. Wollen Sie diese Einschränkung irgendwann wieder rückgängig machen, setzen Sie das Häkchen einfach wieder.

4.3.1 Per Eingabeformat nur passende Daten zulassen

Mithilfe des Eingabeformats können Sie festlegen, dass die Daten in der Datenblattansicht einer Tabelle nur in einer bestimmten Form eingegeben werden können. So lässt sich beispielsweise die Anzahl und Art der Zeichen vorgeben, die in einem Feld zugelassen werden. Klassische Beispiele hierfür sind die Postleitzahlen, die in Deutschland seit Juli 1993 fünfstellig sind, oder auch Telefon- und Steuernummern sowie Bankverbindungen. Beim Definieren des Eingabeformats können Sie

- entweder die Unterstützung vom Eingabeformat-Assistenten anfordern oder
- selbst das passende Eingabeformat vorgeben.

Sehen wir uns zunächst den Eingabeformat-Assistenten an. Er steht Ihnen für **Text**- sowie **Datum/Uhrzeit**-Felder zur Verfügung. In der Tabelle **tblKunde** werden in unserer Beispieldatenbank alle Kunden des Geschäfts *DelikatEssen* gespeichert. Diese Kunden leben alle in Deutschland, so dass für das Feld **Kunde_PLZ** als Eingabeformat eine fünfstellige Zahlenfolge vorgegeben werden kann. Als Felddatentyp wurde dem Feld bereits das Textformat zugewiesen.

1. Öffnen Sie die Tabelle **tblKunde** in der Entwurfsansicht, und markieren Sie das Feld **Kunde_PLZ** ❶.

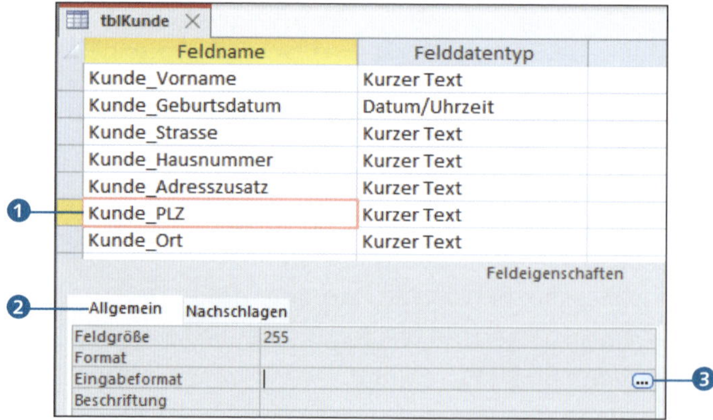

2. Achten Sie anschließend darauf, dass im Bereich **Feldeigenschaften** das Register **Allgemein** ❷ aktiviert ist. Klicken Sie dann in das Feld rechts von **Eingabeformat**. An seinem rechten Rand wird nun ein Symbol mit drei kleinen Punkten eingeblendet, auf das Sie klicken ❸. Hierdurch öffnet sich der Dialog **Eingabeformat-Assistent**.

3. Sie sehen nun eine Liste mit verschiedenen Eingabeformaten, die von Telefonnummern über ISBN und Kennwort bis hin zu verschiedenen Datums- und Zeitformaten reicht. Rechts vom Eingabeformat wird jeweils ein Darstellungsbeispiel angezeigt. Für unsere Kundentabelle benötigen wir das Eingabeformat **PLZ**. Markieren Sie es per Mausklick ❹.

4. Wenn Sie ein markiertes Eingabeformat ausprobieren möchten, klicken Sie in das Feld **Testen**, und geben Sie eine beliebige Zeichenfolge, für unser Beispiel also eine beliebige fünfstellige Zahlenfolge, ein ❺.

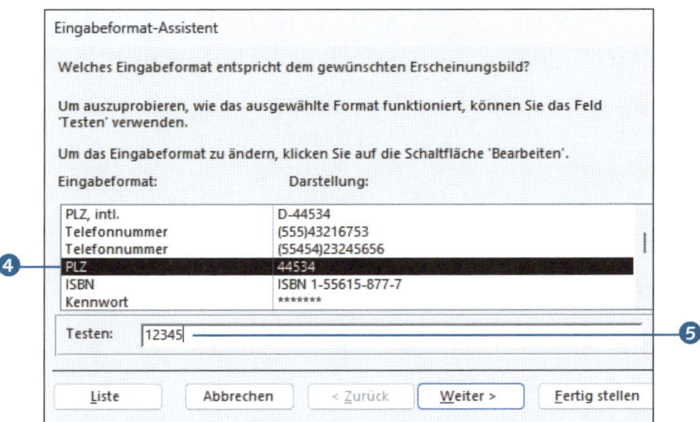

5. Nach einem Klick auf **Weiter** können Sie das **Eingabeformat** im gleichnamigen Feld noch überprüfen. Außerdem haben Sie im Feld **Platzhalterzeichen** die Möglichkeit, ein Symbol auszuwählen, das im Feld eingeblendet und während der Dateneingabe durch die tatsächlich eingetippten Zeichen ersetzt wird. Per Standardeinstellung dient ein Unterstrich »_« als Platzhalter. Klicken Sie auf **Weiter**.

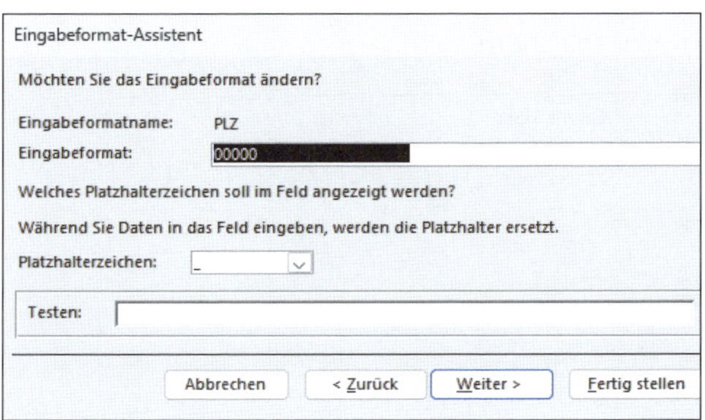

6. Für die Postleitzahl ist dieser Schritt nicht relevant, trotzdem soll es kurz erklärt werden: Bei manchen Eingabeformaten taucht ein zusätzliches Zeichen auf, etwa das Plussymbol »+« bei einer Telefonnummer in der internationalen Schreibweise (z. B. »+49 89 123456789«). Sie können nun festlegen, ob die Daten mit oder ohne dieses Zeichen gespeichert werden sollen. Meist ist die Standardeinstellung **Ohne die Symbole im folgenden Eingabeformat** die richtige Wahl, da die Darstellung der Daten nicht davon beeinflusst wird, ob das Symbol gespeichert wird oder nicht. Ein Speichern bedeutet mehr Speicherplatz. Bei einer Datenbank mit Tausenden von Datensätzen könnte dies durchaus eine Rolle spielen, weshalb hier meist ein Speichern ohne Symbol sinnvoll ist. Schließen Sie den Dialog mit **Fertig stellen**.

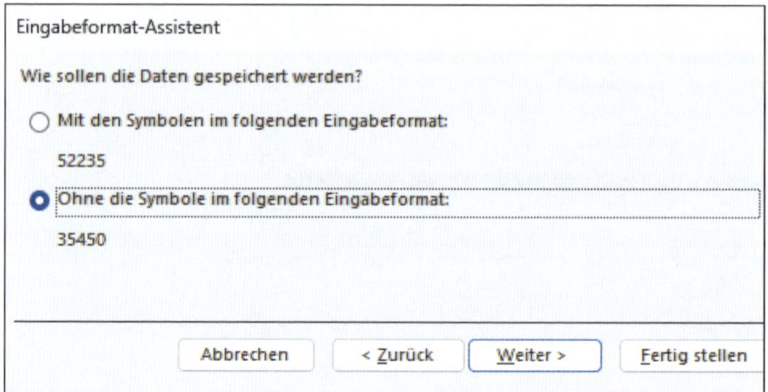

7. Das gewählte Eingabeformat wird nun im gleichnamigen Feld im Bereich **Feldeigenschaften** angezeigt. Durch die fünfstellige Zahlenfolge **00000** wird Access signalisiert, dass in diesem Feld exakt fünf Ziffern eingegeben werden müssen. Werden stattdessen weniger Ziffern in das Feld eingetragen, gibt Access eine Fehlermeldung aus. Eine Eingabe von mehr Ziffern lässt das Programm gar nicht erst zu. Vergessen Sie nicht, die Änderungen an der Tabellenstruktur zu speichern.

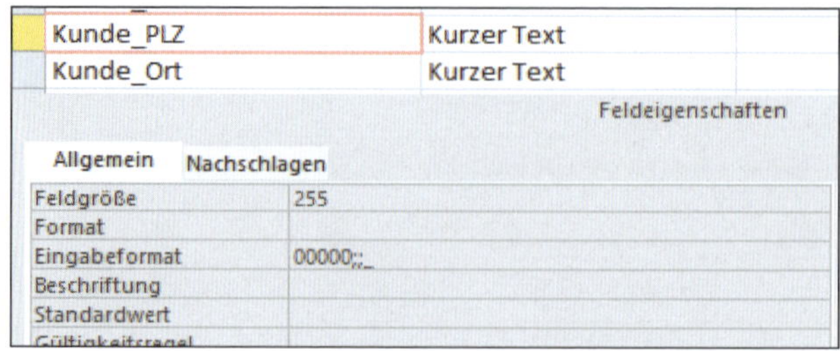

Gehen Sie analog vor, um jeweils das Eingabeformat für die Eingabe von Telefonnummern in den Feldern **Kunde_Telefon**, **Kontakt_Telefon** sowie **Lieferant_Telefon** in den Tabellen **tblKunde**, **tblKontakt** sowie **tblLieferant** festzulegen. Im Gegensatz zu den Kunden, die alle in Deutschland ansässig sind, stammen die Lieferanten in unserer fiktiven Beispieldatenbank *DelikatEssen* aus Deutschland, Österreich, Schweiz und Italien. Als Eingabeformat für die Telefonnummer bietet sich daher die **Telefonnummer, intl.** an, in der die Ländervorwahl mit einem Plus (»+«) versehen der Vorwahl vorangestellt wird.

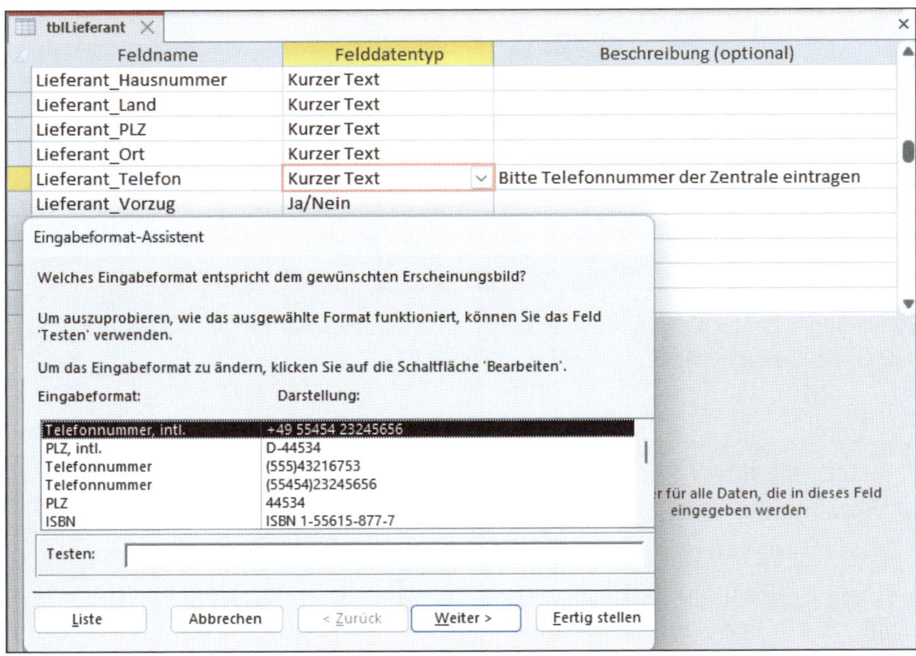

Abbildung 4.20 *Für die Erfassung ausländischer Telefonnummern bietet sich das Eingabeformat »Telefonnummer, intl.« an.*

Nicht immer wird man beim Eingabeformat-Assistenten fündig. In einem solchen Fall definieren Sie einfach selbst das gewünschte Eingabeformat und geben es direkt in das Feld **Eingabeformat** im Bereich **Feldeigenschaften** ein. In unserer Beispieldatenbank ist dies etwa für das Feld **Lieferant_PLZ** in der Tabelle **tblLieferant** nötig. Da einige Lieferanten ihren Firmensitz in einem Land haben, in dem eine vierstellige Postleitzahl üblich ist, kann hier nicht das Eingabeformat mit einer fünfstelligen Zahlenfolge verwendet werden. Stattdessen muss eine flexible Eingabe einer vierstelligen Zahlenfolge für Österreich und die Schweiz sowie eine fünfstellige Zahlenfolge für Deutschland und Italien sichergestellt werden. Geben Sie hierzu im Feld **Eingabeformat** »00009« ein. Das Zeichen **0** besagt, dass eine Ziffer zwischen 0 und 9 eingegeben werden muss, das Zeichen **9** wiederum signalisiert Access, dass es sich dabei um eine optionale Eingabe handelt. Denken Sie daran, die Änderungen an der Tabellenstruktur zu speichern.

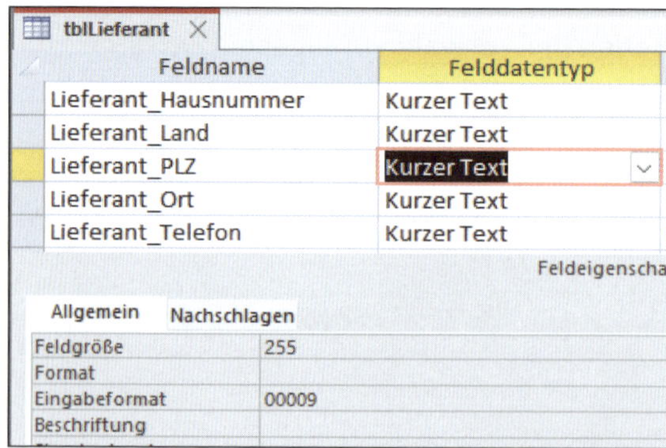

Abbildung 4.21 *Um die Eingabe vier- oder fünfstelliger Postleitzahlen zu ermöglichen, tragen Sie im Feld »Eingabeformat« die Zeichenfolge »00009« ein.*

Der Versuch, im Feld **Lieferant_PLZ** eine dreistellige Ziffernfolge einzugeben, scheitert mit einer Fehlermeldung, eine vier- oder fünfstellige Postleitzahl wird akzeptiert, mehr Zeichen lassen sich gar nicht erst ins Feld eintippen. In Tabelle 4.2 haben wir einige Zeichen und ihre Bedeutungen für Sie zusammengefasst, die Sie im **Eingabeformat**-Feld nutzen können. Die Spalte **Eingabe erforderlich** zeigt, ob ein Benutzer das Zeichen eingeben muss (wie oben im Postleitzahlbeispiel beschrieben) oder ob es ihm freigestellt ist.

Zeichen	Bedeutung	Eingabe erforderlich?
0	eine Ziffer (0 ... 9)	ja
9	eine Ziffer (0 ... 9)	nein
L	nur Buchstaben (A ... Z)	ja
?	nur Buchstaben (A ... Z)	nein

Tabelle 4.2 *Zeichen und ihre Bedeutung im Eingabeformat*

Zeichen	Bedeutung	Eingabe erforderlich?
A	nur Buchstaben oder Ziffern	ja
a (als Kleinbuchstabe)	nur Buchstaben oder Ziffern	nein
#	Eine Ziffer (0 ... 9), ein Leerzeichen, das Pluszeichen (+) oder der Bindestrich (-); falls keine Eingabe erfolgt, ergänzt Access ein Leerzeichen	nein
&	eine Ziffer, ein Buchstabe oder ein Sonderzeichen	ja
c	eine Ziffer, ein Buchstabe oder ein Sonderzeichen	nein
\	Das auf den Backslash folgende Zeichen wird bei der Eingabe angezeigt. Alternativ kann das Zeichen auch in Anführungszeichen gesetzt werden.	
>	Alle folgenden Buchstaben werden automatisch in Großbuchstaben umgewandelt.	
<	Alle folgenden Buchstaben werden automatisch in Kleinbuchstaben umgewandelt.	

Tabelle 4.2 *Zeichen und ihre Bedeutung im Eingabeformat (Forts.)*

Um die in der Tabelle aufgeführten Zeichen nochmals in einem Beispiel zu verdeutlichen, soll das Eingabeformat für ein KFZ-Kennzeichen erzeugt werden. Dieses beginnt in Deutschland mit einem Unterscheidungszeichen, das aus ein bis drei Buchstaben besteht (z. B. »M«, »HH« oder »CUX«). Nach einem Bindestrich folgt die Erkennungsnummer, die aus ein oder zwei Buchstaben, einem Leerzeichen sowie ein bis vier Ziffern zusammengesetzt ist (z. B. »CT 123«). Bei den Buchstaben handelt es sich jeweils um Großbuchstaben. Aus diesen Vorgaben ergibt sich das Eingabeformat »>L??" - ">L?\ 0999«.

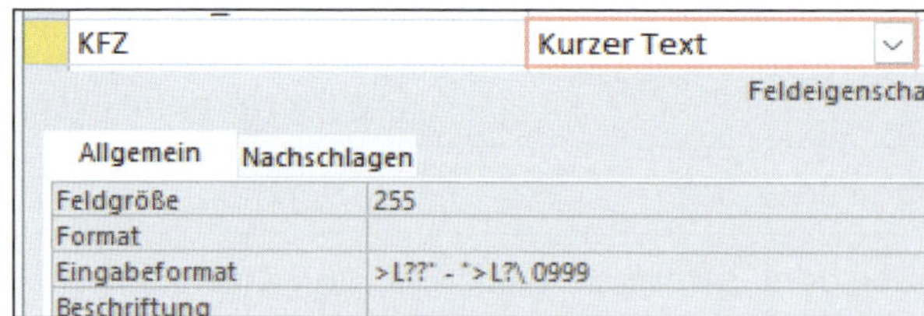

Abbildung 4.22 *Das Eingabeformat für ein deutsches Kennzeichen*

4.3.2 Standardwerte festlegen

Je umfangreicher eine Tabelle ist, desto lästiger fallen die Dateneingaben. Sie können sich viel Arbeit sparen, indem Sie sogenannte *Standardwerte* vorgeben, die Access automatisch einfügt, sobald ein neuer Datensatz erstellt wird. Für Felder der Felddatentypen **Zahl** und **Währung** wird bereits per Standardeinstellung der Wert »0« vorgegeben. Sie können dies schnell überprüfen, indem Sie die Tabelle **tblProdukt** in der Entwurfsansicht öffnen und dann den Feldnamen **Produkt_VerkPreis** markieren. In den **Feldeigenschaften** finden Sie im Feld **Standardwert** den Eintrag **0**. In unserer Beispieldatenbank *DelikatEssen* behalten wir diesen Wert bei. Sie könnten ihn aber auch ändern und z. B. »2,99« eintragen, falls die meisten Produkte diesen Verkaufspreis haben. Die Änderung der Standardwerte wird erst übernommen, wenn Sie die Tabelle speichern. Zukünftig wird bei jedem neu erfassten Datensatz der Standardwert eingesetzt. Sollte das Produkt einen anderen Preis haben, kann dieser Wert natürlich korrigiert werden.

In unserer Tabelle **tblProdukt** gibt es einen weiteren Kandidaten, bei dem ein Standardwert sinnvoll wäre: Das Feld **Produkt_Herkunft**, in dem mit einem zweistelligen Kürzel das Herkunftsland eingetragen werden soll. Angenommen, es werden in erster Linie regionale Produkte verkauft, bietet sich hier im Feld **Standardwert** die Vorgabe »DE« für Deutschland an.

Bei Textfeldern, die nicht unbedingt eine Eingabe erfordern, wird als Standardwert auch gerne die Abkürzung »N/A« für »Not available« (auf Deutsch »nicht verfügbar«) verwendet. In unserer Beispieldatenbank könnte ein solcher Eintrag z. B. in der Tabelle **tblKunde** für das Feld **Kunde_Anrede** ergänzt werden. Zur Erinnerung: Für dieses Feld wurde bereits ein Kombinationsfeld erzeugt (siehe Abschnitt 4.2.10, »Der Nachschlage-Assistent: Ein Kombinationsfeld erzeugen«). Nicht immer ist die Anrede aber bekannt, was der Standardwert **N/A** in einem solchen Fall gut zum Ausdruck bringt.

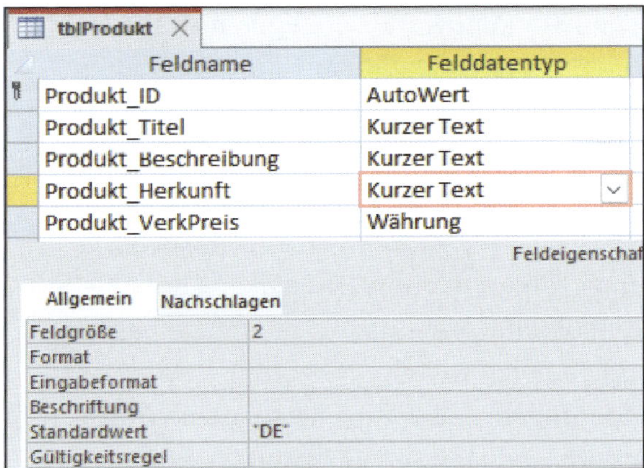

Abbildung 4.23 *Um das häufig benötigte Länderkürzel »DE« nicht bei jedem Datensatz selbst eingeben zu müssen, wird es als Standardwert vorgegeben.*

Als Standardwert können nicht nur Zahlen oder Text vorgegeben werden, sondern auch Funktionen. So lässt sich für ein **Datum/Uhrzeit**-Feld festlegen, dass beim Erzeugen eines neuen Datensatzes automatisch das aktuelle Datum erscheint. In unserer Beispieldatenbank wäre dies z. B. bei der Erfassung von Bestellungen sinnvoll. Geben Sie also in der Tabelle **tblBestell** für das Feld **Bestell_Datum** den Standardwert »=Datum()« ein.

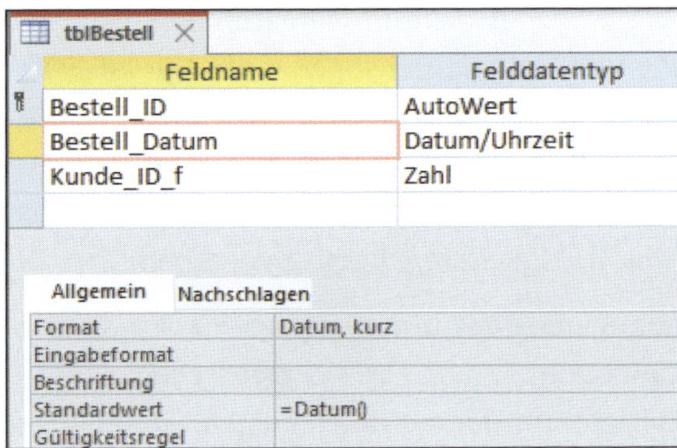

Abbildung 4.24 *Dank der Formel »=Datum()« wird bei der Erfassung eines neuen Datensatzes als Standardwert automatisch das aktuelle Datum im Feld »Bestell_Datum« angezeigt.*

Nicht erwünschte Standardwerte entfernen

Wie beschrieben, ergänzt Access automatisch in jedem Feld mit dem Felddatentyp **Zahl** oder **Währung** den Standardwert **0**. Dies gilt auch für die Fremdschlüsselfelder, die in unserer Beispieldatenbank jeweils mit dem Suffix »_f« gekennzeichnet sind. Über das Fremdschlüsselfeld wird die Tabelle später mit dem Primärschlüssel einer anderen Tabelle verknüpft. Im Fall eines Fremdschlüssels ist der Standardwert **0** problematisch, da es keinerlei Primärschlüssel mit dem Wert »0« gibt. Beim Erzeugen von Beziehungen kommt es damit zu einer Fehlermeldung. Um dies zu vermeiden, entfernen Sie bei allen Fremdschlüsselfeldern unbedingt den Standardwert **0**, indem Sie ihn markieren und dann die Taste `Entf` drücken. Vergessen Sie nicht, anschließend die Änderungen an der Tabellenstruktur zu speichern. Weitere Informationen zum Erzeugen von Beziehungen erhalten Sie in Abschnitt 4.4, »Beziehungen zwischen Tabellen«.

4.3.3 Gültigkeitsregeln und -meldungen erstellen

Ein kleiner Buchstabendreher (z. B. »ED« statt »DE«) reicht manchmal aus, und schon ist der Ärger groß. Beim Beispiel des falsch eingetragenen Länderkürzels mag sich der Schaden bei späteren Abfragen noch in Grenzen halten, bei Datumsangaben können die Folgen schon unangenehmer sein. Stellen Sie sich vor, bei der Erfassung einer Bestellung wird statt eines in der Zukunft liegenden Lieferdatums ein bereits vergangener Termin eingetragen, also z. B. »23.01.2024« statt »23.10.2024«. Abhilfe können hier sogenannte *Gültigkeitsregeln* schaffen, bei denen Access die eingegebenen Daten überprüft. Entsprechen die Daten nicht den in der Gültigkeitsregel definierten Vorgaben, erscheint ein Warnhinweis. Welcher Text als Warnung eingeblendet werden soll, können Sie, ebenso wie natürlich die Gültigkeitsregel, selbst vorgeben.

Um die einzelnen Schritte zum Erzeugen einer Gültigkeitsregel zu demonstrieren, greifen wir das Beispiel des Länderkürzels auf. Um sicherzustellen, dass im Feld **Lieferant_Land** der Tabelle **tblLieferant** nur die zweistelligen Länderkürzel der Länder Deutschland, Österreich, Schweiz und Italien eingetragen werden, gehen Sie folgendermaßen vor:

1. Um eine Gültigkeitsregel zu vergeben, öffnen Sie die Tabelle **tblLieferant** in der Entwurfsansicht. Markieren Sie den Feldnamen **Lieferant_Land**.

2. Klicken Sie im Bereich **Feldeigenschaften** in das Feld rechts von **Gültigkeitsregel**. Es werden nun die Werte aufgeführt, die Access als Dateneingabe im Feld **Lieferant_Land** akzeptieren soll. Die Gültigkeitsregel, die Sie hierfür direkt in das Feld eingeben, lautet »In ("DE"; "AT"; "CH"; "IT")«.

3. Für den Fall, dass ein anderer als einer dieser vier Werte in das Feld eingegeben wird, soll Access die Fehlermeldung »Bitte nur DE, AT, CH oder IT eingeben« einblenden. Genau diesen Text tippen Sie nach einem Klick in das Feld rechts von **Gültigkeitsmeldung** ein.

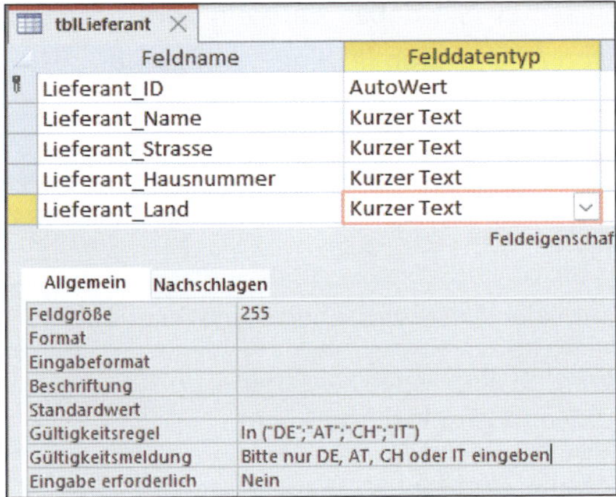

4. Sichern Sie Ihre Eingabe durch Drücken der Tastenkombination Strg + S.

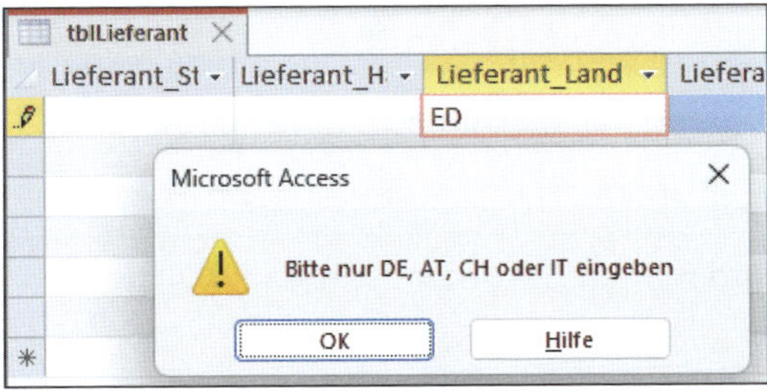

5. Wechseln Sie in die Datenblattansicht, und geben Sie im Feld **Lieferant_Land** testweise das Kürzel »ED« ein. Versuchen Sie nun, die Eingabe z. B. durch Drücken der Taste ↹ oder der ↵-Taste abzuschließen, erscheint die gerade definierte Gültigkeitsmeldung. Sobald Sie diese mit **OK** geschlossen haben, probieren Sie stattdessen die korrekte Schreibweise »DE« aus. Diese wird von Access akzeptiert.

6. Da keine weitere Daten für den Datensatz erfasst werden sollen, drücken Sie zweimal hintereinander die Taste [Esc], um die Dateneingabe abzubrechen.

Natürlich ließe sich die Eingabe der korrekten Daten bei diesem Beispiel auch durch ein Kombinationsfeld sicherstellen, wie in Abschnitt 4.2.10, »Der Nachschlage-Assistent: Ein Kombinationsfeld erzeugen«, für das Anrede-Feld in der Tabelle **tblKunde** gezeigt. Welche Variante man wählt, ist jedem selbst überlassen. Besonders gut lassen sich die Gültigkeitsregeln in Zahl-, Währungs- und Datumsfeldern einsetzen. In Tabelle 4.3 finden Sie einige Beispiele hierfür mit entsprechender Erläuterung. Beachten Sie dabei, dass ein konkretes Datum oder auch eine Uhrzeit jeweils von zwei Rauten (#) eingerahmt wird.

Gültigkeitsregel	Erläuterung
>0	Es werden nur positive Werte größer als 0 akzeptiert.
Zwischen 5 und 25	Es sind alle Werte zwischen 5 und 25 erlaubt.
>5 und <25	Es werden alle Werte zwischen 5 und 25 akzeptiert, 5 und 25 selbst aber nicht.
<>0	Lässt alle Werte außer 0 zu.
<=40 ODER >=60	Werte müssen kleiner als oder gleich 40 oder größer als bzw. gleich 60 sein.
>=Datum()	Als Datum wird nur das heutige oder ein späteres Datum (also ein Datum in der Zukunft) akzeptiert.
<Jetzt()	Das Datum muss in der Vergangenheit liegen.
>#31.01.2024# Und <#01.03.2024#	Es wird nur ein Datum im Februar 2024 akzeptiert.
>=#12:00:00# Und <=#15:00:00#	Die eingegebene Uhrzeit muss zwischen 12 Uhr und 15 Uhr inklusive der beiden Werte liegen.

Tabelle 4.3 *Beispiele für Gültigkeitsregeln in Zahl-, Währungs- und Datumsfeldern*

Gültigkeitsregeln testen

Sollten Sie in einer Tabelle bereits Daten erfasst haben, bevor Sie eine Gültigkeitsregel erstellen, können Sie mithilfe eines Tests überprüfen, ob die Daten den Regeln entsprechen. Klicken Sie hierzu im Register **Tabellenentwurf** in der Gruppe **Tools** auf **Gültigkeitsregeln testen**. Das Register wird ausschließlich in der Entwurfsansicht eingeblendet. Access analysiert die Datensätze und informiert Sie anschließend über das Ergebnis.

4.3.4 Eingabe erzwingen

Manche Angaben innerhalb einer Tabelle können, müssen aber nicht erfasst werden. So ist es einem Kunden z. B. freigestellt, ob er sein Geburtsdatum preisgeben möchte oder nicht. Dieses Feld darf also durchaus leer bleiben. Der Name des Kunden sollte hingegen zwingend erfasst werden. Das Gleiche gilt für den Produktnamen oder auch den Namen eines Lieferanten. Über die Feldeigenschaften dieser Felder lässt sich eine Dateneingabe erzwingen, wie wir am Beispiel des Feldes **Kunde_Name** in der Tabelle **tblKunde** kurz demonstrieren möchten. Die Tabelle sollte bereits in der Entwurfsansicht geöffnet sein.

1. Markieren Sie den Feldnamen **Kunde_Name** ①.

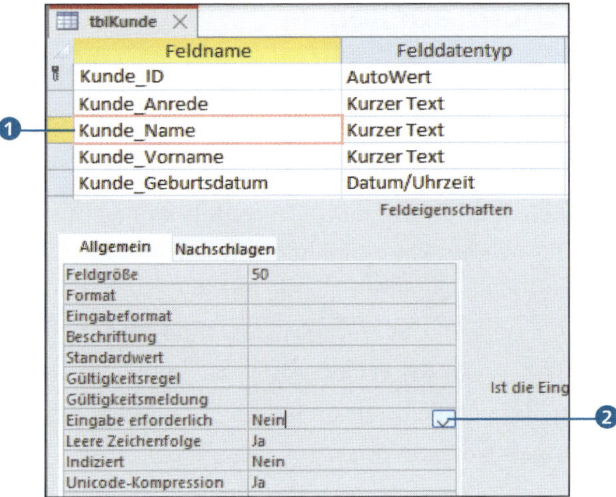

2. Im Register **Allgemein** im Bereich **Feldeigenschaften** wird rechts vom Feld **Eingabe erforderlich** die Standardeinstellung **Nein** angezeigt. Damit lässt

sich ein Datensatz auch ohne die Angabe eines Namens speichern. Klicken Sie auf das **Nein** und dann auf den nun rechts sichtbaren Pfeil ❷. Wählen Sie in der aufklappenden Liste **Ja** aus.

3. Findige Anwender könnten die zwingende Eingabe des Namens noch umgehen, indem sie ein Leerzeichen in das Feld eingeben. Doch auch das lässt sich verhindern. Klicken Sie hierzu in das Feld rechts von **Leere Zeichenfolge**. Die Standardeinstellung lautet hier **Ja**, die Eingabe von Leerzeichen ist also gestattet. Nach einem Klick auf den Pfeil wählen Sie **Nein**, und schon ist das Leerzeichen nicht mehr erlaubt.

Die Änderungen im Bereich **Feldeigenschaften** müssen abschließend gesichert werden.

Bei einem als Primärschlüssel definierten Feld wird von Access automatisch die Feldeigenschaft **Eingabe erforderlich** auf **Ja** gesetzt. Wurde dem Feld der Datentyp **AutoWert** zugewiesen, erscheint **Eingabe erforderlich** gar nicht erst im Bereich **Feldeigenschaften**. Dies ist nur bei Primärschlüsseln eines anderen Felddatentyps der Fall. Was Sie sonst noch alles rund um das Thema Primärschlüssel wissen sollten, erfahren Sie im folgenden Abschnitt.

4.4 Beziehungen zwischen Tabellen

Mit dem Anlegen der Tabellen ist ein wichtiger Meilenstein der Datenbankimplementierung erreicht. Was nun aber noch fehlt, ist das i-Tüpfelchen einer relationalen Datenbank: die Beziehungen zwischen den Tabellen.

Damit zwischen zwei Tabellen eine Beziehung erstellt werden kann, müssen beide über mindestens ein gemeinsames Feld gleichen Inhalts verfügen. Ein solches Feld wird auch als *Schlüsselfeld* bezeichnet. Dabei handelt es sich in der ersten Tabelle um das *Primärschlüsselfeld*, das Verknüpfungsfeld in der zweiten Tabelle wird *Fremdschlüsselfeld* genannt. Wichtig ist, dass die Felder den gleichen Felddatentyp aufweisen. Bei den Feldnamen haben Sie hingegen freie Hand und können die Bezeichnungen frei wählen.

Beim Anlegen der Tabellen der Beispieldatenbank *DelikatEssen* haben wir die Fremdschlüsselfelder bereits berücksichtigt (siehe vorherige Abschnitte dieses Kapitels) und mit dem Suffix »_f« versehen. So lassen sie sich schnell innerhalb einer Tabelle ausfindig machen. Bei den Primärschlüsselfeldern in unserer Beispieldatenbank handelt es sich immer um **AutoWert**-Felder, die von Access automatisch die Feldgröße **Long Integer** erhalten. Daraus folgt, dass den Fremdschlüsselfeldern ebenfalls diese Feldgröße mit dem Felddatentyp **Zahl** zugewiesen werden muss. Auch darauf wurde bereits beim Anlegen der Tabellen geachtet.

Rein theoretisch könnte man nun also bereits die Tabellen mit Daten füllen, indem in einem Fremdschlüsselfeld der Wert des korrespondierenden Primärschlüsselfeldes eingetragen wird. Genau an dieser Stelle kommt aber das noch vorherrschende Manko zutage: Denn noch lassen sich beliebige Werte eingeben, ohne dass Access ihre Korrektheit überprüfen kann. Es könnte also beispielsweise ein Produkt erfasst werden, für das es aber noch gar keinen Lieferanten gibt. Diese Überprüfung und damit Sicherstellung der Datenkonsistenz kann Access erst dann für Sie erledigen, wenn ihm bekannt ist, welche Beziehungen zwischen welchen Tabellen bestehen. Bevor wir Ihnen zeigen, wie Sie Access das entsprechende Wissen vermitteln, werden wir einen kleinen Exkurs rund um die Primärschlüssel starten. Diese Informationen sollen Ihnen dabei helfen, für Ihre eigenen Datenbanken den passenden Primärschlüssel zu finden.

4.4.1 Ein paar Tipps rund um den Primärschlüssel

Beim Erzeugen einer Beziehung zwischen zwei Tabellen spielt der Primärschlüssel eine zentrale Rolle. Besitzt eine Tabelle kein solches Schlüsselfeld, ist eine Verknüpfung zu anderen Tabellen nicht möglich.

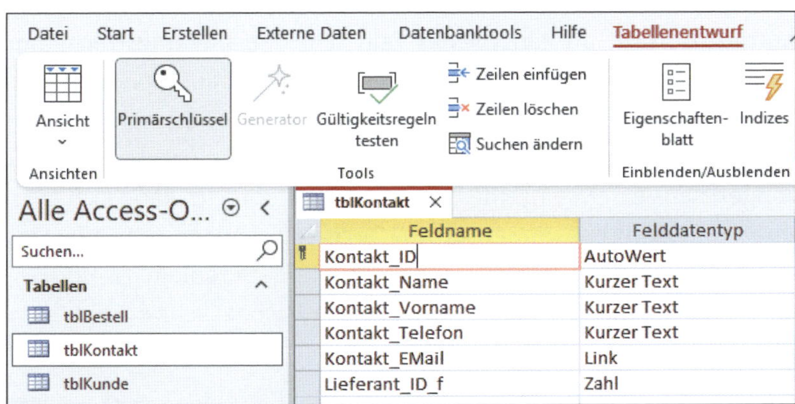

Abbildung 4.25 *Der Primärschlüssel ist für ein zuvor markiertes Feld schnell erzeugt.*

Ein Primärschlüssel ist in der Entwurfsansicht schnell gesetzt: Markieren Sie einfach das gewünschte Feld, und klicken Sie dann im Register **Tabellenentwurf** in der Gruppe **Tools** auf **Primärschlüssel**. Doch welche Felder einer Tabelle eignen sich eigentlich als Primärschlüssel? Muss es sich dabei unbedingt um ein Feld mit dem Datentyp **AutoWert** handeln, wie in der Beispieldatenbank *DelikatEssen* umgesetzt? Oder darf es auch ein anderer Felddatentyp sein?

Die letzte Frage lässt sich mit einem schönen »Jein« beantworten. Es kommen zwar auch andere Felddatentypen in Frage, aber nicht alle sind gleichermaßen geeignet. Dies wird besonders deutlich, wenn wir einen Blick auf die Bedingungen werfen, die ein Primärschlüssel erfüllen muss:

- Der Wert eines Primärschlüsselfeldes muss immer eindeutig sein, er darf in einer Tabelle also nicht mehrfach vorkommen. Damit scheidet der Felddatentyp **Ja/Nein** automatisch aus, was aber wohl kaum jemanden verwundern wird. Existiert in einer Tabelle ein Feld mit eindeutigen Werten (etwa eine Kunden- oder Artikelnummer), könnte dies ein Kandidat für den Primärschlüssel sein. Derartige Felder haben meist den Felddatentyp **Zahl** oder **Kurzer Text**.
- Der Wert eines Primärschlüsselfeldes sollte sich nie ändern. Falls dies doch einmal notwendig sein sollte, etwa weil eine neue Notation für Kundennummern eingeführt wird, bringt dies einen enormen Aufwand mit sich, da damit auch alle Fremdschlüssel, die den gleichen Wert besitzen, aktualisiert werden müssen. Die hierdurch entstehenden Komplikationen können verheerend sein. Aus diesem Grund bietet sich auch ein Namensfeld, wie es in unserer Beispieldatenbank etwa in der Tabelle **tblKunde** im Feld **Kunde_Name** auftaucht, nicht an. Ein solches Feld scheidet allerdings nicht nur wegen einer möglichen Namensänderung als Kandidat aus, sondern auch aufgrund der Eindeutigkeit: Die Wahrscheinlichkeit, dass es mehr Kunden z. B. namens Schmidt gibt, ist nicht gering. Ein Primärschlüssel muss zwar nicht zwingend aus einem einzelnen Feld bestehen, sondern kann sich auch aus mehreren Feldern zusammensetzen. Doch selbst wenn man hier das Feld **Kunde_Vorname** hinzunähme, würde sich an der Problematik der Eindeutigkeit nichts ändern (die Suche nach einem »Michael Schmidt« im sozialen Netzwerk XING ergibt z. B. über 800 Treffer).
- Eine weitere Bedingung an ein Primärschlüsselfeld lautet: Es darf nie leer sein.

All die soeben aufgeführten Bedingungen werden durch eine mithilfe des Felddatentyps **AutoWert** künstlich erzeugte Identifikationsnummer automatisch erfüllt: Access nummeriert jeden Datensatz fortlaufend durch, was die Eindeutigkeit sicherstellt und verhindert, dass ein Feld leer bleibt. Wer sich also Stress und Ärger ersparen möchte, dem empfehlen wir den Einsatz eines Primärschlüssels mit dem Felddatentyp **AutoWert**. In der Beispieldatenbank *Delikat-Essen* verfügt jede Tabelle über ein entsprechendes ID-Feld.

Einen aus zwei Feldern zusammengesetzten Primärschlüssel erstellen

Sie möchten unbedingt einen Primärschlüssel erstellen, der aus zwei Feldern besteht? Dies ist zwar nicht empfehlenswert, aber machbar. Klicken Sie hierzu in der Entwurfsansicht auf die Markierungszelle links vom ersten Feldnamen. Halten Sie dann die Taste `Strg` gedrückt, während Sie auf die Markierungszelle links vom zweiten Feldnamen klicken. Nun können Sie per Klick auf **Primärschlüssel** im Register **Tabellenentwurf** die beiden markierten Felder als Primärschlüssel definieren.

Primärschlüssel vergessen?

Falls Sie beim Anlegen einer Tabelle vergessen sollten, einen Primärschlüssel zu definieren, weist Access Sie beim Speichern der Tabelle darauf hin. Wenn Sie die Zuweisung des Primärschlüssels nicht Access überlassen möchten, schließen Sie den Dialog mit **Abbrechen** und übernehmen die Aufgabe selbst. Beantworten Sie die Frage, ob Sie einen Primärschlüssel erzeugen möchten, hingegen mit **Ja**, übernimmt Access die Arbeit für Sie. Sollte die Tabelle über ein Feld mit dem Felddatentyp **AutoWert** verfügen, wird dies automatisch als Primärschlüsselfeld festgelegt. Es ist übrigens unerheblich, ob sich ein Primärschlüsselfeld an erster Position oder irgendwo in der Mitte bzw. am Ende des Tabellenentwurfs befindet. Existiert kein **AutoWert**-Feld, ergänzt Access zu Beginn des Tabellenentwurfs ein Feld mit dem Feldnamen **ID** und dem entsprechenden Felddatentyp.

4.4.2 Beziehungen zwischen Tabellen erstellen

Beziehungen lassen sich in Access auf unterschiedliche Weise erzeugen. Eine Möglichkeit, nämlich über den *Nachschlage-Assistenten*, haben Sie bereits in Abschnitt 3.3, »Beziehungen zwischen den Tabellen erzeugen«, kennengelernt.

Er soll an dieser Stelle daher nicht weiter betrachtet werden. Stattdessen werfen wir einen Blick auf das Fenster *Beziehungen*, manchmal auch als *Beziehungsansicht* bezeichnet. Darin lassen sich nicht nur Beziehungen definieren, sondern auch bearbeiten, grafisch darstellen sowie löschen.

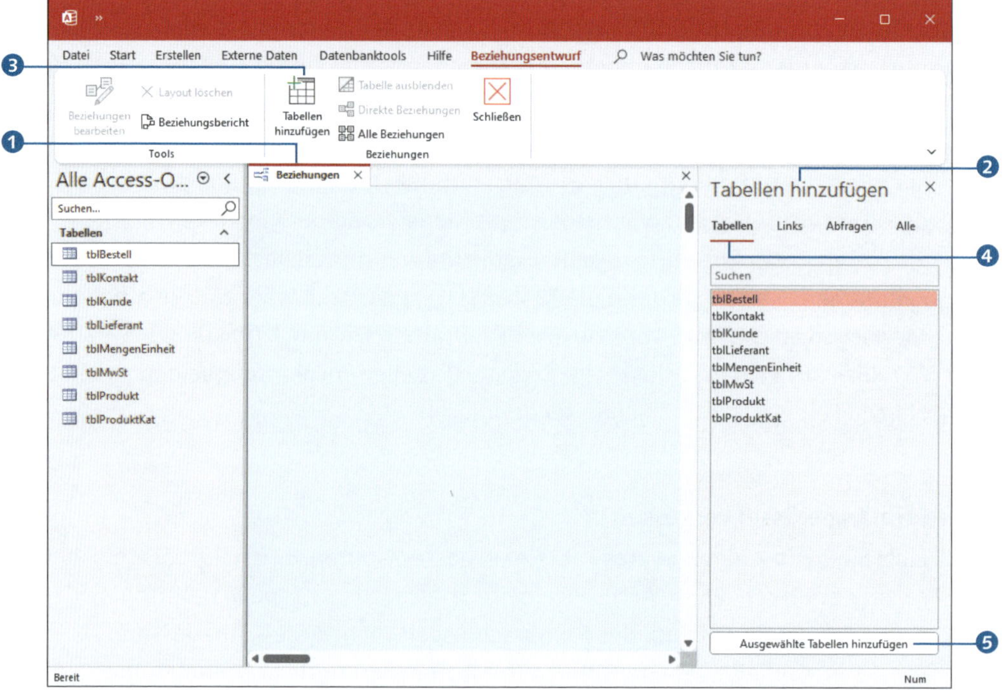

Abbildung 4.26 *Wurden noch keine Beziehungen erstellt, ist auch das Fenster »Beziehungen« leer.*

Um das Fenster **Beziehungen** anzuzeigen, öffnen Sie im Menüband das Register **Datenbanktools**. Klicken Sie dann in der Gruppe **Beziehungen** auf **Beziehungen**. Im Anzeigebereich erscheint nun das Fenster gleichen Namens. Das Menüband wird um das Register **Beziehungsentwurf** erweitert, das sich bereits im Vordergrund befindet.

Für unsere Beispieldatenbank wurden bisher keine Beziehungen erstellt. Somit ist auch das Fenster **Beziehungen** noch leer. Wie lässt sich aber nun eine Beziehung zwischen zwei Tabellen erzeugen? Die hierfür notwendigen Schritte werden wir Ihnen anhand der beiden Tabellen **tblProdukt** und **tblProduktKat** demonstrieren. Diese beiden Tabellen dürfen nicht geöffnet sein. Sollte dies bei

Ihnen dennoch der Fall sein, schließen Sie sie mit einem Klick auf das Kreuzsymbol in der Registerlasche. Falls Sie das Schließen vergessen sollten, erhalten Sie später von Access beim Erstellen der Beziehung einen Warnhinweis.

1. Um eine Beziehung zu erzeugen, stellen Sie zunächst sicher, dass das Fenster **Beziehungen** ❶ im Anzeigebereich zu sehen ist. Direkt nach dem Öffnen des Fensters wird am rechten Fensterrand der Aufgabenbereich **Tabellen hinzufügen** ❷ eingeblendet. Ist dies bei Ihnen nicht so, klicken Sie im Register **Beziehungsentwurf** auf **Tabellen hinzufügen** ❸ (in älteren Access-Versionen noch **Tabellen anzeigen** genannt; in diesem Fall erscheint der gleichnamige Dialog).
2. Aktivieren Sie das Register **Tabellen** ❹. Es werden nun alle Tabellen der Datenbank aufgelistet. Markieren Sie die erste der beiden zu verknüpfenden Tabellen, in unserem Beispiel **tblProdukt**. Klicken Sie auf **Ausgewählte Tabellen hinzufügen** ❺ (in älteren Versionen: **Hinzufügen**). Die Tabelle erscheint links im Anzeigebereich.
3. Fügen Sie analog die Tabelle **tblProduktKat** dem Anzeigebereich hinzu. Alternativ zu der in Schritt 2 beschriebenen Vorgehensweise können Sie eine Tabelle auch per Drag & Drop in den Anzeigebereich ziehen oder per Doppelklick hinzufügen.
4. Im Tabellenkopf einer jeden im Anzeigebereich eingeblendeten Tabelle wird der Tabellenname angezeigt. Darunter finden sich alle Feldnamen. Das Primärschlüsselfeld ist auch hier mit einem Schlüsselsymbol gekennzeichnet. Sind nicht alle Felder zu sehen, wie in unserem Beispiel bei der Tabelle **tblProdukt** der Fall, klicken Sie die Tabelle mit der rechten Maustaste an. Wählen Sie im Kontextmenü den Befehl **Größe anpassen**.

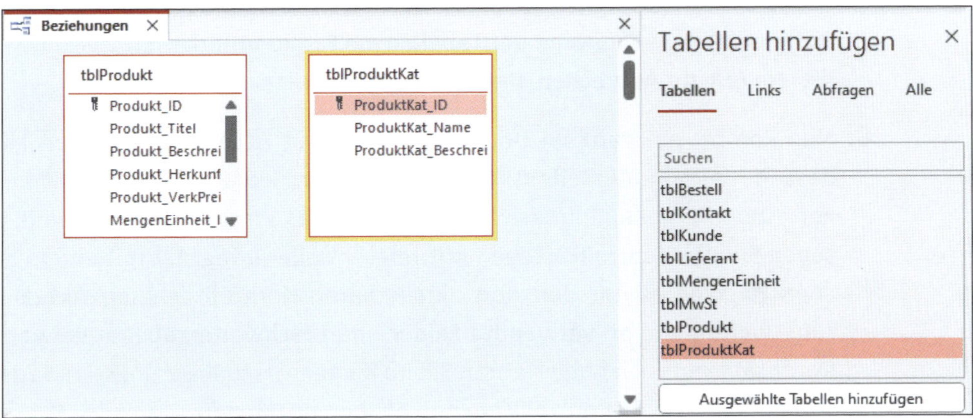

5. Zwischen beiden Tabellen sollte etwas Abstand bestehen. Um eine Tabelle zu verschieben, positionieren Sie den Mauszeiger auf dem Tabellenkopf und ziehen die Tabelle dann mit gedrückter linker Maustaste an die gewünschte Position.

6. Nun wird die eigentliche Beziehung zwischen den Tabellen hergestellt. Führen Sie hierzu den Mauszeiger direkt auf das Feld **ProduktKat_ID_f** ❻ in der Tabelle **tblProdukt**. Dabei handelt es sich um das Fremdschlüsselfeld. Ziehen Sie den Mauszeiger dann mit gedrückter linker Maustaste exakt auf das Primärschlüsselfeld der Tabelle **tblProduktKat**, also das Feld **ProduktKat_ID** ❼. Lassen Sie die Maustaste los.

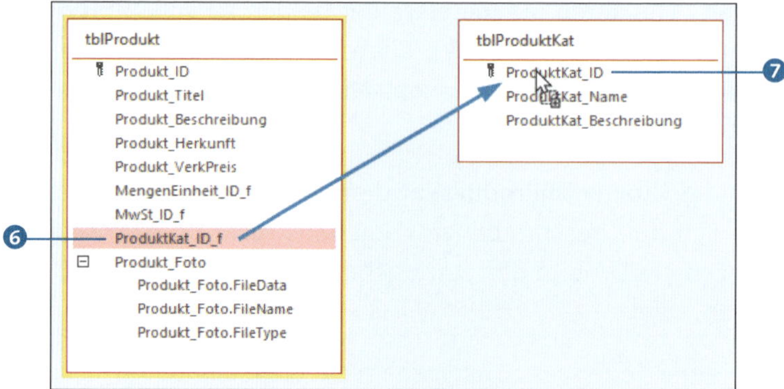

7. Der Dialog **Beziehungen bearbeiten** wird eingeblendet. Stellen Sie sicher, dass links unterhalb von **Tabelle/Abfrage** die Tabelle **tblProduktKat** aufgeführt wird und darunter das Feld **ProduktKat_ID** ❽. Auf der rechten Seite sollten unterhalb von **Verwandte Tabelle/Abfrage** die Tabelle **tblProdukt** und das Feld **ProduktKat_ID_f** ❾ zu sehen sein. Werden andere Felder angezeigt, ist Ihnen beim Verknüpfen der Tabellen ein Fehler unterlaufen. Klicken Sie in diesem Fall auf **Abbrechen**, und führen Sie Schritt 6 erneut durch.

8. Nun kommt ein ganz wichtiger Schritt: Damit Access sicherstellen kann, dass im Fremdschlüsselfeld nur Werte ergänzt werden können, für die im korrespondierenden Primärschlüsselfeld bereits Werte vorhanden sind, versehen Sie das Kontrollkästchen **Mit referentieller Integrität** mit einem Häkchen ❿. Was es mit den nun aktivierbaren Kontrollkästchen **Aktualisierungsweitergabe an verwandte Felder** und **Löschweitergabe an verwandte Datensätze** auf sich hat, erfahren Sie im Kasten »Aktualisierungs- und Löschweitergabe«. Beide Kontrollkästchen bleiben deaktiviert.

9. Schließen Sie den Dialog **Beziehungen bearbeiten** mit einem Klick auf **Erstellen**.

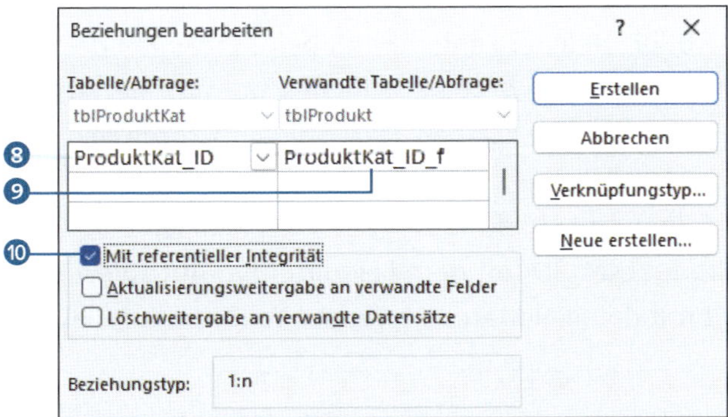

Bevor Access die Beziehung zwischen den beiden Tabellen erzeugt, überprüft es die Tabelle **tblProdukt** auf mögliche Inkonsistenzen. In unserer Beispieldatenbank sind beide Tabellen noch leer, enthalten also keinerlei Datensätze. Die Beziehung kann somit erfolgreich erstellt werden. Im Fenster **Beziehungen** erscheint in diesem Fall zwischen beiden Tabellen eine Verbindungslinie. Auf der Seite der sogenannten *übergeordneten Tabelle*, also der Tabelle, die das Primärschlüsselfeld enthält (hier **tblProduktKat**), wird eine **1** eingeblendet ⓫. Auf der Seite der sogenannten untergeordneten Tabelle, also der Tabelle mit dem Fremdschlüsselfeld (hier **tblProdukt**), erscheint das Unendlich-Symbol in Form einer umgekippten Acht **∞** ⓬. Es wurde also eine korrekte 1:n-Beziehung erstellt. Die übergeordnete Tabelle wird häufig auch als *Haupttabelle* bezeichnet, die untergeordnete wiederum als *Detailtabelle*.

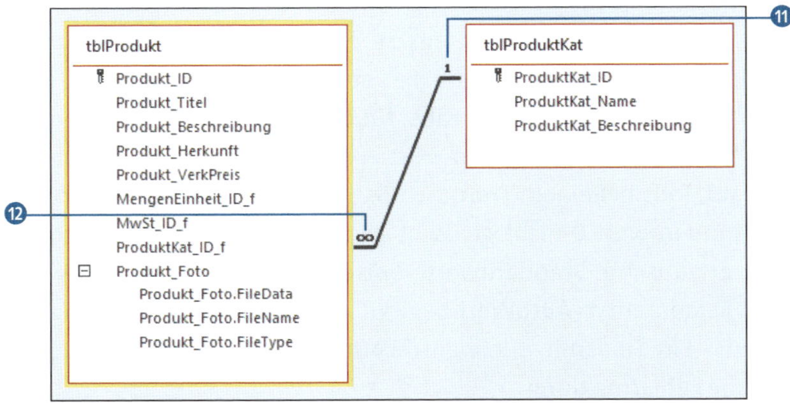

Abbildung 4.27 *Eine erfolgreich hergestellte 1:n-Beziehung*

Wurde für eine Beziehung im Dialog **Beziehungen bearbeiten** die referentielle Integrität aktiviert, werden die Tabellen, wie bereits erwähnt, überprüft. Sollte Access Inkonsistenzen feststellen, erhalten Sie eine Fehlermeldung. Diese gibt meist bereits Aufschluss darüber, welcher Fehler Ihnen beim Erzeugen der Tabelle unterlaufen ist. Erscheint beispielsweise der Hinweis, dass für Beziehungen dieselbe Anzahl an Feldern mit denselben Datentypen erforderlich ist, haben Sie wahrscheinlich Felder miteinander verbunden, die nicht denselben Felddatentyp besitzen. Die folgende Abbildung zeigt den Versuch, eine Verbindung zwischen dem Feld **ProduktKat_ID** mit dem Felddatentyp **AutoWert** und dem Feld **Produkt_Herkunft** mit dem Felddatentyp **Kurzer Text** herzustellen.

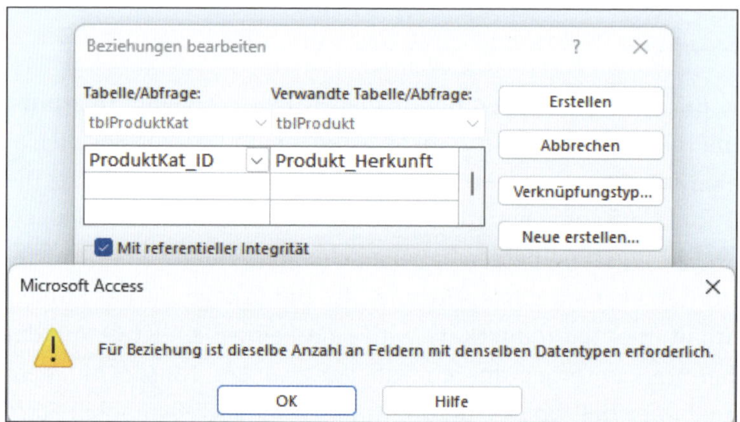

Abbildung 4.28 *Besitzen die Felder nicht denselben Felddatentyp, weist Access in einer Fehlermeldung darauf hin. Vorausgesetzt, die referentielle Integrität wurde aktiviert.*

Erzeugen Sie eine Beziehung mit referentieller Integrität zwischen Tabellen, die bereits Daten enthalten, kann es ebenfalls zu einer Fehlermeldung kommen. Auf unser obiges Beispiel bezogen, wäre dies etwa der Fall, wenn es in der untergeordneten Tabelle bereits Produkte gäbe, für die in der übergeordneten Tabelle aber noch keine Produktkategorien existieren. Eine solche Fehlermeldung taucht auch auf, falls bei einem Fremdschlüsselfeld mit dem Felddatentyp **Zahl** z. B. der Standardwert **0** nicht gelöscht wurde (lesen Sie hierzu auch den Kasten »Nicht erwünschte Standardwerte entfernen«). Bei Primärschlüsselfeldern mit dem Felddatentyp **AutoWert** beginnt Access die Nummerierung automatisch mit »1«. Ein Feld mit der Identifikationsnummer »0« existiert somit nicht, daher die Fehlermeldung.

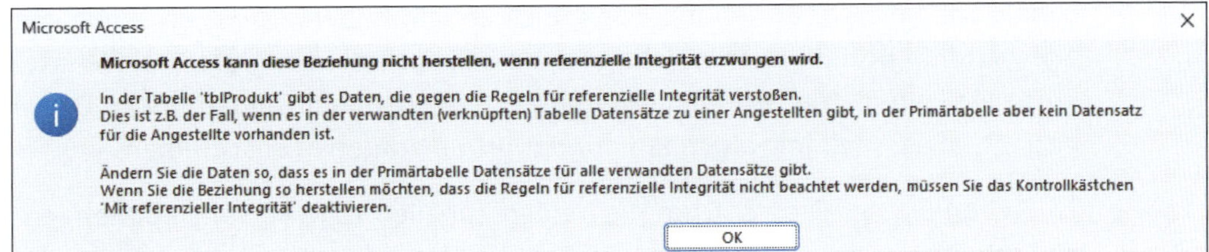

Abbildung 4.29 *Spürt Access bei der Überprüfung eine Inkonsistenz auf, wird eine entsprechende Fehlermeldung ausgegeben.*

Erhalten Sie eine Fehlermeldung, bestätigen Sie sie mit **OK**. Schließen Sie anschließend den Dialog **Beziehung bearbeiten** mit einem Klick auf **Abbrechen**. Nun haben Sie die Möglichkeit, den Fehler zu korrigieren, bevor Sie einen erneuten Versuch starten, die Beziehung zu erstellen. Wie Sie bei bereits vorhandenen Tabellen im Nachhinein Änderungen an der Tabellenstruktur vornehmen können, erfahren Sie in Abschnitt 4.6, »Änderungen an der Tabellenstruktur vornehmen«.

Aktualisierungs- und Löschweitergabe

Sobald Sie im Dialog **Beziehungen bearbeiten** das Kontrollkästchen **Mit referentieller Integrität** aktivieren, lassen sich auch die **Aktualisierungsweitergabe an verwandte Felder** sowie die **Löschweitergabe an verwandte Datensätze** auswählen. Die Aktualisierungsweitergabe sorgt dafür, dass Änderungen am Primärschlüssel automatisch auch in den korrespondierenden Fremdschlüsselfeldern übernommen werden. Primärschlüsselfelder mit dem Felddatentyp **AutoWert** lassen sich nicht ändern, so dass eine Aktivierung der Option im Dialog **Beziehungen bearbeiten** nicht notwendig ist. Eine Aktivierung ist nur dann sinnvoll, wenn Sie für die Primärschlüsselfelder in Ihren Datenbanken einen anderen Felddatentyp gewählt haben und sich Primärschlüssel tatsächlich verändern.

Eine Aktivierung der Löschwiedergabe sollte wohlüberlegt sein. Sie stellt sicher, dass beim Löschen eines Datensatzes in der Haupttabelle automatisch auch alle damit verbundenen Datensätze in der Detailtabelle entfernt werden. Würden Sie also beispielsweise eine Produktkategorie in der Tabelle **tblProduktKat** löschen, würden damit automatisch auch alle Produkte in der Tabelle **tblProdukt** entfernt, die dieser Produktkategorie angehören. Ein solch automatisches Löschen ist in den wenigsten Fällen ratsam, sodass auf eine Aktivierung der Löschweitergabe meist verzichtet werden kann.

Sobald Sie die erste Beziehung erfolgreich erstellt haben, erzeugen Sie analog alle weiteren Beziehungen. Wichtig ist, dass Sie bei allen die referentielle Integrität aktivieren. Wie Sie eine Beziehung erzeugen, haben wir bereits im Detail gezeigt, so dass wir im Folgenden nur das grobe Vorgehen beschreiben:

1. Ziehen Sie per Drag & Drop die beiden Tabellen **tblMwSt** und **tblMengenEinheit** aus dem Aufgabenbereich **Tabellen hinzufügen** in das Fenster **Beziehungen**. Ordnen Sie die vier hier nun sichtbaren Tabellen in etwa so an, wie in der folgenden Abbildung zu sehen ist.

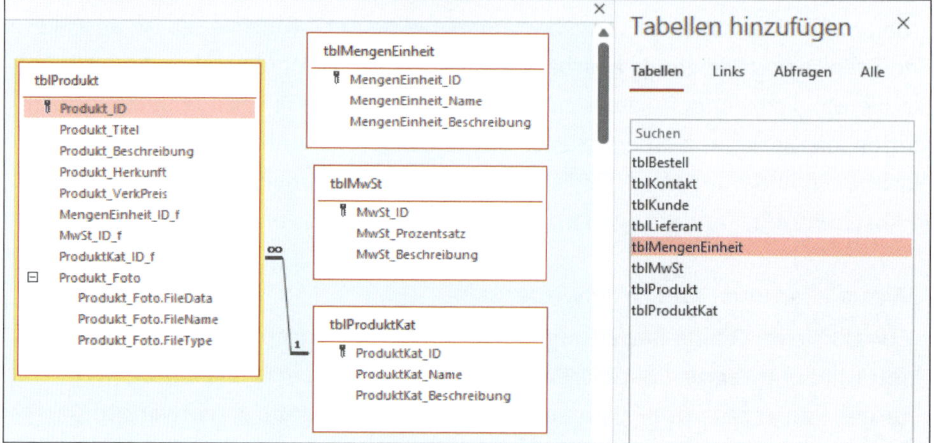

2. Verbinden Sie das Feld **MwSt_ID_f** der Tabelle **tblProdukt** mit dem Feld **MwSt_ID** der Tabelle **MwSt_ID** der Tabelle **tblMwSt**. Aktivieren Sie **Mit referentieller Aktivität** im Dialog **Beziehung bearbeiten**, bevor Sie auf **Erstellen** klicken.

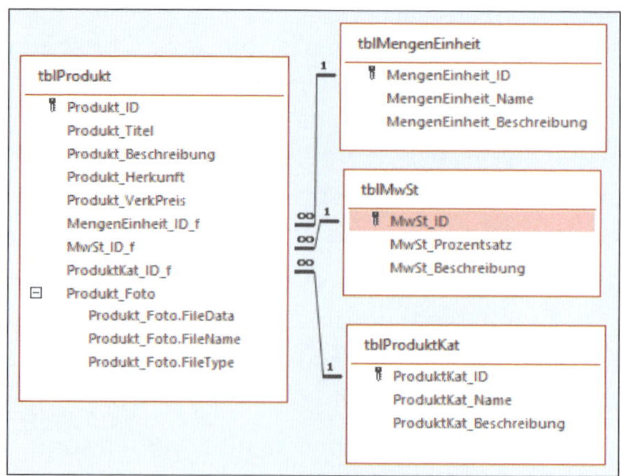

Analog gehen Sie für die Felder **MengenEinheit_ID_f** in der Tabelle **tblProdukt** und **MengenEinheit_ID** in der Tabelle **tblMengenEinheit** vor.

3. Ziehen Sie nun die Tabellen **tblKunde** und **tblBestell** in das Fenster **Beziehungen**. Positionieren Sie sie am besten am linken Rand des Fensters, wie in der folgenden Abbildung zu sehen. Erzeugen Sie dann eine Beziehung zwischen beiden über die Felder **Kunde_ID_f** in der Tabelle **tblBestell** und **Kunde_ID** in der Tabelle **tblKunde**.

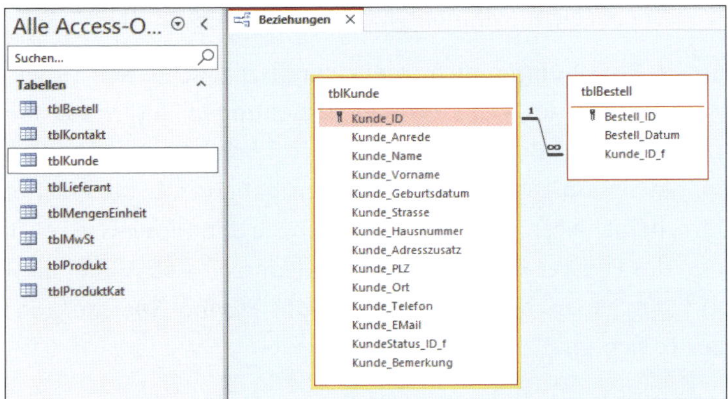

4. Als Nächstes fügen Sie die beiden Tabellen **tblLieferant** und **tblKontakt** dem Fenster **Beziehungen** hinzu. Die Beziehung zwischen den beiden Tabellen erstellen Sie über das Feld **Lieferant_ID_f** in der Tabelle **tblKontakt** und **Lieferant_ID** in der Tabelle **tblLieferant**.

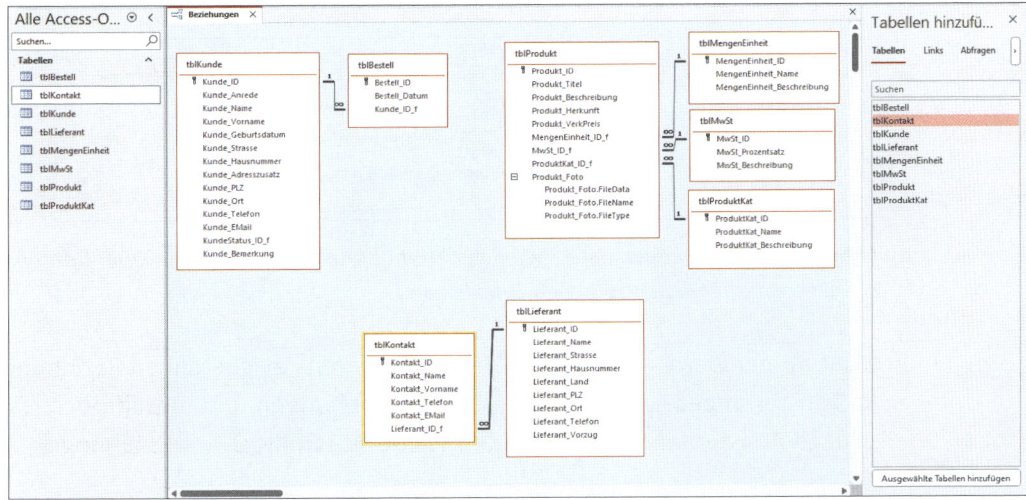

Nach dem Erzeugen der Beziehungen sollte sich in etwa ein Bild ergeben, wie in der Abbildung oben zu sehen. Durch Verschieben können Sie die Anordnung der Tabellen jederzeit verändern. Zur besseren Übersicht sollten Sie lediglich darauf achten, dass sich die Linien, die die Beziehungen zwischen den Tabellen demonstrieren, nicht überschneiden. Falls die Linien nicht wie in der Abbildung zu sehen jeweils mit einer **1** und dem Unendlich-Symbol **∞** gekennzeichnet sind, haben Sie vergessen, die referentielle Integrität für diese Beziehung zu aktivieren. Wie Sie Änderungen an einer Beziehung vornehmen oder eine Beziehung auch ganz löschen, zeigen wir Ihnen im folgenden Abschnitt.

Falls Sie das Fenster **Beziehungen** nicht mehr benötigen, schließen Sie es per Klick auf das Kreuzsymbol im Registerreiter **Beziehungen**. Alternativ hierzu können Sie auch im Register **Beziehungsentwurf** auf **Schließen** klicken. Damit die Änderungen, die Sie am Layout vorgenommen haben (z. B. die Positionierung der Tabellen), beibehalten werden, bestätigen Sie den Hinweis von Access mit **Ja**. Sie können das Fenster **Beziehungen** auch jederzeit selbst über die Tastenkombination `Strg` + `S` oder per Klick auf das Symbol **Speichern** in der Schnellzugriffsleiste sichern.

4.4.3 Vorhandene Beziehungen bearbeiten und löschen

Einmal erzeugte Beziehungen sind nicht in Stein gemeißelt, sondern können jederzeit geändert oder auch gelöscht werden. Die entsprechenden Schritte nehmen Sie im Fenster **Beziehungen** vor, das Sie über die Schaltfläche **Beziehungen** im Register **Datenbanktools** öffnen.

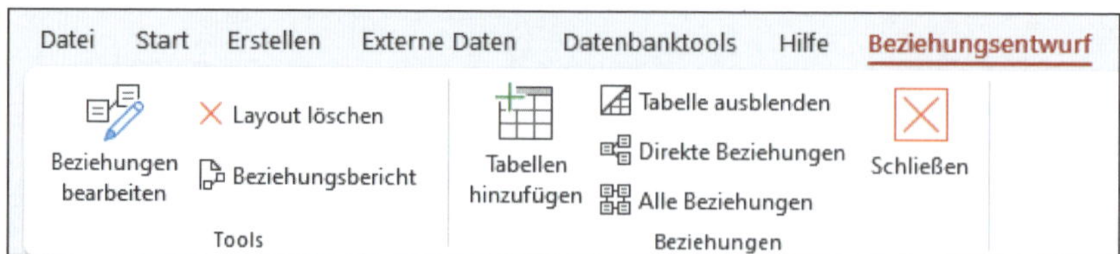

Abbildung 4.30 *Über den Befehl »Alle Beziehungen« blenden Sie alle in einer Datenbank definierten Beziehungen zwischen Tabellen ein.*

Nicht immer werden nach dem Öffnen alle bereits existierenden Beziehungen im Fenster angezeigt. Dies gilt z. B. für Beziehungen, die mithilfe des Nachschlage-Assistenten erstellt wurden (siehe Abschnitt 3.3, »Beziehungen zwischen den Tabellen erzeugen«). Um alle sichtbar zu machen, klicken Sie im Register **Beziehungsentwurf** auf **Alle Beziehungen**. Besteht Ihre Datenbank aus vielen Tabellen und Beziehungen, nutzen Sie gegebenenfalls die Bildlaufleiste am unteren und rechten Fensterrand, um im Fenster zu blättern.

Eine Beziehung zwischen zwei Tabellen wird durch eine Linie angedeutet. Eine 1:n-Beziehung wird durch eine **1** sowie das ∞-Symbol an den Enden der Linie gekennzeichnet. Fehlen diese Zeichen, wurde für die Beziehung keine referentielle Integrität vereinbart. Dies lässt sich aber auch im Nachhinein noch erledigen. Markieren Sie hierzu einfach per Mausklick die Linie zwischen den Tabellen, die die zu bearbeitende Beziehung repräsentiert. Die Linie wird nun etwas dicker dargestellt. Rufen Sie dann per rechten Mausklick auf die Linie das Kontextmenü auf, und wählen Sie den Befehl **Beziehung bearbeiten**. Alternativ hierzu können Sie auch im Register **Beziehungsentwurf** auf **Beziehungen bearbeiten** klicken oder die Linie direkt doppelt anklicken. In allen drei Fällen öffnet sich der Dialog **Beziehungen bearbeiten**. Nehmen Sie nun alle gewünschten Änderungen vor, die Sie mit **OK** bestätigen.

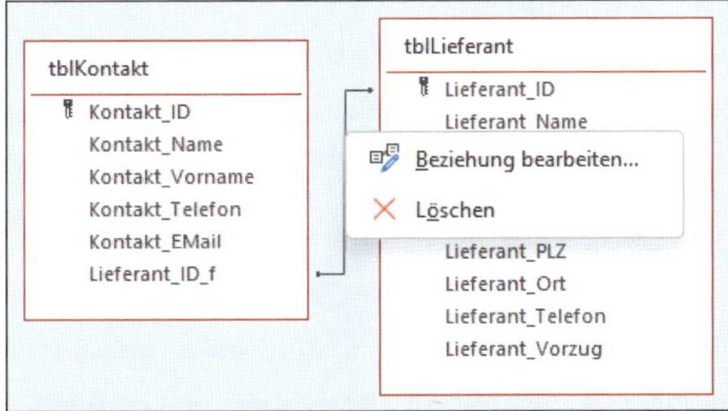

Abbildung 4.31 *Die Befehle zum Bearbeiten oder auch Löschen einer Beziehung erreichen Sie über das Kontextmenü, das per rechten Mausklick auf die Verbindungslinie eingeblendet wird.*

Falls Sie eine Beziehung entfernen möchten, markieren Sie ebenfalls die entsprechende Verbindungslinie. Drücken Sie nun die Taste `Entf`. Es erscheint ein Warnhinweis, den Sie, wenn Sie sich sicher sind, dass Sie die Beziehung löschen möchten, mit **Ja** bestätigen. Alternativ hierzu können Sie auch das Kontextmenü aufrufen und hier den Befehl **Löschen** wählen. Der Löschvorgang muss nun ebenfalls bestätigt werden.

Doppelt hinzugefügte Tabellen ausblenden

Manchmal kann es passieren, dass eine Tabelle dem Fenster **Beziehungen** hinzugefügt wird, für die bereits eine Beziehung besteht und die somit eigentlich im Beziehungsfenster bereits vorhanden ist. Access versieht den Tabellennamen einer solch doppelt hinzugefügten Tabelle mit dem Suffix **_1**. Ist Ihnen solch ein Missgeschick passiert, entfernen Sie am besten alle Beziehungen, die zu dieser doppelten Tabelle bestehen. Markieren Sie die Tabelle dann, und klicken Sie im Register **Beziehungsentwurf** auf **Tabelle ausblenden**.

Stellen Sie während der Bearbeitung der Beziehungen fest, dass Sie noch Änderungen am Tabellenentwurf vornehmen müssen (z. B. Felder hinzufügen oder auch ändern), können Sie die entsprechende Tabelle ganz bequem direkt aus dem Fenster **Beziehungen** heraus öffnen. Klicken Sie hierzu mit der rechten Maustaste auf die Tabelle, und wählen Sie im Kontextmenü den Befehl **Tabellenentwurf**. Nehmen Sie nun die gewünschten Änderungen vor, speichern Sie die Tabelle, und schließen Sie sie anschließend. Mit dem Befehl **Öffnen** lässt sich eine Tabelle direkt aus dem Beziehungsfenster heraus in der Datenblattansicht öffnen.

Falls Sie das Beziehungsfenster nicht mehr benötigen, schließen Sie es über den gleichnamigen Befehl im Register **Beziehungsentwurf**. Sollen die Tabellen beim nächsten Öffnen genau so angeordnet werden, wie es aktuell der Fall ist, müssen Sie das Layout speichern.

Direkte Beziehungen einer Tabelle einblenden

Klicken Sie im Register **Beziehungsentwurf** auf **Alle Beziehungen**, werden im Fenster **Beziehungen** alle zwischen den Tabellen einer Datenbank bestehenden Beziehungen inklusive der Tabellen eingeblendet. Besteht die Datenbank aus vielen Tabellen, kann dies leicht unübersichtlich werden. Benötigen Sie nicht die vollständige Übersicht, sondern möchten nur überprüfen, welche Beziehungen zu einer bestimmten Tabelle bestehen, löschen Sie zunächst mit **Layout löschen** die aktuelle Darstellung im Fenster **Beziehungen**. Ziehen Sie nun die Tabelle, deren Beziehungen Sie überprüfen möchten, per Drag & Drop aus dem Aufgabenbereich **Tabellen hinzufügen** in den Anzeigebereich. Nach einem Klick auf **Direkte Beziehungen** im Register **Beziehungsentwurf** werden nur die Tabellen angezeigt, zu denen eine Beziehung mit dieser Tabelle besteht.

4.4.4 Besondere Fälle: Die n:m-Beziehung und die 1:1-Beziehung

Bei den meisten Beziehungen zwischen zwei Tabellen einer relationalen Datenbank handelt es sich um 1:n-Beziehungen. Dem Datensatz einer Tabelle werden damit mehrere Datensätze einer zweiten Tabelle zugeordnet. Alle im vorherigen Abschnitt erstellten Beziehungen zählen zu diesem Beziehungstyp. Es gibt aber zwei Spezialfälle, die wir nun näher betrachten werden: die n:m-Beziehung (auch *Viele-zu-viele-Beziehung* genannt) und die 1:1-Beziehung.

Beginnen wir mit der n:m-Beziehung. Hierbei können mehrere Datensätze der einen Tabelle mehreren Datensätzen der anderen Tabelle zugeordnet werden. In unserer Beispieldatenbank *DelikatEssen* existieren gleich zwei n:m-Beziehungen:

- Die erste besteht zwischen den Bestellungen und den Produkten: Eine Bestellung enthält meist mehrere Produkte, ein Produkt wiederum kann in mehreren Bestellungen vorhanden sein.
- Die zweite n:m-Beziehung findet sich zwischen den Produkten und den Lieferanten: Ein Produkt kann von mehreren Lieferanten stammen, ein Lieferant wiederum bietet verschiedene Produkte an.

In Access ist es nicht möglich, diese Art der Beziehung direkt umzusetzen. Stattdessen muss eine n:m-Beziehung in zwei 1:n-Beziehungen aufgelöst werden. Was zunächst vielleicht kompliziert klingt, lässt sich ganz einfach umsetzen. Um beispielweise die n:m-Beziehung zwischen den Bestellungen und den Produkten, also den Tabellen **tblBestell** und **tblProdukt**, aufzulösen, wird einfach eine Zwischentabelle erzeugt. Als Bezeichnung für diese Tabelle wählen wir der Einfachheit einen aus beiden Namen zusammengesetzten Tabellennamen, nämlich **tblBestellProdukt**. Diese Zwischentabelle enthält neben einer eigenen Identifikationsnummer zwei Fremdschlüsselfelder, die die Beziehung zu den beiden Haupttabellen herstellt. Die hierfür nötigen Schritte sind schnell erledigt:

1. Klicken Sie im Register **Erstellen** auf **Tabellenentwurf**. Geben Sie, wie in der folgenden Abbildung zu sehen, untereinander die Feldnamen »BestellProdukt_ID«, »Bestell_ID_f« sowie »Produkt_ID_f« ein.
2. Dem Feld **BestellProdukt_ID** weisen Sie den Felddatentyp **AutoWert** ❶ zu und legen es als Primärschlüssel fest ❷.

3. Die beiden Felder **Bestell_ID_f** sowie **Produkt_ID_f** erhalten jeweils den Felddatentyp **Zahl** ❸. Entfernen Sie bei beiden in den **Feldeigenschaften** den Standardwert **0** ❹.

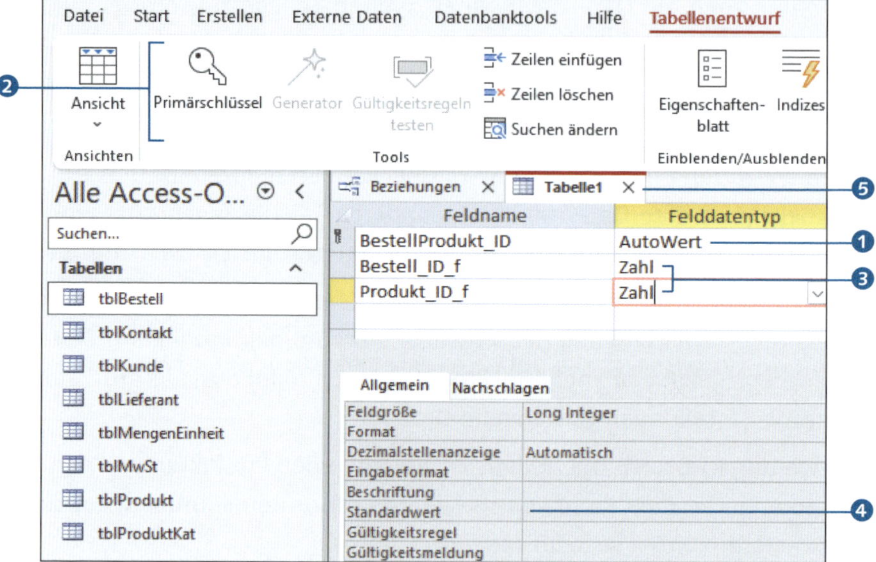

4. Schließen Sie die Tabelle per Klick auf das Kreuzsymbol rechts vom Tabellennamen **Tabelle1** ❺. Access weist Sie darauf hin, dass die Tabelle noch nicht gespeichert wurde. Bestätigen Sie den Hinweis mit **Ja**.

5. Geben Sie als Tabellenname »tblBestellProdukt« ein, und schließen Sie den Dialog mit **OK**.

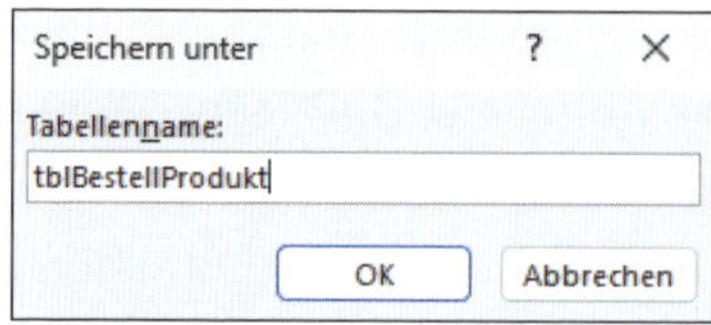

6. Falls Sie das Fenster **Beziehungen** in der Zwischenzeit geschlossen haben sollten, blenden Sie es über **Datenbanktools • Beziehungen** wieder ein. Wird am rechten Rand nicht der Aufgabenbereich **Tabellen hinzufügen** angezeigt, klicken Sie im Register **Beziehungsentwurf** auf **Tabellen hinzufügen**.

7. Ziehen Sie die Tabelle **tblBestellProdukt** aus dem Aufgabenbereich in das Fenster **Beziehungen**, und positionieren Sie sie zwischen den Tabellen **tbl-**

Bestell und **tblProdukt**. Gegebenenfalls müssen Sie diese beiden Tabellen noch etwas verschieben, um ausreichend Platz zu schaffen.

8. Erzeugen Sie über die beiden Felder **Bestell_ID** in der Tabelle **tblBestell** und **Bestell_ID_f** in der Tabelle **tblBestellProdukt** eine Beziehung zwischen beiden Tabellen. Vergessen Sie nicht, im Dialog **Beziehung bearbeiten** das Kontrollkästchen **Mit referentieller Integrität** zu aktivieren, bevor Sie mit **Erstellen** bestätigen.

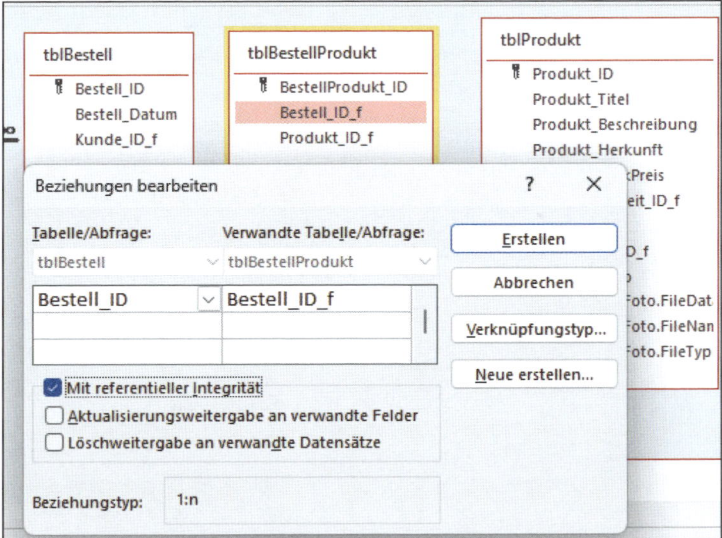

9. Stellen Sie analog über die Felder **Produkt_ID** und **Produkt_ID_f** eine Beziehung zwischen den beiden Tabellen **tblProdukt** und **tblBestellProdukt** her.

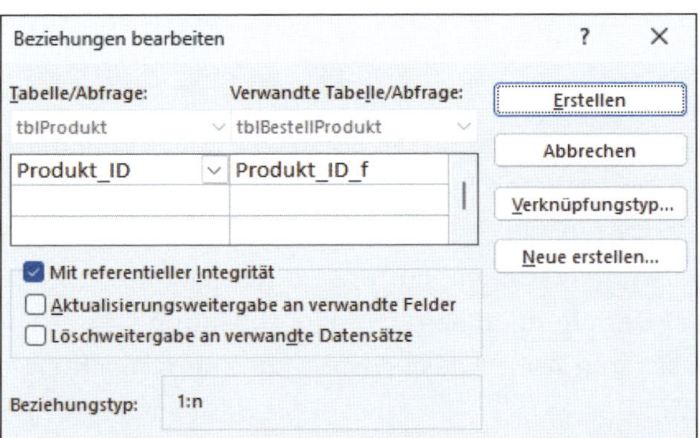

Damit ist die erste n:m-Beziehung zwischen den beiden Tabellen **tblBestell** und **tblProdukt** erfolgreich aufgelöst.

Die Viele-zu-viele-Beziehung zwischen der Produkt- und der Lieferantentabelle lässt sich genauso einfach durch zwei 1:n-Beziehungen ersetzen. Die Zwischentabelle erhält in diesem Fall die Bezeichnung **tblProduktLieferant**. Zum Erstellen der Tabelle gehen Sie wie zuvor in den Schritten 1 bis 5 gezeigt vor. Die gewählten Feldnamen und -datentypen können Sie Abbildung 4.32 entnehmen.

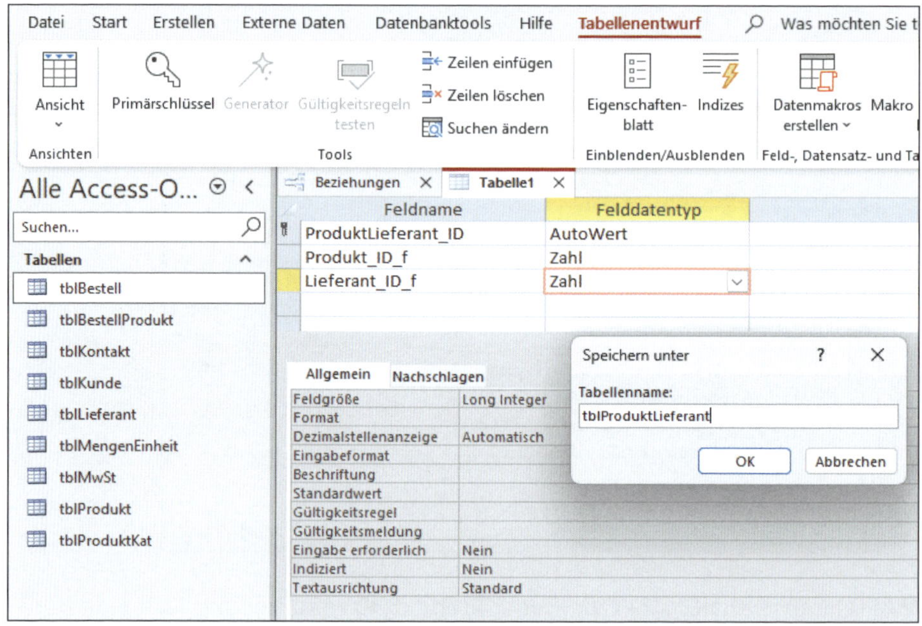

Abbildung 4.32 *Die Zwischentabelle zur Auflösung der n:m-Beziehung zwischen der Produkt- und der Lieferantentabelle enthält neben einem Primärschlüsselfeld zwei Fremdschlüsselfelder.*

Die Beziehungen zwischen den Tabellen erzeugen Sie wie zuvor in den Schritten 6 bis 9 gezeigt. Auch hier müssen Sie gegebenenfalls durch Verschieben der Tabellen etwas Platz schaffen, bevor Sie die Tabelle **tblProduktLieferant** im Fenster **Beziehungen** hinzufügen können. Für unsere Beispieldatenbank *DelikatEssen* sieht das Fenster **Beziehungen** damit wie in Abbildung 4.33 aus. Falls Sie das Layout für den nächsten Aufruf des Fensters speichern möchten, drücken Sie die Tastenkombination [Strg] + [S], bevor Sie das Fenster **Beziehungen** schließen.

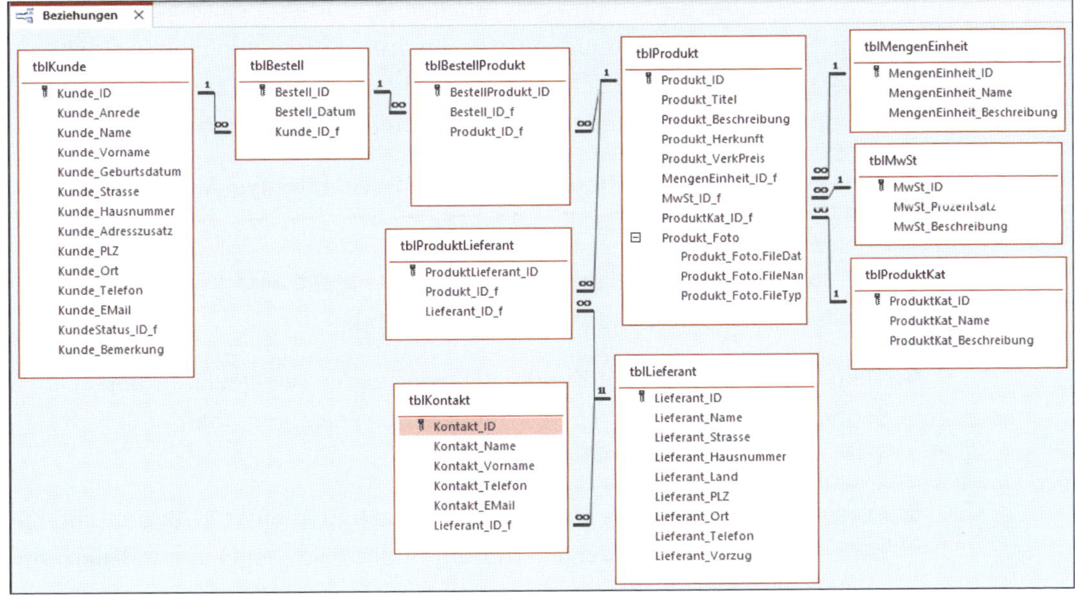

Abbildung 4.33 *Alle Beziehungen zwischen den Tabellen der Beispieldatenbank »Delikat-Essen«*

Bisher haben Sie die klassische *1:n-Beziehung* sowie die *n:m-Beziehung* kennengelernt. Wenden wir uns nun der noch fehlenden *1:1-Beziehung* zu. Bei diesem Beziehungstyp wird einem Datensatz einer Tabelle exakt ein Datensatz einer anderen Tabelle zugeordnet. 1:1-Beziehungen kommen in der Realität eher selten vor, da sich die Informationen, die in beiden Tabellen gespeichert werden, meist auch in einer einzigen Tabelle zusammenfassen lassen. Ab und an möchte man aber doch bestimmte Daten in einer separaten Tabelle ablegen. In unserer Datenbank *DelikatEssen* sollen beispielsweise die Bankdaten eines Kunden in einer separaten Tabelle gespeichert werden. Jeder Kunde verfügt in diesem Beispiel nur über ein Bankkonto. Ein Bankkonto gehört einem bestimmten Kunden.

Die Tabelle namens **tblKundebank** muss zunächst angelegt werden, bevor die 1:1-Beziehung zur Tabelle **tblKunde** erstellt werden kann. Eine bestimmte Feldeigenschaft, die hierbei festgelegt wird, stellt dabei sicher, dass es sich bei dem Beziehungstyp wirklich um eine 1:1-Beziehung und nicht um eine 1:n-Beziehung handelt. Und so sehen die erforderlichen Schritte aus:

1. Öffnen Sie über die Schaltfläche **Tabellenentwurf** im Register **Erstellen** eine neue Tabelle in der Entwurfsansicht. Ergänzen Sie in der Spalte **Feldnamen** untereinander die Bezeichnungen »Kundebank_ID«, »Kundebank_IBAN«, »Kundebank_BIC«, »Kundebank_Name« und »Kunde_ID_f« ❶.
2. Weisen Sie dem Feld **Kundebank_ID** den Felddatentyp **AutoWert** zu, und legen Sie ihn als Primärschlüssel fest ❷.
3. Die drei Felder **Kundebank_IBAN**, **Kundebank_BIC** und **Kundebank_Name** erhalten jeweils den Felddatentyp **Kurzer Text**.
4. Dem Fremdschlüsselfeld **Kunde_ID_f** weisen Sie wie gewohnt den Felddatentyp **Zahl** zu. Löschen Sie außerdem in den **Feldeigenschaften** den Eintrag **0** im Feld **Standardwert** ❸.
5. Dieser Schritt ist nun wesentlich für die Erzeugung einer 1:1-Beziehung! Klicken Sie im Bereich **Feldeigenschaften** in das Feld rechts von **Indiziert**. Am rechten Rand des Feldes wird ein Pfeil eingeblendet, den Sie nun anklicken. Wählen Sie in der aufklappenden Liste **Ja (Ohne Duplikate)** ❹. Damit wird sichergestellt, dass im Feld **Kunde_ID_f** Werte (hier also die ID eines Kunden) nicht mehrfach vorkommen dürfen.
6. Drücken Sie die Tastenkombination [Strg] + [S], und speichern Sie die Tabelle unter dem Namen »tblKundebank«. Schließen Sie die Tabelle anschließend über das Kreuzsymbol im Registerreiter ❺.

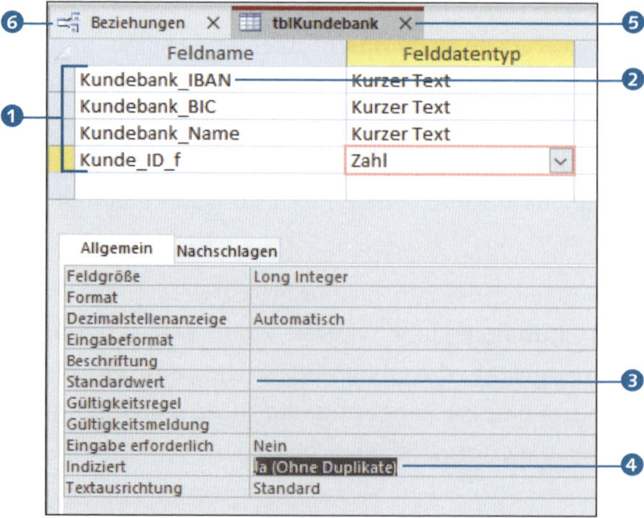

7. Wechseln Sie in das Fenster **Beziehungen** ❻, bzw. öffnen Sie es über **Datenbanktools • Beziehungen**, falls Sie es in der Zwischenzeit geschlossen haben.

8. Ziehen Sie nun die Tabelle **tblKundebank** aus dem Aufgabenbereich ❼ **Tabellen hinzufügen** in den Anzeigebereich ❽. Eventuell müssen Sie hier zuvor durch Verschieben der bereits vorhandenen Tabellen einen freien Platz schaffen.

9. Positionieren Sie den Mauszeiger auf dem Feld **Kunde_ID_f** in der Tabelle **tblKundebank**. Ziehen Sie es dann mit gedrückter linker Maustaste auf das Feld **Kunde_ID** in der Tabelle **tblKunde**.

10. Sobald Sie die Maustaste loslassen, erscheint der Dialog **Beziehungen bearbeiten**. Versehen Sie das Kontrollkästchen **Mit referentieller Integrität** ❾ mit einem Häkchen. Rechts von **Beziehungstyp** wird bereits korrekt **1:1** ❿ angezeigt. Bestätigen Sie mit **Erstellen**.

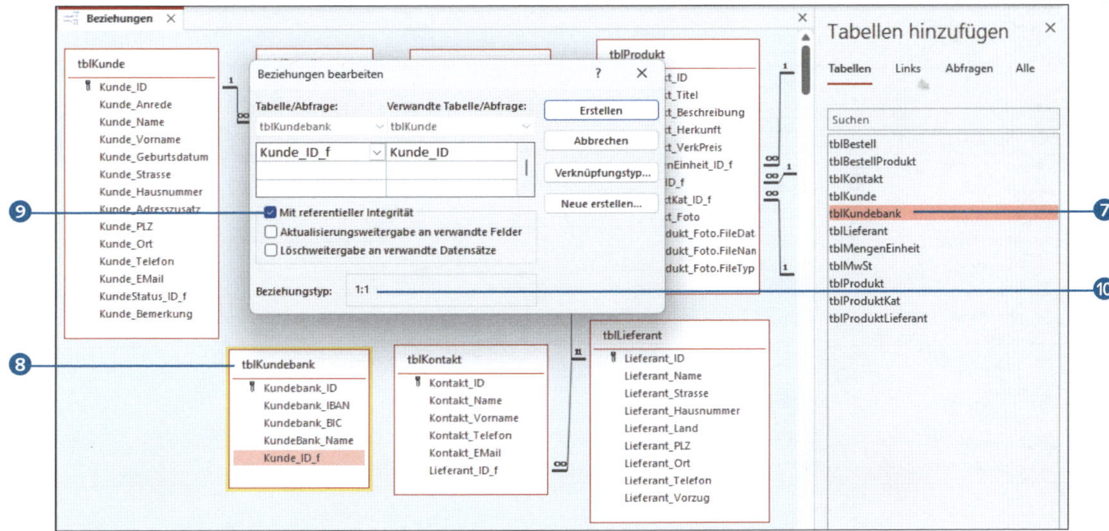

Die beiden Tabellen **tblKunde** und **tblKundebank** werden nun mit einer Verbindungslinie versehen, die an beiden Enden eine **1** anzeigt.

4.5 Mehr Tempo dank Indizes

Das Durchsuchen oder auch Sortieren umfangreicher Tabellen kann so manches Mal zu einer Geduldsprobe werden. Mithilfe von geschickt gesetzten Indizes lassen sich diese Vorgänge aber beschleunigen. Sie können sich einen solchen Tabellenindex ähnlich einem Stichwortverzeichnis eines Buchs vorstellen: So wie Sie im Stichwortverzeichnis nach bestimmten Inhalten suchen, durchforstet Access den Tabellenindex, der bereits nach dem indizierten Feld vorsortiert ist. Der Tabellenindex enthält einen Verweis auf die tatsächliche Position des Feldes innerhalb der Tabelle, das zeitintensive Durchsuchen aller Datensätze entfällt somit.

Für manche Felder generiert Access bereits automatisch einen Index. Dies gilt z. B. für Primärschlüsselfelder. Sie können dies schnell überprüfen, indem Sie eine Tabelle (z. B. die Tabelle **tblProduktKat**) in der Entwurfsansicht öffnen. Klicken Sie dann im Register **Tabellenentwurf** in der Gruppe **Einblenden/Ausblenden** auf **Indizes** ❶.

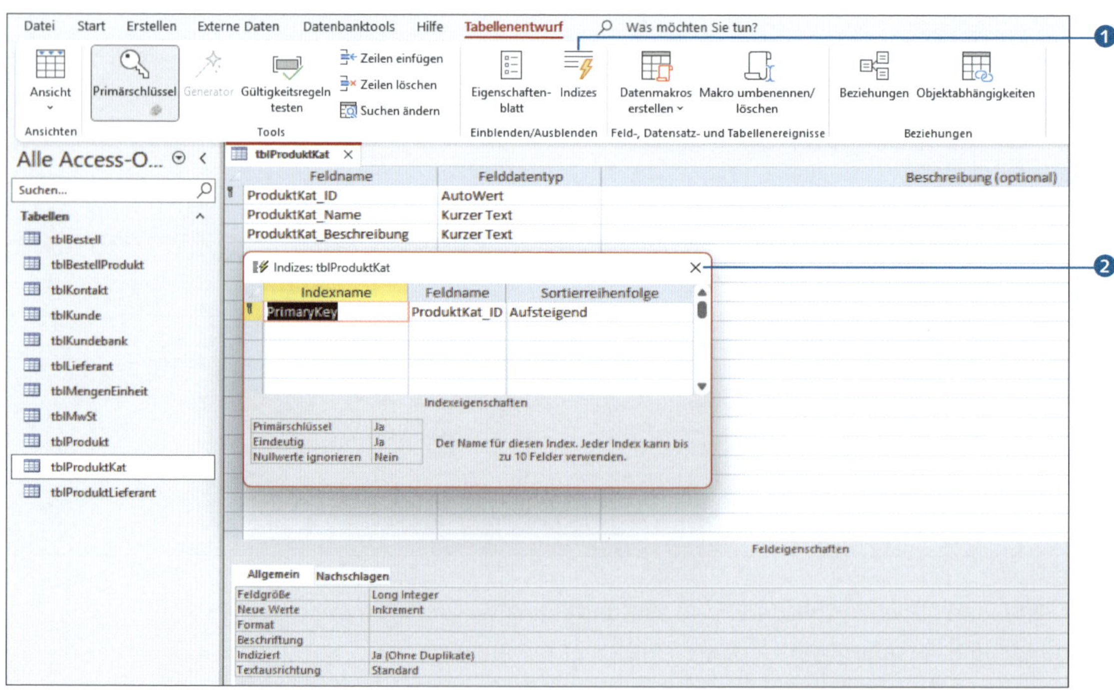

Abbildung 4.34 *Die Tabelle »tblProduktKat« enthält bereits den von Access automatisch generierten Index »PrimaryKey«.*

Der folgende Dialog zeigt die Indizes der Tabelle. Der Primärschlüsselindex ist mit dem Indexnamen **Primary Key** gekennzeichnet. Mit einem Klick auf das Kreuzsymbol ❷ schließen Sie den Dialog wieder.

In den folgenden Abschnitten zeigen wir Ihnen, wie Sie einfache oder auch aus mehreren Feldern zusammengesetzte Indizes selbst erzeugen oder wieder entfernen. Denn Indizes beschleunigen zwar Abfragen, fügen Sie in einer Tabelle häufig Daten hinzu oder löschen Datensätze, können sie die Leistung aber auch negativ beeinflussen. Schließlich muss für jeden neuen bzw. entfernten Datensatz auch der Index entsprechend aktualisiert werden.

4.5.1 Einfache oder zusammengesetzte Indizes selbst erstellen

Wie bereits erwähnt, erstellt Access für Primärschlüsselfelder automatisch einen Index. In unserer Beispieldatenbank *DelikatEssen* handelt es sich bei den Primärschlüsselfeldern jeweils um die Identifikationsnummer. Für Felder, die häufig in Ihren Abfragen auftauchen, wie möglicherweise Namen oder Postleitzahlen, müssen Sie selbst einen Index erzeugen.

Im Grunde genommen können Sie jedes Feld einer Tabelle indizieren. Die einzige Ausnahme stellen Felder mit den Felddatentypen **Berechnet**, **OLE-Objekt** oder **Anlage** dar. Ein Index kann sogar aus mehreren Feldern bestehen. Solch ein zusammengesetzter Index ist z. B. sinnvoll, wenn Sie eine Tabelle nicht nur nach einem Feld, etwa Name, durchsuchen, sondern nach mehreren (z. B. Name und Vorname).

Sehen wir uns zunächst an, wie ein einfacher Index erstellt wird. Angenommen, in Abfragen wird häufiger der Ort von Lieferanten verwendet. Um das Feld **Lieferant_Ort** der Tabelle **tblLieferant** mit einem Index zu versehen, öffnen Sie zunächst die Tabelle **tblLieferant** in der Entwurfsansicht. Markieren Sie dann den Feldnamen **Lieferant_Ort** ❶. Stellen Sie sicher, dass im Bereich **Feldeigenschaften** das Register **Allgemein** aktiviert ist ❷. Klicken Sie in das Feld rechts von **Indiziert** ❸. Am rechten Feldrand wird ein Pfeil ❹ eingeblendet, den Sie nun anklicken. Daraufhin klappt eine Liste mit folgenden drei Optionen auf:

- **Ja (Duplikate möglich)**
- **Ja (Keine Duplikate)**
- **Nein**

Die letzte Option, **Nein**, kommt dann zum Zuge, wenn kein Index erstellt werden soll. Es handelt sich dabei zugleich um die Standardeinstellung des Feldes **Indiziert**. Mit der Option **Ja (Keine Duplikate)** wird ein Index erstellt. Zusätzlich sorgt Access dafür, dass in diesem Feld kein Wert eingegeben werden kann, der bereits in demselben Feld eines anderen Datensatzes vorhanden ist. Diese Option wird für Felder verwendet, die eindeutig sein müssen, also etwa Primärschlüsselfelder. Man spricht in diesem Fall auch von einem *eindeutigen Index*. Für Ortsangaben ist diese Option wenig sinnvoll, denn dies würde bedeuten, dass es pro Ort nur einen Lieferanten geben dürfte. Für unser Beispiel wählen Sie somit die Option **Ja (Duplikate möglich)**. Access erstellt damit einen Index für dieses Feld, gestattet aber weiterhin gleiche Werte, sprich gleiche Ortsangaben in verschiedenen Datensätzen. Vergessen Sie nach der Änderung des Feldes **Indiziert** nicht, die Tabelle zu speichern.

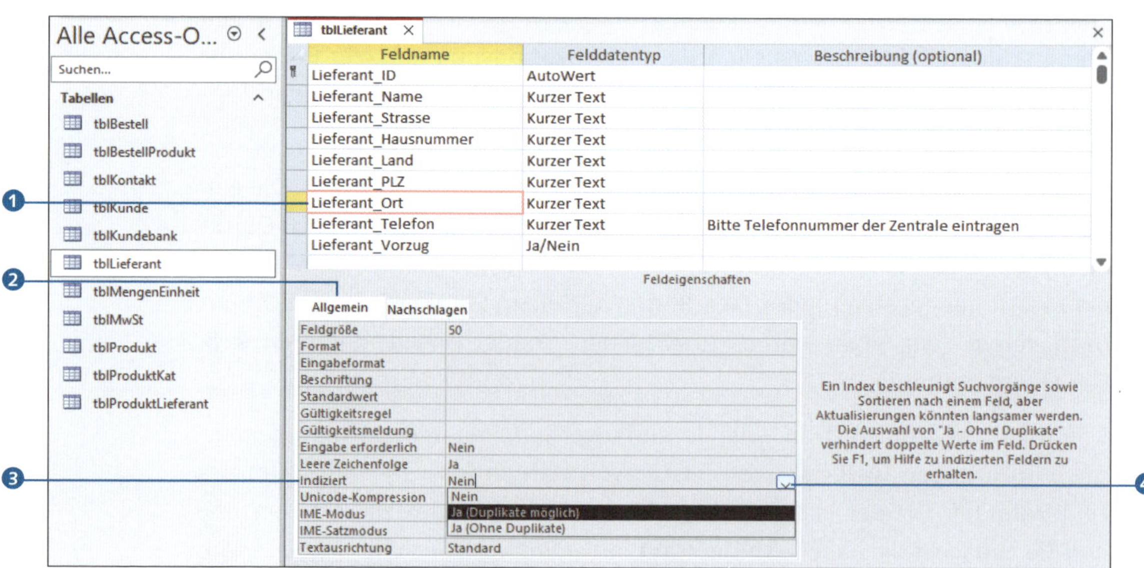

Abbildung 4.35 *Sind doppelte Werte in einem Feld zugelassen, wählen Sie die Option »Ja (Duplikate möglich)«.*

Um einen zusammengesetzten Index zu erstellen, führt Sie der Weg in den Dialog **Indizes**, wie wir anhand der Tabelle **tblKunde** zeigen werden. Für dieses Beispiel gehen wir davon aus, dass die beiden Felder **Kunde_Name** und **Kunde_Vorname** häufiger Bestandteil von Abfragen sind und somit eine Indizierung angebracht ist. Sie können aber auch Indizes aus bis zu zehn Feldern zusammensetzen.

1. Um den zusammengesetzten Index zu erzeugen, öffnen Sie die Tabelle **tblKunde** in der Entwurfsansicht ❶.
2. Klicken Sie im Register **Tabellenentwurf** in der Gruppe **Einblenden/Ausblenden** auf **Indizes** ❷.

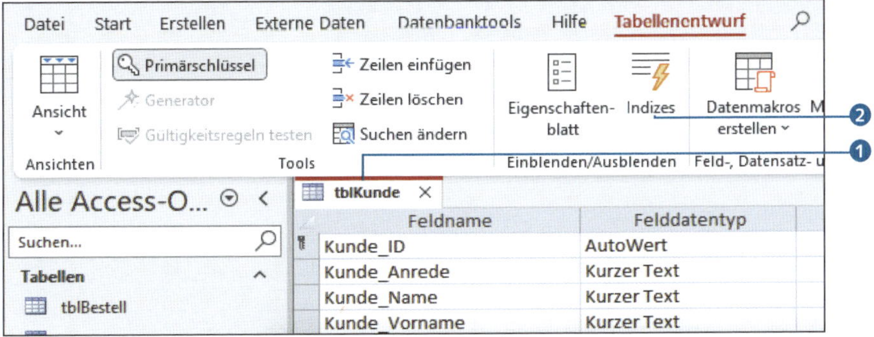

3. Der Dialog **Indizes** wird geöffnet. Stellen Sie sicher, dass mindestens zwei freie Zeilen zu sehen sind. Ist dies nicht der Fall, vergrößern Sie das Fenster, indem Sie den Mauszeiger auf dem unteren Fensterrand positionieren und dann mit gedrückter linker Maustaste nach unten ziehen.
4. Geben Sie in der ersten freien Zeile der Spalte **Indexname** eine Bezeichnung für den Index ein, für unser Beispiel etwa »VorNachname« ❸.
5. Solange die Zeile, die den Indexnamen **VorNachname** enthält, markiert ist, werden am unteren Rand des Dialogs die **Indexeigenschaften** eingeblendet. Für unser Beispiel können die Einstellungen **Nein** ❹ beibehalten werden, da es sich bei dem zusammengesetzten Index nicht um einen Primärschlüssel handelt, die Werte nicht eindeutig sein müssen, sprich Duplikate erlaubt sind, und auch keine Eingaben (sogenannte *Nullwerte*) gestattet sind.
6. Nach einem Klick in das Feld in der Spalte **Feldname** wählen Sie das erste Feld des zusammengesetzten Index aus, hier **Kunde_Name** ❺.
7. In der nächsten Zeile lassen Sie das Feld **Indexname** leer ❻. Im Feld **Feldname** wählen Sie das zweite Feld (**Kunde_Vorname**) für den Index aus ❼.
8. Die Einstellungen **Aufsteigend** in der Spalte **Sortierreihenfolge** können Sie beibehalten ❽.

9. Um Ihre Angaben im Dialog **Indizes** zu speichern, drücken Sie die Tastenkombination [Strg] + [S]. Anschließend können Sie den Dialog schließen.

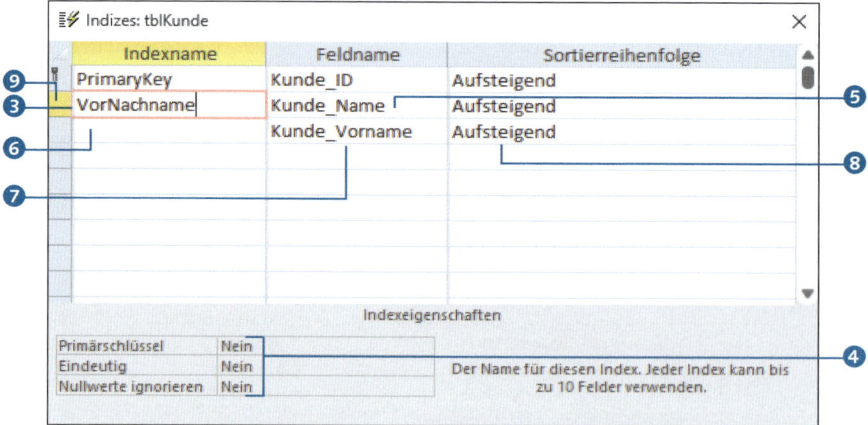

4.5.2 Einen Index entfernen

Das Ziel von Indizes ist es, Abfragen zu beschleunigen. Dieser positive Effekt wird manchmal aber durch eine massive Leistungseinbuße bei anderen Aktionen getrübt. Stellen Sie z. B. fest, dass Änderungen an Datensätzen plötzlich länger dauern, als es vor der Indizierung der Fall war, muss ein Index eventuell wieder gelöscht werden. Jeder Index nimmt außerdem Speicherplatz in Anspruch. Es gilt also immer abzuwägen, welcher Index einen Vorteil bringt oder wo ein Verzicht womöglich wirkungsvoller ist. Jeder selbst erzeugte Index lässt sich schnell wieder löschen.

Handelt es sich bei dem Index um einen einfachen Index, also einen Index, der nur aus einem Feld besteht, rufen Sie die Tabelle wieder in der Entwurfsansicht auf. Markieren Sie das indizierte Feld, und wählen Sie dann in den **Feldeigenschaften** im Feld **Indiziert** die Option **Nein** aus. Vergessen Sie nicht, anschließend die Änderungen an der Tabellenstruktur zu speichern.

Leere Zeichenfolge	Ja
Indiziert	Nein
Unicode-Kompression	Nein
IME-Modus	Ja (Duplikate möglich)
IME-Satzmodus	Ja (Ohne Duplikate)

Abbildung 4.36 *Um einen einfachen Index zu entfernen, reicht es, im Feld »Indiziert« die Option »Nein« zu wählen.*

Bei einem zusammengesetzten Index öffnen Sie die Tabelle ebenfalls in der Entwurfsansicht und rufen nun den Dialog **Indizes** auf, wie im vorherigen Abschnitt in Schritt 2 gezeigt. Markieren Sie die erste Zeile des zu entfernenden Index. Hierzu reicht ein Klick auf die äußerste linke Zelle der Zeile ❾. Drücken Sie dann die Taste `Entf`. Wiederholen Sie dies mit allen weiteren Zeilen des Index. Vergessen Sie auch hier nicht, die Änderungen über die Tastenkombination `Strg` + `S` zu speichern, bevor Sie den Dialog schließen.

4.6 Änderungen an der Tabellenstruktur vornehmen

Ob eine Tabellenstruktur wirklich gut gewählt ist, zeigt sich meist erst in der Praxis. So stellt man eventuell fest, dass noch Felder fehlen, um wichtige Informationen zu erfassen. Umgekehrt ist ein vermeintlich notwendiges Feld eigentlich überflüssig. Auch die Benennung von Feldern oder ein Felddatentyp sind nicht immer auf Anhieb geschickt gewählt. Doch keine Sorge, Sie können jederzeit Änderungen an der Tabellenstruktur vornehmen. Enthalten die Tabellen bereits Daten, ist bei einigen Aktionen allerdings etwas Vorsicht geboten.

Bevor Sie die Tabellenstruktur ändern, erstellen Sie am besten eine Sicherungskopie der Datenbankbank. Sollte es womöglich doch zu Problemen kommen, können Sie damit jederzeit auf den vorherigen Stand zurückgreifen. Wie Sie die Sicherung vornehmen, erfahren Sie im Kasten »Zur Sicherheit ein Backup erstellen« in Abschnitt 4.1.3.

4.6.1 Felder im Nachhinein hinzufügen oder löschen

Sie können in einer Tabelle jederzeit Felder ergänzen. Dies gilt selbst dann, wenn die Tabelle bereits mit Daten gefüllt ist. In den vorhandenen Datensätzen bleiben die neu hinzugefügten Felder zunächst leer, es sei denn, Sie legen einen Standardwert fest.

Ist die zu erweiternde Tabelle in der *Datenblattansicht* geöffnet, blättern Sie nach rechts bis zur Spalte mit der Überschrift **Zum Hinzufügen klicken**. Nach einem Klick hierauf wählen Sie den Felddatentyp für das neue Feld aus. Überschreiben Sie die nun sichtbare Bezeichnung **Feld1** mit dem gewünschten Namen für das Feld. In unserer Beispieldatenbank *DelikatEssen* fügen wir so das Feld **BestellProdukt_Position** in der Tabelle **tblBestellProdukt** hinzu. Darin wird später die Position eines Produkts innerhalb einer Bestellung erfasst. Da dieses Feld nicht Teil von Berechnungen sein wird, erhält es den Felddatentyp **Kurzer Text**.

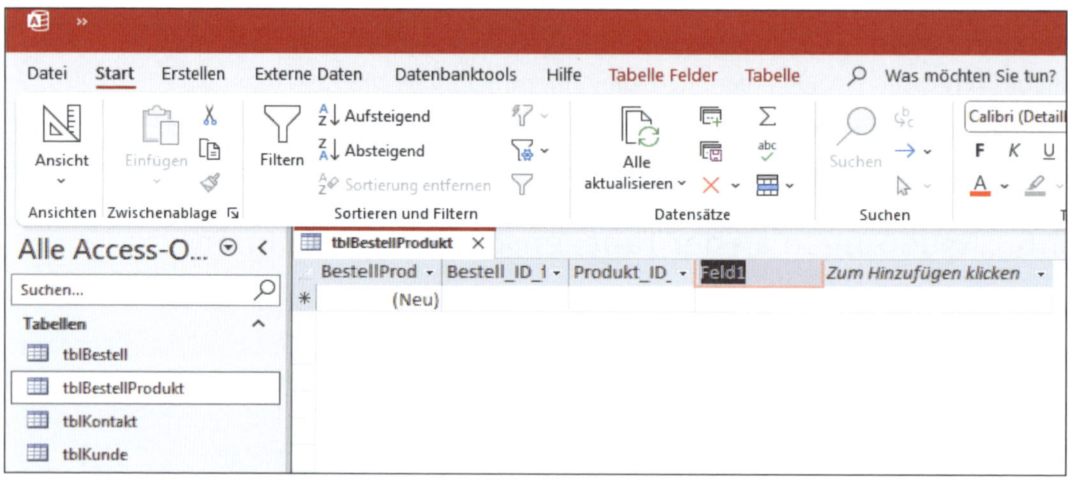

Abbildung 4.37 *In der Datenblattansicht muss dem neu hinzugefügten Feld noch ein passender Name gegeben werden.*

Felder können natürlich auch in der *Entwurfsansicht* ergänzt werden, indem Sie den Feldnamen und -datentyp einfach unterhalb der bereits vorhandenen Felder eintragen. In unserer Beispieldatenbank wird dies mit dem Feld **BestellProdukt_Anzahl** umgesetzt, dem der Felddatentyp **Zahl** zugewiesen wird.

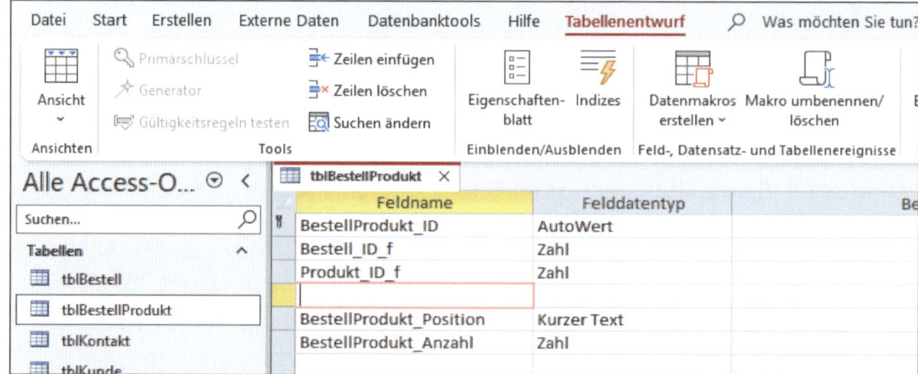

Abbildung 4.38 *In der Entwurfsansicht lassen sich neue Felder unterhalb der bereits vorhandenen Zeilen oder auch mittendrin ergänzen.*

Soll ein Feld weiter oben positioniert werden, markieren Sie zunächst die Zeile, die sich direkt unterhalb des neu hinzuzufügenden Feldes befindet. Klicken Sie dann im Register **Tabellenentwurf** in der Gruppe **Tools** auf **Zeilen einfügen**. Access fügt eine Leerzeile ein, in der Sie Feldnamen und -datentyp eingeben, in unserem Beispiel etwa **BestellProdukt_Lieferdatum** mit dem Felddatentyp **Datum/Uhrzeit**.

Der Weg über die Entwurfsansicht empfiehlt sich immer dann, wenn die Feldeigenschaften der neuen Felder angepasst werden müssen. Für das Feld **BestellProdukt_Anzahl** sollte beispielsweise der Wert **0** im Feld **Standardwert** entfernt werden. Für das Lieferdatum bietet sich die Ergänzung einer Gültigkeitsregel an, um sicherzustellen, dass nur ein in der Zukunft liegendes Datum in der Tabelle ergänzt werden kann. Markieren Sie hierzu das Feld **BestellProdukt_Lieferdatum**.

tblBestellProdukt

Feldname	Felddatentyp
BestellProdukt_ID	AutoWert
Bestell_ID_f	Zahl
Produkt_ID_f	Zahl
BestellProdukt_Lieferdatum	Datum/Uhrzeit
BestellProdukt_Position	Kurzer Text
BestellProdukt_Anzahl	Zahl

Feldeigenschaften

Allgemein | Nachschlagen

Format	
Eingabeformat	
Beschriftung	
Standardwert	
Gültigkeitsregel	>=Datum()
Gültigkeitsmeldung	Kein Datum in der Vergangenheit erlaubt
Eingabe erforderlich	Nein
Indiziert	Nein

Abbildung 4.39 *Falls zugleich Feldeigenschaften angepasst werden müssen, sollten Felder am besten in der Entwurfsansicht hinzugefügt werden.*

Tragen Sie die Gültigkeitsregel »>=Datum()« im entsprechenden Feld ein, wie in der Abbildung 4.39 zu sehen. Als Gültigkeitsmeldung bietet sich der Text »Kein Datum in der Vergangenheit erlaubt« an.

Vergessen Sie nicht, abschließend alle Änderungen an der Tabellenstruktur z. B. über die Tastenkombination [Strg] + [S] zu speichern. Dies gilt auch dann, wenn Sie nicht mehr benötigte Felder in einer Tabelle löschen möchten. Das Löschen selbst ist schnell erledigt: Klicken Sie das gewünschte Feld mit der rechten Maustaste an. Befinden Sie sich in der Entwurfsansicht, wählen Sie im Kontextmenü nun den Befehl **Zeilen löschen**. In der Datenblattansicht lautet der Befehl **Feld löschen**. Vorsicht: Das Feld wird ohne vorherige Nachfrage gelöscht. Da dieser Schritt nicht rückgängig gemacht werden kann, sollten Sie beim Löschen besonders vorsichtig vorgehen. Denn damit gehen alle Daten verloren, die in diesem Feld enthalten waren.

4.6.2 Reihenfolge von Feldern innerhalb einer Tabelle ändern

Die Position von Feldern innerhalb einer Tabelle kann jederzeit problemlos korrigiert werden. In der Datenblattansicht setzen Sie den Mauszeiger hierzu auf den Feldnamen. Ziehen Sie ihn dann mit gedrückter linker Maustaste nach links bzw. rechts. Während des Ziehens wird ein etwas dickerer Balken eingeblendet. Befindet er sich an der gewünschten neuen Position, lassen Sie die Maustaste los. In der Entwurfsansicht ist das Vorgehen recht ähnlich. Klicken Sie hier einmal in das Markierungsfeld links von dem zu verschiebenden Feld. Positionieren Sie den Mauszeiger nun über diesem Feld, und ziehen Sie die markierte Zeile mit gedrückter linker Maustaste nach oben bzw. unten an die gewünschte neue Stelle. Auch hier wird während des Ziehens eine dicke Linie eingeblendet. In der Entwurfsansicht ist abschließend ein Speichern der Änderungen notwendig.

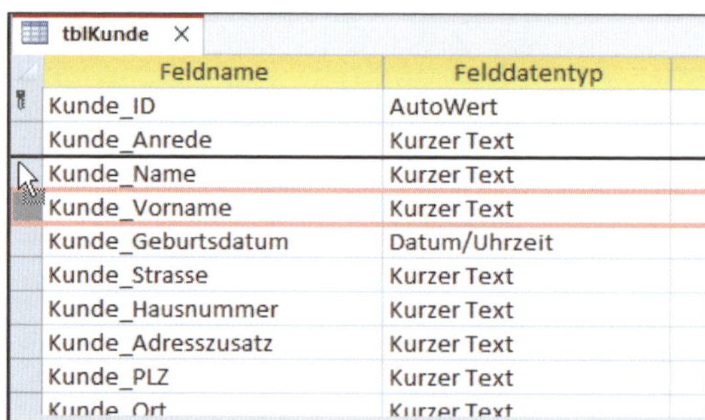

Abbildung 4.40 *Felder lassen sich per Drag & Drop verschieben.*

4.6.3 Ein Feld umbenennen

Ein gewählter Feldname stellt sich als zu lang oder für die Anwender missverständlich heraus? Oder ist Ihnen einfach nur ein Tippfehler unterlaufen? Das Umbenennen von Feldern ist nicht nur schnell erledigt, sondern auch absolut unproblematisch: Sollte das Feld Bestandteil von Beziehungen, Abfragen, Berichten und mehr sein, aktualisiert Access den Feldnamen in diesen Objekten automatisch. Ist die entsprechende Tabelle in der Entwurfsansicht geöffnet, korrigieren Sie den Namen direkt in der Spalte **Feldname**. Vergessen Sie nicht, die Tabelle anschließend zu speichern. In der Datenblattansicht doppelklicken Sie auf den zu korrigierenden Feldnamen. Nun können Sie den schwarz markierten Namen z. B. direkt überschreiben. Falls Sie nur einen Teil des Namens korrigieren möchten, klicken Sie auf eine beliebige Stelle innerhalb der Markierung und nehmen dann die Änderung vor. Durch Drücken der Taste [↵] übernehmen Sie die Korrektur.

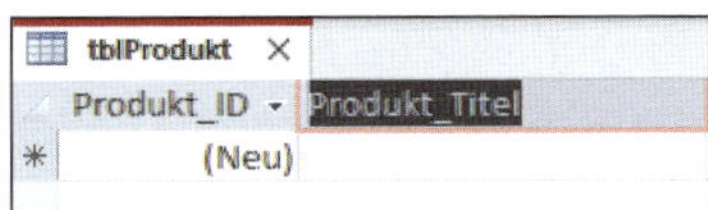

Abbildung 4.41 *Der nach dem Doppelklick schwarz markierte Name kann mit einer neuen Bezeichnung überschrieben werden.*

Den Felddatentyp nachträglich ändern

Die Datenbank ist bereits mit Daten gefüllt, nun stellt sich in der Praxis heraus, dass ein Felddatentyp nicht der passende ist? Während die in den vorherigen Abschnitten beschriebenen Änderungen an der Tabellenstruktur recht unkompliziert vorgenommen werden können, ist bei der Anpassung des Felddatentyps durchaus Vorsicht geboten.

Wurde beim Anlegen der Tabelle versehentlich die Standardeinstellung **Kurzer Text** beibehalten, sollten Sie vor Auswahl des neuen, korrekten Datentyps sicherstellen, dass die Daten im entsprechenden Feld auch den neuen Vorgaben standhalten. Für ein Zahlenfeld bedeutet dies beispielsweise, dass die Felder ausschließlich numerische Werte enthalten sollten, denn alle anderen Zeichen wie Buchstaben oder Sonderzeichen werden gelöscht. Dies gilt auch für den Felddatentyp **Währung**. Eine Umwandlung in umgekehrter Richtung, also **Zahl** bzw. **Währung** in **Kurzer Text**, ist hingegen meist problemlos möglich. Hier sollten Sie allerdings bedenken, dass nun keinerlei Berechnungen mehr durchgeführt werden können. Falls sich die Korrektur eines Felddatentyps oder auch der Feldeigenschaften als zwingend notwendig herausstellt, können Sie dies wie gewohnt sowohl in der Datenblattansicht einer Tabelle als auch in der Entwurfsansicht durchführen.

Kapitel 5
Dateneingabe – die Basis erzeugen

Steht die Struktur einer Datenbank, kann die Eingabe der Daten beginnen. Ein paar Informationen hierzu haben Sie bereits in Abschnitt 3.4, »Daten direkt oder per Formular eingeben«, erhalten. In diesem Kapitel wollen wir das Thema etwas intensiver beleuchten. Ganz zu Anfang werden die wichtigsten Grundlagen zur Dateneingabe und Navigation in einer Tabelle zusammengefasst, gefolgt von Hintergrundwissen rund um die Besonderheiten spezieller Felddatentypen und -eigenschaften. Falls Daten nicht korrekt eingegeben werden, kann dies schnell zu einer Fehlermeldung führen. Auch das Löschen von Datensätzen führt zu einem Warnhinweis. Warum Sie diese Hinweise genau überprüfen sollten, erfahren Sie ebenfalls in diesem Kapitel.

Nicht immer müssen die Daten selbst von Hand neu eingegeben werden. Vielleicht verfügen Sie bereits über eine Excel-Tabelle, deren Inhalt Sie gerne in die Datenbank übertragen möchten? Oder es existiert eine ältere Access-Datenbank, aus der Sie Daten übernehmen möchten? Was Sie bei diesen beiden Varianten beachten sollten, damit der Datenimport reibungslos funktioniert, zeigen wir Ihnen in Abschnitt 5.2, »Daten importieren«.

Je umfangreicher Tabellen sind, desto unübersichtlicher werden sie auch. Im Vergleich zu Excel haben Sie in Access zwar nicht ganz so viele Möglichkeiten, eine Tabelle »aufzuhübschen«, aber ein paar Formatierungstricks gibt es dennoch, wie Sie in Abschnitt 5.3, »Tabellen nach Dateneingabe anpassen«, nachlesen können. Auch das geschickte Sortieren und Filtern hilft häufig dabei, etwas Ordnung zu schaffen. Mit diesem Thema werden wir dieses Kapitel abschließen.

5.1 Daten in Tabellen eingeben, ändern und löschen

Der bequemste Weg, neue Datensätze in einer Datenbank hinzuzufügen, erfolgt zweifelsohne über ein gut aufgebautes Formular, wie Sie in Kapitel 7, »Formulare – Dateneingabe und Bedienung vereinfachen«, selbst ausprobieren können. Es ist aber nicht der einzige Weg, denn Daten lassen sich auch direkt in der Tabelle erfassen. Voraussetzung hierfür ist, dass die Tabelle in der *Datenblattansicht* angezeigt wird. In dieser Ansicht können Sie auch schnell bereits erfasste Datensätze korrigieren und nicht mehr benötigte Daten löschen. Öffnen Sie eine Tabelle per Doppelklick auf den Tabellennamen im Navigationsbereich ①, ist die Datenblattansicht automatisch ausgewählt. Falls Sie an einer bereits geöffneten Tabelle Änderungen an der Tabellenstruktur vorgenommen haben, befindet sich die Tabelle somit wahrscheinlich in der *Entwurfsansicht*. Ein Wechsel der Ansichten ist schnell geschehen: Klicken Sie im Register **Start** in der Gruppe **Ansichten** auf **Ansicht** ② und dann **Datenblattansicht**. Ein Klick auf das Symbol **Datenblattansicht** in der Statusleiste unten rechts ③ führt zum gleichen Ergebnis.

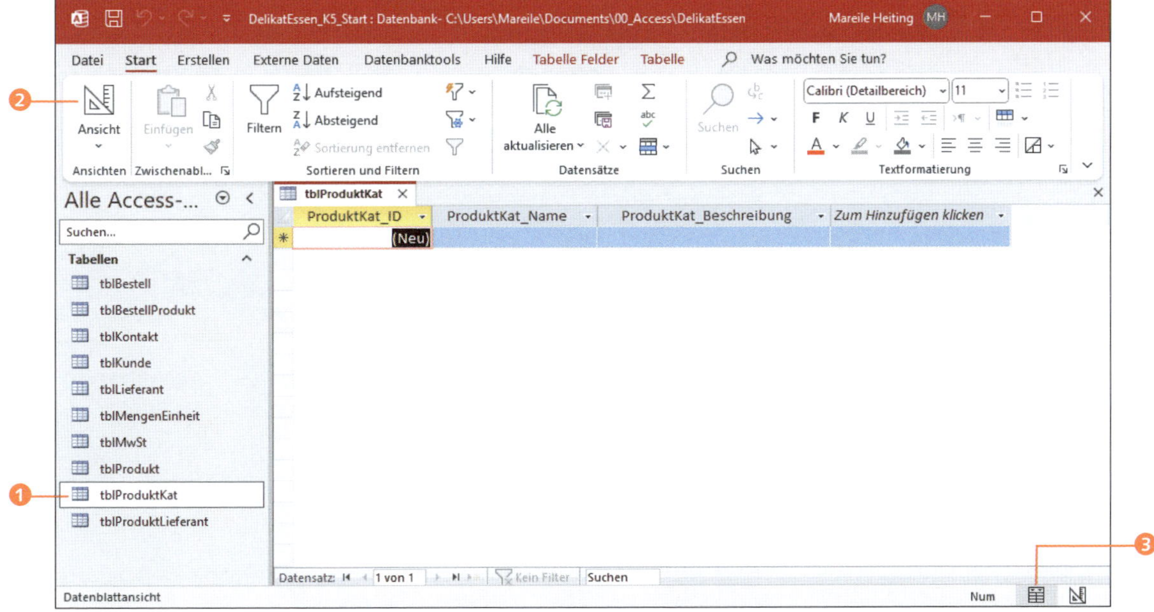

Abbildung 5.1 *Um Daten direkt in einer Tabelle eingeben zu können, muss diese in der Datenblattansicht geöffnet sein.*

5.1.1 Neue Datensätze erfassen, vorhandene korrigieren

Befindet sich die gewünschte Tabelle in der Datenblattansicht, müssen Sie nur noch zu der Zeile navigieren, in der Sie nun Daten hinzufügen, ändern oder auch löschen möchten. Nach dem Öffnen einer Tabelle ist zunächst immer die erste

Zeile markiert, erkennbar an der gelb markierten Zelle in der Markierungsspalte ganz links. Neue Daten werden in der ersten freien Zeile der Tabelle eingegeben. Diese wird durch ein Sternsymbol in der Markierungsspalte gekennzeichnet ❶. Ist die Tabelle noch leer (siehe Abbildung 5.1), entspricht dies gleich der ersten Zeile, und Sie können dort direkt mit der Dateneingabe loslegen. Falls die Tabelle bereits Daten enthält, müssen Sie die erste leere Zeile erst noch ansteuern. Hierfür stehen Ihnen mehrere Varianten zur Auswahl:

- Der ganz simple Weg: Sie blättern in der Liste der Datensätze selbst nach unten bis zu der mit dem Sternsymbol [✳] markierten Zeile, und klicken das erste Feld an.
- Wenn Sie bereits viele Datensätze in der Tabelle erfasst haben, ist das Blättern recht umständlich. In diesem Fall geht es schneller, wenn Sie in der Navigationsleiste am unteren Rand des Programmfensters auf das Symbol **Neuer (leerer) Datensatz** [▶✳] klicken ❷.
- Im Register **Start** finden Sie in der Gruppe **Datensätze** die Schaltfläche **Neu** ❸. Klicken Sie darauf, werden Sie ebenfalls automatisch zur ersten leeren Zeile innerhalb der Tabelle geführt.

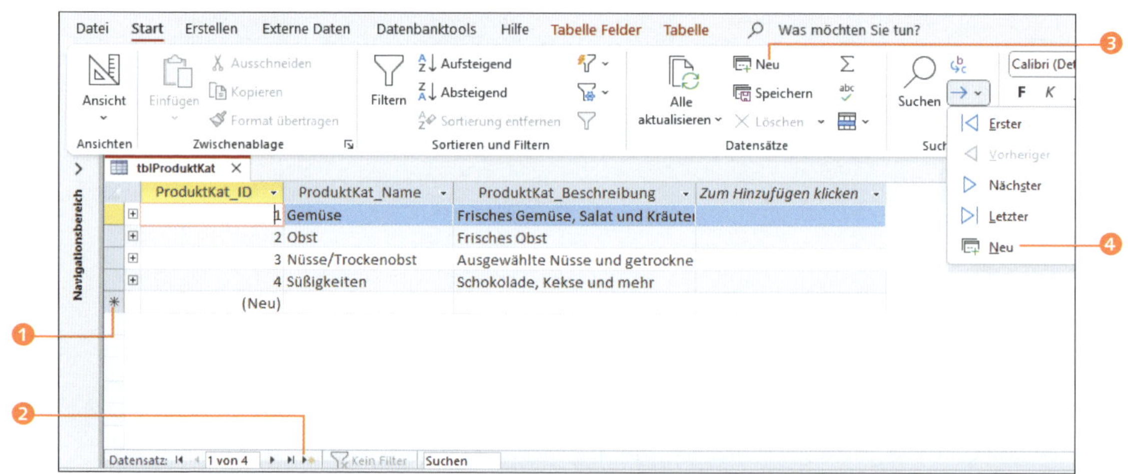

Abbildung 5.2 *Um zur ersten leeren Zeile zu gelangen, haben Sie viele Möglichkeiten.*

- Das Gleiche passiert, wenn Sie im Register **Start** in der Gruppe **Suchen** auf die Schaltfläche **Gehe zu** und in der aufklappenden Liste auf **Neu** klicken ❹. In der gleichen Liste finden Sie übrigens auch Einträge, mit denen Sie zum ersten, letzten, nächsten oder vorherigen Datensatz springen.

- Für die Liebhaber von Tastenkombinationen bietet sich wiederum der Shortcut Strg + + an, und schon befinden Sie sich in der ersten leeren Tabellenzeile.

Sobald Sie die gewünschte Zeile angesteuert haben, wird das erste Feld markiert. Handelt es sich bei diesem Feld um ein **AutoWert**-Feld, wie in unseren Tabellen der Beispieldatenbank *DelikatEssen* der Fall, sind in diesem Feld keine Eingaben möglich. Die Aufgabe, hier eine fortlaufende Identifikationsnummer zu ergänzen, übernimmt Access automatisch. Sie können also gleich zum nächsten Feld wechseln. Hierzu drücken Sie die Taste ↵, ⇆ oder →. Alternativ können Sie die gewünschte Zelle auch direkt anklicken.

Sobald Sie in einem Feld mit der Dateneingabe beginnen, erscheint in der Markierungsspalte links ein Stiftsymbol. Dies kennzeichnet den Bearbeitungsmodus. Das Sternsymbol, das die nächste leere Zeile markiert, wandert wiederum eine Zeile nach unten. Füllen Sie nun nacheinander alle Felder aus. Ist ein Datensatz vollständig erfasst, gelangen Sie durch Drücken einer der Tasten ↵, ⇆ oder → automatisch zum ersten Feld des nächsten neuen Datensatzes.

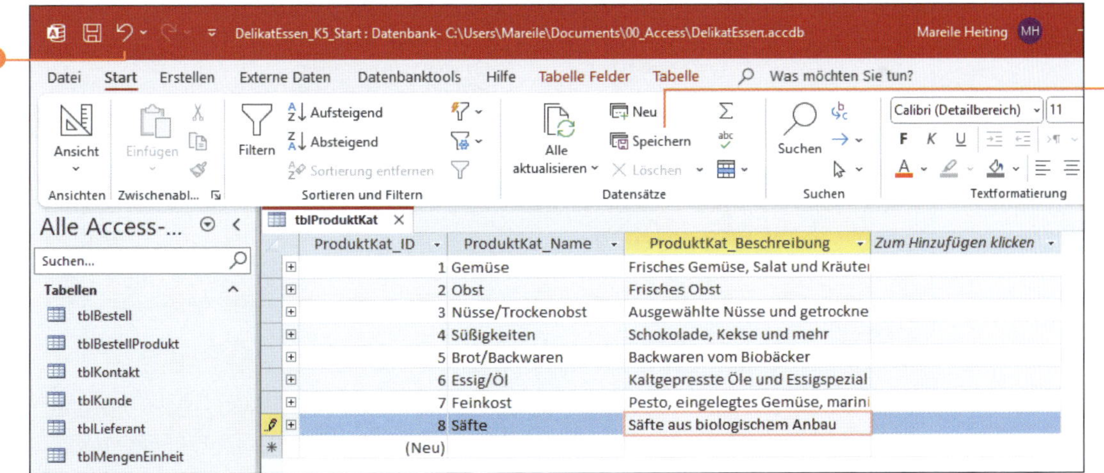

Abbildung 5.3 *Während der Dateneingabe zeigt das Stiftsymbol links den Bearbeitungsmodus an.*

Während Sie die Felder ausfüllen, müssen Sie sich nicht um das Speichern der Daten kümmern. Denn sobald Sie mit der Dateneingabe im nächsten Datensatz beginnen, sichert Access die zuvor eingetragenen Daten automatisch.

Falls Sie recht komplexe Eingaben vornehmen, können Sie mit einem Klick auf **Speichern** ❶ in der Gruppe **Datensätze** des Registers **Start** zwischendurch auch selbst ein Speichern veranlassen.

Ist Ihnen während der Dateneingabe ein Fehler unterlaufen, können Sie diesen natürlich jederzeit korrigieren. Markieren Sie hierzu einfach das entsprechende Feld, und nehmen Sie dann die nötigen Korrekturen vor (siehe auch den Kasten »Datensätze im Nachhinein korrigieren«). Über das Symbol **Rückgängig** ❷ in der Schnellzugriffsleiste lassen sich die zuletzt vorgenommenen Änderungen rückgängig machen. Doch Vorsicht: Befinden Sie sich noch innerhalb eines Datensatzes, wirkt sich dies lediglich auf die letzten Eingaben innerhalb dieses Datensatzes aus. Sind Sie hingegen dabei, neue Datensätze zu erfassen und fand direkt vor dem Klick auf **Rückgängig** ein Wechsel zu einem neuen Datensatz statt, wird der gesamte zuvor eingegebene Datensatz gelöscht. Access blendet in diesem Fall eine entsprechende Warnung ein.

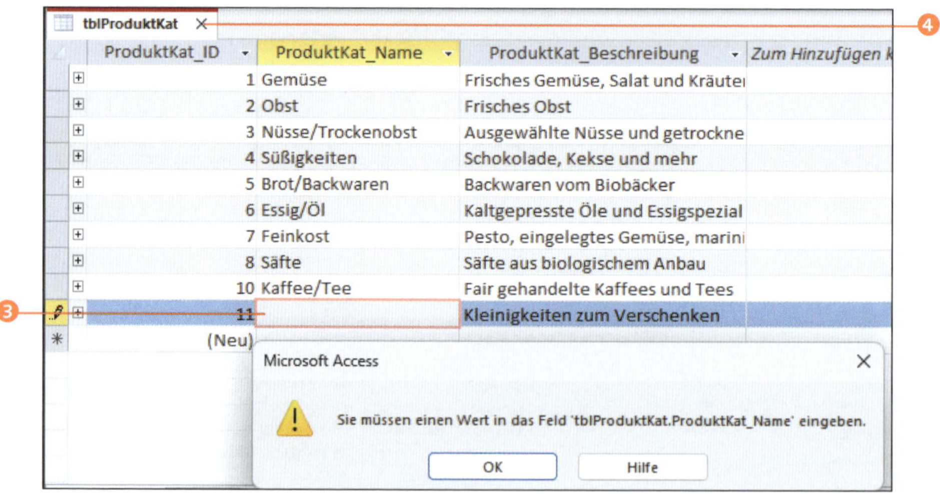

Abbildung 5.4 *Im Feld »ProduktKat_Name« ist eine Eingabe zwingend erforderlich. Ein leeres Feld führt bei dem Versuch, den Datensatz zu speichern, zu einer Fehlermeldung.*

Beim Hinzufügen von Datensätzen kann es durchaus vorkommen, dass nicht alle Felder gefüllt werden können. Möchte ein Kunde beispielsweise nicht seinen Geburtstag preisgeben, bleibt das entsprechende Feld in der Tabelle **tblKunde** leer. Solche leeren Felder stellen kein Problem dar, es sei denn, Sie haben für ein Feld der Feldeigenschaft **Eingabe erforderlich** ein **Ja** zugewiesen (siehe hierzu auch Abschnitt 4.3.4, »Eingabe erzwingen«). Denn bevor Access einen Datensatz speichert, prüft es alle festgelegten Bedingungen. Stößt es dabei auf ein leeres Feld ❸, für das eine Eingabe als zwingend erforderlich festgelegt wurde, erscheint die Fehlermeldung **Sie müssen einen Wert in das Feld ... eingeben**. Sobald Sie die Warnung mit **OK** bestätigt haben, können Sie das entsprechende Feld mit den notwendigen Daten füllen.

Liegen Ihnen die fehlenden Daten nicht vor, bleibt Ihnen nichts anderes übrig, als die Dateneingabe abzubrechen. Hierzu können Sie z. B. alle bereits für den Datensatz hinzugefügten Daten entfernen, indem Sie so häufig die Taste [Esc] drücken, bis zu Beginn der Zeile wieder das Sternsymbol angezeigt wird. Oder Sie schließen die Tabelle per Klick auf das Kreuzsymbol ❹ im Registerreiter. In diesem Fall erscheint erneut die Warnung **Sie müssen einen Wert in das Feld ... eingeben**, die Sie wieder mit **OK** bestätigen. Access weist Sie nun darauf hin, dass Sie diesen Datensatz momentan nicht speichern können. Die Frage, ob Sie das Datenbankobjekt trotzdem schließen möchten, beantworten Sie mit **Ja**. Nun wird die Tabelle geschlossen, und Sie können sie anschließend wieder öffnen, um mit der Dateneingabe fortzufahren.

Welche weiteren Besonderheiten es bei bestimmten Felddatentypen und -eigenschaften zu beachten gilt und wie Sie in einer Tabelle beispielsweise Bilder hinzufügen, erfahren Sie im folgenden Abschnitt.

Datensätze im Nachhinein korrigieren

Falls Sie an einem bereits erfassten Datensatz Änderungen vornehmen müssen, sollten Sie beim Markieren des gewünschten Feldes aufmerksam vorgehen. Klicken Sie mit der Maus direkt in ein Feld, wird die Einfügemarke an exakt der Stelle positioniert, die Sie angeklickt haben. Über die Pfeiltasten [←] und [→] können Sie innerhalb des Feldes navigieren. Positionieren Sie den Mauszeiger dagegen auf dem Rand eines Feldes, nimmt er die Form eines weißen Plussymbols [✚] an. Drücken Sie nun die linke Maustaste, wird die gesamte Zelle dick rot umrandet und der Zellinhalt blau markiert. Tippen Sie anschließend direkt etwas ein, wird der markierte Zellinhalt durch die neue Eingabe überschrieben. Dies gilt auch, wenn Sie ein Feld über die Tasten [⇆] oder [↵] angesteuert haben. In diesem Fall wird der gesamte Zellinhalt schwarz markiert. Falls Sie den Zellinhalt gar nicht komplett überschreiben wollten, können Sie durch Drücken der Taste [Esc] den vorherigen Inhalt wiederherstellen.

Während Sie einen Datensatz korrigieren, erscheint links in der Markierungsspalte das Stiftsymbol . Wenn Sie die Änderungen abgeschlossen haben, können Sie sie mit einem Klick auf das Stiftsymbol übernehmen. Access übernimmt wieder automatisch das Speichern. Dies passiert auch, wenn Sie nach den Korrekturen einen anderen Datensatz auswählen.

5.1.2 Besonderheiten bei der Dateneingabe

Durch die Wahl des passenden Felddatentyps, aber auch durch Festlegen bestimmter Feldeigenschaften können Sie bereits im Vorfeld dafür sorgen, dass die Dateneingabe möglichst fehlerfrei erfolgt. Entspricht ein eingetragener Wert nicht den Vorgaben, erscheint entweder eine Fehlermeldung, oder die Eingabe ist gar nicht erst möglich.

Geben Sie beispielsweise einen Buchstaben in ein **Zahl**-Feld ein und möchten dann durch Drücken der Taste [Tab] zum nächsten Feld navigieren, blendet Access am linken Rand des Feldes ein Warnsymbol ein. In der aufklappenden Liste erfahren Sie, welcher Fehler Ihnen unterlaufen ist ❶. Nach einem Klick auf **Geben Sie einen neuen Wert ein** ❷ erhalten Sie die Möglichkeit, Ihre Angabe sofort zu korrigieren. Falls Sie beim Festlegen der Tabellenstruktur versehentlich den falschen Felddatentyp ausgewählt haben, können Sie über **Konvertieren Sie die Daten dieses Feld in den Textdatentyp** ❸ den Felddatentyp von Access korrigieren lassen.

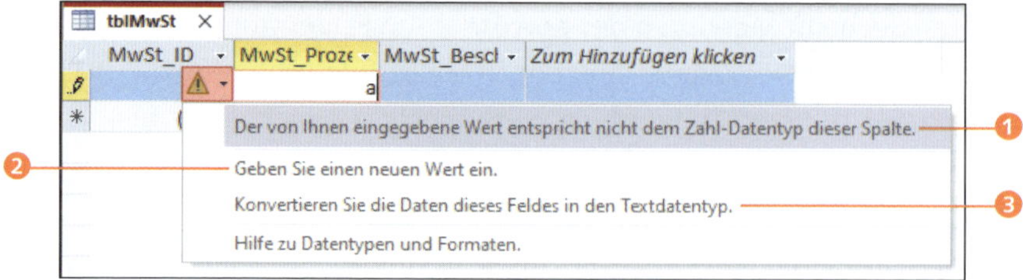

Abbildung 5.5 *Entspricht die Eingabe nicht dem festgelegten Felddatentyp, erscheint eine Fehlermeldung. Sie können nun entweder Ihre Eingabe oder den Felddatentyp korrigieren.*

Falls für einen Felddatentyp ein Format oder auch ein Standardwert bestimmt wurde, gibt dies meist bereits einen guten Hinweis darauf, wie die Dateneingabe auszusehen hat. Ein Beispiel hierfür ist die Tabelle **tblMwSt**, in der das **Zahl**-Feld **MwSt_Prozentsatz** das Format **Prozentzahl** und den Standardwert **0** aufweist. Im leeren Feld erscheint damit die Angabe **0,00%**. Hier reicht die Eingabe »19« für den regulären und die Eingabe »7« für den ermäßigten Mehrwertsteuersatz. Die Prozentangabe und Nachkommastellen ergänzt Access automatisch gemäß dem ausgewählten Format.

tblMwSt

	MwSt_ID	MwSt_Prozentsatz	MwSt_Beschreibung
⊞	1	19,00%	regulärer Mehrwertsteuersatz
⊞	2	7,00%	ermäßigter Mehrwertsteuersatz
*	(Neu)	0,00%	

Abbildung 5.6 *Für die Angabe des Prozentsatzes reicht die Eingabe der Werte »19« und »7«.*

Wurde für ein Feld ein Eingabeformat festgelegt (in unserer Beispieldatenbank *DelikatEssen* etwa für die Angabe von Postleitzahlen und Telefonnummern), werden im entsprechenden Feld Platzhaltersymbole angezeigt. Per Standardeinstellung ist dies ein Unterstrich (_), eventuell haben Sie aber auch ein anderes Symbol wie die Raute (#) gewählt. Wie Sie ein Eingabeformat festlegen, haben wir in Abschnitt 4.3.1, »Per Eingabeformat nur passende Daten zulassen«, beschrieben. Die Platzhalter ❶ erscheinen, sobald Sie das erste Zeichen im Feld eintippen. Die weitere Zeicheneingabe muss nun dem vorgegebenen Schema entsprechen.

Wer sich beim Anlegen der Tabellenstruktur für ein **Ja/Nein**-Feld entschieden hat, macht dem Anwender das Ausfüllen der Tabelle besonders einfach. In diesem Fall ist in der Datenblattansicht ein Kontrollkästchen ❷ zu sehen, das per Mausklick aktiviert bzw. deaktiviert werden kann. Haben Sie das **Ja/Nein**-Feld bereits markiert, reicht auch das Drücken der Leertaste. Ein markiertes Feld erkennen Sie anhand des dünnen roten Rahmens.

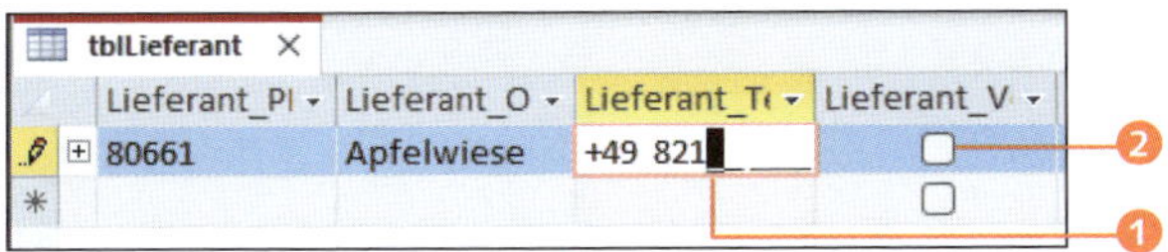

tblLieferant

	Lieferant_Pl	Lieferant_O	Lieferant_Te	Lieferant_V
⊞	80661	Apfelwiese	+49 821_ ___	☐
*				☐

Abbildung 5.7 *Platzhalter geben einen Anhaltspunkt, wie die Dateneingabe zu erfolgen hat.*

Ähnlich komfortabel gestaltet sich die Dateneingabe in einem Nachschlage-/Kombinationsfeld. Sobald ein solches Feld markiert wird, wird am rechten Rand ein Pfeilsymbol ❸ eingeblendet. Sie können die Drop-down-Liste nun entweder per Klick auf das Pfeilsymbol oder durch Drücken der Tastenkombination Alt + ↓ aufklappen. Den gewünschten Wert wählen Sie dann per Mausklick aus. Alternativ hierzu können Sie auch mithilfe der ↓-Taste zum Wert navigieren und diesen dann durch Drücken der Taste ↵ übernehmen. Noch einfacher: Sie geben den ersten Buchstaben oder auch die ersten Buchstaben des gewünschten Wertes ein, im Beispiel unserer Kundentabelle **tblKunde** etwa »f« für »Frau«. Die Groß- oder Kleinschreibung müssen Sie hierbei nicht berücksichtigen. Wird der gewünschte Wert im Feld angezeigt bzw. in der Drop-down-Liste markiert, reicht ein Drücken der Taste ↵, und der Wert wird übernommen.

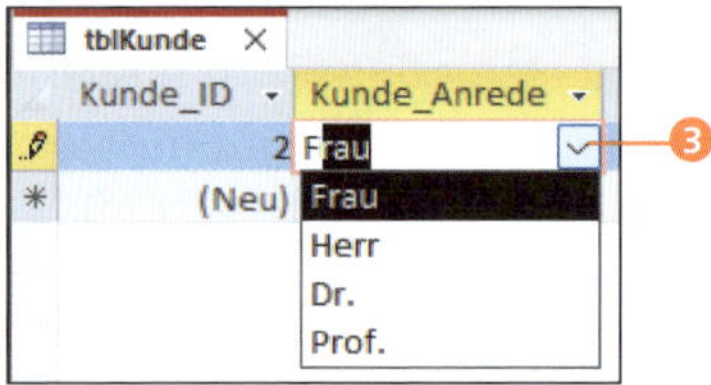

Abbildung 5.8 *Über das Pfeilsymbol lässt sich die Drop-down-Liste eines Nachschlagefeldes einblenden.*

Auch für Felder des Felddatentyps **Datum/Uhrzeit** bietet Access eine bequeme Eingabemöglichkeit. Markieren Sie ein solches Feld, wird rechts davon ein kleines Kalendersymbol ④ eingeblendet. Nach einem Klick hierauf oder alternativ durch Drücken der Tastenkombination Alt + ↓ klappt ein Kalenderblatt auf. Über die Pfeiltasten rechts und links von der Monatsangabe ⑤ navigieren Sie von einem Monat zum nächsten bzw. vorherigen. Das gewünschte Datum wählen Sie per Mausklick aus.

Abbildung 5.9 *Ein Datum kann direkt im Feld eingegeben oder über das Kalenderblatt ausgewählt werden.*

Ein Geburtsdatum auf diese Weise anzugeben, kann zugegebenermaßen recht umständlich sein. Hier ist das Eintippen des Datums sicherlich schneller. Der Weg über den Kalender bietet sich aber beispielsweise an, wenn Sie einen bestimmten Wochentag auswählen müssen (etwa im Falle eines Liefertermins, der auf den ersten Montag eines Monats fällt).

Im Berufsalltag ist eine Kommunikation ohne E-Mail kaum mehr vorstellbar. Somit zählen E-Mail-Adressen mittlerweile auch zu den klassischen Kontaktdaten, die erfasst werden müssen. Als Felddatentyp bietet Access hier den **Link** an. Tragen Sie in einem solchen Feld eine E-Mail-Adresse ein, formatiert Access die Adresse bereits während der Eingabe blau und unterstreicht sie ❶. Das Gleiche gilt, wenn Sie beispielsweise eine Webadresse erfassen. Das Praktische daran: Klicken Sie einen solchen Link – E-Mail- oder Webadresse – in der Access-Tabelle an, wird direkt das damit verknüpfte Programm geöffnet. Im Falle einer E-Mail-Adresse handelt es sich dabei um Ihr E-Mail-Programm (z. B. Outlook) mit dem entsprechenden Dialog zum Schreiben einer neuen E-Mail. Die Empfängeradresse wurde bereits von Access ergänzt, Sie müssen also nur die Betreffzeile und den Nachrichtentext hinzufügen. Wurde eine Webadresse angeklickt, wird wiederum der Standardbrowser (z. B. Edge oder Mozilla Firefox) mit der entsprechenden Webseite geöffnet. Einmal angeklickte Links färbt Access standardmäßig rot ❷.

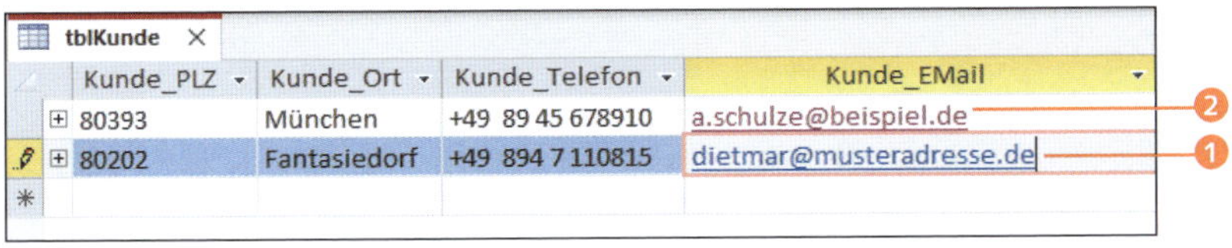

tblKunde

Kunde_PLZ	Kunde_Ort	Kunde_Telefon	Kunde_EMail
80393	München	+49 89 45 678910	a.schulze@beispiel.de ❷
80202	Fantasiedorf	+49 894 7 110815	dietmar@musteradresse.de ❶

Abbildung 5.10 *E-Mailadressen werden bereits während der Eingabe korrekt formatiert. Ein Klick hierauf, und das damit verknüpfte E-Mail-Programm wird gestartet.*

Access bietet Ihnen die Möglichkeit, eine Verknüpfung zu Dateien wie Bildern, Word-Dokumenten, PDF-Dateien und mehr zu speichern. Die entsprechenden Felder erhalten den Felddatentyp **Anlage**. In unserer Beispieldatenbank *DelikatEssen* entspricht das Feld **Produkt_Foto** in der Tabelle **tblProdukt** dieser Vorgabe. In der Datenblattansicht ist ein **Anlage**-Feld gut am Büroklammersymbol zu erkennen. Bevor Sie in der Tabelle einen Dateianhang hinzufügen, legen Sie am besten ein gesondertes Verzeichnis an, in dem Sie die Dateien (in unserem Beispiel also die Produktfotos) ablegen. Da nicht die Datei selbst in der Tabelle eingefügt, sondern lediglich eine Verknüpfung zu ihr erstellt wird, sollten Sie anschließend weder das Verzeichnis noch die Dateien umbenennen oder verschieben. Das Hinzufügen einer Dateianlage funktioniert dann folgendermaßen:

1. Klicken Sie doppelt in das Feld, in dem die Datei hinzufügt werden soll, in unserem Beispiel also in das Feld **Produkt_Foto** ①. Hierdurch wird der Dialog **Anlagen** geöffnet.

2. Nach einem Klick auf die Schaltfläche **Hinzufügen** ② navigieren Sie im Dialog **Datei auswählen** zu dem Verzeichnis, in dem Sie die gewünschte Datei abgelegt haben. Markieren Sie die Datei, und bestätigen Sie mit **Öffnen**.

3. Die Datei wird jetzt im Dialog **Anlagen** aufgeführt ③. Wenn Sie möchten, können Sie weitere Dateien hinzufügen, bevor Sie den Dialog mit **OK** schließen.

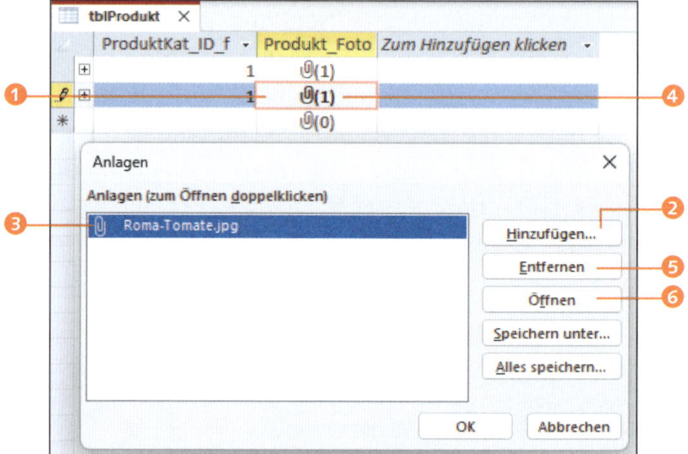

4. Im Feld **Produkt_Foto** wird nun hinter dem Büroklammersymbol die Anzahl der hinzugefügten Dateien eingeblendet ④.

5. Sollten Sie später noch weitere Dateien hinzufügen oder bereits vorhandene Dateien entfernen wollen, wiederholen Sie Schritt 1, um den Dialog **Anlagen** zu öffnen. Zum Entfernen einer Datei markieren Sie sie im Dialog ③ und klicken dann auf **Entfernen** ⑤. Das Hinzufügen erfolgt wie in den Schritten 2 und 3 gezeigt.

6. Falls Sie sich die Datei ansehen möchten, markieren Sie sie ebenfalls und klicken dann auf **Öffnen** ⑥. Die Datei wird nun mit dem für den Dateityp vorgesehenen Standardprogramm geöffnet. Im Falle eines Fotos im JPG-For-

mat ist dies unter Windows 11 z. B. die *Windows-Fotoanzeige*-App. Handelt es sich um eine PDF-Datei, wird standardmäßig der Browser Edge gestartet.

In der Tabelle deutet, wie erwähnt, nur die Angabe hinter der Büroklammer auf einen Dateianhang hin. In Formularen und Berichten haben Sie hingegen die Möglichkeit, Bilder auch direkt anzuzeigen (siehe auch Abschnitt 8.4, »Steuerelemente für Dateianlagen«).

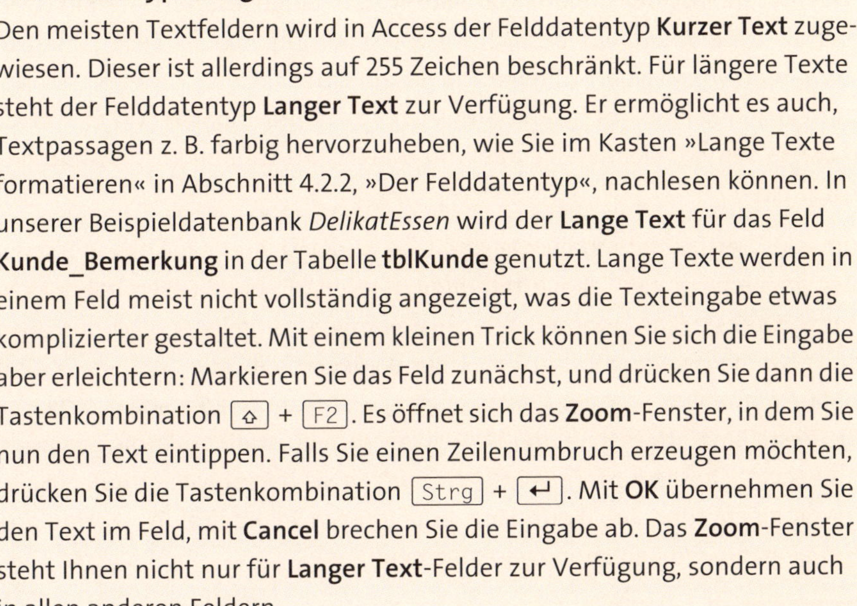

Felder vom Typ »Langer Text« über das »Zoom«-Fenster füllen

Den meisten Textfeldern wird in Access der Felddatentyp **Kurzer Text** zugewiesen. Dieser ist allerdings auf 255 Zeichen beschränkt. Für längere Texte steht der Felddatentyp **Langer Text** zur Verfügung. Er ermöglicht es auch, Textpassagen z. B. farbig hervorzuheben, wie Sie im Kasten »Lange Texte formatieren« in Abschnitt 4.2.2, »Der Felddatentyp«, nachlesen können. In unserer Beispieldatenbank *DelikatEssen* wird der **Lange Text** für das Feld **Kunde_Bemerkung** in der Tabelle **tblKunde** genutzt. Lange Texte werden in einem Feld meist nicht vollständig angezeigt, was die Texteingabe etwas komplizierter gestaltet. Mit einem kleinen Trick können Sie sich die Eingabe aber erleichtern: Markieren Sie das Feld zunächst, und drücken Sie dann die Tastenkombination [⇧] + [F2]. Es öffnet sich das **Zoom**-Fenster, in dem Sie nun den Text eintippen. Falls Sie einen Zeilenumbruch erzeugen möchten, drücken Sie die Tastenkombination [Strg] + [↵]. Mit **OK** übernehmen Sie den Text im Feld, mit **Cancel** brechen Sie die Eingabe ab. Das **Zoom**-Fenster steht Ihnen nicht nur für **Langer Text**-Felder zur Verfügung, sondern auch in allen anderen Feldern.

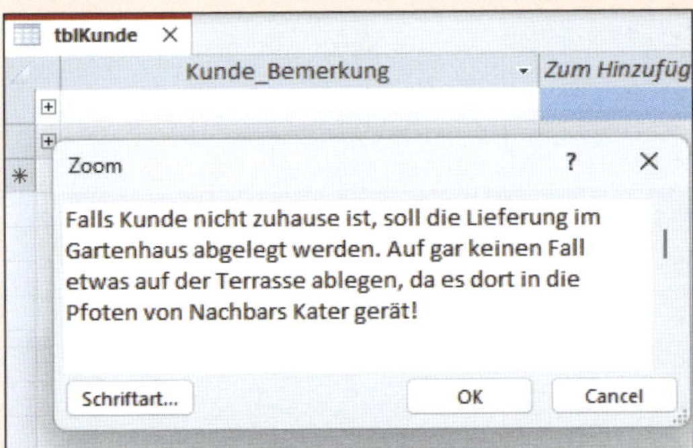

Abbildung 5.11 *Längere Texte lassen sich bequem über das »Zoom«-Fenster eingeben.*

5.1.3 Umgang mit Unterdatenblättern in verknüpften Tabellen

Eine der Stärken von relationalen Datenbanken liegt darin, dass Sie Tabellen in Beziehung zueinander setzen können. Wie Sie hierzu vorgehen, haben wir ausführlich in Abschnitt 4.4, »Beziehungen zwischen Tabellen«, beschrieben. Die Verknüpfung zweier Tabellen erfolgt über das Primärschlüssel- sowie das Fremdschlüsselfeld. Öffnen Sie eine Tabelle, überprüft Access, ob für diese Tabelle eine Beziehung zu einer anderen besteht. Hat die Tabelle mindestens ein Feld gemeinsam mit einer anderen, lässt sich das Datenblatt der einen Tabelle in das Datenblatt der anderen einbetten. Das eingebettete Datenblatt wird dabei als *Unterdatenblatt* bezeichnet. Meist nimmt Access diese Einbettung automatisch vor. Existiert für eine Tabelle ein eingebettetes Datenblatt, finden Sie am linken Rand eines jeden Datensatzes ein Plussymbol ❶. Mit einem Klick auf dieses Symbol blenden Sie das Unterdatenblatt für den ausgewählten Datensatz ein.

In unserer Beispieldatenbank *DelikatEssen* findet sich ein solches Plussymbol unter anderem in der Tabelle **tblKunde**. Klicken Sie ein Plussymbol links von einem Datensatz an, werden alle Bestellungen aufgelistet, die der ausgewählte Kunde bereits getätigt hat. Über die leere Zeile, die auch im Unterdatenblatt mit einem Stern ❷ gekennzeichnet ist, könnten Sie sogar direkt eine neue Bestellung erfassen. In der Datenblattansicht ist dies allerdings ein recht unübersichtliches Unterfangen. Hierfür nutzen Sie besser ein Formular. Nähere Informationen rund um Formulare erhalten Sie in Kapitel 7, »Formulare – Dateneingabe und Bedienung vereinfachen«.

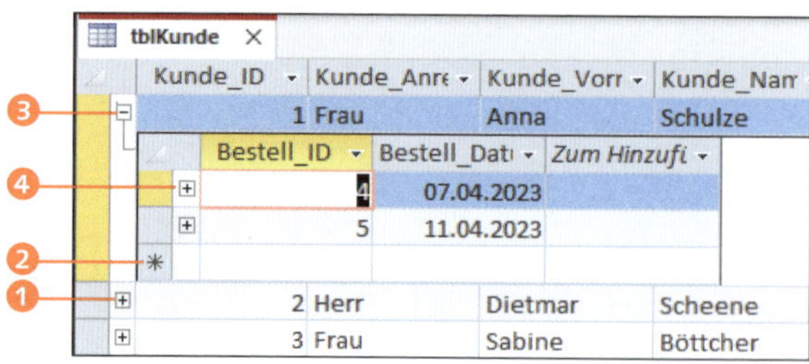

Abbildung 5.12 *Das Unterdatenblatt zeigt eine Übersicht über alle getätigten Bestellungen des Kunden.*

Sobald Sie ein Plussymbol angeklickt haben, wird es zu einem Minussymbol ❸. Mit einem Mausklick hierauf blenden Sie das Unterdatenblatt wieder aus. Ein Unterdatenblatt kann auch selbst wieder Unterdatenblätter haben, falls die entsprechende Tabelle mit einer weiteren Tabelle verknüpft ist. In der Beispieldatenbank *DelikatEssen* ist dies der Fall, da zwischen der Tabelle **tblBestell** eine Verknüpfung mit der Tabelle **tblBestellProdukt** existiert. Vor jedem Bestelldatensatz findet sich somit ebenfalls ein Plussymbol ④. Mit einem Klick hierauf wird das Unterdatenblatt mit einer Übersicht über die bestellten Produkte eingeblendet.

Werfen Sie einen Blick in die mit der Tabelle **tblKunde** verknüpfte Tabelle **tblBestell**, suchen Sie übrigens vergeblich nach dem Plussymbol. Der Grund hierfür ist einfach: Das Unterdatenblatt wird immer in der Tabelle angezeigt, die das Primärschlüsselfeld der Verknüpfung enthält, in unserem Beispiel also das Feld **Kunde_ID**.

Unterdatenblatt auswählen

Nicht immer wird bei einem Klick auf ein Plussymbol bereits das eingebettete Datenblatt eingeblendet. Existieren für eine Tabelle mehrere Verknüpfungen, überlässt Access Ihnen die Auswahl des Unterdatenblatts über den Dialog **Unterdatenblatt einfügen**. Der Dialog erscheint, sobald Sie ein Plussymbol anklicken. In unserer Beispieldatenbank *DelikatEssen* ist dies etwa bei der Tabelle **tblLieferant** der Fall, die sowohl mit der Tabelle **tblProduktLieferant** als auch mit der Tabelle **tblKontakt** verknüpft ist. Markieren Sie im Dialog z. B. **tblKontakt** und bestätigen dann mit **OK**, können Sie sich in der Tabelle **tblLieferant** im Unterdatenblatt die verknüpften Kontakte eines Lieferanten ansehen.

5.1.4 Datensätze löschen

Ein Produkt wird aus dem Sortiment genommen, ein Mitarbeiter verlässt ein Unternehmen? Um einen nicht mehr benötigten Datensatz in einer Tabelle zu löschen, haben Sie mehrere Möglichkeiten:

- Klicken Sie in ein beliebiges Feld des Datensatzes, den Sie entfernen möchten. Im Register **Start** klicken Sie in der Gruppe **Datensätze** auf den Pfeil ① rechts von **Löschen**. In der aufklappenden Liste wählen Sie den Befehl **Datensatz löschen** ②. Sind Sie sich sicher, dass wirklich der gewünschte Datensatz ausgewählt ist, bestätigen Sie den folgenden Warnhinweis mit **Ja**.

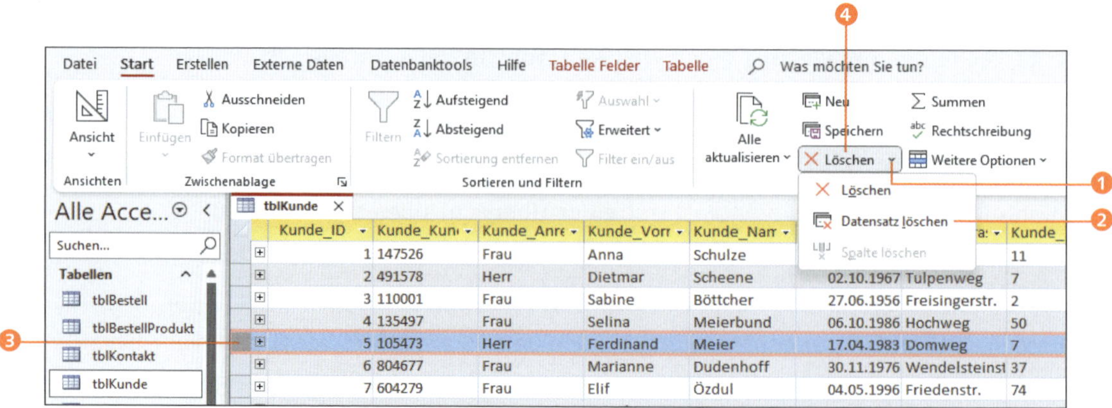

Abbildung 5.13 *Die Schaltfläche »Löschen« ist nur dann aktiviert, wenn Sie zuvor einen Datensatz über die Markierungsspalte ausgewählt haben.*

- Alternativ markieren Sie den gesamten Datensatz, indem Sie in der Markierungsspalte die Zelle anklicken, die sich direkt links vom zu löschenden Datensatz befindet ③. Nun können Sie den Datensatz entweder durch Drücken der Taste `Entf` oder per Klick auf die jetzt aktive Schaltfläche **Löschen** ④ im Register **Start** entfernen. Auch hier möchte Access sicherstellen, dass der Datensatz wirklich gelöscht werden soll. Mit einem Klick auf **Ja** bestätigen Sie die Nachfrage.

Denken Sie beim Löschen von Datensätzen immer daran, dass dieser Vorgang nicht rückgängig gemacht werden kann. Sie sollten also ganz genau prüfen, ob der richtige Datensatz ausgewählt ist. Dies gilt umso mehr, falls Sie beim Erzeugen von Beziehungen eine Löschweitergabe aktiviert haben (siehe auch Kasten »Aktualisierungs- und Löschweitergabe« in Abschnitt 4.4.2, »Beziehungen zwischen Tabellen erstellen«). Denn in diesem Fall wird nicht nur der markierte Datensatz in der geöffneten Tabelle gelöscht, sondern der verknüpfte Datensatz in der verknüpften Tabelle gleich mit.

Was passiert mit den Identifikationsnummern gelöschter Datensätze?

Den Primärschlüsseln und damit Identifikationsnummern aller Tabellen innerhalb der Beispieldatenbank *DelikatEssen* wurde der Felddatentyp **AutoWert** zugewiesen. Access vergibt damit automatisch eine fortlaufende Identifikationsnummer. Wird ein Datensatz gelöscht, wird die Identifikationsnummer, die hierdurch quasi frei wird, von Access trotzdem nicht mehr vergeben.

5.2 Daten importieren

Daten, die Sie in der neuen Datenbank benötigen, liegen bereits in einer anderen Access-Datenbank oder auch in einem Programm wie Excel vor? Dann gibt es eine gute Nachricht für Sie: Sie müssen die Datensätze nicht mühselig manuell neu erfassen, sondern können sie einfach importieren. Dabei erhalten Sie Unterstützung von einem Import-Assistenten. In diesem Abschnitt zeigen wir Ihnen anhand mehrerer Beispiele, wie solch ein Importvorgang aussehen kann. Als Basis für die folgenden Anleitungen haben wir zwei Excel-Dateien sowie eine Access-Tabelle vorbereitet, die in eine ebenfalls speziell präparierte Version der Beispieldatenbank *DelikatEssen* importiert werden sollen. Falls Sie die Schritte selbst in Access nachvollziehen möchten, können Sie sich die Materialien zum Buch auf Ihren Computer herunterladen. Die für diesen Abschnitt benötigten Dateien finden Sie in den Materialien zum Buch im Ordner *Kapitel_05*.

Neben den in diesem Kapitel vorgestellten Verfahren können Sie auch mithilfe einer Aktionsabfrage Datensätze zu einer Tabelle hinzufügen. Informationen hierzu erhalten Sie in Abschnitt 6.5, »Mithilfe von Aktionsabfragen Daten hinzufügen, ändern oder löschen«. Der umgekehrte Weg, sprich das Exportieren von Daten aus einer Access-Datenbank heraus, wird Thema in Abschnitt 11.1, »Daten exportieren«, sein.

5.2.1 Nützliche Vorbereitungen für den Import

Das Importieren von Daten z. B. aus einem Tabellenkalkulationsprogramm wie Excel ist meist weder schwierig noch langwierig. Diese Aussage bezieht sich allerdings nur auf den Vorgang selbst. Denn ob der Import fehlerfrei gelingt, hängt stark vom Zustand der zu importierenden Daten ab. Dabei spielt der Aufbau der Tabelle eine ebenso große Rolle wie die Datenkonsistenz. Herrscht in der Quelldatei bereits das Chaos, wird dies nach dem Datenimport auch für die Access-Tabelle gelten, der die Daten hinzugefügt wurden. Bevor Sie also direkt den Import starten, sollten Sie etwas Zeit in die Vorbereitung investieren.

Wie bereits geschrieben, geschieht das Importieren von Daten aus einer Excel-Tabelle in eine Access-Tabelle mithilfe eines Import-Assistenten. Er sorgt dafür, dass jede Spalte der Excel-Tabelle in ein Feld der Access-Tabelle umgewandelt wird. Die Spaltenüberschriften entnimmt der Assistent im Normalfall der ersten Zeile der Excel-Tabelle (1). Damit der Datenimport reibungslos funktioniert, sollten Sie also dafür sorgen, dass die erste Zeile der Excel-Tabelle auch wirklich diese Informationen enthält. Sollte die Tabelle mit Leerzeilen oder auch anderen Überschriften als den Spaltenüberschriften beginnen, entfernen Sie diese.

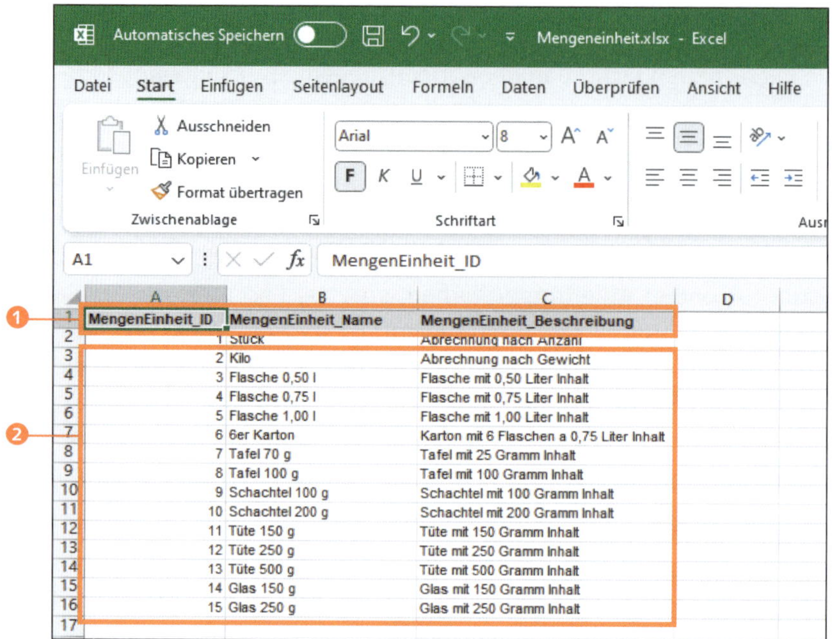

Abbildung 5.14 *In der zu importierenden Excel-Tabelle sollten sich in der ersten Zeile bereits die Spaltenüberschriften befinden. In dieser Tabelle ist dies der Fall.*

Achten Sie darauf, dass die Spalten innerhalb der Excel-Tabelle in der gleichen Reihenfolge erscheinen wie in der Zieldatei, sprich in der Access-Tabelle. Steht in der Access-Tabelle z. B. das Feld »Vorname« links vom Feld »Name«, sollte dies auch in der Excel-Tabelle gelten. Auch die Spaltenanzahl sollte identisch mit der Anzahl an Feldern in der Zieltabelle sein. Die einzige Ausnahme stellt hier das Feld eines automatisch erzeugten Primärschlüssels dar, da dieses während des Importvorgangs von Access hinzugefügt werden kann. Fehlt in einer der Tabellen (Quell- oder auch Zieltabelle) ein wichtiges Feld, können Sie es noch entsprechend ergänzen. Umgekehrt sollten Sie nicht benötigte Spalten vor dem Import entfernen.

Jede Tabellenzeile, die der Überschriftenzeile folgt, wird in der Access-Tabelle zu einem eigenen Datensatz ②. Enthält die Excel-Tabelle mehr als zehn Datensätze, ist der Import-Assistent meist in der Lage, den Datentyp einer jeden Spalte zu identifizieren. Dies gilt aber nur dann, wenn die Werte innerhalb einer Spalte auch einen einheitlichen Datentyp besitzen. Sehen Sie sich die Datensätze der Excel-Tabelle deshalb genau an, und überprüfen Sie, ob beispielsweise Text und Zahlen oder auch andere Datentypen innerhalb einer Spalte bunt gemischt auftauchen. Ob der Assistent den passenden Datentyp gewählt hat, können Sie zusätzlich während des Importvorgangs kontrollieren, wie Sie im nächsten Abschnitt sehen werden.

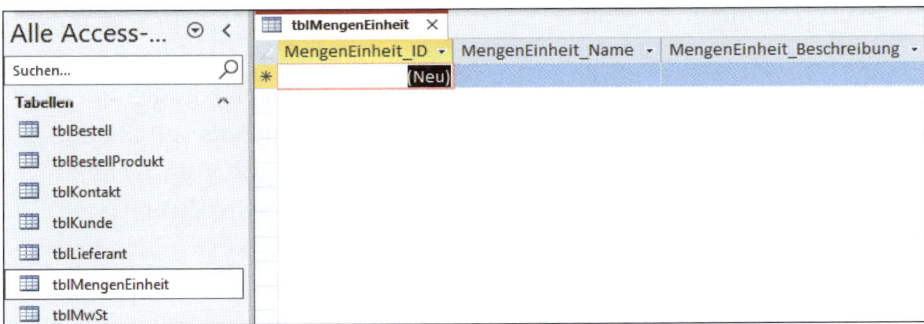

Abbildung 5.15 *Die Anzahl und Reihenfolge der Spalten sollten in der Access-Tabelle identisch sein mit der der Excel-Tabelle (siehe Abbildung 5.14).*

Haben Sie all diese Punkte überprüft und Unstimmigkeiten entsprechend korrigiert, können Sie mit dem Datenimport beginnen. Im folgenden Abschnitt zeigen wir Ihnen an einem Beispiel, wie das Importieren reibungslos erfolgt, und an einem weiteren, mit welchen Problemen Sie trotz aller Vorbereitungen eventuell doch kämpfen müssen.

5.2.2 Daten aus einer Excel-Tabelle importieren

Der Datenimport aus einer externen Quelle ist praktisch, da sich damit die zeitaufwendige manuelle Eingabe von Datensätzen umgehen lässt. Access unterstützt u. a. den Import aus Excel-Dateien, HTML-Dokumenten, XML-Dateien sowie Textdateien. Für unsere beiden nächsten Beispiele wählen wir das gängigste Format, sprich das Excel-Dateiformat, um Ihnen das Importieren vorzustellen. Das Vorgehen erfolgt bei den anderen Formaten recht ähnlich.

Daten importieren oder verknüpfen?

Daten aus anderen Anwendungen lassen sich in Access importieren oder auch verknüpfen. Beim Verknüpfen bleiben die Daten an ihrem Originalort gespeichert (z. B. in einer Excel-Datei). In der Access-Tabelle wird lediglich eine Verknüpfung zu den Daten ergänzt. Entscheiden Sie sich für diese Variante ①, dürfen weder der Name noch der Speicherort der Quelldatei verändert werden. Beim Importieren werden die Daten hingegen direkt in die

Access-Tabelle übertragen. Access stellt es Ihnen dabei frei, ob Sie die Quelldaten in eine neue Tabelle innerhalb der geöffneten Datenbank importieren ❷ oder eine Kopie der Datensätze einer bereits vorhandenen Tabelle hinzufügen ❸ wollen. Wir empfehlen Ihnen, immer den Weg über eine neue Tabelle zu gehen. So haben Sie die Möglichkeit, das Ergebnis des Datenimports zu überprüfen und gegebenenfalls noch zu korrigieren, bevor Sie die Daten in einem weiteren Schritt in eine bereits vorhandene Tabelle einfügen. Falls Sie eine große Datenmenge importieren, ist es außerdem ratsam, zuvor eine Sicherheitskopie der Datenbank zu erzeugen (siehe auch den Kasten »Zur Sicherheit ein Backup erstellen« in Abschnitt 4.1.3, »Tabelle umbenennen oder löschen«).

Im ersten Beispiel werden wir die Daten aus der Excel-Datei *MengenEinheit.xlsx* in die Access-Tabelle **tblMengenEinheit** importieren. Wie Sie in Abbildung 5.14 und Abbildung 5.15 überprüfen können, erfüllen sowohl die Quell- als auch die Zieldatei die im vorherigen Abschnitt aufgeführten Vorgaben. Und so gehen Sie vor:

1. Öffnen Sie in Access die speziell für diesen Abschnitt vorbereitete Datenbankdatei *DelikatEssen_0502.accdb*.
2. Wechseln Sie in das Register **Externe Daten**. In der Gruppe **Importieren und Verknüpfen** wählen Sie **Neue Datenquelle • Aus Datei • Excel**.
3. Klicken Sie im Dialog **Externe Daten – Excel-Tabelle** auf **Durchsuchen** ❹, um die Quelle der zu importierenden Daten auszuwählen. Wechseln Sie im Dialog **Datei öffnen** in den Ordner, in dem Sie die Excel-Datei *Mengeneinheit.xlsx* abgelegt haben. Markieren Sie die Datei, und bestätigen Sie mit **Öffnen**.

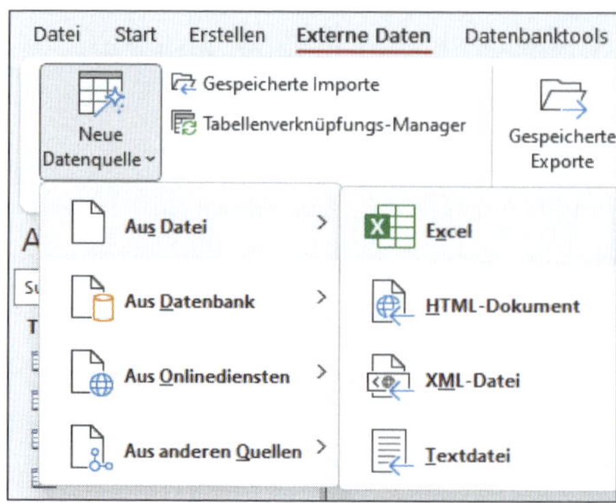

4. Nun legen Sie fest, wie und wo die Daten gespeichert werden sollen. Informationen zu den drei Optionen, die Access Ihnen bietet, erhalten Sie im Kasten »Wie sollen die importierten Daten gespeichert werden?«. Für unser Beispiel behalten Sie die bereits ausgewählte Option **Importieren Sie die Quelldaten in eine neue Tabelle in der aktuellen Datenbank** ❷ bei. Fahren Sie mit einem Klick auf **OK** fort.

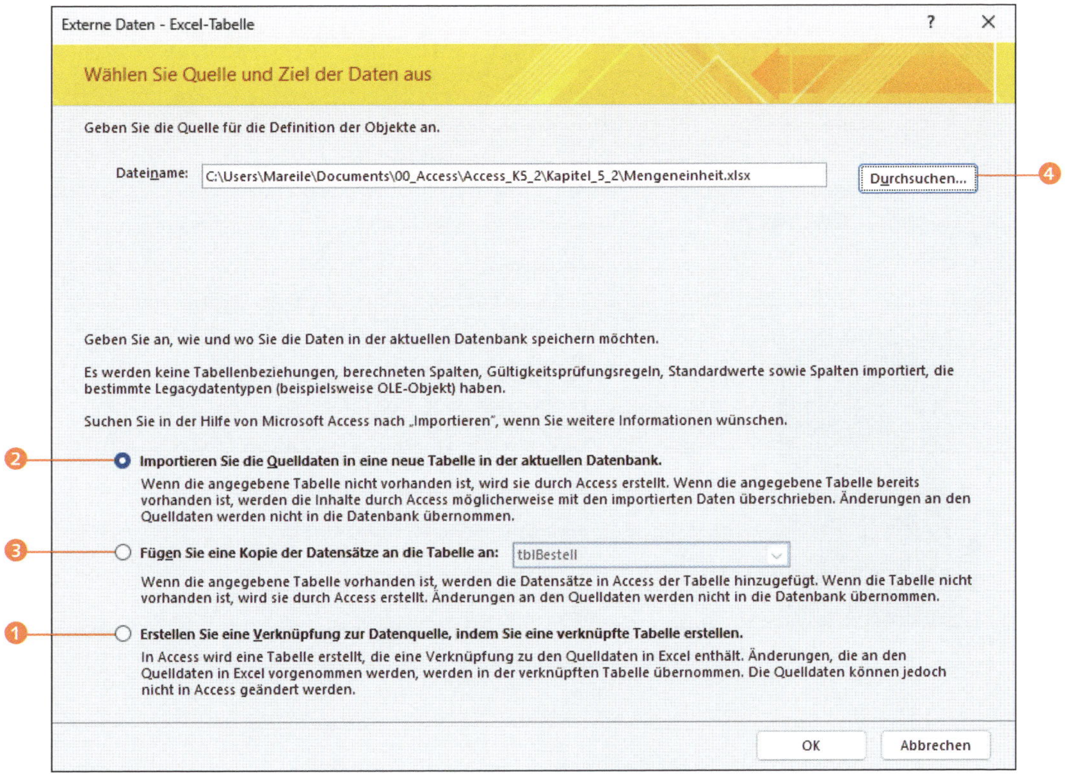

Externe Daten - Excel-Tabelle ? ×

Wählen Sie Quelle und Ziel der Daten aus

Geben Sie die Quelle für die Definition der Objekte an.

Dateiname: C:\Users\Mareile\Documents\00_Access\Access_K5_2\Kapitel_5_2\Mengeneinheit.xlsx Durchsuchen... ❹

Geben Sie an, wie und wo Sie die Daten in der aktuellen Datenbank speichern möchten.

Es werden keine Tabellenbeziehungen, berechneten Spalten, Gültigkeitsprüfungsregeln, Standardwerte sowie Spalten importiert, die bestimmte Legacydatentypen (beispielsweise OLE-Objekt) haben.

Suchen Sie in der Hilfe von Microsoft Access nach „Importieren", wenn Sie weitere Informationen wünschen.

❷ **Importieren Sie die Quelldaten in eine neue Tabelle in der aktuellen Datenbank.**
Wenn die angegebene Tabelle nicht vorhanden ist, wird sie durch Access erstellt. Wenn die angegebene Tabelle bereits vorhanden ist, werden die Inhalte durch Access möglicherweise mit den importierten Daten überschrieben. Änderungen an den Quelldaten werden nicht in die Datenbank übernommen.

❸ **Fügen Sie eine Kopie der Datensätze an die Tabelle an:** tblBestell
Wenn die angegebene Tabelle vorhanden ist, werden die Datensätze in Access der Tabelle hinzugefügt. Wenn die Tabelle nicht vorhanden ist, wird sie durch Access erstellt. Änderungen an den Quelldaten werden nicht in die Datenbank übernommen.

❶ **Erstellen Sie eine Verknüpfung zur Datenquelle, indem Sie eine verknüpfte Tabelle erstellen.**
In Access wird eine Tabelle erstellt, die eine Verknüpfung zu den Quelldaten in Excel enthält. Änderungen, die an den Quelldaten in Excel vorgenommen werden, werden in der verknüpften Tabelle übernommen. Die Quelldaten können jedoch nicht in Access geändert werden.

OK Abbrechen

5. Es wird der Dialog **Import-Assistent für Kalkulationstabellen** gestartet. In der unteren Fensterhälfte sehen Sie eine Vorschau der Tabelle. Versehen Sie das Kontrollkästchen **Erste Zeile enthält Spaltenüberschriften** mit einem Häkchen, und klicken Sie auf **Weiter**.

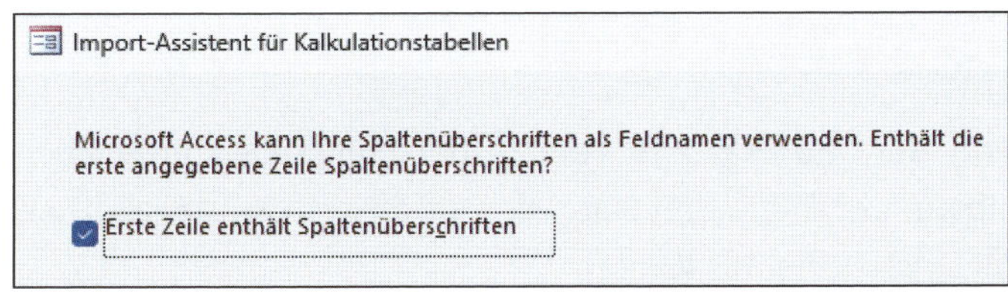

6. Als Nächstes überprüfen und korrigieren Sie gegebenenfalls die Datentypen. Los geht es mit der Spalte **MengenEinheit_ID**, die bereits schwarz markiert ist ⑤. Den Feldnamen im Bereich **Feldoptionen** behalten Sie bei ⑥. Da das Feld den Primärschlüssel enthält, muss der **Datentyp** geändert werden. Nach einem Klick auf den Pfeil rechts vom Feld ⑦ wählen Sie **Long Integer**. Die Indizierung ist beim Import nicht relevant. Sie können die Einstellung im Feld **Indiziert** somit auch beibehalten ⑧.

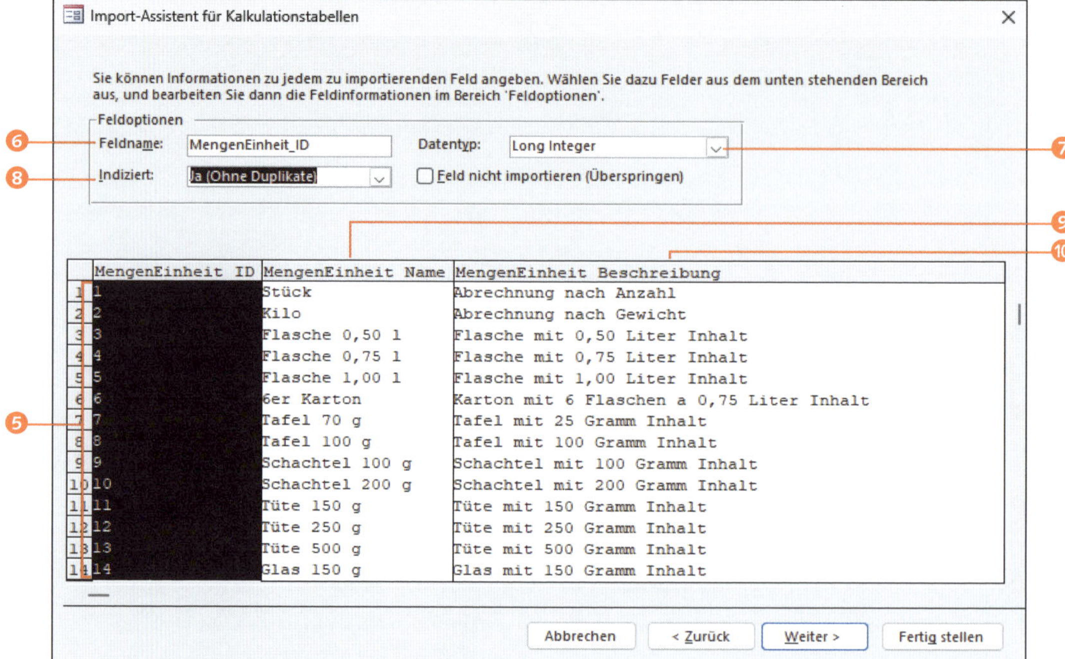

7. Markieren Sie in der Vorschau nun per Mausklick die Spaltenüberschrift **MengenEinheit_Name** ⑨. Der Feldname **MengenEinheit_Name**, der Datentyp **Kurzer Text** und die Indizierungsauswahl **Nein** sind korrekt, somit müssen Sie keine Änderungen vornehmen.

8. Die gleichen Einstellungen sollten Sie vorfinden, wenn Sie als Nächtes die Spaltenüberschrift **MengenEinheit_Beschreibung** ⑩ markieren. Fahren Sie mit einem Klick auf **Weiter** fort.

9. Für das Importieren der Datensätze ist kein Primärschlüssel erforderlich. Aktivieren Sie deshalb auf der folgenden Seite die Option **Kein Primärschlüssel** ⑪. Bestätigen Sie die Einstellung mit **Weiter**.

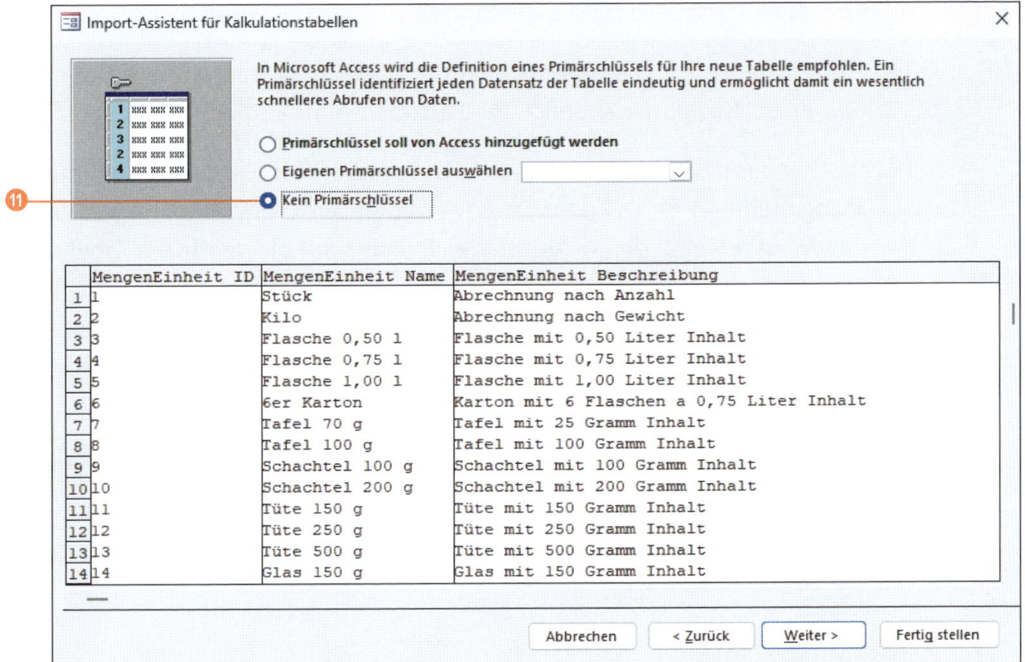

10. Im letzten Schritt des Import-Assistenten geben Sie als Tabellennamen »tblImportMengenEinheit« ein und klicken dann auf **Fertig stellen**. Es ist wichtig, hier einen Tabellennamen zu wählen, der noch nicht vergeben ist.

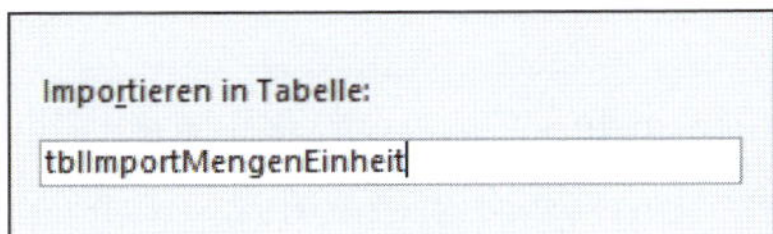

11. Nun wird nochmals der Dialog **Externe Daten – Excel-Tabelle** eingeblendet. Da der Datenimport aus dieser Excel-Datei nur einmal vorgenommen wird, müssen die Importschritte nicht gespeichert werden. Das entsprechende Kontrollkästchen bleibt also deaktiviert. Mit einem Klick auf **Schließen** beenden Sie den Import.

12. Im Navigationsbereich wird nun die Tabelle **tblImportMengenEinheit** aufgeführt ⓬. Sie sollten die Tabelle probeweise öffnen, um zu überprüfen, ob die Daten korrekt importiert wurden. Schließen Sie die Tabelle dann wieder per Klick auf das Kreuzsymbol im Registerreiter. Das Schließen ist notwendig, um als Nächstes die Datensätze aus der Tabelle **tblImportMengen-**

Einheit in die Tabelle **tblMengenEinheit** einfügen zu können.

13. Öffnen Sie die Tabelle **tblMengenEinheit** per Doppelklick auf den Tabellennamen im Navigationsbereich ⑬. Die Tabelle enthält noch keine Daten.

14. Positionieren Sie nun den Mauszeiger über dem Tabellennamen **tblImportMengenEinheit** ⑭. Drücken Sie dann die linke Maustaste, und ziehen Sie den Mauszeiger in den Anzeigebereich rechts auf die geöffnete Tabelle **tblMengenEinheit**. Während des Ziehens nimmt der Mauszeiger die Form einer kleinen Tabelle an ⑮. In der Zeile des leeren Datensatzes lassen Sie die Maustaste los.

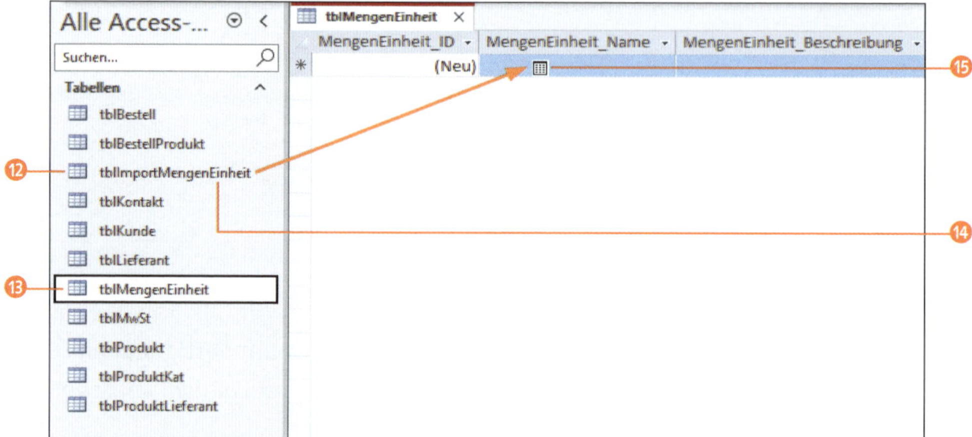

15. Access überprüft nun, ob die hinzuzufügenden Datensätzen auch den für die Tabelle **tblMengenEinheit** festgelegten Felddatentypen und -eigenschaften entsprechen. Dies ist in diesem Beispiel der Fall. Sie erhalten anschließend den Hinweis, dass Sie dabei sind, Datensätze einzufügen. Bestätigen Sie den Dialog mit **Ja**.

16. Der Datenimport hat erfolgreich funktioniert, die Tabelle **tblImportMengenEinheit** wird somit nicht mehr benötigt. Klicken Sie die Tabelle im Navigationsbereich mit der rechten Maustaste an, und wählen Sie im Kontextmenü den Befehl **Löschen**. Die Nachfrage, ob die Tabelle wirklich gelöscht werden soll, bestätigen Sie mit **Ja**. Die Tabelle **tblMengenEinheit** können Sie anschließend schließen.

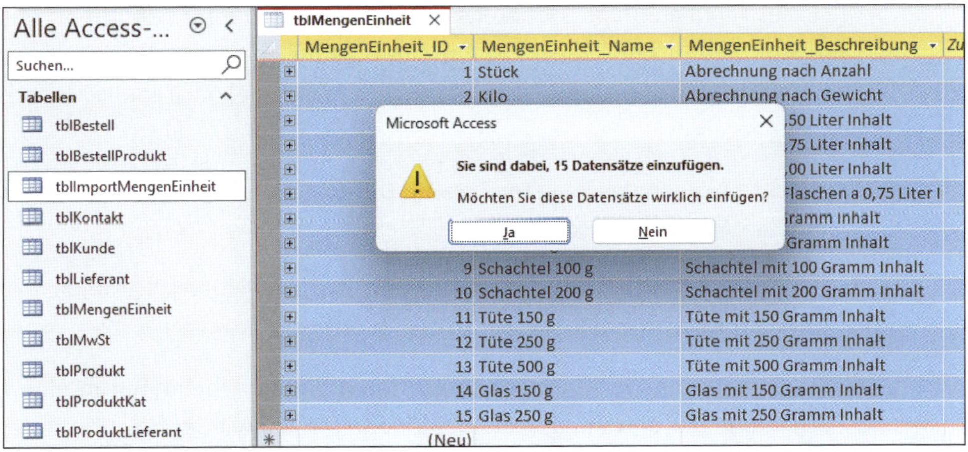

Beim Datenimport aus der Excel-Datei *Mengeneinheit.xlsx* gab es keinerlei Probleme. Dies ist leider nicht immer der Fall, wie wir an einem zweiten Beispiel zeigen möchten.

Aufgepasst bei Primärschlüsselfeldern

In unserer Beispieldatenbank *DelikatEssen* handelt es sich bei allen Primärschlüssel-Feldern um **AutoWert**-Felder. Beim Hinzufügen weist Access allen Datensätzen damit automatisch einen Wert zu. Falls Sie sich beim Erstellen Ihrer Tabellen für einen anderen Felddatentyp entschieden haben und der Primärschlüssel nicht automatisch vergeben wird, kann es beim Datenimport zu Schwierigkeiten kommen. Der Grund hierfür: Beim Primärschlüsselfeld sind Duplikate nicht erlaubt. Stellt Access während des Importierens fest, dass ein Wert bereits vorhanden ist, kann der Datensatz nicht eingefügt werden, und es erscheint eine entsprechende Fehlermeldung.

Als Nächstes sollen die Daten aus der Excel-Datei *Kunde.xlsx* in die Tabelle **tblKunde** der Beispieldatenbank *DelikatEssen_0502.accdb* importiert werden. Die Excel-Tabelle *Kunde.xlsx* enthält eine Spalte namens **Kunde_Kundennnummer**, die unbedingt in den Datenimport einbezogen werden soll. Diese Spalte bzw. genauer gesagt das Feld existierte in der Ursprungsform der Access-Tabelle **tblKunde**, wie wir sie in Kapitel 4, »Tabellen anlegen – Strukturen definieren«, vorbereitet haben, noch nicht. Damit die Anzahl und Reihenfolge der Spalten von Quell- und Zieldatei identisch sind, wurde sie entsprechend hinzugefügt. Als Datentyp wird für dieses Feld **Kurzer Text** festgelegt.

Die Excel-Tabelle entspricht bereits allen Vorgaben, die für den Import wichtig sind. Somit kann nun die Übernahme der Daten aus der Excel-Tabelle beginnen. Hierzu gehen Sie analog vor wie zuvor am Beispiel der Tabelle *MengenEinheit.xlsx* gezeigt.

1. Wechseln Sie in das Register **Externe Daten**, und rufen Sie hier **Neue Datenquelle • Aus Datei • Excel** auf.
2. Im Dialog **Externe Daten – Excel-Tabelle** wählen Sie dieses Mal nach einem Klick auf **Durchsuchen** die Excel-Datei **Kunde.xlsx** aus.
3. Die bereits markierte Option **Importieren Sie die Quelldaten in eine neue Tabelle in der aktuellen Datenbank** behalten Sie wieder bei. Bestätigen Sie mit **OK**.
4. Es wird der Dialog **Import-Assistent für Kalkulationstabellen** gestartet. Versehen Sie das Kontrollkästchen **Erste Zeile enthält Spaltenüberschriften** mit einem Häkchen, und klicken Sie auf **Weiter**.
5. Als Nächstes überprüfen und korrigieren Sie die Datentypen und Indizierungsoptionen, die der Import-Assistent für die einzelnen Felder gewählt hat. Tabelle 5.1 zeigt eine Übersicht über die Feldoptionen der einzelnen Felder.

Feldname	Datentyp	Indiziert
Kunde_ID	Long Integer	Nein
Kundennummer	Kurzer Text	Nein
Kunde_Anrede	Kurzer Text	Nein
Kunde_Vorname	Kurzer Text	Nein
Kunde_Nachname	Kurzer Text	Nein
Kunde_Geburtsdatum	Datum mit Uhrzeit	Nein
Kunde_Strasse	Kurzer Text	Nein
Kunde_Hausnummer	Kurzer Text	Nein
Kunde_Adresszusatz	Kurzer Text	Nein
Kunde_PLZ	Kurzer Text	Nein
Kunde_Ort	Kurzer Text	Nein

Tabelle 5.1 *Übersicht über die Feldoptionen für die Tabelle »Kunde.xlsx«*

Feldname	Datentyp	Indiziert
Kunde_Telefon	Kurzer Text	Nein
Kunde_EMail	Kurzer Text	Nein
KundeStatus_ID	Long Integer	Nein
Kunde_Bemerkung	Langer Text	Nein

Tabelle 5.1 *Übersicht über die Feldoptionen für die Tabelle »Kunde.xlsx« (Forts.)*

Die Einstellungen für die meisten Felder nimmt der Import-Assistent bereits korrekt vor, so dass nur wenige Korrekturen nötig sind. Haben Sie alle Felder überprüft und gegebenenfalls angepasst, fahren Sie mit einem Klick auf **Weiter** fort.

6. Da die Tabelle, die Access gleich erzeugen wird, lediglich dem Datenimport dient und anschließend wieder gelöscht wird, wird wie beim ersten Beispiel kein Primärschlüssel benötigt. Aktivieren Sie daher wieder die Option **Kein Primärschlüssel**, und bestätigen Sie mit **Weiter**.

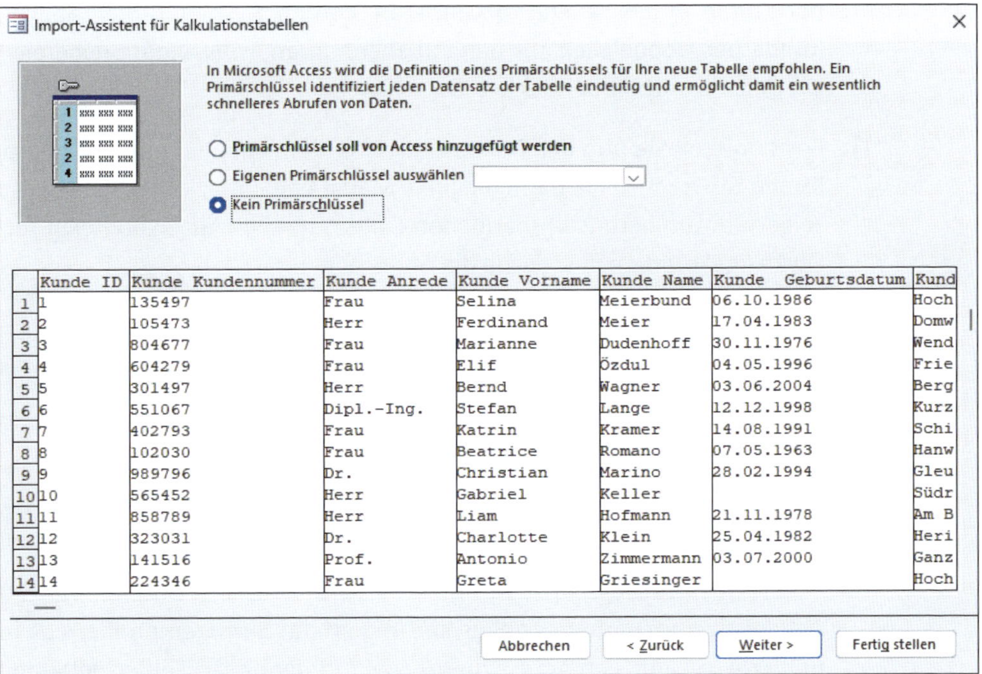

7. Im letzten Schritt des Import-Assistenten geben Sie als Tabellenname »tblImportKunde« ein und klicken dann auf **Fertig stellen**.

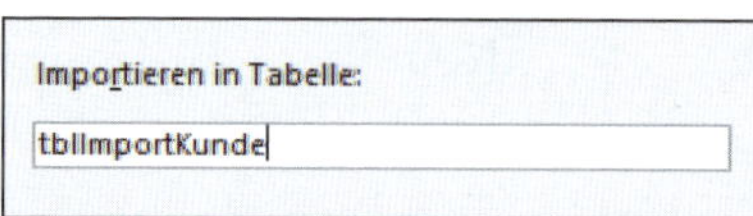

8. Nun wird nochmals der Dialog **Externe Daten – Excel-Tabelle** eingeblendet. Da dieser Datenimport aus der Excel-Datei nur einmal vorgenommen wird, müssen die Importschritte nicht gespeichert werden. Das entsprechende Kontrollkästchen bleibt also deaktiviert. Mit einem Klick auf **Schließen** beenden Sie den Import.

9. Im Navigationsbereich wird nun die Tabelle **tblImportKunde** aufgeführt. Wenn Sie möchten, können Sie die Tabelle probeweise öffnen, um zu überprüfen, ob die Daten korrekt importiert wurden. Schließen Sie die Tabelle dann wieder per Klick auf das Kreuzsymbol im Registerreiter.

10. Als Nächstes steht die Übernahme der Datensätze aus der Tabelle **tblImportKunde** in die Tabelle **tblKunde** an. Öffnen Sie hierzu die Tabelle **tblKunde** per Doppelklick auf den Tabellennamen im Navigationsbereich ①. Die Tabelle enthält bereits drei Datensätze.

11. Positionieren Sie nun den Mauszeiger über dem Tabellennamen **tblImportKunde** ②. Drücken Sie dann die linke Maustaste, und ziehen Sie den Mauszeiger auf die bereits vorhandenen Datensätze im Anzeigebereich rechts. Dort angekommen, lassen Sie die Maustaste los.

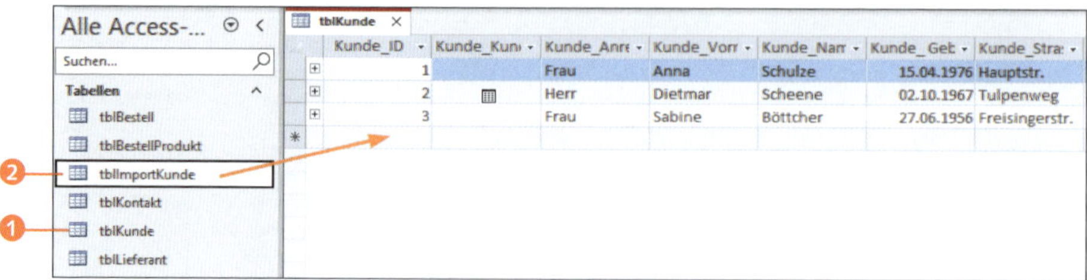

12. Access überprüft die hinzuzufügenden Datensätze auf Datenintegrität. Im Gegensatz zum vorherigen Beispiel, in dem das Einfügen problemlos funktionierte, meldet sich Access dieses Mal mit der ersten Fehlermeldung **Das**

Feld ist zu klein für die Datenmenge, die Sie hinzufügen wollten. Versuchen Sie, weniger Daten einzufügen zu Wort. Schließen Sie den Hinweis mit **OK**.

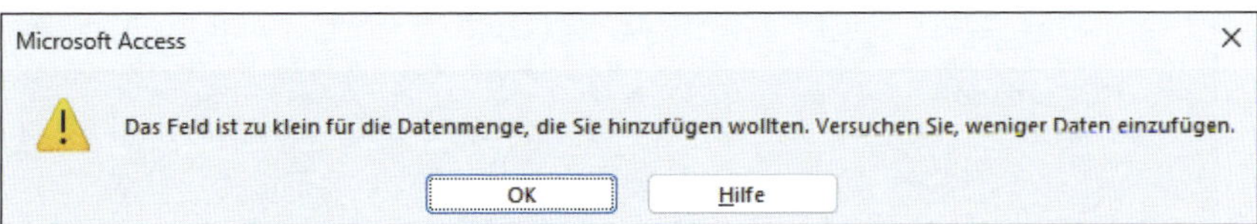

13. Access möchte wissen, ob Sie die Fehlermeldungen, die für jeden Datensatz eingeblendet werden, der nicht eingefügt werden kann, unterdrücken möchten. Um die Meldungen auch weiterhin zu sehen, klicken Sie in unserem Beispiel auf **Nein**. Wenn Sie Hunderte von Datensätze importieren, können Sie auf das Einblenden der Fehlermeldungen natürlich auch verzichten und den Hinweis mit **Ja** schließen.

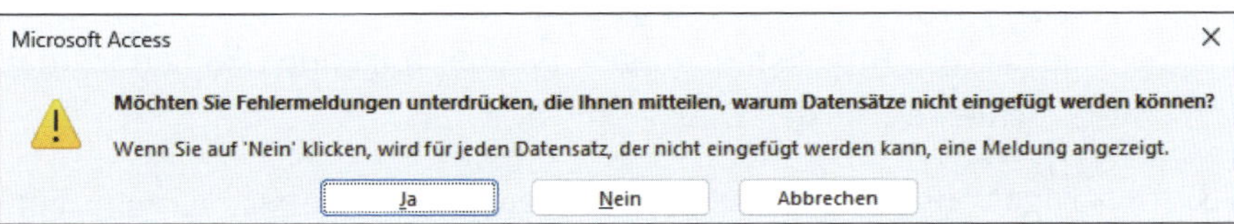

14. Und schon erscheint die nächste Fehlermeldung. Access weist Sie nun darauf hin, dass im Feld **Kunde_Telefon** die Eingabe einer Telefonnummer erforderlich ist. Fahren Sie mit einem Klick auf **OK** fort.

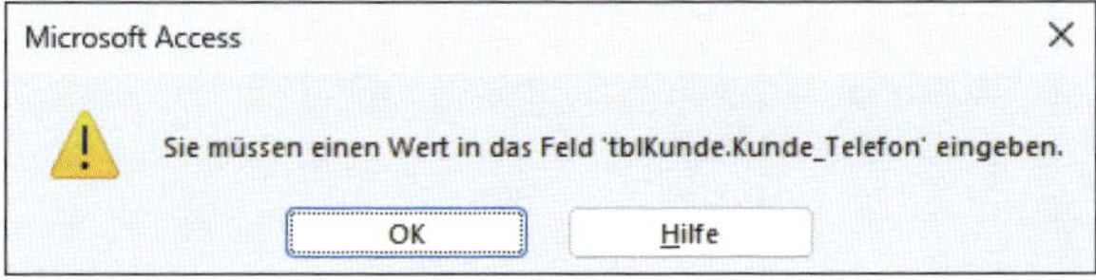

15. Der Hinweis auf die fehlende Telefonnummer erscheint noch einmal. Bestätigen Sie erneut mit **OK**.

16. Die restliche Überprüfung der Datensätze hat keine Fehler ergeben. Sie werden nun gefragt, ob Sie die Datensätze wirklich einfügen möchten. Bei diesen Daten handelt es sich um solche, die alle Vorgaben, die für die Tabelle **tblKunde** definiert wurden, erfüllen. Sie können den Hinweis somit mit **Ja** bestätigen.

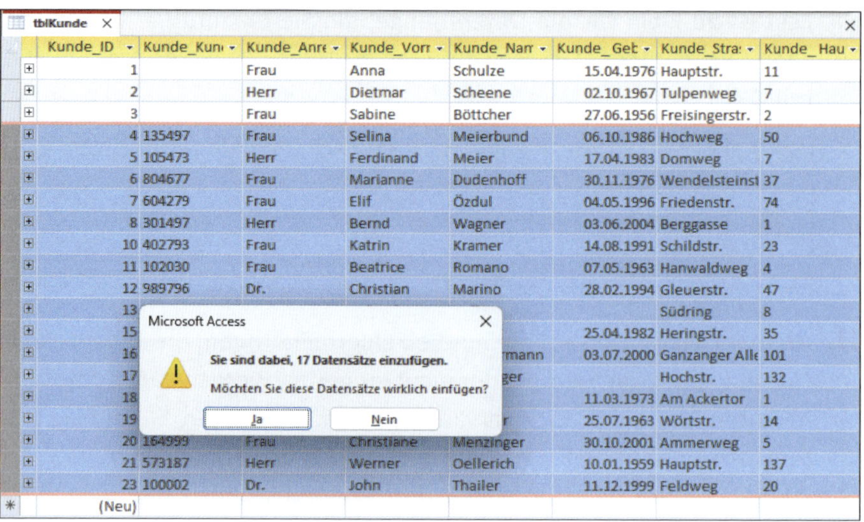

17. In diesem Beispiel konnte Access nicht alle Datensätze aus der Excel-Tabelle der Access-Tabelle hinzufügen, wie der folgende Dialog nochmals bestätigt. Schließen Sie den Dialog mit **OK**.

18. Im Navigationsbereich wird jetzt eine zusätzliche Tabelle namens **Einfügefehler** ergänzt. Öffnen Sie sie per Doppelklick auf den Tabellennamen. Im Anzeigebereich sehen Sie nun alle Datensätze, die aufgrund ungültiger Felddatentypen oder auch Feldeigenschaften nicht der Tabelle **tblKunde** hinzugefügt werden konnten.

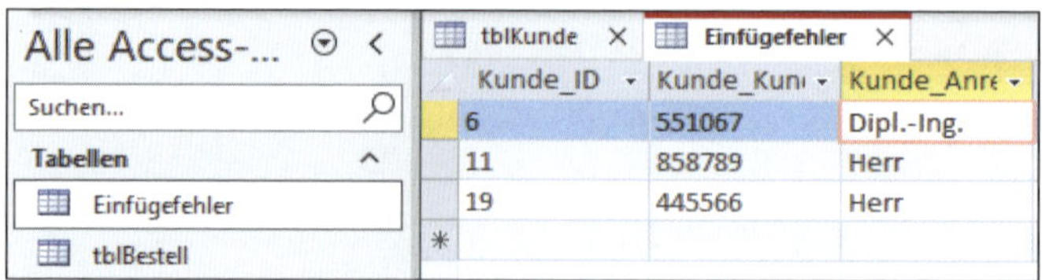

Sie haben jetzt die Möglichkeit, in Ruhe zu überprüfen, warum der Datenimport bei diesen Datensätzen gescheitert ist. In unserem Beispiel spürte Access zwei Regelwidrigkeiten auf, die bei drei Datensätzen dazu führte, dass ein Einfügen in die Tabelle **tblKunde** abgelehnt wurde:

- Für das Feld **Kunde_Anrede** wurde die Feldgröße in der Tabelle **tblKunde** auf sechs Zeichen limitiert. Die Angabe **Dipl.-Ing.** ist somit zu lang, wie auch die Fehlermeldung in Schritt 12 dokumentiert. Um das Problem zu lösen, können Sie entweder die Feldgröße in der Tabelle **tblKunde** erhöhen oder in der Tabelle **Einfügefehler** den Wert in ein »Herr« ändern.

- Die zweite Fehlermeldung (Schritt 14) gab konkret an, dass für das Feld **Kunde_Telefon** eine Eingabe zwingend erforderlich ist. Diese Vorgabe erfüllt keiner der drei Datensätze in der Tabelle **Einfügefehler**. Auch hier haben Sie nun die Gelegenheit, die noch fehlenden Telefonnummern zu ergänzen. Sind die Telefonnummern nicht bekannt, müssen Sie in der Tabelle **tblKunde** für das Feld **Kunde_Telefon** die Einstellung für **Eingabe erforderlich** in ein **Nein** umwandeln (siehe auch Abschnitt 4.3.4, »Eingabe erzwingen«). Andernfalls ist ein Einfügen der Datensätze auch weiterhin nicht möglich.

Haben Sie die Fehler mithilfe einer der Vorschläge ausgebessert, können Sie einen erneuten Versuch starten, auch die restlichen drei Datensätze der Tabelle **tblKunde** hinzuzufügen. Schließen Sie hierzu die Tabelle **Einfügefehler**. Ziehen Sie die Tabelle dann wie in Schritt 11 gezeigt in den Anzeigebereich auf die bereits vorhandenen Datensätze der Tabelle **tblKunde**. Das Einfügen funktioniert nun fehlerfrei, die Tabelle **Einfügefehler** kann anschließend gelöscht werden.

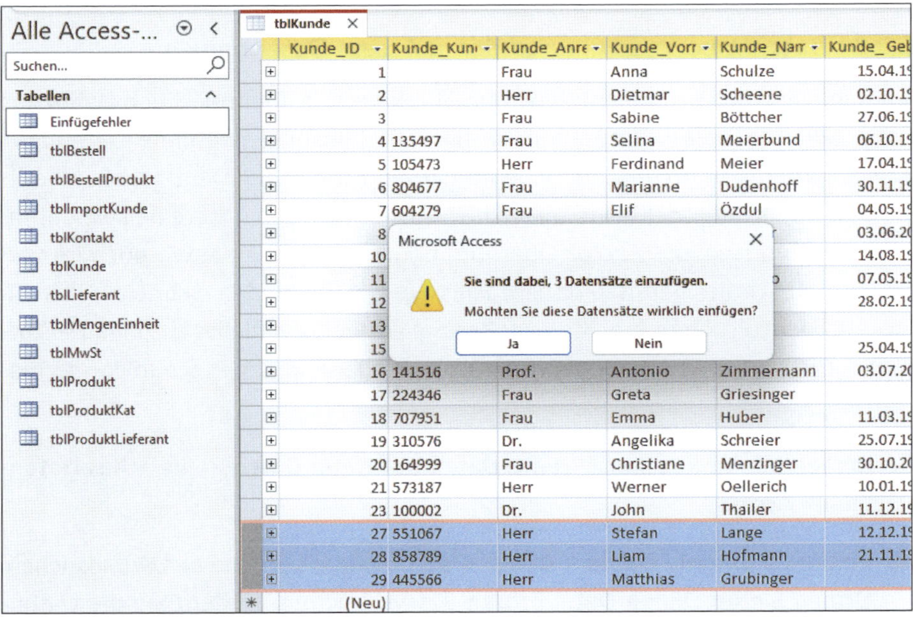

Abbildung 5.16 *Nach der Korrektur der fehlerhaften Datensätze ist ein Einfügen erfolgreich möglich.*

Eine ebenfalls häufig vorkommende Fehlerquelle stellen Gültigkeitsregeln dar. Angenommen, Sie haben für ein Datumsfeld festgelegt, dass nur ein in der Zukunft liegendes Datum eingegeben werden darf. In unser Beispieldatenbank gilt dies etwa für das Lieferdatum einer Bestellung. Nun versuchen Sie, die Daten aus einer bereits älteren Excel-Tabelle in Access zu übertragen. Die Datumsangaben liegen somit zwangsläufig in der Vergangenheit. Access wird den Import mit einer entsprechenden Fehlermeldung ablehnen. Eine Korrektur des Datums kommt in dieser Situation nicht in Frage, da dies den Datensatz verfälschen würde. Um die Daten trotzdem hinzufügen zu können, bleibt in diesem Fall nur, die Gültigkeitsregel in der Zieltabelle zu entfernen, dann die Daten einzufügen und anschließend die Gültigkeitsregel wieder zu ergänzen. Beim anschließenden Speichern der Tabelle weist Access Sie darauf hin, dass die Regeln für die Datenintegrität geändert wurden. Die Frage, ob die vorhandenen Daten bezüglich der neuen Regeln geprüft werden sollen, beantworten Sie mit einem Klick auf **Nein**. Die Gültigkeitsregel gilt damit wieder für die zukünftig eingegebenen Lieferdaten.

Diese kleinen Beispiele zeigen, dass ein Datenimport nicht immer reibungslos gelingt. Meist lohnt es sich aber, sich auf Fehlersuche zu begeben.

5.2.3 Datenimport aus einer anderen Access-Datenbank

Im folgenden Beispiel möchten wir Ihnen zeigen, wie der Import von Daten aus einer anderen Access-Datenbank erfolgt. Die hierfür verwendete Datenbank *Kundendatenbank.accdb* finden Sie im Ordner *Kapitel_05*. Die Datenbank enthält die Tabelle **KundeStatus**, die inklusive Datensätze in unsere Beispieldatenbank *DelikatEssen_0502.accdb* übernommen werden soll, die wir auch im vorherigen Abschnitt genutzt haben. Falls Sie die folgenden Schritte selbst in Access nachvollziehen möchten, stellen Sie sicher, dass die Datenbank *DelikatEssen_0502.accdb* in Access geöffnet ist. Anschließend gehen Sie folgendermaßen vor:

1. Klicken Sie im Register **Externe Daten** auf **Neue Datenquelle • Aus Datenbank • Access**.
2. Im Dialog **Externe Daten – Access-Datenbank** klicken Sie auf **Durchsuchen**. Öffnen Sie im Dialog **Datei öffnen** das Verzeichnis, in dem Sie die Datenbank *Kundendatenbank.accdb* abgespeichert haben. Markieren Sie die Datei, und bestätigen Sie mit **Öffnen**.

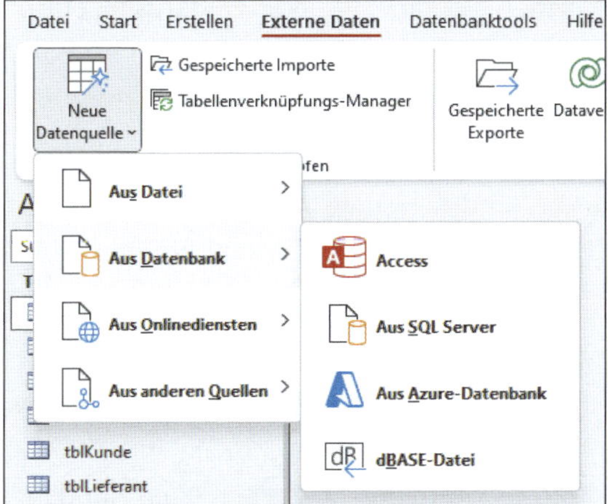

3. Wie beim Importieren einer Excel-Tabelle haben Sie auch bei der Access-Datenbank die Möglichkeit, die Tabellen zu importieren oder eine Verknüpfung zur Datenquelle herzustellen (siehe auch den Kasten »Daten importieren oder verknüpfen?« in Abschnitt 5.2.2, »Daten aus einer Excel-Tabelle importieren«). Für unser Beispiel belassen Sie die Voreinstellung **Importieren Sie Tabellen, Abfragen, Formulare...**. Fahren Sie mit einem Klick auf **OK** fort.

4. Es wird der Dialog **Objekte importieren** geöffnet. Hier werden nun alle Objekte der Kundendatenbank aufgeführt. In unserem Beispiel sind dies nur zwei Tabellen. Falls eine Datenbank über Abfragen, Formulare, Berichte, Makros oder Module verfügt, können Sie diese über die entsprechenden Register erreichen ❶. Klicken Sie auf **Optionen** ❷, um sich alle Importoptionen anzeigen zu lassen.

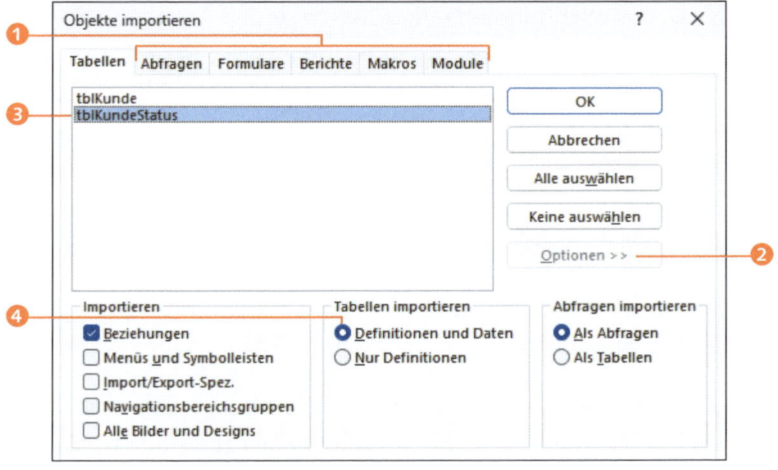

5. Markieren Sie im Register **Tabellen** die Tabelle **tblKundeStatus** ③. Für unser Beispiel soll die Tabelle inklusive der dort bereits enthaltenen Daten importiert werden. Im Bereich **Tabellen importieren** muss somit **Definitionen und Daten** ausgewählt sein ④.

6. Mit einem Klick auf **OK** starten Sie den Import. Auf das Speichern der Importschritte wird verzichtet, da der Import nur einmal erfolgen soll. Mit einem Klick auf **Schließen** blenden Sie den Dialog **Externe Daten – Access-Datenbank** aus.

7. Die Tabelle **tblKundeStatus** wird im Navigationsbereich ergänzt und kann nun per Doppelklick auf den Namen geöffnet werden. Sie enthält vier Datensätze mit den unterschiedlichen Statusmöglichkeiten eines Kunden, den eingeräumten Rabatten und Lieferpreisen.

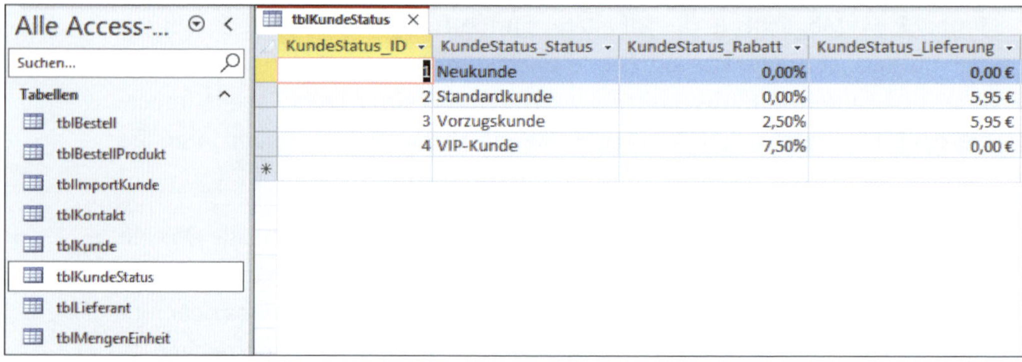

Die Tabelle wurde zwar inklusive Datensätzen korrekt eingefügt, es gibt aber noch einen kleinen Schönheitsfehler: Zwischen den Tabellen **tblKundeStatus** und **tblKunde** soll eine Beziehung bestehen, was aber noch nicht der Fall ist. Die Tabelle **tblKunde** enthält hierfür bereits das Fremdschlüsselfeld **KundeStatus_ID_f** (siehe auch Abschnitt 4.1.2, »Die Grundschritte zur Tabellenerzeugung in der Entwurfsansicht«). Wie eine Beziehung erzeugt wird, haben wir ausführlich in Abschnitt 4.4.2, »Beziehungen zwischen Tabellen erstellen«, gezeigt, so dass wir uns hier kurzfassen:

8. Schließen Sie die Tabelle **tblKundeStatus**. Klicken Sie dann im Register **Datenbanktools** auf **Beziehungen** ⑤.

9. Mit einem Klick auf **Tabellen hinzufügen** ⑥ blenden Sie den gleichnamigen Aufgabenbereich ein. Doppelklicken Sie auf die Tabelle **tblKundeStatus** ⑦.

Die Tabelle erscheint nun links im Anzeigebereich. Eventuell müssen Sie sie etwas verschieben, damit sie keine anderen Tabellen überdeckt.

10. Positionieren Sie den Mauszeiger in der Tabelle **tblKundeStatus** auf dem Feldnamen **KundeStatus_ID** ❽. Ziehen Sie ihn dann mit gedrückter linker Maustaste auf das Feld **KundeStatus_ID_f** ❾ in der Tabelle **tblKunde**.

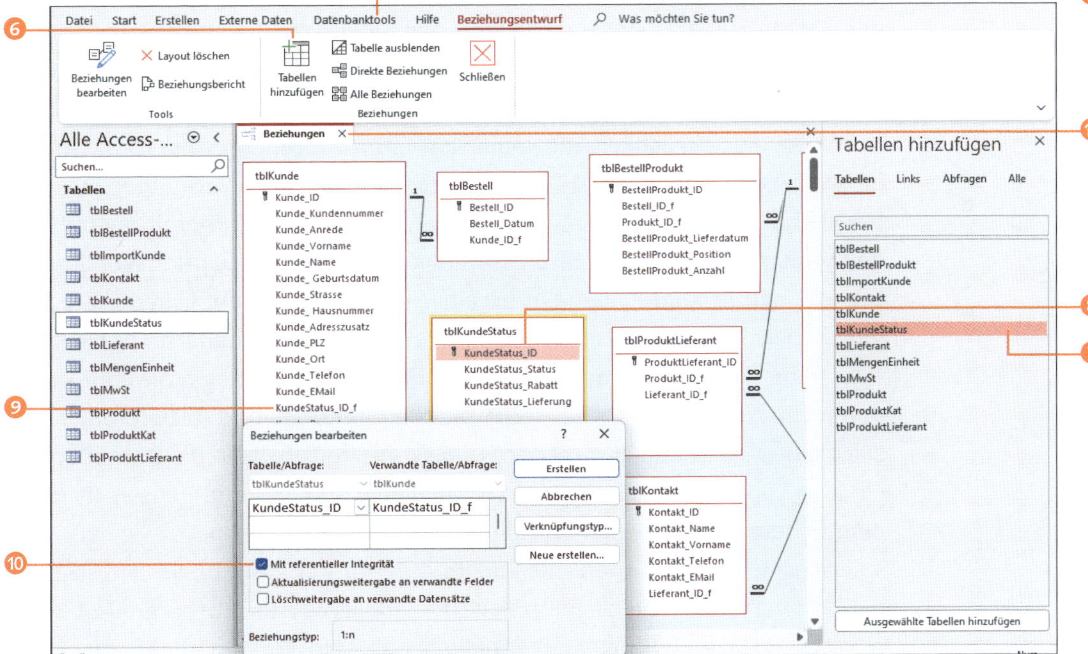

11. Sobald Sie die Maustaste loslassen, erscheint der Dialog **Beziehungen bearbeiten**. Versehen Sie das Kontrollkästchen **Mit referentieller Integrität** mit einem Häkchen ❿, und bestätigen Sie mit **Erstellen**.

12. Schließen Sie das Register **Beziehungen** mit einem Klick auf das Kreuzsymbol im Registerreiter ⓫. Das Layout muss nicht gespeichert werden, den entsprechenden Hinweis können Sie somit mit **Nein** ausblenden.

Tabellen kopieren und einfügen

Statt eine Tabelle aus einer bereits bestehenden Access-Datenbank zu importieren, können Sie sie in der Datenbank auch kopieren und an anderer Stelle einfügen. Hierzu öffnen Sie zunächst die Datenbank, in der sich die zu kopierende Tabelle befindet. Markieren Sie die gewünschte Tabelle im Navigationsbereich, und klicken Sie im Register **Start** auf **Kopieren**. Alternativ können Sie auch die Tastenkombination `Strg` + `C` drücken. Falls die Tabelle in einer anderen Datenbank eingefügt werden soll, schließen Sie die aktuell geöffnete Datenbank und wechseln zu der Datenbank, der die Tabelle hinzugefügt werden soll. Hier klicken Sie im Register **Start** auf **Einfügen**. Geben Sie im Dialog **Tabelle einfügen** einen Tabellennamen ein. Um die Tabellenstruktur inklusive Daten zu übernehmen, wählen Sie die Option **Struktur und Daten**. Mit der Option **Daten an vorhandene Tabelle anfügen** haben Sie die Möglichkeit, die kopierten Datensätze in eine bereits bestehende Tabelle einzufügen. Hier gelten aber die gleichen Warnungen, wie bereits für Excel-Tabellen in Abschnitt 5.2.1, »Nützliche Vorbereitungen für den Import«, beschrieben. Interessant kann hingegen die Option **Nur Struktur** sein, nämlich dann, wenn es bereits eine Tabelle mit ähnlichem Aufbau gibt, in dem nur noch kleine Anpassungen wie etwa das Ändern von Feldnamen nötig sind. In unserer Beispieldatenbank *DelikatEssen* gilt dies mit kleineren Einschränkungen z. B. für die Tabellen **tblKunde** und **tblLieferant**. Nach einem Klick auf **OK** fügt Access die kopierte Tabelle in die Datenbank ein. Das Kopieren und Einfügen von Tabellen eignet sich übrigens auch, um eine Sicherungskopie einer einzelnen Tabelle zu erstellen, bevor Sie beispielsweise größere Änderungen an ihr durchführen. Sollten diese misslingen, können Sie auf die zuvor gesicherte Tabellenversion zurückgreifen. Access schlägt beim Einfügen der Tabelle bereits selbst als Tabellenname **Kopie von...** vor, den Sie in diesem Fall sogar übernehmen können.

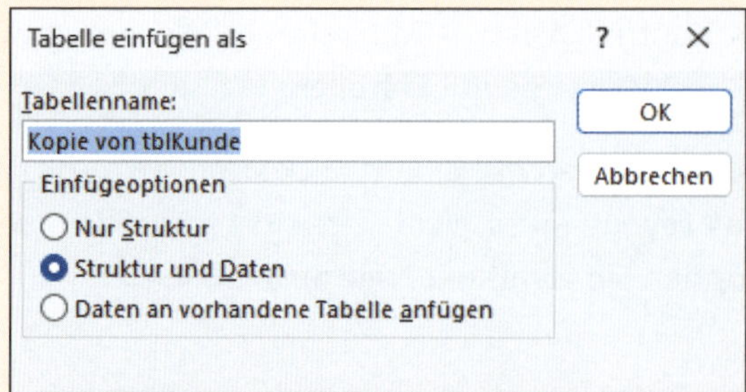

Abbildung 5.17 *Das Kopieren und Einfügen von Tabellen eignet sich nicht nur, um Tabellen inklusive Inhalt aus einer anderen Datenbank zu importieren, sondern auch zur Sicherung.*

5.3 Tabellen nach Dateneingabe anpassen

Die Datenblattansicht einer Tabelle verschafft zwar eine grobe Übersicht über alle enthaltenen Datensätze, je umfangreicher eine Tabelle ist, desto unübersichtlicher ist sie aber auch. Viele Möglichkeiten bietet Ihnen Access nicht, um dies zu ändern. Die wenigen möchten wir Ihnen im Folgenden kurz vorstellen.

Recht ärgerlich ist beispielsweise das Thema Spaltenbreite. Öffnen Sie eine Tabelle in der Datenblattansicht, werden alle Felder zunächst mit der gleichen Spaltenbreite angezeigt. Für die meisten Felder reicht diese aber nicht aus, um den gesamten Inhalt anzeigen zu können. Falls Sie einen Text nicht lesen können, lässt sich die Spaltenbreite aber schnell korrigieren. Positionieren Sie hierzu den Mauszeiger auf der Trennlinie zwischen zwei Feldnamen, bis er die Form eines Doppelpfeils annimmt. Möchten Sie die Spaltenbreite selbst bestimmen, ziehen Sie den Mauszeiger mit gedrückter linker Maustaste in die gewünschte Richtung. Soll die Spaltenbreite an den Zellinhalt angepasst werden, reicht aber auch ein Doppelklick auf die Trennlinie.

Der Inhalt einer Tabelle wird per Standardeinstellung in der Schriftart **Calibri** und dem Schriftgrad **11** angezeigt. Wem dies nicht gefällt, kann über das Register **Start** in der Gruppe **Textformatierung** auch eine andere Formatierung festlegen ❶. Die gewählte Formatierung beschränkt sich allerdings nicht auf ein möglicherweise zuvor markiertes Feld oder einen einzelnen Datensatz, sondern wirkt sich auf die gesamte Tabelle aus, wie Sie in Abbildung 5.18 sehen.

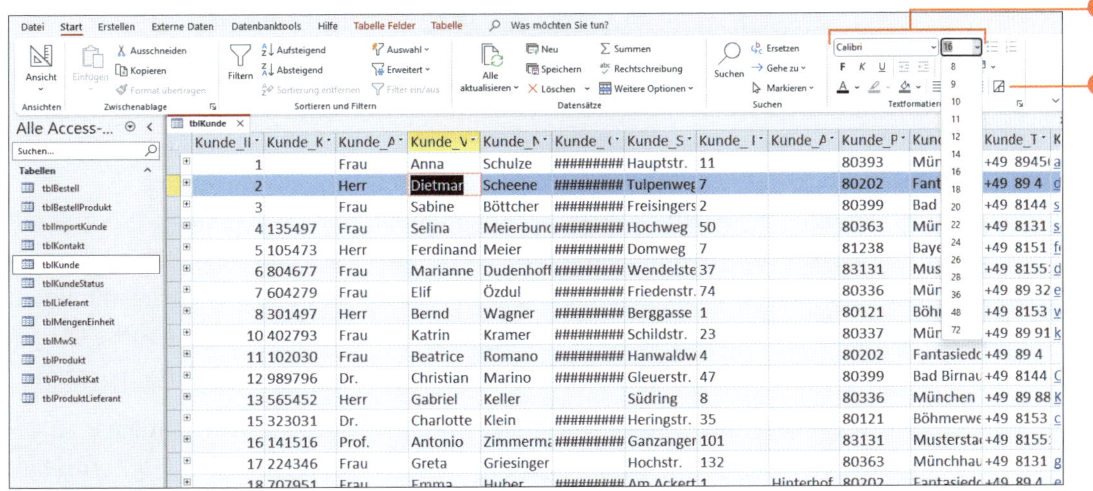

Abbildung 5.18 *Änderungen an der Textformatierung wirken sich auf die gesamte Tabelle aus.*

Über das Symbol **Gitternetzlinie** ② legen Sie fest, ob alle Gitternetzlinien oder lediglich die horizontalen, die vertikalen oder keine eingeblendet werden sollen.

Access färbt die Zeilen einer Tabelle abwechselnd weiß und hellgrau, um die Lesbarkeit zu erhöhen. Sie können sich das Ganze auch etwas farbenfroher gestalten. Klicken Sie hierzu in der Gruppe **Textformatierung** auf den kleinen Pfeil ③ rechts vom Symbol **Alternative Zeilenfarbe**.

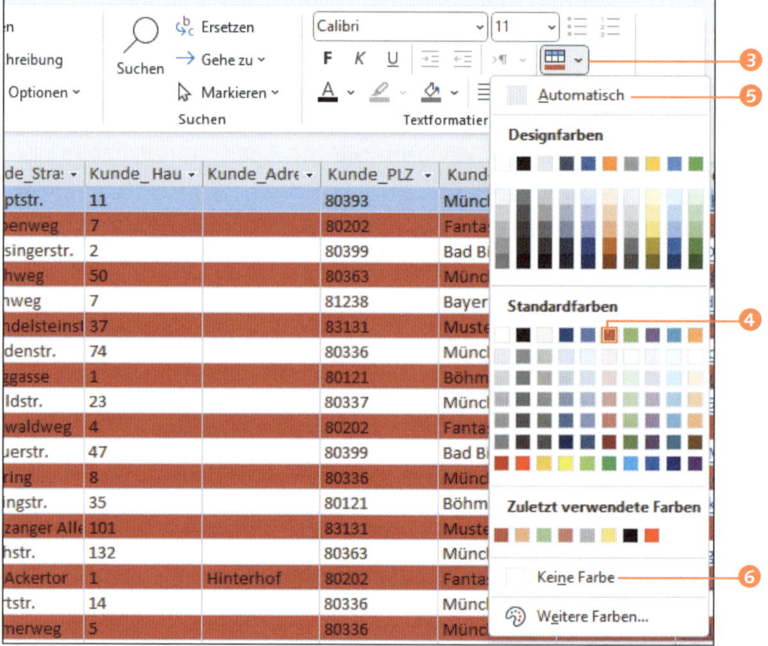

Abbildung 5.19 *Access kann auch farbig.*

In der aufklappenden Farbpalette stehen Ihnen nun diverse Design- und Standardfarben zur Auswahl. Ein Mausklick auf einen Farbton reicht ④, und schon sind die zuvor grauen Zeilen farbig. Ist Ihnen das zu bunt, stellen Sie mit einem Klick auf **Automatisch** ⑤ wieder das graue Szenario her. Mit **Keine Farbe** ⑥ können Sie aber auch ganz auf eine farbige Unterscheidung der Zeilen verzichten.

Die Möglichkeiten, eine Tabelle in der Datenblattansicht übersichtlicher zu gestalten, sind, wie sich gerade gezeigt hat, sehr überschaubar. Für Formulare und Berichte stehen Ihnen weitaus mehr Gestaltungsvarianten zur Auswahl, wie Sie im weiteren Verlauf dieses Buchs sehen werden.

5.4 Suchen, ersetzen, sortieren und filtern

Datenbanken haben die Aufgabe, große Mengen an Daten zu speichern. Doch damit nicht genug. Denn schließlich will man in diesem Datenwust auch etwas wiederfinden. Die klassische Datenblattansicht einer Tabelle ist, wie Sie im vorherigen Abschnitt gesehen haben, hierfür nicht sonderlich geeignet. Access bietet aber eine Vielzahl an Werkzeugen zum Suchen, Sortieren und Filtern von Daten an. Eine kleine Auswahl haben Sie bereits am Beispiel der *Archiv*-Datenbank in Abschnitt 3.5, »Daten suchen, sortieren und mithilfe von Abfragen filtern«, kennengelernt. In diesem Abschnitt möchten wir Ihnen einige weitere Möglichkeiten vorstellen.

5.4.1 Daten suchen und ersetzen

Sie möchten schnell den Preis eines Produkts überprüfen? Access bietet eine einfache Suchfunktion, mit der Sie eine Tabelle nach einem bestimmten Suchbegriff durchforsten können. Mit den passenden Voreinstellungen sorgen Sie dafür, dass Sie die benötigten Informationen auch wirklich erhalten. Um die Suchfunktion zu starten, öffnen Sie die gewünschte Tabelle zunächst in der Datenblattansicht.

1. Markieren Sie in der Tabelle das Feld, das durchsucht werden soll. Für das oben erwähnte Produktbeispiel ist dies das Feld **Produkt_Titel** in der Tabelle **tblProdukt**. Es reicht, wenn Sie eine beliebige Zelle innerhalb dieser Spalte anklicken ❶.

2. Klicken Sie im Register **Start** in der Gruppe **Suchen** auf **Suchen** ❷, um den Dialog **Suchen und Ersetzen** zu öffnen. Alternativ rufen Sie den Dialog über die Tastenkombination [Strg] + [F] auf.

3. Geben Sie unter **Suchen nach** den Suchbegriff ein ❸.

4. Soll Access die Suche nur in der zuvor markierten Spalte durchführen, belassen Sie bei **Suchen in** die Einstellung **Aktuelles Feld** ❹. Um die gesamte Tabelle durchsuchen zu lassen, stellen Sie stattdessen **Aktuelles Dokument** ein.

5. Muss der Suchbegriff exakt dem Inhalt eines Feldes entsprechen, übernehmen Sie bei der Option **Vergleichen** die Einstellung **Ganzes Feld**. Taucht der Suchbegriff an beliebiger Stelle innerhalb eines Feldinhaltes auf, wählen Sie **Teil des Feldinhaltes** ❺. Befindet er sich zu Beginn eines Feldes, entscheiden Sie sich für **Anfang des Feldinhaltes**.

6. Bei der Einstellung **Suchen** ist die Vorgabe **Alle** meist die beste, denn so wird die gesamte Tabelle bzw. das gesamte Feld von oben nach unten durchsucht. Mit **Aufwärts** oder **Abwärts** können Sie die Suche aber auch vom aktuell markierten Datensatz aus nach oben bzw. unten einschränken.

7. Die **Groß- und Kleinschreibung** des Suchbegriffs wird von Access im Normalfall nicht berücksichtigt. Wünschen Sie dies dennoch, versehen Sie das entsprechende Kontrollkästchen mit einem Häkchen.

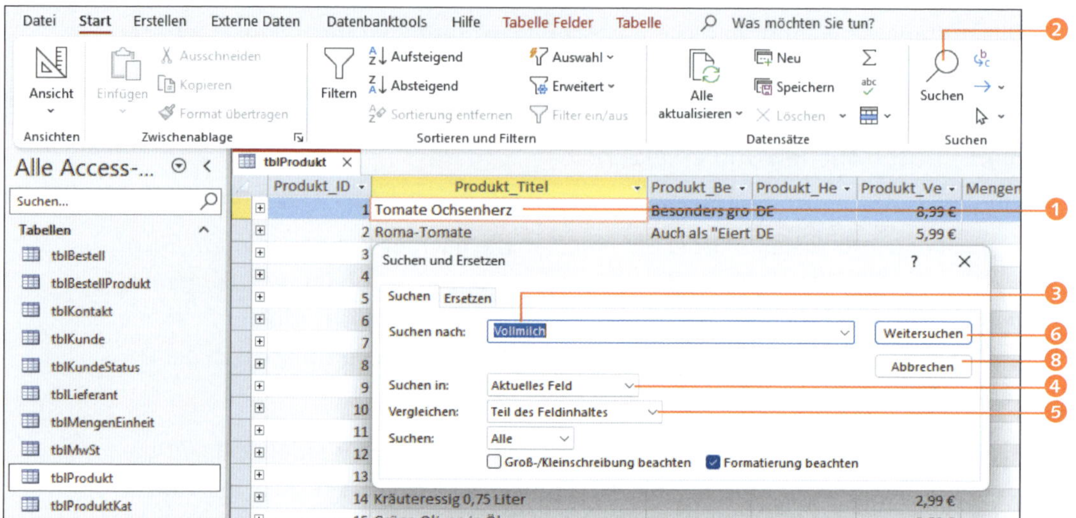

8. Mit einem Klick auf **Weitersuchen** 6 starten Sie die Suche. Wird Access in der Spalte bzw. der Tabelle fündig, markiert es den Datensatz. Der Suchbegriff wird schwarz hervorgehoben 7. Handelt es sich bei dem Datensatz noch nicht um den gesuchten, klicken Sie erneut auf **Weitersuchen**. Wiederholen Sie dies so häufig, bis der gesuchte Datensatz gefunden ist.

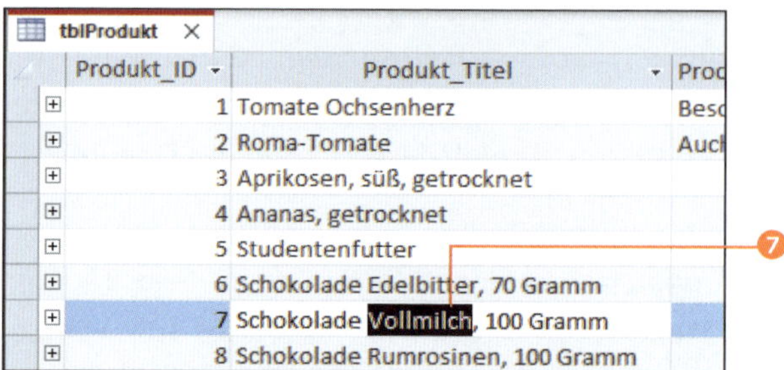

Produkt_ID	Produkt_Titel	Proc
1	Tomate Ochsenherz	Besc
2	Roma-Tomate	Auch
3	Aprikosen, süß, getrocknet	
4	Ananas, getrocknet	
5	Studentenfutter	
6	Schokolade Edelbitter, 70 Gramm	
7	Schokolade Vollmilch, 100 Gramm	
8	Schokolade Rumrosinen, 100 Gramm	

9. Gibt es keinen Treffer, blendet Access einen entsprechenden Hinweis ein, den Sie mit **OK** bestätigen. Sie können die Suche nun entweder mit einem neuen Suchbegriff und veränderten Einstellungen erneut durchführen oder mit einem Klick auf **Abbrechen** ⑧ beenden.

Platzhalter nutzen

Sie sind sich bei der Schreibweise des Suchbegriffs nicht ganz sicher? Heißt der Kunde »Maier« oder doch »Meier«? In einem solchen Fall sind Platzhalter sehr hilfreich. Um einen einzelnen Buchstaben zu ersetzen, wählen Sie z. B. das »?«, für eine ganze Zeichenfolge das »*«. Auf das Beispiel bezogen wird mit dem Suchbegriff »M?ier« sowohl der Kunde Maier als auch der Kunde Meier gefunden. Geben Sie »M*er« ein, zeigt die Trefferliste z. B. auch Kunden mit den Namen Mayer, Meyer und Meier an.

Der Dialog **Suchen und Ersetzen** eignet sich auch, um einen eingetragenen Wert schnell zu ändern. Dabei kann es sich beispielsweise um einen Tippfehler oder auch einen geänderten Namen handeln. Um einen Wert zu korrigieren, gehen Sie vor wie zuvor für die Suche beschrieben. Nach Schritt 2 wechseln Sie im Dialog **Suchen und Ersetzen** in das Register **Ersetzen** ①.

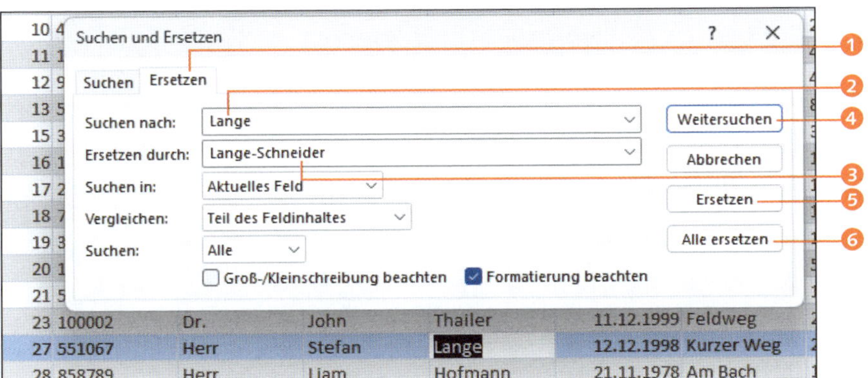

Abbildung 5.20 *Namensänderungen lassen sich schnell korrigieren.*

Geben Sie nun unter **Suchen nach** den Wert ein, der geändert werden soll ②, und bei **Ersetzen durch** den neuen Wert ③. Alle weiteren Einstellungen können Sie wie zuvor beschrieben ganz nach Ihren Wünschen vornehmen. Mit einem Klick auf **Weitersuchen** ④ starten Sie die Suche. Wurde der gewünschte Wert gefunden und entsprechend markiert, klicken Sie auf **Ersetzen** ❺. Access setzt die Suche nun fort. Gibt es weitere Treffer, können Sie sie nun ebenfalls ersetzen. Handelt es sich bei dem markierten Treffer nicht um einen Wert, der geändert werden soll, setzen Sie die Suche mit **Weitersuchen** fort. Sind sich hingegen wirklich sicher, dass alle Treffer korrigiert werden sollen, lässt sich dies in einem Rutsch mit einem Klick auf **Alle ersetzen** ❻ erledigen. Anschließend können Sie den Dialog mit **Abbrechen** ausblenden.

5.4.2 Auf- oder absteigend sortieren

Access sortiert die Datensätze innerhalb einer Tabelle nicht alphabetisch, sondern in der Reihenfolge, in der sie eingegeben wurden. Mit wenigen Mausklicks lässt sich dies aber schnell ändern. Markieren Sie einfach das Feld, nach dem sortiert werden soll. Soll die Tabelle **tblKunde** etwa nach dem Nachnamen der Kunden von A bis Z angeordnet werden, klicken Sie in der Tabelle auf die Spaltenüberschrift **Kunde_Name** ❶ und dann im Register **Start** in der Gruppe **Sortieren und Filtern** auf **Aufsteigend** ❷. Wünschen Sie die umgekehrte Reihenfolge, also von Z bis A, wählen Sie **Absteigend** ❸. Sobald die Sortierung durchgeführt wurde, erscheint in der Spaltenüberschrift ein kleiner Pfeil ❹.

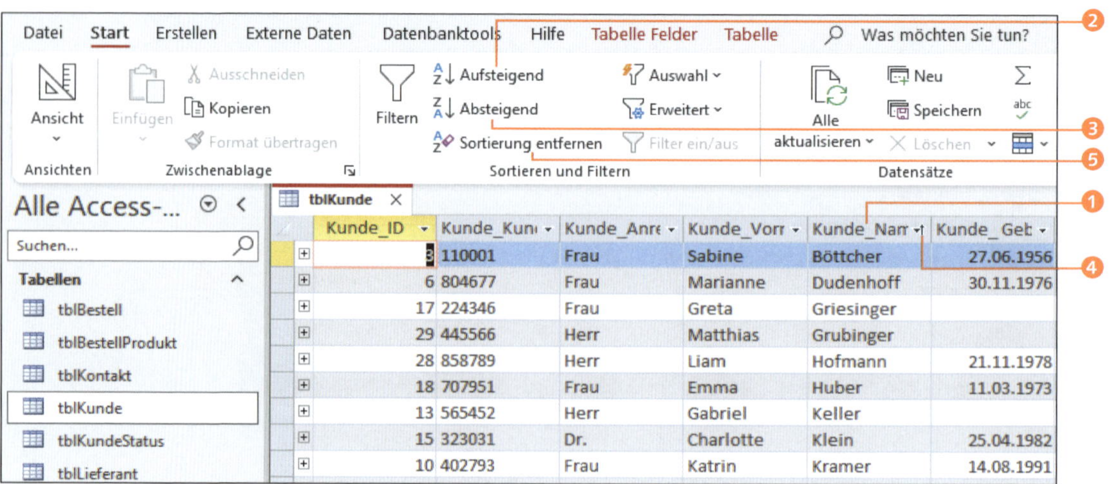

Abbildung 5.21 *Die Kundentabelle dem Namen nach sortiert*

Möchten Sie eine Tabelle nach mehr als einem Kriterium sortieren, ist dies natürlich auch möglich. Allerdings sollten Sie hierbei die Reihenfolge beachten, in der Sie die Spaltenüberschriften für die Sortierung auswählen, denn Access sortiert die Tabelle immer nach dem zuletzt festgelegtem Kriterium.

Mit einem Klick auf **Sortierung entfernen** ❺ heben Sie die Sortierung auf. Die Tabelle wird wieder entsprechend der Eingabereihenfolge angezeigt. Entfernen Sie die Sortierung nicht und versuchen, die Tabelle zu schließen, möchte Access gerne von Ihnen wissen, ob Sie die Änderungen am Entwurf der Tabelle speichern möchten. Klicken Sie auf **Ja**, wird die Tabelle beim nächsten Öffnen nach den von Ihnen gewählten Sortierkriterien angezeigt. Wünschen Sie dies nicht, wählen Sie **Nein**. In diesem Fall gilt beim nächsten Öffnen wieder die Sortierung in der Eingabereihenfolge.

5.4.3 Datensätze filtern

Das Sortieren von Tabellen sorgt bereits für etwas Ordnung in umfangreichen Tabellen. Sie können aber noch einen Schritt weitergehen: Mithilfe von Filtern lässt sich die Anzeige auf die Datensätze beschränken, die gerade für Sie relevant sind. Die angewendeten Filter gelten allerdings nur, solange die Tabelle geöffnet ist. Müssen Sie Tabellen immer wieder nach den gleichen Kriterien filtern, sollten Sie hierfür eine Abfrage erstellen. Dieses Thema werden wir ausführlich im nächsten Kapitel behandeln. An dieser Stelle stellen wir Ihnen ein paar Methoden zum schnellen Filtern von Tabellen in der Datenblattansicht vor.

Angenommen, Sie möchten sich nur Kunden anzeigen lassen, die in einem bestimmten Ort leben. Hierzu markieren Sie zunächst das Feld, nach dessen Inhalten Sie filtern möchten, in diesem Beispiel also das Feld **Kunde_Ort**. Klicken Sie dann im Register **Start** in der Gruppe **Sortieren und Filtern** auf **Filtern** ❶. Alternativ können Sie auch auf das kleine Pfeilsymbol rechts vom Feldnamen klicken ❷. In beiden Fällen klappt ein Menü auf. In unserem Beispiel handelt es sich um ein Textfeld, entsprechend werden im Menü auch Textfilter angezeigt. Im Falle eines Datumsfeldes würde Access Ihnen Datumsfilter anbieten, in einem Zahl- oder Währungsfeld entsprechend Zahlenfilter. Direkt nach dem Einblenden des Menüs sind alle Einträge – im Beispiel also alle Orte, die in dem Feld erfasst sind – mit einem Häkchen versehen. Entfernen Sie all diejenigen Häkchen vor Orten, an denen Sie kein Interesse haben. Am schnellsten funktioniert dies meist, indem Sie zunächst das Kontrollkästchen **(Alle auswählen)** ❸ per Mausklick deaktivieren. Damit werden automatisch auch alle anderen Kontrollkästchen deaktiviert. Nun können Sie per Mausklick den Ort (oder auch die Orte, falls es mehr als einer ist) auswählen, den Sie als Filter nutzen möchten ❹. Bestätigen Sie Ihre Angaben mit **OK**. In der Tabelle werden nun nur noch die Datensätze angezeigt, die dem ausgewählten Kriterium entsprechen. Wenn Sie möchten, können Sie die Anzeige von Datensätzen nun noch über weitere Filter in anderen Feldern eingrenzen.

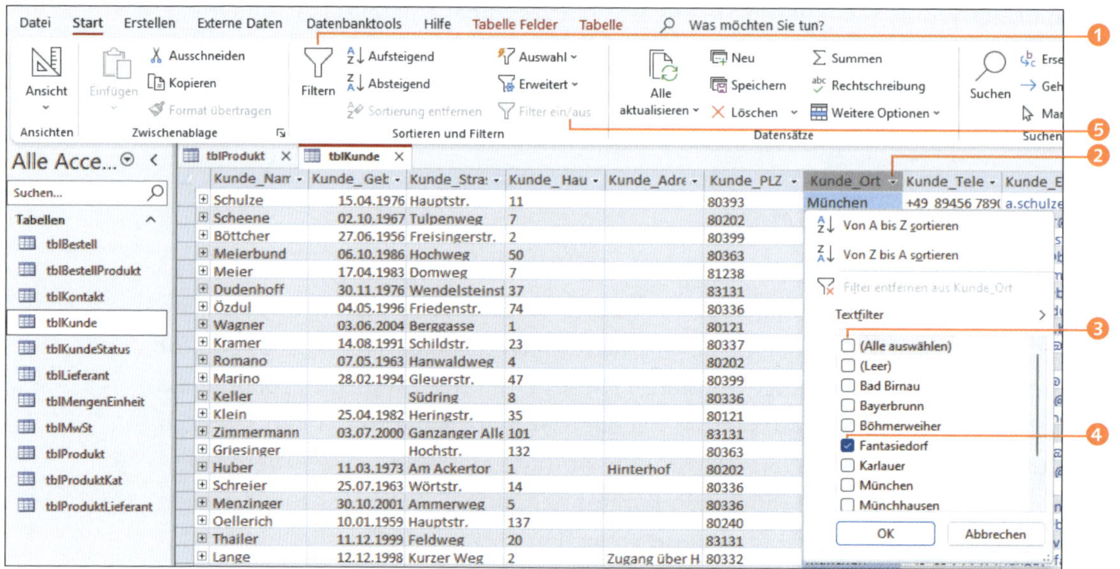

Abbildung 5.22 *Über Filter schränken Sie die Anzeige auf eine bestimmte Auswahl an Datensätzen ein.*

Falls Sie schnell zwischen der gefilterten und der ungefilterten Ansicht wechseln möchten, klicken Sie im Menüband auf die Schaltfläche **Filter ein/aus** ❺. Das Gleiche erzielen Sie über die Schaltfläche **Gefiltert** ❻ bzw. **Ungefiltert** in der Navigationsleiste am unteren Fensterrand. Falls Sie die Filter wieder entfernen möchten, klicken Sie im Menüband auf **Erweitert** ❼ und wählen dann den Befehl **Alle Filter löschen**. Alternativ klicken Sie auf den Pfeil rechts vom Feldnamen und wählen im Menü den Befehl **Filter entfernen aus <Feldname>**.

Alternativ zum zuvor beschriebenen Weg lässt sich ein Filter auch über eine zuvor getroffene Auswahl setzen. Hierzu markieren Sie einfach das Feld, das das gewünschte Filterkriterium enthält, also etwa den Ortsnamen **Fantasiedorf**. Drücken Sie dann die rechte Maustaste. Im Kontextmenü wählen Sie nun den Befehl **Ist gleich »Fantasiedorf«**. Statt den Weg über das Kontextmenü zu gehen, können Sie im Menüband auch auf **Auswahl** ⑧ klicken und in der aufklappenden Liste das gewünschte Filterkriterium markieren.

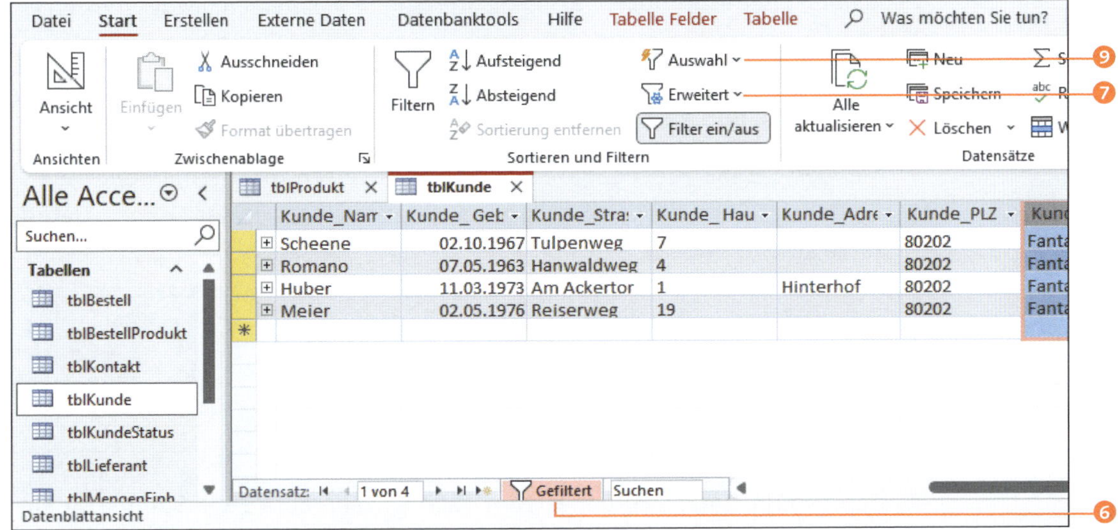

Abbildung 5.23 *Sie können schnell zwischen der gefilterten und ungefilterten Ansicht wechseln.*

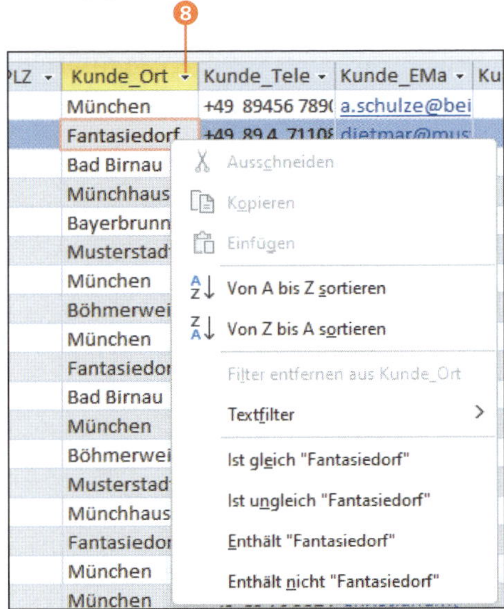

Abbildung 5.24 *Noch schneller lassen sich Datensätze nach einer zuvor getroffenen Auswahl filtern.*

5.4.4 Schnelle statistische Auswertungen einblenden

Berechnungen sollten in Access normalerweise in Abfragen durchgeführt werden. Wenn es aber nur darum geht, schnell den Umsatz eines Mitarbeiters zu berechnen oder – auf unsere Beispieldatenbank *DelikatEssen* bezogen – den ältesten Kunden zu ermitteln, bietet Access eine pfiffige Funktion namens **Summen** an. Diese ist aber nicht nur auf das Summieren beschränkt, wie das gerade erwähnte Beispiel des Alters zeigt. Und so funktioniert sie:

1. Blenden Sie die Tabelle, die Sie schnell auswerten möchten, in der Datenblattansicht ein. Klicken Sie dann im Register **Start** in der Gruppe **Datensätze** auf **Summen** ❶.

2. Access fügt unterhalb der letzten Tabellenzeile eine Zeile **Summe** ❷ ein. Markieren Sie in dieser Zeile das Feld, für das Sie eine Auswertung generieren möchten, im Beispiel also die Spalte **Kunde_Geburtstag** ❸.

3. Klicken Sie auf den nun sichtbaren Pfeil, und wählen Sie in der aufklappenden Liste die gewünschte Option aus. Um den ältesten Kunden zu ermitteln, markieren Sie **Minimum** ❹. Das Ergebnis wird sofort im Feld angezeigt.

4. Falls Sie ein Textfeld in der Zeile **Summe** ausgewählt haben, wird Ihnen nur die Option **Anzahl** angeboten, mit der Sie die Anzahl an Datensätzen ermitteln können. Bei numerischen Feldern stehen Ihnen zusätzlich die Funktionen **Mittelwert**, **Maximum**, **Minimum**, **Standardabweichung** oder auch **Varianz** zur Verfügung.

5. Um die Zeile **Summe** wieder auszublenden, reicht ein erneuter Klick auf die Schaltfläche **Summen** im Menüband.

Kapitel 6
Abfragen – Informationen finden und auswerten

Sie benötigen bestimmte Informationen aus einer oder auch mehreren Tabellen? Dies lässt sich mithilfe von Abfragen bewerkstelligen, mit denen Sie die Daten u. a. filtern, sortieren, berechnen oder auch zusammenfassen können. Bei diesen sogenannten *Auswahlabfragen* werden die Datensätze lediglich gelesen und ausgewertet. Müssen in den Tabellen Daten hinzugefügt, geändert oder auch gelöscht werden, kommen die sogenannten *Aktionsabfragen* ins Spiel. Beide Varianten werden wir Ihnen in diesem Kapitel anhand mehrerer Beispiele vorstellen. Die Beispieldatenbanken, die wir hierfür als Basis verwenden, finden Sie in den Materialien zum Buch im Ordner *Kapitel_06*. Das Kapitel schließt mit einem kleinen Einblick in *SQL* (Abkürzung für *Structured Query Language*), der Sprache zur Erstellung und Bearbeitung von Datenbanken.

6.1 Einfache Abfragen erstellen

Abfragen lassen sich über den *Abfrageentwurf* erstellen oder mithilfe des *Abfrage-Assistenten*. Mit Letzterem werden wir uns in Abschnitt 6.4, »Den Abfrage-Assistenten nutzen«, beschäftigen, wenn es daran geht, z. B. Duplikate oder auch Inkonsistenzen in der Datenbank aufzuspüren.

Beim Abfrageentwurf erzeugen Sie die Abfragen von Anfang an selbst. Dabei kann es sich um simples Filtern oder Sortieren von Datensätzen handeln bis hin zu komplexen Berechnungen, die sich über mehrere Tabellen hinweg erstrecken. Selbst das Erstellen einer Abfrage, die als Basis das Ergebnis einer zuvor erzeugten Abfrage nutzt, ist möglich, wie Sie im Verlauf dieses Kapitels noch erfahren werden. Ob einfache Abfrage oder kompliziert – die groben Schritte sind bei allen gleich:

1. Zunächst wählen Sie die Tabelle oder auch Tabellen aus, die als Basis für die Abfragen genutzt werden sollen.

2. Anschließend bestimmen Sie, welche Felder verwendet und welche Datensätze angezeigt werden sollen.
3. Ist die Abfrage fertig erstellt, kann sie ausgeführt werden.
4. Falls Sie die Abfrage häufiger benötigen, sollten Sie sie speichern.

Beim Speichern ist es wichtig zu wissen, dass lediglich die Abfrage gesichert wird, nicht aber das Ergebnis, das Sie in Schritt 3 erhalten haben. Es wird somit immer der aktuelle Datenbestand berücksichtigt. Sollten nach der letzten Ausführung der Abfrage Daten hinzugekommen, verändert oder gelöscht worden sein, wirkt sich das auf das Ergebnis der nächsten Abfrageausführung aus. Bevor wir in die Tiefe der diversen Abfragemöglichkeiten vordringen, zeigen wir Ihnen, wie der Abfrageentwurf aufgebaut ist.

6.1.1 Eine erste Übersicht über den Abfrageentwurf

Der Ablauf einer Abfrage erfolgt immer nach dem bereits zuvor erwähnten Schema. Die Grundzüge des Abfrageentwurfs lassen sich am besten anhand eines Beispiels demonstrieren. Die folgende, sehr einfache Abfrage soll als Ergebnis einzelne Felder einer Tabelle ausgeben, nämlich eine Liste aller Kunden mit Vorname, Nachname und Geburtstag.

Als Basis dient die Datenbank *DelikatEssen_0601.accdb*. Öffnen Sie diese Datenbank in Access. Rufen Sie das Register **Erstellen** auf, und klicken Sie in der Gruppe **Abfragen** auf **Abfrageentwurf** ❶.

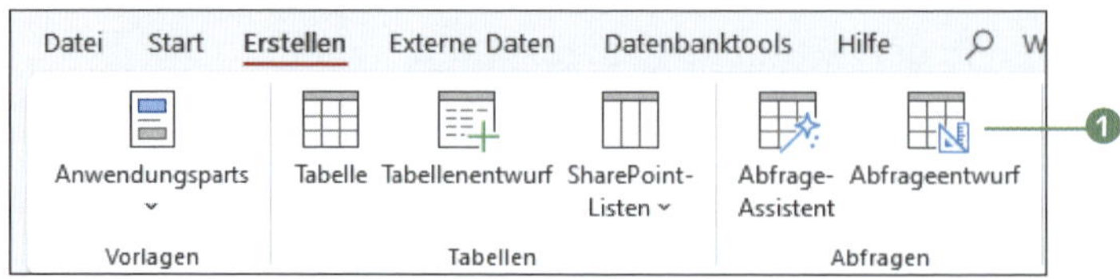

Abbildung 6.1 *Den »Abfrageentwurf« rufen Sie über das Register »Erstellen« auf.*

Access öffnet nun eine neue Abfrage in der Entwurfsansicht. Das Menüband wird zudem um das Register **Abfrageentwurf** erweitert (in älteren Access-Versionen nur **Entwurf** genannt). Am rechten Fensterrand sollte außerdem der Arbeitsbereich **Tabellen hinzufügen** erscheinen. Ist dies nicht der Fall, klicken Sie im Register **Abfrageentwurf** in der Gruppe **Abfragesetup** auf **Tabellen hinzufü-**

gen. In älteren Access-Versionen erscheint statt des Aufgabenbereichs der Dialog **Tabelle anzeigen**.

Stellen Sie sicher, dass im Aufgabenbereich das Register **Tabellen** ausgewählt ist. Markieren Sie die Tabelle, die Sie für die Abfrage benötigen (in unserem Beispiel die Tabelle **tblKunde** ❷), und bestätigen Sie mit einem Klick auf **Ausgewählte Tabellen hinzufügen** ❸. Die Tabelle erscheint nun in der oberen Hälfte der Entwurfsansicht. Alternativ können Sie die Tabelle auch per Doppelklick auf den Tabellennamen hinzufügen oder per Drag & Drop in die Entwurfsansicht ziehen. Der Aufgabenbereich wird für dieses Beispiel nicht weiter benötigt und kann daher per Klick auf das Kreuzsymbol oben rechts geschlossen werden ❹.

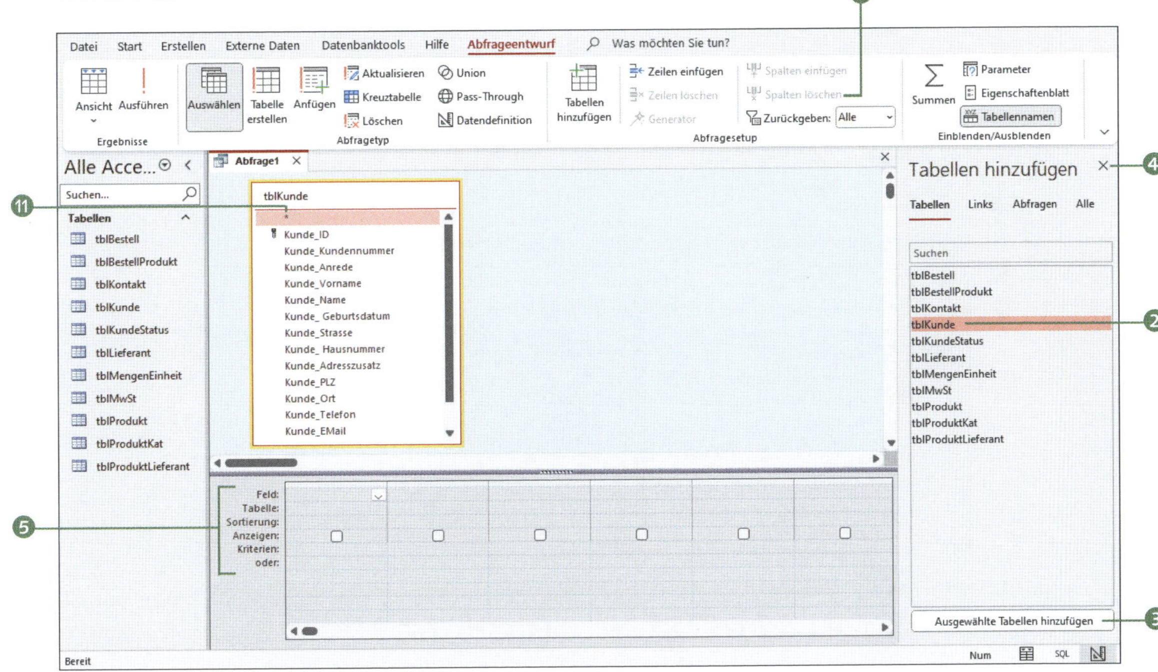

Abbildung 6.2 *Alle für eine Abfrage benötigten Tabellen wählen Sie über den Aufgabenbereich »Tabellen hinzufügen« aus.*

Im unteren Bereich des Abfrageentwurfs wählen Sie nun die Felder aus, die für die Abfrage benötigt werden. Der Bereich besteht aus mehreren Zeilen ❺, die folgende Bedeutung haben:

- **Feld**: In dieser Zeile werden die für die Abfrage benötigten Feldnamen aufgelistet.

- **Tabelle**: Hier können Sie mit einem Blick prüfen, aus welcher Tabelle das Feld stammt.
- **Sortierung**: Für jedes Feld lässt sich individuell eine auf- oder absteigende Sortierung festlegen.
- **Anzeigen**: Über die Kontrollkästchen bestimmen Sie, ob ein Feld, das lediglich für die Abfrage selbst relevant ist, auch im Abfrageergebnis eingeblendet werden soll oder nicht.
- **Kriterien**: In dieser und den darunter befindlichen Zeilen werden die wichtigen Filterkriterien angegeben. Auf diese werden wir im Verlauf des Kapitels noch intensiv eingehen.

In unserem Beispiel ist das erste Feld der Abfrage das Feld **Kunde_Vorname**. Um es dem Abfrageentwurfsbereich hinzuzufügen, reicht z. B. ein Doppelklick auf den Feldnamen ❻ in der Tabelle im oberen Fensterbereich.

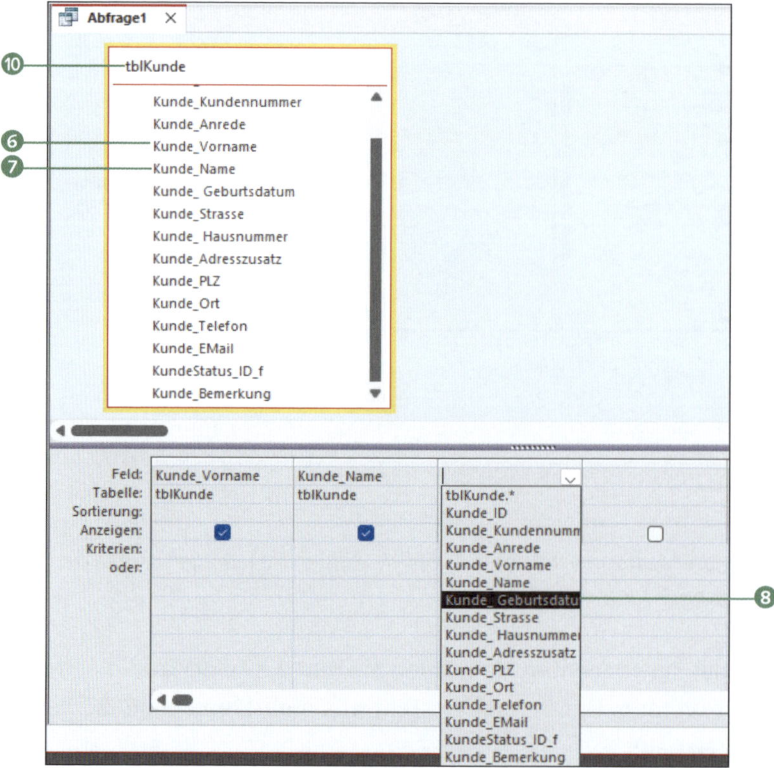

Abbildung 6.3 *Im Abfrageentwurfsbereich fügen Sie die Felder hinzu, die für die Abfrage benötigt werden.*

Das Feld wird hierdurch automatisch in der ersten freien Spalte in der Zeile **Feld** eingefügt. Alternativ hierzu können Sie das Feld auch mit gedrückter linker Maustaste aus der Tabelle heraus in die gewünschte Spalte ziehen. Probieren Sie dies gleich mit dem zweiten benötigten Feld **Kunde_Name** ❼ aus. Als dritte Variante können Sie das Drop-down-Feld in der Zeile **Feld** nutzen. Nach einem Klick auf den Pfeil werden alle Felder der im oberen Bereich befindlichen Tabelle aufgelistet, und Sie können das gewünschte Feld einfach per Mausklick markieren. Fügen Sie für unser Beispiel auf diese Weise das Feld **Kunde_Geburtsdatum** hinzu ❽. Das Auswahlfeld eignet sich auch, falls Sie versehentlich ein falsches Feld ergänzt haben und die Auswahl korrigieren möchten. Wenn Sie eine ganze Spalte im Abfrageentwurfsbereich löschen möchten, markieren Sie die Spalte und klicken dann im Register **Abfrageentwurf** in der Gruppe **Abfragesetup** auf **Spalten löschen** ❾.

Alle Felder einer Tabelle in einem Rutsch auswählen

Für die meisten Abfragen ist nur eine Auswahl an Feldern einer Tabelle relevant. Sollten Sie aber doch einmal alle Felder benötigen, doppelklicken Sie in der Tabelle im oberen Bereich des Abfrageentwurfs auf den Tabellennamen ❿. Hierdurch werden alle Felder der Tabelle markiert, und Sie können sie nun in einem Rutsch mit gedrückter linker Maustaste nach unten in den Abfrageentwurfsbereich ziehen. Sobald Sie die Maustaste loslassen, fügt Access die Felder nacheinander in die Spalten des Abfrageentwurfsbereichs ein. Sie können die Reihenfolge der Spalten anschließend Ihren Wünschen entsprechend anpassen.

Eine weitere Möglichkeit, alle Felder in die Abfrage zu übernehmen, besteht darin, das Sternsymbol (⓫ in Abbildung 6.2) per Drag & Drop in den Abfrageentwurfsbereich zu ziehen. Sie finden das Sternsymbol zu Beginn der Tabelle. Nachdem Sie es in den Abfrageentwurfsbereich gezogen haben, erscheint es lediglich in einer einzelnen Spalte. Lassen Sie sich das Abfrageergebnis in der Datenblattansicht anzeigen, sind aber alle Felder zu sehen. Der Nachteil der zweiten Methode: Falls Sie für eines der Felder ein Auswahlkriterium festlegen möchten, müssen Sie dieses Feld zusätzlich im Abfrageentwurfsbereich hinzufügen. Der Vorteil wiederum: Sollten Sie zu einem späteren Zeitpunkt in der Tabelle ein weiteres Feld ergänzen, wird es automatisch in der Abfrage berücksichtigt.

Die Felder sollten im Abfrageentwurfsbereich immer in der Reihenfolge erscheinen, in der sie auch im Abfrageergebnis aufgeführt werden sollen. Falls Sie ein Feld verschieben möchten, positionieren Sie den Mauszeiger auf dem schmalen Streifen oberhalb des Feldnamens ①.

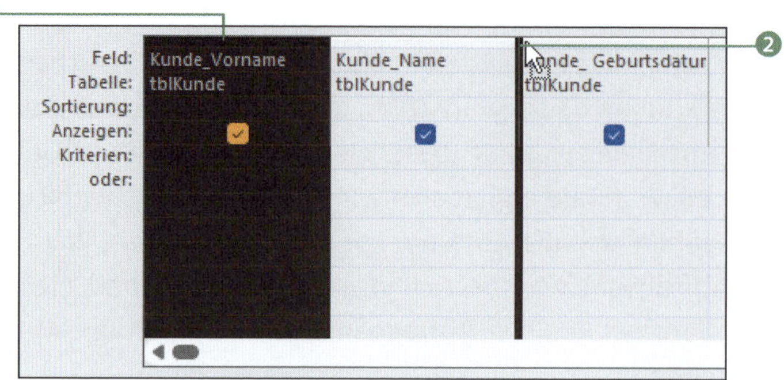

Abbildung 6.4 *Sie können die Reihenfolge der Felder im Abfrageentwurfsbereich jederzeit verändern.*

Nimmt er die Form eines schwarzen, nach unten weisenden Pfeils an, drücken Sie die linke Maustaste. Die gesamte Spalte wird hierdurch markiert. Lassen Sie die Maustaste einmal los; klicken Sie dann erneut auf den schmalen Streifen und ziehen die Spalte mit gedrückter linker Maustaste an die gewünschte Position im Abfrageentwurfsbereich ②. Der schwarze Balken kennzeichnet die Stelle, an der die Spalte eingefügt wird, sobald Sie die Maustaste loslassen.

Die Reihenfolge der Felder spielt in einer Abfrage beispielsweise bei der Sortierung der Datensätze eine Rolle. Geben Sie nichts weiter vor, wird das Abfrageergebnis automatisch nach dem Primärschlüssel der Tabelle sortiert. Meist ist eine andere Sortierreihenfolge gewünscht. Um die Ergebnisse unserer einfachen Abfrage z. B. dem Namen nach zu sortieren, gehen Sie folgendermaßen vor:

1. Klicken Sie im Abfrageentwurfsbereich unterhalb des gewünschten Feldnamens, im Beispiel also **Kunde_Name**, in die Zeile **Sortierung** ①.
2. Nach einem Klick auf den nun sichtbaren Pfeil ② wählen Sie in der aufklappenden Liste die gewünschte Sortierung **Aufsteigend** oder **Absteigend** aus.
3. Falls Sie eine Sortierung zu einem späteren Zeitpunkt wieder aufheben möchten, wählen Sie in der Liste **(nicht sortiert)**.

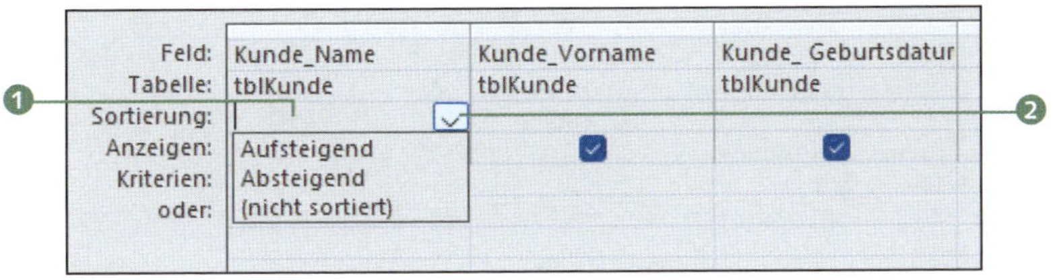

Feld:	Kunde_Name	Kunde_Vorname	Kunde_ Geburtsdatur
Tabelle:	tblKunde	tblKunde	tblKunde
Sortierung:			
Anzeigen:	Aufsteigend	☑	☑
Kriterien:	Absteigend		
oder:	(nicht sortiert)		

Geben Sie nichts anderes vor, werden die Datensätze in der Reihenfolge des Primärschlüssels aufgelistet. Sie können aber auch für jedes Feld im Abfrageentwurfsbereich eine eigene Sortierung festlegen. Access sortiert die Datensätze in der Reihenfolge, in der die Felder im Abfrageentwurfsbereich von links nach rechts aufgeführt werden.

Das am weitesten links stehende Feld gibt damit die Hauptsortierung vor, alle weiteren Felder folgen dann von links nach rechts. Um die Abfrageergebnisse unseres Beispiels zunächst dem Namen und dann dem Vornamen nach zu sortieren, muss sich das Feld **Kunde_Vorname** also rechts vom Feld **Kunde_Name** befinden. Die Sortierung für das Feld **Kunde_Vorname** wählen Sie wie zuvor für **Kunde_Name** gezeigt aus.

Wie Sie die Abfrageergebnisse mithilfe von Filtern einschränken, werden wir ausführlich in den folgenden Abschnitten erläutern. In diesem einfachen Beispiel verzichten wir daher auf das Hinzufügen von Auswahlkriterien. Stattdessen wenden wir uns gleich dem Ausführen der Abfrage zu. Auch hier haben Sie wieder mehrere Möglichkeiten:

- Klicken Sie im Register **Abfrageentwurf** in der Gruppe **Ergebnisse** auf **Ausführen** ①. Die Ergebnisse der Abfrage werden nun in der Datenblattansicht angezeigt.
- Statt die Abfrage auszuführen, können Sie auch direkt per Klick auf die Schaltfläche **Ansicht** ② in die Datenblattansicht wechseln. Im Menüband wird hierdurch das Register **Start** aktiviert. Auch hier findet sich die Schaltfläche **Ansicht**. Mit einem Klick hierauf kehren Sie wieder zur Entwurfsansicht zurück.
- Als dritte Möglichkeit stehen Ihnen in der Navigationsleiste die Symbole **Datenblattansicht** und **Entwurfsansicht** zur Verfügung, mit denen Sie zwischen dem Abfrageentwurf und den Abfrageergebnissen wechseln.

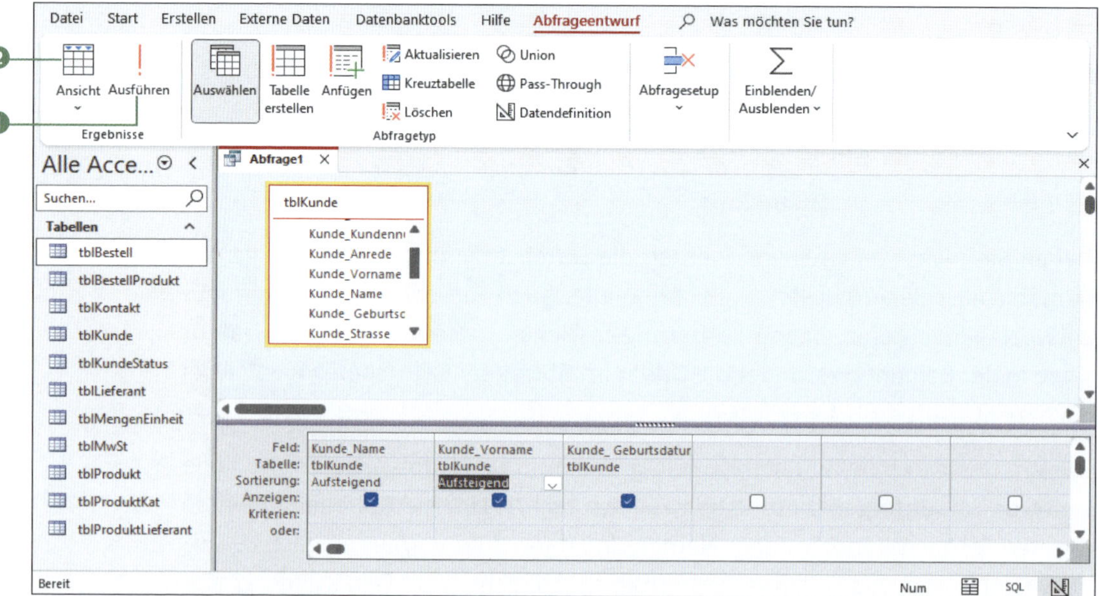

Abbildung 6.5 *Die Abfrage lässt sich über die Schaltfläche »Ausführen« oder durch einen Wechsel in die Datenblattansicht ausführen.*

Um die erstellte Abfrage immer wieder ausführen zu können, müssen Sie sie speichern. Klicken Sie hierzu in der Symbolleiste für den Schnellzugriff auf das Symbol **Speichern** ❶.

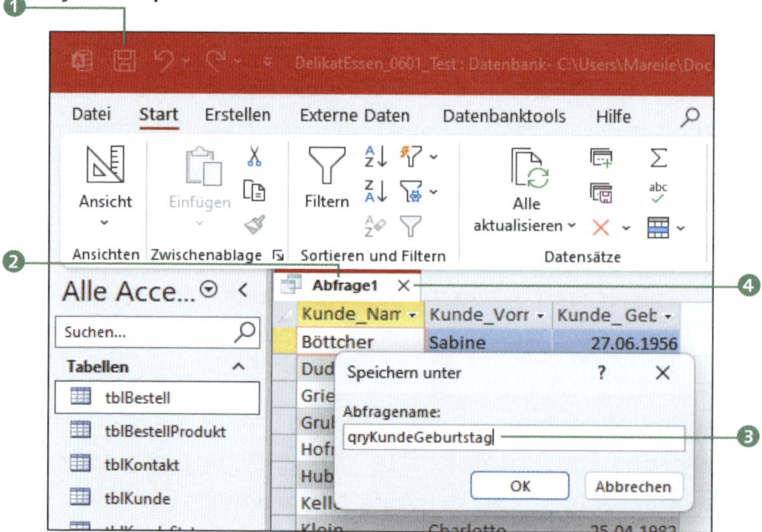

Abbildung 6.6 *Speichern Sie eine Abfrage, können Sie sie jederzeit wieder aufrufen.*

Alternativ können Sie die Tastenkombination [Strg] + [S] drücken oder nach einem rechten Mausklick auf den Abfragenamen **Abfrage1** im Registerreiter ❷ den Befehl **Speichern** auswählen. In allen drei Fällen öffnet sich der Dialog **Speichern unter**, in dem Sie nun einen Abfragenamen ergänzen. Bei der Wahl des Namens sollten Sie sich möglichst an die in Abschnitt 3.1.4, »Passende Tabellen- und Feldnamen vergeben«, vorgestellten Namenskonventionen halten. Diese empfehlen für Abfragen das Präfix »qry« oder, falls Sie deutsche Bezeichnungen bevorzugen, das Präfix »abf«. Für unsere Beispielabfrage bietet sich der Name »qryKundeGeburtstag« ❸ an, den Sie nach der Eingabe mit **OK** bestätigen. Sollten Sie das Speichern vergessen und die Abfrage per Klick auf das Kreuzsymbol ❹ im Registerreiter schließen, erinnert Access Sie an das Speichern.

Im Navigationsbereich erscheint nach dem Speichern zusätzlich der Objekttyp **Abfragen**. Darunter werden alle von Ihnen erstellten Abfragen aufgeführt. Per Doppelklick auf den gewünschten Abfragenamen wird die Abfrage direkt ausgeführt und das Ergebnis in der Datenblattansicht angezeigt.

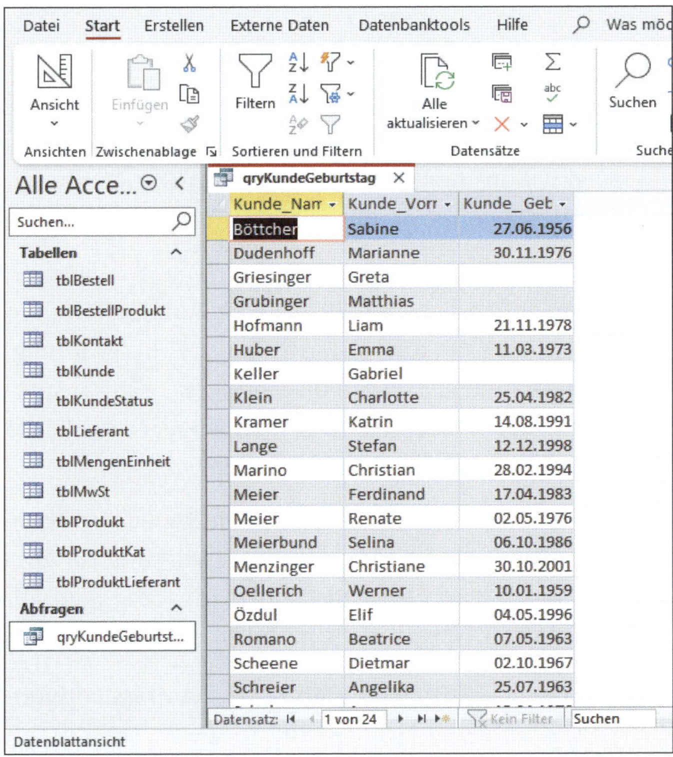

Abbildung 6.7 *Nach einem Doppelklick auf den Abfragenamen wird die Abfrage sofort ausgeführt und das Ergebnis in der Datenblattansicht angezeigt.*

Zur Erinnerung: Sollten sich seit dem letzten Aufruf Änderungen am Datenbestand ergeben haben, werden sie beim Abfrageergebnis berücksichtigt. Falls Sie vor dem Ausführen noch Änderungen am Abfrageentwurf vornehmen möchten, klicken Sie den Abfragenamen im Navigationsbereich mit der rechten Maustaste an und wählen im Kontextmenü den Befehl **Entwurfsansicht**.

Daten nur in Tabellen ändern, nicht in Abfragen

Entdecken Sie in den Ergebnissen einer Abfrage einen Datensatz, den Sie korrigieren möchten, dann sollten Sie dies in der Tabelle selbst erledigen, nicht in den Abfrageergebnissen. Die Tabelle öffnen Sie beispielsweise per Doppelklick auf den Tabellennamen im Navigationsbereich. Mithilfe einer speziellen Aktionsabfrage lassen sich ebenfalls Datensätze hinzufügen, ändern oder löschen. Wie dies funktioniert, erfahren Sie in Abschnitt 6.5, »Mithilfe von Aktionsabfragen Daten hinzufügen, ändern oder löschen«.

6.1.2 Auswahlkriterien für Texte, Zahlen, Datum und mehr

Im vorherigen Abschnitt haben wir das Grundprinzip zum Erzeugen einer Abfrage vorgestellt. Ein wichtiges Thema, nämlich die Kriterien, haben wir dabei ausgelassen. Mit ihnen wollen wir uns nun beschäftigen. Die Auswahlkriterien kommen immer dann zum Einsatz, wenn Sie nur an bestimmten Datensätzen interessiert sind.

Im Folgenden werden wir Ihnen anhand einiger Beispiele die Auswahlkriterien für Felder der Datentypen **Text** (sowohl kurz als auch lang), **Zahl**, **Währung**, **Datum/Uhrzeit** sowie **Ja/Nein** vorstellen. Falls Sie die Abfragen selbst ausprobieren möchten, öffnen Sie die Beispieldatenbank *DelikatEssen_0601.accdb*, die Sie in den Materialien zum Buch im Ordner *Kapitel_06* finden.

Im ersten Beispiel sollen die Kunden ermittelt werden, die in München leben. Die Grundschritte zum Erstellen einer Abfrage im Abfrageentwurf und zur Auswahl der Tabellen und Felder haben wir bereits ausführlich im vorherigen Abschnitt gezeigt, so dass wir uns hier entsprechend kurzfassen:

1. Erzeugen Sie eine neue Abfrage über **Erstellen • Abfragen • Abfrageentwurf**. Speichern Sie die Abfrage z. B. unter dem Namen »qryKundeMuenchen«.

2. Wählen Sie die Tabelle **tblKunde** über den Aufgabenbereich **Tabellen hinzufügen** aus. Damit die Tabellen im Aufgabenbereich aufgeführt werden, muss das Register **Tabellen** ausgewählt sein. Übernehmen Sie dann die Felder **Kunde_ID**, **Kunde_Anrede**, **Kunde_Vorname**, **Kunde_Name** sowie **Kunde_Ort** in den Abfrageentwurfsbereich.

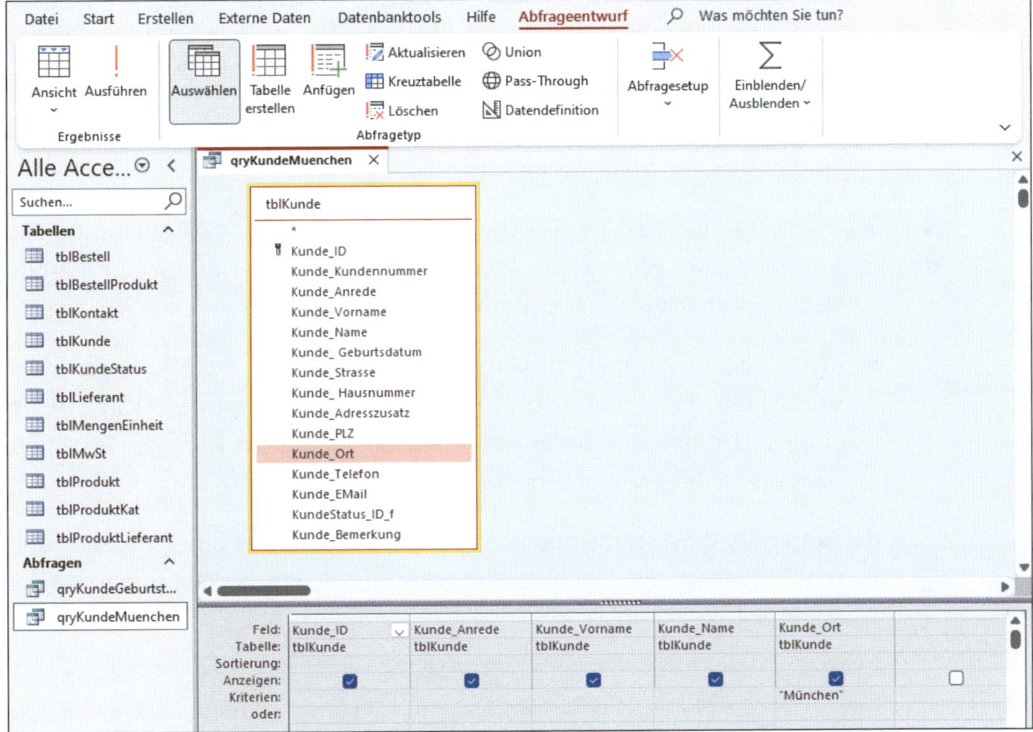

3. Klicken Sie im Abfrageentwurfsbereich in der Spalte **Kunde_Ort** in die Zeile **Kriterien**. Geben Sie hier `München` ein, und schließen Sie die Eingabe durch Drücken der Taste ↵ oder ⇆ ab. Auf die Groß- und Kleinschreibung müssen Sie nicht achten. Access erkennt, dass es sich bei der Eingabe um einen Text handelt, und ergänzt automatisch die Anführungszeichen " ". Zur Sicherheit sollten Sie dies nach der Eingabe von Texten aber überprüfen. Falls die Anführungszeichen fehlen, fügen Sie sie selbst hinzu.

4. Mit einem Klick auf die Schaltflächen **Ausführen** oder **Ansicht** im Register **Abfrageentwurf** können Sie das Ergebnis der Abfrage direkt in der Datenblattansicht überprüfen.

5. Mit einem erneuten Klick auf **Ansicht** kehren Sie zur Entwurfsansicht zurück. Wenn Sie die Abfrage schließen, werden Sie daran erinnert, die Änderungen am Entwurf zu speichern.

Wie gerade für ein Textfeld beschrieben können Sie auch vorgehen, wenn Sie eine Tabelle nach einem bestimmten Zahlenwert filtern möchten. Im folgenden Beispiel sollen die Produkte ermittelt werden, die einen Verkaufspreis von 2,99 € haben.

1. Hierzu erzeugen Sie eine neue Abfrage im **Abfrageentwurf**, der Sie z. B. den Namen »qryProduktPreis« geben.
2. Fügen Sie zunächst die Tabelle **tblProdukt** hinzu, und übernehmen Sie daraus die Felder **Produkt_ID**, **Produkt_Titel**, **Produkt_Herkunft** und **Produkt_VerkPreis** in den Abfrageentwurfsbereich.
3. In der Spalte **Produkt_VerkPreis** geben Sie in der Zeile **Kriterien** den gewünschten Preis, hier also `2,99`, ein. Durch Drücken der Taste [↵] oder [⇆] bestätigen Sie die Eingabe. Speichern Sie die Abfrage anschließend über die Tastenkombination [Strg] + [S].
4. Führen Sie die Abfrage mit einem Klick auf **Ausführen** aus, werden in der Datenblattansicht nur noch die Produkte mit einem Verkaufspreis von 2,99 € angezeigt.

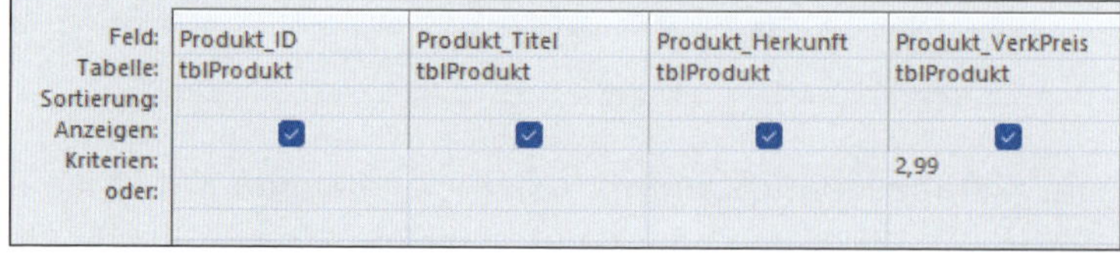

Feld:	Produkt_ID	Produkt_Titel	Produkt_Herkunft	Produkt_VerkPreis
Tabelle:	tblProdukt	tblProdukt	tblProdukt	tblProdukt
Sortierung:				
Anzeigen:	☑	☑	☑	☑
Kriterien:				2,99
oder:				

Nach dem gleichen Prinzip gehen Sie auch vor, wenn Sie ein Datumsfeld nach einem bestimmten Datum filtern möchten. Die folgende Abfrage **qryBestellDatum** zeigt im Abfrageergebnis alle Bestellungen der Tabelle **tblBestell** an, die am 21.04.2023 getätigt wurden. Sobald Sie die Eingabe des Filterkriteriums, sprich des Datums, durch Drücken der Taste [↵] bestätigen, wird automatisch vor und hinter dem eingetragenen Datum das Rautezeichen # ergänzt. Dies zeigt, dass Access den Wert korrekt als Datum erkannt hat. In welchem Format Sie ein Datum eingeben, spielt übrigens keine Rolle. Access akzeptiert ein `21.04.23`, ein

21.4.23, ein 21-4-23 oder auch ein 21/4/23. Sobald Sie die [↵]-Taste drücken, erscheint es in der Form #21.04.2023#.

Feld:	Bestell_ID	Bestell_Datum	Kunde_ID_f
Tabelle:	tblBestell	tblBestell	tblBestell
Sortierung:			
Anzeigen:	☑	☑	☑
Kriterien:		#21.04.2023#	
oder:			

Abbildung 6.8 *Access ergänzt ein eingegebenes Datum nach der Eingabe automatisch um die #-Zeichen.*

Bei den Filterkriterien der gerade vorgestellten Abfragebeispiele handelte es sich jeweils um exakte Werte. Sie können aber auch sogenannte *Vergleichsoperatoren* einsetzen. Benötigen Sie beispielsweise alle Bestellungen, die am oder vor dem 21.04.2023 getätigt wurden, dann tragen Sie als Auswahlkriterium <=21.04.23 ein. Auch hier ergänzt Access nach dem Bestätigen der Eingabe automatisch das #-Zeichen vor und hinter dem Datum.

Feld:	Bestell_ID	Bestell_Datum	Kunde_ID_f
Tabelle:	tblBestell	tblBestell	tblBestell
Sortierung:			
Anzeigen:	☑	☑	☑
Kriterien:		<=#21.04.2023#	
oder:			

Abbildung 6.9 *Diese Abfrage zeigt als Ergebnis alle am oder vor dem 21. April 2023 getätigten Bestellungen.*

Tabelle 6.1 zeigt eine Übersicht über Vergleichsoperatoren, die Sie in Feldern des Datentyps **Text**, **Zahl**, **Währung** und **Datum/Uhrzeit** anwenden können.

Vergleichsoperator	Beschreibung
=	Gibt als Ergebnis alle Datensätze aus, die dem angegebenen Wert in der Zeile **Kriterium** entsprechen.
<	Listet alle Datensätze auf, die kleiner sind als der angegebene Wert des Kriteriums.
>	Listet alle Datensätze auf, die größer sind als der angegebene Wert des Kriteriums.

Tabelle 6.1 *Übersicht über Vergleichsoperatoren für die Datentypen »Text«, »Zahl«, »Währung« und »Datum/Uhrzeit«*

Vergleichsoperator	Beschreibung
<=	Listet alle Datensätze auf, die kleiner als oder auch gleich dem angegebenen Wert des Kriteriums sind.
>=	Listet alle Datensätze auf, die größer als oder auch gleich dem angegebenen Wert des Kriteriums sind.
<>	Listet alle Datensätze auf, die dem Wert des Kriteriums nicht entsprechen.

Tabelle 6.1 *Übersicht über Vergleichsoperatoren für die Datentypen »Text«, »Zahl«, »Währung« und »Datum/Uhrzeit« (Forts.)*

Bei Textfeldern sind die Vergleichsoperatoren auch im Zusammenhang mit Zeichenketten interessant. Wünschen Sie eine Übersicht über alle Kunden, deren Wohnort mit dem Buchstaben »M« beginnt oder einem Buchstaben, der im Alphabet nach »M« folgt, lautet das Abfragekriterium für das Feld **Kunde_Ort** etwa >=M. Während der Eingabe dieses Kriteriums kann es sein, dass Access eine vordefinierte Funktion einblendet. Um mit Ihrer Eingabe fortfahren zu können, drücken Sie einfach die Taste [Esc]. Ist Ihre Eingabe abgeschlossen, betätigen Sie wie gewohnt die Taste [↵] oder [⇆]. Auf das Thema Funktionen werden wir in Abschnitt 6.2, »Berechnungen durchführen und Funktionen nutzen«, näher eingehen.

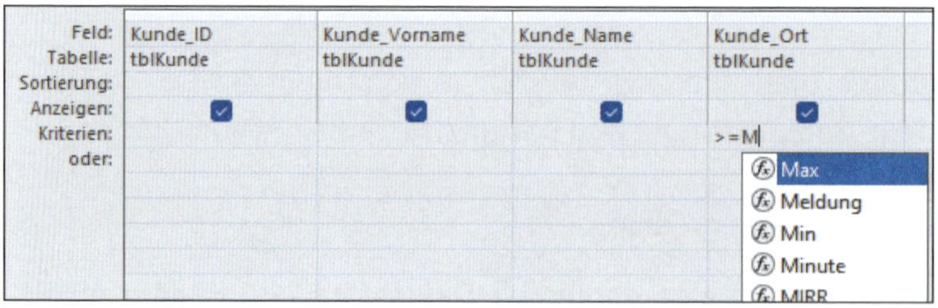

Abbildung 6.10 *Sollte Access während der Eingabe eines Auswahlkriteriums eine Liste mit Funktionen anzeigen, blenden Sie diese einfach mit der Taste »Esc« aus.*

Bei den bisherigen Auswahlkriterien ging es um die Felder des Datentyps **Text**, **Zahl**, **Währung** oder auch **Datum/Uhrzeit**. Es fehlt somit noch der wichtige Datentyp **Ja/Nein**, der in Abfragen durchaus häufiger zum Einsatz kommt.

In Feldern des Datentyps **Ja/Nein** ist in der Datenblattansicht ein Kontrollkästchen zu sehen. Ist dieses mit einem Häkchen versehen, gilt dies als ein **Ja**, ein nicht aktiviertes Kontrollkästchen wird von Access wiederum als **Nein** interpretiert. Falls Sie ein Feld mit dem Datentyp **Ja/Nein** auswerten möchten, geben Sie als Filterkriterium entsprechend `Ja` oder `Nein` ein. Die in der folgenden Abbildung zu sehende Abfrage zeigt als Ergebnis alle Lieferanten an, bei denen das Kontrollkästchen im Feld **Lieferant_Vorzug** aktiviert ist. Auch hier zeigt Access während der Eingabe des Auswahlkriteriums `Ja` eine Funktionsliste an, die durch Drücken der Taste [Esc] aber ausgeblendet werden kann. Alternativ zu `Ja` oder `Nein` können Sie übrigens auch `Wahr` oder `Falsch` verwenden.

Feld:	Lieferant_ID	Lieferant_Name	Lieferant_Ort	Lieferant_Vorzug
Tabelle:	tblLieferant	tblLieferant	tblLieferant	tblLieferant
Sortierung:				
Anzeigen:	☑	☑	☑	☑
Kriterien:				Ja
oder:				

Abbildung 6.11 *Bei der Filterung mithilfe eines Feldes des Datentyps »Ja/Nein« geben Sie als Kriterium »Ja« oder »Nein« ein.*

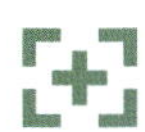

Felder im Abfrageergebnis ausblenden

Felder, die für eine Abfrage wichtig sind, müssen nicht unbedingt auch im Abfrageergebnis erscheinen. Das im Feld **Lieferant_Vorzug** gesetzte Häkchen, das einen bevorzugten Lieferanten kennzeichnet, ist für die Auswertung zwar relevant, in der Ergebnisliste aber eher uninteressant. Soll das Feld in den Abfrageergebnissen nicht erscheinen, entfernen Sie im Abfrageentwurfsbereich für das Feld **Lieferant_Vorzug** einfach das Häkchen in der Zeile **Anzeigen**.

In Tabellen gibt es immer wieder Felder, in denen keine Werte eingetragen werden müssen. Falls ein Kunde seinen Geburtstag beispielsweise nicht angeben möchte, bleibt das Feld leer. Um Datensätze zu finden, in denen bestimmte Informationen fehlen, bietet sich die Filterung nach dem NULL-Wert an. Vorsicht: Hier ist nicht die Zahl 0 gemeint! Um nach den oben erwähnten Datensätzen mit nicht eingetragenen Geburtstagen zu suchen, gehen Sie folgendermaßen vor:

1. Erzeugen Sie eine neue Abfrage in der Entwurfsansicht, fügen Sie die Tabelle **tblKunde** hinzu, und ergänzen Sie im Abfrageentwurfsbereich die gewünschten Felder, etwa **Kunde_ID**, **Kunde_Name** und **Kunde_Geburtsdatum**.

2. Geben Sie für die Spalte **Kunde_Geburtsdatum** in die Zeile **Kriterien** den Ausdruck `Ist Null` ein. Bestätigen Sie die Eingabe durch Drücken der Taste [↵] oder [↹]. Falls Sie an den umgekehrten Ergebnissen interessiert sind, sprich nur an den Kunden, die ihren Geburtstag preisgegeben haben, wählen Sie als Filterkriterium `Ist nicht Null`.

3. Führen Sie die Abfrage mit einem Klick auf **Ausführen** oder **Ansicht** aus. Das Abfrageergebnis zeigt nur die Datensätze der Kundentabelle an, in denen kein Geburtstag angegeben wurde.

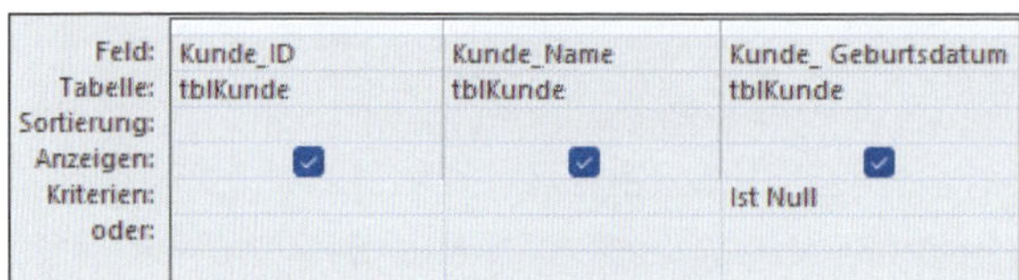

Abbildung 6.12 *Diese Abfrage zeigt als Ergebnis alle Kunden, bei denen das Feld »Kunde_Geburtsdatum« keinen Wert enthält.*

Für den Fall, dass Sie die Abfrage später erneut benötigen, sollten Sie sie abspeichern.

Unterschiedliche Datensätze können in bestimmten Feldern gleiche Einträge aufweisen. So gibt es in der Tabelle **tblLieferant** beispielweise mehrere Unternehmen aus dem gleichen Land. Sind Sie lediglich an einer Liste aller Länder interessiert, aus denen die Lieferanten stammen, lässt sich dies schnell mit folgender Abfrage in Erfahrung bringen:

1. Erstellen Sie eine neue Abfrage als Abfrageentwurf, fügen Sie die Tabelle **tblLieferant** hinzu, und ziehen Sie das Feld **Lieferant_Land** in den Abfrageentwurfsbereich.

2. Klicken Sie in einen beliebigen Bereich außerhalb der gerade hinzugefügten Spalte **Lieferant_Land**, um ihre Markierung aufzuheben.

3. Klicken Sie im Register **Abfrageentwurf** in der Gruppe **Einblenden/Ausblenden** auf **Eigenschaftenblatt**. Dieses wird nun am rechten Fensterrand eingeblendet.

4. Klicken Sie in das Feld rechts von **Keine Duplikate** ①, und wählen Sie nach einem Klick auf den Pfeil den Eintrag **Ja** aus.

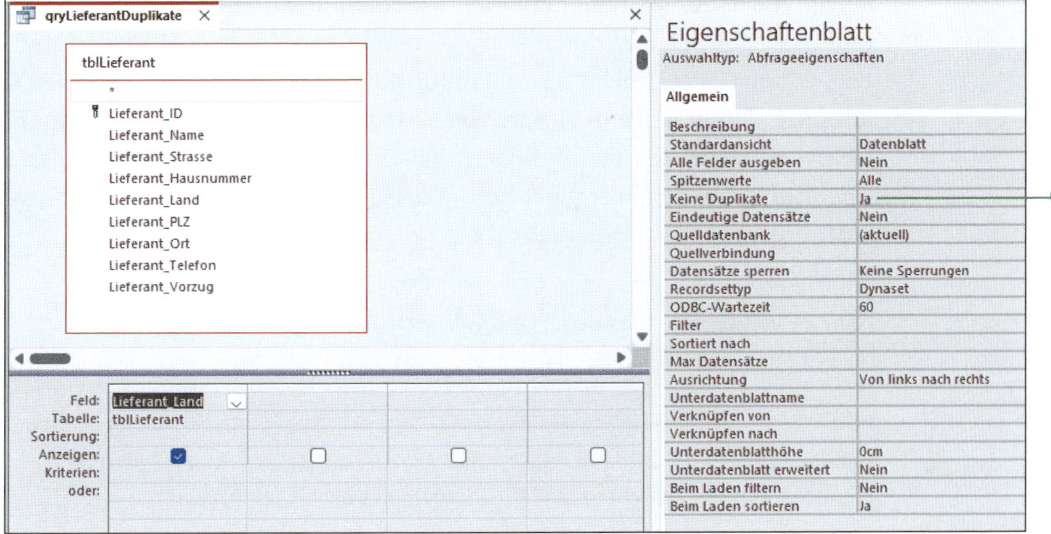

5. Führen Sie die Abfrage nun aus, erhalten Sie eine Übersicht über alle Länder, aus denen die Lieferanten stammen.

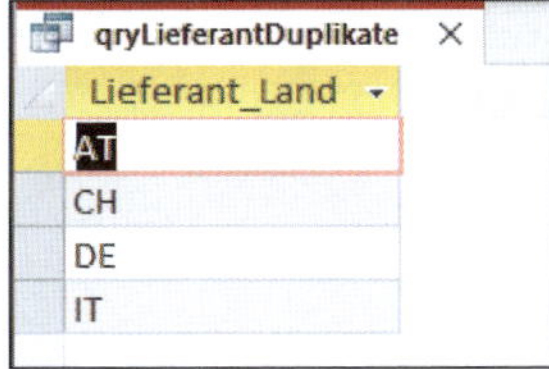

6.1.3 Mit Platzhaltern arbeiten

Im Kasten »Platzhalter nutzen« in Abschnitt 5.4, »Suchen, ersetzen, sortieren und filtern«, sind wir bereits im Zusammenhang mit den Filtern der Datenblattansicht auf den möglichen Einsatz von Platzhaltern eingegangen. Diese lassen sich auch wunderbar bei Abfragen mit Feldern des Datentyps **Kurzer Text** verwenden, wie die folgenden Beispiele zeigen.

Das Fragezeichen `?` dient als Platzhalter für ein einzelnes beliebiges Zeichen. Sind Sie sich bei der Schreibweise eines Kundennamens nicht ganz sicher, geben Sie für das Feld **Kunde_Name** als Kriterium z. B. `Me?er` ein. Im Abfrageergebnis werden damit sowohl die Kunden namens Meier als auch Meyer aufgeführt. Das Fragezeichen kann natürlich auch mehrfach eingesetzt werden. Mit dem Filterkriterium `M??er` lassen sich beispielsweise die Kundennamen Mayer,

Meyer, Meier, Maier, Maler oder auch Mader aufspüren. Nachdem Sie das Kriterium eingetippt und durch Drücken der Taste ↵ oder ⇆ bestätigt haben, ergänzt Access nicht nur die Anführungszeichen, sondern auch den Operator `Wie`. Dieser ist beim Einsatz von Platzhaltern zwingend nötig. Überprüfen Sie bei den Kriterien in Textfeldern daher zur Sicherheit, ob Access den `Wie`-Operator automatisch ergänzt hat. Ist dies nicht der Fall, müssen Sie ihn selbst hinzufügen.

Feld:	Kunde_ID	Kunde_Vorname	Kunde_Name	Kunde_Ort
Tabelle:	tblKunde	tblKunde	tblKunde	tblKunde
Sortierung:				
Anzeigen:	☑	☑	☑	☑
Kriterien:			Wie "M??er"	
oder:				

Abbildung 6.13 *Für Abfragen mit Platzhaltern müssen Sie den »Wie«-Operator ergänzen. Das Fragezeichen steht für ein einzelnes beliebiges Zeichen.*

Benötigen Sie einen Platzhalter für eine einzelne Ziffer, nutzen Sie die Raute `#`. In diesem Fall müssen Sie bei der Eingabe des Kriteriums den `Wie`-Operator sowie die Anführungszeichen immer selbst ergänzen. Benötigen Sie als Ergebnis beispielsweise einen bestimmten Postleitzahlenbereich, der mit **803** beginnt, geben Sie für das Feld **Kunde_PLZ** das vollständige Kriterium `Wie "803##"` ein.

Feld:	Kunde_ID	Kunde_Vorname	Kunde_Name	Kunde_PLZ
Tabelle:	tblKunde	tblKunde	tblKunde	tblKunde
Sortierung:				
Anzeigen:	☑	☑	☑	☑
Kriterien:				Wie "803##"
oder:				

Abbildung 6.14 *Beim Einsatz des Rauten-Platzhalters müssen Sie den »Wie«-Operator und die Anführungszeichen mit eintippen.*

Der Stern `*` kommt als Platzhalter für kein, ein oder mehrere beliebige Zeichen oder Ziffern zum Einsatz. Benötigen Sie aus der Tabelle **tblMengenEinheit** beispielsweise alle Mengeneinheiten, die als Gramm verkauft werden, tragen Sie für das Feld **MengenEinheit_Name** als Kriterium `*g` ein. Während der Eingabe blendet Access wieder eine vordefinierte Funktion ein, die Sie mithilfe der Esc-Taste oder auch per Klick in ein anderes Feld ausblenden können. Falls Ihnen die Funktionsvorschläge lästig sind, können Sie sie durch Eingabe der Anführungszeichen (also `"*g"` statt `*g`) auch vermeiden, denn damit interpretiert Access Ihren eingegebenen Ausdruck sofort korrekt als Textabfrage.

Feld:	MengenEinheit_ID	MengenEinheit_Nam
Tabelle:	tblMengenEinheit	tblMengenEinheit
Sortierung:		
Anzeigen:	☑	☑
Kriterien:		Wie "*g"
oder:		

qryMengenEinheitStern

MengenEinheit_ID	MengenEinheit_Name
7	Tafel 70 g
8	Tafel 100 g
9	Schachtel 100 g
10	Schachtel 200 g
11	Tüte 150 g
12	Tüte 250 g
13	Tüte 500 g
14	Glas 150 g
15	Glas 250 g

Abbildung 6.15 *Das Kriterium »Wie"*g"« zeigt als Ergebnis alle Gramm-Einheiten.*

Der Stern * kann zu Beginn, innerhalb oder auch am Ende eines Textes eingesetzt werden. Soll eine Abfrage beispielsweise alle Kunden ausgeben, deren Telefonnummer mit **+49 89** beginnen, geben Sie als Kriterium für das Feld **Kunde_ Telefonnummer** den Ausdruck `+49 89*` ein. Da es sich bei der Telefonnummer um ein Textfeld handelt, ergänzt Access automatisch den `Wie`-Operator sowie die Anführungszeichen, sobald Sie die [↵]- oder [⇆]-Taste drücken.

Falls Ihnen der Stern * zu ungenau ist, können Sie ein Kriterium auch mithilfe der eckigen Klammern `[` und `]` stärker eingrenzen. Innerhalb der Klammern geben Sie die Buchstaben vor, die an der entsprechenden Position stehen dürfen. Geben Sie als Filterkriterium etwa `Wie "Ma[yi]er"` ein, listet Access als Ergebnis beispielsweise die Namen Maier und Mayer, nicht aber die Namen Maler oder Mader auf.

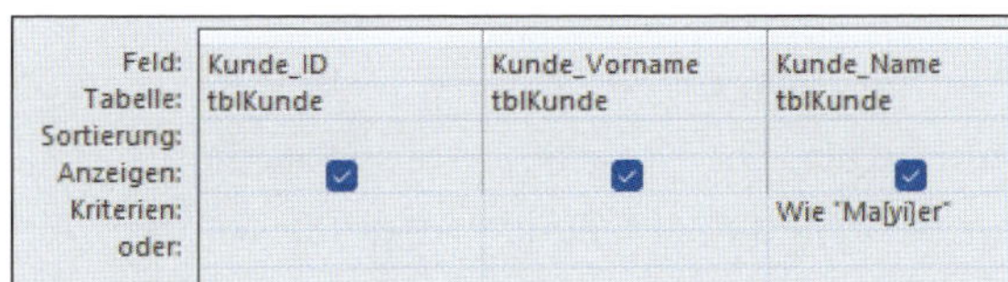

Abbildung 6.16 *Durch in eckige Klammern gesetzte Buchstaben können Sie vorgeben, welche Zeichen sich exakt an der angegebenen Position eines Textes befinden müssen.*

6.1.4 Verschiedene Auswahlkriterien miteinander kombinieren

Je mehr Daten in einer Datenbank erfasst werden, desto komplexer werden meist auch die Abfragen. Ein einzelnes Kriterium, wie in den vorherigen Abschnitten beschrieben, reicht häufig nicht aus. Mithilfe der booleschen Operatoren `Und` sowie `Oder` können Sie mehrere Auswahlkriterien miteinander kombinieren. Bei der Verwendung des Operators `Und` müssen alle Bedingungen erfüllt sein, beim `Oder`-Operator ist es ausreichend, wenn mindestens eine der aufgeführten Bedingungen zutrifft. Wie Sie die booleschen Operatoren einsetzen, zeigen die folgenden Beispiele.

Angenommen, Sie benötigen eine Übersicht über alle Lieferanten aus Deutschland, die zugleich Vorzugslieferanten sind. In diesem Fall kommt der boolesche Operator `Und` zum Einsatz. Alle Kriterien müssen in derselben Zeile eingegeben werden. Zum Erstellen der Abfrage gehen Sie folgendermaßen vor:

1. Erstellen Sie eine neue Abfrage in der Entwurfsansicht, fügen Sie die Tabelle **tblLieferant** hinzu, und übernehmen Sie die in der Abbildung unten zu sehenden Felder in den Abfrageentwurfsbereich.

2. Geben Sie für die Spalte **Lieferant_Land** in der Zeile **Kriterien** das Filterkriterium `DE` ein. In der gleichen Zeile tragen Sie in der Spalte **Lieferant_Vorzug** das Kriterium `Ja` ein.

3. Führen Sie die Abfrage z. B. per Klick auf **Ausführen** aus, erhalten Sie als Ergebnis nur die Vorzugslieferanten aus Deutschland.

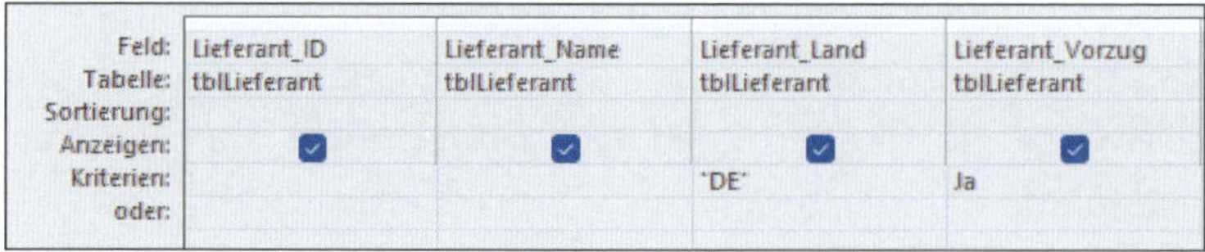

Feld:	Lieferant_ID	Lieferant_Name	Lieferant_Land	Lieferant_Vorzug
Tabelle:	tblLieferant	tblLieferant	tblLieferant	tblLieferant
Sortierung:				
Anzeigen:	☑	☑	☑	☑
Kriterien:			"DE"	Ja
oder:				

Ist es ausreichend, dass eine der aufgeführten Bedingungen erfüllt ist, kommt der boolesche Operator `Oder` zum Einsatz. Die Kriterien müssen in diesem Fall im Abfrageentwurfsbereich in unterschiedlichen Zeilen ergänzt werden. Als Beispiel wählen wir nochmals das vorherige Szenario, allerdings entsprechend abgewandelt: Das Abfrageergebnis soll nun eine Liste aller Lieferanten ausgeben, die aus Deutschland stammen *oder* zu den Vorzugslieferanten zählen.

Hierfür wird in der Zeile **Kriterien** der Spalte **Lieferant_Land** wieder DE eingetragen. Das Kriterium Ja für die Spalte **Lieferant_Vorzug** geben Sie dieses Mal aber eine Zeile tiefer ein.

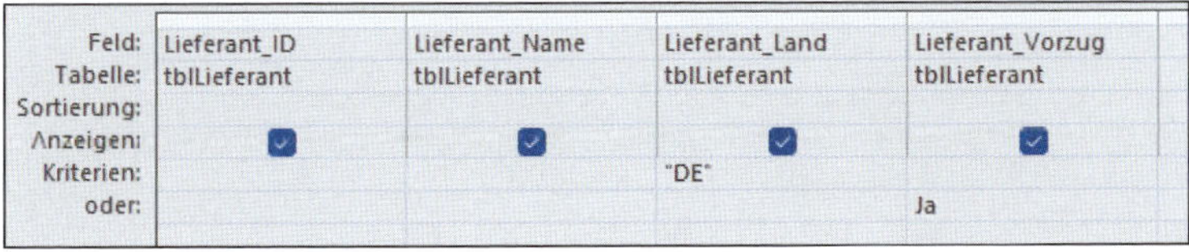

Feld:	Lieferant_ID	Lieferant_Name	Lieferant_Land	Lieferant_Vorzug
Tabelle:	tblLieferant	tblLieferant	tblLieferant	tblLieferant
Sortierung:				
Anzeigen:	☑	☑	☑	☑
Kriterien:			"DE"	
oder:				Ja

Abbildung 6.17 *Der Lieferant muss aus Deutschland stammen oder zu den Vorzugslieferanten zählen.*

Manchmal beziehen sich zwei oder mehr Bedingungen auch auf dasselbe Feld. Möchten Sie beispielsweise wissen, welche Lieferanten aus Deutschland oder Österreich stammen, verknüpfen Sie beide Kriterien mithilfe des Oder-Operators. Der gesamte Ausdruck in der Zeile **Kriterien** des Feldes **Lieferant_Land** lautet somit DE oder AT. Alternativ hierzu können Sie die Kriterien DE und AT auch in unterschiedlichen Zeilen ergänzen. Nach Bestätigung der Eingabe ergänzt Access jeweils automatisch die Anführungszeichen.

Feld:	Lieferant_ID	Lieferant_Name	Lieferant_Land
Tabelle:	tblLieferant	tblLieferant	tblLieferant
Sortierung:			
Anzeigen:	☑	☑	☑
Kriterien:			"DE" Oder "AT"
oder:			

Feld:	Lieferant_ID	Lieferant_Name	Lieferant_Land
Tabelle:	tblLieferant	tblLieferant	tblLieferant
Sortierung:			
Anzeigen:	☑	☑	☑
Kriterien:			"DE"
oder:			"AT"

Abbildung 6.18 *Beide Abfragen liefern das gleiche Ergebnis.*

Möchten Sie zu den beiden Kriterien Deutschland oder Österreich noch ein weiteres Kriterium in einem anderen Feld hinzufügen, müssen Sie genau darauf achten, in welcher Zeile Sie sie ergänzen. Sollen etwa nur die Vorzugslieferanten der beiden Länder ausgegeben werden, müssen Sie die Abfragekriterien wie in Abbildung 6.19 formulieren.

Feld:	Lieferant_ID	Lieferant_Name	Lieferant_Land	Lieferant_Vorzug
Tabelle:	tblLieferant	tblLieferant	tblLieferant	tblLieferant
Sortierung:				
Anzeigen:	☑	☑	☑	☑
Kriterien:			"DE" Oder "AT"	Ja
oder:				

Feld:	Lieferant_ID	Lieferant_Name	Lieferant_Land	Lieferant_Vorzug
Tabelle:	tblLieferant	tblLieferant	tblLieferant	tblLieferant
Sortierung:				
Anzeigen:	☑	☑	☑	☑
Kriterien:			"DE"	Ja
oder:			"AT"	Ja

Abbildung 6.19 *Bei der Verknüpfung von Kriterien über mehrere Felder hinweg müssen Sie darauf achten, in welcher Zeile Sie die Kriterien angeben.*

Der UND-Operator lässt sich auch zur Ermittlung von Wertebereichen einsetzen. Benötigen Sie beispielsweise eine Übersicht über alle im Mai 2023 getätigten Bestellungen, geben Sie für das Feld **Bestell_Datum** in der Zeile **Kriterien** den Ausdruck `>=01.05.23 Und <=31.05.23`. Sobald Sie die Eingabe durch Drücken der Taste **Eingabe** bestätigen, ergänzt Access automatisch die für Datumsfelder nötigen Rauten #. Falls Sie nicht so gerne mit den Vergleichsoperatoren > oder auch < arbeiten, verwenden Sie einfach den `Zwischen`-Operator, wie in Abbildung 6.20 unten zu sehen.

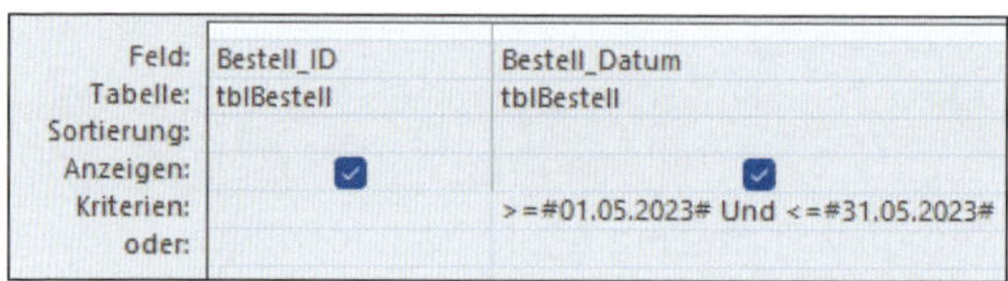

Feld:	Bestell_ID	Bestell_Datum
Tabelle:	tblBestell	tblBestell
Sortierung:		
Anzeigen:	☑	☑
Kriterien:		>=#01.05.2023# Und <=#31.05.2023#
oder:		

Feld:	Bestell_ID	Bestell_Datum
Tabelle:	tblBestell	tblBestell
Sortierung:		
Anzeigen:	☑	☑
Kriterien:		Zwischen #01.05.2023# Und #31.05.2023#
oder:		

Abbildung 6.20 *Beide Abfragen zeigen als Ergebnis die im Mai 2023 getätigten Bestellungen an.*

Das »Zoom«-Fenster für längere Auswahlkriterien nutzen

Wie bei der Dateneingabe in Tabellen kann es auch bei Abfragen passieren, dass die Breite einer Spalte nicht ausreicht, um den gesamten Eintrag anzuzeigen. Um für mehr Übersicht zu sorgen, können Sie eine Spalte z. B. vergrößern, indem Sie die Trennlinie zwischen zwei Spalten mit gedrückter linker Maustaste verschieben. Oder Sie nutzen das **Zoom**-Fenster zur Eingabe. Klicken Sie hierzu einmal in die Zelle, in der Sie etwas eingeben möchten. Drücken Sie dann die Tastenkombination [⇧] + [F2], um das **Zoom**-Fenster zu öffnen. Alternativ klicken Sie die Zelle mit der rechten Maustaste an und wählen im Kontextmenü den Befehl **Zoom**. Geben Sie nun im Fenster z. B. das Auswahlkriterium ein, und bestätigen Sie dann mit **OK**.

6.1.5 Mehr Flexibilität dank Parameter

In den bisherigen Beispielen dieses Kapitels wurden die Auswahlkriterien, also beispielsweise die Ortsangabe München, gemeinsam mit der Abfrage gespeichert. Ist eine Abfrage abgesehen von diesem Auswahlkriterium immer gleich, müssen Sie nicht für jedes Kriterium eine eigene Abfrage erzeugen oder das Auswahlkriterium vor dem Ausführen jeweils in der Entwurfsansicht anpassen. Weitaus praktischer ist es, die Kriterien als *Parameter* zu definieren. Beim Ausführen der Abfrage erscheint ein kleiner Dialog, in dem Sie das gewünschte Auswahlkriterium eingeben. Als Beispiel greifen wir wieder die Übersicht über Lieferanten nach Land auf. Um eine Parameterabfrage zu erzeugen, in der vor jeder Ausführung das gewünschte Länderkürzel eingetragen werden kann, gehen Sie folgendermaßen vor:

1. Erzeugen Sie eine neue Abfrage in der Entwurfsansicht, und fügen Sie die Tabelle **tblLieferant** hinzu. Übernehmen Sie die Felder **Lieferant_Name**, **Lieferant_Land**, **Lieferant_PLZ** und **Lieferant_Ort** in den Abfrageentwurfsbereich.

2. In der Spalte **Lieferant_Land** geben Sie nun kein festes Kriterium ein, sondern stattdessen den Parameter, z. B. `[Land]`. Die eckigen Klammern sind wichtig, um die Parameter zu kennzeichnen. Welchen Text Sie innerhalb dieser Klammern ergänzen, ist Ihnen frei überlassen, solange er nicht identisch ist mit einem Feldnamen. Der Parameter `[Lieferant_Land]` sollte also nicht gewählt werden.

3. Speichern Sie die Abfrage unter einem aussagekräftigen Namen, und führen Sie sie dann mit einem Klick auf **Ausführen** oder auch **Ansicht** aus.

4. Es wird nun automatisch der Dialog **Parameterwert eingeben** geöffnet. Tragen Sie darin das gewünschte Länderkürzel ein, etwa `CH` für die Schweiz, und bestätigen Sie mit **OK**.

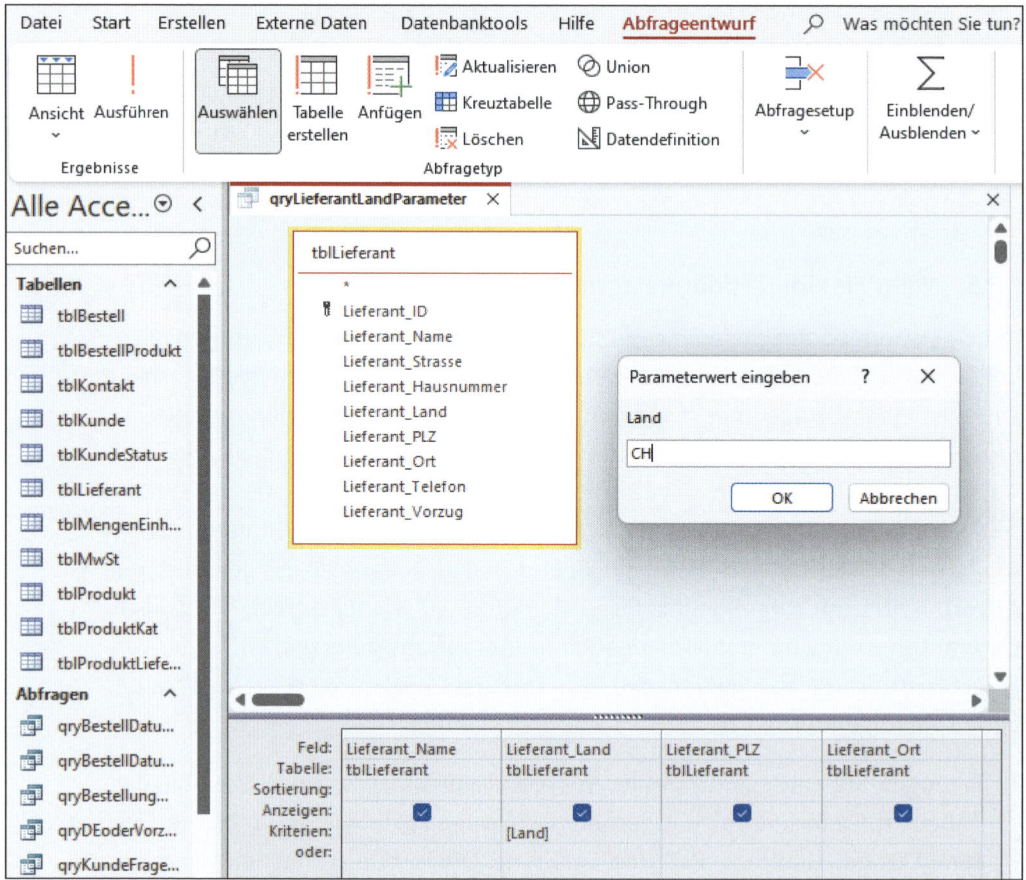

5. Access wechselt in die Datenblattansicht und zeigt das Ergebnis der Abfrage entsprechend den Parameterwert an.

Parameter lassen sich auch mit Operatoren wie `Oder`, `Und` sowie `Zwischen` verknüpfen. Sollen bei der Ausführung der Abfrage beispielsweise zwei Länderkürzel als Kriterium angegeben werden, tragen Sie zwei Parameter ein, die Sie mit einem `Oder` verknüpfen, wie in Abbildung 6.21 zu sehen. Führen Sie diese Abfrage aus, werden Sie im Dialog **Parameterwert eingeben** zur Eingabe des ersten Landes aufgefordert. Haben Sie dies mit **OK** bestätigt, erscheint der Dialog **Parameterwert eingeben** erneut, und Sie können das zweite Land hinzufügen.

Feld:	Lieferant_Name	Lieferant_Land	Lieferant_PLZ	Lieferant_Ort
Tabelle:	tblLieferant	tblLieferant	tblLieferant	tblLieferant
Sortierung:				
Anzeigen:	☑	☑	☑	☑
Kriterien:		[Land_1] Oder [Land_2]		
oder:				

Abbildung 6.21 *Zwei Parameter, die mit dem »Oder«-Operator verknüpft werden*

Um die Bestellungen innerhalb eines bestimmten Zeitraums abzufragen, geben Sie als Parameterausdruck beispielsweise `Zwischen [Datum_1] und [Datum_2]` ein. Auch hier erscheint bei der Ausführung der Dialog **Parameterwert eingeben** zweimal. Beim ersten Mal ergänzen Sie den Wert für den Parameter `[Datum_1]`, beim zweiten Mal den für `[Datum_2]`.

Parameterabfrage mit »Ja/Nein«-Feldern

Parameter lassen sich auch für Felder des Datentyps **Ja/Nein** definieren. Bei der Ausführung dürfen Sie als Parameterwert dann allerdings nicht »Ja« oder »Nein« eingeben. Um eine Fehlermeldung zu vermeiden, ist stattdessen die Eingabe `-1` für »Ja« und `0` für »Nein« nötig.

Parameter lassen sich auch mit den bereits vorgestellten Platzhaltern kombinieren. Soll für eine Abfrage beispielsweise nur der erste Buchstabe eines Ortes angegeben werden, erfüllt das Kriterium `Wie [Buchstabe] & "*"` genau diesen Zweck. Wichtig ist hier wieder die Angabe des `Wie`-Operators. Anschließend folgt der Parameter `[Buchstabe]`. Dieser wird mit dem Platzhalter Stern `*` über ein `&`-Symbol verknüpft. Die Anführungszeichen rund um den Stern müssen Sie nicht unbedingt selbst eingeben. Sobald Sie die Eingabe des Kriteriums durch Drücken der Taste ↵ bestätigen, fügt Access sie automatisch hinzu.

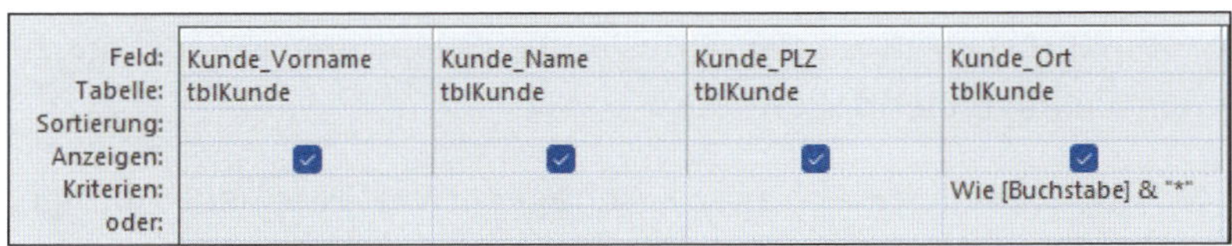

Feld:	Kunde_Vorname	Kunde_Name	Kunde_PLZ	Kunde_Ort
Tabelle:	tblKunde	tblKunde	tblKunde	tblKunde
Sortierung:				
Anzeigen:	☑	☑	☑	☑
Kriterien:				Wie [Buchstabe] & "*"
oder:				

Abbildung 6.22 *Hier werden Parameter und Platzhalter miteinander kombiniert.*

6.2 Berechnungen durchführen und Funktionen nutzen

In Excel lassen sich Berechnungen direkt in Tabellen durchführen. Access bietet hierfür zwar auch einen eigenen Felddatentyp **Berechnet** an (siehe dazu Abschnitt 4.2.9, »Der Felddatentyp ›Berechnet‹«), auf den Sie aber möglichst verzichten sollten, da er sich negativ auf die Performance der Datenbank auswirkt. Berechnungen sollten Sie in Access stattdessen in Abfragen durchführen.

In diesem Abschnitt lernen Sie, wie Sie berechnete Felder in Abfragen erstellen. Außerdem geben wir einen kurzen Überblick über die bereits vordefinierten Funktionen, die Sie für Ihre Abfragen nutzen können.

6.2.1 Einfache Berechnungen durchführen

Um innerhalb einer Abfrage eine Berechnung durchzuführen, wird ein sogenanntes *berechnetes Feld* erzeugt. Für die Berechnung können Sie die Daten aus einem oder auf mehreren Feldern verwenden. Dabei kann es sich z. B. um Zahl-, Währungs- und Datumsfelder handeln. Als Berechnungsoperatoren stehen Ihnen die vier Grundrechenarten Addition (+), Subtraktion (-), Multiplikation (*) und Division (/) zur Verfügung. Bei der Berechnung gilt auch hier selbstverständlich die Regel »Punktrechnung geht vor Strichrechnung«. Achten Sie daher auf die korrekte Klammersetzung.

Access ermöglicht auch Exponentialrechnungen. Hierfür wird der Operator ^ eingesetzt. Der Ausdruck `2^3` entspricht 2 * 2 * 2 und ergibt als Ergebnis 8.

Falls Sie in Ihren Berechnungen Feldnamen verwenden, müssen Sie sie in eckige Klammern [und] setzen. Meist übernimmt Access dies automatisch, wie Sie in den folgenden Beispielen sehen. Achten Sie bei den Feldnamen unbedingt auf die korrekte Schreibweise (siehe Kasten »Fehler durch falsche Feldnamen korrigieren«).

In unserem ersten Berechnungsbeispiel soll für eine Rabattaktion ein um 10 % reduzierter Produktpreis ermittelt werden. Um die entsprechende Abfrage zu erzeugen, gehen Sie folgendermaßen vor:

1. Erstellen Sie über **Erstellen • Abfragen • Abfrageentwurf** eine neue Abfrage. Fügen Sie ihr die Tabelle **tblProdukt** hinzu. Ziehen Sie die Felder **Produkt_Titel** und **Produkt_VerkPreis** nach unten in den Abfrageentwurfsbereich.

2. Speichern Sie die Abfrage unter dem Namen »qryProduktRabatt«.

3. Nun wird das berechnete Feld hinzugefügt. Geben Sie hierzu im Abfrageentwurfsbereich in der Zeile **Feld** in der leeren Spalte rechts von **Produkt_VerkPreis** den Ausdruck `Produkt_VerkPreis*0,9` ein. Bestätigen Sie die Eingabe durch Drücken der Taste [↵]. Access setzt den Feldnamen **Produkt_VerkPreis** automatisch in eckige Klammern. Außerdem wird vor dem Ausdruck der Text `Ausdr1:` ergänzt.

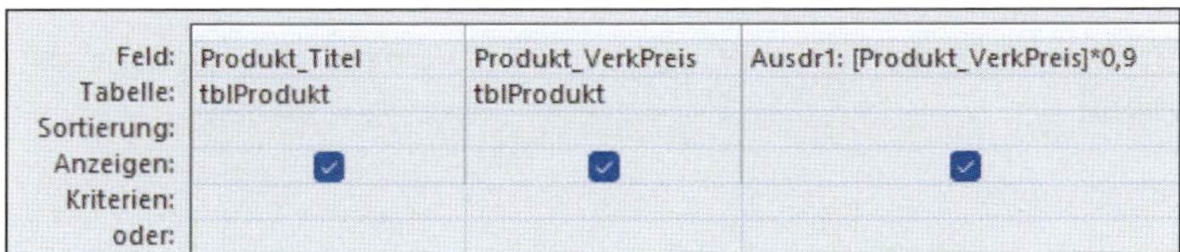

4. Den Text `Ausdr1` sollten Sie durch eine eindeutigere Bezeichnung ersetzen. Für unser Beispiel wählen wir `VerkPreis_Rab`. Achten Sie darauf, dass der Doppelpunkt (:) erhalten bleibt. Diese Bezeichnung wird später in den Abfrageergebnissen als Feldname angezeigt, wie Sie in der Abbildung nach Schritt 7 sehen.

5. Klicken Sie anschließend in eine beliebige Zelle innerhalb der Berechnungsspalte. Rufen Sie über das Register **Abfrageentwurf** in der Gruppe **Einblenden/Ausblenden** das **Eigenschaftenblatt** auf.

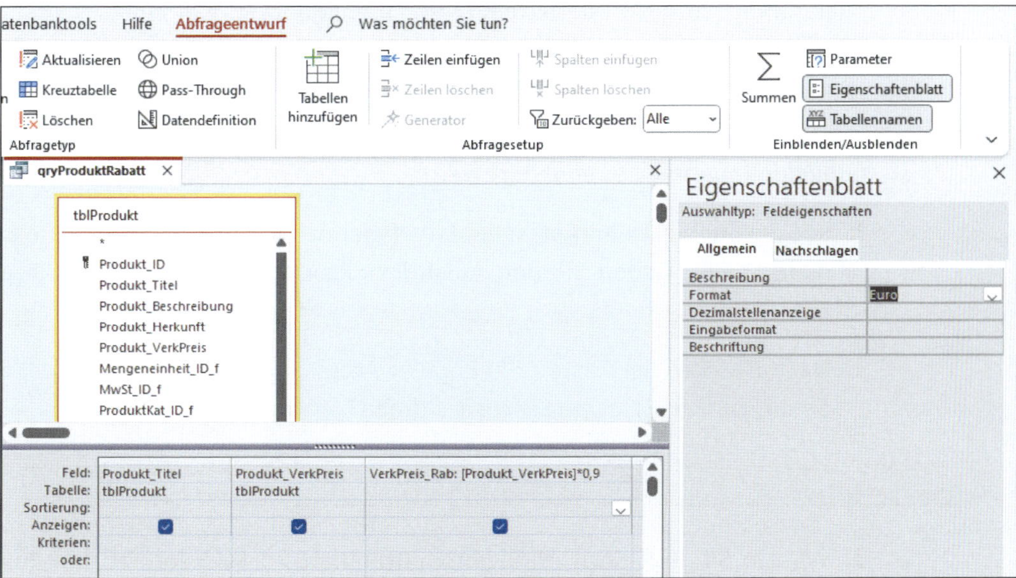

6. Klicken Sie im **Eigenschaftenblatt** in das Feld rechts von **Format**. Nach einem Klick auf den Pfeil wählen Sie **Euro** aus.

7. Speichern Sie die Abfrage nochmals, und führen Sie sie dann per Klick auf **Ausführen** aus. In der Datenblattansicht werden alle Produkte mit dem regulären und dem um 10 % verminderten Preis angezeigt.

qryProduktRabatt

Produkt_Titel	Produkt_VerkPreis	VerkPreis_Rab
Tomate Ochsenherz	8,99 €	8,09 €
Roma-Tomate	5,99 €	5,39 €
Aprikosen, süß, getrocknet	5,99 €	5,39 €
Ananas, getrocknet	3,49 €	3,14 €
Studentenfutter	3,89 €	3,50 €
Schokolade Edelbitter, 70 Gramm	3,75 €	3,38 €
Schokolade Vollmilch, 100 Gramm	2,49 €	2,24 €

Fehler durch falsche Feldnamen korrigieren

Falls Sie sich bei der Eingabe eines Feldnamens vertippt haben, werden Sie nach dem Ausführen der Abfrage zur Eingabe eines Parameterwertes aufgefordert. Brechen Sie die Abfrage in diesem Fall ab. Überprüfen Sie im Abfrageentwurfsbereich die Feldnamen innerhalb des Ausdrucks, und korrigieren Sie die Tippfehler. Speichern Sie die Abfrage erneut, und führen Sie die Abfrage aus. Nun sollte kein Dialog mehr geöffnet werden.

Ein berechnetes Feld kann selbst wieder für weitere Berechnungen genutzt werden. In unserem Beispiel soll die vorherige Abfrage um ein Feld zur Berechnung des Rabattwertes erweitert werden.

1. Klicken Sie hierzu im Abfrageentwurfsbereich in der Zeile **Feld** in die erste leere Spalte. Geben Sie den Ausdruck `[Produkt_VerkPreis]-[VerkPreis_Rab]` ein.

2. Nach Drücken der Taste ↵ ergänzt Access wieder den Text `Ausdr1:` vor dem Ausdruck. Ersetzen Sie `Ausdr1` durch `Rabattwert`.

Feld:	Produkt_VerkPreis	VerkPreis_Rab: [Produkt_VerkPreis]*0,9	Rabattwert: [Produkt_VerkPreis]-[VerkPreis_Rab]
Tabelle:	tblProdukt		

3. Wählen Sie nun noch im **Eigenschaftenblatt** im Feld **Format** den Eintrag **Euro** aus. Speichern Sie die Abfrage, und führen Sie sie aus.

qryProduktRabatt

Produkt_Titel	Produkt_VerkPreis	VerkPreis_Rab	Rabattwert
Tomate Ochsenherz	8,99 €	8,09 €	0,90 €
Roma-Tomate	5,99 €	5,39 €	0,60 €
Aprikosen, süß, getrocknet	5,99 €	5,39 €	0,60 €
Ananas, getrocknet	3,49 €	3,14 €	0,35 €
Studentenfutter	3,89 €	3,50 €	0,39 €
Schokolade Edelbitter, 70 Gramm	3,75 €	3,38 €	0,38 €
Schokolade Vollmilch, 100 Gramm	2,49 €	2,24 €	0,25 €

Schnell eine Top-Ten-Liste erstellen

Sie sind gar nicht an allen Datensätzen interessiert, die eine Abfrage als Ergebnis ausgibt, sondern benötigen nur eine Auswahl, etwa die fünf teuersten Produkte? Solch eine Top-Ten-Liste, bzw. in diesem Fall Top Five ist in Access schnell erzeugt. Wichtig ist, dass die Abfrage nach dem Feld sortiert ist, das die Basis der Bestenliste darstellt. Für das Beispiel der fünf teuersten Produkte müssten Sie also für das Feld **Produkt_VerkPreis** in der Zeile **Sortierung** das Sortierkriterium **Absteigend** einstellen.

Im Register **Abfrageentwurf** klicken Sie in der Gruppe **Abfragesetup** auf den Pfeil rechts vom Feld **Zurückgeben** und wählen einen der vorgegebenen Werte aus, für unser Beispiel die **5**. Falls Sie einen anderen Wert benötigen (z. B. 10), können Sie ihn auch direkt in das Feld eintippen. Führen Sie die Abfrage nun aus, werden nur die fünf teuersten Produkte in der Datenblattansicht aufgeführt. Kommt ein Preis doppelt vor, wird er auch doppelt in der Ergebnisliste aufgeführt.

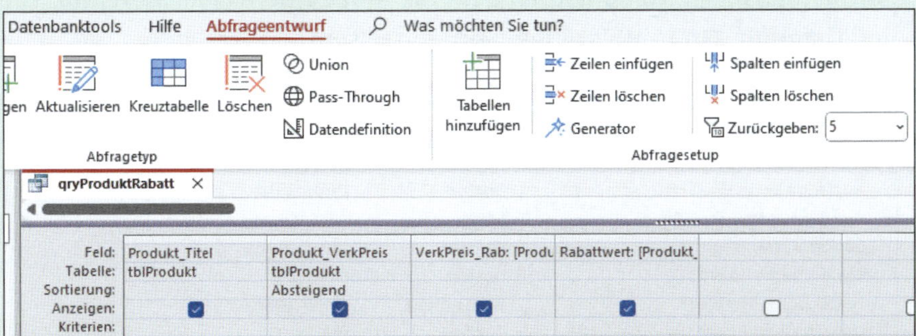

Abbildung 6.23 *Sie können die Anzahl der Datensätze in den Abfrageergebnissen begrenzen.*

6.2.2 Felder mit dem &-Operator verketten

Wurde bei der Erstellung der Tabellenstruktur die erste Normalform berücksichtigt, sollte kein Feld der Tabelle weiter aufteilbar sein (siehe Abschnitt 1.3.2, »Fehler mithilfe der Normalisierung vermeiden«). Namen und Vornamen oder auch Länderkürzel, Postleitzahl und Ort werden somit in getrennten Feldern gespeichert. Für manche Abfragen, Formulare und Berichte ist es aber sinnvoll, einzelne Felder wieder zu verbinden. Dazu dient der *&-Operator*, wie das folgende Beispiel zeigt.

1. Erstellen Sie eine neue Abfrage in der Entwurfsansicht, und fügen Sie die Tabelle **tblLieferant** hinzu. Ziehen Sie die Felder **Lieferant_Name**, **Lieferant_Land** und **Lieferant_Ort** in den Abfrageentwurfsbereich.
2. In das Feld rechts von **Lieferant_Ort** geben Sie den Ausdruck `[Lieferant_Land]&"-"&[Lieferant_Ort]` ein. Bestätigen die Eingabe durch Drücken der Taste [↵].
3. Den von Access hinzugefügten Text `Ausdr1` überschreiben Sie mit `Kombifeld`. Achten Sie darauf, dass der Doppelpunkt (:) beibehalten wird.

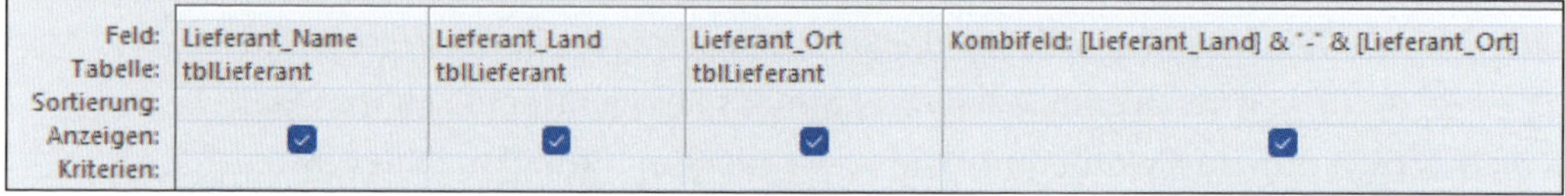

Feld:	Lieferant_Name	Lieferant_Land	Lieferant_Ort	Kombifeld: [Lieferant_Land] & "-" & [Lieferant_Ort]
Tabelle:	tblLieferant	tblLieferant	tblLieferant	
Sortierung:				
Anzeigen:	☑	☑	☑	☑
Kriterien:				

4. Speichern Sie die Abfrage, und führen Sie sie aus. Das Abfrageergebnis enthält nun das Feld **Kombifeld**, in dem die Inhalte der Felder **Lieferant_Land** und **Lieferant_Ort** mittels eines - verbunden sind.

qryKombifeldLieferant

Lieferant_Name	Lieferant_Land	Lieferant_Ort	Kombifeld
Obsthof Wolf	DE	Apfelwiese	DE-Apfelwiese
Hofladen Lenz	DE	Dorfen	DE-Dorfen
Kräuterexperte Sch\	AT	Salzberg	AT-Salzberg
Bäckerei Naumann	DE	Harmlos	DE-Harmlos
Biolädchen Wimmei	DE	Dorfen	DE-Dorfen
Feinkost Mohlermar	CH	Winterburg	CH-Winterburg
Delikatessen Rossi	IT	Bozen	IT-Bozen

Bei der Eingabe des Ausdrucks sollten Sie unbedingt die Syntax beachten, um das gewünschte Ergebnis zu erzielen. Hier drei Beispiele:

- `[Feldname]&[Feldname]` liefert eine Verkettung ohne Leerzeichen.
- `[Feldname]&" "&[Feldname]` liefert eine Verkettung mit Leerzeichen.
- `[Feldname]&" - "&[Feldname]` liefert eine Verkettung mit Leerzeichen, Bindestrich, Leerzeichen.

Möchten Sie bei fehlenden Feldinhalten das Leerzeichen oder auch den Bindestrich unterdrücken, ersetzen Sie das &-Zeichen durch das +-Zeichen. In unserem Beispiel führt der Ausdruck `Kombifeld: [Lieferant_Land]+"-"&[Lieferant_Ort]` bei fehlendem Länderkürzel zu dem in Abbildung 6.24 sichtbaren Ergebnis.

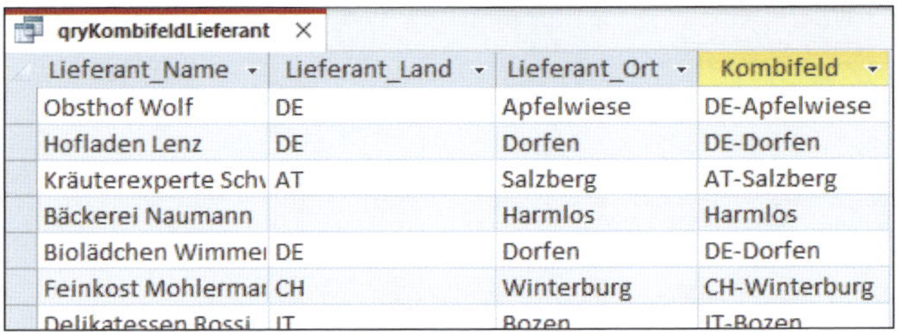

qryKombifeldLieferant

Lieferant_Name	Lieferant_Land	Lieferant_Ort	Kombifeld
Obsthof Wolf	DE	Apfelwiese	DE-Apfelwiese
Hofladen Lenz	DE	Dorfen	DE-Dorfen
Kräuterexperte Schv	AT	Salzberg	AT-Salzberg
Bäckerei Naumann		Harmlos	Harmlos
Biolädchen Wimmei	DE	Dorfen	DE-Dorfen
Feinkost Mohlermai	CH	Winterburg	CH-Winterburg
Delikatessen Rossi	IT	Bozen	IT-Bozen

Abbildung 6.24 *Wurde ein Länderkürzel nicht angegeben, zeigt das Kombifeld lediglich den Ortsnamen an. Auf den Bindestrich wird verzichtet.*

6.2.3 Integrierte Funktionen nutzen

Access bietet mehr als 160 vordefinierte Funktionen an, die Sie für Ihre Berechnungen nutzen können. Sie können die Funktionen entweder selbst über die Tastatur eingeben oder, wie wir in diesem Abschnitt zeigen werden, mithilfe des *Ausdrucks-Generators*. Bevor Sie eine der Funktionen wählen, sollten Sie bereits eine Vorstellung davon haben, was die Funktion bewirkt und welches Ergebnis Sie mit ihr erzielen möchten. Denn obwohl der Ausdrucks-Generator eine Vielzahl von Möglichkeiten bietet, ist die Navigation durch die Ausdruckselemente, Ausdruckskategorien und Ausdruckswerte nicht immer auf den ersten Blick schlüssig.

Bevor wir uns einem konkreten Beispiel zuwenden, möchten wir Ihnen zur besseren Orientierung einen Überblick über das Fenster des Ausdrucks-Generators geben. Der Ausdrucks-Generator lässt sich über die Schaltfläche **Generator** in der Gruppe **Abfragesetup** des Registers **Abfrageentwurf** aufrufen.

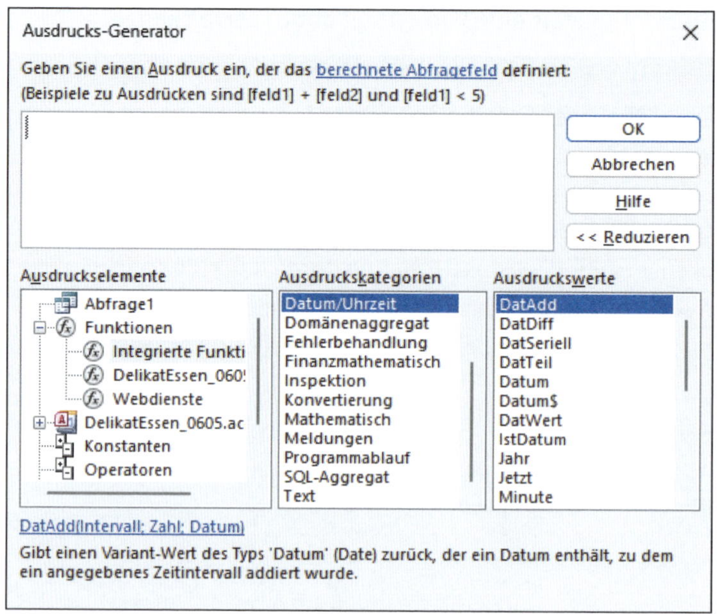

Abbildung 6.25 *Der Ausdrucks-Generator*

Im oberen Feld des Dialogs **Ausdrucks-Generator** wird der eigentliche Ausdruck eingegeben. Die drei Listen im unteren Bereich des Generators gehören zusammen und bauen aufeinander auf. Die Liste **Ausdruckselemente** ermöglicht die Navigation in allen Objekten innerhalb der Datenbank. Bei Tabellen, Abfragen, Formularen und Berichten navigieren Sie per Klick auf das vorangestellte Pluszeichen jeweils zur nächstniedrigeren Ebene. Markieren Sie z. B. eine Tabelle, werden die Felder dieser Tabelle in der Liste **Ausdruckskategorien** aufgeführt und können per Doppelklick in das obere Feld übertragen werden.

In der Liste **Ausdruckselemente** finden Sie **Funktionen** (u. a. **Datum/Uhrzeit**, **Finanzmathematisch**, **Mathematisch** und **Text**, vergleichbar mit dem Funktionsassistenten in MS Excel), **Konstanten** (**Null**, **Wahr**, **Falsch**) und **Operatoren** (Operatoren für arithmetische, logische, vergleichstechnische Ausdrücke und Zeichenfolgen). Markieren Sie in der Liste ein Element, werden die dazugehörigen Kategorien in der Liste **Ausdruckskategorien** und die vorhandenen Werte in der Liste **Ausdruckwerte** eingeblendet. Von dort können Sie sie ebenfalls mit einem Doppelklick in das obere Feld übertragen. Sollten Sie sich bei der Auswahl unsicher sein, erhalten Sie unterhalb der Listen jeweils zu dem markierten Ausdruck eine kurze Erläuterung.

Anhand zweier Beispiele zeigen wir Ihnen nun, wie Sie mithilfe des Ausdrucks-Generators einen Ausdruck erzeugen.

Im ersten Beispiel soll auf Basis einer Wenn-dann-Abfrage anhand des Kundenstatus ermittelt werden, ob einem Kunden ein Sonderrabatt eingeräumt wird oder nicht. Hierfür werden die Tabellen **tblKunde** und **tblKundeStatus** benötigt.

1. Erstellen Sie eine neue Abfrage in der Entwurfsansicht, und fügen Sie die Tabelle **tblKunde** und anschließend die Tabelle **tblKundeStatus** hinzu. Ziehen Sie die beiden Felder **Kunde_Name** und **KundeStatus_Status** in den Abfrageentwurfsbereich.

2. Speichern Sie die Abfrage unter dem Namen »qryGenerator1«. Das Speichern ist wichtig, damit die Felder im Ausdrucks-Generator zur Verfügung stehen.

3. Klicken Sie in das Feld rechts von **KundeStatus_Status**. Öffnen Sie den Ausdrucks-Generator über **Abfrageentwurf • Abfragesetup • Generator**.

4. Klicken Sie in der Liste **Ausdruckselemente** auf das Plussymbol vor **Funktionen** und dann auf **Integrierte Funktionen**. In der Liste **Ausdruckskategorien** markieren Sie **Programmablauf**. Wählen Sie nun in der Liste **Ausdruckswerte** den Wert **Wenn** per Doppelklick aus. Die Funktion wird damit in das obere Feld des Ausdrucks-Generators übertragen.

   Als Nächstes ersetzen Sie die drei Platzhalter in der Funktion durch die Feldnamen und die Bedingung, die erfüllt sein soll.

5. Markieren Sie zunächst den Platzhalter `«Ausdruck»` per Mausklick. Navigieren Sie dann in der Liste **Ausdruckselemente** zur Abfrage **qryGenerator1**. Sobald Sie sie angeklickt haben, können Sie in der Liste **Ausdruckskategorien** das Feld **KundeStatus_Status** per Doppelklick in das obere Feld übernehmen.

6. Im oberen Feld erscheint hinter dem Feldnamen nun der Platzhalter `«Ausdr»`. Markieren Sie ihn per Mausklick, und überschreiben Sie ihn mit der Bedingung `="VIP-Kunde"`. Als Nächstes markieren Sie den Platzhalter `«True-Teil»` und ersetzen ihn durch `"Sonderrabatt"`. Analog gehen Sie mit dem `«False-Teil»` vor, den Sie durch `"kein Sonderrabatt"` ersetzen. Achten Sie darauf, die Texte in Anführungszeichen " " zu setzen.

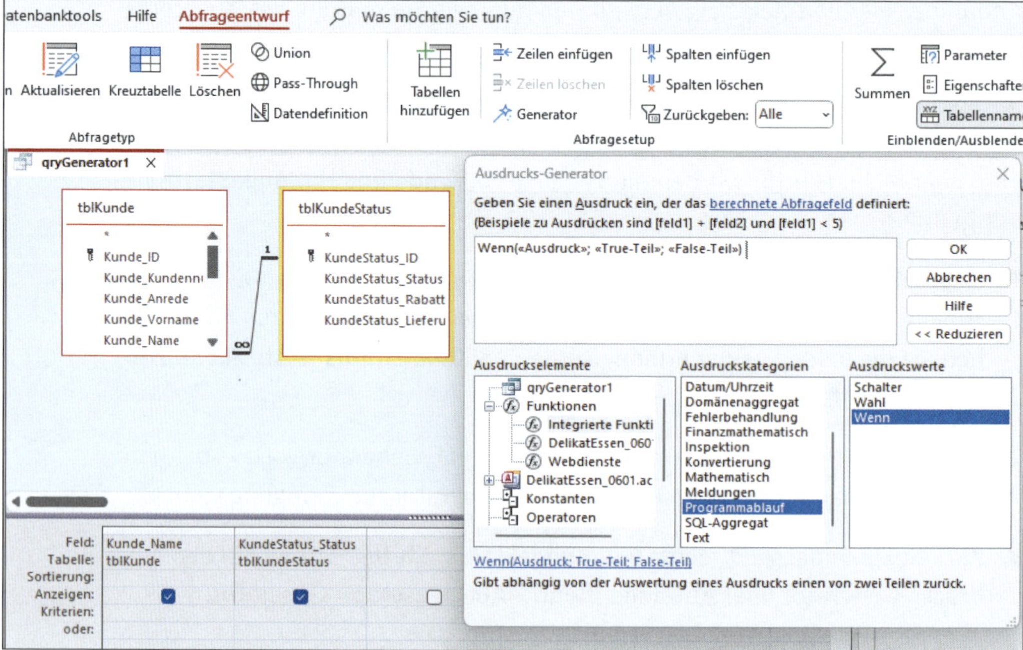

7. Schließen Sie den Dialog mit **OK**.

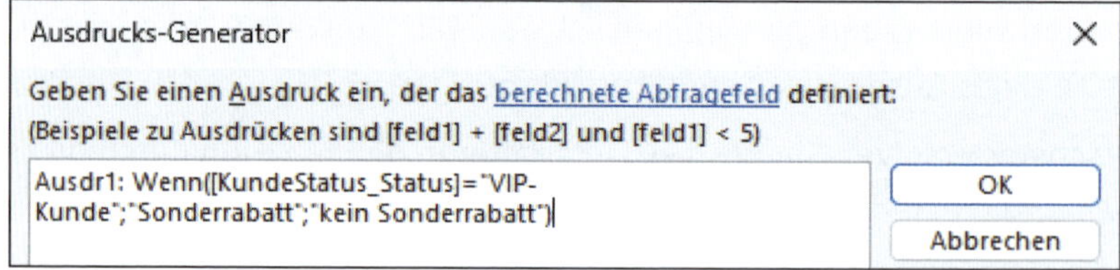

8. Der Ausdruck wird nun im Abfrageentwurfsbereich eingeblendet. Access fügt zu Beginn ein `Ausdr1:` hinzu. Markieren Sie diesen Text, und ersetzen Sie ihn durch `Aktion:`. Hier ist wieder wichtig, dass Sie den Doppelpunkt beibehalten.

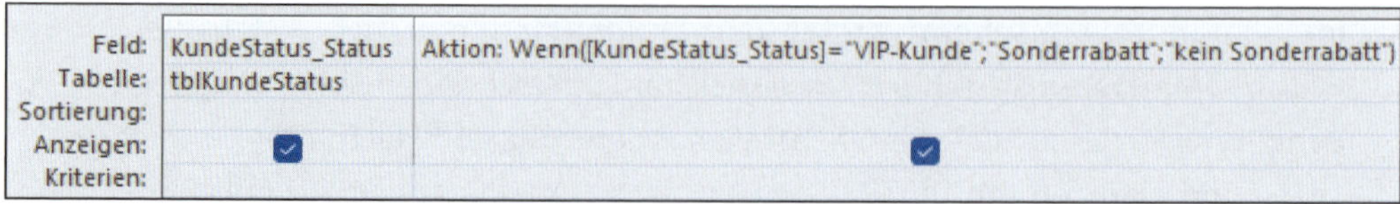

9. Speichern Sie die Abfrage, und führen Sie sie anschließend aus.

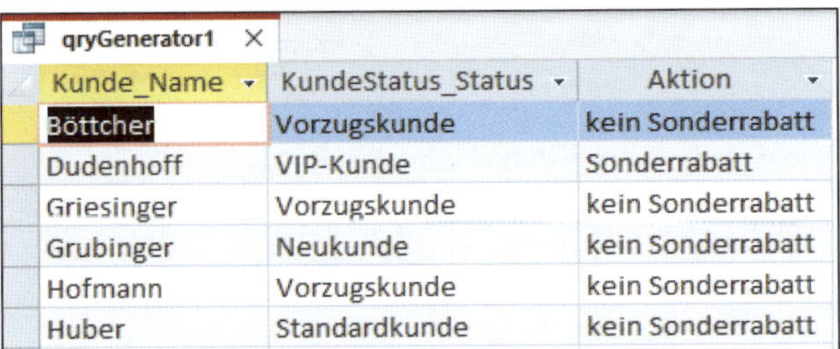

qryGenerator1

Kunde_Name	KundeStatus_Status	Aktion
Böttcher	Vorzugskunde	kein Sonderrabatt
Dudenhoff	VIP-Kunde	Sonderrabatt
Griesinger	Vorzugskunde	kein Sonderrabatt
Grubinger	Neukunde	kein Sonderrabatt
Hofmann	Vorzugskunde	kein Sonderrabatt
Huber	Standardkunde	kein Sonderrabatt

Die in diesem Beispiel fest vorgegebene Bedingung kann ebenso wie der `True`- sowie der `False`-Teil auch durch ein Feld oder eine Kombination aus Feld und Operator ersetzt werden. Voraussetzung hierfür ist jedoch, dass die Felder in der Abfrage verfügbar sind, sprich im Abfrageentwurfsbereich ergänzt wurden (siehe Schritt 1 und 2).

In unserem zweiten Beispiel wird anhand der Geburtstage das heutige Alter der Kunden berechnet, um für Kunden ab einem Alter von 50 eine Sonderaktion anzubieten. In der Abfrage wird eine entsprechende Bedingung hinterlegt.

1. Erstellen Sie eine neue Abfrage in der Entwurfsansicht. Fügen Sie die Tabelle **tblKunde** hinzu, und ziehen Sie die Felder **Kunde_Vorname**, **Kunde_Name** und **Kunde_Geburtsdatum** nach unten in den Abfrageentwurfsbereich.
2. Speichern Sie die Abfrage unter dem Namen »qryGenerator2«.
3. Klicken Sie im Aufgabenbereich in das Feld rechts von **Kunde_Geburtsdatum**, und rufen Sie über **Abfrageentwurf • Abfragesetup • Generator** den Ausdrucks-Generator auf.
4. Klicken Sie in der Liste **Ausdruckselemente** auf das Pluszeichen vor **Funktionen** und dann auf **Integrierte Funktionen**. In der Liste **Ausdruckskategorien** markieren Sie **Datum/Uhrzeit**. Wählen Sie in der Liste **Ausdruckswerte** das **Datum** per Doppelklick aus.
5. Beenden Sie den Ausdrucks-Generator mit einem Klick auf **OK**.
6. Access ergänzt den Ausdruck im Aufgabenbereich automatisch um den Text `Ausdr1:`. Markieren Sie diesen Text, und ersetzen Sie ihn durch `Heute:`. Speichern Sie die Abfrage.

7. Klicken Sie in das Feld rechts von **Heute: Datum()**. Rufen Sie den Ausdrucks-Generator auf.

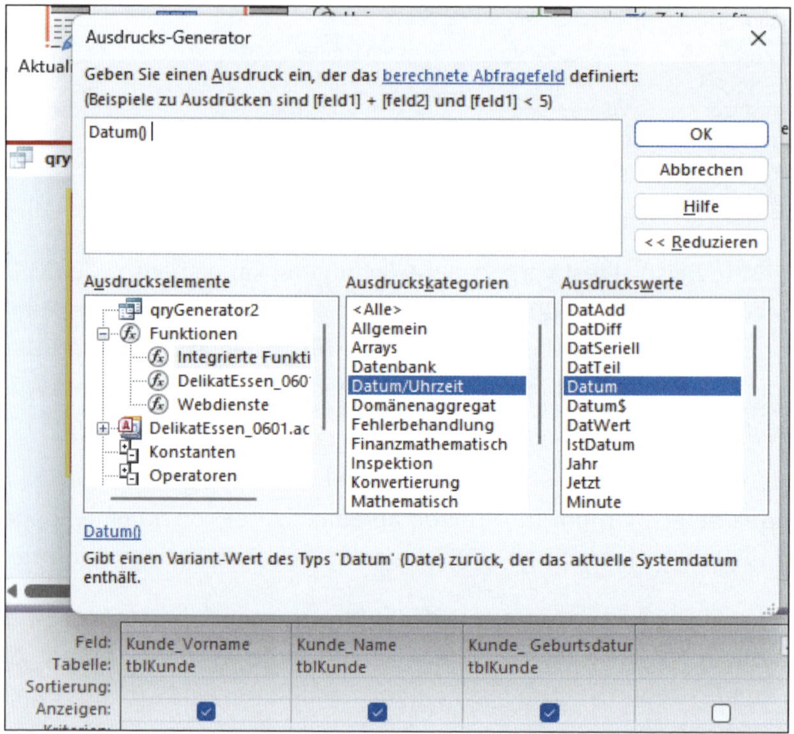

8. Darin erzeugen Sie im oberen Feld den Ausdruck `([Heute]-[Kunde_Geburtsdatum])/365`. Schließen Sie den Ausdrucks-Generator mit einem Klick auf **OK**.

9. Ersetzen Sie im Anzeigebereich den von Access automatisch hinzugefügten Text `Ausdr1:` durch `Alter:`.

10. Blenden Sie über **Abfrageentwurf • Einblenden/Ausblenden** das **Eigenschaftenblatt** ein. Wählen Sie im Feld **Format** die **Standardzahl** aus und im Feld **Dezimalstellenanzeige** die **0**. Ab und an verschluckt sich Access hier leider und bietet das Feld **Dezimalstellenanzeigen** erst dann an, wenn Sie zuvor im Feld **Format** andere Einstellungen ausprobiert haben. Speichern Sie die Abfrage erneut.

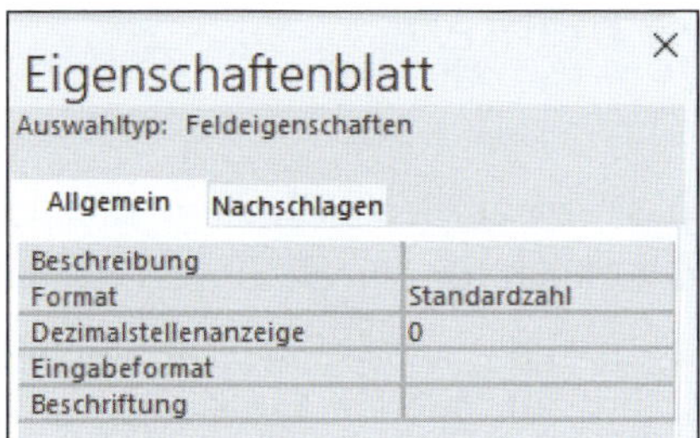

11. Klicken Sie im Abfrageentwurfsbereich in das Feld der nächsten freien Spalte, und öffnen Sie erneut den Ausdrucks-Generator.

Wählen Sie wie im ersten Beispiel gezeigt **Funktionen • Integrierte Funktionen • Programmablauf • Wenn** aus.

12. Erzeugen Sie im oberen Feld des Ausdrucks-Generators den Ausdruck `Wenn([Alter]>50;"Sonderaktion";"keine Sonderaktion")`. Das Vorgehen hierzu haben wir ebenfalls im ersten Beispiel gezeigt. Beenden Sie den Ausdrucks-Generator mit **OK**.

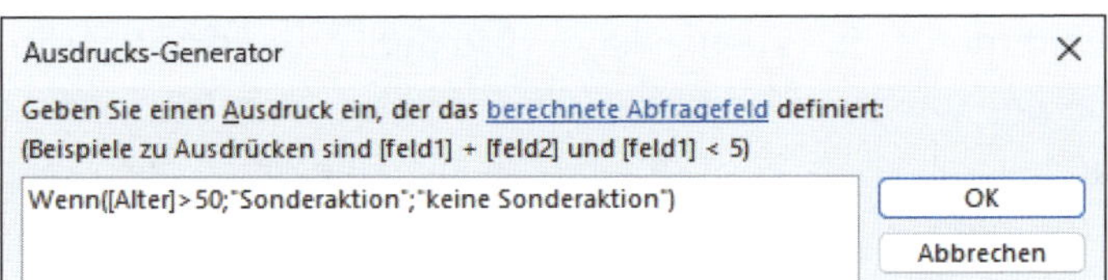

13. Access ergänzt das Feld im Abfrageentwurfsbereich automatisch um den Text `Ausdr1:`. Ersetzen Sie ihn durch `Aktion:`.

14. Speichern Sie die Abfrage erneut, bevor Sie sie ausführen.

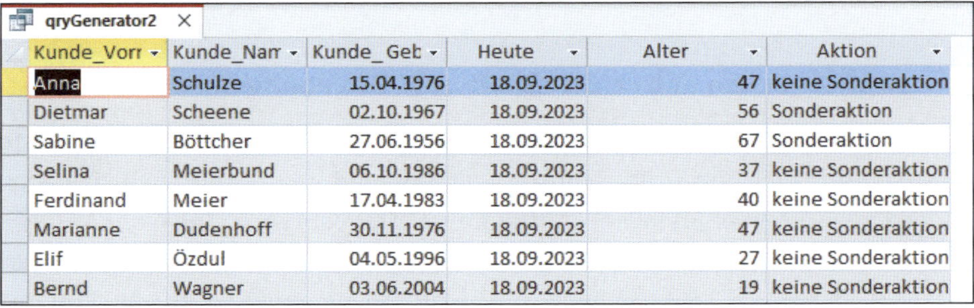

qryGenerator2

Kunde_Vorr	Kunde_Narr	Kunde_Geb	Heute	Alter	Aktion
Anna	Schulze	15.04.1976	18.09.2023	47	keine Sonderaktion
Dietmar	Scheene	02.10.1967	18.09.2023	56	Sonderaktion
Sabine	Böttcher	27.06.1956	18.09.2023	67	Sonderaktion
Selina	Meierbund	06.10.1986	18.09.2023	37	keine Sonderaktion
Ferdinand	Meier	17.04.1983	18.09.2023	40	keine Sonderaktion
Marianne	Dudenhoff	30.11.1976	18.09.2023	47	keine Sonderaktion
Elif	Özdul	04.05.1996	18.09.2023	27	keine Sonderaktion
Bernd	Wagner	03.06.2004	18.09.2023	19	keine Sonderaktion

6.3 Komplexe Abfragen über mehrere Tabellen erstellen

Fast alle bisher vorgestellten Abfragen basieren auf lediglich einer Tabelle. Für eine einfache Datenauswahl, Filterung oder auch für Berechnungen reicht dies aus. Wurde bei der Datenstrukturierung konsequent die Normalisierung berücksichtigt, sind die Daten einer Datenbank aber auf mehrere Tabellen verteilt, die wiederum durch Beziehungen miteinander verknüpft sind. Für komplexe Berechnungen muss hierdurch immer mehr als eine Tabelle herangezogen werden.

Das Erstellen einer Abfrage, die mehrere Tabellen einbezieht, unterscheidet sich prinzipiell nicht von dem Vorgehen, das wir bereits für einfache Abfragen vorgestellt haben. Eine komplexe Abfrage kann sowohl im Abfrageentwurf erzeugt werden als auch mithilfe des Auswahlabfrage-Assistenten. Letzteren haben wir bereits in Abschnitt 3.5.3, »Daten mithilfe einer Abfrage filtern«, vorgestellt, so dass wir in diesem Abschnitt nicht weiter darauf eingehen werden.

Größe der Fensterbereiche anpassen
Beim Arbeiten mit mehreren Tabellen kann es in der Entwurfsansicht mit dem Platz etwas eng werden. Sie können die Größe der einzelnen Fensterbereiche individuell anpassen. Positionieren Sie hierzu einfach den Mauszeiger auf der Trennlinie zwischen zwei Bereichen, etwa dem oberen Bereich der Entwurfsansicht und dem Abfrageentwurfsbereich in der unteren Fensterhälfte. Nimmt der Mauszeiger die Form eines Doppelpfeils an, ziehen Sie ihn mit gedrückter linker Maustaste in die gewünschte Richtung. Auf diese Weise können Sie z. B. auch den Navigationsbereich links schmaler oder breiter ziehen.

6.3.1 Tabellen und Felder auswählen, Beziehungen überprüfen

Um eine Abfrage über mehrere Tabellen in der Entwurfsansicht zu erstellen, sind die gleichen Grundschritte vorzunehmen wie bisher auch: Zunächst erzeugen Sie über **Erstellen • Abfragen • Abfrageentwurf** eine neue Abfrage. Anschließend ziehen Sie z. B. per Drag & Drop die benötigten Tabellen aus dem Arbeitsbereich **Tabellen hinzufügen** in den oberen Bereich der Entwurfsansicht. Nehmen wir als Beispiel die Lieferantenstruktur unseres kleinen fiktiven Unternehmens *DelikatEssen*. Um darzustellen, welcher Lieferant welche Produkte für welche Produktkategorien liefert, werden die Tabellen **tblLieferant**, **tblProduktLieferant**, **tblProdukt** und **tblProduktKat** benötigt.

Falls Sie versehentlich eine Tabelle doppelt ausgewählt haben, zeigt Access dies durch eine Ziffer hinter dem Tabellennamen an, wie in Abbildung 6.26 am Beispiel der Tabelle **tblLieferant** gut zu sehen ist. Um die Abfrageergebnisse nicht zu verfälschen, sollten Sie die doppelt hinzugefügte Tabelle entfernen. Markieren Sie die Tabelle hierzu einfach, und drücken Sie dann die Taste `Entf`.

Wurden für die Tabellen, die Sie für die Abfrage ausgewählt haben, bereits Beziehungen definiert, zeigt Access diese auch in Form einer Verbindungslinie in der Entwurfsansicht der Abfrage an. Die Art der Beziehung (z. B. eine 1:n-Beziehung) erkennen Sie anhand der Beschriftung **1** bzw. **∞** zu Beginn bzw. am Ende der Linie.

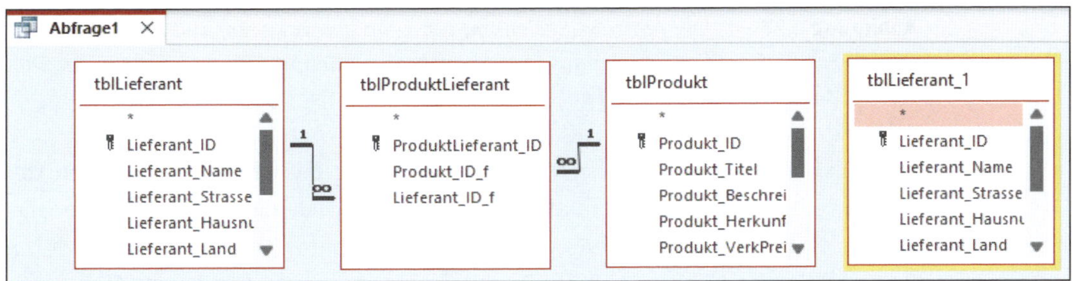

Abbildung 6.26 *Doppelt hinzugefügte Tabellen sollten Sie entfernen.*

Falls eine Beziehung zwischen zwei Tabellen noch nicht definiert wurde, lässt sich dies ohne Probleme nachholen. Voraussetzung ist natürlich, dass das hierfür notwendige Primärschlüsselfeld der einen Tabelle und das korrespondierende Fremdschlüsselfeld der anderen Tabelle bereits angelegt sind. Ausführliche Informationen hierzu erhalten Sie in Abschnitt 4.4, »Beziehungen zwischen Tabellen«.

Theoretisch würde es reichen, in der Entwurfsansicht der Abfrage mit gedrückter linker Maustaste eine Verbindungslinie zwischen dem Primärschlüsselfeld und dem Fremdschlüsselfeld zu ziehen. Der Nachteil dieser Methode ist allerdings, dass Sie in der Entwurfsansicht keine referentielle Integrität für die Beziehung festlegen können. Daher raten wir Ihnen, die Beziehungen wie im gerade erwähnten Abschnitt beschrieben über **Datenbanktools • Beziehungen • Beziehungen** zu erzeugen.

Zuvor müssen Sie allerdings die betreffende Tabelle, für die noch keine Beziehung besteht, in der Entwurfsansicht der Abfrage entfernen. In Abbildung 6.27 betrifft dies die Tabelle **tblProduktKat**.

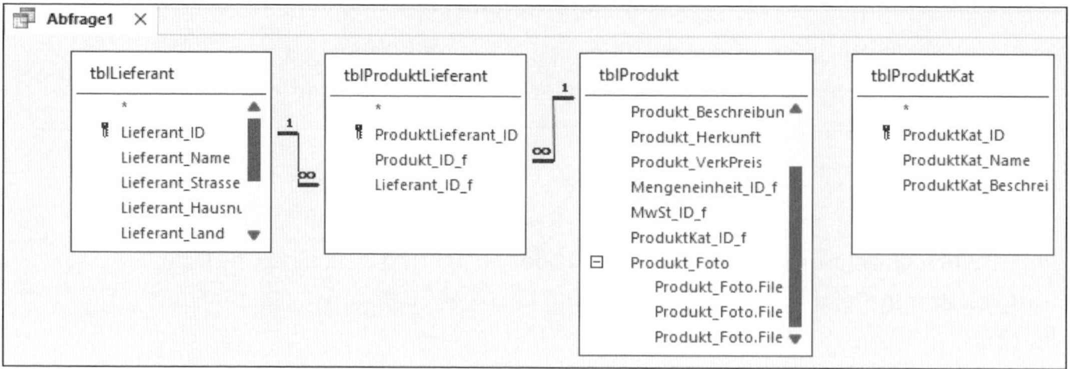

Abbildung 6.27 *Die hier fehlende Beziehung zwischen den Tabellen »tblProdukt« und »tblProduktKat« sollten Sie über das Datenbanktool »Beziehungen« und nicht in der Entwurfsansicht der Abfrage erstellen.*

Anschließend können Sie die fehlende Beziehung zwischen den Tabellen **tblProdukt** und **tblProduktKat** über das Datenbanktool **Beziehungen** erzeugen. Da Sie das Datenbanktool bereits geöffnet haben, sollten Sie gleich alle anderen Beziehungen zwischen den Tabellen überprüfen, die Sie für Ihre Abfragen benötigen.

Sind alle Beziehungen erzeugt, wechseln Sie wieder in das Register Ihrer Abfrage und ziehen die fehlende Tabelle in den oberen Bereich der Entwurfsansicht.

Sind alle für die Abfrage notwendigen Tabellen hinzugefügt, ziehen Sie wie gewohnt die benötigten Felder in den Abfrageentwurfsbereich. Da die Tabellen über Beziehungen miteinander verknüpft sind, können Sie sich auf die für die Abfrage wichtigen Felder beschränken. Die Primär- und Fremdschlüsselfelder müssen nicht extra hinzugezogen werden, außer, Sie möchten sie in der Abfrage angezeigt haben.

Für das zu Beginn dieses Abschnitts erwähnte Beispiel zur Auswertung der Lieferantenstruktur benötigen Sie die Tabellen **tblLieferant**, **tblProduktLieferant**, **tblProdukt** und **tblProduktKat**. Aus diesen Tabellen ziehen Sie nun die Felder **Lieferant_Name**, **Produkt_Titel** sowie **ProduktKat_Name** in den Abfrageentwurfsbereich. Diese Abfrage ist aufgrund der wenigen Felder recht einfach gehalten. Bei komplexen Abfragen mit zahlreichen Feldern sollten Sie beim Hinzufügen der Felder immer mit der wichtigsten Tabelle beginnen (hier die Tabelle **tblLieferant**) und sich dann anhand der Verbindungen zwischen den Tabellen vorarbeiten. Sind alle Felder ausgewählt, speichern Sie die Abfrage unter dem Namen »qryLieferantenstruktur«. Anschließend kann die Abfrage ausgeführt werden.

Die gerade beschriebene recht einfache Abfrage lässt sich beispielsweise noch um einen Parameter erweitern. Geben Sie etwa in der Zeile **Kriterien** der Spalte **Lieferant_Name** den Parameter `[Lieferant]` ein, und speichern Sie die Abfrage erneut. Beim Ausführen der Abfrage haben Sie nun im Dialog **Parameterwert eingeben** die Möglichkeit, den Namen eines Lieferanten anzugeben. Sobald Sie den Dialog mit **OK** bestätigen, erhalten Sie eine Übersicht über alle Produkte und Produktkategorien dieses Lieferanten. Ebenso können Sie natürlich alle weiteren Auswahl- und Sortierkriterien einsetzen, die wir bereits im Verlauf dieses Kapitels vorgestellt haben.

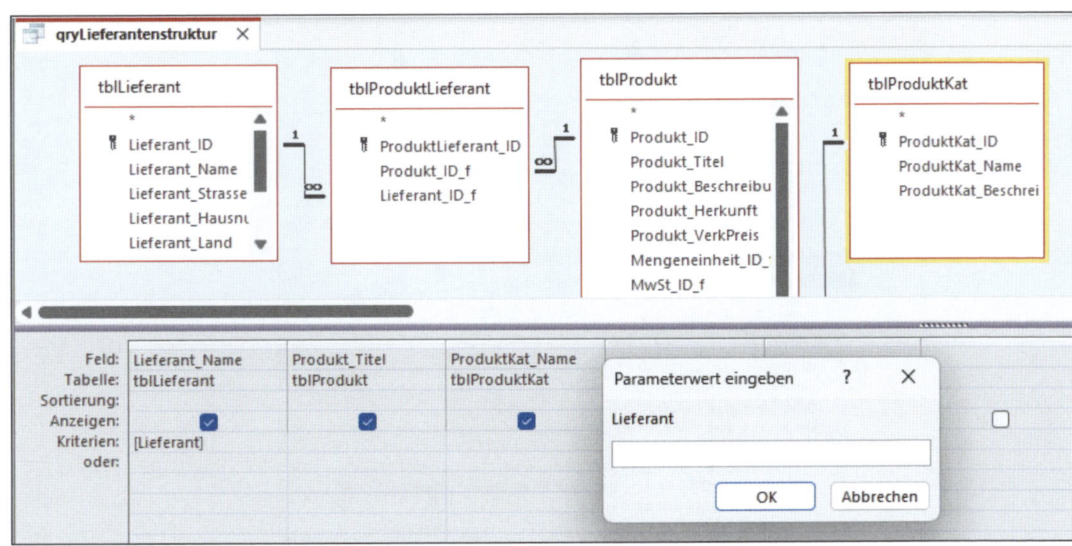

Abbildung 6.28 *Definieren Sie einen Parameter, können Sie vor der Ausführung der Abfrage noch den Namen eines Lieferanten angeben.*

Im Abschnitt »Der Kreuztabellenabfrage-Assistent«, werden wir das Beispiel der Lieferantenstruktur nochmals aufgreifen und Ihnen zeigen, wie Sie mithilfe des Kreuztabellenabfrage-Assistenten die Ergebnisse der Abfrage **qryLieferantenstruktur** noch übersichtlicher darstellen können. Die Abfrage wird dort ohne Parametereingabe benötigt. Entfernen Sie daher den Parameter **[Lieferant]**, und speichern Sie die Abfrage erneut.

6.3.2 Die Verknüpfungseigenschaften von Beziehungen

Abgesehen von den Beziehungen, die zwischen Tabellen bestehen (also etwa eine 1:1-Beziehung oder eine 1:n-Beziehung), werden die Ergebnisse einer Abfrage von den Eigenschaften dieser Verknüpfungen beeinflusst. Am besten lässt sich dies anhand eines konkreten Beispiels erläutern.

Erzeugen Sie hierzu eine neue Abfrage, und fügen Sie ihr die Tabellen **tblProduktKat** und **tblProdukt** hinzu. Übernehmen Sie die Felder **ProduktKat_ID**, **ProduktKat_Name** und **Produkt_Titel** in den Abfrageentwurfsbereich. Doppelklicken Sie dann auf die Verbindungslinie zwischen den beiden Tabellen. Der Dialog **Verbindungseigenschaften** wird geöffnet.

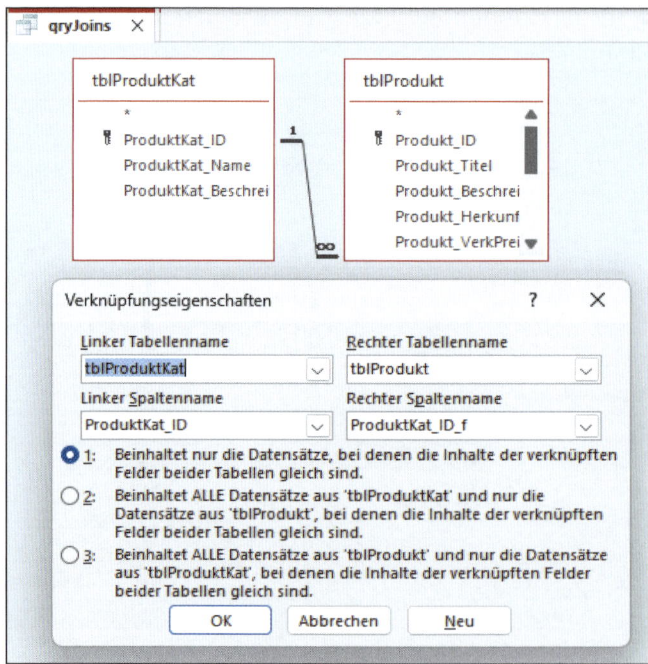

Abbildung 6.29 *Der Dialog »Verbindungseigenschaften«*

Per Standardeinstellung ist die Option **1** markiert. Bei der Ausführung der Abfrage werden somit nur Datensätze berücksichtigt, die in den beiden in Beziehung stehenden Tabellen übereinstimmend vorhanden sind. Anders formuliert: Alle Primärschlüssel der ersten Tabelle finden sich als Fremdschlüssel in der zweiten Tabelle wieder. Diese Form der Verknüpfung wird auch als *Inner Join* bezeichnet.

Bei der Option **2**, dem sogenannten *Left Join*, sind in unserem Beispiel im Abfrageergebnis alle Datensätze der Tabelle **tblProduktKat** enthalten, unabhängig davon, ob es zur Produktkategorie Produkte gibt oder nicht.

qryJoins

	ProduktKat_	ProduktKat_	Produkt_Titel
	9	Kaffee/Tee	Espresso ganze Bohne 500 Gramm
	9	Kaffee/Tee	Espresso gemahlen 250 Gramm
	10	Geschenke	Ätherisches Öl Zeder 10 Mililiter
	10	Geschenke	Entspannungsbad Waldfrische
	10	Geschenke	Lavendelsäckchen
	11	Wein	
*	(Neu)		

Abbildung 6.30 *Das Ergebnis der Abfrage mit der Option 2.*

Bei der Option 3, dem *Right Join*, ist es entsprechend umgekehrt: Das Abfrageergebnis enthält alle Datensätze der Tabelle **tblProdukt**, auch wenn eine Zuordnung zu einer Produktkategorie fehlt.

qryJoins

ProduktKat_	ProduktKat_	Produkt_Titel
		Mango
1	Gemüse	Blumenkohl
1	Gemüse	Brokkoli
1	Gemüse	Kohlrabi
1	Gemüse	Kürbis
1	Gemüse	Rosmarin (Topf)
1	Gemüse	Petersilie (Topf)

Abbildung 6.31 *Das Ergebnis der Abfrage mit der Option 3.*

Je nach Zielsetzung einer Abfrage lässt sich über die Auswahl der Verknüpfungseigenschaften das Ergebnis beeinflussen. Die Anpassung der Verknüpfungseigenschaften wirkt sich allerdings nur auf die Abfrage aus. Die Beziehungen der Tabellen innerhalb der Datenbank werden hierdurch nicht geändert.

6.3.3 Datensätze gruppieren

Um Datensätze übersichtlicher darzustellen, lassen sich *Gruppierungen* nutzen. Dabei werden die Datensätze nach einem gemeinsamen Merkmal ausgewertet. Tabelle 6.2 zeigt eine Übersicht über die wichtigsten Funktionen, die Sie hierfür nutzen können.

Funktion	Beschreibung
Anzahl	Mit dieser Funktion wird die Anzahl der Datensätze innerhalb der Gruppe ermittelt. Sie kann für Text-, Zahlen- und Datumsfelder genutzt werden. Leere Felder werden nicht berücksichtigt.
Summe	Diese Funktion summiert die Werte eines Zahlenfeldes innerhalb der Gruppe.
Mittelwert	Es wird der Mittelwert aller Datensätze eines Zahlenfeldes oder eines Ausdrucks innerhalb der Gruppe berechnet, sprich die Summe dividiert durch die Anzahl.
Max	Diese Funktion dient der Ermittlung des höchsten Wertes eines Zahlenfeldes oder Ausdrucks innerhalb einer Gruppe.
Min	Sie wird zur Ermittlung des kleinsten Wertes eines Zahlenfeldes oder Ausdrucks innerhalb einer Gruppe eingesetzt.

Tabelle 6.2 *Übersicht über die wichtigsten Funktionen zur Gruppierung von Datensätzen*

Gruppierungen können sowohl für Daten aus einzelnen Tabellen als auch innerhalb von Abfragen, die auf mehreren Tabellen beruhen, genutzt werden. Wie Sie hierzu vorgehen, zeigen die zwei folgenden Beispiele.

In unserem ersten Beispiel soll die Anzahl der Lieferanten je Land festgestellt werden.

1. Erstellen Sie eine neue Abfrage in der Entwurfsansicht, der Sie die Tabelle **tblLieferant** hinzufügen. Ziehen Sie die Felder **Lieferant_Land** und **Lieferant_Name** nach unten in den Abfrageentwurfsbereich.

2. Klicken Sie im Register **Abfrageentwurf** in der Gruppe **Einblenden/Ausblenden** auf die Schaltfläche **Summen**. Im Abfrageentwurfsbereich wird nun ein neue Zeile **Funktion** eingeblendet, die mit **Gruppierung** vorbelegt ist.

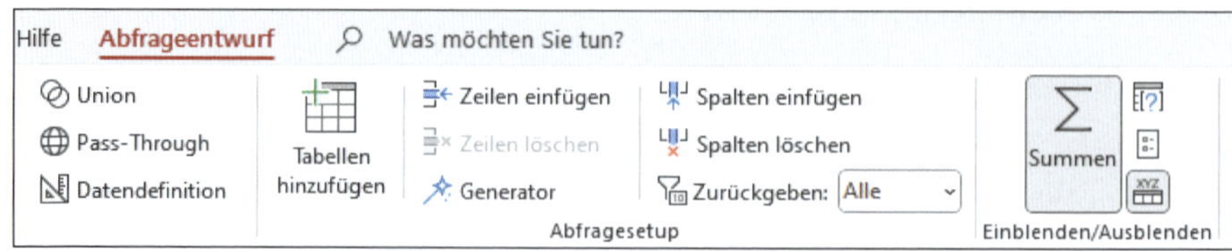

3. Um die Anzahl der Lieferanten je Land festzustellen, belassen Sie in der Spalte **Lieferant_Land** die Einstellung **Gruppierung**. Klicken Sie in der Spalte **Lieferant_Name** auf **Gruppierung**, und wählen Sie dann nach einem Klick auf den Pfeil die **Anzahl**.

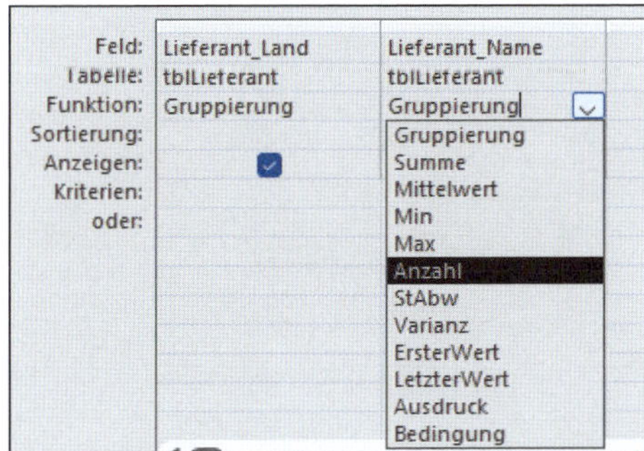

4. Führen Sie die Abfrage aus. Für unsere Beispieldatenbank ergibt sich das in der folgenden Abbildung zu sehende Ergebnis. Den etwas sperrigen Feldnamen, der sich aus der Funktion, dem Wort »von« und dem Feldnamen zusammensetzt, können Sie durch eine griffigere Formulierung ersetzen. Lesen Sie hierzu den Kasten »Feldnamen durch Aliasse ersetzen«.

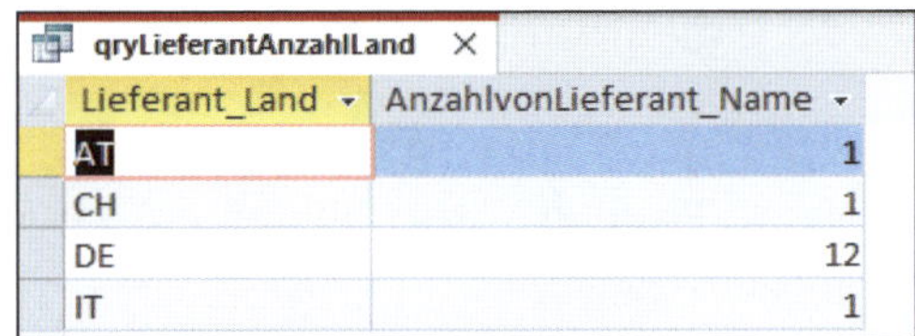
qryLieferantAnzahlLand

Lieferant_Land	AnzahlvonLieferant_Name
AT	1
CH	1
DE	12
IT	1

Feldnamen durch Aliasse ersetzen

Feldnamen, die Access in Abfragen erzeugt, sind meist sehr lang und unübersichtlich. Sie lassen sich aber leicht durch eine selbst gewählte Bezeichnung, einen sogenannten *Alias*, ersetzen. Blenden Sie die Abfrage hierzu in der Entwurfsansicht ein. Klicken Sie dann in der Spalte, deren Namen Sie ändern möchten, in das Feld mit dem aktuell angezeigten Namen. Im unserem ersten Gruppierungsbeispiel ist dies etwa der Feldname **AnzahlvonLieferant_Name**. Ergänzen Sie vor diesem Feldnamen den Namen, der in den Abfrageergebnissen als Feldname erscheinen soll, hier etwa `Anzahl`. Nach diesem Namen muss unbedingt ein Doppelpunkt `:` folgen. Sie haben dieses Prinzip bereits im Rahmen der berechneten Felder kennengelernt, bei dem der von Access gewählte Text `Ausdr1` durch eine eigene Bezeichnung ersetzt wurde.

Feld:	Lieferant_Land	Anzahl: Lieferant_Name
Tabelle:	tblLieferant	tblLieferant
Funktion:	Gruppierung	Anzahl
Sortierung:		
Anzeigen:	☑	☑
Kriterien:		
oder:		

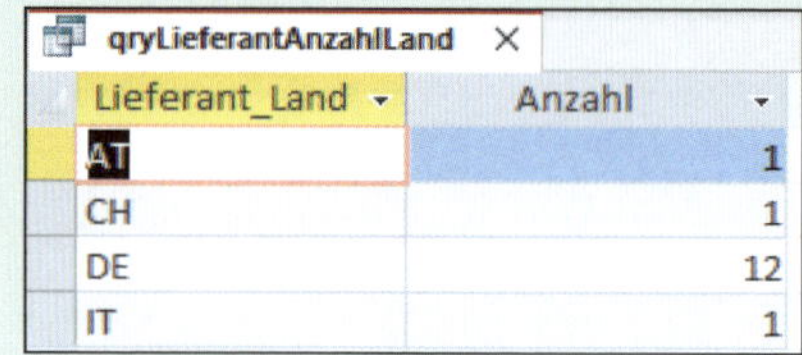

qryLieferantAnzahlLand

Lieferant_Land	Anzahl
AT	1
CH	1
DE	12
IT	1

Abbildung 6.32 *Aliasse sorgen für mehr Übersicht.*

In unserem nächsten Beispiel soll das Abfrageergebnis die Anzahl der Produkte je nach Produktkategorie mit dem höchsten, dem durchschnittlichen und dem niedrigsten Produktpreis anzeigen.

1. Erstellen Sie eine neue Abfrage in der Entwurfsansicht. Fügen Sie die Tabellen **tblProduktKat** und **tblProdukt** hinzu.

2. Ziehen Sie die Felder **ProduktKat_Name**, **Produkt_Titel** und dreimal das Feld **Produkt_VerkPreis** in den Abfrageentwurfsbereich.

3. Blenden Sie über **Abfrageentwurf • Einblenden/Ausblenden • Summe** die Zeile **Funktion** im Abfrageentwurfsbereich ein.

4. In der Spalte **ProduktKat_Name** behalten Sie die Voreinstellung **Gruppierung** bei. Für die Spalte **Produkt_Titel** wählen Sie **Anzahl**. Für die drei Spalten **Produkt_VerkPreis** stellen Sie **Max**, **Mittelwert** und **Min** ein, wie in der folgenden Abbildung zu sehen.

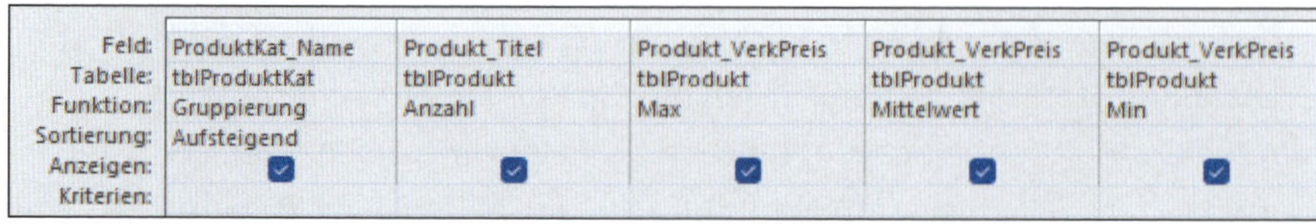

Feld:	ProduktKat_Name	Produkt_Titel	Produkt_VerkPreis	Produkt_VerkPreis	Produkt_VerkPreis
Tabelle:	tblProduktKat	tblProdukt	tblProdukt	tblProdukt	tblProdukt
Funktion:	Gruppierung	Anzahl	Max	Mittelwert	Min
Sortierung:	Aufsteigend				
Anzeigen:	☑	☑	☑	☑	☑
Kriterien:					

5. Damit die Abfrageergebnisse alphabetisch nach der Spalte **ProduktKat_Name** sortiert werden, stellen Sie in dieser Spalte in der Zeile **Sortierung** den Eintrag **Aufsteigend** ein.

6. Speichern Sie die Abfrage, und führen Sie sie anschließend aus. Das Abfrageergebnis zeigt die Anzahl der Produkte je nach Produktkategorie sowie jeweils den höchsten, den mittleren und den niedrigsten Produktpreis. Auch hier können Sie die sehr langen Feldnamen durch Aliasse ersetzen, wie im Kasten »Feldnamen durch Aliasse ersetzen« beschrieben.

qryGruppierungAnzahlMaxMittelMin

ProduktKat_Name	AnzahlvonP	MaxvonProc	Mittelwertv	MinvonProc
Brot/Backwaren	3	4,20 €	3,27 €	2,10 €
Essig/Öl	3	9,99 €	7,32 €	2,99 €
Feinkost	3	8,39 €	6,19 €	4,59 €
Gemüse	6	8,29 €	4,33 €	2,50 €
Geschenke	3	14,99 €	9,32 €	2,99 €
Kaffee/Tee	3	12,99 €	9,99 €	5,99 €
Nüsse/Trockenobst	3	5,99 €	4,46 €	3,49 €
Obst	5	7,90 €	5,69 €	2,25 €
Säfte	3	19,99 €	10,59 €	2,80 €
Süßigkeiten	3	3,75 €	3,24 €	2,49 €

Grundsätzlich können Sie Datensätze nach einem oder mehreren Datenfeldern gruppieren. Beachten Sie auch hier, dass Access die Gruppierungen von links nach rechts abarbeitet.

6.3.4 Berechnungen in Abfragen auf Basis mehrerer Tabellen

Nun wird es noch etwas komplexer bei den Abfragen über mehrere Tabellen hinweg, denn nun kommen die Berechnungen hinzu. In folgendem Beispiel soll das Bestellverhalten der Kunden detailliert analysiert werden. Die Abfrage beruht auf den Tabellen **tblKunde**, **tblBestell**, **tblBestellProdukt**, **tblProdukt**, **tblProduktKat** und **tblMengenEinheit**.

1. Erzeugen Sie eine neue Abfrage in der Entwurfsansicht, und fügen Sie die gerade aufgelisteten Tabellen hinzu. Speichern Sie die Abfrage unter dem Namen »qryKundenumsatz«.

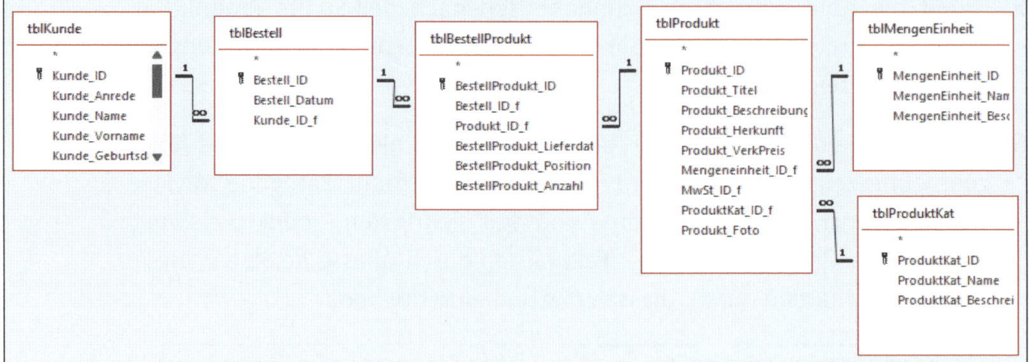

2. Um das Bestellverhalten und die Umsätze der Kunden auszuwerten, werden die Felder **Kunde_Name**, **Produkt_Titel**, **ProduktKat_Name**, **MengenEinheit_Name**, **BestellProdukt_Anzahl** und **Produkt_VerkPreis** benötigt. Ziehen Sie diese Felder in den Abfrageentwurfsbereich.

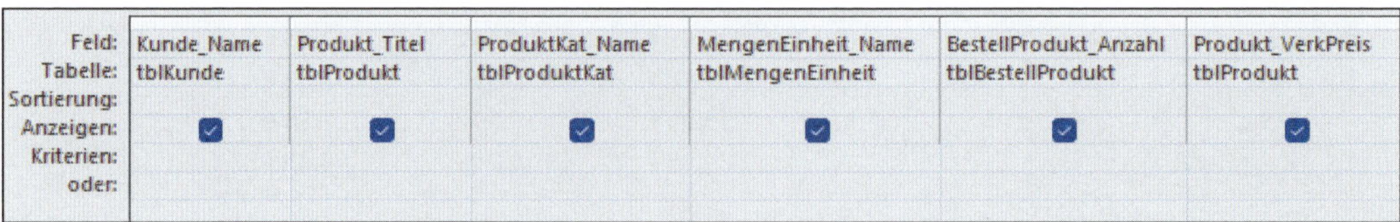

Die Abfrage ermittelt bisher die Kundenbestellungen mit Produktkategorie, Produkten, Mengeneinheiten, der bestellten Menge sowie dem Stückpreis der Produkte. Um nun den Umsatz je Kunde und Produkt zu ermitteln, kommt der Ausdrucks-Generator zum Einsatz.

3. Klicken Sie in das freie Feld rechts von **Produkt_VerkPreis**, und rufen Sie über **Abfrageentwurf • Abfragesetup • Generator** den Ausdrucks-Generator auf.

4. Geben Sie im oberen Bereich des Dialogs den Ausdruck `Bestellwert: [BestellProdukt_Anzahl]*[Produkt_VerkPreis]` ein. Schließen Sie den Dialog mit **OK**.

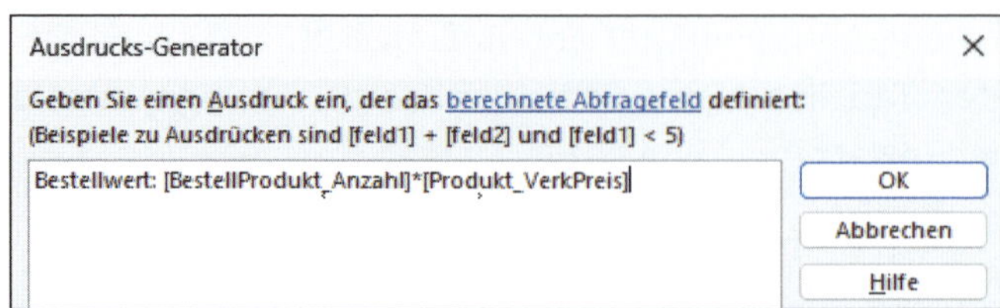

5. Klicken Sie im Register **Abfrageentwurf** in der Gruppe **Einblenden/Ausblenden** auf **Eigenschaftenblatt**. Darin stellen Sie im Feld **Format** den **Euro** ein.

6. Speichern Sie die Abfrage nochmals, und führen Sie sie dann aus.

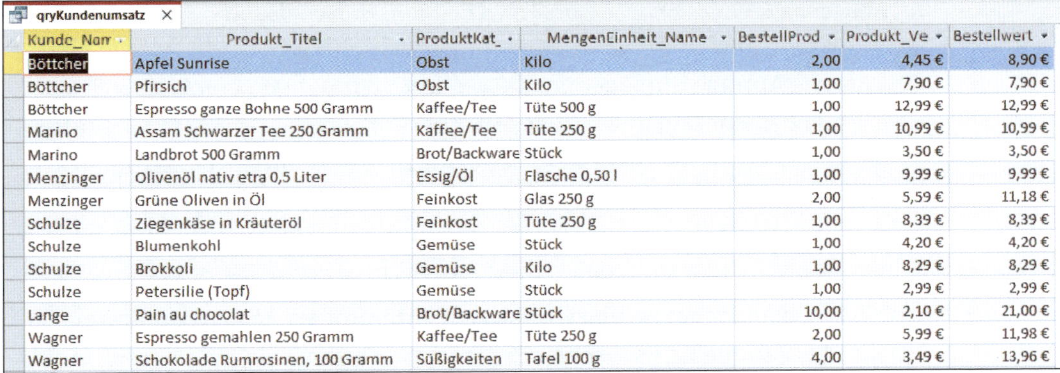

qryKundenumsatz

Kunde_Nam	Produkt_Titel	ProduktKat_	MengenEinheit_Name	BestellProd	Produkt_Ve	Bestellwert
Böttcher	Apfel Sunrise	Obst	Kilo	2,00	4,45 €	8,90 €
Böttcher	Pfirsich	Obst	Kilo	1,00	7,90 €	7,90 €
Böttcher	Espresso ganze Bohne 500 Gramm	Kaffee/Tee	Tüte 500 g	1,00	12,99 €	12,99 €
Marino	Assam Schwarzer Tee 250 Gramm	Kaffee/Tee	Tüte 250 g	1,00	10,99 €	10,99 €
Marino	Landbrot 500 Gramm	Brot/Backware	Stück	1,00	3,50 €	3,50 €
Menzinger	Olivenöl nativ etra 0,5 Liter	Essig/Öl	Flasche 0,50 l	1,00	9,99 €	9,99 €
Menzinger	Grüne Oliven in Öl	Feinkost	Glas 250 g	2,00	5,59 €	11,18 €
Schulze	Ziegenkäse in Kräuteröl	Feinkost	Tüte 250 g	1,00	8,39 €	8,39 €
Schulze	Blumenkohl	Gemüse	Stück	1,00	4,20 €	4,20 €
Schulze	Brokkoli	Gemüse	Kilo	1,00	8,29 €	8,29 €
Schulze	Petersilie (Topf)	Gemüse	Stück	1,00	2,99 €	2,99 €
Lange	Pain au chocolat	Brot/Backware	Stück	10,00	2,10 €	21,00 €
Wagner	Espresso gemahlen 250 Gramm	Kaffee/Tee	Tüte 250 g	2,00	5,99 €	11,98 €
Wagner	Schokolade Rumrosinen, 100 Gramm	Süßigkeiten	Tafel 100 g	4,00	3,49 €	13,96 €

Mithilfe der Abfrage **qryKundenumsatz** wurden die Umsätze der Kunden nach Produkten ermittelt, und wir haben damit quasi eine Grundlage für die Analyse des Bestellverhaltens geschaffen. Auf Basis dieser Abfrage lassen sich weitere Auswertungen in unterschiedlichen Detaillierungsgraden generieren. So können Sie z. B. weitere Kriterien mit Festwerten oder auch mithilfe von Parametern hinzufügen oder auch weitere Gruppierungen durchführen. Probieren Sie einfach selbst verschiedene Varianten aus! Wie sich das Ergebnis der Kundenumsatzabfrage noch übersichtlicher darstellen lässt, zeigen wir Ihnen in Abschnitt 6.4.1, »Der Kreuztabellenabfrage-Assistent«.

Vorsicht bei Aliassen in Kombination mit Filterkriterien

Mithilfe von Aliassen lassen sich komplizierte Feldnamen oder auch Ausdrücke vereinfachen. Sie dürfen aber nicht in Kombination mit Kriterien zur Filterung genutzt werden. Wählen wir als Beispiel die Abfrage **qryKundenumsatz**, in der der Ausdruck `Bestellwert: [BestellProdukt_Anzahl]*[Produkt_VerkPreis]` zur Berechnung genutzt wird. Hier können Sie ein Kriterium wie `>10` zur Einschränkung auf alle Bestellwerte größer als 10,00 € problemlos einsetzen. Der Grund hierfür: Bei `[BestellProdukt_Anzahl]` und `[Produkt_VerkPreis]` handelt es sich um Felder aus den Tabellen **tblBestellProdukt** und **tblProdukt**, die der Abfrage zugrunde liegen. `Bestellwert:` ist der Alias für den von Access automatisch ergänzten Text `Ausdr1:`.

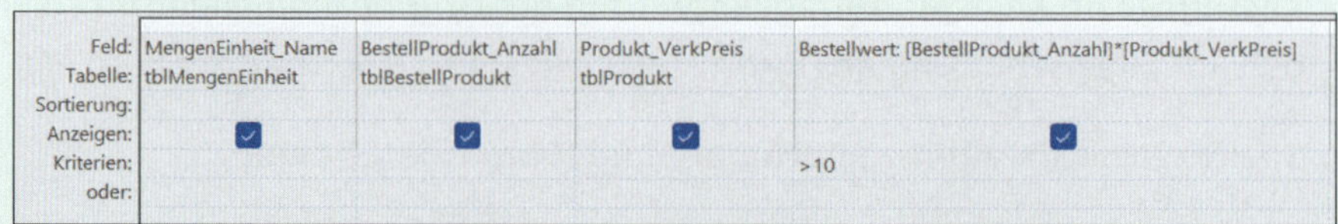

Abbildung 6.33 *Die Angabe eines Filterkriteriums ist hier möglich.*

Wird die Abfrage nun aber um die Mehrwertsteuer und eine entsprechende Berechnung mittels des Ausdrucks `Bruttobestellwert: [Bestellwert]*(1+[MwSt_Prozentsatz])` erweitert, ist eine direkte Eingabe von Kriterien hier nicht möglich. Der Grund hierfür: Bei dem neuen Feld `[MwSt_Prozentsatz]` handelt es sich zwar um ein Feld aus der Tabelle **tblMwSt**, `[Bestellwert]` ist aber ein Alias. Geben Sie hier das gleiche Kriterium `>10` ein, um die Ergebnisse einzuschränken, interpretiert Access den Bestellwert als Parameter. Es erscheint entsprechend der Dialog mit der Aufforderung zur Eingabe eines Parameterwertes.

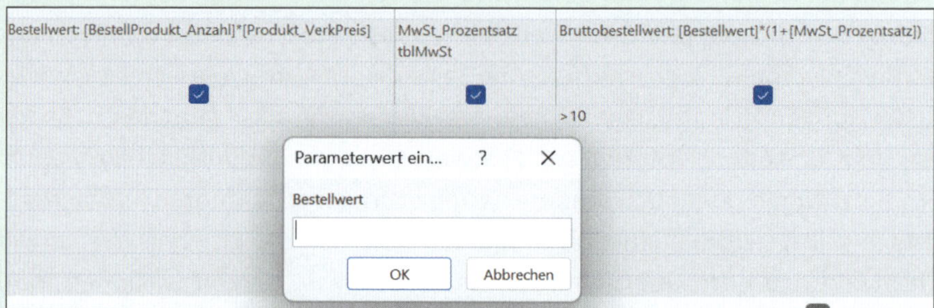

Abbildung 6.34 *Wird ein Filterkriterium angegeben, interpretiert Access den Alias »Bestellwert:« als Parameter.*

Um das zu umgehen, müssen Sie die Berechnung ohne Nutzung von Aliassen, also nur mit den der Berechnung zugrundeliegenden Feldnamen erneut ausführen und den von Access bei der Ausdruckserstellung vorangestellten Namen `Ausdr1:` beibehalten. Der entsprechende Ausdruck sieht also so aus: `Ausdr1: ([BestellProdukt_Anzahl]*[Produkt_VerkPreis])*(1+[MwSt_Prozentsatz])`. Alle zur Berechnung benutzten Felder stammen aus den ursprünglichen Tabellen. Damit kann die Abfrage problemlos über Kriterien eingeschränkt werden. Das Feld `Ausdr1:` benötigen Sie nur zur Auswahl des

Kriteriums. Um es in der Datenblattansicht auszublenden, deaktivieren Sie das entsprechende Kontrollkästchen in der Zeile **Anzeigen**.

Abbildung 6.35 *Das Feld »Ausdr1« wird nur zur Angabe des Filterkriteriums benötigt.*

6.3.5 Gruppierungen und Berechnungen

Häufig benötigt man eine Gruppierung auch in Kombination mit Berechnungen. Im folgenden Beispiel kommt die Funktion **Summe** in berechneten Feldern zum Einsatz. Um einen Überblick über das Bestellverhalten der Kunden zu gewinnen, wollen wir die Werte der Bestellungen nach Produktkategorien summieren.

1. Erstellen Sie eine neue Abfrage in der Entwurfsansicht, der Sie die Tabellen **tblKunde**, **tblBestell**, **tblBestellProdukt**, **tblProdukt** und **tblProduktKat** hinzufügen. Speichern Sie die Abfrage unter dem Namen »qryKundenumsatzGruppe«.

2. Ziehen Sie die Felder **Kunde_ID**, **Kunde_Name** und **ProduktKat_Name** in den Abfrageentwurfsbereich. In der nächsten freien Spalte erstellen Sie den Ausdruck `Bestellwert: [BestellProdukt_Anzahl]*[Produkt_VerkPreis]`. Stellen Sie über das **Eigenschaftenblatt**, das Sie über **Abfrageentwurf • Einblenden/Ausblenden • Eigenschaftenblatt** anzeigen, im Feld **Format** den **Euro** ein.

3. Wählen Sie in der Zeile **Sortierung** der Spalte **Kunde_ID** die Sortierreihenfolge **Aufsteigend** aus.

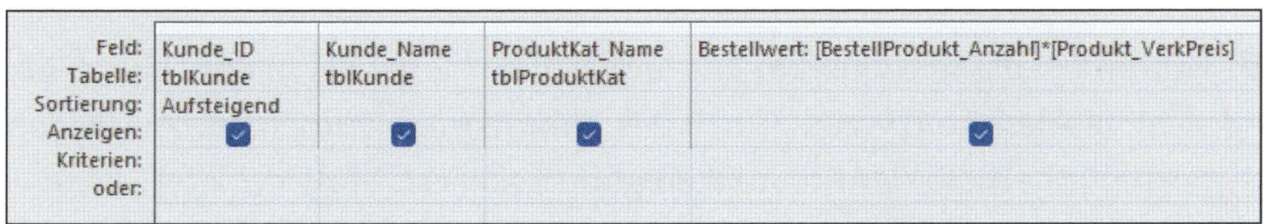

Feld:	Kunde_ID	Kunde_Name	ProduktKat_Name	Bestellwert: [BestellProdukt_Anzahl]*[Produkt_VerkPreis]
Tabelle:	tblKunde	tblKunde	tblProduktKat	
Sortierung:	Aufsteigend			
Anzeigen:	☑	☑	☑	☑
Kriterien:				
oder:				

4. Führen Sie die Abfrage mit einem Klick auf **Ausführen** aus. Das Ergebnis wird in der Datenblattansicht angezeigt.

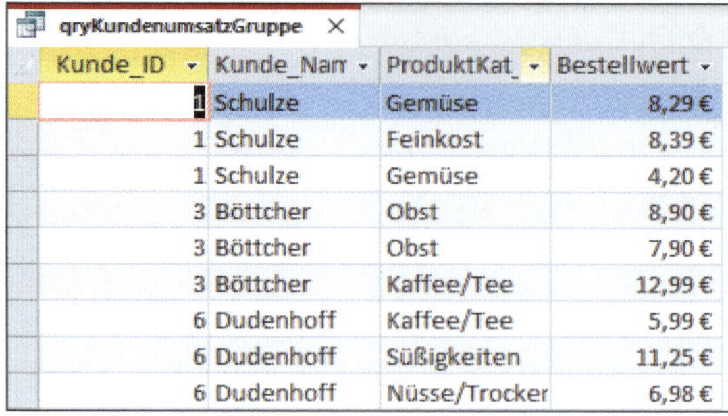

qryKundenumsatzGruppe

Kunde_ID	Kunde_Nam	ProduktKat_	Bestellwert
1	Schulze	Gemüse	8,29 €
1	Schulze	Feinkost	8,39 €
1	Schulze	Gemüse	4,20 €
3	Böttcher	Obst	8,90 €
3	Böttcher	Obst	7,90 €
3	Böttcher	Kaffee/Tee	12,99 €
6	Dudenhoff	Kaffee/Tee	5,99 €
6	Dudenhoff	Süßigkeiten	11,25 €
6	Dudenhoff	Nüsse/Trocker	6,98 €

5. Als Nächstes soll die Summierung durchgeführt werden. Kehren Sie hierfür in die Entwurfsansicht zurück. Klicken Sie dann im Register **Abfrageentwurf** in der Gruppe **Einblenden/Ausblenden** auf **Summen**. Im Abfrageentwurfsbereich erscheint nun die Zeile **Funktion:**, die in allen Feldern mit **Gruppierung** vorbelegt ist.

6. Wählen Sie in der Spalte mit dem Ausdruck `Bestellwert:` … in der Zeile **Funktion** die **Summe** aus. Damit bildet Access im Hintergrund aus den Mengen und Einzelpreisen die Summe für die Produktkategorien und berechnet anschließend die Gesamtsumme aller Positionen.

7. Speichern Sie die Abfrage, und schließen Sie sie anschließend. Klicken Sie im Navigationsbereich mit der rechten Maustaste auf den Abfragenamen **qryKundenumsatzGruppe**, und wählen Sie im Kontextmenü die **Entwurfsansicht**. Die Summierung ist nun Teil des Ausdrucks `Bestellwert:`… geworden, und in der Zeile **Funktion:** wurde die **Summe** durch **Ausdruck** ersetzt.

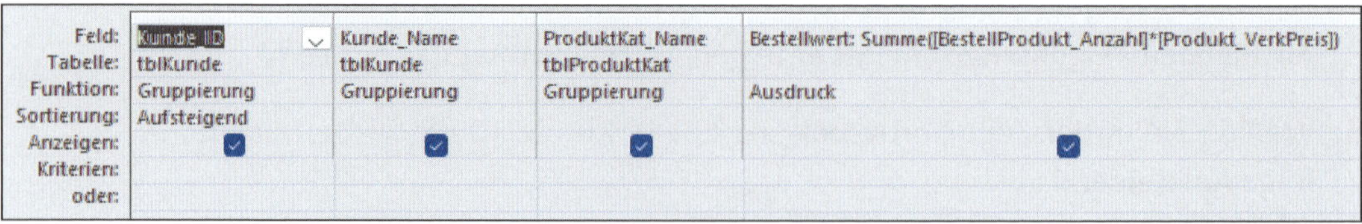

Feld:	Kunde_ID	Kunde_Name	ProduktKat_Name	Bestellwert: Summe([BestellProdukt_Anzahl]*[Produkt_VerkPreis])
Tabelle:	tblKunde	tblKunde	tblProduktKat	
Funktion:	Gruppierung	Gruppierung	Gruppierung	Ausdruck
Sortierung:	Aufsteigend			
Anzeigen:	☑	☑	☑	☑
Kriterien:				
oder:				

8. Führen Sie die Abfrage nun aus, um sich das Ergebnis in der Datenblattansicht ansehen zu können: Durch die Summierung wurden nun die einzelnen Posten innerhalb der Produktkategorien addiert. Statt der drei Datensätze (siehe Schritt 4) sind beim Kunden Schulze jetzt beispielsweise nur noch zwei Datensätze vorhanden. Das Gleiche gilt für den Kunden Böttcher.

qryKundenumsatzGruppe

Kunde_ID	Kunde_Nam	ProduktKat_	Bestellwert
1	Schulze	Feinkost	8,39 €
1	Schulze	Gemüse	12,49 €
3	Böttcher	Kaffee/Tee	12,99 €
3	Böttcher	Obst	16,80 €
6	Dudenhoff	Kaffee/Tee	5,99 €
6	Dudenhoff	Nüsse/Trocker	6,98 €
6	Dudenhoff	Süßigkeiten	11,25 €

Auch gruppierte Abfragen lassen sich durch die Nutzung von Kriterien weiter eingrenzen. Geben Sie Kriterien für die Felder vor, bei denen in der Zeile **Funktion:** der Eintrag **Gruppierung** festgelegt ist, bleibt das Feld mit den einzelnen Ausprägungen weiter sichtbar. In Abbildung 6.36 wurde für das Feld **Kunde_Name** beispielsweise der Parameter [Kunde] angegeben. Falls Sie in der Zeile **Funktion:** die **Bedingung** wählen, wird das Feld automatisch ausgeblendet. Das Kontrollkästchen in der Zeile **Anzeigen** ist entsprechend deaktiviert. In unserem Beispiel gilt dies für das Feld **Kunde_Ort**. Falls Sie Parameter sowohl für Kriterien als auch Bedingungen definiert haben, beachten Sie, dass Bedingungen zeitlich vor Kriterien abgefragt werden, unabhängig von der Reihenfolge der Felder in der Abfrage.

Feld:	Kunde_ID	Kunde_Name	ProduktKat_Name	Bestellwert: Summe([BestellProdukt_Anzahl]*[Produkt_VerkPreis])	Kunde_Ort
Tabelle:	tblKunde	tblKunde	tblProduktKat		tblKunde
Funktion:	Gruppierung	Gruppierung	Gruppierung	Ausdruck	Bedingung
Sortierung:	Aufsteigend				
Anzeigen:	☑	☑	☑	☑	☐
Kriterien:		[Name]			[Stadt]
oder:					

Abbildung 6.36 *Die gruppierte Abfrage lässt sich durch Kriterien noch weiter eingrenzen.*

Unerwünschte Abfrage der Parameterwerte

Die Definition von Parameterwerten ist ein beliebtes Hilfsmittel, um Abfragen durch Eingabe von Kriterien flexibel zu nutzen. Soll die Tabelle **tblKunde** beispielsweise nach bestimmten Kundendaten durchsucht werden, lässt sich die Abfrage mithilfe von Parametern etwa auf einen PLZ-Bereich oder eine bestimmte Stadt einschränken. Leider kommt es bei der Ausführung von Abfragen aber immer wieder zu ungewollten Parameterabfragen. Der Grund hierfür ist, dass Access eine im Abfrageentwurf aufgeführte Angabe nicht korrekt interpretieren kann, da diese Angabe weder als Feldname noch als Ausdruck innerhalb der Abfrage vorliegt.

In diesen Fällen bleibt nur die akribische Fehlersuche übrig. Öffnen Sie die Abfrage wieder im der Entwurfsansicht, und kontrollieren Sie die korrekte Schreibweise von Feldnamen und Ausdrücken unter Zuhilfenahme des Ausdrucks-Generators.

6.4 Den Abfrage-Assistenten nutzen

Alle in diesem Kapitel bisher behandelten Abfragen wurden über den Abfrageentwurf erstellt. Nun wenden wir uns einer weiteren Möglichkeit zum Erstellen von Abfragen zu: dem Abfrage-Assistenten. Genauer gesagt handelt es sich um die vier Assistenten *Auswahlabfrage-Assistent, Kreuztabellenabfrage-Assistent, Abfrage-Assistent zur Duplikatsuche* und *Abfrage-Assistent zur Inkonsistenzsuche*.

Den Auswahlabfrage-Assistenten haben Sie bereits in Abschnitt 3.5.3, »Daten mithilfe einer Abfrage filtern«, kennengelernt, so dass wir in diesem Abschnitt nicht näher auf ihn eingehen werden. Er ist ein probates Hilfsmittel, um Abfragen auf Basis einer oder mehrerer Tabellen oder Abfragen schnell zu erstellen. Seine Funktionalität ist allerdings eingeschränkt. So können Sie die Felder auswählen und ihre Reihenfolge festlegen, für weitere Bearbeitungen wie Sortierungen oder Filterungen müssen Sie aber in die Entwurfsansicht wechseln. Auch das Hinzufügen oder Löschen weiterer Tabellen oder Abfragen ist nur in der Entwurfsansicht möglich.

6.4.1 Der Kreuztabellenabfrage-Assistent

Abfragen, die aus mehreren Tabellen bestehen, können zu recht unübersichtlichen Ergebnissen in der Datenblattansicht führen. Mithilfe von Kreuztabellen lassen sich die Daten überschaubarer darstellen. Als Beispiel greifen wir die Abfrage **qryLieferantenstruktur** aus Abschnitt 6.3.1, »Tabellen und Felder auswählen, Beziehungen überprüfen«, auf. Das Ergebnis dieser Abfrage zeigt, welcher Lieferant welche Produkte für welche Produktkategorien liefert.

Mithilfe einer Kreuztabelle lassen sich diese Daten übersichtlicher darstellen, indem die Anzahl der einzelnen Produkte nach zwei unterschiedlichen Kriterien (hier Lieferant und Produktgruppe) verdichtet dargestellt wird.

qryLieferantenstruktur

Lieferant_Name	Produkt_Titel	ProduktKat_Name
Feinkost Mohlermann	Aprikosen, süß, getrocknet	Nüsse/Trockenobst
Feinkost Mohlermann	Ananas, getrocknet	Nüsse/Trockenobst
Feinkost Mohlermann	Studentenfutter	Nüsse/Trockenobst
Feinkost Mohlermann	Schokolade Edelbitter, 70 Gramm	Süßigkeiten
Feinkost Mohlermann	Schokolade Vollmilch, 100 Gramm	Süßigkeiten
Feinkost Mohlermann	Schokolade Rumrosinen, 100 Gramm	Süßigkeiten
Bäckerei Naumann	Landbrot 500 Gramm	Brot/Backwaren
Bäckerei Muster	Landbrot 500 Gramm	Brot/Backwaren
Bäckerei Naumann	Zwiebelbaguette 300 Gramm	Brot/Backwaren
Bäckerei Muster	Zwiebelbaguette 300 Gramm	Brot/Backwaren
Konditor Martens	Pain au chocolat	Brot/Backwaren

Abbildung 6.37 *Das Ergebnis der Abfrage »qryLieferantenstruktur«*

So lässt sich schnell ein Überblick über die Lieferantenstruktur (Wer liefert was?) und die Schwerpunktlieferanten (Wer liefert besonders viel?) gewinnen. Die Kreuztabelle lässt sich mithilfe des Kreuztabellenabfrage-Assistenten erstellen. Dieser kann allerdings nur mit einer einzigen Tabelle oder Abfrage arbeiten. Für unser Beispiel bedeutet dies, dass bereits die Abfrage **qryLieferantenstruktur** vorhanden sein muss, um anschließend den Assistenten ausführen zu können. Für die folgenden Schritte muss die Abfrage nicht geöffnet sein.

1. Klicken Sie im Register **Erstellen** in der Gruppe **Abfragen** auf **Abfrage-Assistent**. Im Dialog **Neue Abfrage** markieren Sie **Kreuztabellenabfrage-Assistent** und bestätigen mit **OK**.

2. Markieren Sie unterhalb von **Ansicht** die Option **Abfragen**. Wählen Sie nun im Feld darüber **Abfrage: qryLieferantenstruktur** aus. Bestätigen Sie mit **Weiter**.

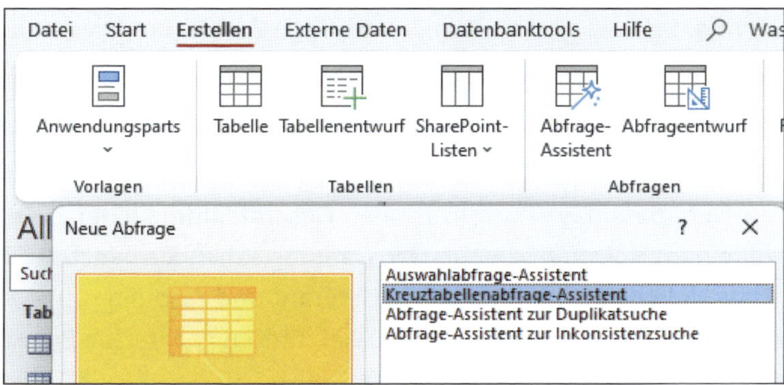

3. Als Nächstes wählen Sie die Zeilenüberschriften aus. Für unser Beispiel übernehmen Sie das Feld **Lieferant_Name** per Doppelklick in die Liste **Ausgewählte Felder**. Fahren Sie mit einem Klick auf **Weiter** fort.

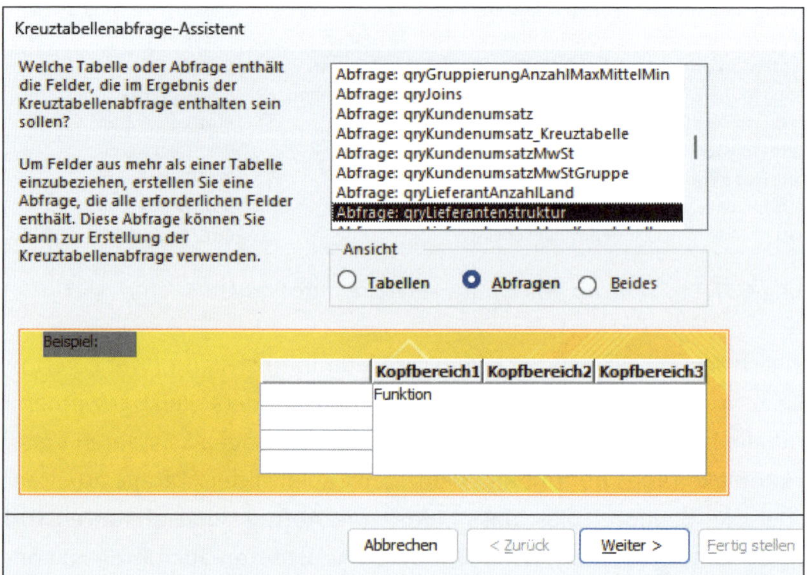

4. Als Spaltenüberschrift wählen Sie per Mausklick das Feld **ProduktKat_Name** aus. Bestätigen Sie mit **Weiter**.

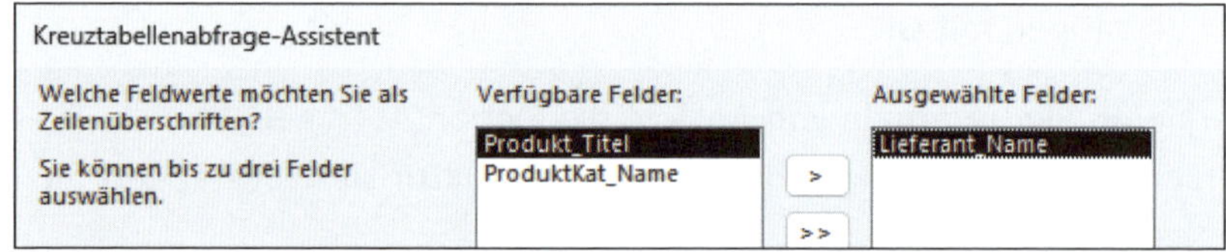

5. Wählen Sie nun das Feld und die Funktion für den Berechnungswert aus. In unserem Beispiel sind dies **Produkt_Titel** und **Anzahl**. Da es sich bei der Auswertung um ein Textfeld handelt, ist die Funktion **Anzahl** die einzig sinnvolle.

6. Stellen Sie sicher, dass das Kontrollkästchen **Gesamtsumme jeder Zeile berechnen** mit einem Häkchen versehen ist. Dadurch sehen Sie in der Auswertung nicht nur die Anzahl der Produkte je Lieferant und Produktgruppe, sondern auch die Gesamtanzahl der durch die Lieferanten gelieferten Produkte. Bestätigen Sie Ihre Einstellungen mit **Weiter**.

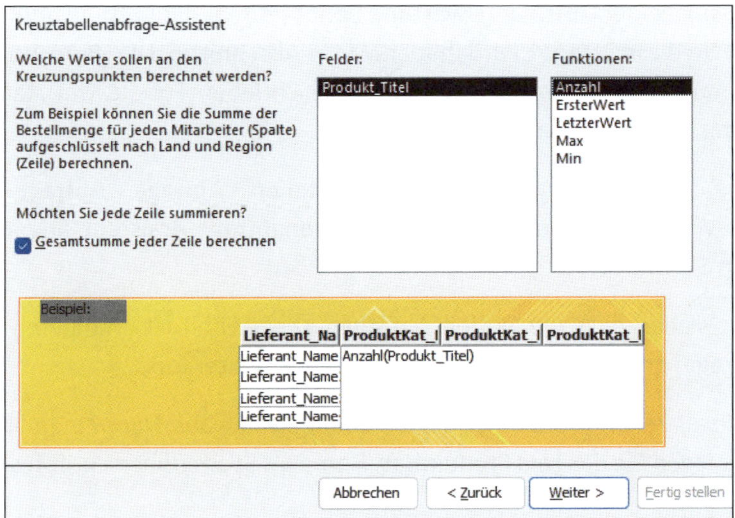

7. Im letzten Schritt des Assistenten gibt Access bereits einen Namen für diese Abfrage vor, den Sie auch beibehalten können. Dies gilt auch für die Option **Die Abfrageergebnisse anzeigen**. Mit einem Klick auf **Fertig stellen** wird die Abfrage direkt ausgeführt.

8. In der Datenblattansicht sehen Sie nun das Ergebnis, sprich die Anzahl der Produkte je Lieferant und Produktkategorie.

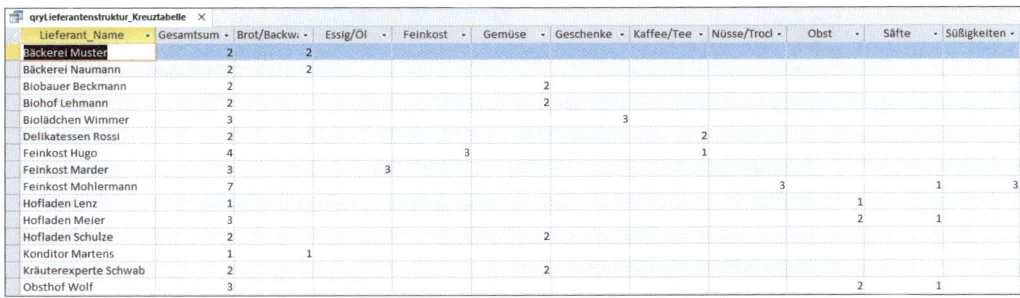
qryLieferantenstruktur_Kreuztabelle

Lieferant_Name	Gesamtsum	Brot/Backw	Essig/Öl	Feinkost	Gemüse	Geschenke	Kaffee/Tee	Nüsse/Trocl	Obst	Säfte	Süßigkeiten
Bäckerei Muster	2	2									
Bäckerei Naumann	2	2									
Biobauer Beckmann	2				2						
Biohof Lehmann	2				2						
Biolädchen Wimmer	3					3					
Delikatessen Rossi	2						2				
Feinkost Hugo	4			3			1				
Feinkost Marder	3		3								
Feinkost Mohlermann	7							3		1	3
Hofladen Lenz	1								1		
Hofladen Meier	3								2	1	
Hofladen Schulze	2				2						
Konditor Martens	1	1									
Kräuterexperte Schwab	2				2						
Obsthof Wolf	3								2	1	

Grundsätzlich lässt sich hier ablesen, dass die Lieferantenstruktur recht gleichmäßig verteilt ist, aber der Lieferant Feinkost Möhlemann mit sieben gelieferten Produkten deutlich aus der Masse der anderen Lieferanten herausragt. Dies ermöglicht allerdings noch keine Aussagen zu den dahinterstehenden Bestellwerten. Das Thema einer Umsatzauswertung werden wir im folgenden Beispiel anhand der Kundenbestellungen näher betrachten.

Für dieses Beispiel einer Umsatzauswertung benötigen Sie die Abfrage **qryKundenumsatz**. Wie diese erzeugt wird, haben wir in Abschnitt 6.3.4, »Berechnungen in Abfragen auf Basis mehrerer Tabellen«, beschrieben. Für die Kreuztabellenauswertung fahren Sie dann so fort:

1. Starten Sie den Abfrage-Assistenten über **Erstellen • Abfrage • Abfrage-Assistenten**. Wählen Sie dann den **Kreuztabellenabfrage-Assistent** aus, und bestätigen Sie mit **OK**.
2. Stellen Sie sicher, dass die Option **Abfragen** ausgewählt ist. Markieren Sie dann **Abfrage: qryKundenumsatz**. Fahren Sie mit **Weiter** fort.
3. Wählen Sie als Zeilenüberschrift das Feld **Kunde_Name** aus. Nach einem Klick auf **Weiter** legen Sie das Feld **ProduktKat_Name** als Spaltenüberschrift fest.
4. Markieren Sie in der Liste **Felder** den **Bestellwert** und in der Liste **Funktionen** die **Summe**. Ist das Kontrollkästchen **Gesamtsumme jeder Zeile berechnen** aktiviert, wird neben den Umsatzwerten je Produktgruppe auch der Gesamtumsatz jedes Kunden angezeigt. Bestätigen Sie mit **Weiter**.

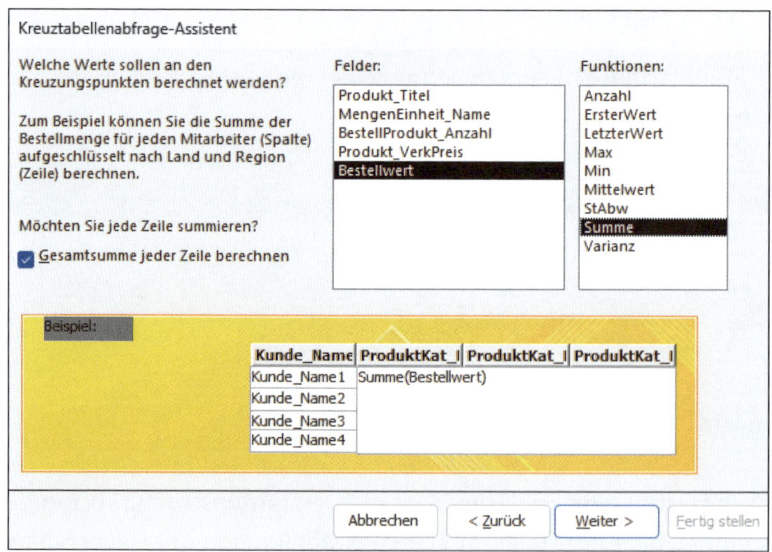

5. Die Vorgaben im letzten Schritt des Assistenten können Sie wieder beibehalten. Mit einem Klick auf **Fertig stellen** wird der Assistent beendet und die Kreuztabellenabfrage direkt ausgeführt. Das Ergebnis wird wieder in der Datenblattansicht gezeigt.

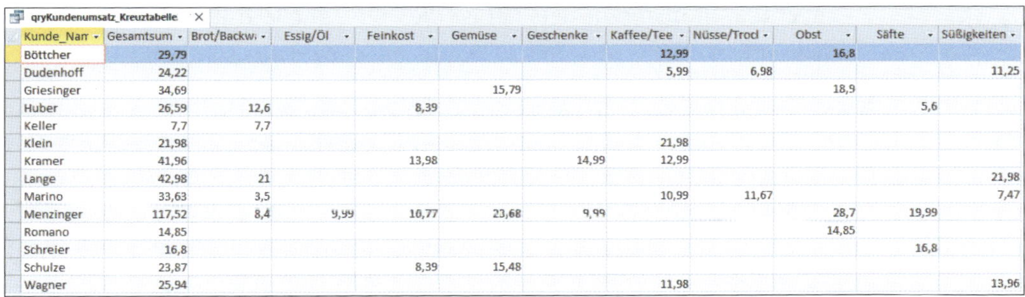

qryKundenumsatz_Kreuztabelle

Kunde_Nar	Gesamtsum	Brot/Backw	Essig/Öl	Feinkost	Gemüse	Geschenke	Kaffee/Tee	Nüsse/Trocl	Obst	Säfte	Süßigkeiten
Böttcher	29,79						12,99		16,8		
Dudenhoff	24,22						5,99	6,98			11,25
Griesinger	34,69				15,79				18,9		
Huber	26,59	12,6		8,39						5,6	
Keller	7,7	7,7									
Klein	21,98						21,98				
Kramer	41,96			13,98		14,99	12,99				
Lange	42,98	21									21,98
Marino	33,63	3,5					10,99	11,67			7,47
Menzinger	117,52	8,4	9,99	10,77	23,68	9,99			28,7	19,99	
Romano	14,85								14,85		
Schreier	16,8									16,8	
Schulze	23,87			8,39	15,48						
Wagner	25,94						11,98				13,96

Änderungen an der Kreuztabellenabfrage lassen sich jederzeit über die Entwurfsansicht durchführen.

6.4.2 Der Abfrage-Assistent zur Duplikatsuche

Ein leider häufiger auftretendes Ärgernis in Datenbanken sind doppelt auftretende Daten. Diese Duplikate sollten aber möglichst vermieden werden, da sie ein großes Potenzial für Fehler darstellen. Access bietet einen eigenen Assistenten zur Duplikatsuche an, den Sie folgendermaßen nutzen:

1. Rufen Sie **Erstellen • Abfragen • Abfrage-Assistenten** auf, und markieren Sie **Abfrageassistent zur Duplikatsuche**. Bestätigen Sie mit **OK**.

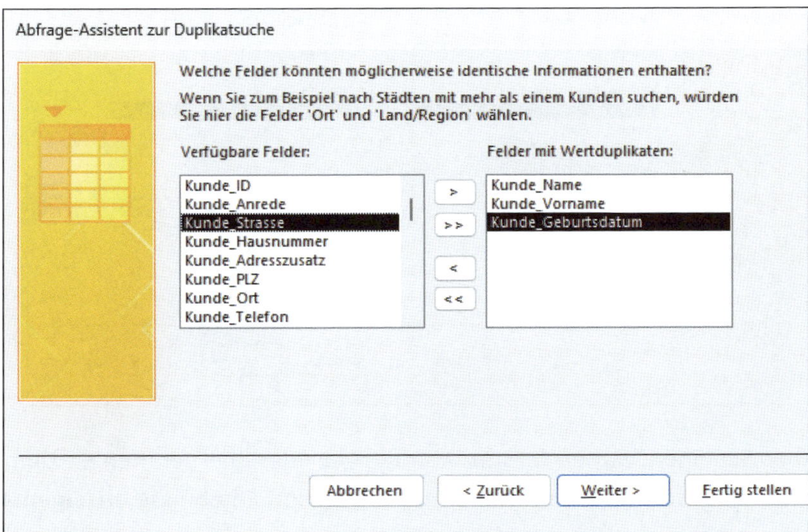

2. Stellen Sie sicher, dass unterhalb von **Ansicht** die Option **Tabelle** aktiviert ist. Markieren Sie in der Liste darüber die Tabelle, die Sie auf Duplikate prüfen

möchten. In unserem Beispiel ist dies die Tabelle **tblKunde**. Fahren Sie mit **Weiter** fort.

3. Nun wählen Sie die Felder aus, die möglicherweise Duplikate enthalten könnten. Für unser Beispiel werden die Felder **Kunde_Name**, **Kunde_Vorname** und **Kunde_Geburtsdatum** jeweils per Doppelklick in die Liste **Felder mit Wertduplikaten** übernommen. Die Wahl fällt auf diese Felder, da gleiche Namen und Vornamen durchaus doppelt vorkommen können (z. B. ein Michael Müller), dies in Kombination mit dem Geburtsdatum aber meist eindeutig ist. Bestätigen Sie mit **Weiter**.

4. Gerade bei der Überprüfung von Namen bietet es sich an, weitere Felder wie Straße, Hausnummer, PLZ oder Ort der Analyse hinzuzufügen, um echte Duplikate zu erkennen. Auch hier übernehmen Sie die Felder wieder per Doppelklick auf die entsprechenden Feldnamen in der Liste **Verfügbare Felder**. Befinden sich die gewünschten Felder in der Liste **Zusätzliche Abfragefelder**, fahren Sie mit **Weiter** fort.

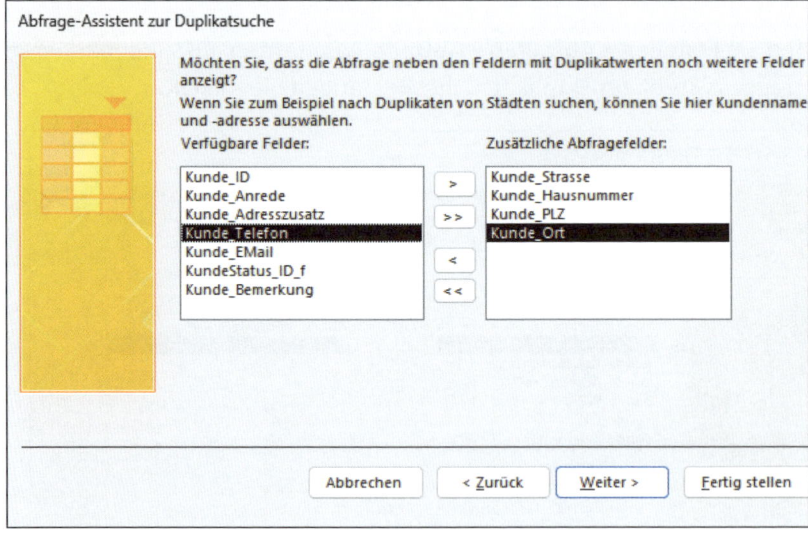

5. Geben Sie einen Namen für Ihre Abfrage ein, oder übernehmen Sie den von Access vorgeschlagenen. Belassen Sie die Option **Ergebnisse anzeigen** aktiviert, und beenden Sie den Assistenten mit einem Klick auf **Fertig stellen**. Access zeigt nun alle gefundenen Duplikate in der Datenblattansicht an.

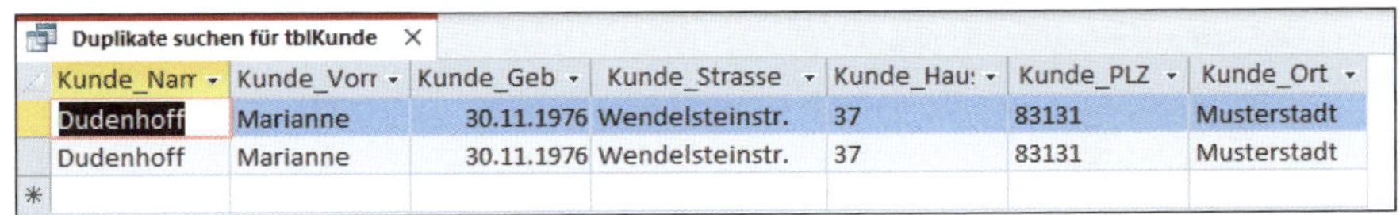
Duplikate suchen für tblKunde

Kunde_Nam	Kunde_Vorr	Kunde_Geb	Kunde_Strasse	Kunde_Hau:	Kunde_PLZ	Kunde_Ort
Dudenhoff	Marianne	30.11.1976	Wendelsteinstr.	37	83131	Musterstadt
Dudenhoff	Marianne	30.11.1976	Wendelsteinstr.	37	83131	Musterstadt
*						

Sie können nun in der Tabelle **tblKunde** entweder Falscheingaben, wie z. B. bei der Dateneingabe entstandene Tippfehler, korrigieren oder entdeckte Duplikate löschen.

6.4.3 Der Abfrage-Assistent zur Inkonsistenzsuche

Beim Verknüpfen von Tabellen sollte am besten immer eine referentielle Integrität vereinbart werden (siehe auch Abschnitt 4.4.2, »Beziehungen zwischen Tabellen erstellen«). Diese verhindert, dass eine Tabelle einen Datensatz enthält, der in der verknüpften Tabelle nicht vorhanden ist. Wurde die referentielle Integrität nicht vereinbart, kann dies zu Inkonsistenzen in der Datenbank führen. Mit dem *Abfrage-Assistenten zur Inkonsistenzsuche* lassen sich diese aufspüren. Als Beispiel soll in der Tabelle **tblProduktKat** nach Produktkategorien gesucht werden, für die in der Tabelle **tblProdukt** keine Produkte enthalten sind.

1. Rufen Sie **Erstellen • Abfragen • Abfrage-Assistent** auf, und markieren Sie **Abfrage-Assistent zur Inkonsistenzsuche**. Starten Sie den Assistenten mit einem Klick auf **OK**.

2. Ist unterhalb von **Ansicht** die Option **Tabellen** aktiviert, können Sie darüber die erste gewünschte Tabelle, im Beispiel **Tabelle: tblProduktKat**, auswählen. Fahren Sie mit **Weiter** fort.

3. Markieren Sie anschließend die zweite Tabelle, für unser Beispiel also **Tabelle: tblProdukt**, und bestätigen Sie mit **Weiter**.

4. Im folgenden Dialog werden jeweils die Felder der beiden ausgewählten Tabellen angezeigt. Die zu überprüfenden Felder **ProduktKat_ID** und **ProduktKat_ID_f** sind bereits markiert.

5. Den nächsten Dialog können Sie mit **Weiter** überspringen. Access übernimmt damit alle Felder in die Abfrageergebnisse. Den vorgegebenen Namen für die Abfrage können Sie entweder beibehalten oder überschreiben. Mit einem Klick auf **Fertig stellen** wird die Abfrage ausgeführt.

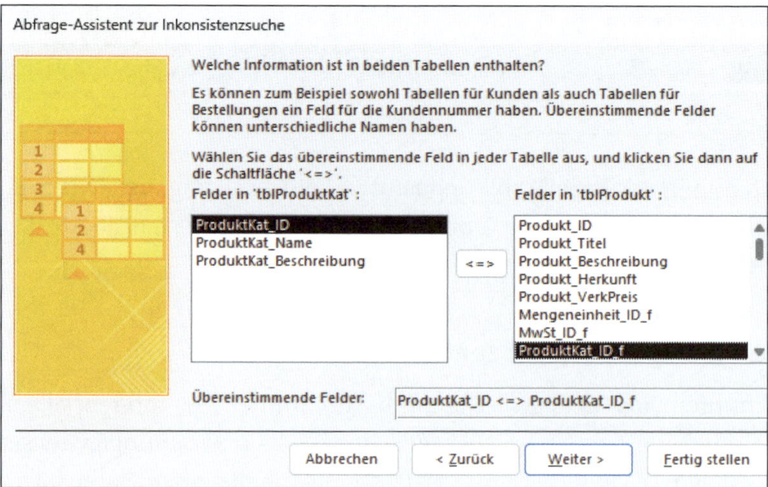

6. Die Ergebnisse werden wieder in der Datenblattansicht angezeigt. In unserem Beispiel hat die Inkonsistenzsuche ergeben, dass es zwar eine Produktkategorie Wein gibt, aber dafür noch keine Produkte angelegt sind.

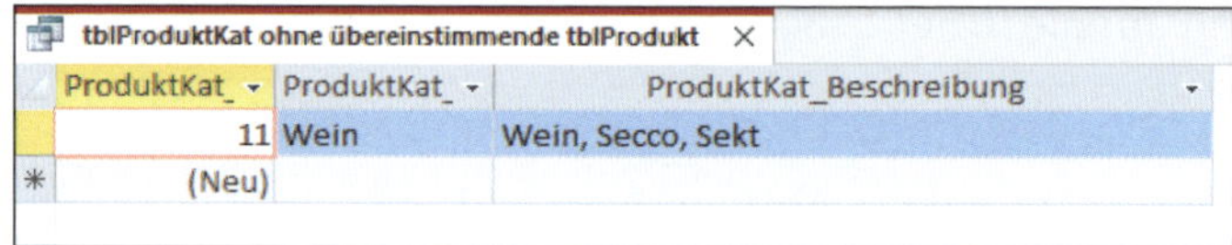

Falls Sie umgekehrt nach Produkten suchen möchten, die keiner Produktkategorie zugeordnet sind, wählen Sie im Abfrage-Assistenten zur Inkonsistenzsuche zuerst die Tabelle **tblProdukt** aus (Schritt 2) und anschließend die Tabelle **tblProduktKat** (Schritt 3).

6.5 Mithilfe von Aktionsabfragen Daten hinzufügen, ändern oder löschen

Einen einzelnen Datensatz in der Datenblattansicht oder über ein Formular zu ändern oder auch zu löschen, ist schnell erledigt. Sollen aber gleich mehrere Daten in einem Rutsch entfernt oder korrigiert werden, ist dies manuell sehr aufwendig. Das Gleiche gilt für das Hinzufügen von Daten. Aber auch hierfür gibt es in Access eine praktische Lösung: Die sogenannten *Aktionsabfragen*, mit deren Hilfe sich Daten in den Tabellen ändern lassen.

Die Vorbereitungen für eine Aktionsabfrage sind ähnlich wie zuvor für die Auswahlabfragen beschrieben: Sie starten eine Abfrage in der Entwurfsansicht, fügen die Tabelle hinzu und wählen die für die Aktionsabfrage relevanten Felder aus. Anschließend wird die gewünschte Aktion in der Gruppe **Abfragetyp** des Registers **Abfrageentwurf** ausgewählt. Haben Sie die Aktion gewählt, legen Sie die Bedingungen fest, die für eine Ausführung erfüllt sein müssen. Ist all dies erledigt, kann die Aktion gestartet werden. Access aktualisiert die Datensätze für Sie, fügt neue Daten hinzu oder löscht Daten, je nachdem, was Sie veranlasst haben.

Aktionsabfragen können ebenso wie Auswahlabfragen gespeichert werden. Anschließend erscheint ihr Name im Abschnitt **Abfragen** des Navigationsbereichs. Anhand des Symbols vor dem Namen können Sie überprüfen, ob es sich um eine Aktionsabfrage handelt. Eine Aktualisierungsabfrage ist beispielsweise mit dem Symbol gekennzeichnet, eine Anfügeabfrage mit dem Symbol und eine Löschabfrage mit . Hierauf sollten Sie unbedingt achten, bevor Sie eine Aktionsabfrage im Navigationsbereich anklicken. Denn ebenso wie die Auswahlabfragen werden auch die Aktionsabfragen sofort ausgeführt. Falls Sie die Abfrage zuvor noch prüfen möchten, sollten Sie sie in der Entwurfsansicht öffnen. Hierzu klicken Sie wie gewohnt mit der rechten Maustaste auf den Abfragenamen und wählen dann den Befehl **Entwurfsansicht**. Die für die folgenden Anleitungen verwendete Beispieldatenbank *DelikatEssen_0605.accdb* finden Sie wie gewohnt in den Materialien zum Buch im Ordner *Kapitel_06*.

Wichtig: Bevor Sie mit einer Aktionsabfrage starten, sollten Sie von der Tabelle, an der Sie Änderungen vornehmen möchten, unbedingt eine Sicherungskopie erstellen. Denn die Abfrage lässt sich nicht mehr rückgängig machen. Wie Sie hierzu vorgehen, erfahren Sie im Kasten »Tabellen kopieren und einfügen« in Abschnitt 5.2.3, »Datenimport aus einer anderen Access-Datenbank«.

6.5.1 Eine Aktualisierungsabfrage durchführen

Beim Erfassen der Kundendaten hat sich der Fehlerteufel eingeschlichen: Für einen Ort wurde versehentlich die falsche Postleitzahl eingetragen? Statt nun jeden Datensatz manuell zu korrigieren, können Sie dies auch Access überlassen.

1. Erzeugen Sie über **Erstellen • Abfragen • Abfrageentwurf** eine neue Abfrage in der Entwurfsansicht. Fügen Sie die Tabelle hinzu, an der Änderungen vorgenommen werden sollen, für unser Beispiel die Tabelle **tblKunde**.

2. Ziehen Sie nun das Feld, dessen Werte aktualisiert werden sollen, nach unten in den Abfrageentwurfsbereich. In unserem Beispiel ist dies das Feld **Kunde_PLZ**. Fügen Sie außerdem alle Felder hinzu, die zur Angabe von Auswahlkriterien benötigt werden, in diesem Fall das Feld **Kunde_Ort**.
3. Klicken Sie im Register **Abfrageentwurf** in der Gruppe **Abfragetyp** auf **Aktualisieren**. Die gleichnamige Zeile erscheint nun im Abfrageentwurfsbereich.
4. In der Zeile **Aktualisieren** geben Sie in der Spalte des Feldes, das aktualisiert werden soll, den neuen Wert oder einen Ausdruck ein. In unserem Beispiel soll die alte Postleitzahl durch `80222` ersetzt werden.
5. Tragen Sie in der Zeile **Kriterien** jeweils in den entsprechenden Spalten das Kriterium ein, das die Datensätze erfüllen müssen, damit die Aktualisierung ausgeführt wird. In diesem Fall handelt es sich nur um eine Spalte, in der Sie den Namen des Ortes, hier `Fantasiedorf`, eintragen. Lesen Sie hierzu auch den Kasten »Vor der Ausführung die Abfrage prüfen«.

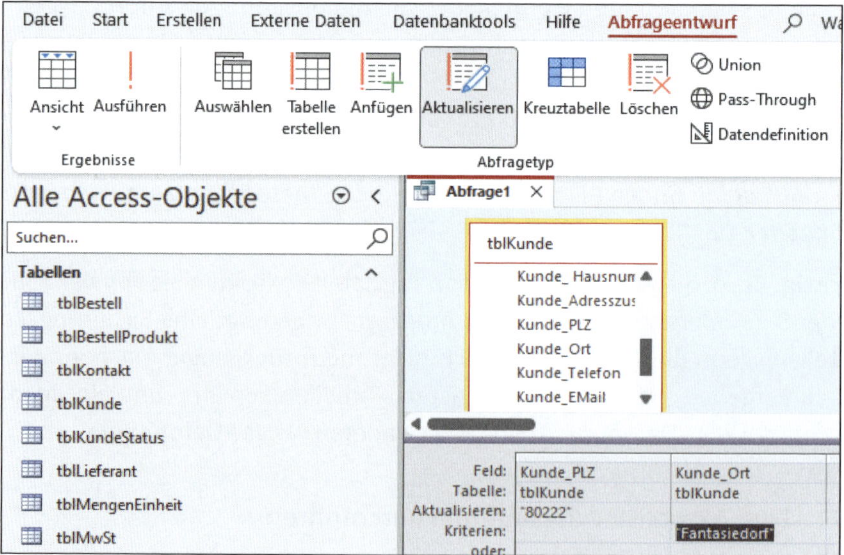

6. Mit einem Klick auf **Ausführen** wird die Aktionsabfrage nun durchgeführt. Access blendet einen Warnhinweis ein. Sind Sie sicher, dass die Aktion ausgeführt werden soll, bestätigen Sie diesen mit **Ja**.

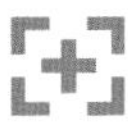

Vor der Ausführung die Abfrage prüfen

Aktionsabfragen lassen sich nicht rückgängig machen. Bevor Sie sie starten, sollten Sie sich also ganz sicher sein, dass auch die richtigen Datensätze geändert oder gar gelöscht werden. Dies lässt sich mit einem kleinen Zwischenschritt erledigen. Sobald Sie die Kriterien etwa für die Aktualisierungsabfrage festgelegt haben, wandeln Sie die Abfrage vorübergehend in eine Auswahlabfrage um. Hierzu klicken Sie im Register **Abfrageentwurf** in der Gruppe **Abfragetyp** auf **Auswählen**. Führen Sie die Abfrage nun probeweise per Klick auf **Ausführen** aus. Werden in der Datenblattansicht genau die Datensätze aufgeführt, die korrigiert oder auch gelöscht werden sollen, haben Sie alle Kriterien richtig angegeben. Falls nicht, können Sie in der Entwurfsansicht noch die entsprechenden Korrekturen vornehmen. Ist alles korrekt, wählen Sie wieder den gewünschten Abfragetyp, also etwa **Aktualisieren**, aus. Führen Sie die Abfrage nun per Klick auf **Ausführen** aus, wird die Aktion durchgeführt.

6.5.2 Datensätze per Anfügeabfrage hinzufügen

Es existiert eine Tabelle mit Datensätzen, die Sie einer anderen Tabelle hinzufügen möchten? Dies kommt beispielsweise häufiger vor, wenn die Daten aus einer bestehenden Excel-Tabelle in die Access-Datenbank importiert werden sollen. Wie der Import der Excel-Tabelle in Access funktioniert, haben Sie bereits in Abschnitt 5.2, »Daten importieren«, erfahren. Dort haben wir auch ausführlich beschrieben, was Sie vor dem Import beachten sollten und wie sich mögliche Fehler verhindern oder zumindest lösen lassen. Die Datensätze aus der importierten Tabelle wurden dann per Drag & Drop in eine vorhandene Access-Tabelle übertragen. Anstelle des Drag & Drop können Sie aber auch eine sogenannte *Anfügeabfrage* nutzen, wie die folgende Anleitung zeigt. In diesem Beispiel werden die Daten aus der Tabelle **tblKontakteNeu** in die Tabelle **tblKontakt** eingefügt.

1. Erstellen Sie eine neue Abfrage in der Entwurfsansicht, und fügen Sie die Tabelle hinzu, die die Datensätze enthält, die in die andere Tabelle eingefügt werden sollen, im Beispiel also **tblKontakteNeu**.

2. Ziehen Sie nacheinander alle Felder dieser Tabelle in den Abfrageentwurfsbereich.

3. Klicken Sie im Register **Abfrageentwurf** in der Gruppe **Abfragetyp** auf **Anfügen**. Es öffnet sich der Dialog **Anfügen**.

4. Darin wählen Sie im Feld **Tabellennamen** nun die Tabelle aus, in die die Datensätze der Tabelle **tblKontakteNeu** eingefügt werden sollen, hier die Tabelle **tblKontakt**. Sollte sich die Tabelle nicht in der Datenbank befinden, die gerade geöffnet ist, aktivieren Sie die Option **Andere Datenbank** und wählen nach einem Klick auf **Durchsuchen** die gewünschte Datenbank aus. In unserem Beispiel befindet sich die Tabelle aber in der aktuellen Datenbank, so dass die Option beibehalten werden kann. Bestätigen Sie mit **OK**.

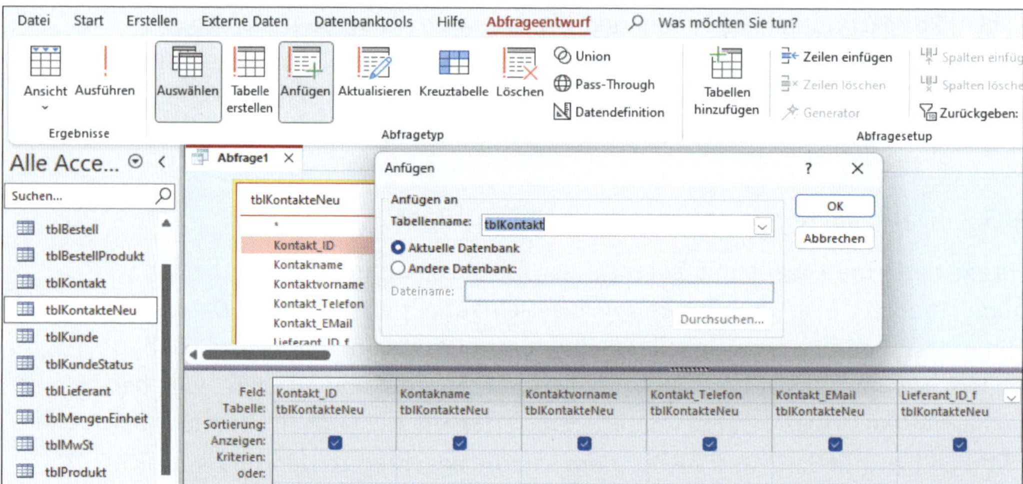

Im Abfrageentwurfsbereich wird die Zeile **Anfügen an** ergänzt. Access erkennt die übereinstimmenden Felder automatisch und zeigt die entsprechenden Feldnamen in den korrespondierenden Spalten an. Da nicht alle Feldnamen in beiden Tabellen identisch sind, müssen Sie noch nacharbeiten.

5. Klicken Sie in der Zeile **Anfügen an** in das erste Feld, für das eine Zuordnung fehlt, im Beispiel die Spalte **Kontaktname**. Nach einem Klick auf den Pfeil wählen Sie in der Liste das korrekte Feld, hier **Kontakt_Name**, aus. Wiederholen Sie dies für alle weiteren Felder, in denen noch ein Feld ergänzt werden muss.

Feld:	Kontakt_ID	Kontakname	Kontaktvorname	Kontakt_Telefon	Kontakt_EMail	Lieferant_ID_f
Tabelle:	tblKontakteNeu	tblKontakteNeu	tblKontakteNeu	tblKontakteNeu	tblKontakteNeu	tblKontakteNeu
Sortierung:						
Anfügen an:	Kontakt_ID			Kontakt_Telefon	Kontakt_EMail	Lieferant_ID_f
Kriterien:						
oder:						

- tblKontakt.*
- Kontakt_ID
- Kontakt_Name
- Kontakt_Vorname
- Kontakt_Telefon
- Kontakt_EMail
- Lieferant_ID_f

6. Sie haben nun noch die Möglichkeit, Kriterien anzugeben, falls nur bestimmte Datensätze aus der Quelldatei übernommen werden sollen. In unserem Beispiel sollen etwa nur die Kontaktdaten gewählt werden, für die auch eine Telefonnummer hinterlegt ist. In der Zeile **Kriterien** der Spalte **Kontakt_Telefon** ergänzen Sie entsprechend das Kriterium `Ist Nicht Null`.

Feld:	Kontakt_ID	Kontakname	Kontaktvorname	Kontakt_Telefon	Kontakt_EMail	Lieferant_ID_f
Tabelle:	tblKontakteNeu	tblKontakteNeu	tblKontakteNeu	tblKontakteNeu	tblKontakteNeu	tblKontakteNeu
Sortierung:						
Anfügen an:	Kontakt_ID	Kontakt_Name	Kontakt_Vorname	Kontakt_Telefon	Kontakt_EMail	Lieferant_ID_f
Kriterien:				Ist Nicht Null		
oder:						

7. Mit einem Klick auf **Ansicht** können Sie überprüfen, ob die Datensätze ohne Telefonnummer tatsächlich ausgespart werden. Kehren Sie mit einem erneuten Klick auf **Ansicht** zur Entwurfsansicht zurück.

8. Klicken Sie jetzt auf **Ausführen**. In einem Hinweisfenster erfahren Sie, wie viele Datensätze Access der Tabelle **tblKontakt** hinzufügen wird. Bestätigen Sie den Hinweis mit **Ja**. Öffnen Sie die Tabelle **tblKontakt**, um das Ergebnis zu überprüfen.

6.5.3 Datensätze mit der Löschabfrage entfernen

Mithilfe einer Löschanfrage ist das Löschen von Datensätzen schnell erledigt. Da sich auch diese Aktion nicht rückgängig machen lässt, sollten Sie sie sehr vorsichtig handhaben. In unserem Beispiel sollen alle Produkte der Produktkategorie Geschenke aus dem Sortiment genommen und entsprechend in der Tabelle **tblProdukt** gelöscht werden.

1. Erzeugen Sie eine neue Abfrage in der Entwurfsansicht. Wählen Sie die Tabelle aus, aus der Sie Datensätze entfernen möchten, im Beispiel **tblProdukt**.

2. Mit einem Klick auf den Stern * in der Tabelle fügen Sie zunächst alle Felder der Tabelle dem Abfrageentwurfsbereich hinzu. Im ersten Feld erscheint nun der Tabellenname.

3. Ziehen Sie nun die Felder in den Abfrageentwurfsbereich, die Sie zur Angabe der Löschkriterien benötigen, hier das Feld **ProduktKat_ID_f**.

4. Geben Sie in der Zeile **Kriterien** für die in Schritt 3 hinzugefügten Felder die Kriterien ein, die erfüllt sein müssen, damit ein Datensatz gelöscht wird. Falls Sie auf die Schritte 3 und 4 verzichten, werden nach Schritt 6 alle Datensätze der Tabelle gelöscht! Für unser Beispiel tragen Sie in der Zeile Kriterien der Spalte **ProduktKat_ID_f** den Wert 11 ein. Dies ist die Identifikationsnummer der Produktkategorie Geschenke.

5. Klicken Sie im Register **Abfrageentwurf** in der Gruppe **Abfragetyp** auf **Löschen**. Der Abfrageentwurfsbereich wird um die Zeile **Löschen erweitert**. In der ersten Spalte enthält diese Zeile das Wort **Von**, in allen anderen Feldern steht **Bedingung**.

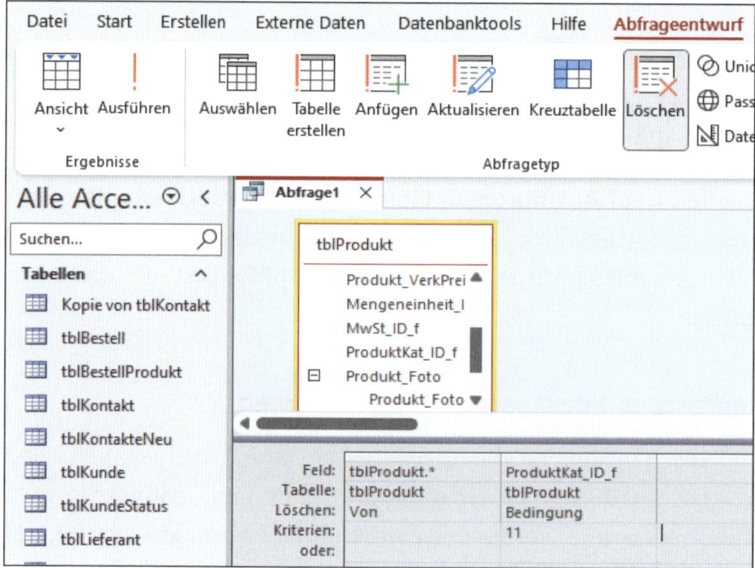

6. Führen Sie nun die Abfrage mit einem Klick auf **Ausführen** aus. Es erscheint der Warnhinweis, ob Sie die Datensätze wirklich löschen möchten. Sind Sie sich sicher, bestätigen Sie ihn mit **Ja**.

6.6 Und was ist die SQL-Ansicht?

Alle Abfragen, die wir Ihnen in diesem Kapitel vorgestellt haben, wurden entweder im Abfrageentwurf oder mithilfe des Abfrage-Assistenten erstellt. Zum Ausführen einer Abfrage reicht im Register **Abfrageentwurf** ein Klick auf die Schaltfläche **Ausführen** oder auf **Ansicht**. Access zeigt das Ergebnis anschließend in der Datenblattansicht. Mit einem erneuten Klick auf **Ansicht** im Register **Start** wird die Abfrage wieder in der Entwurfsansicht angezeigt. Dies alles ist nichts Neues für Sie. Vielleicht hat der ein oder andere von Ihnen aber im Register **Start** oder im Register **Abfrageentwurf** nicht direkt auf die Schaltfläche **Ansicht** geklickt, sondern stattdessen auf den Pfeil unterhalb der Schaltfläche. In diesem Fall klappt eine Liste auf, in der Sie nicht nur die Entwurfs- oder Datenblattansicht auswählen können, sondern auch eine **SQL-Ansicht**. Doch was ist das?

Die Abkürzung *SQL* steht für *Structured Query Language* (auf Deutsch strukturierte Abfragesprache). Dahinter verbirgt sich eine Programmiersprache für die Erstellung und Bearbeitung von Datenbanken. Keine Sorge, Sie sollen zum Abschluss dieses Kapitels nicht das Programmieren lernen. Dies würde den Rahmen eines Einsteigerbuches sprengen. Wir möchten Ihnen in einem sehr kurzen Überblick aber zumindest die wichtigsten Elemente einer Abfrage in der SQL-Ansicht erklären. Dies gelingt am besten anhand eines einfachen Beispiels. Erstellen Sie hierzu folgende Abfrage:

1. Erzeugen Sie über **Erstellen • Abfragen • Abfrageentwurf** eine neue Abfrage. Fügen Sie die Tabelle **tblKunde** hinzu. Aus dieser ziehen Sie die Felder **Kunde_Vorname**, **Kunde_Name**, **Kunde_PLZ** sowie **Kunde_Ort** in den Abfrageentwurfsbereich.

2. Die Ergebnisse dieser Abfrage sollen der Postleitzahl nach sortiert werden. Klicken Sie also in der Spalte **Kunde_PLZ** in das Feld der Zeile **Sortierung**. Nach einem Klick auf den Pfeil wählen Sie **Aufsteigend** aus.

3. Die Abfrage soll lediglich die Kunden anzeigen, die in München leben. In der Spalte **Kunde_Name** tragen Sie in der Zeile **Kriterien** entsprechend `München` ein.

4. Speichern Sie die Abfrage z. B. unter dem Namen »qryKundePLZMuenchen«.

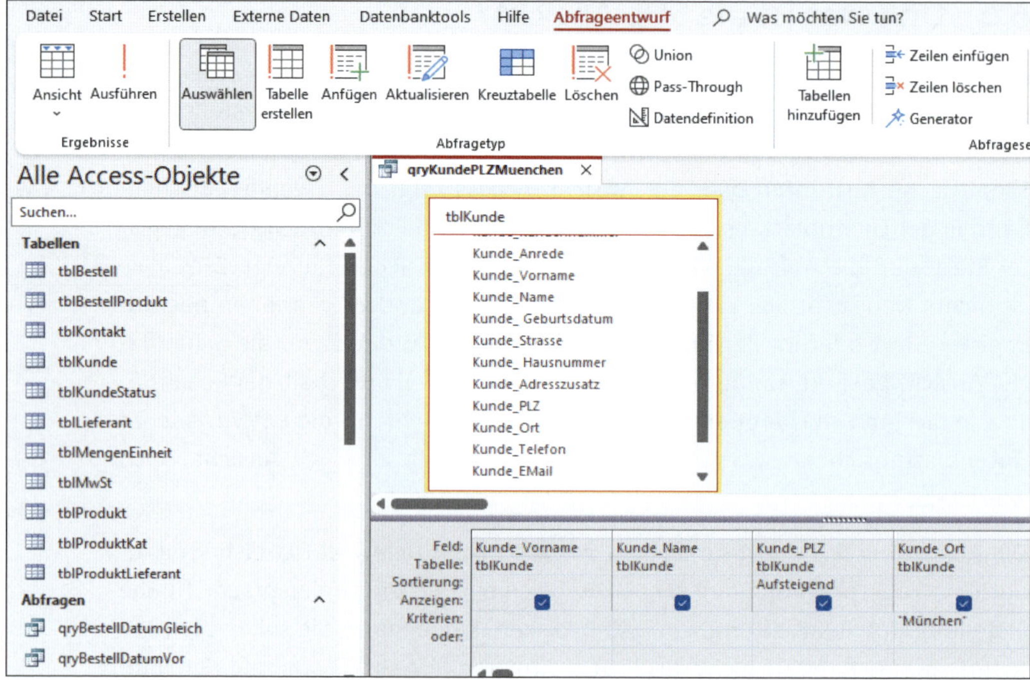

5. Führen Sie die Abfrage per Klick auf **Ausführen** im Register **Abfrageentwurf** aus.

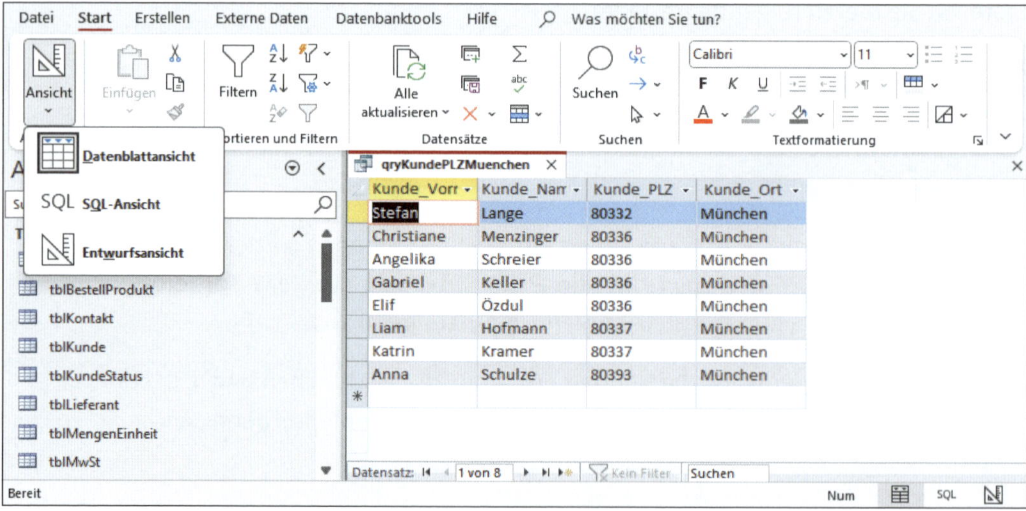

Das Abfrageergebnis listet in der Datenblattansicht alle Kunden auf, die in München leben. Die Liste ist der Postleitzahl nach sortiert. Diese Abfrage wollen wir uns nun in der SQL-Ansicht ansehen. Für den Wechsel der Ansicht stehen Ihnen wieder verschiedene Möglichkeiten zur Auswahl:

- Klicken Sie im Register **Start** in der Gruppe **Ansichten** auf den Pfeil unterhalb von **Ansicht**. In der aufklappenden Liste wählen Sie **SQL-Ansicht**.
- Alternativ klicken Sie mit der rechten Maustaste im Anzeigebereich auf den Registerreiter **qryKundePLZMuenchen** und wählen im Kontextmenü die **SQL-Ansicht**.
- In der Navigationsleiste in der rechten unteren Ecke des Programmfensters finden Sie das Symbol SQL, das Sie ebenfalls zur SQL-Ansicht führt.

Der SQL-Ausdruck, den Sie nun zu sehen bekommen, ist zunächst schwarz markiert. Klicken Sie einmal in einen Bereich außerhalb des Ausdrucks, um die Markierung aufzuheben.

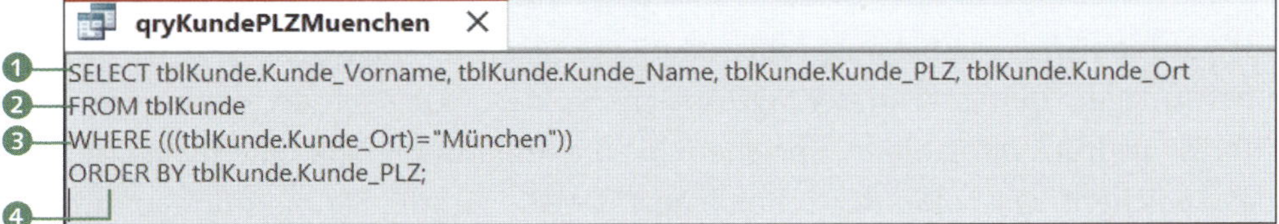

Abbildung 6.38 *Die Abfrage in der SQL-Ansicht*

Sehen wir uns die einzelnen Bestandteile der Auswahlabfrage in der SQL-Ansicht an:

1. Unsere Auswahlabfrage beginnt mit einem `SELECT`-Teil. Darin wird festgelegt, welche Felder im Ergebnis ausgegeben werden sollen. In diesem Fall handelt es sich um die Felder **Kunde_Vorname**, **Kunde_Name**, **Kunde_PLZ** sowie **Kunde_Ort**. Die einzelnen Felder werden jeweils durch ein Komma voneinander getrennt.
2. Nach dem `SELECT`-Teil folgt der `FROM`-Teil. Hier werden die für die Auswahlabfrage benötigten Tabellen angegeben. Da unsere Abfrage nur auf eine Tabelle zugreift, enthält dieser Teil auch nur die Angabe **tblKunde**.
3. Als dritter Teil unserer Abfrage folgt der `WHERE`-Teil. Hier wird das Kriterium angegeben, das jeder Datensatz der Tabelle **tblKunde** erfüllen muss. Access

fügt hier automatisch noch Klammern ein, die bei dieser einfachen Auswahlabfrage mit nur einem Feld nicht nötig sind. Sie könnten also auch entfernt werden, ohne dass dies bei der Ausführung der Abfrage zu einem Fehler führen würde.

4. Unsere Abfrage schließt mit dem ORDER BY-Teil. Er enthält das Feld (hier **Kunde_PLZ**), nach dem die Abfrageergebnisse sortiert werden sollen.

In allen vier Teilen wird den Feldnamen jeweils der Name der Tabelle, aus der das jeweilige Feld stammen (hier also jeweils **tblKunde**), vorangestellt, gefolgt von einem Punkt (.). Da sich die Abfrage lediglich auf eine Tabelle bezieht, könnte hierauf auch verzichtet werden. Die vereinfachte Form der Abfrage könnte in der SQL-Ansicht also auch folgendermaßen lauten:

```
SELECT Kunde_Vorname, Kunde_Name, Kunde_PLZ, Kunde_Ort
FROM tblKunde
WHERE Kunde_Ort="München"
ORDER BY Kunde_PLZ
```

Falls Sie den Effekt selbst ausprobieren möchten, entfernen Sie probeweise alle überflüssigen Elemente in der SQL-Ansicht, so dass nur noch der oben aufgeführte Ausdruck übrig bleibt. Speichern Sie die Änderungen mit einem Klick auf das **Speichern**-Symbol in der Schnellzugriffsleiste. Führen Sie die Abfrage nun mit einem Klick auf **Ausführen** aus. Die Datenblattansicht zeigt das gleiche Ergebnis wie zuvor.

Sowohl der SELECT-Teil als auch der FROM-Teil sind in einer Abfrage Pflicht, während der WHERE-Teil sowie der ORDER BY-Teil optional sind.

Wenn Sie noch tiefer in die SQL-Welt vordringen möchten, empfehlen wir Ihnen, sich die in diesem Kapitel vorgestellten Beispiele jeweils in der SQL-Ansicht anzusehen. In diesem Buch geht es nun aber mit den Formularen weiter. Sie sind ein wichtiger Bestandteil einer Access-Datenbank, um den Anwender*innen die Nutzung so komfortabel wie möglich zu gestalten.

Kapitel 7
Formulare – Dateneingabe und Bedienung vereinfachen

Je umfangreicher eine Datenbank wird, desto weniger Spaß bereitet es, die Daten in der Datenblattansicht einer Tabelle einzugeben oder zu verwalten. Das ist in Access dank der vielseitig gestaltbaren Formulare zum Glück auch nicht notwendig. Mit ihnen stellen Sie Daten nicht nur ansprechend dar. Anwender*innen, die nicht in die Tiefe von Access eintauchen möchten, wird durch ein gut aufgebautes Formular auch die Bedienung der Datenbank erleichtert.

Sie können ein Formular komplett selbst entwickeln, sich Unterstützung vom Formular-Assistenten holen oder es mit einem Formulartool erzeugen. Die erste Variante ist die komplizierteste, weshalb sie in diesem Kapitel auch nur am Rande Erwähnung finden wird. Den Formular-Assistenten haben Sie bereits kurz in Abschnitt 3.4.2, »Ein einfaches Formular zur Dateneingabe erzeugen«, kennengelernt. Er wird nochmals in Abschnitt 7.5.3, »Ein Formular mithilfe des Formular-Assistenten erstellen«, aufgegriffen. Am schnellsten – nämlich mit nur einem Mausklick – lässt sich ein Formular mithilfe des Formulartools erstellen. Sobald es erzeugt ist, haben Sie viele Möglichkeiten, es Ihren Wünschen entsprechend anzupassen. Mit diesem einfachen Formular werden wir das Kapitel beginnen.

Die Beispieldatenbank *DelikatEssen_0701.accdb*, die als Basis für die folgenden Anleitungen verwendet wird, finden Sie in den Materialien zum Buch im Ordner *Kapitel_07*.

7.1 Ein einfaches Formular erstellen

Neben den Tabellen und den Abfragen zählen Formulare zu den wichtigsten Objekten einer Datenbank. Ein Formular stellt eine komfortable Benutzeroberfläche dar, die es ermöglicht, Daten in eine Tabelle oder auch Abfrage einzugeben, sie zu bearbeiten oder auch einfach nur anzuzeigen. Das einfache Standardformular, das wir gleich vorstellen, ist schnell erzeugt. Es zeigt immer nur einen Datensatz pro Seite an. Im Verlauf dieses Kapitels werden Sie verschiedene andere Darstellungsvarianten kennenlernen.

Gebundene und ungebundene Formulare

Die meisten Formulare sind direkt mit einer Tabelle oder einer Abfrage verbunden. Ein solches mit einer Datenquelle verknüpftes Formular wird auch *gebundenes Formular* genannt. Bei einem *ungebundenen Formular* fehlt diese Verknüpfung. Es enthält stattdessen Schaltflächen, über die sich bestimmte Aktionen auslösen lassen. Ein Navigationsformular, das nach dem Start einer Datenbank eingeblendet wird und Schaltflächen zum Öffnen von Formulare, Berichten und mehr enthält, zählt beispielsweise zu den ungebundenen Formularen. In Abschnitt 11.2, »Ein Navigationsformular erstellen«, erhalten Sie weitere Informationen hierzu.

7.1.1 Formular auf Basis einer Tabelle erzeugen

Daten in der Datenblattansicht einer Tabelle zu erfassen, ist ausgesprochen umständlich. Vor allem dann, wenn es sich um umfangreiche Tabellen handelt. Die Tabelle **tblLieferant** der Beispielsdatenbank *DelikatEssen* fällt mit ihren insgesamt neun Feldern durchaus in diese Kategorie. Ein Standardformular soll zukünftig die Dateneingabe erleichtern. Die folgenden für eine Tabelle beschriebenen Schritte lassen sich analog auch für eine Abfrage durchführen.

1. Markieren Sie im Navigationsbereich die Tabelle, für die das Formular erzeugt werden soll, hier also **tblLieferant**. Klicken Sie im Register **Erstellen** in der Gruppe **Formulare** auf **Formular**.

2. Nach wenigen Sekunden wird das Formular im Anzeigebereich eingeblendet. Es wurden automatisch alle Felder der Tabelle in das Formular übernommen. Enthält die Tabelle bereits Daten, ist der erste Datensatz zu sehen. Sowohl das Layout des Formulars als auch die Schriftart und die Schriftfarbe werden von Access beim Standardformular automatisch festgelegt. Es wird daher auch als *automatisches Layout* bezeichnet.

3. Im Registerreiter wird der Name der Tabelle angezeigt, mit dem das Formular verknüpft ist. Diesen Namen sollten Sie ändern. Da das Formular noch gespeichert werden muss, können Sie beides in einem Rutsch erledigen. Klicken Sie in der Schnellzugriffsleiste auf das **Speichern**-Symbol. Alternativ

hierzu können Sie auch die Tastenkombination [Strg] + [S] drücken. Geben Sie im Dialog **Speichern unter** einen Namen ein. Entsprechend der Namenskonventionen sollte dieser mit »frm« (Abkürzung für Formular) beginnen, also etwa »frmLieferant« (siehe auch Abschnitt 3.1.4, »Passende Tabellen- und Feldnamen vergeben«).

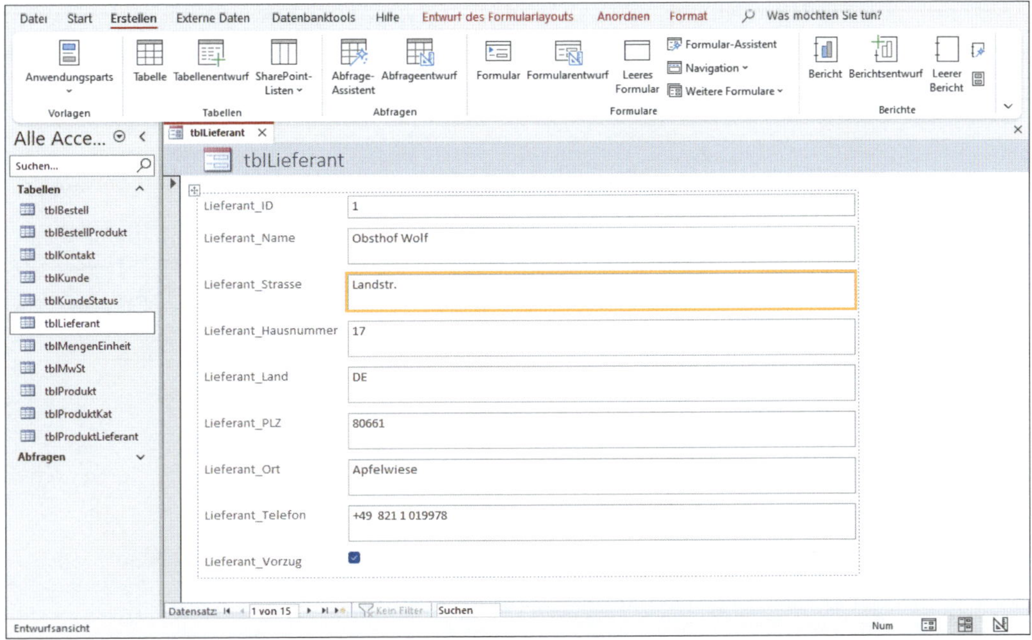

Der Formularname erscheint nun im Navigationsbereich in der Objektgruppe **Formulare**. Das Formular ist damit im Grunde genommen bereits fertig und kann verwendet werden. Sie müssen es aber keineswegs so übernehmen, sondern können es noch nach Ihren Wünschen gestalten. Welche Möglichkeiten Sie hierzu haben, erfahren Sie ab Abschnitt 7.2, »Ein Formular in der Layoutansicht anpassen«.

Tabellarisch aufgebaute Formulare

Das Standardformular zeigt lediglich einen Datensatz pro Seite an. Für Tabellen, die über nur wenige Felder verfügen, ist diese Darstellung ungeeignet. Hier bietet sich eine tabellarische Übersicht an. Um ein solches Formular zu erzeugen, markieren Sie im Navigationsbereich die gewünschte Tabelle oder Abfrage. Klicken Sie dann im Register **Erstellen** in der Gruppe **Formulare** auf **Weitere Formulare • Mehrere Elemente**. In der Abbildung ist das Formular für die Tabelle **tblMengenEinheit** in Tabellenform zu sehen. Zu Beginn der Tabelle werden die Bezeichnungen der Felder eingeblendet, die einzelnen Datensätzen folgen dann Zeile für Zeile. Der Datensatzmarkierer ▶ am linken Rand der Tabelle kennzeichnet den gerade aktiven Datensatz. Vergessen Sie auch hier nicht, das Formular unter einem aussagekräftigen Namen zu speichern (z. B. »frmMengenEinheit«).

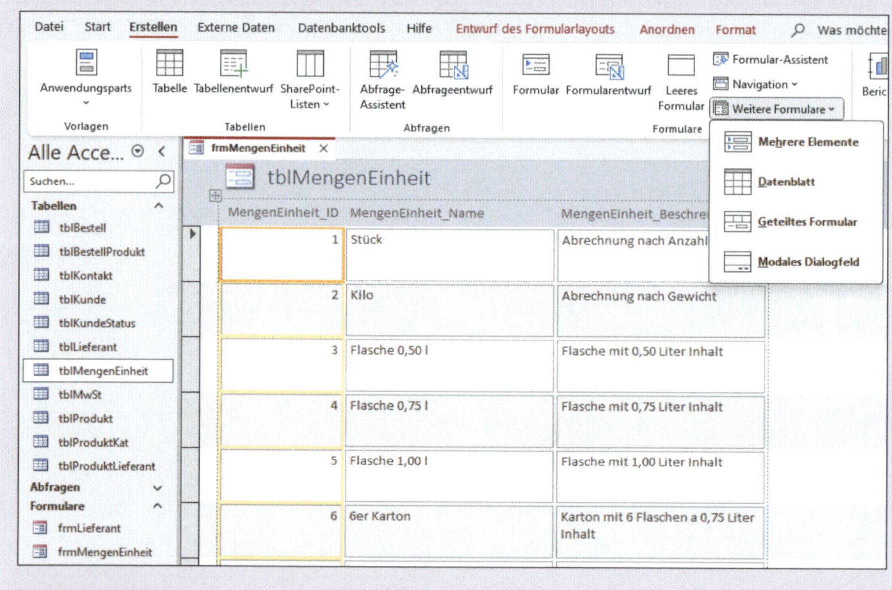

Abbildung 7.1 *Formular in Tabellenform*

7.1.2 Die Ansichten eines Formulars im Überblick

Ähnlich wie für die Tabellen und Abfragen stehen auch für Formulare unterschiedliche Ansichten zur Auswahl. Direkt nach dem Erzeugen wird das Formular in der sogenannten *Layoutansicht* angezeigt. Wie der Name schon andeutet, lässt sich in dieser Ansicht das Layout des Formulars verändern, indem Sie z. B. etwas Farbe ins Spiel bringen oder auch die Größe und Position der sogenannten *Steuerelemente* verändern. Zu den Steuerelementen zählen u. a. die Bezeichnungs- und Textfelder. Ein Bezeichnungsfeld dient meist der Beschriftung von Elementen, während in einem Textfeld Daten dargestellt und bearbeitet werden.

Enthält die Tabelle bereits Daten, sind diese in der Layoutansicht zwar zu sehen, Sie können die Daten aber weder bearbeiten noch neue Daten hinzufügen. Diese Aktionen sind ausschließlich in der *Formularansicht* möglich. Wir werden in Abschnitt 7.1.3 kurz darauf eingehen.

Als weitere Ansicht steht Ihnen noch die *Entwurfsansicht* zur Verfügung. Diese bietet den größten Freiraum zur Gestaltung eines Formulars. Die Daten der Tabelle sind hier nun nicht mehr sichtbar, dafür erscheint ein Raster, das die perfekte Anordnung der Steuerelemente vereinfacht. Weitere Informationen hierzu erhalten Sie in Abschnitt 7.3, »Formulare in der Entwurfsansicht anpassen«.

Den Wechsel der Ansichten nehmen Sie wie von Tabellen und Abfragen gewohnt über die Schaltfläche **Ansicht** im Register **Start** vor oder auch über die drei Navigationssymbole in der rechten unteren Ecke des Formulars. Auch das Kontextmenü, das Sie per rechten Mausklick auf den Formularnamen im Registerreiter einblenden, bietet die entsprechenden Befehle **Formularansicht**, **Layoutansicht** und **Entwurfsansicht**.

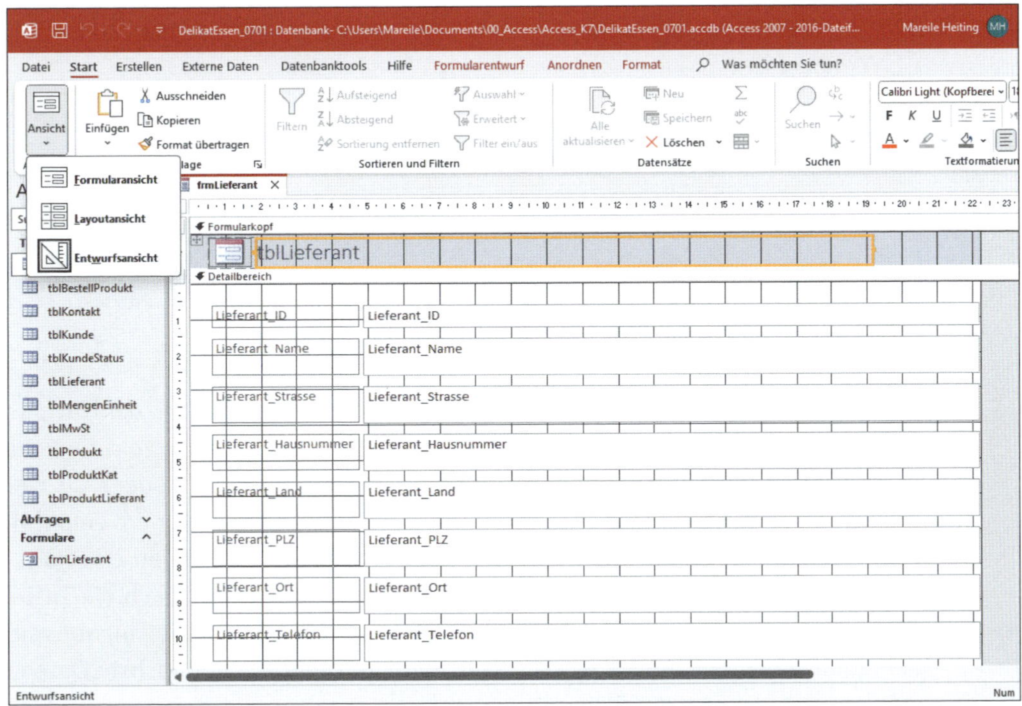

Abbildung 7.2 *Das Formular in der Entwurfsansicht*

7.1.3 Daten eingeben, suchen und filtern

Öffnen Sie ein Formular per Doppelklick auf den Formularnamen im Navigationsbereich, erscheint es in der Formularansicht. Hier ist zunächst der erste Datensatz der zugrundeliegenden Tabelle **tblLieferant** zu sehen. Wurde das Formular mit einer Abfrage verknüpft, wird der erste Datensatz der Abfrageergebnisse angezeigt. Die Navigation zu den anderen Datensätzen erfolgt über die Symbole der Navigationsleiste unterhalb des Formulars. Positionieren Sie den Mauszeiger auf einem der Symbole, erfahren Sie in einer Quickinfo seine Bedeutung.

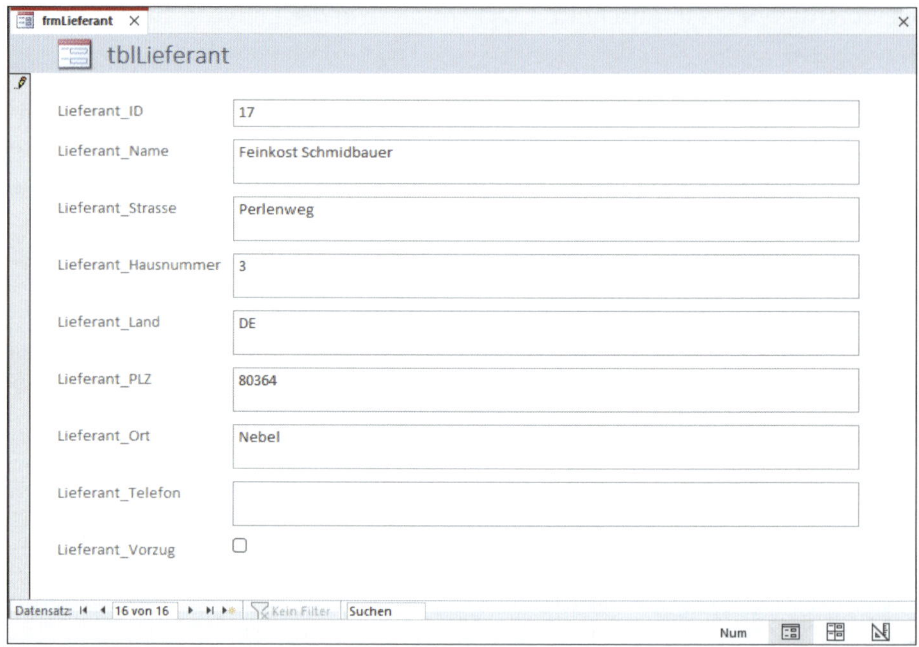

Abbildung 7.3 *Daten werden in der Formularansicht erfasst.*

Um einen neuen Datensatz in der Tabelle zu erfassen, klicken Sie in der Navigationsleiste auf das Symbol **Neuer Datensatz** [▶✱]. Nun können Sie Feld für Feld die gewünschten Daten eingeben. Durch Drücken der Taste [↵] oder [⇆] navigieren Sie von einem Feld zum nächsten. Befinden Sie sich in einem Feld mit dem Felddatentyp **Langer Text**, erzeugen Sie mit der Taste [↵] einen Zeilenumbruch. Um zum nächsten Feld zu gelangen, können Sie hier lediglich die Taste [⇆] nutzen. Haben Sie alle notwendigen Felder ausgefüllt und die Eingabe mit der entsprechenden Taste abgeschlossen, wird automatisch der nächste Datensatz im Formular angezeigt, und Ihre Angaben werden gespeichert.

Sind Sie auf der Suche nach einem bestimmten Datensatz, können Sie hierfür die Funktionen nutzen, die Sie über die Gruppe **Suchen** im Register **Start** erreichen. Die Funktionen haben wir ebenso wie die Sortier- und Filtermöglichkeiten bereits in Abschnitt 5.4, »Suchen, ersetzen, sortieren und filtern«, vorgestellt. Die Sortierung und Filterung von Datensätzen wird in einem Formular nach dem Feld vorgenommen, in dem sich die Einfügemarke aktuell befindet.

Falls Sie einen Datensatz löschen möchten, stellen Sie sicher, dass er auch im Formular angezeigt wird. Klicken Sie dann im Register **Start** in der Gruppe **Datensätze** auf den Pfeil rechts von **Löschen**, und wählen Sie den Befehl **Datensatz löschen**.

Abbildung 7.4 *Wichtige Funktionen zum Filtern, Sortieren, Suchen und Löschen von Datensätzen erreichen Sie über das Register »Start«.*

7.2 Ein Formular in der Layoutansicht anpassen

Das Standardformular, das Access über das Formulartool **Formular** erstellt, wirkt auf den ersten Blick bereits recht ordentlich. Sie müssen die Vorgaben von Access aber nicht übernehmen. So können Sie dem Formular beispielsweise einen neuen Titel geben oder auch die Bezeichnungen der Felder ändern. Position und Größe der Steuerelemente lassen sich ebenfalls abändern. Die folgenden Anleitungen zeigen, welche Möglichkeiten Ihnen zur Layoutanpassung zur Verfügung stehen.

7.2.1 Position und Größe der Steuerelemente ändern

Ein Formular – ebenso übrigens wie ein Bericht – besteht aus einer Vielzahl an Steuerelementen. Die Bezeichnungs- und Textfelder fallen sofort ins Auge. Auch bei dem Kontrollkästchen, das in unserem Beispielformular **frmLieferant** rechts vom Bezeichnungsfeld **Lieferant_Vorzug** zu sehen ist, handelt es sich um ein Steuerelement. In Kapitel 8, »Steuerelemente – kleine Helfer zahlen sich aus«, werden Sie noch weitere Steuerelemente kennenlernen.

Um die Steuerelemente bearbeiten zu können, muss entweder die Entwurfs- oder die Layoutansicht aktiviert sein. Da in der Layoutansicht die Daten in den Feldern zu sehen sind, bietet sich diese Ansicht zur Anpassung der Größe und Position der Steuerelemente an. Ist die Layoutansicht ausgewählt, müssen Sie als Nächstes die zu bearbeitenden Steuerelemente markieren.

Ein einzelnes Element ist am schnellsten per Mausklick markiert. Um mehrere Element auszuwählen, halten Sie die Taste `Strg` gedrückt, während Sie sie nacheinander anklicken. Falls Sie die tabellarische Darstellung für das Formular gewählt haben (siehe Kasten »Tabellarisch aufgebaute Formulare«), wird durch den Mausklick auf ein Element die gesamte Spalte markiert. Markierte Elemente sind gut am gelben Rahmen zu erkennen. Das angeklickte Element wird orange umrahmt.

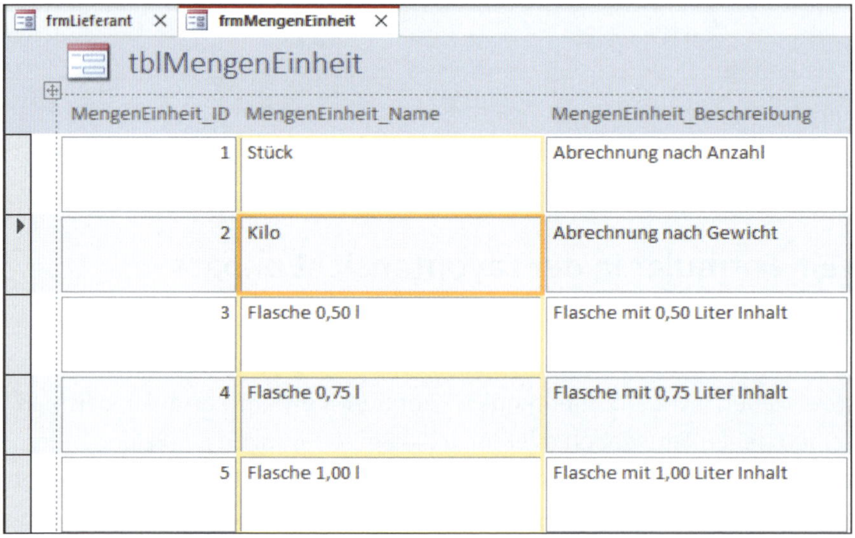

Abbildung 7.5 *Bei einem Formular in Tabellenform markieren Sie mit nur einem Mausklick die gesamte Spalte.*

Falls Sie in einem Standardformular eine ganze Spalte markieren möchten, wählen Sie zunächst ein Element innerhalb dieser Spalte per Mausklick aus. Im Register **Anordnen** klicken Sie in der Gruppe **Zeilen und Spalten** auf **Spalte auswählen**. Über **Zeile auswählen** markieren Sie analog die gesamte Zeile. Alle Steuerelemente lassen sich blitzschnell mit **Layout auswählen** markieren. Lediglich die Formularüberschrift (im Beispiel **tblLieferant**) ist hiervon ausgeschlossen. Um eine Markierung aufzuheben, reicht es, ein beliebiges Element im Formular anzuklicken.

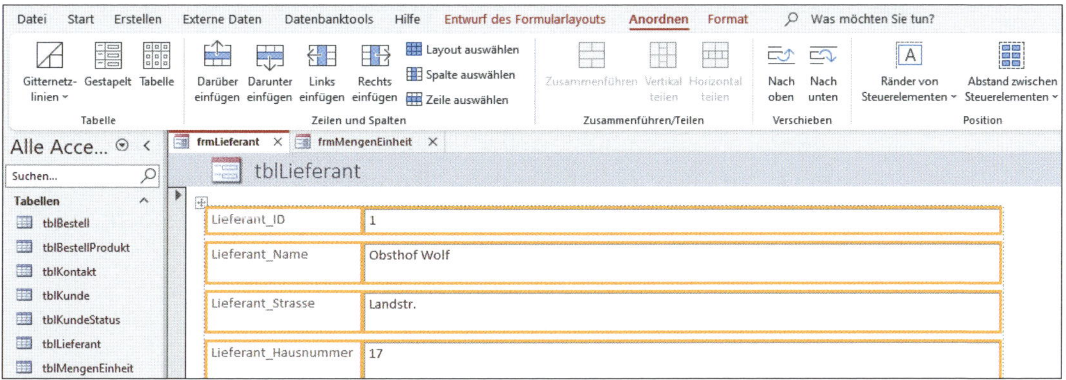

Abbildung 7.6 *Mit »Layout auswählen« werden alle Steuerelemente mit Ausnahme der Formularüberschrift markiert.*

Access weist dem einfachen Standardformular und dem Formular in Tabellenform ein automatisches Layout zu. Dieses Layout hat eine Besonderheit: Wenn Sie die Spaltenbreite oder auch die Zeilenhöhe ändern möchten, wirken sich die Anpassungen auf die gesamte Spalte bzw. Zeile aus. Auf die individuelle Anpassung des Layouts gehen wir in Abschnitt 7.3.2, »Steuerelemente individuell anpassen«, näher ein. Zunächst bleiben wir aber noch beim automatischen Layout.

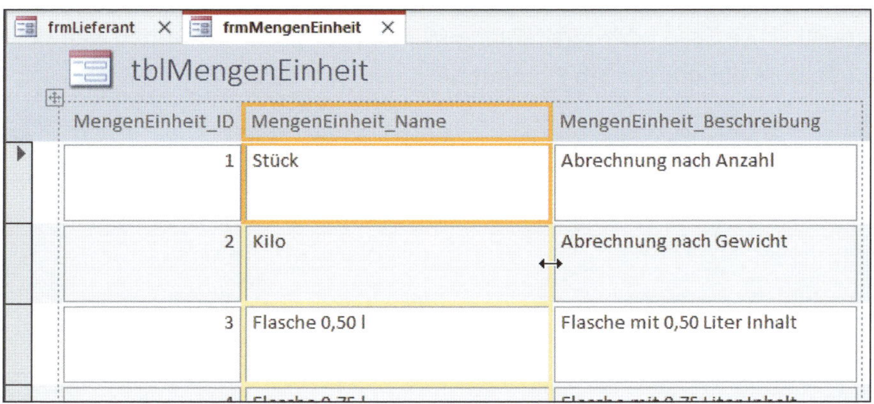

Abbildung 7.7 *Die Spaltenbreite lässt sich z. B. über den rechten Rand der Umrahmung anpassen.*

Um die Spaltenbreite anzupassen, markieren Sie zunächst die gewünschte Spalte wie zuvor beschrieben. Jedes einzelne Steuerelement innerhalb der Spalte sollte nun farbig umrahmt sein. Positionieren Sie dann den Mauszeiger bei einem der Elemente auf den rechten oder linken Rand der Umrahmung.

Nimmt der Mauszeiger die Form eines Doppelpfeils an, ziehen Sie ihn mit gedrückter linker Maustaste nach links oder rechts. Beim Ziehen wird automatisch die Spaltenbreite aller markierten Elemente angepasst.

Das Anpassen der Zeilenhöhe verläuft fast identisch: Markieren Sie zunächst die gewünschte Zeile. Ziehen Sie dann den unteren oder oberen Rand einer Umrahmung mit gedrückter linker Maustaste in die gewünschte Richtung.

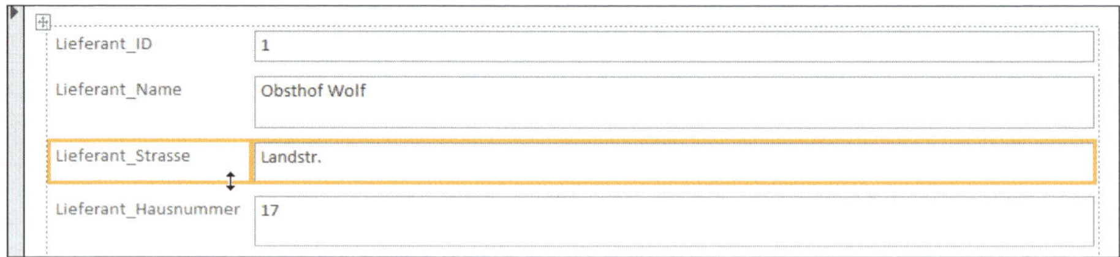

Abbildung 7.8 *Die Zeilenhöhe passen Sie über die untere oder obere Rahmenlinie an.*

Access zeigt die Steuerelemente im Formular in der Reihenfolge an, in der sie auch in der Tabelle bzw. Abfrage erscheinen. Sie können die Anordnung der Elemente natürlich beliebig ändern. Wichtig ist hierbei nur, dass Sie im Falle des einfachen Standardformulars die gesamte Zeile (also Bezeichnung- und Textfeld) und beim Formular in Tabellenform die gesamte Spalte markieren. Ist die gewünschte Zeile oder Spalte ausgewählt, positionieren Sie den Mauszeiger auf einem der markierten Elemente.

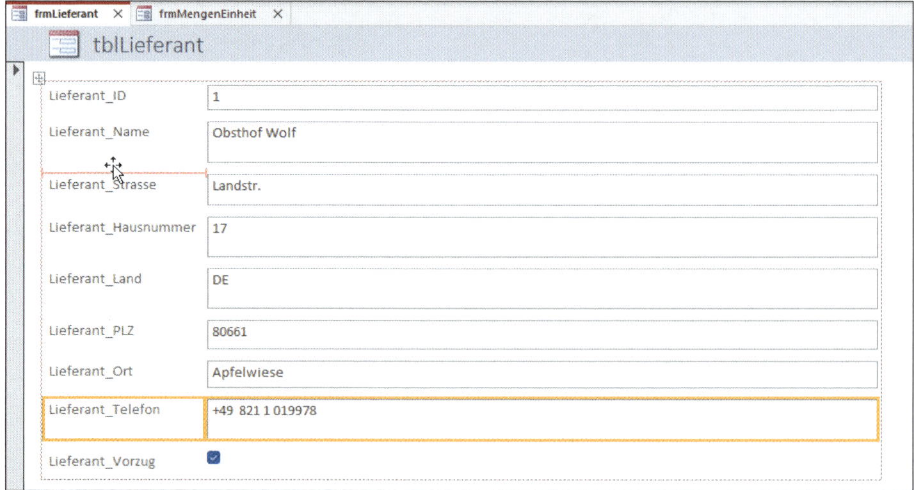

Abbildung 7.9 *Die rote Linie dient während des Verschiebens der Orientierung.*

Nimmt er die Form eines Vierfachpfeils an, verschieben Sie die gesamte Zeile bzw. Spalte mit gedrückter linker Maustaste. Während des Ziehens erscheint eine rote Linie. Befindet sich diese an der gewünschten neuen Position, lassen Sie die Maustaste los. Im einfachen Standardformular können Sie zum Verschieben auch die Schaltflächen **Nach oben** oder **Nach unten** im Register **Anordnen** verwenden.

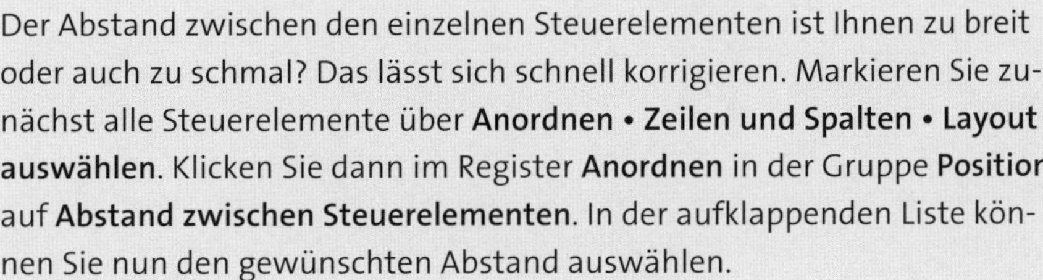

Abstand zwischen den Steuerelementen anpassen

Der Abstand zwischen den einzelnen Steuerelementen ist Ihnen zu breit oder auch zu schmal? Das lässt sich schnell korrigieren. Markieren Sie zunächst alle Steuerelemente über **Anordnen • Zeilen und Spalten • Layout auswählen**. Klicken Sie dann im Register **Anordnen** in der Gruppe **Position** auf **Abstand zwischen Steuerelementen**. In der aufklappenden Liste können Sie nun den gewünschten Abstand auswählen.

Sagt Ihnen die neue Position des Steuerelements oder die zuvor angepasste Größe doch nicht zu, lassen sich die Änderungen auch über das Symbol **Rückgängig** in der Schnellzugriffsleiste oder durch Drücken der Tastenkombination `Strg` + `Z` rückgängig machen. Sind Sie mit den Änderungen am Formularentwurf hingegen zufrieden, müssen Sie sie mit einem Klick auf das **Speichern**-Symbol in der Schnellzugriffsleiste oder über die Tastenkombination `Strg` + `S` sichern. Sollten Sie dies vergessen, erinnert Access Sie beim Schließen des Formulars daran.

7.2.2 Beschriftungen ändern

Beim einfachen Standardformular und beim Formular in Tabellenform fügt Access alle Felder der Tabelle bzw. Abfrage in das Formular ein. Aus den Feldnamen werden die Beschriftungen der einzelnen Felder bzw. die Spaltenüberschriften. Diese nach einem bestimmten Schema erstellten Bezeichnungen machen sich in einem Formular nicht immer gut. Gerade dann, wenn auch andere Anwender*innen das Formular nutzen, sollten Sie die Beschriftungen durch griffigere Bezeichnungen ersetzen.

1. Markieren Sie das gewünschte Bezeichnungsfeld per Doppelklick. Es wird nun nicht orange umrahmt, sondern schwarz. Die Einfügemarke wird innerhalb des Feldes angezeigt.

2. Mit einem erneuten Doppelklick können Sie nun z. B. den Beschriftungstext markieren und durch einen anderen Text ersetzen.

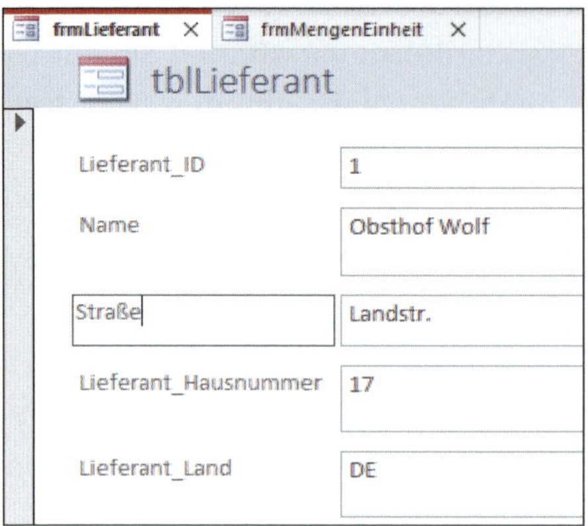

3. Sind die Korrekturen durchgeführt, klicken Sie auf eine beliebige Stelle außerhalb des Bezeichnungsfeldes.

Analog lässt sich auch der Formularname am oberen Rand des Formulars ändern.

7.2.3 Überflüssige Steuerelemente entfernen

Access bietet Ihnen während des Erstellens eines Standardformulars keine Möglichkeit, die gewünschten Felder selbst auszuwählen. Stattdessen werden alle Felder der Tabelle bzw. Abfrage hinzugefügt. Falls das Formular Elemente enthält, die Sie gar nicht benötigen, löschen Sie sie einfach. Sowohl im Formular **frmLieferant** als auch im Formular **frmMengenEinheit** könnte man z. B. auf das jeweilige ID-Feld verzichten, da hier aufgrund des **AutoWert**-Felddatentyps keine eigenen Eingaben vorgenommen werden können.

Um im einfachen Standardformular sowohl das Bezeichnungsfeld **Lieferant_ID** als auch das Textfeld rechts davon zu entfernen, markieren Sie die gesamte Zeile. Nun reicht das Drücken der Taste `Entf`, und Access löscht die gesamte Zeile aus dem Formular. Alle folgenden Elemente rücken hierdurch automatisch eine Zeile nach oben.

Analog gehen Sie in einem Formular in Tabellenform vor. Hier müssen Sie nur die Spalte markieren, deren Elemente entfernt werden sollen (im Beispiel also die Spalte mit der Überschrift **MengenEinheit_ID**). In diesem Fall werden die Spalten rechts von der gelöschten Spalte automatisch nach links verschoben.

Die Taste `Entf` können Sie auch dann verwenden, wenn Sie andere nicht benötigte Steuerelemente im Formular entfernen möchten. Selbst Unterformulare entfernen Sie auf diese Weise. Weitere Informationen zu Formularen mit Unterformularen erhalten Sie in Abschnitt 7.5, »Ein Formular mit Unterformular erstellen«.

7.2.4 Felder aus verknüpften Tabellen hinzufügen

Jedes Formular lässt sich um Felder erweitern. Voraussetzung hierfür ist lediglich, dass die Felder aus der Tabelle bzw. Abfrage stammen, die dem Formular zugrunde liegt, oder aus einer mit dieser Tabelle verknüpften Tabelle. Am Beispiel eines Formulars zum Erfassen der Produkte lernen Sie, wie das Hinzufügen funktioniert. Zunächst wird ein einfaches Standardformular erzeugt.

1. Markieren Sie im Navigationsbereich die Tabelle **tblProdukt**. Erzeugen Sie über **Erstellen • Formulare • Formular** ein einfaches Standardformular. Speichern Sie es unter dem Namen »frmProdukt«.

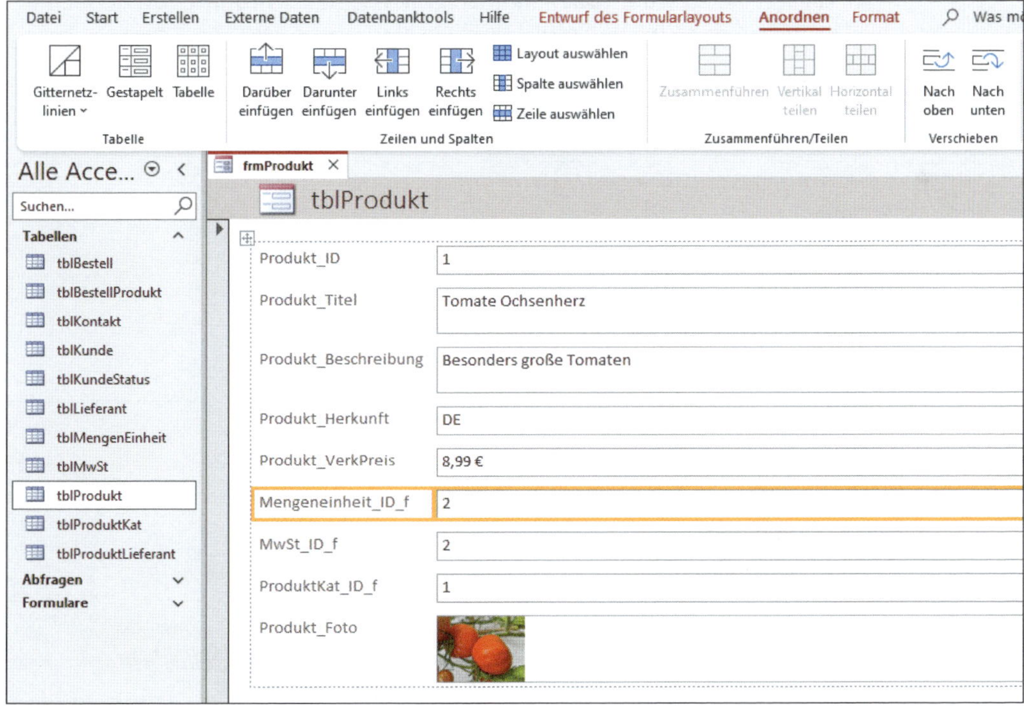

2. Stellen Sie sicher, dass das erstellte Formular in der Layoutansicht angezeigt wird. Das Formular enthält die drei Fremdschlüsselfelder **Mengeneinheit_ID_f**, **MwSt_ID_f** sowie **ProduktKat_ID_f**, über die jeweils die Verknüpfungen zu den Tabellen **tblMengenEinheit**, **tblMwSt** und **tblProduktKat** hergestellt werden. Würde man diese Felder im Formular beibehalten, müssten jeweils die Identifikationsnummern eingetragen werden. Für die Anwender*innen ist es aber weitaus angenehmer, wenn statt einer ID der jeweilige Titel angezeigt wird.

3. Markieren Sie jeweils die Zeilen mit den Fremdschlüsselwerten, wie im vorherigen Abschnitt gezeigt, und löschen Sie sie dann durch Drücken der Taste `Entf`.

4. Sind alle drei Zeilen entfernt, klicken Sie im Register **Entwurf des Formularlayouts** in der Gruppe **Tools** auf **Vorhandene Felder hinzufügen**. Der Aufgabenbereich **Feldliste** wird nun am rechten Fensterrand eingeblendet.

5. In der **Feldliste** werden zunächst nur alle Felder der zugrundeliegenden Tabelle aufgelistet ❶. Um auch die Felder der verknüpften Tabellen zu sehen, klicken Sie auf **Alle Tabellen anzeigen**. Die Liste wird um den Bereich **In verknüpften Tabellen verfügbare Felder** erweitert. Über das Plussymbol (+) ❷ vor einem Tabellennamen blenden Sie die Felder der Tabelle ein. Beginnen Sie mit der Tabelle **tblMengenEinheit**.

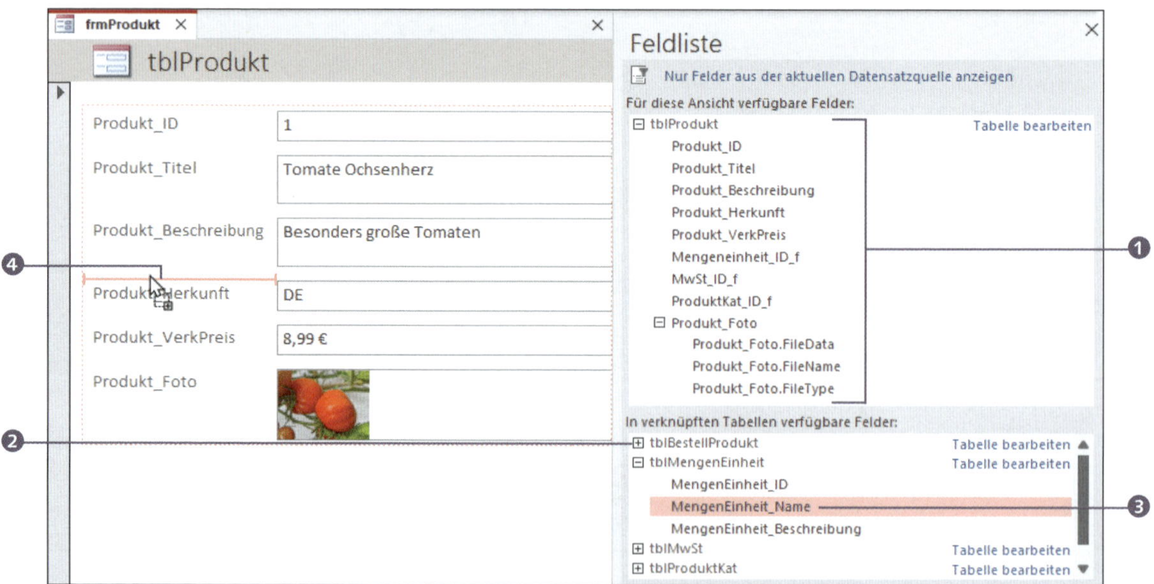

6. Um das Feld **MengenEinheit_Name** ❸ im Formular zu ergänzen, ziehen Sie es mit gedrückter linker Maustaste nach links in den Anzeigebereich an die gewünschte Stelle. Ein rote Linie zeigt die Position an, an der das Feld eingefügt wird, sobald Sie die Maustaste loslassen ❹.
7. Wiederholen Sie Schritt 6 mit den Feldern **MwSt_Prozentsatz** und **ProduktKat_Name**.
8. Speichern Sie die Änderungen, die Sie am Formularentwurf vorgenommen haben, z. B. über die Tastenkombination [Strg] + [S].
9. Wechseln Sie über **Start • Ansichten • Ansicht** in die **Formularansicht**. Über die Felder, die am rechten Rand der gerade hinzugefügten Felder zu sehen sind, können Sie nun bequem die Mengeneinheit, den Mehrwertsteuersatz sowie die Produktkategorie für die Produkte auswählen.

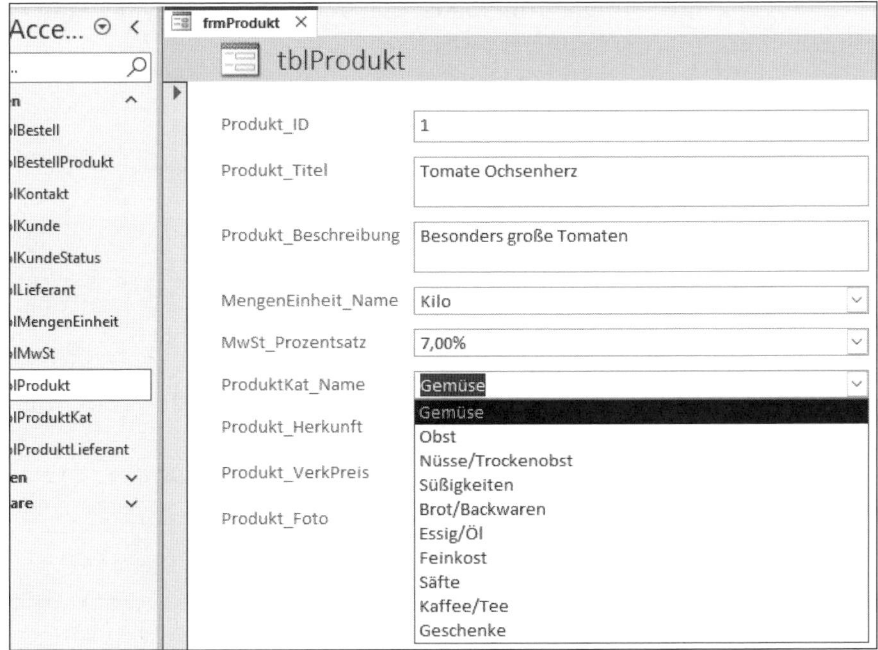

Im unteren Abschnitt der **Feldliste** finden Sie den Bereich **In anderen Tabellen verfügbare Felder**. Versuchen Sie, ein solches Feld dem Formular hinzuzufügen, blendet Access den Dialog **Beziehung angeben** ein, in dem Sie nun die Verknüpfung angeben müssten. Da zwischen den Tabellen und der dem Formular zugrundeliegenden Tabelle aber keine Beziehung besteht, ist dies in diesem Fall nicht möglich.

7.3 Formulare in der Entwurfsansicht anpassen

In der Layoutansicht lassen sich bereits viele Änderungen am Formular vornehmen. Besonders praktisch ist, dass in dieser Ansicht auch die Daten zu sehen sind. Dies ist in der Entwurfsansicht nicht der Fall. Dafür lassen sich in der Entwurfsansicht die Steuerelemente individueller gestalten. Bevor Sie einige Beispiele hierzu kennenlernen, sehen wir uns den Aufbau eines Formulars anhand der Entwurfsansicht an.

7.3.1 Formularbereiche im Überblick

Ein Formular besteht aus einem *Formularkopf*, einem *Detailbereich* und einem *Formularfuß*. Welche Elemente welcher Bereich umfasst, lässt sich am besten in der Entwurfsansicht beurteilen. Rufen Sie beispielsweise das im vorherigen Abschnitt erstellte Formular **frmProdukt** auf, und zeigen Sie es über **Start • Ansichten • Ansicht** in der **Entwurfsansicht** an.

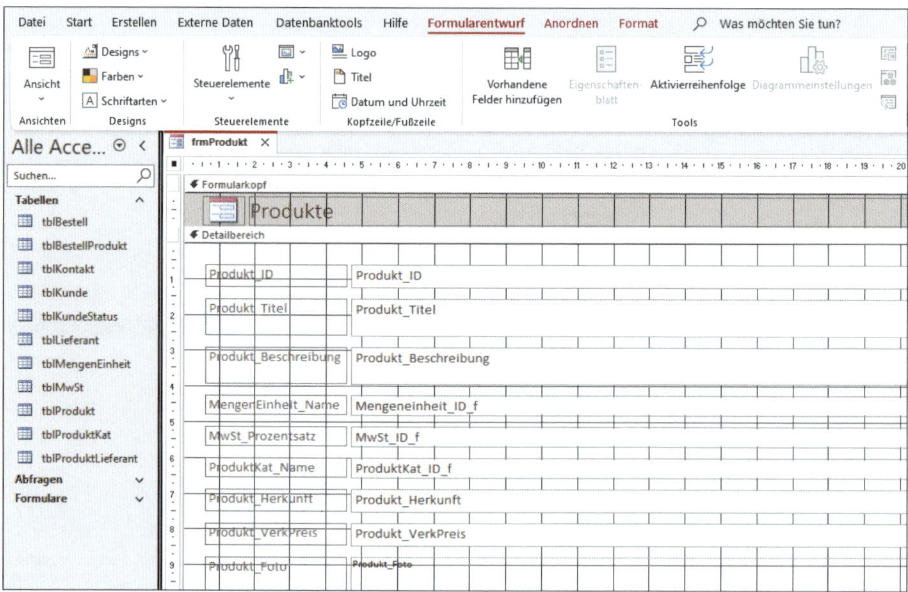

Abbildung 7.10 *Das Formular »frmProdukt« in der Entwurfsansicht*

Aufgrund des Rasters, das nun hinter den einzelnen Elementen eingeblendet wird, wirkt das Formular auf den ersten Blick etwas unübersichtlich. Anhand der nach unten weisenden Pfeile [icon] sind die drei zuvor erwähnten Bereiche aber gut zu entdecken. Der Formularkopf enthält die Überschrift des Formulars, der Detailbereich enthält wiederum die Bezeichnungs- und Textfelder des Formulars. Der Formularfuß ist in diesem Beispiel leer.

Jeder Bereich, aber auch jedes Element innerhalb eines Bereichs lässt sich individuell anpassen. Möchten Sie beispielsweise die Hintergrundfarbe des Formularkopfes ändern, markieren Sie den Bereich zunächst per Klick auf den Schriftzug **Formularkopf** ❶. Wechseln Sie in das Register **Format**, und klicken Sie in der Gruppe **Schriftart** auf den Pfeil rechts von **Hintergrundfarbe**. In der aufklappenden Farbpalette müssen Sie nur noch den gewünschten Farbton auswählen. Analog lässt sich auch der Detailbereich farbig hervorheben. Sagt Ihnen die Hintergrundfarbe doch nicht zu, wählen Sie entweder einen anderen Farbton aus oder machen Ihre Aktion über die Tastenkombination [Strg] + [Z] rückgängig.

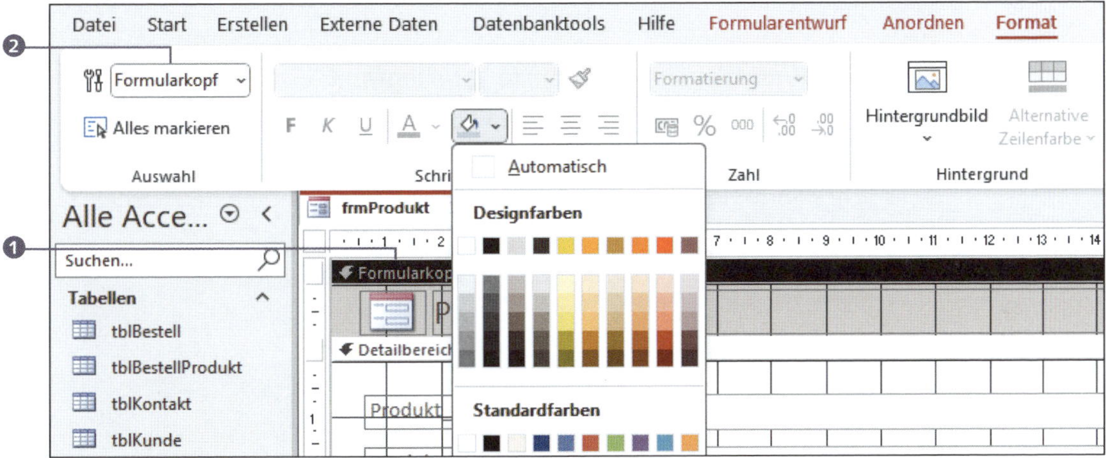

Abbildung 7.11 *Der Hintergrund eines Formularbereichs lässt sich farbig gestalten.*

Welchen Bereich oder auch welches Element Sie in einem Formular per Mausklick markiert haben, wird im Register **Format** in der Gruppe **Auswahl** im Feld **Objekt** ❷ angezeigt. Klicken Sie auf den Pfeil rechts von diesem Feld, klappt eine Liste mit allen Objekten des Formulars auf. Sollten Sie als Nächstes ein anderes Element bearbeiten wollen, müssen Sie es nicht unbedingt per Mausklick markieren, sondern können es auch über die Liste auswählen. Dies gilt auch für die einzelnen Steuerelemente des Detailbereichs. Die Auswahl eines Bezeichnungsfeldes gestaltet sich über das Feld allerdings als etwas umständlich, da diese Felder jeweils den Namen **Bezeichnungsfeld** gefolgt von einer Zahl aufweisen. Hier ist die Markierung per Mausklick meist der einfachere Weg.

Beschriftungen nicht in der Entwurfsansicht anpassen

Sowohl der Formulartitel als auch die Beschriftungen, die in den Bezeichnungsfeldern angezeigt werden, lassen sich natürlich auch in der Entwurfsansicht ändern. Finger weg heißt es dagegen bei den Textfeldern. Darin werden in der Layoutansicht jeweils die Daten eines Datensatzes eingeblendet, in der Entwurfsansicht erscheint dagegen der Feldname. Die Angabe des Feldnamens ist wichtig, damit das Steuerelement, sprich das Textfeld, dem entsprechenden Feld in der Tabelle zugeordnet werden kann. Falls Sie ihn versehentlich ändern, erscheint in der Formularansicht die Fehlermeldung **#Name?**. Da sich Bezeichnungs- und Textfelder in der Entwurfsansicht nur schwer unterscheiden lassen, empfehlen wir Ihnen, Änderungen der Beschriftungen in der Layoutansicht vorzunehmen.

Der Detailbereich eines Formulars in Tabellenform

Haben Sie ein Formular über **Erstellen • Formulare • Weitere Formulare • Mehrere Elemente** erstellt, wird es in Tabellenform dargestellt. Zeigen Sie ein solches Formular in der Entwurfsansicht an, ist im Detailbereich lediglich eine Zeile zu sehen.

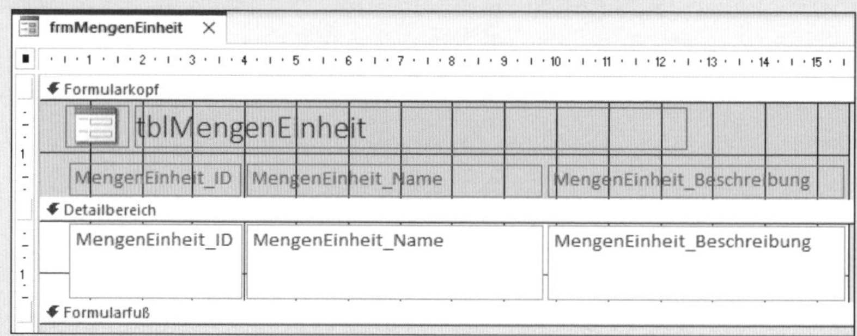

Abbildung 7.12 *Im Detailbereich des Formulars »frmMengenEinheit« ist in der Entwurfsansicht nur eine Zeile zu sehen.*

7.3.2 Steuerelemente individuell anpassen

Standardformularen weist Access zunächst ein automatisches Layout zu. Welche Auswirkungen dies haben kann, wenn Sie z. B. die Größe von Steuerelementen ändern möchten, haben Sie in Abschnitt 7.2.1, »Position und Größe der

Steuerelemente ändern«, gesehen: Die am ausgewählten Element vorgenommene Größenanpassung wird zugleich für alle Elementen der Zeile bzw. Spalte übernommen. Das ist aber nicht immer erwünscht. Um ein einzelnes Steuerelement bearbeiten zu können, muss also erst das automatische Layout entfernt werden. Als Beispiel wählen wir wieder das Formular **frmProdukt**, das für die folgenden Schritte in der Entwurfsansicht angezeigt werden sollte.

1. Markieren Sie zunächst ein beliebiges Steuerelement innerhalb des Detailbereichs. Klicken Sie dann im Register **Anordnen** in der Gruppe **Zeilen und Spalten** auf **Layout auswählen**, um alle Elemente in einem Rutsch zu markieren. Statt den Weg über das Menüband zu gehen, können Sie auch direkt unterhalb des Schriftzugs **Detailbereich** auf das Symbol klicken.

2. Wählen Sie nun **Anordnen • Tabelle • Layout entfernen**.

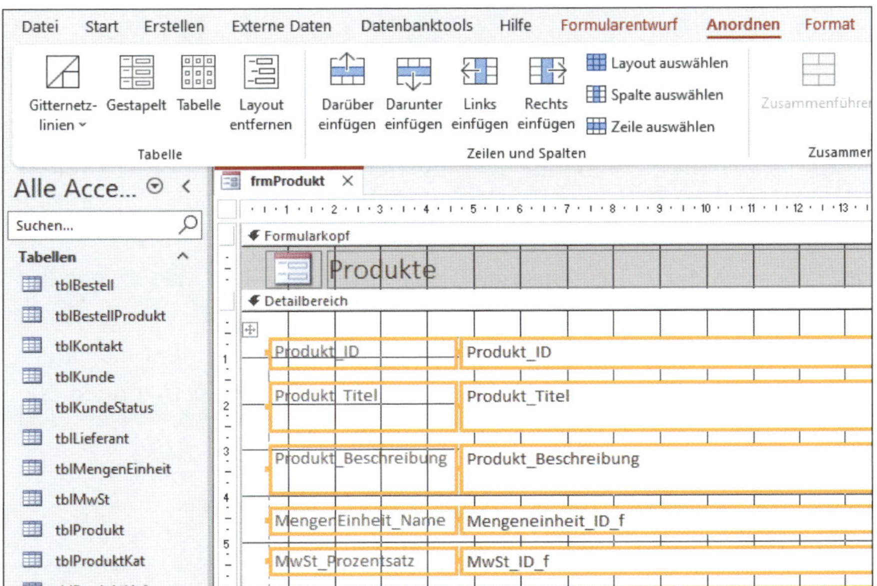

Das automatische Layout ist damit aufgehoben, und alle Steuerelemente können individuell verändert werden. Probieren Sie es gleich aus, indem Sie die Größe der einzelnen Textfelder anpassen.

Heben Sie zunächst per Klick auf einen beliebigen freien Bereich im **Detailbereich** die Markierung aller Elemente auf. Klicken Sie dann z. B. auf das erste Textfeld, **Produkt_ID**. Das Textfeld befindet sich rechts vom gleichermaßen beschrifteten Bezeichnungsfeld. Der einfache orangefarbene Rahmen, der ein markiertes Element im automatischen Layout umgab, weist nun acht zusätzliche Markierungspunkte aus. Um jetzt beispielsweise die Größe des Steuerelements zu verändern, positionieren Sie den Mauszeiger auf einem der Markierungspunkte. Nimmt er die Form eines Doppelpfeils an, ziehen Sie ihn mit gedrückter linker Maustaste in die gewünschte Richtung.

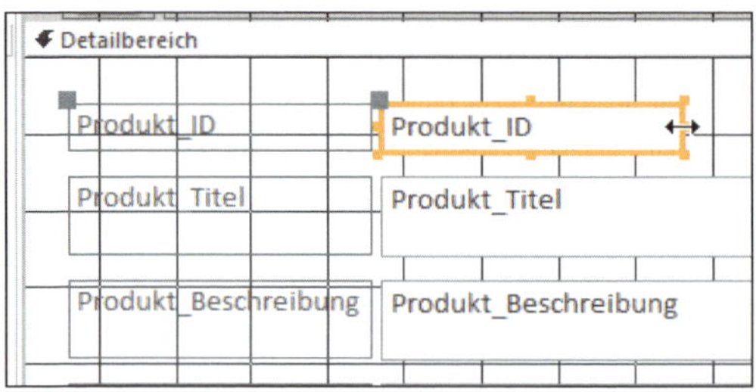

Abbildung 7.13 *Ist das automatische Layout aufgehoben, lässt sich die Größe jedes Steuerelements einzeln anpassen.*

Falls Sie das Textfeld inklusive Bezeichnungsfeld verschieben möchten, positionieren Sie den Mauszeiger auf dem orangefarbenen Rahmen des zuvor markierten Feldes. Der Mauszeiger nimmt nun die Form eines Vierfachpfeils an (siehe Abbildung 7.14 oben). Das Verschieben erfolgt wieder mit gedrückter linker Maustaste. Möchten Sie dagegen nur eines der Felder – also Textfeld oder Bezeichnungsfeld – neu positionieren, setzen Sie den Mauszeiger auf das graue Kästchen in der linken oberen Ecke des gewünschten Elements. Sobald auch hier der Vierfachpfeil zu sehen ist, lässt sich das Element individuell verschieben (siehe Abbildung 7.14 xxxunten). Zum Verschieben können Sie übrigens auch die vier Pfeiltasten auf der Tastatur nutzen.

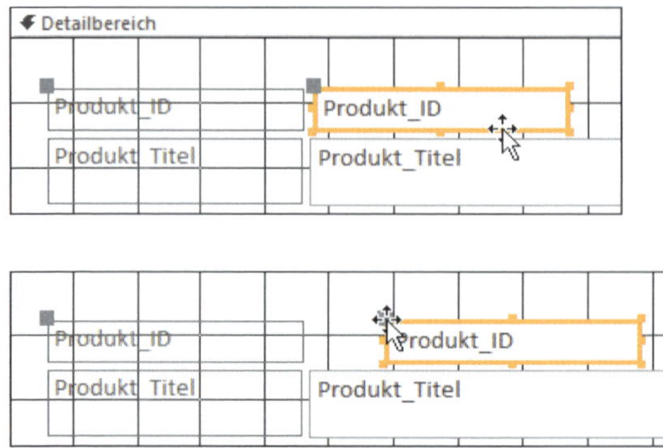

Abbildung 7.14 *Steuerelemente können gemeinsam mit dem damit verknüpften Element (oben) oder auch einzeln verschoben (unten) werden.*

Um die verschobenen Steuerelemente so auszurichten, dass sie sich alle z. B. auf gleicher Höhe befinden und den gleichen Abstand aufweisen, können Sie sich auf Ihr eigenes Augenmaß verlassen oder die Hilfswerkzeuge von Access nutzen. Letzteres ist meist die bessere Wahl. Markieren Sie hierzu zunächst die entsprechenden Steuerelemente. Um mehrere Elemente zu markieren, halten Sie einfach die Taste [Strg] gedrückt, während Sie die einzelnen Elemente anklicken. Um die markierten Elemente nun gleichmäßig auszurichten, klicken Sie in der Gruppe **Anpassung und Anordnung** des Registers **Anordnen** auf **Ausrichten** und wählen in der aufklappenden Liste den gewünschten Eintrag, z. B. **Linksbündig**, aus. Gleichermaßen können Sie über die Einträge, die Sie über die Schaltfläche **Größe/Abstand** erreichen, die Größe der Steuerelemente und den Abstand zwischen ihnen beeinflussen. Probieren Sie die verschiedenen Varianten einmal aus. Misslingt ein Versuch, machen Sie ihn einfach über die Tastenkombination [Strg] + [Z] ungeschehen. Überprüfen Sie das Ergebnis zwischendurch immer wieder in der Formularansicht oder der Layoutansicht.

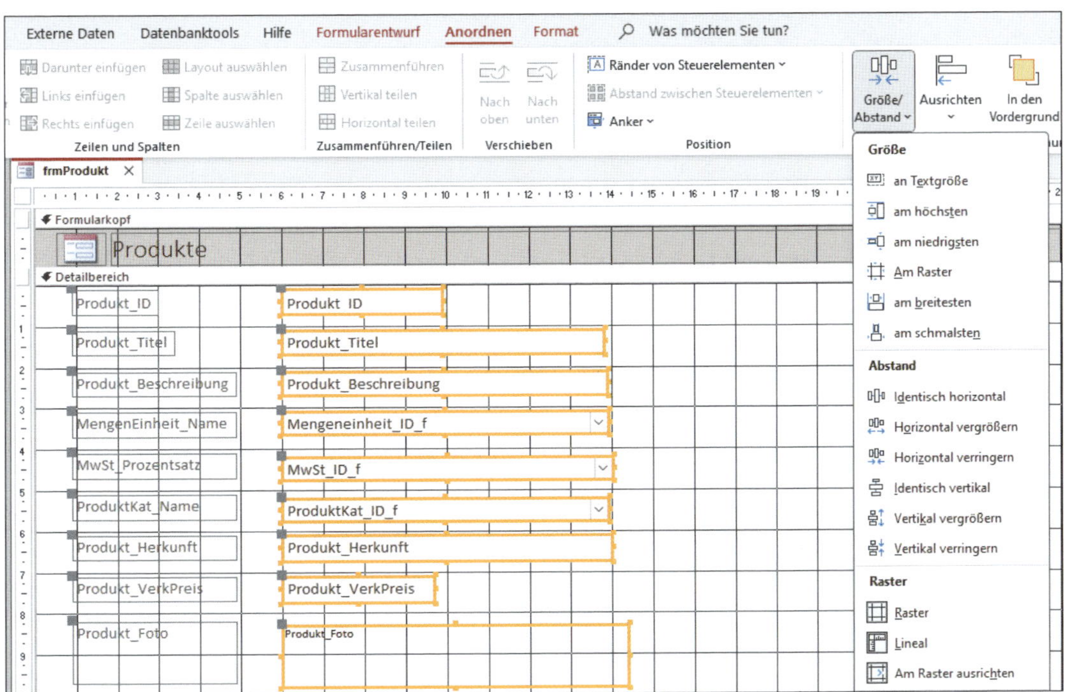

Abbildung 7.15 *Access bietet viele Hilfsmittel, die Ihnen helfen, Steuerelemente auszurichten oder Größe und Abstände korrekt einzustellen.*

Felder in der Entwurfsansicht hinzufügen

Möchten Sie in der Entwurfsansicht weitere Felder im Formular ergänzen, gehen Sie wie in Abschnitt 7.2.4 für die Layoutansicht beschrieben vor. Auch hier ziehen Sie das gewünschte Feld aus dem Arbeitsbereich **Feldliste** in den Detailbereich des Formulars. Das hinzugefügte Feld besteht aus einem Bezeichnungsfeld und einem Textfeld.

7.4 Formulareigenschaften ändern

Jedes Formular verfügt über eine Vielzahl an Eigenschaften. In diesen Formulareigenschaften wird beispielsweise festgehalten, aus welcher Datensatzquelle das Formular die Daten beziehen soll. Es ist aber auch möglich, das Aussehen sowie die Bedienung des Formulars sowie seiner einzelnen Komponenten zu beeinflussen. In diesem Abschnitt möchten wir Ihnen eine kleine Auswahl der interessantesten Eigenschaften vorstellen.

7.4.1 Formulareigenschaften einblenden

Alle Eigenschaften eines Formulars werden im sogenannten *Eigenschaftenblatt* aufgeführt. Als Beispiel für die folgende Anleitung dient wieder das Formular **frmProdukt**. Um das Eigenschaftenblatt einzublenden, gehen Sie folgendermaßen vor:

1. Stellen Sie sicher, dass das Formular in der Layoutansicht oder der Entwurfsansicht angezeigt wird.
2. Wählen Sie in der Gruppe **Auswahl** des Registers **Format** im Feld **Objekt** das **Formular** ❶ aus, um so das gesamte Formular zu markieren. In der Entwurfsansicht lässt sich die Markierung auch per Klick auf das kleine Kästchen ❷ erzielen, das sich oben links am Schnittpunkt der beiden Lineale befindet. Zeigt es ein kleines schwarzes Quadrat an, bedeutet dies, dass das gesamte Formular ausgewählt ist.
3. Wählen Sie nun **Formularentwurf • Tools • Eigenschaftenblatt** aus, um den gleichnamigen Bereich am rechten Fensterrand einzublenden.

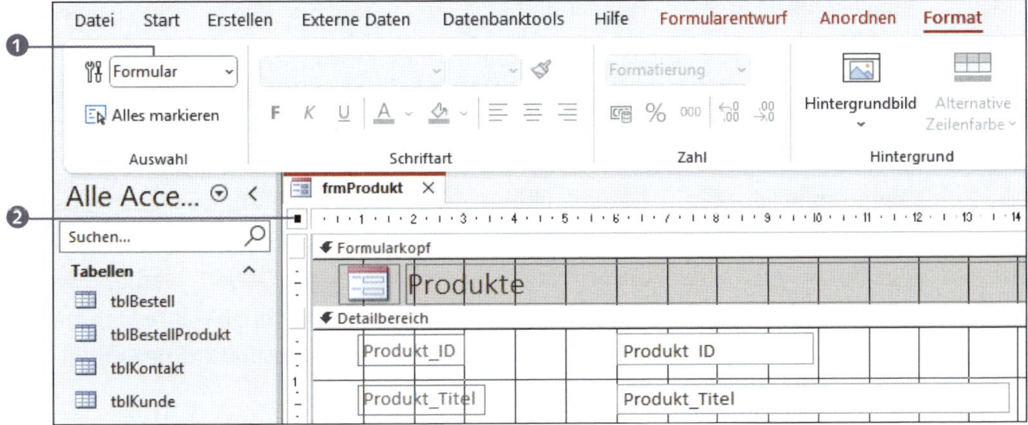

Über das Eigenschaftenblatt können Sie sich die Eigenschaften eines jeden Formularelements ansehen und sie auch ändern. Direkt nach dem Einblenden des Eigenschaftenblattes sehen Sie die Eigenschaften, die sich auf das gesamte Formular beziehen. Im Auswahlfeld wird entsprechend **Formular** ❸ angezeigt. Behalten Sie diese Auswahl zunächst bei.

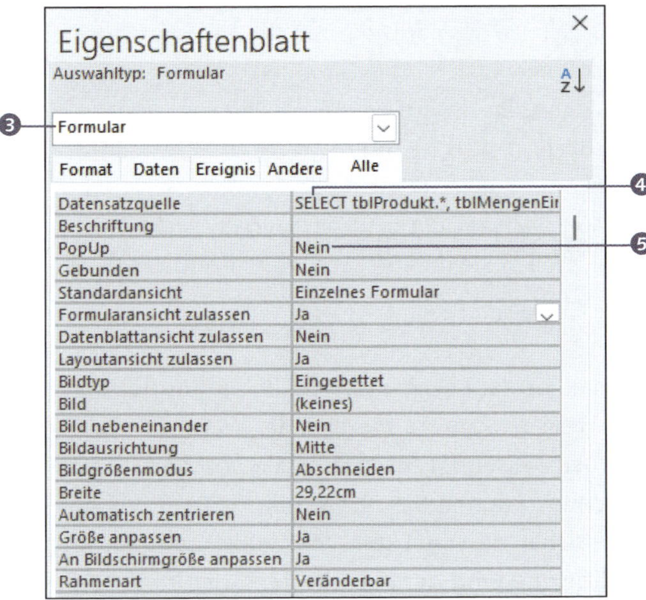

Abbildung 7.16 *Das Formular »frmProdukt« bezieht die Daten aus unterschiedlichen Datenquellen.*

Die einzelnen Eigenschaften sind über verschiedene Register verteilt. Wechseln Sie in das Register **Alle**. Im Feld **Datensatzquelle** erfahren Sie, aus welcher Tabelle oder Abfrage das Formular die Daten bezieht. Bei einem einfachen Standardformular wird hier meist direkt der Tabellen- oder Abfragename aufgeführt. Bei unserem Formular **frmProdukt** müsste dies also eigentlich die Tabelle **tblProdukt** sein. Dem ist aber nicht so. Stattdessen finden Sie in diesem Feld einen SQL-Ausdruck, der mit der Anweisung **SELECT ...** beginnt ❹. Dies liegt daran, dass dem Formular die drei Felder **MengenEinheit_Name**, **MwSt_Prozentsatz** sowie **ProduktKat_Name** hinzugefügt wurden, die ihre Daten aus den drei Tabellen **tblMengenEinheit**, **tblMwSt** und **tblProduktKat** beziehen.

Formular als PopUp anlegen

Öffnen Sie ein Formular per Doppelklick auf den Formularnamen im Navigationsbereich, wird es in einem eigenen Register im Anzeigebereich eingeblendet. Das Formular kann aber auch in einem eigenen Dialogfenster geöffnet werden. Hierzu müssen Sie lediglich im Eigenschaftenblatt nach einem Klick in das Feld rechts von **PopUp** ❺ den Eintrag **Ja** auswählen. Speichern Sie die Änderungen am Formularentwurf nun über die Tastenkombination [Strg] + [S], und schließen Sie das Formular. Öffnen Sie es jetzt per Doppelklick auf den Formularnamen, erscheint es als eigenes Dialogfenster. Falls Sie Änderungen am Formularentwurf oder auch den Formulareigenschaften vornehmen möchten, klicken Sie mit der rechten Maustaste auf einen freien Bereich im Formular oder auch auf den Formulartitel und wählen im Kontextmenü die **Entwurfsansicht** bzw. die **Layoutansicht**. Falls Ihnen das **PopUp** nicht zusagt, stellen Sie im entsprechenden Feld des Eigenschaftenblattes einfach wieder **Nein** ein.

Markieren Sie im Formular nun eines der Bezeichnungsfelder. Im Auswahlfeld des Eigenschaftenblatts wird dessen Name angezeigt ❶. Wenn Ihnen der Name eines Elements bekannt ist, dessen Eigenschaften Sie ansehen und gegebenenfalls auch ändern möchten, können Sie es auch direkt über das Auswahlfeld auswählen. Stellen Sie sicher, dass im Eigenschaftenblatt das Register **Alle** markiert ist. Im Feld **Beschriftung** wird der aktuelle Text, der im Bezeichnungsfeld angezeigt wird, eingeblendet. Falls Sie den Text ändern möchten, markieren Sie ihn und überschreiben ihn.

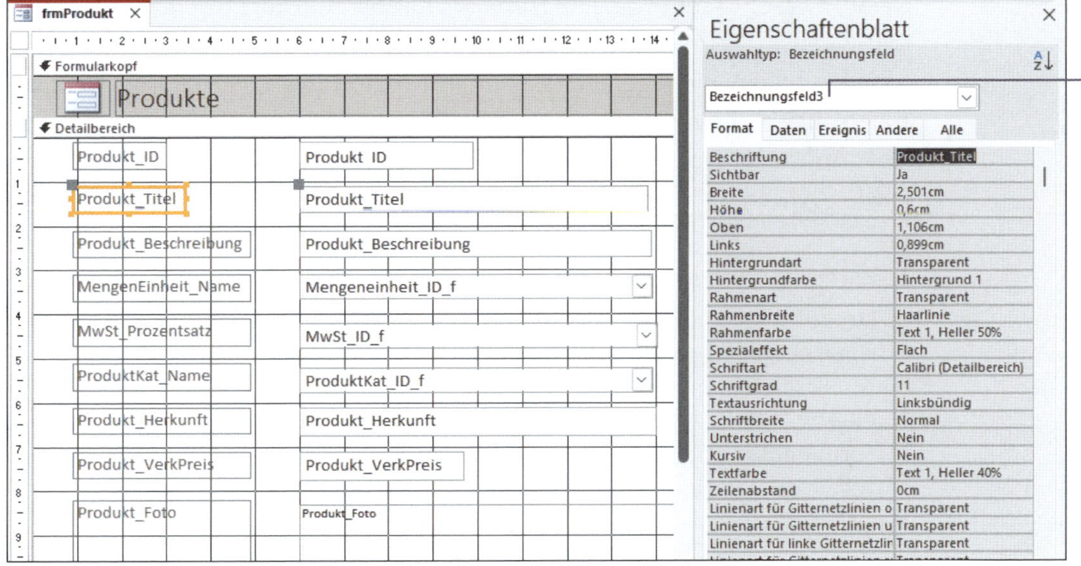

Abbildung 7.17 *Die Beschriftung eines Bezeichnungsfeldes lässt sich auch über das Eigenschaftenblatt ändern.*

Die Felder **Breite** und **Höhe** geben die Maße des markierten Elements an. Auch hier können Sie die Werte ändern. Aufgrund des Rasters kann es sein, dass Access Ihre Angaben nicht exakt so übernimmt, wie Sie sie eingegeben haben, sondern minimale Korrekturen vornimmt. Analog lassen sich die weiteren Eigenschaften der Bezeichnungsfelder und natürlich auch der Textfelder anpassen. Achten Sie bei all Ihren Änderungen darauf, dass Sie sie einheitlich für das Formular vornehmen. Bevor Sie also z. B. beginnen, für ein einzelnes Textfeld Rahmenart, -breite oder auch -farbe anzupassen. Markieren Sie in einem solchen Fall alle Textfelder, deren Formatierung Sie ändern möchten, und nehmen Sie die Änderungen erst dann im Eigenschaftenblatt vor. Haben Sie alle gewünschten Eigenschaften angepasst, sollten Sie die Änderungen am Formularentwurf z. B. mit einem Klick auf das Symbol **Speichern** in der Schnellzugriffsleiste sichern.

7.4.2 Den Formulartyp anpassen

Im bisherigen Verlauf dieses Kapitels haben Sie ein einfaches Standardformular kennengelernt, das pro Seite jeweils einen Datensatz anzeigt, sowie das Formular in Tabellenform. Access bietet noch einen weiteren interessanten Formulartyp an, das sogenannte *geteilte Formular*, das wir nun kurz beleuchten werden. Falls Ihnen der Formulartyp, für den Sie sich beim Erstellen eines Formulars entschieden haben, nicht gefällt, lässt er sich später über das Eigenschaftenblatt ändern. Bevor wir Ihnen zeigen, wie Sie hierzu vorgehen, erstellen Sie ein geteiltes Formular zur Eingabe der Kundendaten. Dies ist schnell erledigt:

1. Markieren Sie im Navigationsbereich die Tabelle **tblKunde**.
2. Klicken Sie im Register **Erstellen** in der Gruppe **Formulare** auf **Weitere Formulare**, und wählen Sie in der aufklappenden Liste das **Geteilte Formular** aus. Nach einem kurzen Moment wird dieses im Anzeigebereich eingeblendet.
3. Klicken Sie in der Schnellzugriffsleiste auf **Speichern**, und sichern Sie das Formular unter dem Namen »frmKunde«.

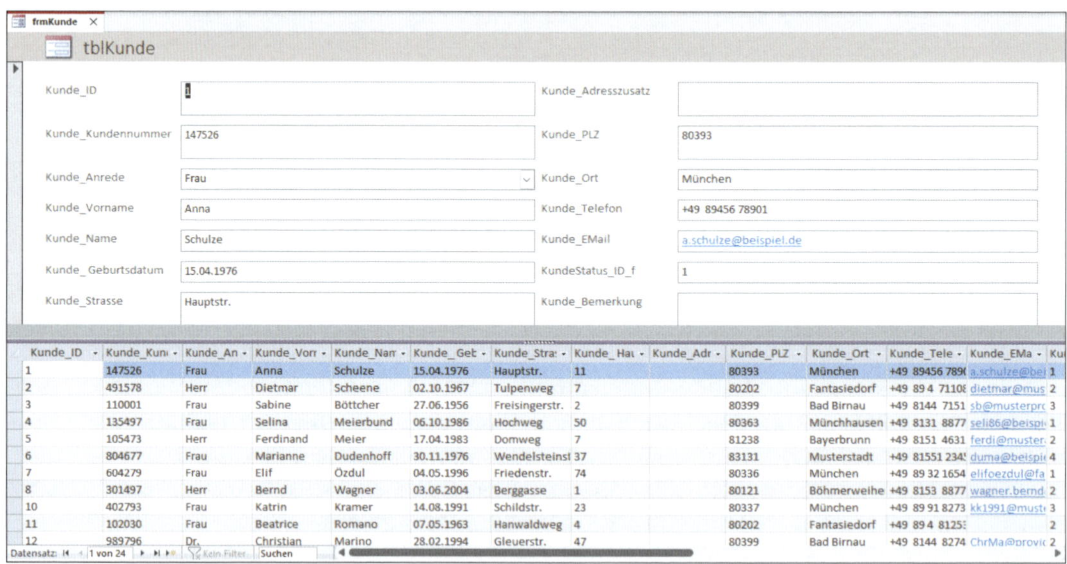

Im geteilten Formular werden in der unteren Hälfte des Formulars alle Datensätze der zugrundeliegenden Tabelle in tabellarischer Form angezeigt. In der oberen Hälfte ist lediglich ein Datensatz zu sehen. Direkt nach dem Öffnen des Formulars handelt es sich dabei um den ersten Datensatz. Er ist in der unteren Hälfte entsprechend blau markiert. Sie können nun wie von der Datenblattansicht einer Tabelle gewohnt in der unteren Hälfte einen Datensatz markieren, und schon erscheint er in der oberen Hälfte und kann dort bearbeitet werden. Alternativ hierzu können Sie natürlich auch die Schaltflächen der Navigationsleiste unterhalb des Formulars zum Ansteuern eines Datensatzes nutzen. Die Trennlinie zwischen der oberen Hälfte des Formulars und der Datenblattansicht in der unteren Hälfte kann verschoben werden, je nachdem, welchem Bereich Sie mehr Platz einräumen möchten.

Sagt Ihnen das Aussehen des geteilten Formulars noch nicht zu, können Sie es, wie zuvor am Beispiel des einfachen Standardformulars gezeigt, Ihren Wünschen entsprechend anpassen. Wählen Sie als Ansicht für das Formular die Layoutansicht, bleibt im unteren Bereich die Tabelle erhalten. In der Entwurfsansicht wird sie hingegen ausgeblendet.

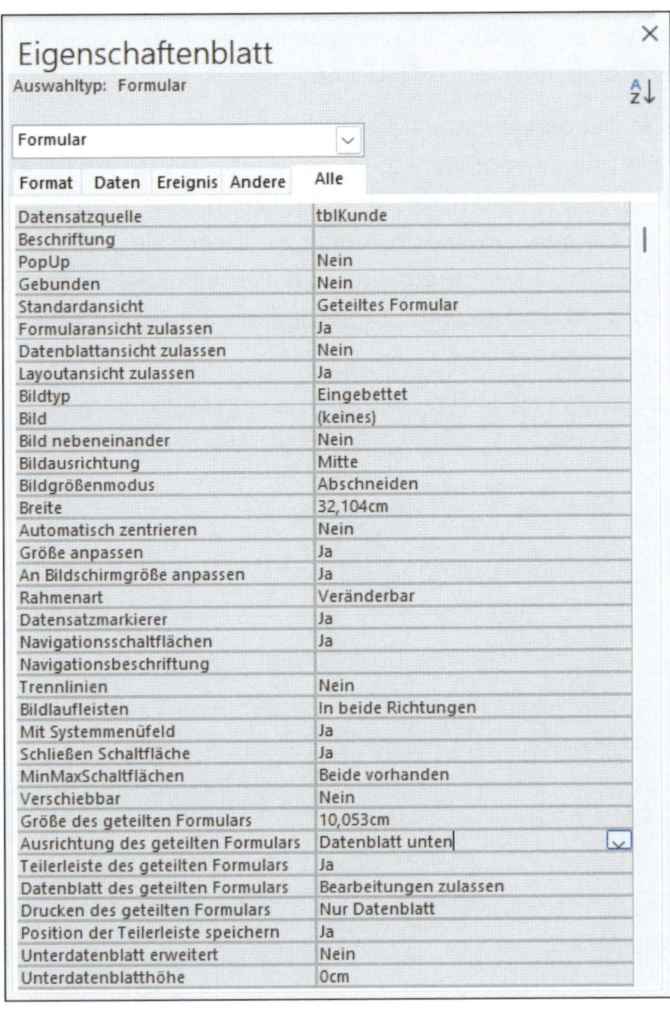

Abbildung 7.18 *Das Eigenschaftenblatt des geteilten Formulars*

Werfen wir nun einen Blick auf das Eigenschaftenblatt dieses geteilten Formulars. Falls Sie es noch nicht geöffnet haben, holen Sie dies über **Formularentwurf • Tools • Eigenschaftenblatt** nach. Denken Sie daran, dass Sie zuvor das gesamte Formular markieren müssen.

Im Register **Alle** des Eigenschaftenblatts wird im Feld **Standardansicht** nun **Geteiltes Formular** angezeigt. Zum Vergleich: Bei dem Formular **frmProdukt** finden Sie in diesem Feld den Eintrag **Einzelnes Formular** (siehe Abbildung 7.16). Suchen Sie in der Liste der Eigenschaften nun nach dem Feld **Ausrichtung des geteilten Formulars**. Der Eintrag **Datenblatt unten** legt fest, dass die tabellarische Übersicht über die Datensätze der Tabelle in der unteren Fensterhälfte eingeblendet wird. Nach einem Klick in das Feld lässt sich aber auch eine Ausrichtung nach oben, links oder auch rechts festlegen.

Falls Sie sich so gar nicht mit der geteilten Darstellung des Formulars anfreunden können, können Sie schnell zum einfachen Standardformular wechseln. Klicken Sie hierzu einfach in das Feld rechts von **Standardansicht**. In der aufklappenden Liste wählen Sie nun **Einzelnes Formular**. Speichern Sie Ihre Änderungen am Formularentwurf, und wechseln Sie in die **Formularansicht**. Sollte Access Ihre Korrekturen nicht sofort übernommen haben, schließen Sie das Formular, und öffnen Sie es dann wieder.

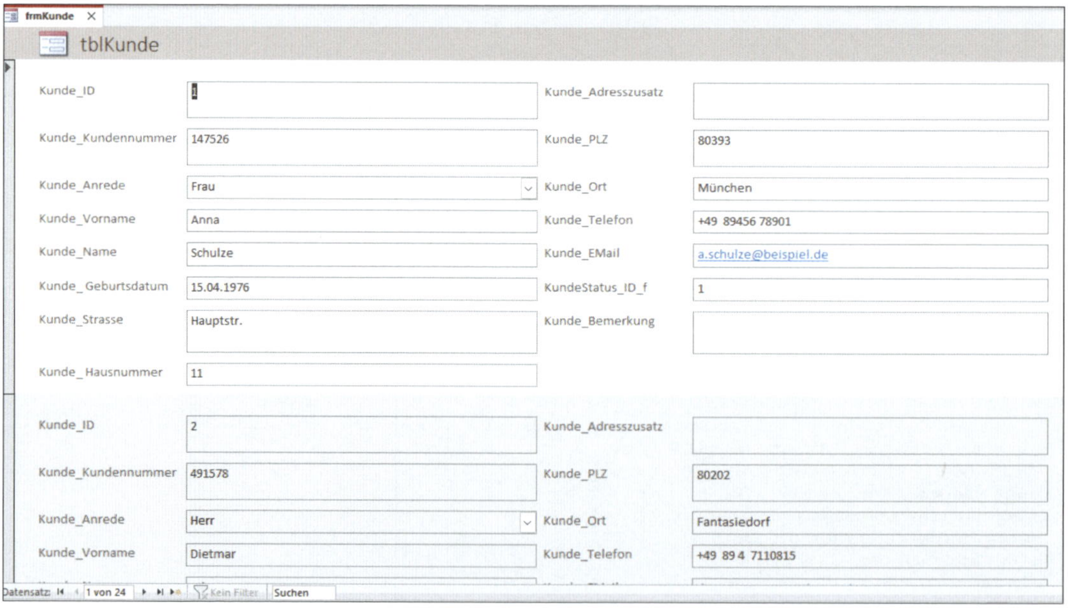

Abbildung 7.19 *Das Formular »frmKunde« als Endlosformular*

Analog können Sie natürlich auch ein einfaches Standardformular schnell in ein geteiltes Formular umwandeln, indem Sie im Feld **Standardansicht** das **Geteilte Formular** auswählen. Über den Eintrag **Endlosformular** erzeugen Sie ein Formular, in dem die einzelnen Datensätze hintereinander – quasi endlos – angezeigt werden. Um von einem Datensatz zum anderen zu gelangen, nutzen Sie entweder die Bildlaufleiste am rechten Bildschirmrand oder die Navigationsleiste am unteren Rand des Formulars.

Falls Sie sich im Feld **Standardansicht** für den Eintrag **Datenblatt** entscheiden, entspricht das Aussehen des Formulars der Datenblattansicht einer Tabelle.

7.4.3 Dateneingabe beeinflussen

Dürfen Anwender*innen nur neue Datensätze im Formular hinzufügen oder auch Änderungen an bestehenden Daten vornehmen? Und falls Änderungen gestattet sind, gilt dies für alle Felder eines Formulars oder nur für ausgewählte? All diese Regelungen lassen sich ebenfalls über das Eigenschaftenblatt eines Formulars festlegen.

Beginnen wir mit dem geteilten Formular, das Sie im vorherigen Abschnitt kennengelernt haben. Die tabellarische Übersicht über alle Datensätze der Tabelle soll meist nur die Auswahl eines Datensatzes erleichtern. Per Standardeinstellung lässt Access hier aber auch Änderungen an den Datensätzen zu. Falls Sie dies verhindern möchten, blenden Sie das Eigenschaftenblatt für das Formular ein. Stellen Sie sicher, dass im Auswahlfeld das **Formular** eingestellt ist. Wechseln Sie nun in das Register **Format**. Im Feld rechts von **Datenblatt des geteilten Formulars** finden Sie den Eintrag **Bearbeitung zulassen**. Klicken Sie darauf, und wählen Sie in der aufklappenden Liste **Schreibgeschützt** aus. Speichern Sie Ihre Einstellungen mit einem Klick auf das **Speichern**-Symbol in der Schnellzugriffsleiste. Das Datenblatt wird hierdurch weiterhin angezeigt und lässt auch die Auswahl eines Datensatzes zu. Änderungen sind nun aber nicht mehr möglich.

Ähnlich lässt sich auch die Dateneingabe im Formular selbst beeinflussen. Per Standardeinstellung können in jedem Datensatz die Daten geändert werden. Um dies zu verhindern, wechseln Sie im Eigenschaftenblatt in das Register **Daten**. Möchten Sie, dass an bereits vorhandenen Datensätze keine Korrekturen mehr vorgenommen werden dürfen, doppelklicken Sie in das Feld rechts von **Bearbeitungen zulassen**. Hierdurch wird statt des Standardwerts **Ja** der Wert **Nein** eingestellt. Alternativ hierzu können Sie natürlich auch direkt in das Feld klicken und den Wert dann in der aufklappenden Liste auswählen. Analog legen Sie über die Einstellungen für das Feld **Löschen zulassen** fest, ob Anwender*innen Datensätze löschen dürfen oder nicht. Stellen Sie für das Feld **Anfügen zulassen** ein **Nein** ein, ist das Hinzufügen neuer Datensätze über das Formular nicht mehr möglich.

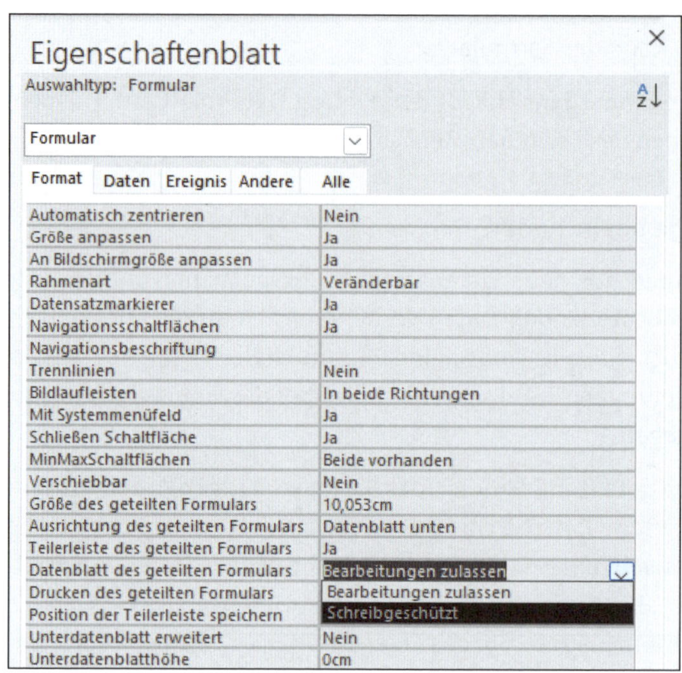

Abbildung 7.20 *Änderungen im Datenblatt lassen sich unterbinden.*

Die Standardeinstellung für das Feld **Daten eingeben** lautet **Nein**. Damit ist nach dem Öffnen des Formulars automatisch der erste Datensatz zu sehen. Über die Schaltflächen der Navigationsleiste gelangen Sie zu den anderen Datensätzen oder auch zum leeren Formular, in dem ein neuer Datensatz erfasst wird. Sollen die bereits vorhandenen Datensätze nicht angezeigt werden, sondern nur das Hinzufügen neuer Datensätze ermöglicht werden, stellen Sie im Feld **Daten eingeben** den Wert **Ja** ein. In einem geteilten Formular zeigt damit allerdings auch das Datenblatt in der unteren Fensterhälfte keinerlei Datensätze mehr an. Diese Einstellung ist daher für diesen Formulartyp wenig sinnvoll.

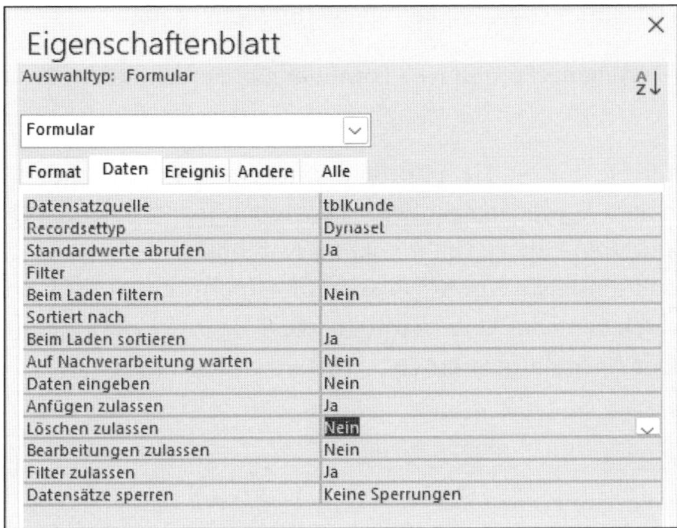

Abbildung 7.21 *Über das Register »Daten« legen Sie fest, ob Datensätze geändert oder gar gelöscht werden dürfen.*

7.5 Ein Formular mit Unterformular erstellen

Beschäftigt man sich mit Formularen, darf auch das Thema Unterformular nicht fehlen. Ein *Unterformular* ist ein Formular, das innerhalb eines anderen Formulars eingebettet ist. Die Kombination aus Formular und Unterformular wird häufig dazu verwendet, um die Daten aus den Tabellen einer 1:n-Beziehung zu erfassen: Im sogenannten *Hauptformular* werden die Daten der 1-Seite eingegeben, im Unterformular die Daten der n-Seite. Anhand von drei Beispielen zeigen wir Ihnen im Folgenden, wie Sie ein Formular mit Unterformular erstellen.

7.5.1 Automatisch von Access erzeugte Unterformulare

Stellt Access beim Erzeugen eines einfachen Standardformulars fest, dass die zugrundeliegende Tabelle über ein Unterdatenblatt verfügt (siehe auch Abschnitt 5.1.3, »Umgang mit Unterdatenblättern in verknüpften Tabellen«), fügt es im Formular für das Unterdatenblatt automatisch ein Unterformular ein. Wie dies aussieht, können Sie selbst am Beispiel der Tabelle **tblProduktKat** ausprobieren. Für diese Tabelle besteht mit der Tabelle **tblProdukt** eine 1:n-Beziehung.

1. Markieren Sie im Navigationsbereich die Tabelle **tblProduktKat**.
2. Erzeugen Sie über **Erstellen • Formulare • Formular** ein einfaches Standardformular.
3. Als Ergebnis erhalten Sie nun ein Hauptformular mit Unterformular. Die Felder des Hauptformulars werden in der oberen Fensterhälfte eingeblendet ❶, die Felder der verknüpften Tabelle **tblProdukt** als Datenblatt in der unteren Hälfte ❷. Die Navigationsleiste zum Navigieren im Unterformular befindet sich direkt am unteren Rand des Unterformulars ❸, die des Hauptformulars am unteren Rand des Formularfensters ❹.

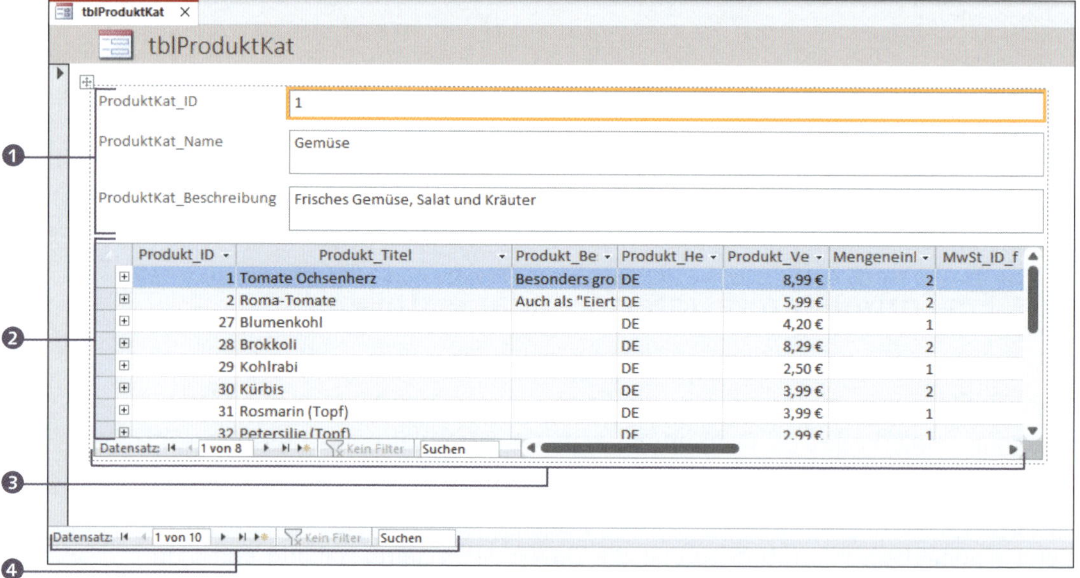

4. Zum Speichern des Formulars nutzen Sie z. B. die Tastenkombination [Strg] + [S] oder auch das **Speichern**-Symbol in der Schnellzugriffsleiste.

In dem von Access automatisch erstellten Standardformular mit Unterformular könnten Sie nun für jede Produktkategorie, die im Hauptformular angezeigt wird, die dazugehörigen Produkte im Unterformular erfassen. Dieses Beispiel zeigt allerdings, dass eine Kombination von Haupt- und Unterformular nicht immer die passende Lösung ist. In diesem konkreten Fall etwa sollten Produkte und Produktkategorien jeweils ein separates Formular erhalten. Ein eigenständiges Formular für die Produkte (**frmProdukt**) besteht in unserer Beispieldatenbank zudem schon. Somit kann das Unterformular aus dem Hauptformular entfernt werden. Dies ist schnell geschehen:

1. Stellen Sie sicher, dass das Formular in der Layoutansicht angezeigt wird. Klicken Sie dann einmal in das Unterformular.

2. In der linken oberen Ecke des Unterformulars wird ein kleines Symbol in Form eines Vierfachpfeils ❺ eingeblendet. Klicken Sie dieses an, um das gesamte Unterformular zu markieren.

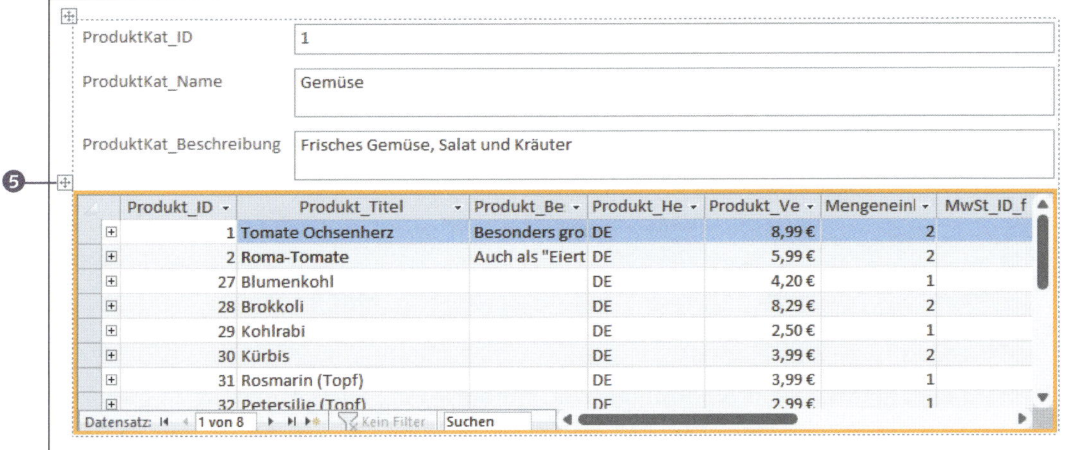

3. Drücken Sie die Taste Entf, um das markierte Unterformular zu löschen. Vergessen Sie anschließend nicht, die Änderungen am Formularentwurf zu speichern.

7.5.2 Ein bestehendes Formular als Unterformular einbinden

Im vorherigen Abschnitt haben Sie ein Beispiel für ein von Access automatisch erzeugtes Formular mit Unterformular kennengelernt. Verfügt eine Tabelle über mehrere Verknüpfungen zu anderen Tabellen, wird ein Unterformular nicht automatisch erstellt. Hier müssen Sie selbst nachhelfen. Um das Verfahren zu beschreiben, soll nun innerhalb des Formulars zur Erfassung der Lieferanten ein Unterformular für die Kontakterfassung eingebettet werden. Hierzu erstellen Sie zunächst das Formular für die **tblKontakt** und speichern es. Das Formular binden Sie anschließend in das bereits bestehende Formular **frmLieferant** ein.

1. Markieren Sie im Navigationsbereich die Tabelle **tblKontakt**. Wählen Sie dann **Erstellen • Formulare • Weitere Formulare • Mehrere Elemente • Datenblatt**.
2. Speichern Sie das Formular mit einem Klick auf das **Speichern**-Symbol in der Schnellzugriffsleiste unter dem Namen »frmKontakt«. Schließen Sie das Formular anschließend per Klick auf das Kreuzsymbol im Registerreiter.

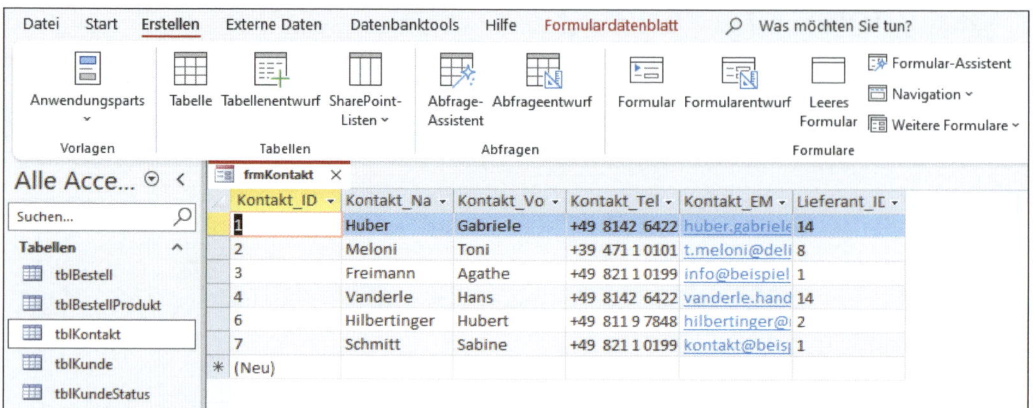

3. Öffnen Sie das Formular **frmLieferant** (siehe auch Abschnitt 7.1.1, »Formular auf Basis einer Tabelle erzeugen«). Wählen Sie über **Start • Ansichten • Ansicht** die **Entwurfsansicht** aus.
4. Vergrößern Sie nun den Detailbereich des Formulars, um Platz für das Unterformular zu schaffen. Positionieren Sie hierzu den Mauszeiger oberhalb des Schriftzugs **Formularfuß**. Nimmt er die Form eines Doppelpfeils an, ziehen Sie ihn mit gedrückter linker Maustaste nach unten.

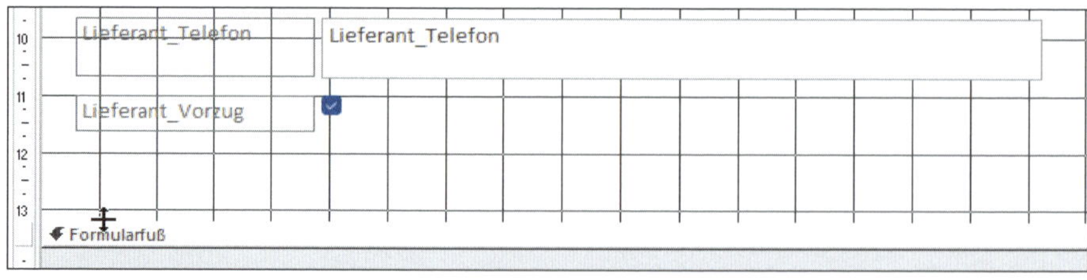

Als Nächstes wird das Formular **frmKontakt** in das Formular **frmLieferant** eingebettet. Access bietet hierfür ein eigenes Steuerelement namens **Unterformular/-bericht**.

5. Wechseln Sie in das Register **Entwurf des Formularlayouts**, und klicken Sie in der Gruppe **Steuerelemente** auf das Symbol **Weitere** ☐, um alle Steuerelemente einzublenden. Stellen Sie sicher, dass **Steuerelement-Assistenten verwenden** aktiviert ist, erkennbar an einem Rahmen rund um das Symbol links.

6. Wählen Sie das Steuerelement **Unterformular/-bericht** per Mausklick aus.

7. Bewegen Sie den Mauszeiger nun auf den Detailbereich des Formulars. Er nimmt jetzt die Form eines Plussymbols ergänzt um eine Tabelle an. Positionieren Sie den Mauszeiger unterhalb des letzten Feldes des Hauptformulars, hier also unterhalb von **Lieferant_Vorzug**. Ziehen Sie mit gedrückter linker Maustaste ein Rechteck auf.

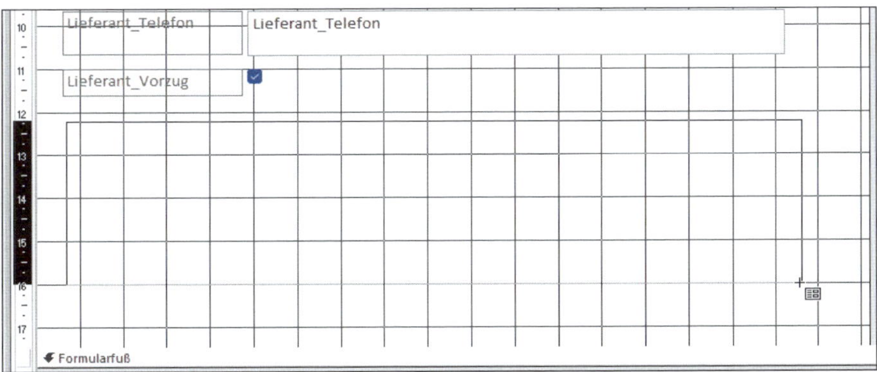

8. Sobald Sie die Maustaste loslassen, wird automatisch der Dialog **Unterformular-Assistent** gestartet. Aktivieren Sie auf der ersten Seite die Option **Vorhandenes Formular verwenden**, und markieren Sie in der Liste darunter das Formular **frmKontakt**. Fahren Sie mit **Weiter** fort.

9. Auf der folgenden Seite können Sie die Option **Aus Liste auswählen** beibehalten. Bestätigen Sie mit **Weiter**.

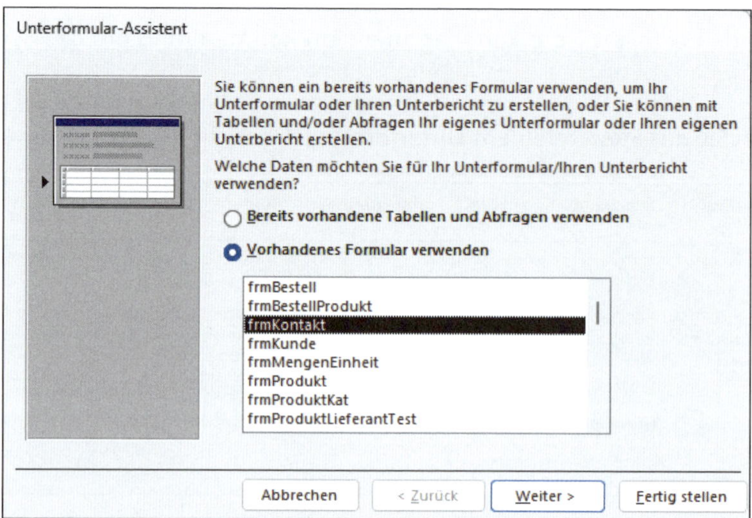

10. Geben Sie nun einen Namen für das Unterformular ein, etwa »frmKontakt-Unterformular«. Über diesen Namen können Sie das Unterformular beispielsweise im Auswahlfeld des Eigenschaftenblattes auswählen.

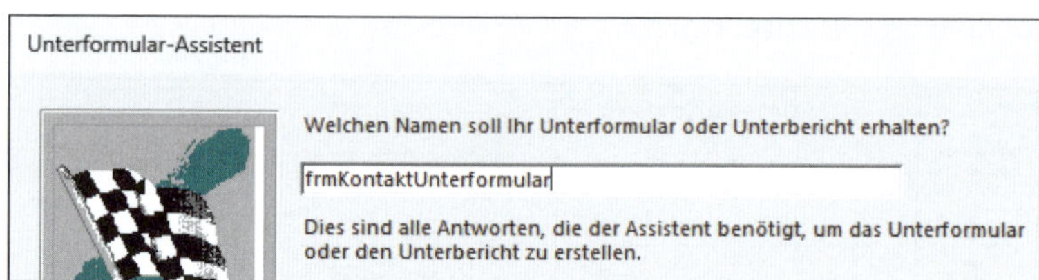

11. Mit einem Klick auf **Fertig stellen** beenden Sie den Unterformular-Assistenten. Das Unterformular wird in das Hauptformular eingefügt. Wechseln Sie in die Layoutansicht, um sich das Ergebnis anzusehen.

    Das Unterformular lässt sich genauso anpassen, wie in den Abschnitten zuvor für das einfache Standardformular beschrieben. So können Sie die Beschriftungen der Felder ändern, die Spaltenbreite anpassen und vieles mehr. Im Unterformular fallen vor allem zwei kleine Schönheitsfehler auf: Der Titel **frmKontaktUnterformular** stört etwas, und das Feld **Lieferant_ID_f** ist überflüssig. Beide Elemente lassen sich schnell ausblenden.

12. Öffnen Sie über das Register **Entwurf des Formularlayouts** das **Eigenschaftenblatt**. Markieren Sie im Detailbereich des Formulars per Mausklick den Titel **frmKontaktUnterformular**.

13. Klicken Sie im Register **Format** doppelt in das Feld **Sichtbar**. Statt der Standardeinstellung **Ja** ist nun ein **Nein** zu sehen. Das Ergebnis dieser Einstellung zeigt sich erst in der Formularansicht. Behalten Sie zunächst aber noch die Layoutansicht bei.

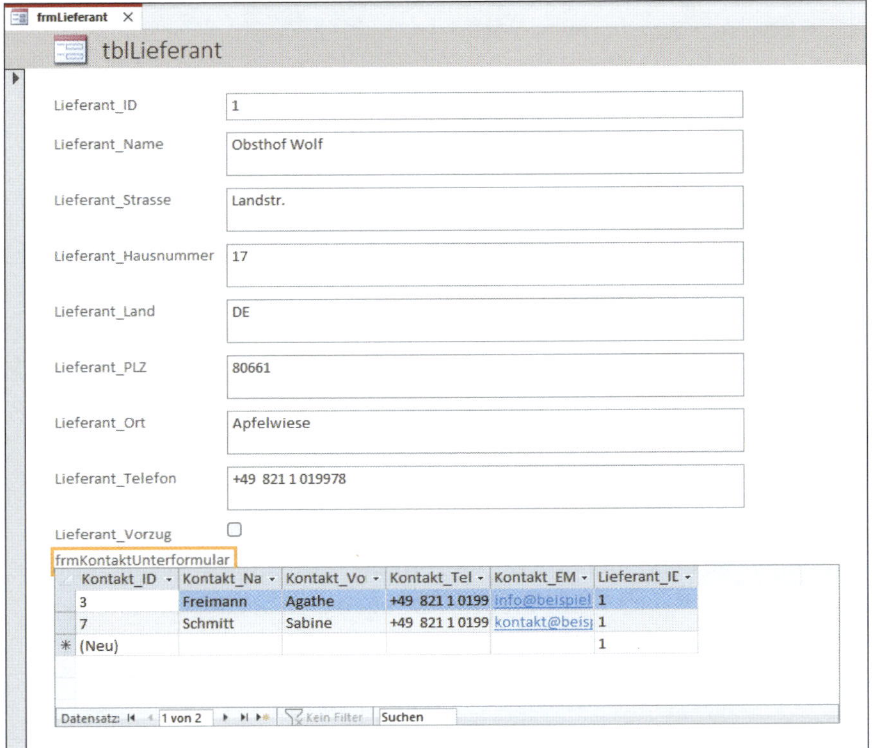

14. Klicken Sie im Detailbereich das Feld **Lieferant_ID_f** mit der rechten Maustaste an. Wählen Sie im Kontextmenü den Befehl **Felder ausblenden**. Falls Sie ein Feld später doch wieder benötigen: Über den Befehl **Felder einblenden** werden alle zuvor ausgeblendeten Felder wieder angezeigt.

15. Speichern Sie die Änderungen am Formularentwurf, und wechseln Sie in die **Formularansicht**, um sich das fertige Formular mit Unterformular anzusehen.

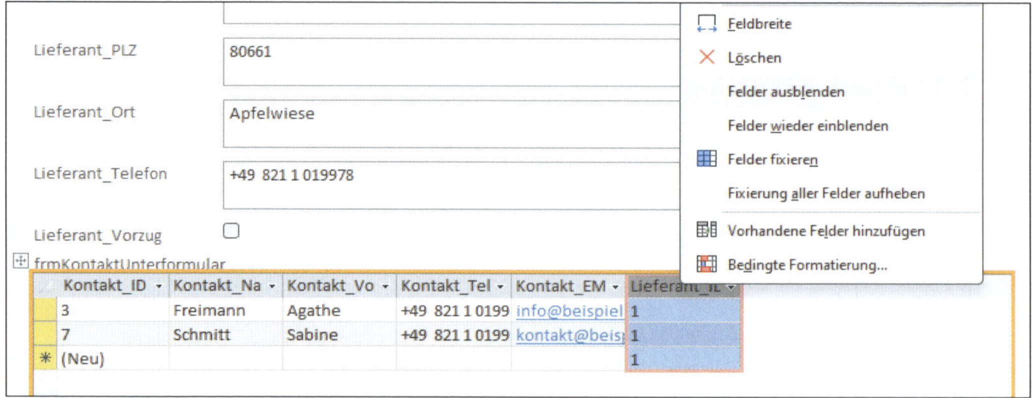

7.5.3 Ein Formular mithilfe des Formular-Assistenten erstellen

In Abschnitt 3.4.2, »Ein einfaches Formular zur Dateneingabe erzeugen«, haben Sie bereits den Formular-Assistenten kennengelernt. Er lässt sich auch einsetzen, um ein Formular mit Unterformular von Grund auf neu zu erstellen, ohne also bereits vorhandene Formulare zu verwenden, wie es im vorherigen Abschnitt der Fall war. Im folgenden Beispiel soll nun ein Formular zur Erfassung der Bestellungen erzeugt werden. Die Auswahl der Felder erfolgt dabei in erster Linie aus den beiden verknüpften Tabellen **tblBestell** und **tblBestellProdukt**.

1. Starten Sie den **Formular-Assistenten** über **Erstellen • Formulare**.
2. Wählen Sie die Felder aus, die im Formular enthalten sein sollen. Stellen Sie hierzu zunächst im Feld **Tabellen/Abfragen** die **Tabelle: tblBestell** ein.

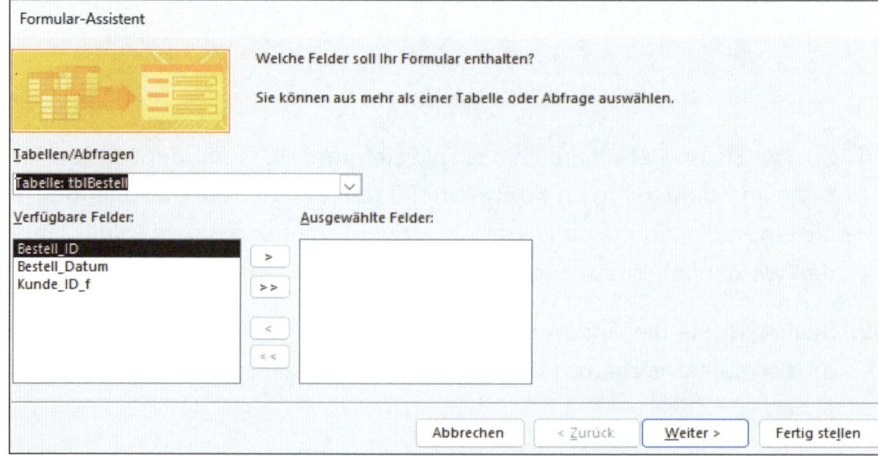

3. Klicken Sie auf den nach rechts weisenden Zweifachpfeil, um alle Felder aus der Liste **Verfügbare Felder** nach rechts in die Liste **Ausgewählte Felder** zu übernehmen.

4. Wählen Sie als Nächstes im Feld **Tabellen/Abfragen** die **Tabelle: tblBestell-Produkt** aus. Daraus übernehmen Sie ebenfalls per Klick auf den nach rechts weisenden Zweifachpfeil alle Felder aus der Liste **Verfügbare Felder** in die Liste **Ausgewählte Felder**. Bestätigen Sie mit **Weiter**.

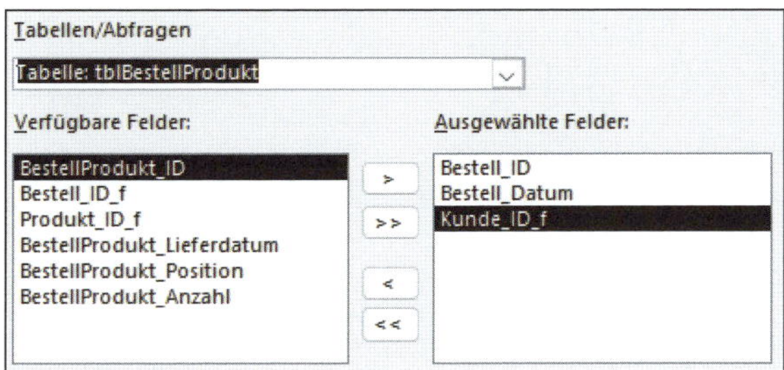

5. Nun legen Sie fest, wie die Daten angezeigt werden sollen. Der Formular-Assistent schlägt hier bereits **nach tblBestell** sowie **Formular mit Unterformular(en)** vor. Beides können Sie mit einem Klick auf **Weiter** übernehmen.

6. Den folgenden Layoutvorschlag **Datenblatt** akzeptieren Sie ebenfalls mit **Weiter**.

7. Geben Sie nun für das Hauptformular im Feld **Formular** einen Titel ein, etwa **frmBestell**. Im Feld **Unterformular** tragen Sie dann z. B. **frmBestellUnterformular** ein. Beenden Sie den Formular-Assistenten mit einem Klick auf **Fertig stellen**.

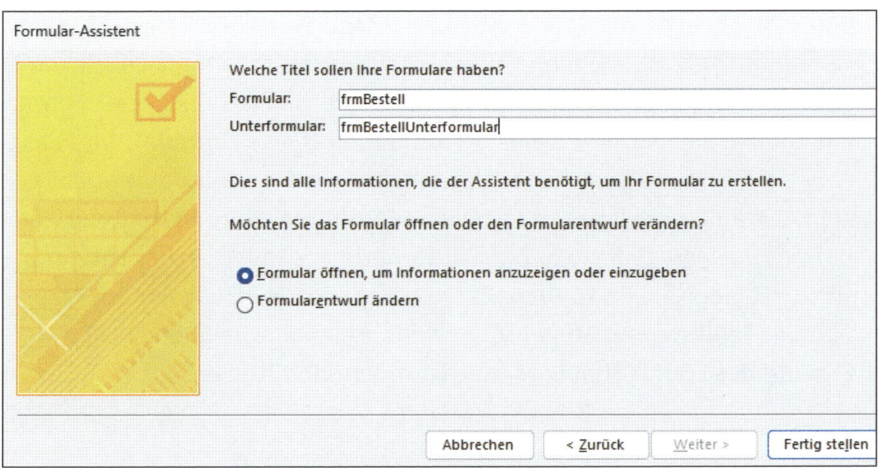

8. Access erzeugt jetzt das Formular mit Unterformular. Entspricht es nicht ganz Ihren Vorstellungen, können Sie das Aussehen natürlich noch entsprechend anpassen. Access weist einem mit dem Formular-Assistenten erstellten Formular übrigens kein automatisches Layout zu.

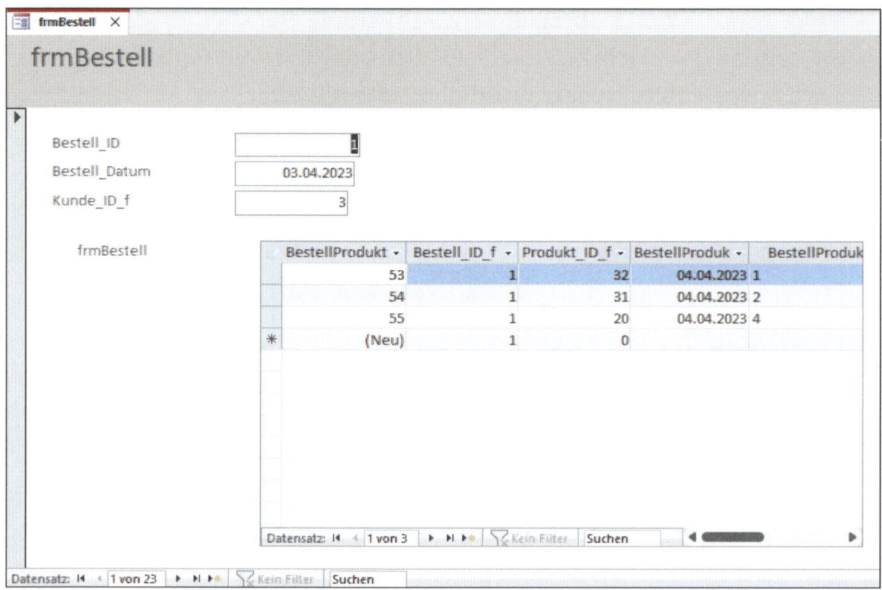

Ein leeres Formular selbst gestalten

Bei einem Formular, das mit einem Formulartool oder auch dem Formular-Assistenten erzeugt wird, ist das Ergebnis nicht immer so, wie man es sich wünscht. Meist ist noch Nacharbeit angesagt. Statt die Gestaltung in die Hände von Access zu legen, können Sie ein Formular natürlich auch von Beginn an selbst entwerfen. Hierzu erzeugen Sie zunächst ein leeres Formular. Wählen Sie hierfür **Erstellen • Formulare • Leeres Formular**, wird das neue Formular mit einem automatischen Layout in der Layoutansicht geöffnet. Wählen Sie dagegen **Erstellen • Formulare • Formularentwurf**, öffnet sich ein leeres Formular ohne automatisches Layout in der Entwurfsansicht. In beiden Fällen können Sie anschließend die gewünschten Felder über die **Feldliste** hinzufügen. Die Feldliste blenden Sie über das Register **Entwurf des Formularlayouts** bzw. **Formularentwurf** ein.

Kapitel 8
Steuerelemente – kleine Helfer zahlen sich aus

Ob Textfeld, Bezeichnung, Kontrollkästchen oder einfach nur eine Grafik, die der Auflockerung dient: Sie alle zählen zu den Steuerelementen. Steuerelemente dienen in Formularen und Berichten zur Eingabe, Bearbeitung oder Anzeige von Daten. Im vorherigen Kapitel haben Sie anhand von Formularen bereits die zwei wichtigsten Steuerelemente, das Bezeichnungs- und das Textfeld, kennengelernt und u. a. erfahren, wie Sie deren Größe und Position anpassen können. Nun werden wir das Thema Steuerelemente noch etwas vertiefen. So lernen Sie beispielsweise, wie Sie gebundene und ungebundene Textfelder in einem Formular hinzufügen und Kombinationsfelder ergänzen. Auch das wichtige Thema Schaltflächen wird aufgegriffen, denn sie können die Bedienung eines Formulars oder natürlich auch Berichts sehr vereinfachen.

Damit Sie die verschiedenen Steuerelemente bequem ausprobieren und kennenlernen können, werden wir als Basis ein leeres Formular verwenden. Es dient quasi als weiße Fläche, auf der wir dann nacheinander alle Elemente einfügen. Einige der Steuerelemente sollen ihre Werte aus den Feldern einer Tabelle beziehen. Hierzu ist es nötig, dem Formular eine Datensatzquelle zuzuweisen. Als Beispiel dient hier die Tabelle **tblProdukt**. Im Kasten »Ein leeres Formular erzeugen« erfahren Sie, wie Sie das Formular erstellen.

Ein leeres Formular erzeugen

Die Steuerelemente, die wir Ihnen in diesem Kapitel vorstellen möchten, werden in ein leeres Formular eingefügt. Dieses erzeugen Sie über **Erstellen • Formulare • Leeres Formular**. Das Formular wird in der Layoutansicht angezeigt. Als Datensatzquelle soll die Tabelle **tblProdukt** verwendet werden. Um dies festzulegen, blenden Sie das **Eigenschaftenblatt** über das Register **Entwurf des Formularlayouts** ein. Im Eigenschaftenblatt wechseln Sie in das Register **Daten**, und klicken Sie dann in das Feld rechts von **Datensatzquelle**. Nach einem Klick auf den nun sichtbaren Pfeil wählen Sie die Tabelle **tblProdukt** aus. Um das Formular zu speichern, klicken Sie in der Schnellzugriffsleiste auf das **Speichern**-Symbol und vergeben dann den Namen »frmSteuerelemente«.

8.1 Wissenswertes rund um Steuerelemente

Was wäre ein Formular oder ein Bericht ohne Steuerelemente? Ganz einfach: leer. Denn alle Elemente, die Sie in einem Formular/Bericht zu sehen bekommen, sind Steuerelemente. Dies beginnt bereits am oberen Rand mit dem jeweiligen Titel und setzt sich mit den Feldern zur Dateneingabe fort. Bei dem Titel handelt es sich um ein reines Bezeichnungsfeld, die Felder zur Dateneingabe setzen sich im Normalfall aus einem Bezeichnungs- und einem Textfeld zusammen.

8.1.1 Die wichtigsten Steuerelemente in der Übersicht

Bezeichnungs- und Textfelder sind nicht die einzigen Steuerelemente, die Access zur Verfügung stellt. Die folgende Liste zeigt eine Übersicht über die wichtigsten Steuerelemente:

- **Textfeld**: Ein Textfeld dient der Anzeige von Text, Zahlen, Datums- und Zeitangaben. Wird das Textfeld an ein Feld einer Tabelle oder Abfrage gebunden, zeigt es die Werte dieses Feldes an und ermöglicht das Hinzufügen neuer Werte sowie Verändern und Löschen bereits vorhandener Werte.
- **Bezeichnungsfeld**: Bezeichnungsfelder enthalten einen festen Text. Meist dient er der Beschriftung der weiteren Steuerelemente, wie etwa Text- oder Kombinationsfelder.
- **Listenfeld**: Ein Listenfeld zeigt alle auswählbaren Werte in Listenform an. Diese Werte können entweder aus einer Tabelle oder Abfrage bezogen oder fest vorgegeben werden. Der aktuell markierte Wert wird in der Liste hervorgehoben.
- **Kombinationsfeld**: In einem Kombinationsfeld wählen die Anwender*innen die Werte aus einer Drop-down-Liste aus, die über den Pfeil am rechten Rand des Feldes aufgeklappt wird. Es stellt damit quasi eine Kombination aus einem Listen- und einem Textfeld dar. Im Feld ist nur der aktuell ausgewählte Wert zu sehen, alle weiteren auswählbaren Werte der Liste müssen eingeblendet werden. Wie beim Listenfeld können die Werte aus einer Tabelle oder Abfrage stammen oder fest vorgegeben werden.
- **Kontrollkästchen**: Das Steuerelement Kontrollkästchen kommt immer dann zum Einsatz, wenn es um die zwei eindeutigen Werte »Ja« und »Nein« bzw. »Ein«/»Aus« oder »Wahr«/»Falsch« geht. Durch Setzen eines Häkchens in

dem kleinen quadratischen Kästchen wird der Wert »Ja« ausgewählt, ein leeres Kontrollkästchen steht für »Nein«.

- **Anlage**: Das Steuerelement Anlage wird verwendet, um eine oder auch mehrere Dateien (z. B. Bilder, Excel- oder auch Word-Dateien) in einem Anlage-Feld zu speichern.
- **Unterformular/-bericht**: Mithilfe des Steuerelements Unterformular/-bericht lässt sich innerhalb eines Formulars oder Berichts ein weiteres Formular bzw. ein weiterer Bericht einbetten. Nähere Informationen zu diesem Steuerelement haben Sie in Abschnitt 7.5.2, »Ein bestehendes Formular als Unterformular einbinden«, erhalten.
- **Schaltfläche**: Das Schaltfläche-Steuerelement ermöglicht Anwender*innen das Ausführen von bestimmten Aktionen (z. B. den Start eines Druckauftrags) mit nur einem Mausklick.

Access bietet noch einige weitere Steuerelemente an, wie etwa Links, die einen schnellen Zugriff auf Webseiten oder Dateien ermöglichen, oder auch Linien und Rechtecke zur grafischen Auflockerung von Formularen oder Berichten. Sie alle zu erwähnen, würde den Rahmen dieses Einsteigerbuches sprengen. Probieren Sie sie einfach mithilfe des extra zum Testen angelegten Formulars aus.

8.1.2 Ein Steuerelement hinzufügen

Ein Steuerelement lässt sich z. B. per Drag & Drop aus der Feldliste in ein Formular oder einen Bericht einfügen. Voraussetzung hierfür ist, dass das Formular bzw. der Bericht an eine Tabelle oder eine Abfrage gebunden ist. Wie dies funktioniert, haben Sie bereits in Abschnitt 7.2.4, »Felder aus verknüpften Tabellen hinzufügen«, gelernt.

Der zweite Weg, ein Steuerelement hinzuzufügen, führt über das Menüband. Das Vorgehen erfolgt hier meist nach dem gleichen Schema, unabhängig davon, ob Sie gerade mit dem Erstellen eines Formulars oder eines Berichts beschäftigt sind:

1. Wichtig ist, dass das Formular bzw. der Bericht in der Layout- oder in der Entwurfsansicht angezeigt wird.
2. Die Auswahl der Steuerelemente erfolgt dann in der Layoutansicht über das Register **Entwurf des Formularlayouts** und in der Entwurfsansicht über das Register **Formularentwurf**.

3. Bei beiden finden Sie die Gruppe **Steuerelemente**. Je nach Größe des Programmfensters sind hier bereits alle oder nur eine Auswahl der verfügbaren Steuerelemente zu sehen. Reicht der Platz zur Anzeige aller Elemente nicht aus, klicken Sie auf das kleine Pfeilsymbol in der rechten unteren Ecke ❶. Nun werden alle Steuerelemente eingeblendet.

4. Wenn Sie sich nicht sicher sind, welches Steuerelement sich hinter einem Symbol verbirgt, positionieren Sie den Mauszeiger über dem Symbol. Die nun sichtbare QuickInfo zeigt den Namen des Steuerelements an ❷.

5. Um das gewünschte Steuerelement einzufügen, markieren Sie es per Mausklick. Der Mauszeiger hat jetzt die Form eines Plussymbols, das um das Symbol des Steuerelements ergänzt wird.

6. Positionieren Sie den Mauszeiger an der Stelle im Formular bzw. Bericht, an der das Steuerelement eingefügt werden soll. Drücken Sie dann die linke Maustaste.

7. Bei einigen Steuerelementen startet nun der Steuerelement-Assistent, der Sie durch die weiteren Schritte führt. Dabei geht es u. a. darum, die Datensatzquelle festzulegen, aus der das Steuerelement seine Werte bezieht. Sollte der Assistent nicht automatisch starten, überprüfen Sie, ob er überhaupt aktiviert ist. Hierzu klicken Sie auf das Symbol . In der aufklappenden Liste sollte das Symbol links von **Steuerelement-Assistent verwenden** mit einem Rahmen versehen sein ❸. Ist dies nicht der Fall, aktivieren Sie den Assistenten mit einem Mausklick.

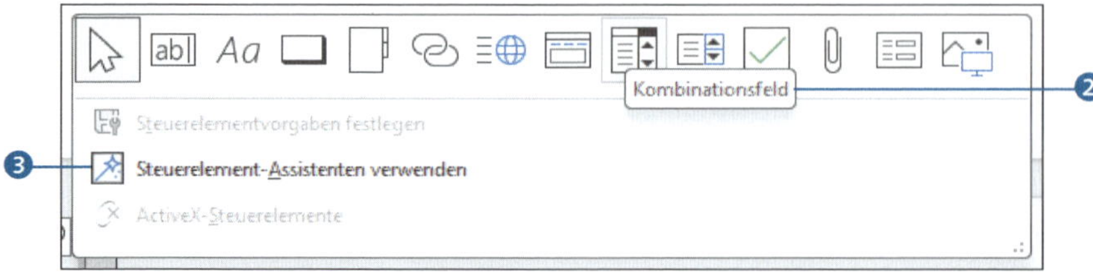

In den folgenden Abschnitten werden wir einige wichtige Steuerelemente etwas genauer unter die Lupe nehmen. Wie zu Beginn erwähnt, fügen wir die Steuerelemente in ein leeres Formular ein (siehe Kasten »Ein leeres Formular erzeugen«).

8.2 Bezeichnungs- und Textfelder ergänzen

Jedes Formular und jeder Bericht sollte über einen aussagekräftigen Titel verfügen. Nutzen Sie eines der Tools oder einen Assistenten zum Erstellen, fügt Access den Titel automatisch ein. Als Name wird meist die zugrundeliegende Tabelle bzw. Abfrage gewählt, wie Sie bereits im vorherigen Kapitel in zahlreichen Formularbeispielen gesehen haben. Bei dem Titel handelt es sich um ein Bezeichnungsfeld. Ein solches soll nun auch in das leere Formular eingefügt werden.

1. Stellen Sie sicher, dass sich das Formular **frmSteuerelemente** in der Layoutansicht befindet. Wechseln Sie dann in das Register **Entwurf des Formularlayouts**, und wählen Sie hier in der Gruppe **Steuerelemente** das Symbol **Bezeichnung** Aa per Mausklick aus.

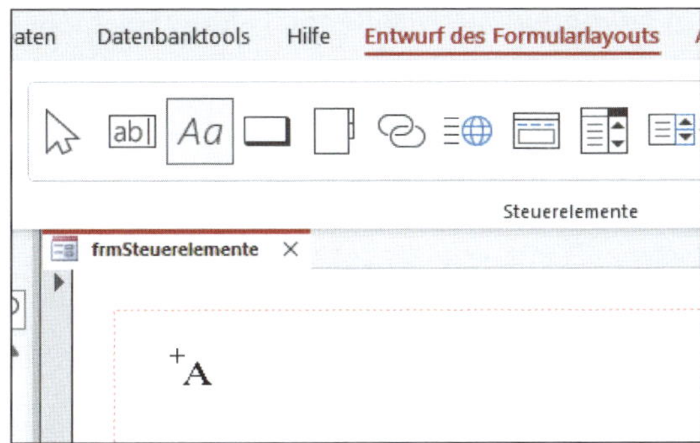

2. Im Bezeichnungsfeld soll der Formulartitel eingetragen werden. Ein solcher Titel befindet sich klassischerweise am oberen Rand des Formulars. Positionieren Sie den Mauszeiger daher in der oberen linken Ecke des Formulars, und drücken Sie die linke Maustaste.

3. Geben Sie den gewünschten Text ein, hier »Steuerelemente«, und schließen Sie die Eingabe durch Drücken der Taste ↵ ab. Die Größe des Feldes passt sich automatisch dem eingegebenen Text an. Falls Sie einen mehrzeiligen

Text eintragen möchten, erzielen Sie den Zeilenumbruch durch gleichzeitiges Drücken der Tasten [Strg] + [↵].

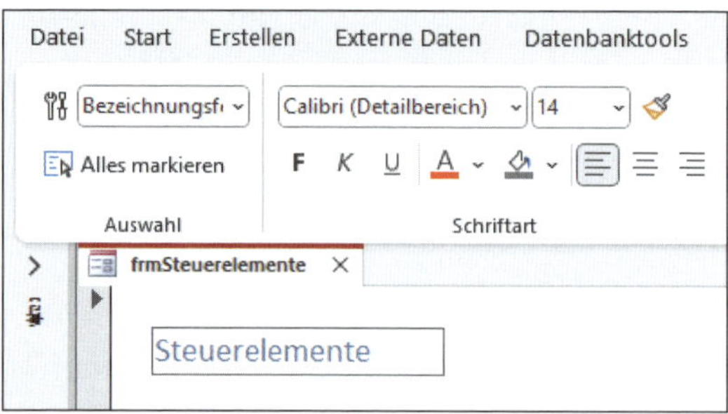

4. Der Titel soll etwas Farbe erhalten. Doppelklicken Sie auf den gerade eingegebenen Text, um ihn zu markieren. Wechseln Sie dann in das Register **Format**. Über die Schaltflächen in der Gruppe **Schriftart** können Sie nun z. B. den Schriftgrad erhöhen und eine Schriftfarbe wählen. Klicken Sie anschließend einmal auf eine beliebige Stelle außerhalb des Bezeichnungsfeldes, um die Markierung aufzuheben.

Ein Bezeichnungsfeld eignet sich natürlich nicht nur zum Hinzufügen von Titeln, sondern auch, um für Anwender*innen wichtige Informationen zu ergänzen, wie etwa einen Hinweis auf zwingend auszufüllende Felder. Solche Felder kennzeichnet man meist mit einem * und fügt den Hinweis »* Eingabe erforderlich« dann am unteren Rand des Formulars ein.

Abbildung 8.1 *Über Bezeichnungsfelder können Sie Anwender*innen wichtige Informationen zukommen lassen.*

Sehen wir uns als Nächstes die Textfelder an. Sie können sie z. B. nutzen, um den Inhalt eines Feldes aus einer Tabelle oder einer Abfrage anzuzeigen. Das Textfeld muss hierzu an das entsprechende Feld gebunden sein. Ein Textfeld lässt sich aber auch zur Anzeige berechneter Werte verwenden. In diesem Fall spricht man von einem *ungebundenen Textfeld*.

Der einfachste Weg, ein gebundenes Feld in ein Formular einzufügen, führt über die Feldliste. Wie Sie hierzu vorgehen, erfahren Sie in Abschnitt 7.2.4, »Felder aus verknüpften Tabellen hinzufügen«. Alternativ hierzu wählen Sie den Weg über das Menüband. Die ersten Schritte sind bei einem gebundenen Textfeld identisch mit denen eines ungebundenen:

1. Befindet sich das Formular (oder natürlich auch der Bericht) in der Layoutansicht, klicken Sie im Register **Entwurf des Formularlayouts** in der Gruppe **Steuerelemente** auf das Symbol **Textfeld** [abl].

2. Positionieren Sie den Mauszeiger an der Stelle im Formular, an der das Textfeld eingefügt werden soll, und drücken Sie dann die linke Maustaste.

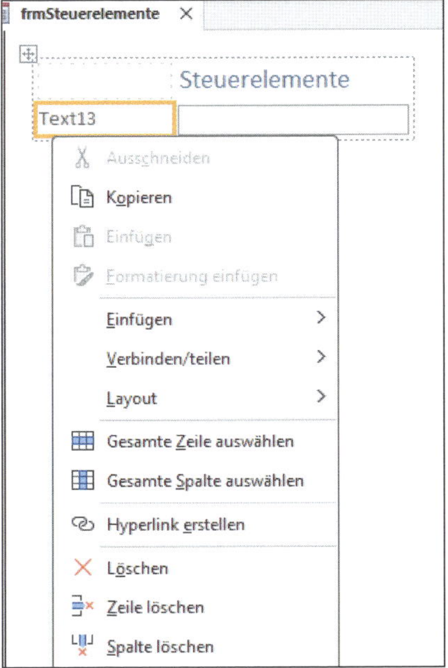

3. Access fügt nun zwei Steuerelemente ein: Das linke Element trägt zwar die Beschriftung **Text**, gefolgt von einer Zahl, es handelt sich hier aber um ein Bezeichnungsfeld. Das eigentliche Textfeld befindet sich rechts. In der Entwurfsansicht enthält es den Text **Ungebunden**. Benötigen Sie das Bezeichnungsfeld zur Beschriftung des Textfeldes nicht, löschen Sie es einfach. Klicken Sie es hierzu mit der rechten Maustaste an, und wählen Sie dann im Kontextmenü den Befehl **Löschen**. Denken Sie daran: Das in diesem Beispiel genutzte leere Formular verfügt über ein automatisches Layout. Um die

Steuerelemente individuell positionieren zu können, muss dieses Layout entfernt werden. Wie Sie hierzu vorgehen, haben wir in Abschnitt 7.3.2, »Steuerelemente individuell anpassen«, beschrieben.

Nun geht es daran, das Textfeld mit einem Inhalt zu versehen. Welche Schritte hierfür erforderlich sind, hängt davon ab, ob Sie ein gebundenes oder ein ungebundenes Textfeld erzeugen möchten. Direkt nach dem Einfügen ist das Textfeld noch ungebunden. Ein solches Textfeld eignet sich beispielsweise dazu, das Ergebnis einer Berechnung anzuzeigen oder auch eine Eingabe zu ermöglichen, die nicht direkt in einer Tabelle gespeichert wird. Die folgenden Schritte zeigen, wie Sie im Textfeld ein Berechnungsergebnis anzeigen. In diesem Fall soll das aktuelle Datum ausgegeben werden, das mit der Formel `=Datum()` berechnet wird.

1. Markieren Sie das Textfeld im Formular per Mausklick. Blenden Sie dann über **Entwurf des Formularlayouts • Tools** das **Eigenschaftenblatt** ein.

2. Im **Eigenschaftenblatt** rufen Sie das Register **Daten** auf. Damit im Textfeld das aktuelle Datum angezeigt wird, geben Sie im Feld rechts von **Steuerelementinhalt** die Formel `=Datum()` ein. Sobald Sie die Eingabe durch Drücken der Taste [↵] abschließen, wird im Textfeld das aktuelle Datum angezeigt.

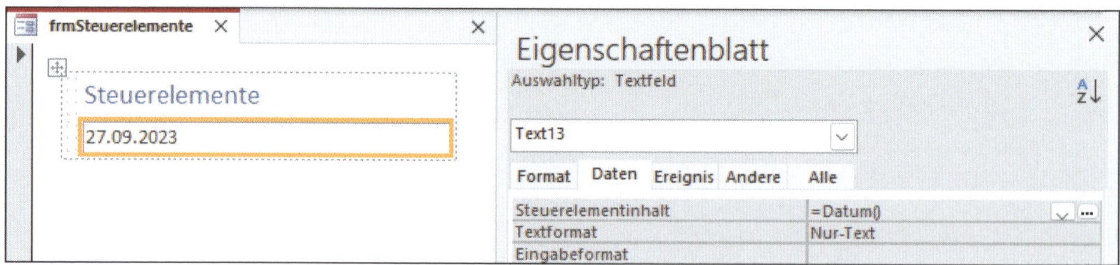

3. Im Register **Format** des **Eigenschaftenblatts** können Sie im Feld **Format** nun noch die Darstellung des Datums anpassen.

4. In der Formularansicht zeigt Access rechts von einem Textfeld, das ein Datum enthält, ein kleines Kalendersymbol an. Ein Klick hierauf, und es klappt ein Kalender auf, über den ein bestimmtes Datum ausgewählt werden kann. Falls Sie dies nicht wünschen, klicken Sie im Register **Format** des **Eigenschaftenblatts** in das Feld rechts von **Datumsauswahl anzeigen** und wählen **Nie** aus.

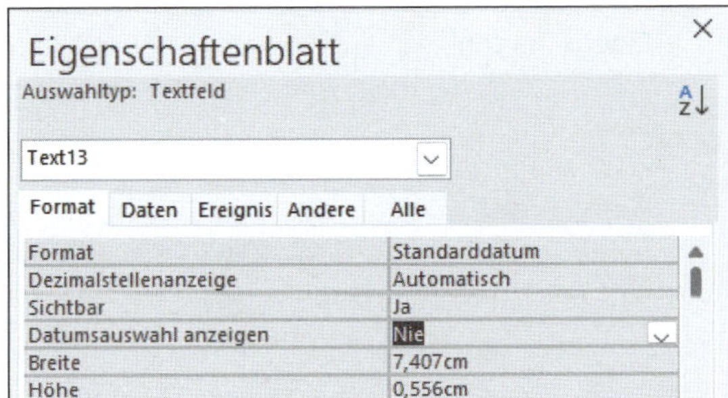

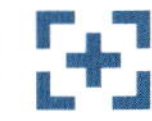

Formeln und Funktionen über den Ausdrucks-Generator erzeugen

Die Anzeige des Datums in einem ungebundenen Textfeld ist schnell erzeugt, da die Formel hierfür sehr einfach ist. Für komplexere Formeln und Funktionen ist es meist ratsam, den Ausdrucks-Generator zu Hilfe zu nehmen. Sie haben ihn bereits im Zusammenhang mit Abfragen kennengelernt (siehe Abschnitt 6.2.3, »Integrierte Funktionen nutzen«). Um den Ausdrucks-Generator zu starten, klicken Sie am rechten Rand des Feldes **Steuerelementinhalt** auf das Symbol mit den drei kleinen Punkten. Wie bereits im Zusammenhang mit Tabellen erwähnt, gilt allerdings auch bei Formularen und Berichten: Berechnungen sollten in Abfragen durchgeführt werden, da dies die Performance der Datenbank am wenigsten belastet.

Wenden wir uns nun dem gebundenen Textfeld zu, das den Inhalt eines Feldes anzeigt. Fügen Sie für die folgenden Schritte zunächst ein weiteres Textfeld in das Formular ein. Das Bezeichnungsfeld, das hierdurch ebenfalls hinzugefügt wird, können Sie in diesem Fall beibehalten. Damit aus dem ungebundenen ein gebundenes Textfeld wird, müssen Sie die Datensatzquelle des Feldes angeben, aus dem der Inhalt bezogen werden soll.

1. Markieren Sie das Textfeld, sprich das rechte der beiden eingefügten Felder. Blenden Sie im **Eigenschaftenblatt** das Register **Daten** ein.

2. Klicken Sie auf den Pfeil am rechten Rand des Feldes **Steuerelementinhalt**. In der aufklappenden Liste werden nun alle Felder der mit dem Formular verknüpften Tabelle aufgeführt, in unserem Beispiel also die Felder der Tabelle **tblProdukt**. Wählen Sie das gewünschte Feld, z. B. **Produkt_Titel**, per Mausklick aus.

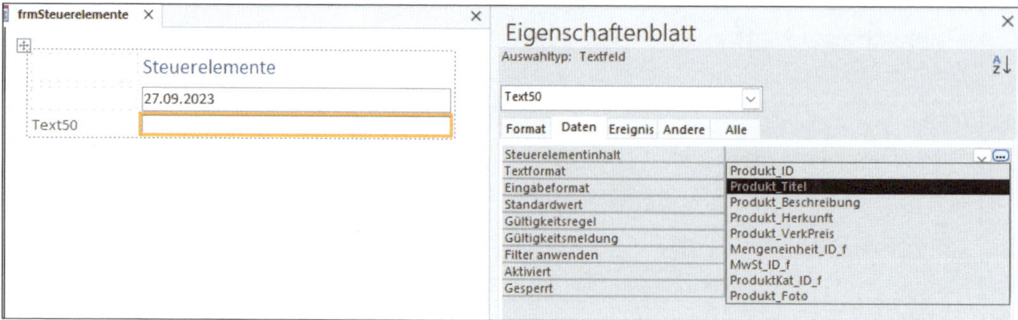

3. Passen Sie anschließend den Text im Bezeichnungsfeld an. In der Abbildung oben trägt er noch die Bezeichnung **Text50**. Ersetzen Sie ihn beispielsweise durch »Produkttitel«.

Namen von Steuerelementen ändern

Jedes Steuerelement erhält einen eindeutigen Namen. Die Namen, die Access automatisch vergibt, sind allerdings nicht sehr aussagekräftig. Ein Textfeld erhält z. B. den Namen **Textfeld** gefolgt von einer fortlaufenden Nummer. Ähnlich sieht es bei einem Bezeichnungsfeld aus: Hier lautet der Name **Bezeichnungsfeld**, ebenfalls gefolgt von einer Nummer. Sollten Sie später auch mit Makros arbeiten oder selbst programmieren, ist es ratsam, den Steuerelementen eindeutige Namen zu geben, aus dem sofort ersichtlich wird, um welches Element im Formular bzw. Bericht es sich handelt. Um den Namen eines Steuerelements zu ändern, markieren Sie dieses zunächst im Formular bzw. Bericht. Blenden Sie dann im **Eigenschaftenblatt** das Register **Andere** ein, und tragen Sie im Feld **Name** einen aussagekräftigen Namen ein. Auch für Steuerelemente gibt es übrigens Namenskonventionen. So sollte der Name eines Textfeldes mit dem Präfix »txt« beginnen, ein Kombinationsfeld mit »cbo« und ein Listenfeld mit »lst«. In Anhang B am Ende dieses Buches finden Sie eine Übersicht über die wichtigsten Namenskonventionen.

8.3 Kombinations- und Listenfelder hinzufügen

Ein Formular ist für Anwender*innen besonders komfortabel auszufüllen, wenn sie nicht selbst Daten eingeben müssen, sondern diese einfach aus einer

Liste auswählen können. Haben Sie in einer Tabelle ein Nachschlagefeld erstellt, wird dies automatisch auch in das Formular übernommen. Das Nachschlagefeld haben wir in Abschnitt 3.3, »Beziehungen zwischen den Tabellen erzeugen«, vorgestellt. Die Auswahl eines Wertes kann aber auch über ein Listenfeld oder ein Kombinationsfeld erfolgen, das Sie als Steuerelement im Formular bzw. Bericht ergänzen.

Die Werte können bei beiden aus einer Tabelle bzw. Abfrage bezogen werden oder fest vorgegeben werden. Wir beginnen mit der zweiten Variante, also den festen Werten, die in einem Listenfeld angezeigt werden sollen. Als Basis dient das Formular **frmSteuerelemente** (siehe Kasten »Ein leeres Formular erzeugen«), das in der Layoutansicht angezeigt werden sollte. Bei den Werten handelt es sich um die zweistelligen Abkürzungen für das Herstellerland, aus dem die Produkte stammen.

1. Um ein Listenfeld in ein Formular einzufügen, wechseln Sie in das Register **Entwurf des Formularlayouts**. Klicken Sie in der Gruppe **Steuerelemente** auf das Symbol **Listenfeld** . Falls dieses nicht zu sehen ist, blenden Sie über das Symbol alle Steuerelemente ein.

2. Positionieren Sie den Mauszeiger im Formular an der Stelle, an der das Listenfeld eingefügt werden soll, und drücken Sie die linke Maustaste. Es wird automatisch der **Listenfeld-Assistent** geöffnet.

3. Auf der ersten Seite des Assistenten geben Sie an, woher das Listenfeld seine Daten beziehen soll. Für dieses Beispiel wählen Sie die Option **Ich möchte selbst Werte in die Liste eingeben**. Bestätigen Sie mit **Weiter**.

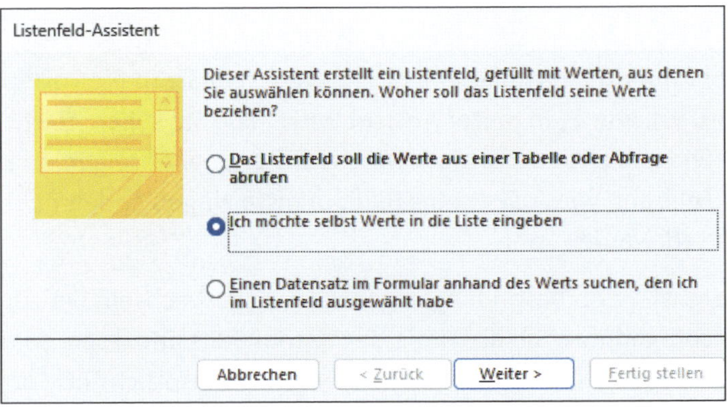

4. Nun geben Sie die Werte an, die in der Liste aufgeführt werden sollen. In unserem Beispiel sollen sie einspaltig eingeblendet werden. Behalten Sie also im Feld **Anzahl von Spalten** die Voreinstellung **1** bei.
5. Geben Sie in der linken Spalte zeilenweise die gewünschten Werte ein. Fahren Sie dann mit **Weiter** fort.

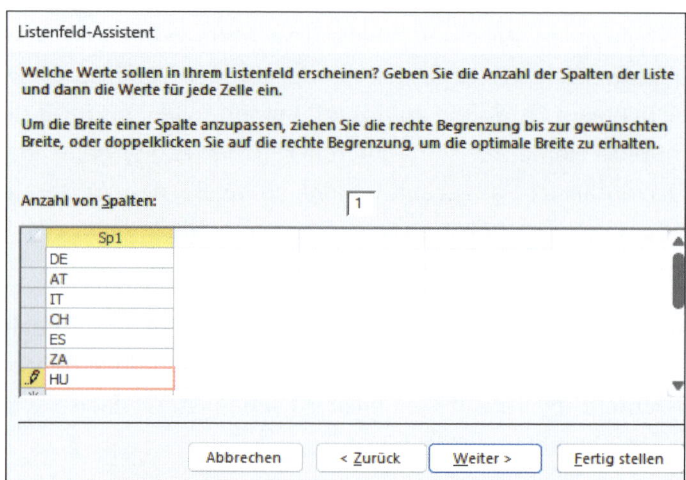

6. Damit Access weiß, welchem Feld die Auswahlwerte zuzuweisen sind, wählen Sie die Option **Wert speichern in Feld** und markieren in der Liste **Produkt_Herkunft**. Klicken Sie dann auf **Weiter**.
7. Geben Sie an, wie das Listenfeld beschriftet werden soll. Für unser Beispiel bietet sich »Herkunftsland« an. Mit einem Klick auf **Fertig stellen** beenden Sie den Listenfeld-Assistenten.

Das Listenfeld wird nun im Formular eingefügt. Wechseln Sie in die Formularansicht, um zu prüfen, wie es in dieser Ansicht wirkt. Wie Sie sehen, reicht die Größe des Listenfeldes nicht aus, um alle Werte auf einmal anzeigen zu können. Am rechten Feldrand wird daher eine Bildlaufleiste eingeblendet, über die in der Liste geblättert werden kann.

Diese Bildlaufleiste ist keine besonders elegante Lösung. Wechseln Sie zurück in die Layoutansicht, könnten Sie die Höhe des Listenfeldes anpassen, so dass alle Werte sofort zu sehen sind. Ein solches Listenfeld beansprucht im Formular aber sehr viel Platz. Dieses Beispiel zeigt, dass sich ein Listenfeld im Grunde genommen nur für eine Auswahlliste mit sehr wenig Werten eignet. Bei einer größeren Anzahl an Werten ist das Kombinationsfeld platzsparender und damit auch praktischer.

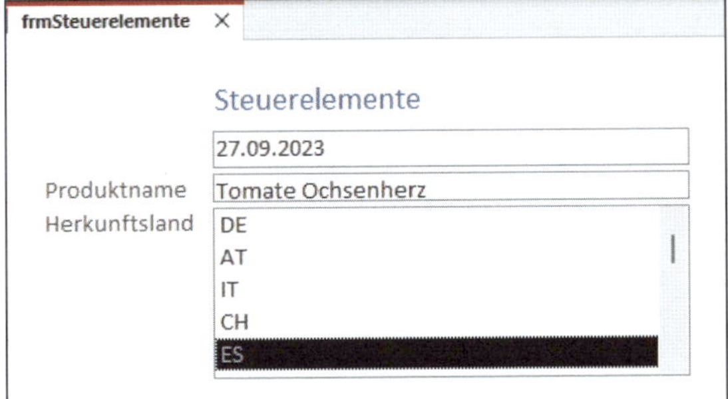

Abbildung 8.2 *Das Listenfeld ist nicht groß genug, um alle Auswahlwerte anzeigen zu können.*

Haben Sie das Listenfeld bereits erstellt und möchten die Werte nun doch lieber über ein Kombinationsfeld auswählen lassen, wandeln Sie das Listenfeld einfach um. Das ist blitzschnell erledigt:

1. Markieren Sie das Listenfeld in der Layoutansicht.

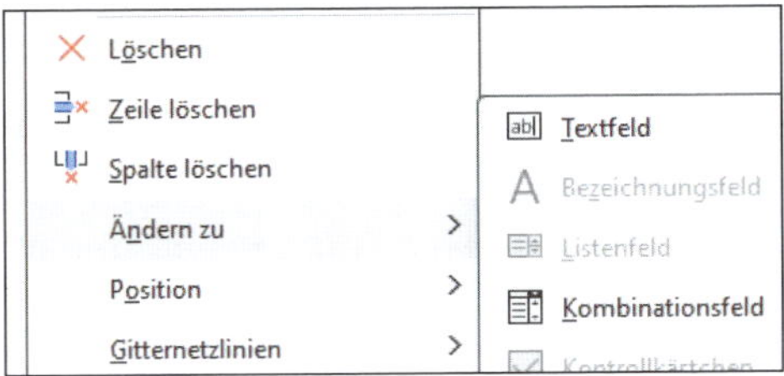

2. Klicken Sie es mit der rechten Maustaste an. Im Kontextmenü wählen Sie nun den Befehl **Ändern zu • Kombinationsfeld**.

Diese zwei Schritte reichen, und schon ist aus dem Listenfeld ein Kombinationsfeld geworden.

Falls einer der festen Werte, die in einem Listen- oder auch Kombinationsfeld aufgeführt werden, nicht mehr gültig ist, können Sie die Auswahlmöglichkeiten natürlich jederzeit korrigieren. Markieren Sie hierzu das Listen- bzw. Kombinationsfeld, und blenden Sie im **Eigenschaftenblatt** das Register **Daten** ein.

Im Feld **Datensatzherkunft** werden alle Werte jeweils in Anführungszeichen hintereinander aufgeführt. Nehmen Sie nun Ihre Korrekturen vor. Achten Sie darauf, das Semikolon (;) beizubehalten, durch das die einzelnen Werte voneinander getrennt werden.

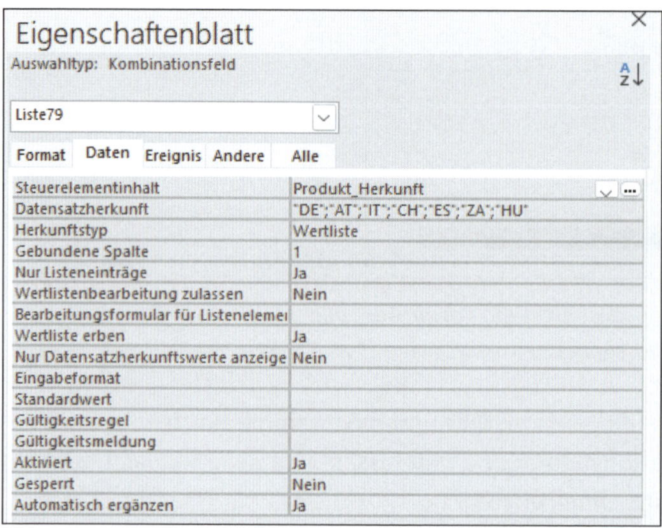

Abbildung 8.3 *Über das Feld »Datensatzherkunft« können Sie die Liste der angebotenen Werte korrigieren.*

Der Sinn eines Listen- oder auch Kombinationsfeldes besteht vor allem darin, dass Anwender*innen nur die Werte auswählen können, die vorgegeben werden. Per Standardeinstellung lässt Access allerdings die Eingabe anderer Werte zu. Dies sollten Sie unbedingt ändern.

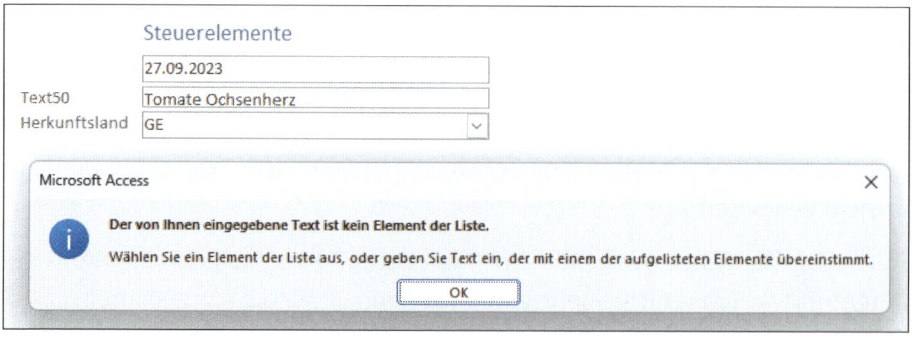

Abbildung 8.4 *Wird ein nicht in der Wertliste angegebener Wert in das Feld eingegeben, blendet Access einen entsprechenden Hinweis ein.*

Stellen Sie hierzu im Register **Daten** des **Eigenschaftenblatts** im Feld **Nur Listeneinträge** ein **Ja** ein und im Feld **Wertlistenbearbeitung zulassen** ein **Nein**. Versucht jemand nun, im Auswahlfeld einen anderen Wert einzutragen, erscheint ein entsprechender Hinweis.

Im vorherigen Beispiel wurden die Werte, die über das Listen- bzw. Kombinationsfeld ausgewählt werden können, fest vorgegeben. Die Werte können aber auch aus einer Tabelle oder Abfrage bezogen werden. Wie dies funktioniert, zeigen wir nun anhand des Fremdschlüsselfeldes **ProduktKat_ID_f** der Tabelle **tblProdukt**. Im Kombinationsfeld sollen die Produktkategorien anhand der Namen ausgewählt werden können.

1. Um im Formular ein entsprechendes Kombinationsfeld zu ergänzen, klicken Sie im Register **Entwurf des Formularlayouts** in der Gruppe **Steuerelemente** auf das Symbol **Kombinationsfeld** .

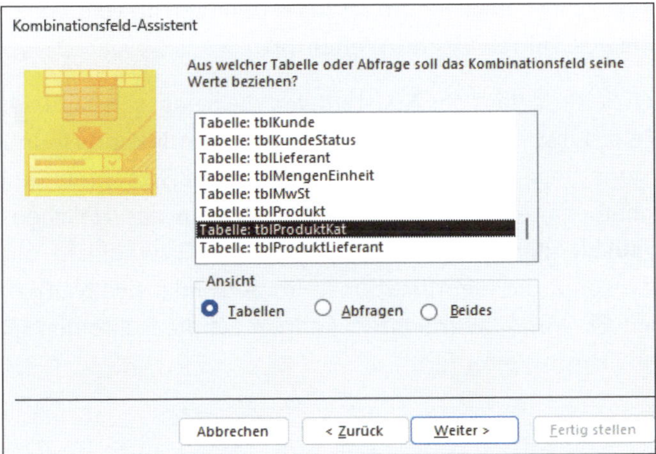

2. Sobald Sie im Formular auf die Stelle geklickt haben, an der das Feld eingefügt werden soll, startet auch schon der Kombinationsfeld-Assistent. Auf der ersten Seite des Assistenten behalten Sie die Option **Das Kombinationsfeld soll die Werte aus einer Tabelle oder Abfrage abrufen** bei und fahren mit **Weiter** fort.

3. Sollen die Werte aus einer Tabelle bezogen werden, muss unterhalb von **Ansicht** die **Tabelle** aktiviert sein. Anschließend können Sie in der Liste die gewünschte Tabelle markieren. Für unser Beispiel benötigen wir die Tabelle **tblProduktKat**. Bestätigen Sie mit **Weiter**.

4. Markieren Sie in der Liste **Verfügbare Felder** die Felder, aus denen die Werte für das Kombinationsfeld bezogen werden sollen, und übernehmen Sie sie jeweils mit einem Klick auf den einfachen nach rechts weisenden Pfeil in die Liste **Ausgewählte Felder**. In unserem Beispiel wählen wir die Felder **ProduktKat_ID** und **ProduktKat_Name**. Bestätigen Sie mit **Weiter**.

5. Nun legen Sie fest, nach welchem Feld die Elemente im Listenfeld sortiert werden sollen. Per Standardeinstellung wird das Listenfeld nach der ID sortiert. Für Anwender*innen ist eine alphabetische Sortierung aber meist angenehmer. Wählen Sie also nach einem Klick auf den Pfeil im Feld **1** das Feld **ProduktKat_Name** aus. Fahren Sie mit **Weiter** fort.

6. Auf der folgenden Seite schlägt der Assistent vor, die Schlüsselspalte auszublenden. Da im Feld selbst lediglich die ausgewählte Identifikationsnummer der Produktkategorie angezeigt wird (❶ in Abbildung 8.5), sollten Sie den Vorschlag nicht beibehalten. Entfernen Sie stattdessen das Häkchen vor **Schlüsselspalte ausblenden (empfohlen)**. Wird die Auswahlliste aufgeklappt, erscheinen somit die Identifikationsnummern inklusive Namen der Produktkategorien ❷. Wenn Sie möchten, können Sie die Breite der Spalte anpassen. Fahren Sie mit **Weiter** fort.

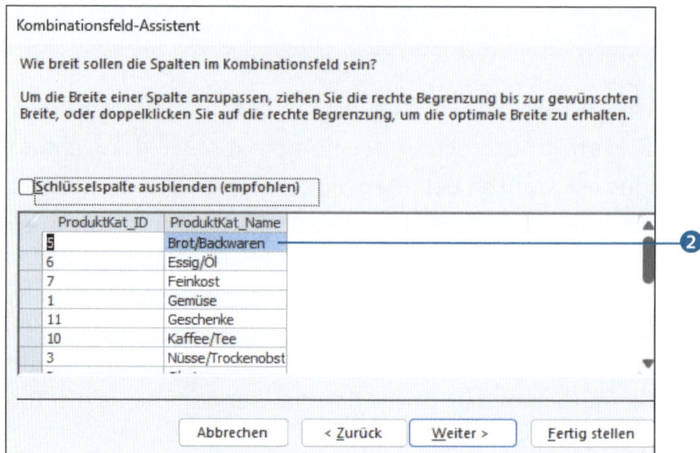

7. Da zwei Spalten im Kombinationsfeld angezeigt werden, müssen Sie als Nächstes die Spalte angeben, die die eindeutigen Werte enthält, hier also **ProduktKat_ID**. Bestätigen Sie wieder mit **Weiter**.

8. Damit die ausgewählten Werte im korrekten Feld gespeichert werden, aktivieren Sie die Option **Wert speichern in Feld**. Wählen Sie im Feld daneben das gewünschte Feld aus, hier **ProduktKat_ID_f**.

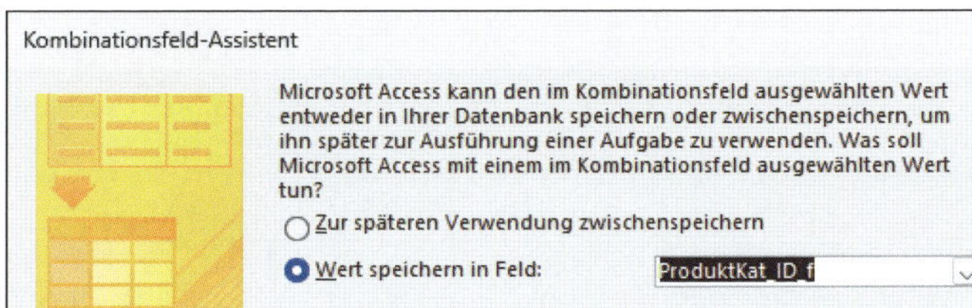

9. Nun müssen Sie nur noch eine Beschriftung für das Kombinationsfeld festlegen. Für unser Beispiel bietet sich etwa »Produktkategorie« an. Bestätigen Sie die Eingabe mit **Fertig stellen**.

Sehen Sie sich das Ergebnis in der Formularansicht an. Nach einem Klick in das Kombinationsfeld werden die Produktkategorien inklusive der IDs aufgelistet, und der gewünschte Wert kann per Mausklick ausgewählt werden.

Abbildung 8.5 *Das fertige Kombinationsfeld*

Spaltenbreite von mehrspaltigen Kombinationsfeldern anpassen
Sagt Ihnen die Breite der beiden Spalten innerhalb des Kombinationsfeldes nicht zu, können Sie sie leicht anpassen. Markieren Sie das Kombinationsfeld hierzu. Blenden Sie dann im **Eigenschaftenblatt** das Register **Format** ein. Im Feld **Spaltenbreite** finden Sie nun zwei Zentimeterangaben. Die

linke gibt die Breite der linken Spalte an, die rechte entsprechend die der rechten Spalte. In unserem Beispiel wird links die Identifikationsnummer der Produktkategorien angezeigt. Hierfür reicht eine schmale Spalte vollkommen aus, so dass Sie den Wert gut auf **1 cm** reduzieren können. Das Resultat sehen Sie in Abbildung 8.5.

Abbildung 8.6 *Über das Register »Format« können Sie die Breite der beiden Spalten im Kombinationsfeld anpassen.*

8.4 Steuerelemente für Dateianlagen

Unsere Beispieldatenbank *DelikatEssen* verfügt in der Tabelle **tblProdukt** über ein Feld zum Hinzufügen von Produktfotos. Als Felddatentyp wurde also die **Anlage** gewählt. Für Formulare und Berichte steht entsprechend das Steuerelement **Anlage** zur Verfügung. Wie Sie dieses in ein Formular einfügen, zeigen die folgenden Schritte. Als Basis dient wieder das Formular **frmSteuerelemente**, das in der Layoutansicht geöffnet sein sollte.

1. Wechseln Sie in das Register **Entwurf des Formularlayouts**, und klicken Sie in der Gruppe **Steuerelemente** auf das Symbol , um alle Steuerelemente einzublenden.

2. Wählen Sie das Steuerelement **Anlage** per Mausklick aus. Klicken Sie nun im Formular auf die Stelle, an der das Steuerelement hinzugefügt werden soll.

3. Access ergänzt wieder zwei Felder: Links das Bezeichnungsfeld, dessen Beschriftung Sie sofort in »Produktfoto« korrigieren können, und rechts das Anlagefeld. Markieren Sie das Anlagefeld per Mausklick.

4. Blenden Sie, falls noch nicht geschehen, über **Entwurf des Formularlayouts • Tools** das **Eigenschaftenblatt** ein. Wechseln Sie hier in das Register **Daten**.

5. Klicken Sie auf den Pfeil rechts vom Feld **Steuerelementinhalt**, und wählen Sie in der aufklappenden Liste das Feld aus, das den Felddatentyp **Anlage** besitzt, hier also **Produkt_Foto**.

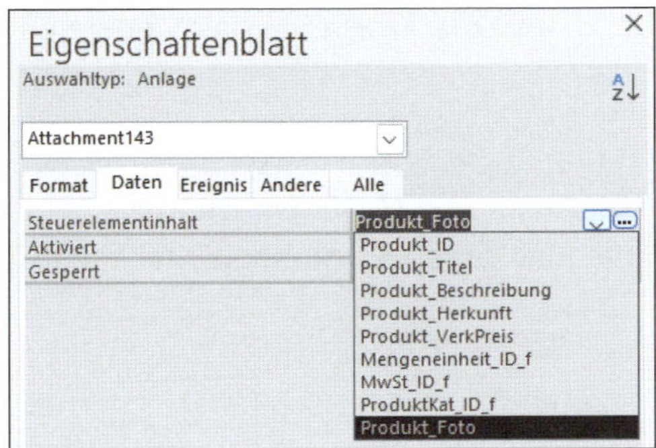

6. Wechseln Sie nun in die Formularansicht. Enthält der ausgewählte Datensatz bereits ein Foto, wie in unserer Beispieldatenbank der Fall, wird es im Anlagefeld angezeigt. Falls Sie weitere Bilder hinzufügen möchten oder das bestehende löschen, markieren Sie das Feld per Mausklick. Oberhalb des Feldes erscheint nun eine kleine Symbolleiste, in der Sie auf das Büroklammersymbol klicken.

7. Es öffnet sich der Dialog **Anlagen**. Hier können Sie nun weitere Dateien hinzufügen oder auch bereits vorhandene entfernen. Sie haben den Dialog bereits in Abschnitt 5.1.2, »Besonderheiten bei der Dateneingabe«, kennengelernt.

8.5 Grafische Steuerelemente

Bei der Gestaltung von Formularen und Berichten sind die Geschmäcker sehr unterschiedlich. Die einen mögen es lieber sehr schlicht und übersichtlich, für die anderen darf ruhig etwas Farbe ins Spiel kommen. Letzteres lässt sich u. a. gut mit dem Steuerelement **Rechteck** realisieren, wie die folgende kleine Anleitung zeigt. Ziel ist es, alle bisher eingefügten Steuerelemente auf einem farbigen Hintergrund zu platzieren. Und das gelingt so:

1. Wechseln Sie in die **Entwurfsansicht**, denn nur darin ist das Steuerelement **Rechteck** verfügbar. Klicken Sie im Register **Formularentwurf** in der Gruppe **Steuerelemente** auf das Symbol ▾, und markieren Sie das Steuerelement **Rechteck** ▭.

2. Positionieren Sie den Mauszeiger nun in der linken oberen Ecke des Formulars, und ziehen Sie mit gedrückter linker Maustaste ein Rechteck über alle bisher eingefügten Steuerelemente auf. Lassen Sie dann die Maustaste los.

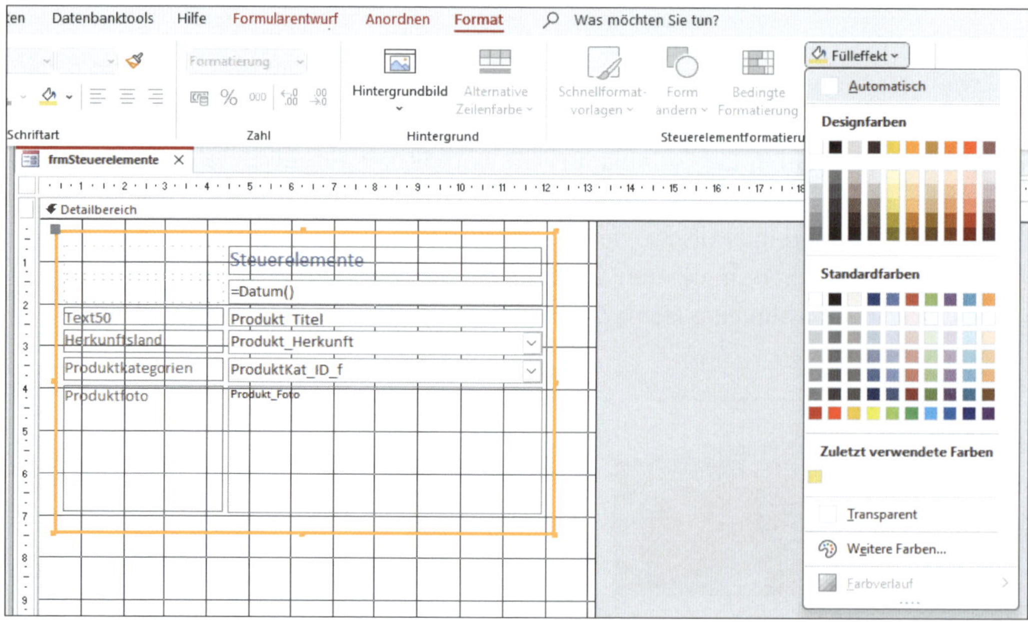

3. Das Rechteck-Steuerelement ist nun orange markiert. Über die Markierungseckpunkte können Sie die Größe anpassen.

4. Das Rechteck ist nach dem Einfügen transparent, und alle bisher eingefügten Steuerelemente sind somit weiterhin zu sehen. Wechseln Sie nun in das Register **Format**, und klicken Sie in der Gruppe **Steuerelementformatierung** auf das Symbol **Fülleffekt**. Wählen Sie in der aufklappenden Farbpalette einen Farbton aus.

5. Nun ist nur noch das farbige Rechteck zu sehen. Sollte an einer Stelle doch noch ein Steuerelement dahinter herausragen, vergrößern Sie das Rechteck noch etwas über die Markierungseckpunkte.

6. Um die Steuerelemente nun wieder in den Vordergrund zu holen, wechseln Sie in das Register **Anordnen**. Klicken Sie hier in der Gruppe **Anpassung und Anordnung** auf die Schaltfläche **In den Hintergrund**. Heben Sie die Markierung des Rechtecks anschließend auf, indem Sie einmal auf einen beliebigen Bereich außerhalb des Rechtecks klicken.

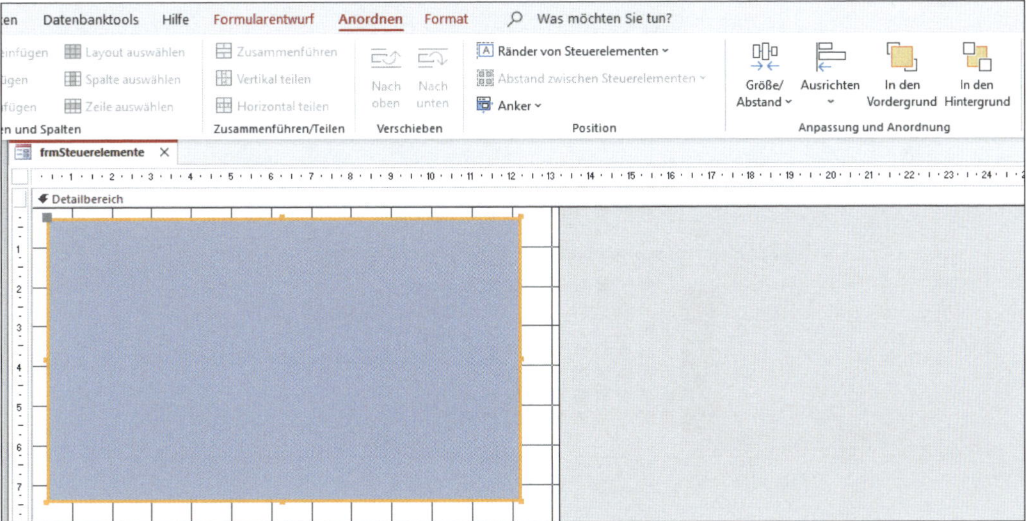

7. Überprüfen Sie das Ergebnis in der Formularansicht. Je nach gewähltem Farbton sollten Sie nun noch die Schriftfarbe der Bezeichnungsfelder anpassen, damit die Beschriftungen gut zu lesen sind. Wechseln Sie hierzu in die Layout- oder Entwurfsansicht. Markieren Sie dann das gewünschte Bezeichnungsfeld, und wechseln Sie in das Register **Format**.

Bild einfügen

Falls Sie Ihr Formular oder Ihren Bericht mit einem kleinen Bild (z. B. einem Firmenlogo) auflockern möchten, nutzen Sie das Steuerelement **Bild** . Sobald Sie im Formular auf die Stelle geklickt haben, an der das Bild eingefügt werden soll, öffnet sich der Dialog **Grafik einfügen**. Navigieren Sie darin zur gewünschten Grafikdatei und markieren Sie sie. Schließen Sie den Dialog mit **Öffnen**. Die Größe des Bildes können Sie anschließend entweder mit der Maus anpassen oder im Register **Format** des **Eigenschaftenblatts**. In Kapitel 9, »Berichte – Ergebnisse darstellen und visualisieren«, erfahren Sie, wie Sie in einen Bericht ein Diagramm einfügen können.

8. Über die Formatierungsmöglichkeiten in der Gruppe **Schriftart** können Sie nun die Beschriftung im Bezeichnungsfeld anpassen.

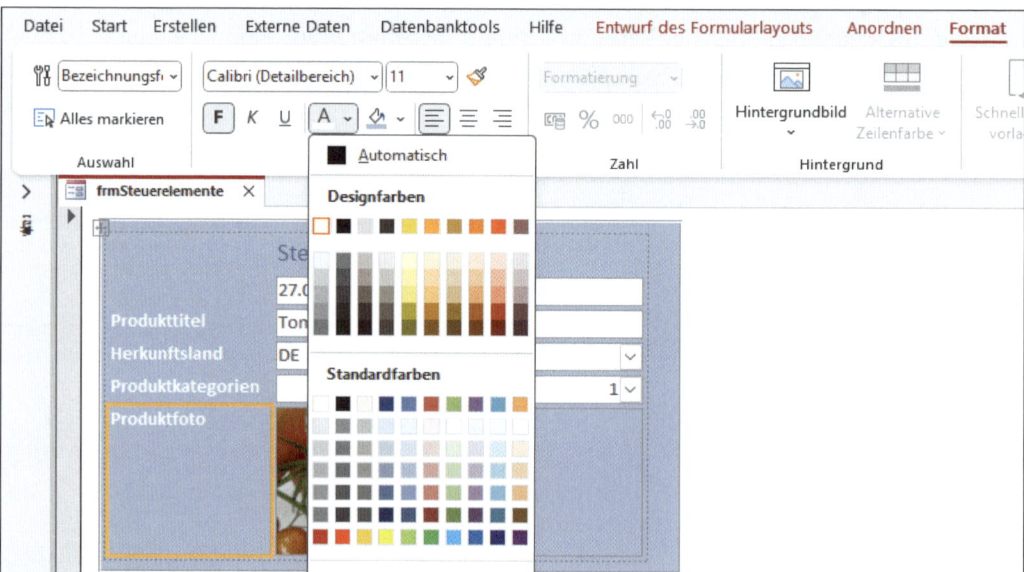

8.6 Schaltflächen ergänzen

Ein wichtiges Element in Formularen sind die Schaltflächen. Ein Klick darauf reicht, und schon wird die damit verbundene Aktion ausgeführt. Erstellen Sie einen Bericht, können Sie z. B. eine Schaltfläche zum Start des Druckvorgangs einfügen. In einem Formular ist eine Schaltfläche sinnvoll, die direkt das Hinzufügen eines neuen Datensatzes ermöglicht. Letzteres wählen wir als Beispiel, um Ihnen zu zeigen, wie einfach eine Schaltfläche erzeugt wird. Stellen Sie für die folgenden Schritte sicher, dass das Formular in der Layoutansicht angezeigt wird. Anschließend gehen Sie so vor:

1. Wechseln Sie in das Register **Entwurf des Formularlayouts**, und klicken Sie in der Gruppe **Steuerelemente** auf das Symbol **Schaltfläche**.
2. Positionieren Sie den Mauszeiger an der Stelle im Formular, an der die Schaltfläche eingefügt werden soll, und drücken Sie die linke Maustaste. Der Dialog **Befehlsschaltflächen-Assistent** wird geöffnet.
3. In der linken Spalte des Assistenten werden diverse Kategorien aufgeführt, in der rechten Spalte sehen Sie jeweils die für die links markierte Kategorie verfügbaren Aktionen. Für unser Beispiel benötigen wir die Kategorie **Datensatzoperationen**. Markieren Sie dann rechts die Aktion **Neuen Datensatz hinzufügen**. Fahren Sie mit **Weiter** fort.

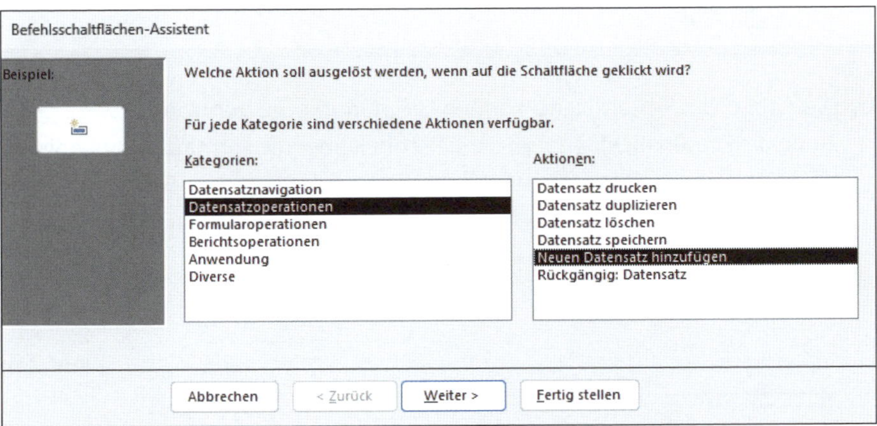

4. Nun müssen Sie sich entscheiden, ob die Schaltfläche mit einem Text beschriftet werden oder stattdessen ein Bild zu sehen sein soll. Für das Beispiel wählen wir die Option **Text**. Der Assistent schlägt bereits einen Text vor. Sie können diesen aber auch durch einen eigenen Text ersetzen. Bestätigen Sie mit **Weiter**.

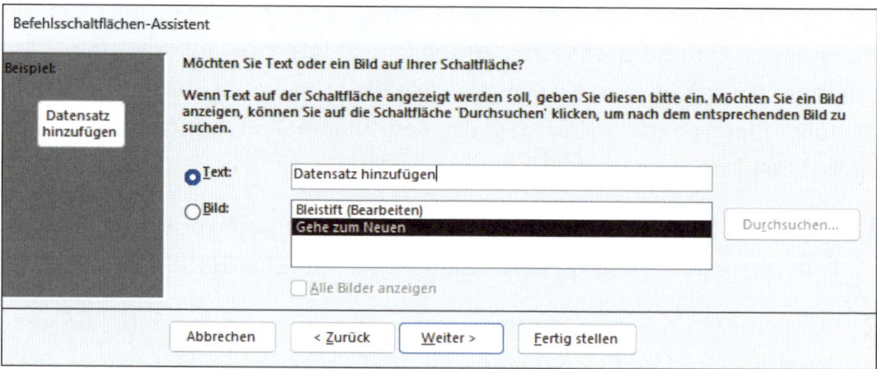

5. Geben Sie nun noch einen Namen für die Schalfläche ein. Entsprechend den Namenskonventionen sollte er mit dem Präfix »cmd« beginnen, etwa »cmdDatensatzNeu«. Mit einem Klick auf **Fertig stellen** beenden Sie den Assistenten.

Wie möchten Sie Ihre Schaltfläche nennen?

Wenn Sie später auf die Schaltfläche verweisen möchten, kann ein aussagefähiger Name nützlich sein.

cmdDatensatzNeu

6. Die Größe der Schaltfläche können Sie nun wie gewohnt anpassen. Gefallen Ihnen die Farben nicht, ändern Sie sie schnell über die Formatierungsmöglichkeiten in der Gruppe **Steuerelementformatierung** des Registers **Format** ab. Über die Schaltfläche **Form ändern** lässt sich sogar eine andere Form auswählen.

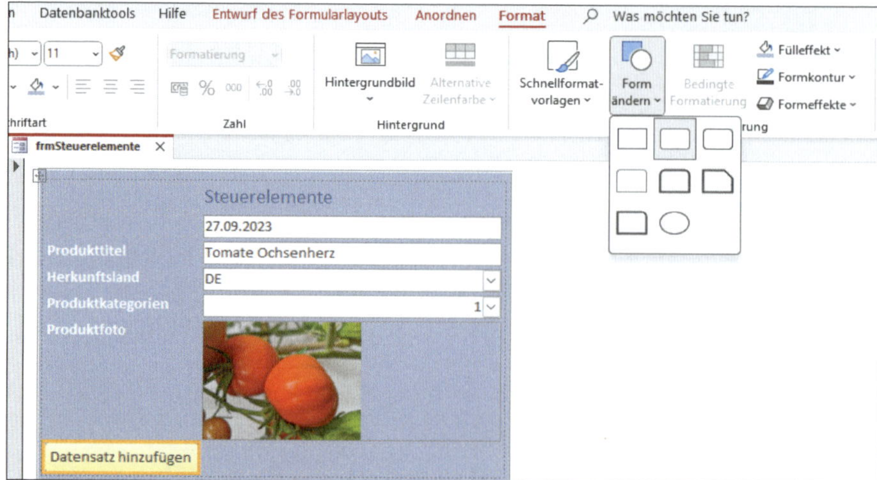

Sehen Sie sich das Ergebnis in der Formularansicht an, und probieren Sie die Schaltfläche aus. Vergessen Sie abschließend nicht, alle vorgenommenen Änderungen am Formularentwurf zu speichern. Hierzu reicht wie gewohnt ein Klick auf das **Speichern**-Symbol in der Schnellzugriffsleiste oder auch das Drücken der Tastenkombination `Strg`+`S`.

Das Thema Schaltflächen wird nochmals eine Rolle innerhalb dieses Buches spielen, nämlich dann, wenn ein Navigationsformular erstellt wird. Dieses Formular soll bei jedem Start der Datenbank automatisch geöffnet werden. Weitere Informationen hierzu gibt es in Kapitel 11, »Datenbankoptimierung und -wartung«.

Kapitel 9
Berichte – Ergebnisse darstellen und visualisieren

Sie möchten die Daten aus Tabellen oder Abfragen in einem übersichtlichen Bericht darstellen? Kein Problem, denn Access hat hierfür bereits die passenden Werkzeuge mit an Bord. Die Vorgehensweise zum Erstellen und Formatieren eines Berichts hat viel Ähnlichkeit mit derjenigen bei Formularen. Dies ist auch kein Wunder, denn ebenso wie die Formulare enthält auch ein Bericht Steuerelemente. Viele Informationen, die Sie in den vorherigen beiden Kapiteln erhalten haben, gelten somit auch für die Berichte.

Neben grundlegendem Wissen rund um Berichte erfahren Sie in diesem Kapitel, wie Sie bestimmte Informationen innerhalb eines Berichts anhand von Regeln hervorheben können. Man spricht auch von *bedingter Formatierung*. Das dort beschriebene Verfahren lässt sich übrigens auch auf Formulare anwenden. Mithilfe von Diagrammen lässt sich so manch ein Abfrageergebnis besser visualisieren. Hierauf werden wir ebenso eingehen wie auf die Sortier- und Gruppierungsmöglichkeiten, die Ihnen in Berichten zur Verfügung stehen.

Fertige Berichte werden häufig ausgedruckt oder auch per E-Mail an andere Personen weitergeleitet. Tipps rund um das geschickte Editieren eines Berichts dürfen in diesem Kapitel somit natürlich auch nicht fehlen. Zum Abschluss lernen Sie den Etiketten-Assistenten kennen, mit dem sich z. B. blitzschnell Adressetiketten erzeugen lassen.

Als Basis der folgenden Anleitungen dient die Datenbank *DelikatEssen_0901.accdb*, die Sie in den Materialen zum Buch im Ordner *Kapitel_09* finden.

9.1 Das sollten Sie über Berichte wissen

Neben den Tabellen, Abfragen und Formularen zählen die Berichte zu den wichtigsten und am häufigsten verwendeten Objekten einer Datenbank. Die Daten, die in einem Bericht angezeigt werden, werden aus ein oder auch mehreren Tabellen beziehungsweise Abfragen bezogen. Ein Bericht zeigt nach dem Öffnen immer die aktuellen Daten aus der zugrundeliegenden Datensatzquelle an. Sollten sich seit dem letzten Öffnen also Änderungen ergeben haben, werden sie im Bericht berücksichtigt. Die Daten lassen sich in einem Bericht nicht ändern.

9.1.1 Werkzeuge zum Erzeugen eines Berichts im Überblick

Die Werkzeuge zum Erstellen eines Berichts erreichen Sie über die Gruppe **Berichte** im Register **Erstellen**. Sie werden einige Parallelen zu den Formular-Werkzeugen feststellen:

- **Bericht**: Das Tool **Bericht** stellt den schnellsten Weg dar, einen Bericht zu erzeugen. Dabei werden alle Felder der zuvor markierten Tabelle oder Abfrage in den Bericht übernommen. Nicht benötigte Elemente lassen sich später leicht entfernen.
- **Berichtsentwurf**: Mit diesem Tool erzeugen Sie einen Bericht in der Entwurfsansicht von Grund auf selbst. Jedes Steuerelement muss also manuell hinzugefügt werden, auch die zugrundeliegende Datensatzquelle muss von Ihnen festgelegt werden. Sie gehen hierzu genauso wie beim Erstellen eines Formulars vor.
- **Leerer Bericht**: Für den leeren Bericht gilt das Gleiche wie zuvor für den Berichtsentwurf geschrieben. Im Gegensatz zum Berichtsentwurf finden alle Schritte allerdings in der Layoutansicht statt. Wie bei den Formularen, die in der Layoutansicht erstellt werden, liegt auch diesem Bericht ein automatisches Layout zugrunde.
- **Berichts-Assistent**: Der Berichts-Assistent führt Sie Schritt für Schritt durch alle wichtigen Phasen der Berichterstellung. Dies beginnt bei der Auswahl der zugrundeliegenden Tabellen bzw. Abfragen mit den benötigten Feldern und reicht bis hin zur Sortierung und Gruppierung der Berichtsergebnisse.
- **Etiketten**: Benötigen Sie Adress- oder auch Produktetiketten? Mit dem Tool **Etiketten** sind sie schnell erzeugt. Ein Assistent führt Sie auch hier durch die einzelnen Schritte. Dabei können Sie zwischen einer Vielzahl von Standardetiketten bekannter Hersteller wie Avery, Herma, Sigel oder auch Zweckform auswählen oder ein benutzerdefiniertes Etikett erstellen. Als Datensatzquelle nutzt der Assistent die gerade geöffnete oder im Navigationsbereich markierte Tabelle oder Abfrage.

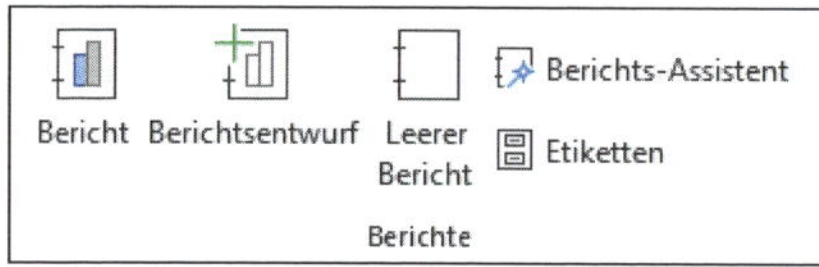

Abbildung 9.1 *Access bietet verschiedene Werkzeuge zum Erstellen eines Berichts.*

Alle Werkzeuge zum Generieren eines Berichts werden wir im Verlauf dieses Kapitels anhand eines Beispiels vorstellen. Jeder Bericht lässt sich in unterschiedlichen Ansichten anzeigen. Einen Ansichtswechsel nehmen Sie wie gewohnt über die Schaltfläche **Ansicht** in der Gruppe **Ansichten** des Registers **Start** oder auch über die Symbole in der Statusleiste rechts unterhalb eines Berichts vor. Als dritte Möglichkeit steht Ihnen das Kontextmenü zur Verfügung, das Sie per rechten Mausklick auf den Registerreiter des Berichts einblenden.

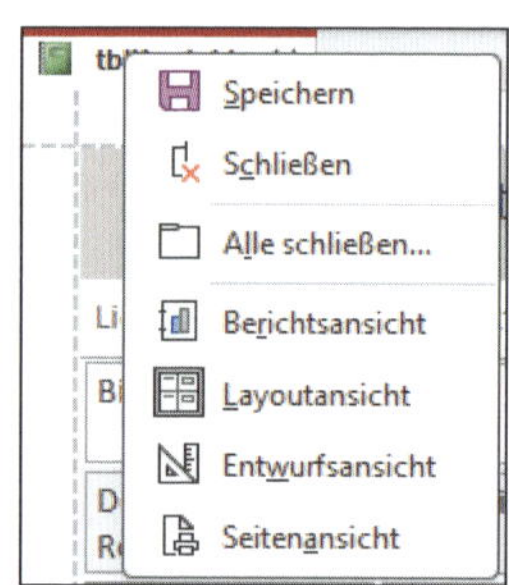

Abbildung 9.2 *Ein Ansichtswechsel kann z. B. über das Kontextmenü erfolgen, das per rechten Mausklick auf den Registerreiter eingeblendet wird.*

Öffnen Sie einen fertigen Bericht per Doppelklick auf den Berichtsnamen im Navigationsbereich, wird er per Standardeinstellung in der *Berichtsansicht* eingeblendet. Diese Ansicht zeigt zwar alle Datensätze an, nicht aber die wichtigen Seitenumbrüche. Die Berichtsansicht eignet sich somit nicht zum Start eines Druckvorgangs, sondern lediglich zum Anzeigen der Berichtsergebnisse auf dem Bildschirm. In der Berichtsansicht haben Sie dafür über **Start • Sortieren und Filtern • Filtern** die Möglichkeit, einen Bericht nach bestimmten Kriterien zu filtern. Hierzu gehen Sie ebenso vor, wie in Abschnitt 5.4.3, »Datensätze filtern«, für Tabellen beschrieben, die in der Datenblattansicht angezeigt werden.

Falls Sie Berichte ausdrucken möchten, sollten Sie die *Seitenansicht* wählen. Der Bericht erscheint nun exakt so, wie er auch zu Papier gebracht wird. Wenn

Sie beim Ausdrucken keine böse Überraschung erleben möchten, sollten Sie den Bericht in dieser Ansicht einer genauen Überprüfung unterziehen. In Abschnitt 9.5, »Berichte drucken«, werden wir dieses wichtige Thema noch genauer beleuchten. Haben Sie die Seitenansicht ausgewählt und möchten doch wieder zu einer anderen Ansicht wechseln, müssen Sie entweder den Weg über die entsprechenden Symbole in der Statusleiste oder über das Kontextmenü des Registerreiters gehen. Eine weitere Möglichkeit: Klicken Sie im Register **Seitenansicht** auf **Seitenansicht schließen**.

Nach dem Schließen der Seitenansicht gelangen Sie automatisch zur *Layoutansicht*. Sie eignet sich am besten, um im Bericht Felder zu entfernen oder auch neue hinzuzufügen und diese dann zu formatieren. Wie beim Formular zeigt die Layoutansicht eines Berichts die Daten an.

Dies ist bei der *Entwurfsansicht* nicht der Fall – ebenfalls eine Gemeinsamkeit mit den Formularen. Die Entwurfsansicht bietet noch mehr Möglichkeiten, einen Bericht den persönlichen Wünschen entsprechend anzupassen. Doch bevor wir uns dieser Ansicht zuwenden, zeigen wir Ihnen im nächsten Abschnitt, wie Sie einen einfachen Bericht auf Basis einer einzelnen Tabelle erzeugen und diesen für den Ausdruck aufbereiten.

9.2 Einen einfachen Bericht erzeugen und anpassen

Der schnellste Weg, einen Bericht zu erstellen, führt über das Tool **Bericht**. In den meisten Fällen stehen anschließend aber noch einige Arbeitsschritte an, um den Bericht in eine ausdruckbare Form zu bringen, wie das folgende Beispiel zeigt. Die Daten für diesen Bericht sollen aus der Tabelle **tblKontakt** bezogen werden, die die Ansprechpartner der Lieferanten enthält. Anschließend wird der Bericht noch um die Namen der Lieferanten ergänzt und für den Ausdruck optimiert.

9.2.1 Den Bericht erstellen

Um den Bericht zu erzeugen, markieren Sie im Navigationsbereich die Tabelle **tblKontakt** (1). Klicken Sie im Register **Erstellen** in der Gruppe **Berichte** auf **Bericht**. Access erstellt nun einen Bericht in Tabellenform, der alle Felder und Datensätze der zuvor markierten Tabelle enthält. Er wird in der Layoutansicht angezeigt. Je nach Feldanzahl kann es sein, dass nicht alle Felder auf dem

Bildschirm angezeigt werden können. Über die horizontale Bildlaufleiste unterhalb des Berichts gelangen Sie zu den weiteren Feldern. Enthält der Bericht viele Datensätze, nutzen Sie die vertikale Bildlaufleiste am rechten Rand des Berichts zum Blättern.

Im Registerreiter ist zunächst der Name der Tabelle zu sehen, die dem Bericht zugrunde liegt ❷. Das ändert sich gleich nach dem Speichern des Berichts. Das Sichern können Sie mit einem Klick auf das **Speichern**-Symbol in der Schnellzugriffsleiste erledigen, über die Tastenkombination [Strg] + [S] oder auch über das Kontextmenü, das Sie per rechten Mausklick auf den Registerreiter einblenden.

Berichte sollten entsprechend der Namenskonventionen das Präfix »rpt« erhalten (siehe Abschnitt 3.1.4, »Passende Tabellen- und Feldnamen vergeben«). Als Name für den Bericht bietet sich somit »rptKontaktLieferant« an.

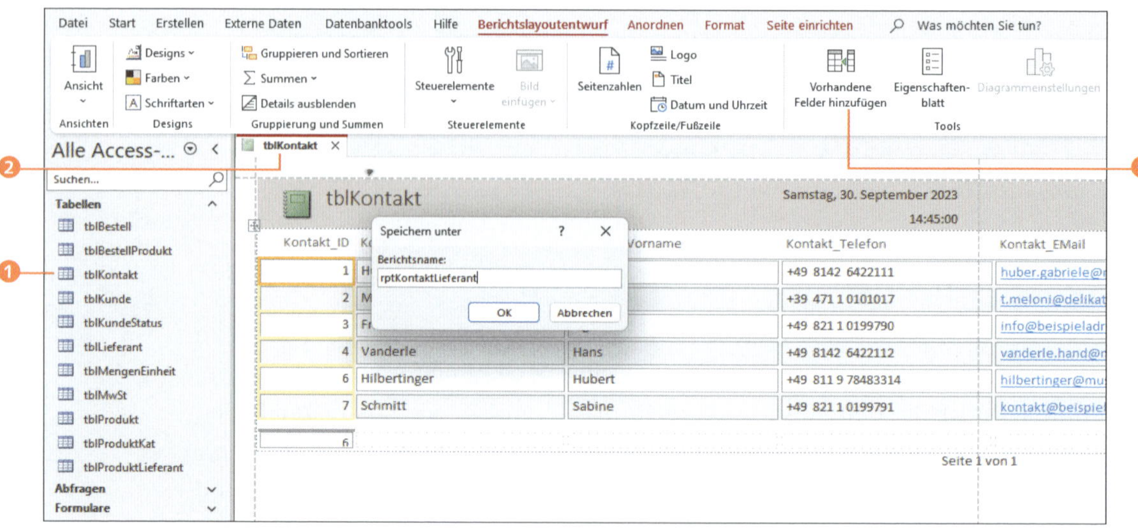

Abbildung 9.3 *Berichtsnamen sollte mit dem Präfix »rpt« beginnen.*

Access hat alle Felder und Datensätze der Tabelle **tblKontakt** in den Bericht übernommen. Die Felder **Kontakt_ID**, **Kontakt_EMail** und **Lieferant_ID_f** sollen später nicht mit ausgedruckt werden. Umgekehrt fehlt der Name der Lieferanten. Um nicht benötigte Felder zu entfernen und fehlende hinzuzufügen, gehen Sie folgendermaßen vor:

1. Klicken Sie eine beliebige Zelle innerhalb der Spalte **Kontakt_ID** ③ mit der rechten Maustaste an. Mit einem Klick auf **Spalte löschen** ④ entfernen Sie sie.

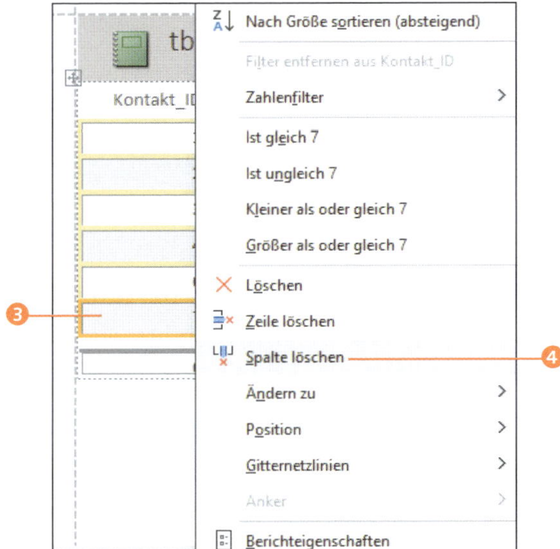

2. Wiederholen Sie Schritt 1 für die Spalten **Kontakt_EMail** und **Lieferant_ID_f**.

   Als Nächstes soll eine Spalte hinzugefügt werden, die die Namen der Lieferanten enthält. Das Vorgehen hierfür haben Sie bereits anhand der Formulare kennengelernt (siehe Abschnitt 7.2.4, »Felder aus verknüpften Tabellen hinzufügen«), so dass wir uns hier kurzfassen:

3. Wählen Sie **Berichtslayoutentwurf • Tools • Vorhandene Felder hinzufügen** ⑤, um die **Feldliste** einzublenden. Klicken Sie darin auf **Alle Tabellen anzeigen**.

4. Blenden Sie im Abschnitt **In verknüpften Tabellen verfügbare Felder** mit einem Klick auf das Plussymbol die Felder der Tabelle **tblLieferant** ein.

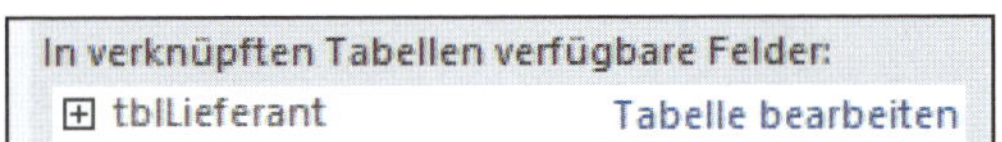

5. Markieren Sie das Feld **Lieferant_Name** ⑥. Ziehen Sie es dann mit gedrückter linker Maustaste in den Anzeigebereich des Berichts. Befindet sich der Mauszeiger links vom Feldnamen **Kontakt_Name**, wird ein senkrechter roter Strich eingeblendet ⑦. Er kennzeichnet die Position, an der das Feld nun eingefügt wird, sobald Sie die Maustaste loslassen.

6. Access zeigt nach dem Einfügen am linken Rand der Spalte **Lieferant_Name** ein kleines mit einem Blitz gekennzeichnetes Warnsymbol an ⑧. Nach einem Klick hierauf haben Sie die Möglichkeit, die Gruppierung des Berichts festzulegen. Wählen Sie hier **Gruppieren nach Lieferant_Name**.

7. Der Bericht enthält nun alle gewünschten Felder. Die **Feldliste** wird somit nicht mehr benötigt und kann per Klick auf das Kreuzsymbol ⑨ ausgeblendet werden.

8. Der Berichtstitel trägt aktuell noch den Namen der zugrundeliegenden Tabelle ⑩. Um ihn zu ändern, klicken Sie ihn doppelt an und überschreiben ihn. Schließen Sie die Eingabe durch Drücken der Taste [↵] ab. Analog können Sie die Spaltenüberschriften anpassen, in denen momentan noch die Feldnamen angezeigt werden. Falls Sie die Formatierung der Überschriften oder des Titels anpassen möchten, nutzen Sie die Möglichkeiten unter **Format • Schriftart**.

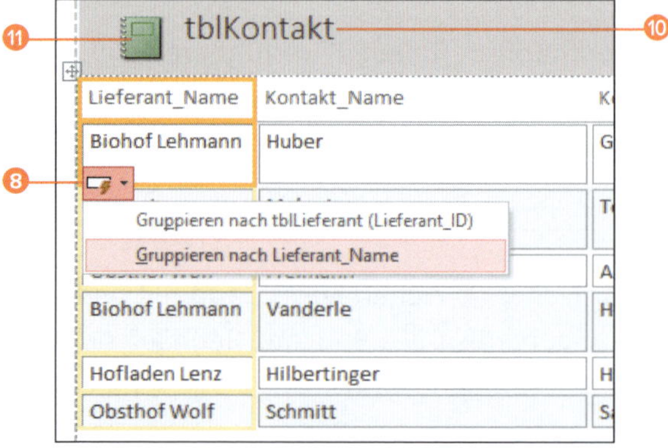

9. Links vom Berichtstitel fügt Access automatisch das Berichtssymbol in Form eines grünen Notizbuchs ein. Benötigen Sie das Symbol nicht, dann markieren Sie es. Sobald es orange umrahmt wird, löschen Sie es mit der Taste `Entf` ⑪.

10. Analog lässt sich auch die Uhrzeit entfernen, die Access am rechten Rand eines Berichts ergänzt ⑫. Benötigen Sie das Datum ebenfalls nicht, markieren Sie auch dies mit einem Klick und löschen es mit der Taste **Entf** ⑬.

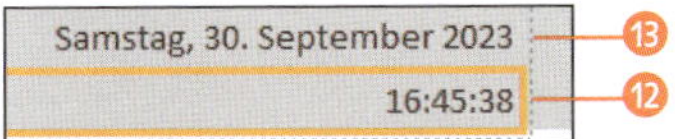

Die bisherigen Arbeiten waren recht schnell erledigt. Der mühseligere Teil beginnt nun, denn meistens eignet sich der automatisch von Access erstellte Bericht noch nicht zum Ausdrucken. In den folgenden Schritten geht es darum, das Layout und die Formatierung des Berichts für den Ausdruck zu optimieren. Die senkrechte gestrichelte Linie, die in unserem Beispiel durch die Spalte **Kontakt_Telefon** führt ①, deutet bereits darauf hin, dass die Kontaktdaten nicht alle auf einer Seite Platz finden. Einige Spalten sind breiter als notwendig. Als Erstes sollten Sie daher die Spaltenbreite anpassen.

1. Markieren Sie eine beliebige Zelle innerhalb der Spalte, die die Telefonnummern enthält. Wählen Sie dann **Anordnen • Spalte auswählen**. Positionieren Sie den Mauszeiger auf dem rechten Rand einer der Zellen der markierten Tabelle. Nimmt er die Form eines Doppelpfeils an ②, ziehen Sie ihn mit gedrückter linker Maustaste nach links. Ist die gewünschte Spaltenbreite erreicht, lassen Sie die Maustaste los. Wiederholen Sie dies analog mit allen weiteren Spalten.

2. Der Bericht hat immer noch einen kleinen Schönheitsfehler: Die Seitenzahl befindet sich zu weit rechts ③. Markieren Sie sie, und verschieben Sie sie dann z. B. durch Drücken der Taste **Pfeil links** weiter nach links.

   Nun stören nur noch die Rahmen, die rund um die Felder zu sehen sind, und die graue Farbhinterlegung. Beides lässt sich schnell entfernen.

3. Klicken Sie auf einen beliebigen Lieferantennamen. Wählen Sie dann **Anordnen • Zeilen und Spalten • Layout auswählen**, um alle Felder zu markieren. Wechseln Sie in das Register **Format**. In der Gruppe **Steuerelementformatierung** klicken Sie auf **Formkontur** ④ und in der aufklappenden Palette

auf **Transparent**. Hierdurch werden alle Rahmenlinien im markierten Bereich entfernt.

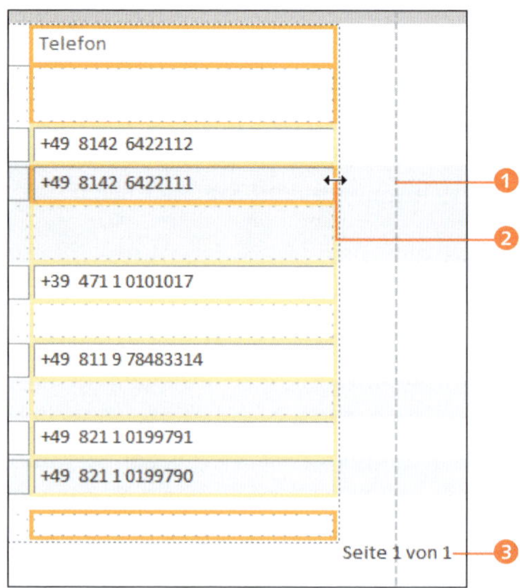

4. Klicken Sie im Register **Format** am linken Rand des Menübandes auf den Pfeil rechts vom Feld **Objekt**. Wählen Sie den **Detailbereich** aus 5. Nach einem Klick auf **Alternative Zeilenfarbe** wählen Sie **Keine Farbe** 6.

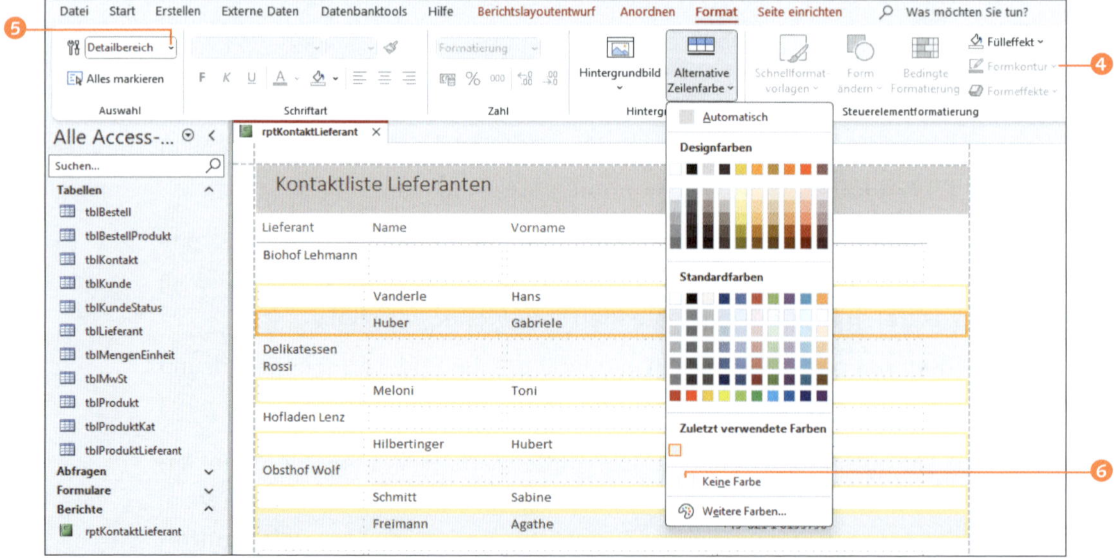

5. Schritt 4 müssen Sie noch einmal für die Gruppenköpfe wiederholen. Dahinter verbergen sich alle Felder, die die Lieferantennamen enthalten. Wählen Sie also im Feld **Objekt** den Eintrag **Gruppenkopf()**. Nach einem Klick auf **Alternative Zeilenfarbe** markieren Sie wieder **Keine Farbe**.

Als Ergebnis Ihrer Formatierungen erhalten Sie nun einen schlichten, übersichtlichen Bericht, den Sie zu Papier bringen können. Den entsprechenden Druckbefehl finden Sie in der Ansicht **Seitenansicht**. In Abschnitt 9.5, »Berichte drucken«, werden wir noch ausführlicher auf die Druckthematik eingehen. Doch zuvor nutzen wir den gerade erstellten Bericht, um die Bereiche vorzustellen, aus denen ein Bericht besteht.

Kontaktliste Lieferanten

Lieferant	Name	Vorname	Telefon
Biohof Lehmann			
	Vanderle	Hans	+49 8142 6422112
	Huber	Gabriele	+49 8142 6422111
Delikatessen Rossi			
	Meloni	Toni	+39 471 10101017
Hofladen Lenz			
	Hilbertinger	Hubert	+49 811 978483314
Obsthof Wolf			
	Schmitt	Sabine	+49 821 10199791
	Freimann	Agathe	+49 821 10199790

Abbildung 9.4 *Der Bericht »rptKontaktLieferant« in der Seitenansicht*

9.2.2 Überblick über die Bereiche eines Berichts

Jeder Bericht ist in verschiedene Bereiche aufgeteilt. Diese spielen eine wichtige Rolle, denn über sie legen Sie fest, welche Informationen auf welcher Seite ausgedruckt werden. Am Beispiel des zuvor erstellten Berichts **rptKontaktLieferant** lernen Sie die wichtigsten Berichtsbereiche kennen. Zeigen Sie den Bericht hierzu in der Entwurfsansicht an.

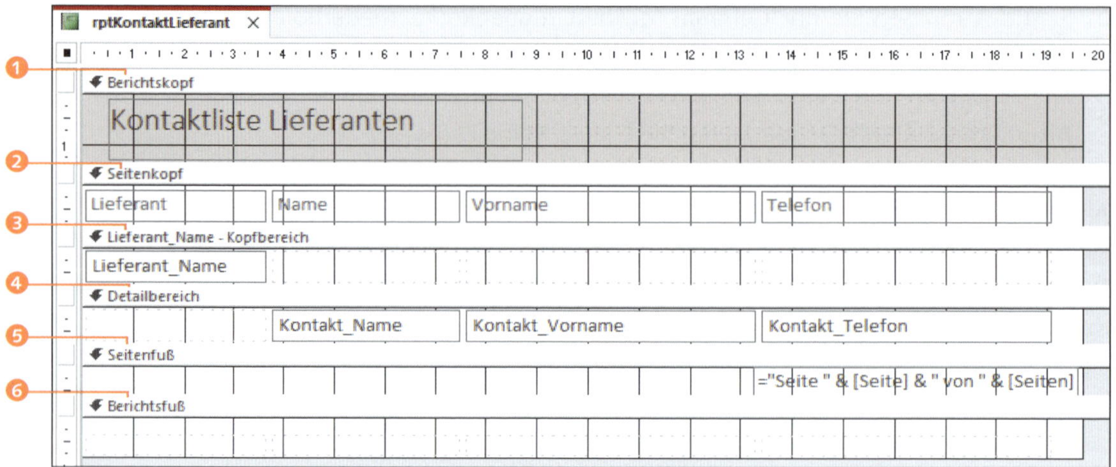

Abbildung 9.5 *Der Bericht »rptKontaktLieferant« in der Entwurfsansicht*

Der Bericht besteht aus folgenden Bereichen:

❶ **Berichtskopf**: Der Bericht beginnt mit dem Bereich **Berichtskopf**, der den Berichtstitel enthält. Direkt nach dem Erzeugen unseres Berichtsbeispiels befanden sich auch die Datums- und Uhrzeitangabe in diesem Bereich. Im Gegensatz zu den anderen Bereichen erscheinen die hier eingefügten Informationen nur einmal im Bericht.

❷ **Seitenkopf**: Dieser Bereich erscheint am oberen Rand einer jeden Seite des Berichts. Bei einem Bericht in Tabellenform, wie in unserem Beispiel der Fall, enthält der Seitenkopf die Spaltenüberschriften, die auf jeder Berichtsseite ausgedruckt werden sollen.

❸ **Gruppenkopf**: Die Daten in unserem Bericht werden nach dem Feld **Lieferant_Name** gruppiert (siehe auch Abbildung 9.4). Diese Information wird im sogenannten Gruppenkopf angegeben. Der Bereich trägt entsprechend den Titel **Lieferant_Name – Kopfbereich**.

❹ **Detailbereich**: Im Detailbereich werden die Datensätze, in unserem Beispiel also die Kontaktdaten, angezeigt. Bei einem Bericht in Tabellenform ist hier lediglich eine Zeile mit den Feldnamen zu sehen. Im Bericht selbst wird jeder Datensatz in einer eigenen Zeile dargestellt.

❺ **Seitenfuß**: Der Seitenfuß wird am unteren Rand einer jeden Seite ausgegeben. Hier befindet sich z. B. klassischerweise das Feld zur Ausgabe der Seitenzahl.

6 **Berichtsfuß**: Der Bericht schließt mit dem Berichtsfuß ab. Er wird am Ende des Berichts ausgegeben und erscheint bei einem mehrseitigen Bericht somit auf der letzten Seite. Er eignet sich z. B. dazu, Informationen zum Verfasser des Berichts anzugeben. Der Berichtsfuß wird nur in der Entwurfsansicht unterhalb des Seitenfußes angezeigt. In allen anderen Ansichten erscheint er über dem Seitenfuß.

Nicht alle Bereiche müssen bei jedem Bericht vorhanden sein. Ebenso kann ein Bericht weitere Bereiche enthalten, die in unserem Beispiel fehlen. Enthält der Bericht beispielsweise Zusammenfassungen wie etwa Berechnungen oder Zählungen, die jeweils für jede Gruppe einzeln ausgegeben werden, werden diese im sogenannten *Gruppenfuß* aufgeführt. Dieser befindet sich direkt unterhalb des Detailbereichs.

Jeder Bereich lässt sich individuell formatieren. Hierzu markieren Sie ihn per Mausklick auf den Bereichstitel. Um z. B. die Hintergrundfarbe des Berichtskopfs zu ändern, klicken Sie in der Entwurfsansicht auf **Berichtskopf**. Anschließend können Sie im Register **Format** über die Schaltfläche **Fülleffekt** in der Gruppe **Steuerelementformatierung** einen neuen Farbton auswählen. Wollen Sie auf einen farbigen Hintergrund verzichten, wählen Sie **Automatisch**.

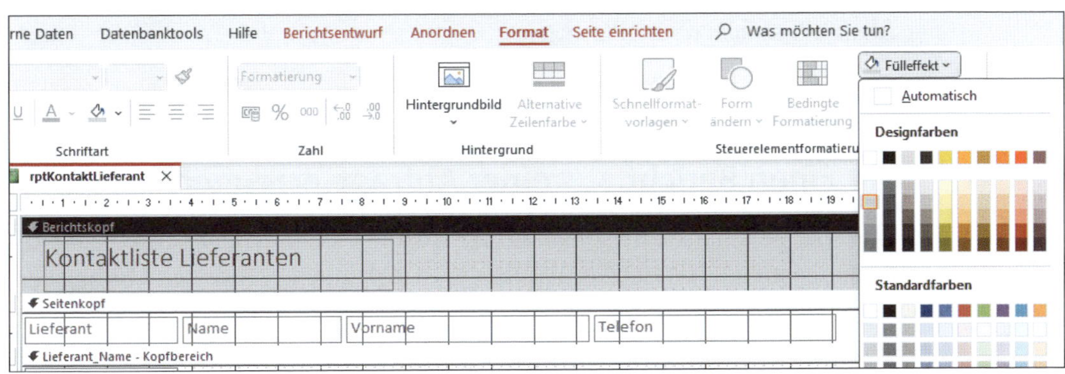

Abbildung 9.6 *Jeder Bereich eines Berichts kann individuell gestaltet werden.*

Kuriose Angaben im Berichtsfuß

Erzeugen Sie einen Bericht über **Erstellen • Berichte • Bericht**, fügt Access im Berichtsfuß standardmäßig ein Feld zur Summenbildung ein. Dies gilt auch für unser Beispiel **rptKontaktLieferant**, wie Sie in Abbildung 9.3 sehen.

Hier wurde die Anzahl der Datensätze unterhalb der Spalte **Kunde_ID** ausgegeben. Da die Spalte gelöscht wurde, verschwand damit auch automatisch die Summe. Sie können ein solches Feld aber selbstverständlich auch manuell löschen. Zeigen Sie den Bericht hierzu in der Entwurfsansicht an, markieren Sie das Steuerelement im Berichtsfuß, und drücken Sie die Taste `Entf`. Sie können den Platz im Berichtsfuß natürlich auch selbst für die Ausgabe von Berechnungen nutzen.

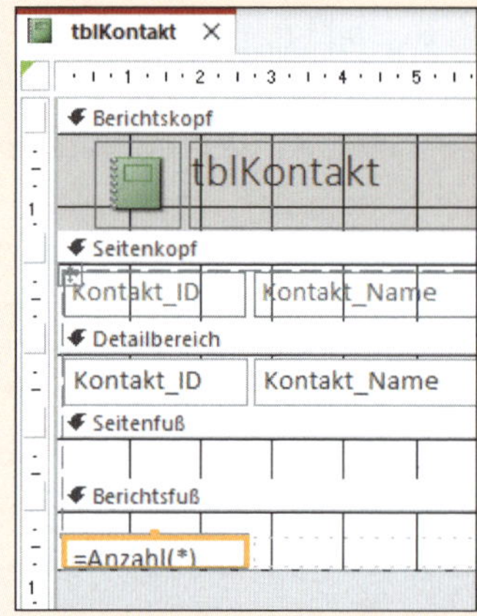

Abbildung 9.7 *Die Anzahl der Datensätze im Berichtsfuß ist überflüssig und kann daher gelöscht werden.*

9.3 Einen Bericht aus einer Abfrage erzeugen

Das vorherige einfache Beispiel hat gezeigt, wie Sie einen Bericht auf Basis von Tabellen erstellen. Als Datensatzquelle lässt sich aber ebenso eine Abfrage verwenden, wie wir Ihnen im Folgenden zeigen. Dabei erfahren Sie u. a., wie Sie wichtige Informationen mithilfe der bedingten Formatierung in einem Bericht hervorheben und die Auswertungen einer Abfrage in Form eines Diagramms darstellen.

9.3.1 Einen Bericht mithilfe des Berichts-Assistenten erstellen

Berichte eignen sich hervorragend, um die Ergebnisse von Abfragen übersichtlich darzustellen. In unserem folgenden Beispiel sollen zusätzlich bestimmte Informationen farbig hervorgehoben werden. Wir greifen dazu auf die Abfrage

qryGenerator2 zurück, in der anhand der Geburtstage das heutige Alter der Kunden berechnet wird. Für die Kunden ab einem Alter von 50 sollte dann eine Sonderaktion angeboten werden. Wie Sie die Abfrage erzeugen, haben wir in Abschnitt 6.2.3, »Integrierte Funktionen nutzen«, beschrieben. Die Angabe »Sonderaktion« soll im Bericht nun farbig hervorgehoben werden. Zur Erstellung des Berichts kommt der Berichts-Assistent zum Einsatz.

1. Markieren Sie im Navigationsbereich die Abfrage **qryGenerator2**, und wählen Sie dann **Erstellen • Berichte • Berichts-Assistent**.
2. Da Sie die Abfrage vor dem Aufruf des Assistenten markiert haben, wird sie bereits im Feld **Tabellen/Abfragen** aufgeführt, so dass Sie direkt zur Feldauswahl übergehen können. Doppelklicken Sie nacheinander auf die Felder **Kunde_Vorname**, **Kunde_Name**, **Kunde_Geburtsdatum**, **Alter** und **Aktion**, um sie in die Liste **Ausgewählte Felder** zu übernehmen. Das Feld **Heute** wird nicht benötigt. Fahren Sie mit **Weiter** fort.

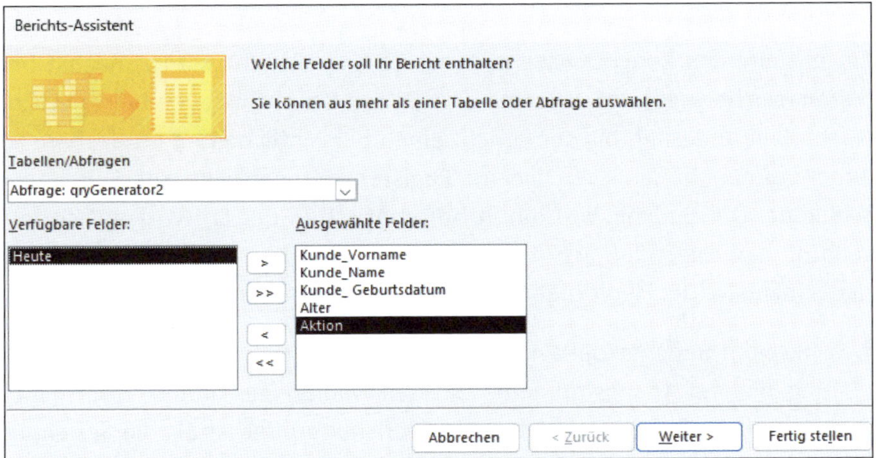

3. Innerhalb des Berichtes sollen keine Gruppierungen erzeugt werden. Die folgende Seite können Sie also direkt mit **Weiter** bestätigen.
4. Als Sortierkriterium legen Sie das Feld **Kunde_Name** fest. Fahren Sie mit **Weiter** fort.
5. Für den Bericht wählen Sie das tabellarische Layout mit einer Ausrichtung im Hochformat. Stellen Sie sicher, dass das Kontrollkästchen **Feldbreite so anpassen, dass alle Felder auf eine Seite passen** mit einem Häkchen versehen ist. Bestätigen Sie mit **Weiter**.

6. Zum Abschluss vergeben Sie noch einen Namen für den Bericht, in Anklang an die zugrundeliegende Abfrage beispielsweise »rptGenerator2«. Beenden Sie den Berichts-Assistenten dann mit einem Klick auf **Fertig stellen**.

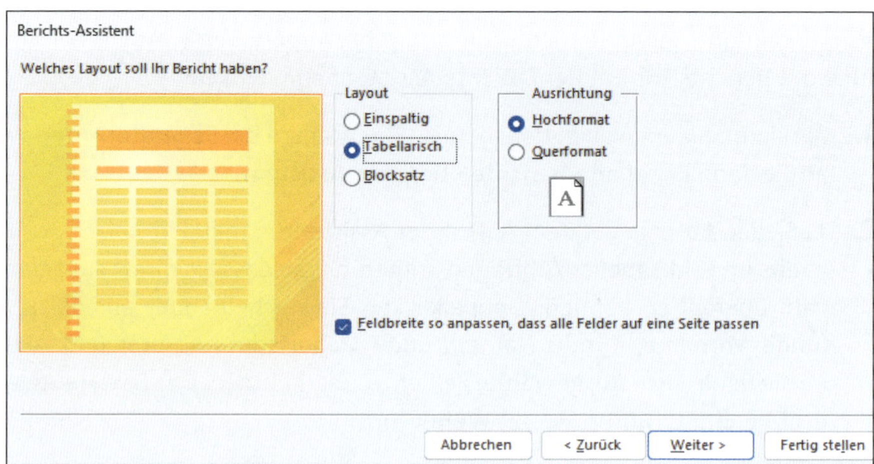

Ein mithilfe des Berichts-Assistenten erzeugter Bericht wird zunächst in der Seitenansicht angezeigt. Wie beim einfachen Bericht ist auch hier meist noch Nacharbeit angesagt, bis der Bericht eine übersichtliche und gut lesbare Form angenommen hat. Klicken Sie im Register **Seitenansicht** auf **Seitenansicht schließen**. Der Bericht wird damit automatisch in der Entwurfsansicht angezeigt. In den folgenden Schritten werden wir uns nun der Gestaltung des Berichts inklusive der Hervorhebung wichtiger Informationen annehmen.

1. Links vom Berichtskopf wird ein Fehlersymbol in Form eines Warndreiecks eingeblendet ❶. Positionieren Sie den Mauszeiger darauf, informiert Sie eine Quickinfo, dass die Breite des Berichts größer ist als die Seitenbreite, wodurch möglicherweise zusätzliche leere Seiten gedruckt werden. Das soll natürlich nicht passieren. Klicken Sie das Symbol daher an.

2. Sie erhalten nun weitere Informationen und Tipps zu dem Fehler. Klicken Sie auf **Unnötigen Berichtsbereich entfernen** ❷. Hierdurch wird am rechten Rand des Berichts der schmale Abschnitt rechts von den Feldnamen entfernt ❸. Das Fehlersymbol verschwindet anschließend.

3. Um als Nächstes den Berichtstitel und die Spaltenüberschriften schöner zu gestalten, wechseln Sie in die Layoutansicht. Benennen Sie anschließend wie gewohnt den Titel und die Überschriften um (siehe auch Abschnitt 7.2.2,

»Beschriftungen ändern«). Heben Sie sie außerdem über **Format • Schriftart** und dann F fett hervor. Falls Sie die Spaltenbreite anpassen möchten, gehen Sie ebenfalls so vor, wie Sie es bereits im Zusammenhang mit den Formularen kennengelernt haben. Hinweis: Ein über den Berichts-Assistenten generierter Bericht besitzt kein automatisches Layout.

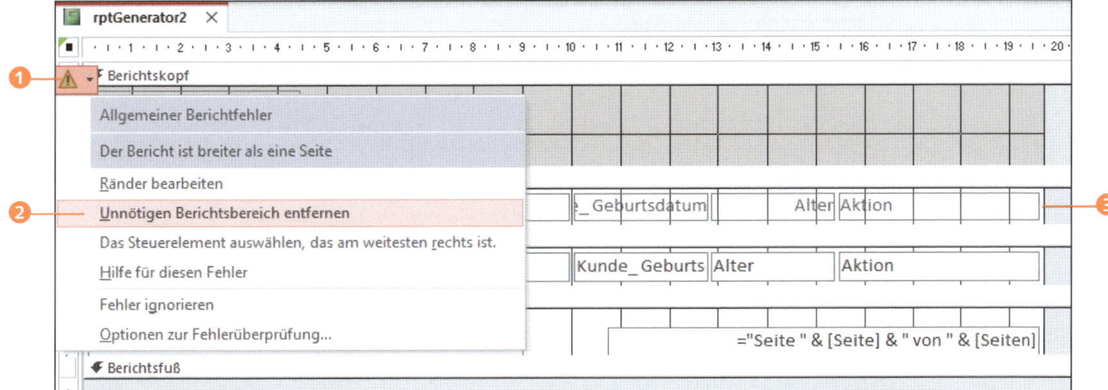

4. Um nun die Einträge mit der Ausprägung **Sonderaktion** in der Spalte **Aktion** farbig hervorzuheben, markieren Sie die Spalte zunächst. Hierzu reicht ein Klick auf ein beliebiges Element innerhalb der Spalte. Alle anderen Elemente werden hierdurch ebenfalls markiert.

5. Wählen Sie **Format • Steuerelementformatierung • Bedingte Formatierung**. Der Dialog **Manager für Regeln zur bedingten Formatierung** wird gestartet. Klicken Sie auf **Neue Regel**.

6. Im Dialog **Neue Formatierungsregel** belassen Sie die Einstellung im Feld **Regeltyp auswählen** auf **Werte im aktuellen Datensatz prüfen oder einen Ausdruck verwenden**.

7. Unter **Regelbeschreibung bearbeiten** übernehmen Sie im linken Feld **Feldwert ist**. Wählen Sie im Feld rechts davon nach einem Klick auf den Pfeil in der aufklappenden Liste **Gleich** aus. Im folgenden Feld tragen Sie die Bedingung ein, die erfüllt werden muss, in unserem Beispiel also »Sonderaktion«.

8. Klicken Sie im Bereich **Vorschau** auf den Pfeil rechts vom Symbol **Hintergrundfarbe**, und wählen Sie in der aufklappenden Farbpalette den Farbton aus, in dem die **Sonderaktion** hervorgehoben werden soll, z. B. **Dunkelrot**.

Damit der Text gut lesbar bleibt, stellen Sie nach einem Klick auf den Pfeil rechts vom Symbol **Schriftfarbe** den Farbton **Weiß** ein.

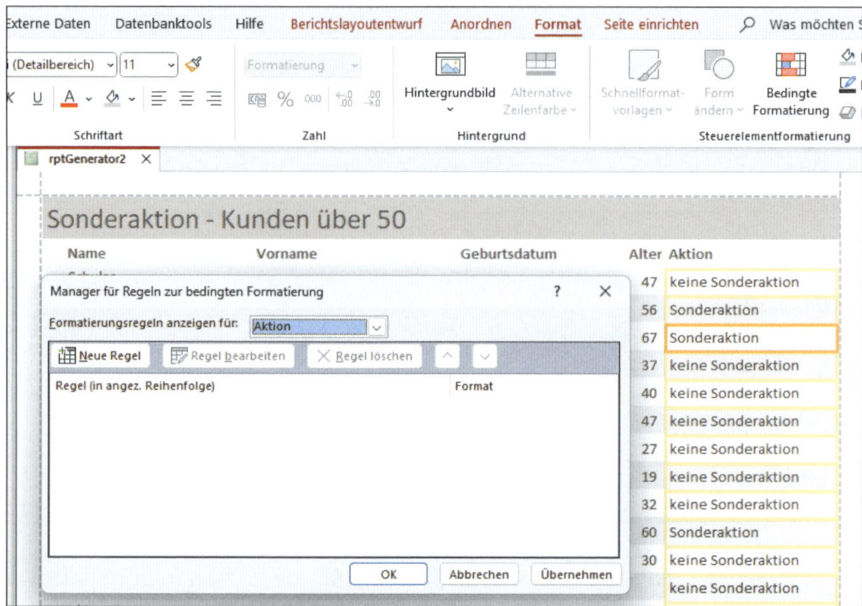

9. Übernehmen Sie die Einstellungen mit einem Klick auf **OK**.

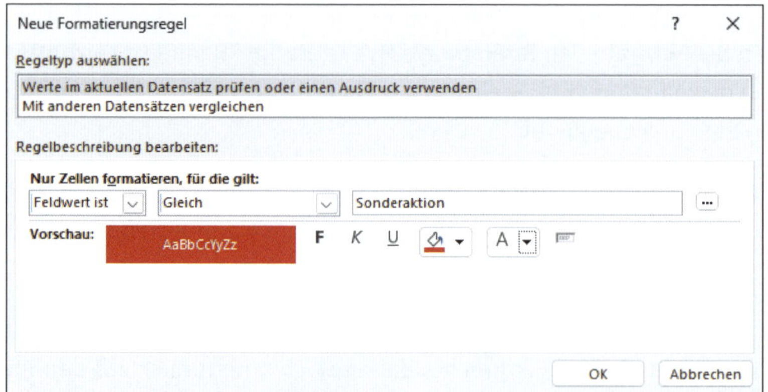

10. Die gerade erstellte Regel wird nun im Dialog **Manager für Regeln zur bedingten Formatierung** angezeigt. Auch hier bestätigen Sie die Einstellung mit **OK**.

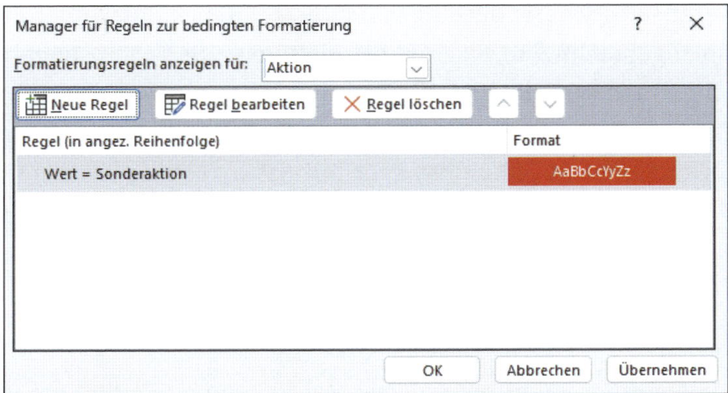

Im Bericht wird nun jedes Feld, das den Inhalt **Sonderaktion** enthält, entsprechend Ihren Vorgaben farbig hervorgehoben. Sollten Sie die bedingte Formatierung irgendwann wieder aufheben wollen, wiederholen Sie Schritt 4 und 5. Im Dialog **Manager für Regeln zur bedingten Formatierung** markieren Sie dann die gewünschte Regel. Mit einem Klick auf **Regel löschen** wird sie entfernt. Über die Schaltfläche **Regel bearbeiten** können Sie sie aber auch ändern, etwa falls Ihnen die ausgewählte Farbkombination doch nicht gefällt.

rptGenerator2

Sonderaktion - Kunden über 50

Name	Vorname	Geburtsdatum	Alter	Aktion
Schulze	Anna	15.04.1976	47	keine Sonderaktion
Scheene	Dietmar	02.10.1967	56	Sonderaktion
Böttcher	Sabine	27.06.1956	67	Sonderaktion
Meierbund	Selina	06.10.1986	37	keine Sonderaktion
Meier	Ferdinand	17.04.1983	40	keine Sonderaktion
Dudenhoff	Marianne	30.11.1976	47	keine Sonderaktion
Özdul	Elif	04.05.1996	27	keine Sonderaktion
Wagner	Bernd	03.06.2004	19	keine Sonderaktion
Kramer	Katrin	14.08.1991	32	keine Sonderaktion
Romano	Beatrice	07.05.1963	60	Sonderaktion
Marino	Christian	28.02.1994	30	keine Sonderaktion
Keller	Gabriel			keine Sonderaktion

Abbildung 9.8 *Der fertige Bericht inklusive bedingter Formatierung*

Der Bericht bietet selbstverständlich noch weiteres Potenzial für Änderungen, bevor er zu Papier gebracht wird. Falls Sie beispielsweise die Datumsangabe im Seitenfuß löschen möchten, die über die Formel `=Jetzt()` generiert wird, sollten Sie wieder in die Entwurfsansicht wechseln. Denken Sie daran, die Änderungen am Berichtsentwurf mit einem Klick auf das Symbol **Speichern** in der Schnellzugriffsleiste oder über die Tastenkombination `Strg` + `S` zu speichern.

9.3.2 Einen Bericht mit Diagramm erstellen

Ein Bild sagt bekanntlich mehr als tausend Worte. Wenn Sie die Ergebnisse einer Abfrage eindrucksvoll präsentieren möchten, bietet es sich an, sie im Bericht als Diagramm darzustellen. Access ist bei diesem Thema zwar deutlich weniger leistungsfähig als MS Excel, es kann sich aber doch lohnen, für Visualisierungszwecke gelegentlich auf diese Funktion zurückzugreifen. In unserem folgenden Beispiel soll mithilfe eines Diagramms eine Umsatzauswertung nach Produktgruppen erstellt werden. Als Basis verwenden wir die Abfrage **qryKundenumsatzGruppe**, die wir zu diesem Zweck aber noch etwas modifizieren: Da für die Umsatzauswertung keine Kundendaten benötigt werden, können die entsprechenden Datenfelder entfernt werden. Die Änderungen an der Abfrage nehmen Sie folgendermaßen vor:

1. Öffnen Sie die Abfrage **qryKundenumsatzGruppe** in der Entwurfsansicht.
2. Speichern Sie die Abfrage nun unter einem neuen Namen. Wechseln Sie hierzu in das Register **Datei**, und wählen Sie links den Befehl **Speichern unter** aus.
3. Markieren Sie in der mittleren Spalte **Objekt speichern als**. Rechts sollte damit automatisch **Objekt speichern als** ausgewählt sein. Klicken Sie auf **Speichern unter**.
4. Überschreiben Sie im Dialog **Speichern unter** den von Access vorgeschlagenen Namen mit »qryUmsatzauswertung«, und bestätigen Sie mit **OK**.
5. Die Abfrage **qryUmsatzauswertung** wird nun in der Entwurfsansicht angezeigt. Markieren Sie im Abfrageentwurfsbereich die Spalte **Kunde_ID**. Drücken Sie die Taste `Entf`, um sie zu entfernen.

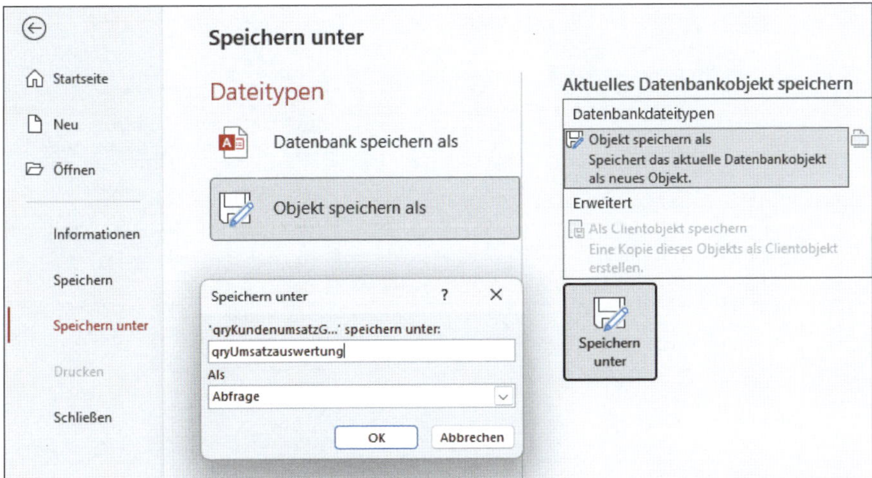

6. Wiederholen Sie Schritt 5 für die Spalten **Kunde_Name** und **Kunde_Ort**. Übernehmen Sie die Änderungen am Abfrageentwurf mit einem Klick auf das **Speichern**-Symbol in der Schnellzugriffsleiste.

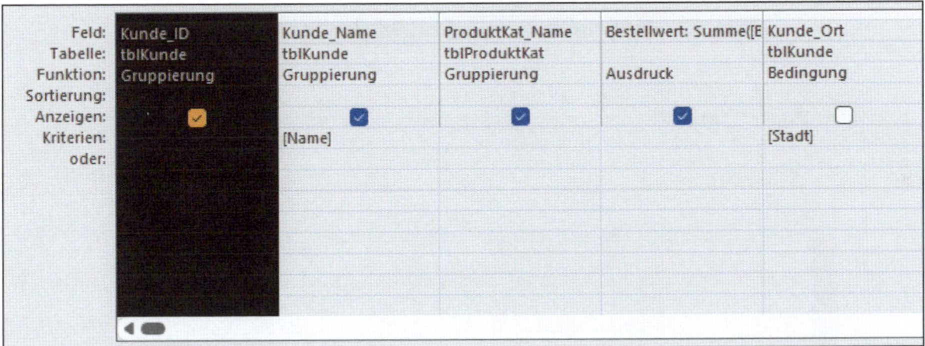

Die Abfrage enthält nun keine Kundeninformationen mehr, sie kann somit geschlossen werden. Nun geht es an die Generierung eines Berichts mit Diagramm. Der Ausgangspunkt ist in diesem Fall der Berichtsentwurf. Und so gehen Sie vor:

1. Öffnen Sie über **Erstellen • Berichte • Berichtsentwurf** einen leeren Bericht in der Entwurfsansicht.
2. Klicken Sie im Register **Berichtsentwurf** in der Gruppe **Steuerelemente** auf **Modernes Diagramm einfügen**. Ist das Programmfenster nicht groß genug, um alle Schaltflächen anzuzeigen, ist eventuell nur das Symbol zu sehen. In der aufklappenden Liste wählen Sie **Spalte • Gruppierte Säulen**.

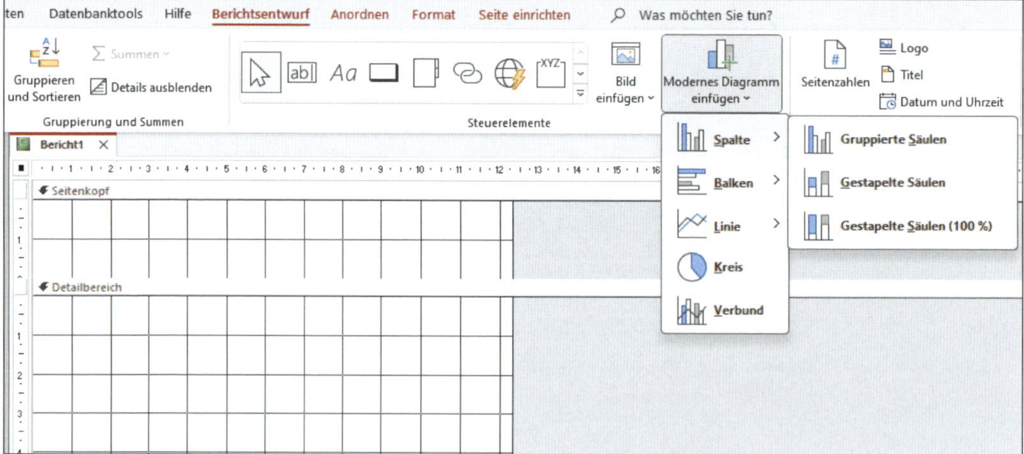

3. Ziehen Sie im Detailbereich des Berichts mit gedrückter linker Maustaste ein Rechteck auf, das ungefähr die gewünschte Größe des Diagramms haben sollte.

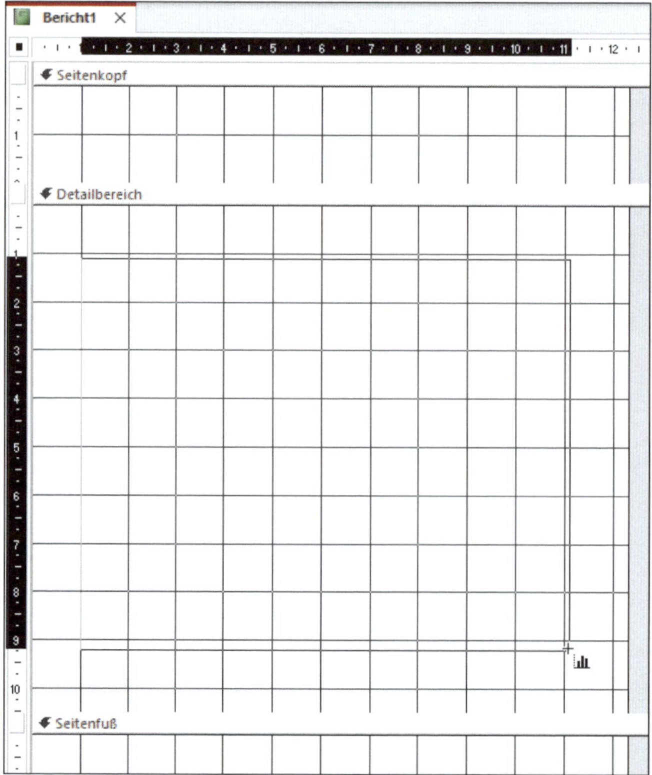

4. Sobald Sie die Maustaste loslassen, erzeugt Access einen Diagramm-Dummy. Am rechten Fensterrand wird außerdem der Aufgabenbereich **Diagrammeinstellungen** eingeblendet. Passiert dies bei Ihnen nicht automatisch, öffnen Sie ihn über **Berichtsentwurf • Tools • Diagrammeinstellungen**.

5. In unserem Beispiel soll der Bericht die Daten aus der Abfrage **qryUmsatzauswertung** beziehen. Markieren Sie in den **Diagrammeinstellungen** die Option **Abfragen**. Klicken Sie dann in das Feld darunter, und markieren Sie die Abfrage **qryUmsatzauswertung**.

6. Versehen Sie unterhalb von **Achse (Rubrik)** das Kontrollkästchen vor **ProduktKat_Name** mit einem Häkchen. Analog aktivieren Sie unter **Werte/Größen (Y-Achse)** das Kontrollkästchen **Bestellwert**.

7. Auf eine Legende verzichten wir in diesem Beispiel, Sie können also die Voreinstellung **(Keine)** beibehalten. Während Sie diese Diagrammeinstellungen vornehmen, aktualisiert Access das Diagramm bereits mit den Daten aus der Abfrage.

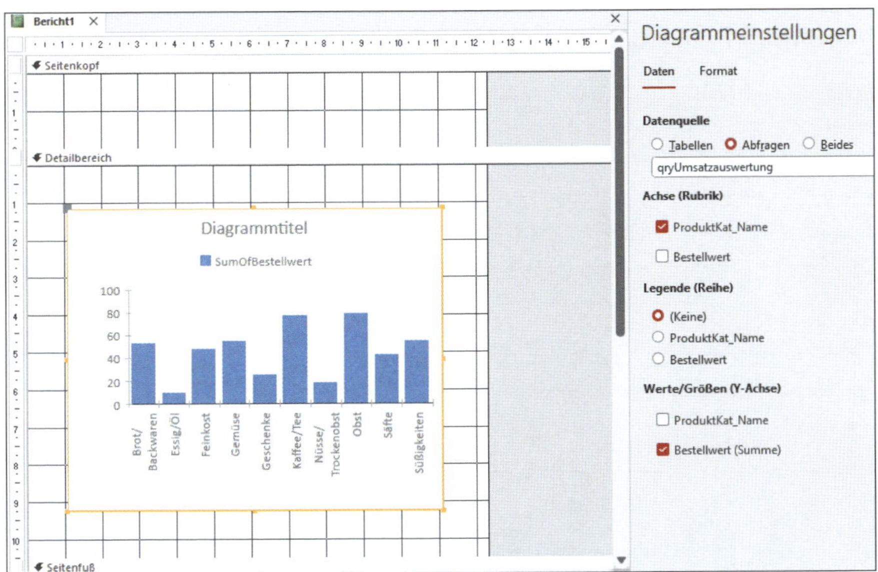

8. Oberhalb des Diagramms ist der Text **SumOfBestellwert** zu lesen. Um ihn zu ändern, wechseln Sie in den **Diagrammeinstellungen** in das Register **Format**. Überschreiben Sie die Angabe im Feld rechts von **Anzeigename** mit dem griffigeren Titel »Umsatz nach Produktkategorien«.

9. Gefällt Ihnen der blaue Farbton der Diagrammsäulen nicht, können Sie ihn über die Schaltflächen **Füllfarbe für Datenreihe** sowie **Reihenrahmenfarbe** ändern.

10. Aktivieren Sie das Kontrollkästchen **Datenbeschriftung anzeigen**. Trendlinien sollten Sie, wenn überhaupt, nur sparsam einsetzen, um das Diagramm nicht zu überfrachten.

11. Damit sind die möglichen Diagrammeinstellungen in Access auch bereits erschöpft, und Sie können den Aufgabenbereich mit einem Klick auf das Kreuzsymbol oben rechts schließen. Blenden Sie stattdessen über **Berichtsentwurf • Tools** das **Eigenschaftenblatt** ein.

12. In unserem Diagramm verzichten wir auf die Legende. Die Angabe **Umsatz nach Produktkategorie** wird somit ebenfalls nicht benötigt bzw. bietet sich stattdessen als Diagrammtitel an. Um die Angabe zunächst an der aktuellen Stelle auszublenden, wechseln Sie im **Eigenschaftenblatt** in das Register **Alle**. Standardmäßig ist hier **Hat Legende** auf **Ja** gesetzt. Doppelklicken Sie auf **Ja**, um den Eintrag stattdessen auf **Nein** zu setzen. Hierdurch wird **Umsatz nach Produktkategorie** automatisch ausgeblendet.

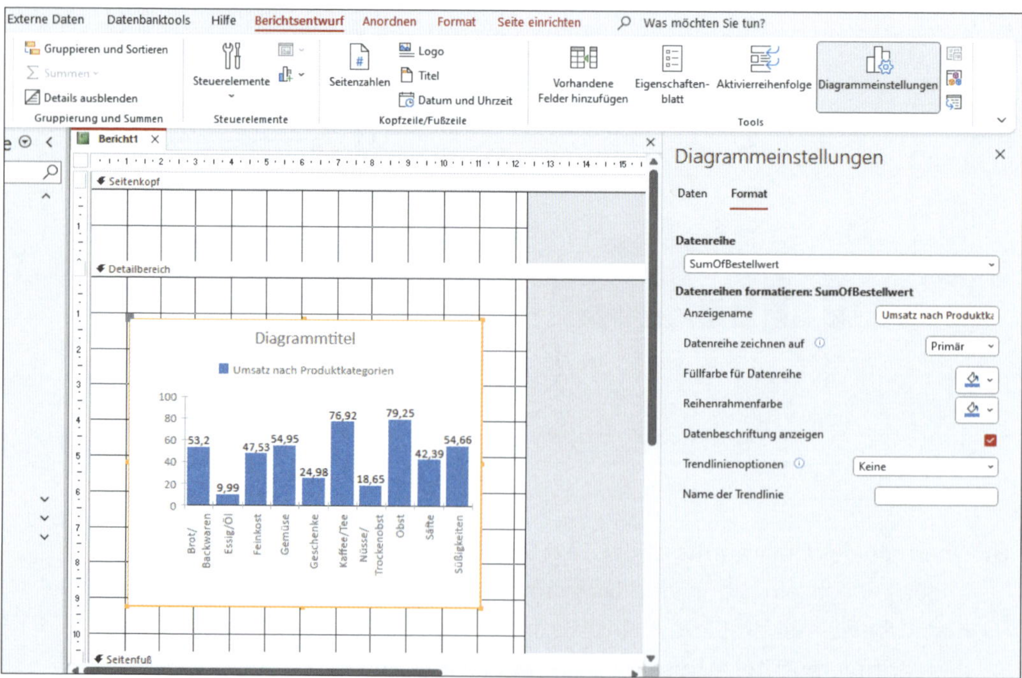

13. Geben Sie nun im Feld **Diagrammtitel** »Umsatz nach Produktkategorie« ein. Sobald Sie die Eingabe durch Drücken der Taste ↵ abschließen, wird der Titel in das Diagramm übernommen.

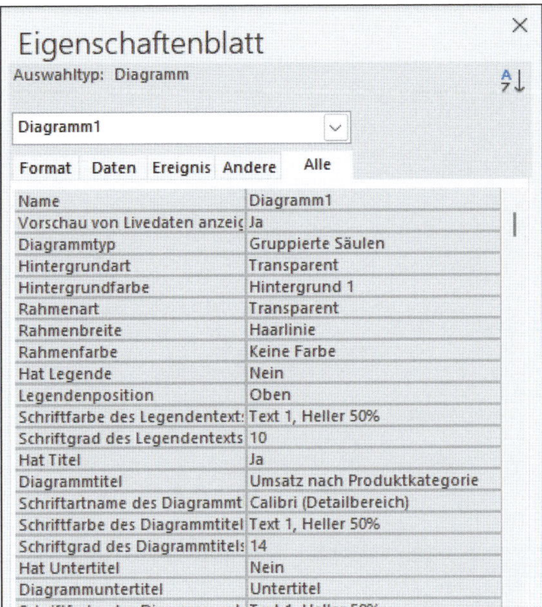

14. Wenn Sie möchten, können Sie über das **Eigenschaftenblatt** noch die Hintergrundfarbe des Diagramms ändern, die Rahmen anpassen oder auch eine andere Schriftart und -farbe auswählen.

15. Der Bericht zeigt bisher nur das Diagramm. Um einen Berichtstitel hinzuzufügen, klicken Sie unter **Berichtsentwurf • Kopfzeile/Fußzeile** auf **Titel**. Access ergänzt automatisch den Bereich **Berichtskopf**. Überschreiben Sie den Platzhaltertext **Bericht1** mit einem aussagekräftigen Namen. Für unser Beispiel wählen wir »Umsatzentwicklung April – Mai 2023«.

16. Falls im Bericht auch das aktuelle Datum angezeigt werden soll, klicken Sie unter **Berichtsentwurf • Kopfzeile/Fußzeile** auf **Datum und Uhrzeit**. Im Dialog **Datum und Uhrzeit** sollte **Datum einschließen** aktiviert sein. Wählen Sie darunter die gewünschte Option zur Darstellung des Datums aus. Damit die Uhrzeit nicht angezeigt wird, deaktivieren Sie **Uhrzeit einschließen**. Bestätigen Sie mit **OK**. Das Datum wird im Berichtskopf rechts vom Titel eingefügt.

17. Speichern Sie den Bericht mit einem Klick auf das **Speichern**-Symbol in der Schnellzugriffsleiste unter dem Namen »rptUmsatzauswertung-Diagramm«.

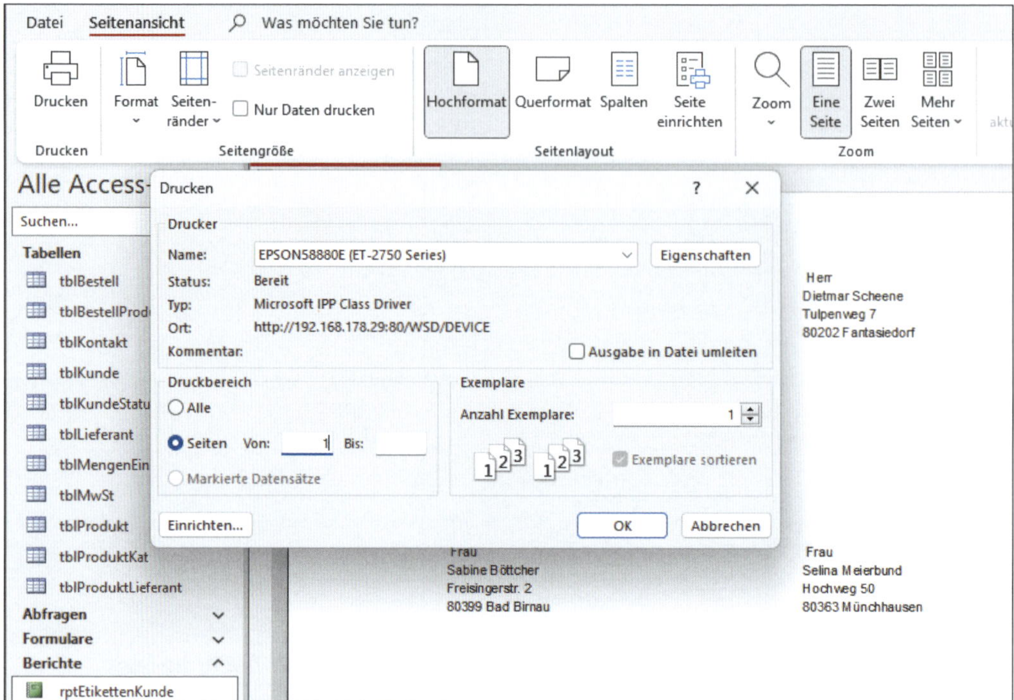

Der Bericht lässt sich natürlich noch erweitern, indem Sie zusätzliche Steuerelemente hinzufügen. Hierzu gehen Sie in einem Bericht genauso vor, wie bereits in Kapitel 7, »Formulare – Dateneingabe und Bedienung vereinfachen«, sowie Kapitel 8, »Steuerelemente – kleine Helfer zahlen sich aus«, gezeigt.

Ein Logo in einem Bericht einfügen

In vielen Firmen ist es eine Standardvorgabe, dass in Präsentationen oder auch Berichten das Firmenlogo angezeigt werden muss. Ein solches Logo lässt sich natürlich auch in Access hinzufügen. Zeigen Sie den Bericht hierzu in der Entwurfsansicht an. Wählen Sie dann unter **Berichtsentwurf • Kopfzeile/Fußzeile** das **Logo** aus. Markieren Sie im Dialog **Grafik einfügen** die gewünschte Bilddatei, und bestätigen Sie mit **OK**. Das Logo wird standardmäßig links vom Berichtstitel eingefügt. Die Größe des Logos können Sie anschließend über das Register **Format** des **Eigenschaftenblatts** anpassen.

9.4 Sortieren und Gruppieren in Berichten

In einem Bericht werden die Daten in der Reihenfolge aufgelistet, in der sie in der zugrundeliegenden Tabelle bzw. Abfrage erscheinen. Dies ist meist nicht sehr übersichtlich. Access bietet einige Möglichkeiten, einen Bericht nach verschiedenen Kriterien zu sortieren oder die Daten auch zu gruppieren. Wie eine solche Gruppierung aussehen kann, haben Sie bereits am Beispiel der Kontaktdaten der Lieferanten in Abschnitt 9.2, »Einen einfachen Bericht erzeugen und anpassen«, kennengelernt. Nun wollen wir uns etwas intensiver mit dem Thema auseinandersetzen. Hierzu benötigen wir natürlich einen Bericht. Als Beispiel wählen wir einen Bericht mit einer Übersicht über das Produktangebot des Unternehmens *DelikatEssen*, in dem die Produktkategorien, die Produkttitel, das Herkunftsland der Produkte, der Preis sowie die Mengeneinheit aufgeführt werden. Die benötigten Felder fügen Sie folgendermaßen in einen leeren Bericht ein:

1. Wählen Sie **Erstellen • Berichte • Leerer Bericht**. Der leere Bericht wird in der Layoutansicht angezeigt, die Sie auch beibehalten.

2. Speichern Sie den Bericht nach einem Klick auf das **Speichern**-Symbol in der Schnellzugriffsleiste unter dem Namen »rptProduktangebot«.

3. Markieren Sie im Register **Berichtslayoutentwurf** in der Gruppe **Tools** die Schaltfläche **Vorhandene Felder hinzufügen**, um die **Feldliste** einzublenden.

4. Blenden Sie über das Plussymbol vor **tblProduktKat** die Felder der Tabelle ein. Fügen Sie **ProduktKat_Name** per Doppelklick in den Bericht ein.

5. In der **Feldliste** erscheint nun der Bereich **In verknüpften Tabellen verfügbare Felder**, in der Sie die Tabelle **tblProdukt** finden. Aus dieser Tabelle übernehmen Sie nacheinander die Felder **Produkt_Titel**, **Produkt_Herkunft** und **Produkt_VerkPreis**. Sobald Sie das erste Feld in den Bericht eingefügt haben, wird die Tabelle im Bereich **Für diese Ansicht verfügbare Felder** angezeigt.

6. Als letztes Feld fehlt noch die Mengeneinheit. Blenden Sie im Bereich **In verknüpften Tabellen verfügbare Felder** die Felder der Tabelle **tblMengenEinheit** ein, und übernehmen Sie das Feld **MengenEinheit_Name** per Doppelklick.

7. Blenden Sie die **Feldliste** mit einem Klick auf das Kreuzsymbol oben rechts aus.

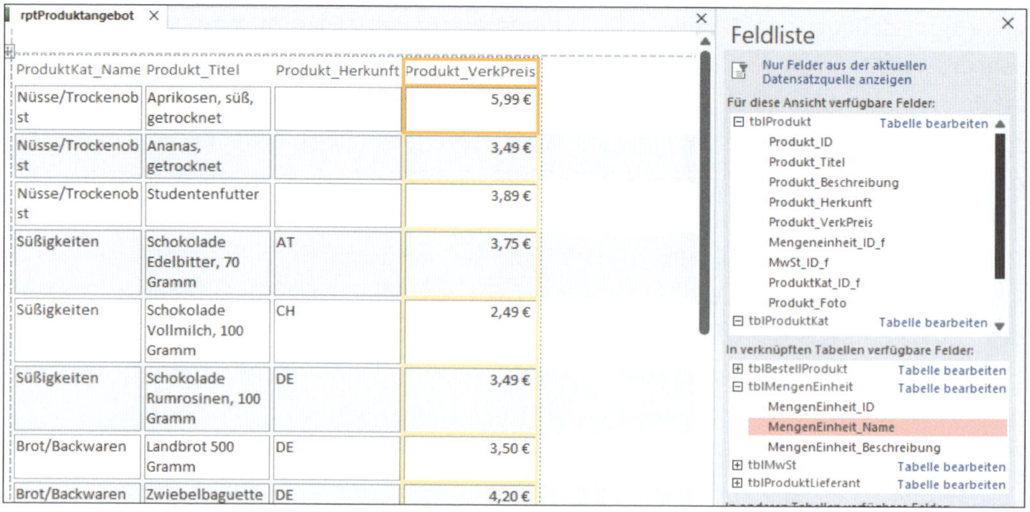

Der Basisbericht ist damit fertig. Sehen Sie sich das Ergebnis in der Berichtsansicht an. Alle Daten werden zeilenweise untereinander aufgelistet, sprich in tabellarischer Form. Das Aussehen der Tabelle spielt im Moment keine Rolle. Wie Sie einen Bericht in eine druckreife Version bringen, erfahren Sie in Abschnitt 9.5, »Berichte drucken«. Doch zunächst zeigen wir Ihnen, wie Sie mithilfe der Gruppierung und Sortierung für mehr Übersicht sorgen.

Von der Tabellenform zum gestapelten Bericht wechseln

Fügen Sie in einen leeren Bericht in der Layoutansicht Felder hinzu wie oben beschrieben, erhalten Sie automatisch einen Bericht in Tabellenform. Sagt Ihnen dieses Layout nicht zu, können Sie es auch in ein einspaltiges Layout (auch *gestapeltes Layout* genannt) umwandeln. Klicken Sie hierzu im Register **Anordnen** in der Gruppe **Zeilen und Spalten** auf **Layout auswählen**. Nun reicht ein Klick auf **Gestapelt** in der Gruppe **Tabelle**. Jeder einzelne Datensatz wird nun in einem eigenen Abschnitt dargestellt. Soll jeder Datensatz auf einer eigenen Seite ausgedruckt werden, zeigen Sie den Bericht in der Entwurfsansicht an. Markieren Sie nun per Mausklick den **Detailbereich**. Blenden Sie das **Eigenschaftenblatt** über **Berichtsentwurf • Tools** ein. Im Register **Format** klicken Sie in das Feld rechts von **Neue Seite** und wählen nach einem Klick auf den Pfeil **Nach Bereich** aus.

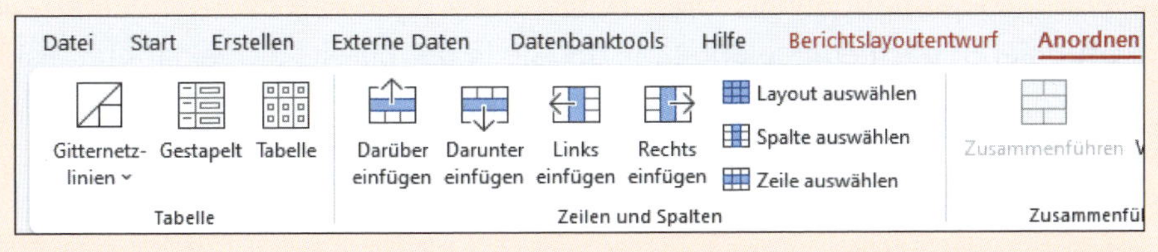

Abbildung 9.9 *Im Register »Anordnen« können Sie zwischen dem gestapelten Layout und der Tabelle wechseln.*

Fügen Sie umgekehrt die Felder in einen leeren Bericht in der Entwurfsansicht hinzu, werden sie automatisch im gestapelten Layout angeordnet. Dieses Layout wandeln Sie per Klick auf **Tabelle** in die tabellarische Form um.

Ein Bericht lässt sich am besten in der Layoutansicht gruppieren und sortieren, da Sie hier auch die Daten sehen. Somit können Sie jede vorgenommene Änderung sofort überprüfen. In unserem Beispiel soll der Bericht zunächst nach der Produktkategorie gruppiert werden.

1. Klicken Sie im Register **Berichtslayoutentwurf** in der Gruppe **Gruppierung und Summen** auf **Gruppieren und Sortieren** ①. Unterhalb des Berichts wird der Bereich **Gruppieren, Sortieren und Summe eingeblendet** ②.

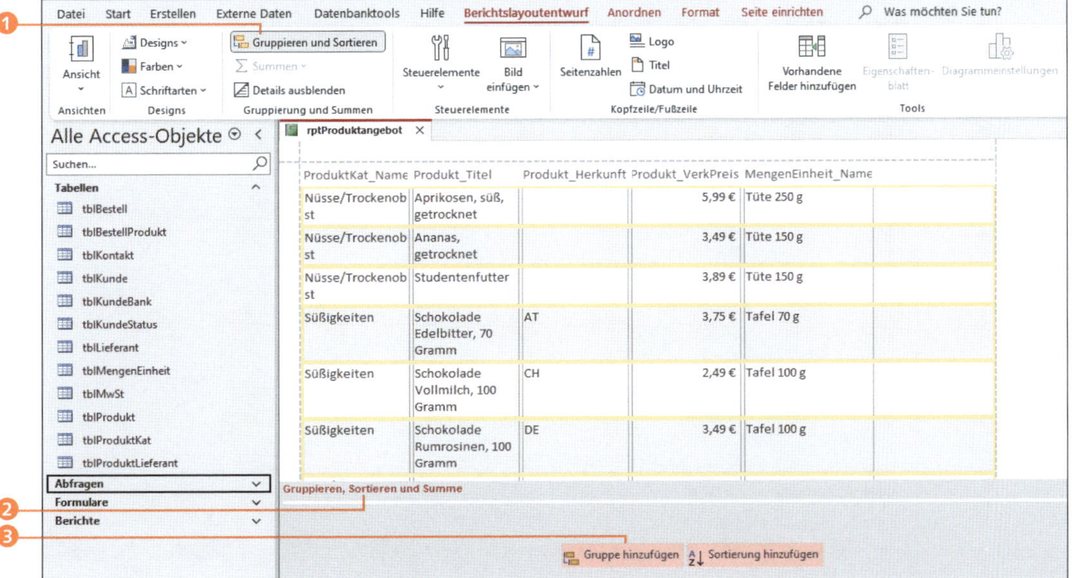

2. Klicken Sie in dem Bereich auf **Gruppe hinzufügen** ❸. Es wird nun die Zeile **Gruppieren nach** eingeblendet, in der Sie in der bereits aufgeklappten **Feldliste** das gewünschte Feld, hier also **ProduktKat_Name**, auswählen.

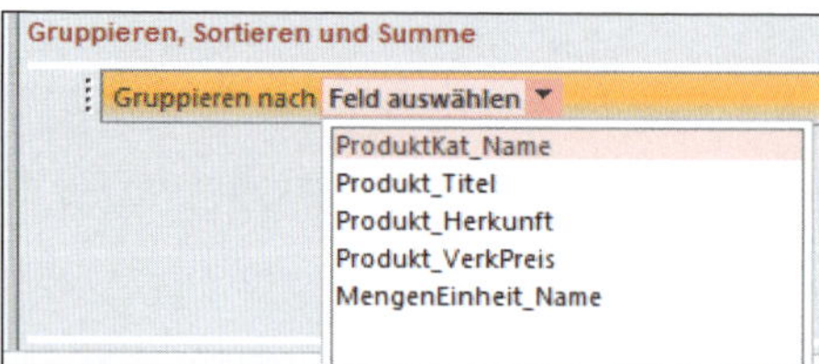

3. Innerhalb der Gruppe **ProduktKat_Name** sollen die Produkte nach dem Produkttitel sortiert werden. Klicken Sie hierzu im Bereich **Gruppieren, Sortieren und Summe** auf **Sortierung hinzufügen**. Access blendet nun direkt unterhalb der zuvor erzeugten Zeile **Gruppieren nach** die Zeile **Sortieren nach** ein. Wählen Sie in der aufgeklappten **Feldliste Produkt_Titel** aus.

Analog könnten Sie nun noch weitere Gruppen oder auch Sortierungen hinzufügen. Für unser Beispiel reichen bereits die vorgenommenen Einstellungen aus, um den Bericht in eine übersichtliche Form zu bringen. Alle Sortierungen und Gruppierungen werden in der Reihenfolge ausgeführt, in der sie im Bereich **Gruppieren, Sortieren und Summe** untereinander aufgelistet sind.

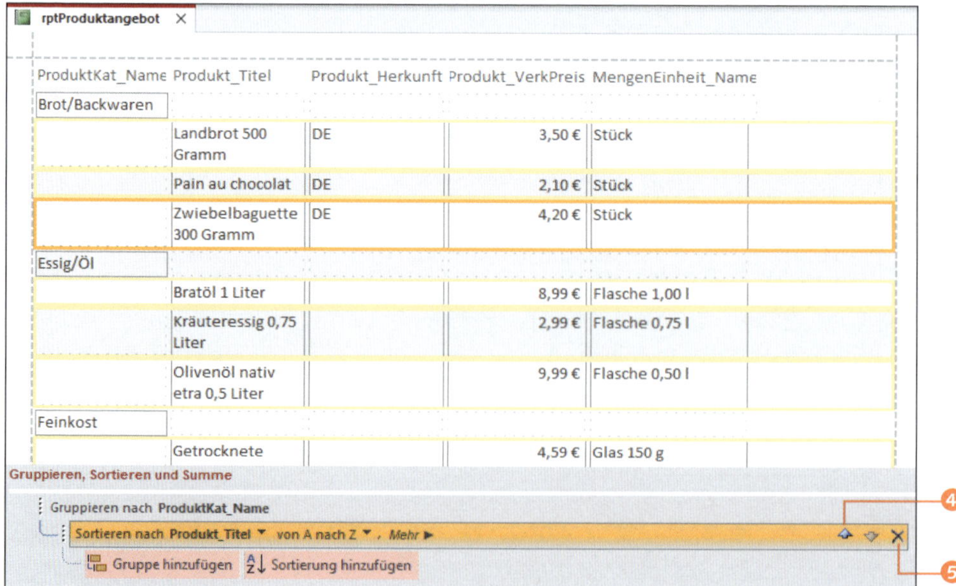

In unserem Beispiel wird der Bericht also zunächst anhand der Produktkategorien gruppiert und innerhalb dieser Gruppe dem Produkttitel nach sortiert. Falls Sie die Reihenfolge ändern möchten, markieren Sie die gewünschte Zeile und klicken dann am rechten Rand auf den nach oben bzw. unten weisenden Pfeil ④, je nachdem, ob das Kriterium nach oben oder unten verschoben werden soll. Möchten Sie auf eine Gruppierung oder Sortierung doch lieber verzichten, markieren Sie ebenfalls die entsprechende Zeile per Mausklick. Über das Kreuzsymbol rechts ⑤ löschen Sie das Kriterium.

Der Bereich trägt die Bezeichnung **Gruppieren, Sortieren und Summe**. Das Gruppieren und Sortieren haben Sie bereits kennengelernt, fehlt noch die Summe. Für jede Gruppe lässt sich eine Summenoption hinzufügen. In unserem Beispiel wollen wir uns innerhalb einer Gruppe die Anzahl an Datensätzen ausgeben lassen, wir wollen also konkret wissen, wie viele Produkte pro Produktkategorie verfügbar sind. Um die entsprechende Berechnung zu ergänzen, gehen Sie folgendermaßen vor:

1. Markieren Sie die Zeile **Gruppieren nach ProduktKat_Name**. Klicken Sie auf **Mehr**.

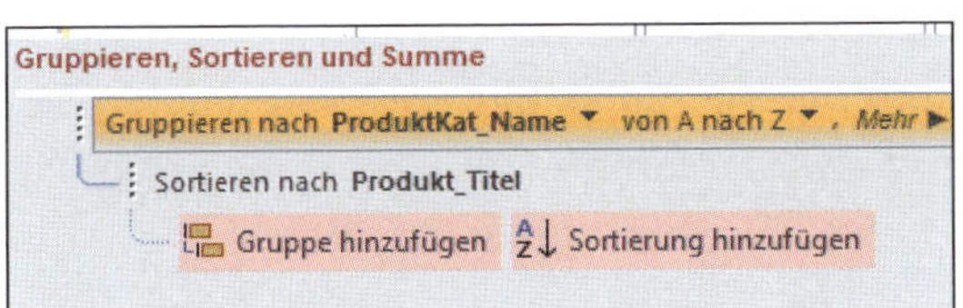

2. Die Zeile wird um weitere Gruppierungsoptionen erweitert. Klicken Sie auf den Pfeil rechts von **mit Summe**. In der aufklappenden Liste wählen Sie im Feld **Summe für** den **Produkt_Titel** aus. Versehen Sie außerdem **Zwischensumme in Gruppenfußzeile anzeigen** mit einem Häkchen.

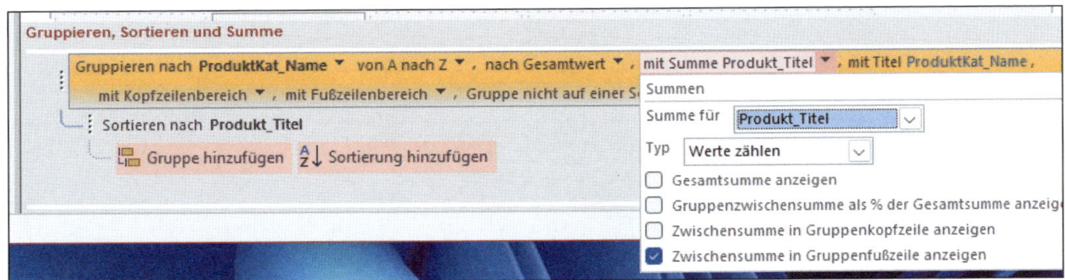

Das Ergebnis der Summenbildung können Sie gleich im Bericht überprüfen. Am Ende einer Gruppe wird in der Spalte **Produkt_Titel** jeweils die Anzahl der Produkte innerhalb der Produktkategorie angezeigt. Benötigen Sie den Bereich **Gruppieren, Sortieren und Summe** nicht mehr, blenden Sie ihn mit einem Klick auf die Schaltfläche **Gruppieren und Sortieren** im Register **Berichtsentwurf** aus.

Der Bericht für unser Beispiel ist damit fertig. Bevor er ausgedruckt oder an andere per E-Mail weitergeleitet wird, sollten allerdings die kleinen Schönheitsfehler wie Spaltenüberschriften und Berichtstitel behoben werden. Wie Sie hierzu vorgehen, haben Sie bereits erfahren. Im folgenden Abschnitt erfahren Sie, welche Tricks es gibt, einen Bericht optimal auszudrucken und keine bösen Überraschungen etwa durch leere Seiten zu erhalten.

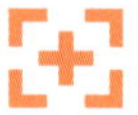

Bezeichnungsfeld für die Produktanzahl ergänzen

Sie wissen, was die Zahl unterhalb der Produktliste innerhalb einer Produktkategorie zu bedeuten hat. Anderen ist dies auf den ersten Blick aber nicht unbedingt klar. Um ein entsprechendes Bezeichnungsfeld zu ergänzen mit Informationen zu der Summe, zeigen Sie den Bericht in der Entwurfsansicht an. Klicken Sie dann im Register **Berichtsentwurf** in der Gruppe **Steuerelemente** auf **Steuerelemente**. In der aufklappenden Liste markieren Sie das Steuerelement **Bezeichnungsfeld** Aa. Positionieren Sie den Mauszeiger im Bereich **ProduktKat_Name – Fußbereich** rechts von der angezeigten Formel, und drücken Sie dann die linke Maustaste.

An der angeklickten Position wird nun das Bezeichnungsfeld eingeblendet, das Sie wie gewohnt beschriften können, in unserem Beispiel etwa mit »Produktanzahl in Kategorie«.

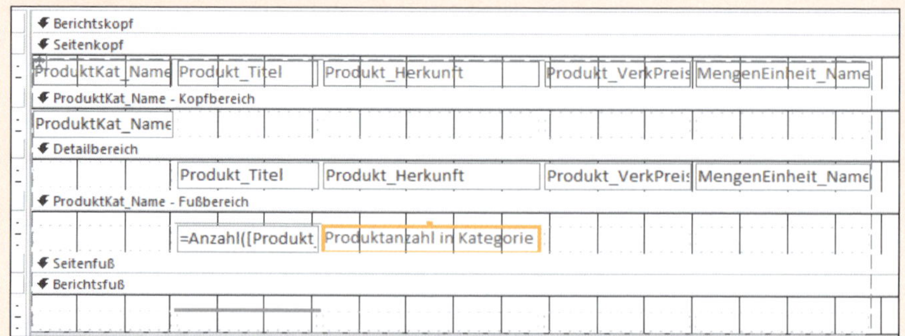

Abbildung 9.10 *Ergänzen Sie neben der Formel zum besseren Verständnis ein Bezeichnungsfeld.*

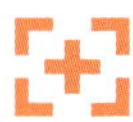

Seitenumbruch bei Gruppenwechsel

Per Standardeinstellung fügt Access auf jeder Seite eines Berichts so viele Datensätze ein, wie Platz ist. Dies kann dazu führen, dass beim Ausdrucken innerhalb einer Gruppe ein Seitenumbruch durchgeführt wird. Eleganter ist es, wenn bei jedem Gruppenwechsel eine neue Seite begonnen wird. Um dies einzustellen, markieren Sie in der Entwurfsansicht den Gruppenkopf. Im Bericht **rptProduktangebot** z. B. heißt er **ProduktKat_Name – Kopfbereich**. Wird das **Eigenschaftenblatt** noch nicht eingeblendet, drücken Sie, um es anzuzeigen, auf dem Gruppenkopf die rechte Maustaste und wählen im Kontextmenü den Befehl **Eigenschaften**. Im Register **Format** klicken Sie in das Feld rechts von **Neue Seite**. Markieren Sie in der aufklappenden Liste **Vor Bereich**.

9.5 Berichte drucken

Bevor Sie einen Bericht zu Papier bringen, sollten Sie ein paar Druckeinstellungen überprüfen. Das Papierformat und die Seitenränder können Sie z. B. in der Layoutansicht über das Register **Seite einrichten** anpassen. Ist in der Gruppe **Seitengröße** das Kontrollkästchen **Seitenränder anzeigen** aktiviert, erscheinen die Seitenränder im Bericht in Form einer gestrichelten Linie.

Nach einem Klick auf **Format** wählen Sie das Papierformat aus. In den meisten Fällen dürfte **A4** die richtige Wahl sein. Dies ist auch die Standardeinstellung von Access. Als Standard legt Access auch das **Hochformat** fest. Für manch einen Bericht eignet sich das **Querformat** allerdings besser.

Über die Schaltfläche **Seitenränder** können Sie schnell zwischen den Einstellungen **Normal**, **Breit** und **Schmal** wechseln. Falls Sie die Maße selbst bestimmen möchten, klicken Sie in der Gruppe **Seitenlayout** auf **Seite einrichten**. Im Register **Druckoptionen** des Dialogs **Seite einrichten** geben Sie die Werte für die Ränder an. Bestätigen Sie mit **OK**.

Nichts ist ärgerlicher, als wenn der Drucker leere Seiten ausspuckt oder Seiten, die lediglich die Seitenangabe enthalten. Ist ein Bericht breiter als die Seite, erhalten Sie in der Entwurfsansicht eine entsprechende Fehlermeldung, wie bereits in Abschnitt 9.3.1, »Einen Bericht mithilfe des Berichts-Assistenten erstellen«, gezeigt. Bevor Sie den Druckvorgang starten, sollten Sie den Bericht also auch in der Entwurfsansicht prüfen. Wird links vom Berichtskopf das Fehlersymbol eingeblendet, klicken Sie es an. In der aufklappenden Liste sollten Sie zunächst den Befehl **Unnötigen Berichtsbereich entfernen** ausprobieren. Manchmal reicht dies bereits, und das Fehlersymbol wird nicht mehr angezeigt. Ist es weiterhin zu sehen, klicken Sie es erneut an. Wählen Sie dieses Mal **Das Steuerelement auswählen, das am weitesten rechts ist**. Access markiert dieses Steuerelement nun, und Sie können es z. B. über die Taste **Pfeil links** bequem nach links verschieben. Häufig handelt es sich bei diesem Steuerelement um die Seitenangabe.

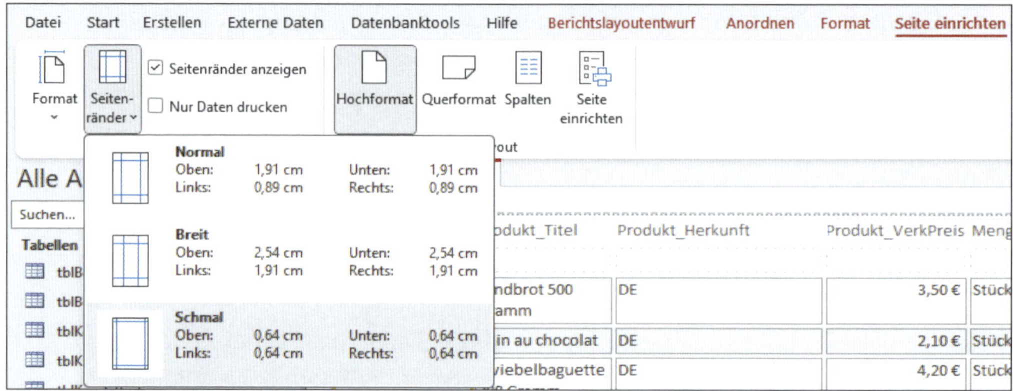

Abbildung 9.11 *Im Register »Seite einrichten« der Layoutansicht legen Sie wichtige Druckeinstellungen fest.*

Reichen diese Maßnahmen noch nicht aus, überprüfen Sie, ob sich das ein oder andere Steuerelement nicht noch verschmälern lässt. Falls Sie als Seitenlayout die Standardeinstellung **Hochformat** beibehalten haben, kann auch der Wechsel zum **Querformat** das Problem lösen.

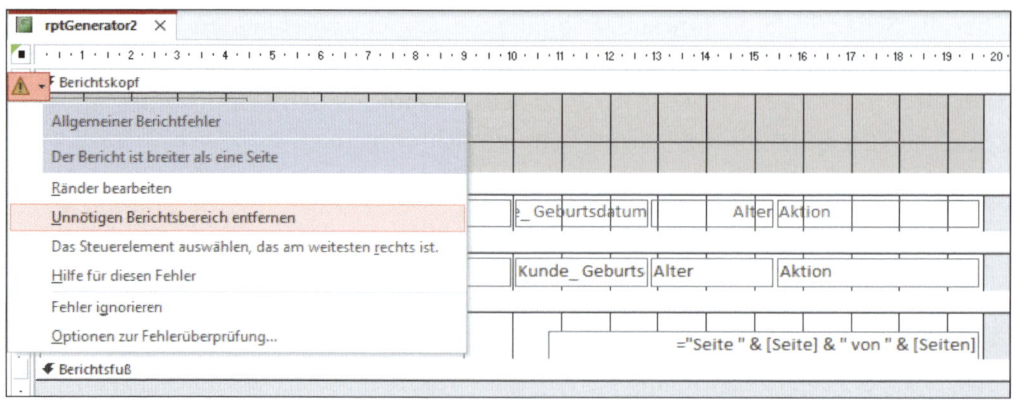

Abbildung 9.12 *Access unterstützt Sie dabei, unnötige Berichtsbereiche zu entfernen.*

Die letzte Kontrolle vor dem Start des Druckvorgangs nehmen Sie in der Seitenansicht vor. Sie zeigt den Bericht so, wie er auch zu Papier gebracht wird. Über die Navigationsleiste ❶ unterhalb des Berichts blättern Sie von Seite zu Seite. Manche Details lassen sich erst erkennen, wenn man den Bericht etwas größer anzeigt. Über den Regler **Zoom** ❷ in der Statusleiste rechts unterhalb des Berichts können Sie die Ansicht vergrößern oder auch verkleinern. Alternativ hierzu nutzen Sie die Schaltfläche **Zoom** in der Gruppe **Zoom** des Registers **Seitenansicht**.

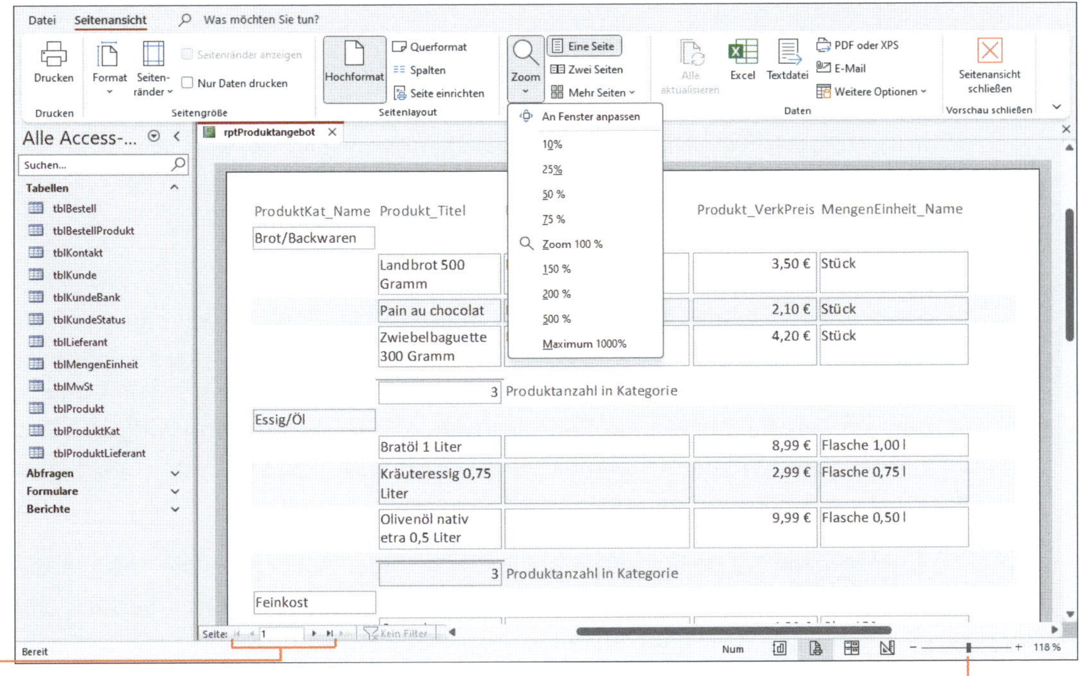

Abbildung 9.13 *In der Seitenansicht lässt sich der Bericht vergrößert anzeigen.*

Um den Druckvorgang zu starten, klicken Sie im Register **Seitenansicht** auf **Drucken**. Im Dialog **Drucken** können Sie über das Feld **Name** den gewünschten Drucker auswählen. Legen Sie außerdem im Bereich **Druckbereich** fest, ob alle Seiten oder nur die von Ihnen angegebenen Seiten ausgedruckt werden sollen. Benötigen Sie den Bericht in mehrfacher Ausfertigung, legen Sie im Feld **Anzahl Exemplare** die gewünschte Anzahl fest. Mit einem Klick auf **OK** starten Sie den Druckvorgang.

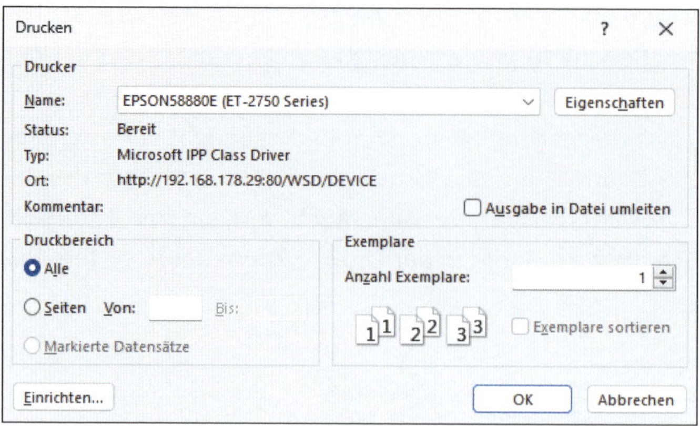

Abbildung 9.14 *Im Dialog »Drucken« wählen Sie den Drucker aus und legen den Druckbereich sowie die Anzahl der benötigten Exemplare fest.*

9.6 Etiketten erstellen

Sie benötigen schnell Adress- oder Produktetiketten? Die notwendigen Aufkleber liegen parat, sie müssen nur noch bedruckt werden. Mit Access ist das mithilfe des Etiketten-Assistenten schnell erledigt. Bevor Sie ihn starten, sollten Sie sich den Hersteller und den Etikettentyp notieren, den Ihre Aufkleber haben. In unserem Beispiel werden wir Adressaufkleber auf Basis der Tabelle **tblKunde** erzeugen.

1. Markieren Sie im Navigationsbereich die Tabelle oder auch die Abfrage, die als Datensatzquelle für die Etiketten dienen soll, für unser Beispiel **tblKunde**. Rufen Sie dann **Erstellen • Berichte • Etiketten** auf.
2. Auf der ersten Seite des Etiketten-Assistenten wählen Sie im Feld **Nach Hersteller filtern** den Hersteller Ihrer Aufkleber aus. Markieren Sie in der Liste am oberen Seitenrand dann die Etikettennummer, und fahren Sie mit **Weiter** fort. Falls Ihre Etiketten in der Liste nicht zu finden sind, können Sie nach einem Klick auf **Anpassen** und im folgenden Dialog auf **Neu** auch selbst die Maße angeben.
3. Legen Sie als Nächstes die Schriftart und -farbe des Textes fest, mit dem die Etiketten bedruckt werden. Bestätigen Sie mit **Weiter**.
4. In der Liste **Verfügbare Felder** werden alle Felder der markierten Tabelle aufgeführt. Wählen Sie per Mausklick das erste Feld aus, das auf den Etiketten er-

scheinen soll. Für unser Beispiel wählen wir **Kunde_Anrede**. Mit einem Klick auf den einfachen nach rechts weisenden Pfeil übernehmen Sie es in die Liste **Etikettenentwurf**.

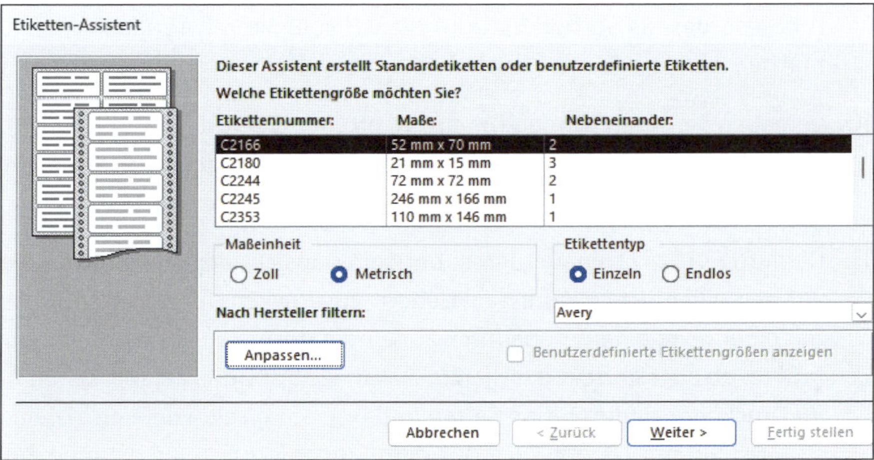

5. In unserem Beispiel sollen der Vorname und der Name unterhalb der Anrede eingefügt werden. Die Einfügemarke blinkt bereits hinter **Kunde_Anrede**, so dass Sie nur noch durch Drücken der Taste [↵] einen Zeilenumbruch einfügen müssen.

6. Übernehmen Sie wie in Schritt 4 gezeigt **Kunde_Vorname** in die Liste **Etikettenentwurf**. Drücken Sie dann die Leertaste, und fügen Sie **Kunde_Name** hinzu. Erzeugen Sie wieder einen Zeilenumbruch.

7. Wiederholen Sie dies mit **Kunde_Straße** und **Kunde_Hausnummer**. Achten Sie auf die Leerzeichen zwischen den Feldern. Sind alle beide eingefügt, drücken Sie die Taste [↵] für den Zeilenumbruch.

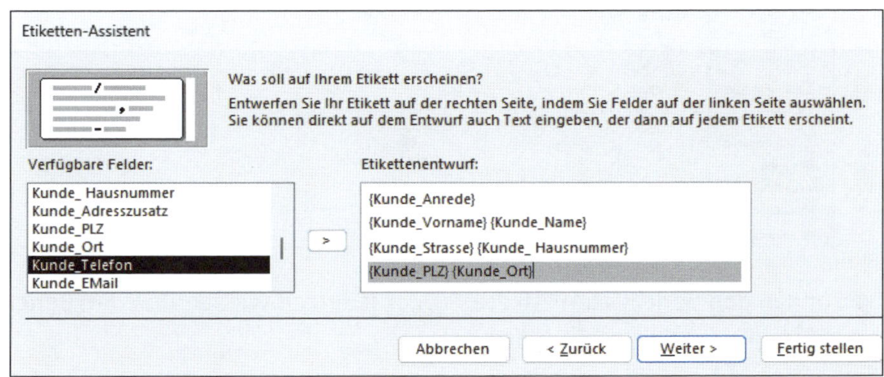

8. Nun müssen nur noch **Kunde_PLZ** und **Kunde_Ort** mit einem trennenden Leerzeichen hinzugefügt werden. Fahren Sie dann mit **Weiter** fort.

9. Falls die Etiketten sortiert ausgegeben werden sollen, legen Sie jetzt das Feld fest, das als Sortierkriterium dienen soll. Sie müssen keine Angaben machen, sondern können auch direkt mit **Weiter** fortfahren.

10. Vergeben Sie einen Namen für die Etiketten (z. B. »rptEtikettenKunde«). Da es sich hier um einen Bericht handelt, sollten Sie wieder das Präfix »rpt« ergänzen. Mit einem Klick auf **Fertig stellen** beenden Sie den Assistenten.

11. Die fertigen Etiketten werden in der Seitenansicht angezeigt. Bevor Sie sie auf den eigentlichen Adressaufklebern ausdrucken, führen Sie am besten mit einer Seite einen Probedruck auf einem normalen Papier durch, um zu prüfen, ob alles korrekt ist. Hierzu klicken Sie auf **Drucken**, markieren dann im **Druckbereich** die Option **Seiten** und tragen im Feld **Von** eine »1« ein. Bestätigen Sie mit **OK**. Sind Sie mit dem Ergebnis zufrieden, können Sie die Etiketten auf den Adressaufklebern ausdrucken.

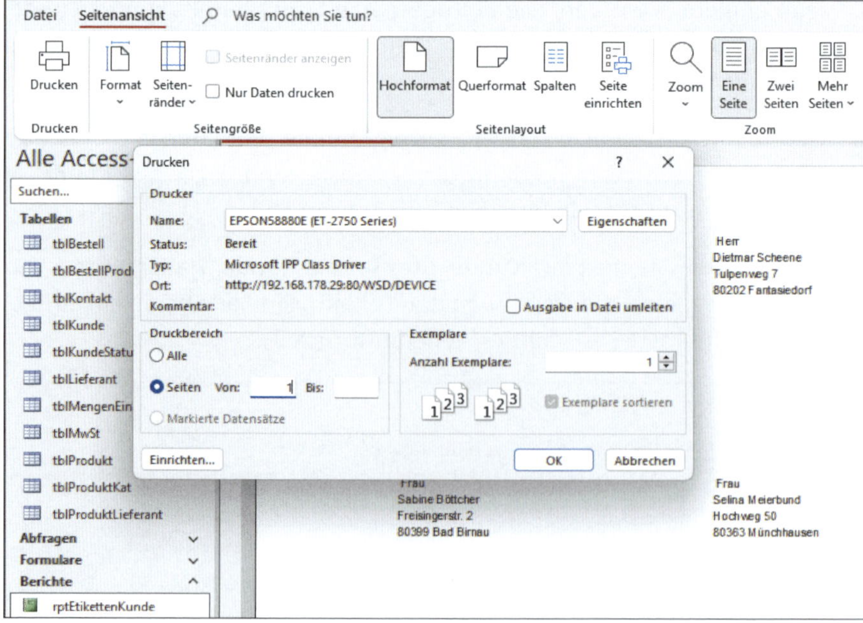

Sie können den Bericht zum Etikettendruck jederzeit wieder über den Berichtsnamen im Navigationsbereich öffnen.

Kapitel 10
Makros – ein Schritt weiter

Mithilfe von Makros lassen sich Arbeitsabläufe innerhalb einer Datenbank automatisieren. Die Ausführung eines Makros wird durch ein bestimmtes Ereignis ausgelöst. Ein klassisches Beispiel hierfür ist der Mausklick auf eine Schaltfläche, etwa um einen Druckvorgang zu starten.

Bei der Schaltfläche, die Sie in Abschnitt 8.6, »Schaltflächen ergänzen«, kennengelernt haben, handelt es sich beispielsweise um ein Makro. Ein solches Makro, das mit einem bestimmten Formular oder auch Bericht gespeichert wird, bezeichnet man auch als *eingebettetes Makro*.

Statt ein Makro innerhalb eines Formulars oder Berichts zu erzeugen, können Sie es auch als eigenständiges Datenbankobjekt anlegen. Das Makro wird im Navigationsbereich in der Gruppe **Makros** aufgeführt und kann auch von dort gestartet werden.

Neben den eingebetteten und den eigenständigen Makros möchten wir Ihnen in diesem Kapitel die ereignisgesteuerten *Datenmakros* vorstellen. Ein Datenmakro wird immer dann ausgeführt, wenn ein bestimmtes Ereignis in einer Tabelle eintritt, wie etwas das Hinzufügen neuer Daten.

Für das Erstellen von Makros müssen Sie keine Programmiersprache wie etwa VBA (Abkürzung für *Visual Basic for Applications*) beherrschen, wie die folgenden Beispiele zeigen.

10.1 Eigenständige Makros erstellen

Mithilfe eines Makros lassen sich verschiedene Aufgaben, die Sie immer wieder ausführen müssen, automatisieren. In Word und Excel haben Sie die Möglichkeit, diese Aktionen mit dem Makro-Recorder aufzuzeichnen. Einen solchen Recorder gibt es in Access nicht. Hier steht Ihnen dafür der *Makro-Generator* beim Erstellen und Bearbeiten eines Makros zur Seite, den wir Ihnen im Folgenden anhand eines Beispiels vorstellen möchten.

10.1.1 Ein Makro erzeugen

Angenommen, Sie haben einen Bericht, den Sie im PDF-Format speichern möchten. Das Makro, das wir gleich erstellen, soll nach dem Ausführen zunächst einen Hinweis anzeigen, der über die folgende Aktion informiert. Sobald dieser Hinweis mit **OK** bestätigt wird, wird automatisch der Dialog **Ausgabe in** angezeigt, in dem nur noch der Speicherort ausgewählt und ein Dateiname eingegeben werden muss. Unser Beispielmakro wird mithilfe des Makro-Generators (manchmal auch als *Makro-Designer* bezeichnet) erzeugt und kann anschließend direkt per Doppelklick auf den Makronamen im Navigationsbereich ausgeführt werden.

Den Makro-Generator starten Sie über **Erstellen • Makros und Code • Makro**. Nach dem Öffnen wird das Menüband um das Register **Makroentwurf** erweitert. Am rechten Rand des Programmfensters sollte der **Aktionskatalog** zu sehen sein. Ist dies nicht der Fall, blenden Sie ihn mit einem Klick auf **Makroentwurf • Einblenden/Ausblenden • Aktionskatalog** ❶ ein.

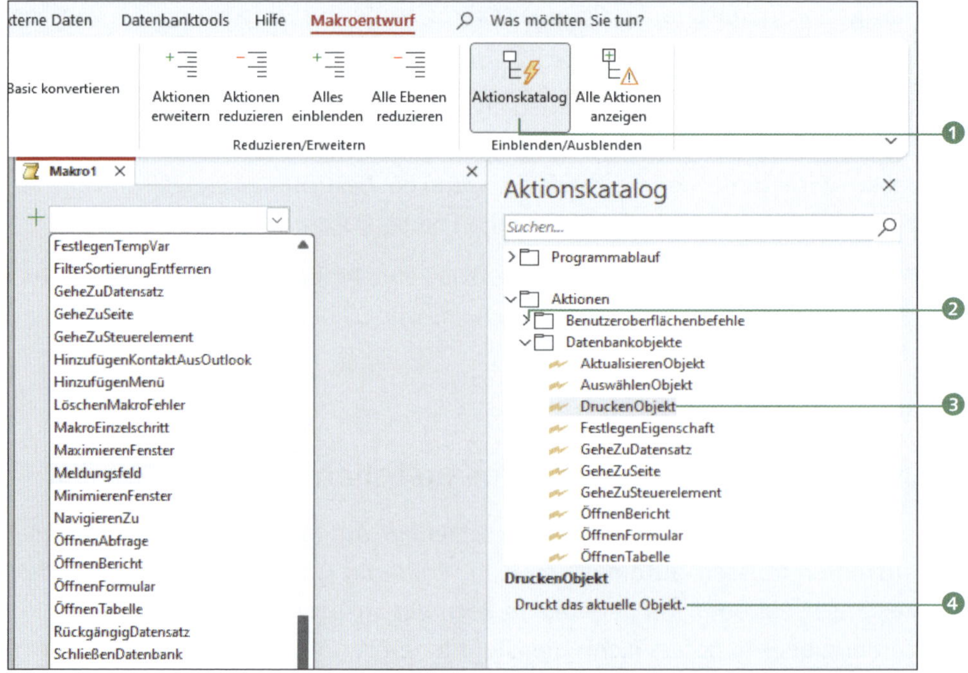

Abbildung 10.1 *Die Aktionen wählen Sie über den Aktionskatalog oder über das Feld »Neue Aktionen hinzufügen« aus.*

Über den **Aktionskatalog** erreichen Sie alle Aktionen, die in einem Makro ausgeführt werden können. Sie sind in verschiedene Kategorien wie **Benutzeroberflächenbefehle** oder auch **Datenbankobjekte** aufgeteilt. Mit einem Klick auf den nach rechts weisenden Pfeil blenden Sie die Aktionen einer Kategorie ❷ ein. Markieren Sie eine Aktion ❸, wird am unteren Rand des **Aktionskatalogs** eine Kurzbeschreibung angezeigt ❹.

Unsichere Aktionen verhindern

Das Speichern eines Berichts im PDF-Format kann man durchaus als harmlose Aktion bezeichnen. Das gilt aber nicht für alle Aktionen, die Sie über den Aktionskatalog für ein Makro auswählen können. So ist es z. B. problemlos möglich, ein Makro zum automatischen Ausführen von Anwendungen zu erstellen. Was aber, wenn es sich bei der Anwendung um eine infizierte *.exe*-Datei handelt? Damit niemand gedankenlos eine möglicherweise gefährliche Aktion wählt, blendet Access die als unsicher eingestuften Aktionen per Standardeinstellung gar nicht erst ein. Die Schaltfläche **Alle Aktionen anzeigen** im Register **Makroentwurf** ist entsprechend deaktiviert.

Alternativ zum Aktionskatalog können Sie die Aktionen auch über das Feld **Neue Aktion hinzufügen** auswählen. Nach einem Klick auf den Pfeil rechts vom Feld ❺ klappt eine alphabetisch sortierte Liste mit allen verfügbaren Aktionen auf. In unserem Beispiel werden wir beide Varianten zur Aktionsauswahl einsetzen. Führen Sie zum Erstellen des Makros nun folgende Schritte aus:

1. Falls Sie den Makro-Generator noch nicht geöffnet haben, holen Sie dies über **Erstellen • Makros und Code • Makro** nach.

2. Klicken Sie in der Schnellzugriffsleiste auf das Symbol **Speichern**, um das Makro zu sichern. Alternativ hierzu können Sie auch die Tastenkombination [Strg] + [S] drücken. Makros erhalten nach der Namenskonvention das Präfix »mcr« oder, falls Sie die deutsche Variante bevorzugen, »mak«. Für unser Beispielmakro bietet sich der Name »mcrPDFerstellen« an.

3. Klicken Sie auf den Pfeil rechts vom Feld **Neue Aktion hinzufügen**, und markieren Sie in der aufklappenden Liste das **Meldungsfeld**. Sie können den

Namen der Aktion auch direkt in das Feld eingeben und durch Drücken der Taste [↵] bestätigen.

4. Es wird nun das Meldungsfeld eingeblendet. Im Feld **Meldung** geben Sie den Text ein, der beim Ausführen des Makros angezeigt werden soll, für unser Beispiel etwa »Es wird eine PDF-Datei erzeugt.«.

5. Soll beim Einblenden des Dialogs ein Signalton ertönen, behalten Sie die Einstellung **Ja** im entsprechenden Feld bei. Da es sich bei unserer Meldung lediglich um einen Hinweis handelt, wählen Sie im Feld **Typ** die Einstellung **Information**.

6. Im Feld **Titel** geben Sie die Beschriftung ein, die in der Titelleiste der Meldung angezeigt werden soll, z. B. kurz und knapp »PDF«.

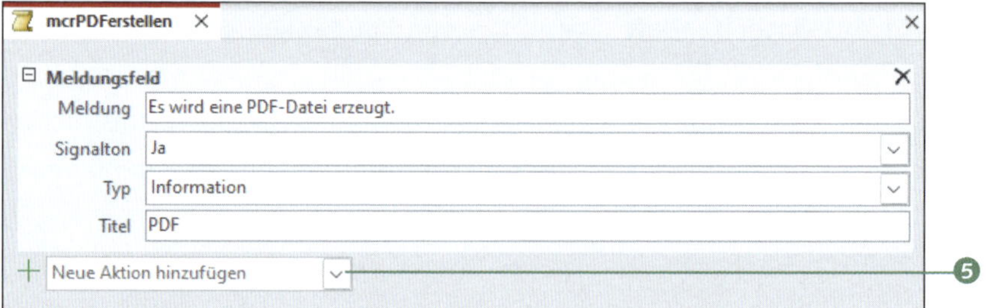

7. Damit ist bereits die erste Aktion des Makros fertiggestellt. Klicken Sie im Register **Makroentwurf** auf **Ausführen**, um es zu testen. Es sollte nun der Dialog **PDF** eingeblendet werden, den Sie mit **OK** bestätigen.

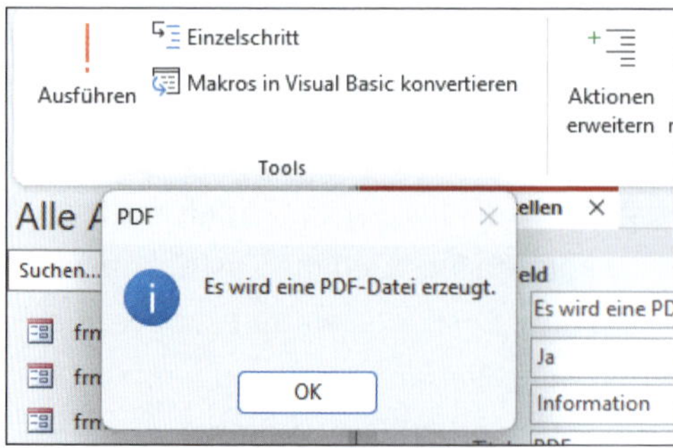

Als Nächstes fügen Sie die zweite Aktion hinzu. Hierfür wählen wir den Weg über den Aktionskatalog.

8. Blenden Sie im Bereich **Aktionen** die Aktionen für **Datenimport/-export** ein, und markieren Sie **ExportierenMitFormatierung** ❶.

9. Für das Hinzufügen haben Sie nun zwei Möglichkeiten: Sie können die Aktion per Doppelklick auf den Aktionsnamen hinzufügen, oder Sie ziehen sie per Drag & Drop nach links auf das Feld **Neue Aktion hinzufügen** ❷.

10. Wählen Sie im Feld **Objekttyp** den **Bericht** aus. Das Makro soll in unserem Beispiel an einen bestimmten Bericht gebunden werden. Klicken Sie hierzu auf den Pfeil rechts vom Feld **Objektname**, und wählen Sie den gewünschten Bericht aus. Für dieses Beispiel wählen wir **rptProduktangebot** (die Anleitung zu diesem Bericht erhalten Sie in Abschnitt 9.4, »Sortieren und Gruppieren in Berichten«).

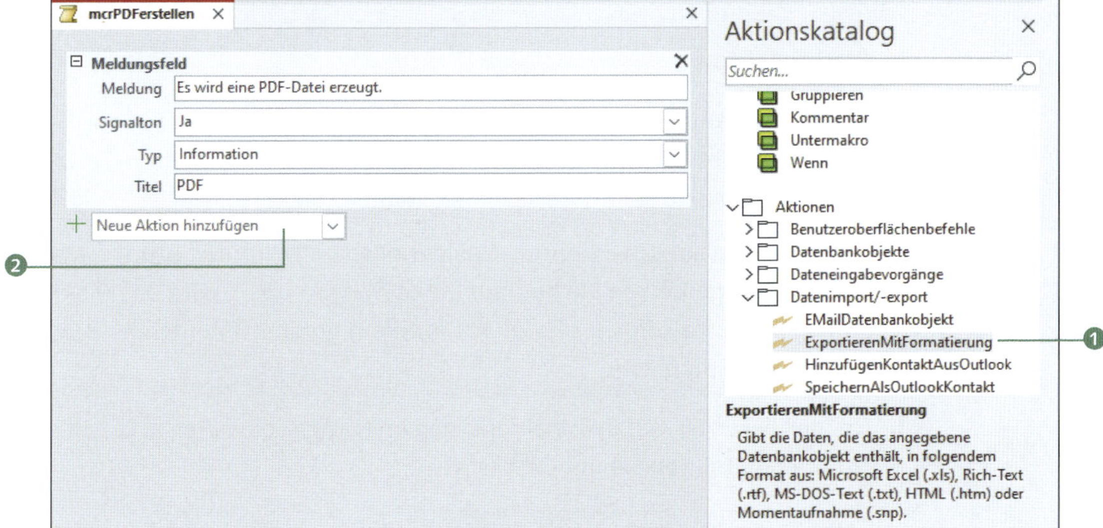

11. Klicken Sie in das Feld **Ausgabeformat**, und wählen Sie in der aufklappenden Liste das gewünschte Dateiformat aus, für unser Beispiel also **PDF-Format (*.pdf)**. Alle weiteren Felder bleiben leer bzw. behalten die Voreinstellungen bei, wie in der Abbildung unten zu sehen.

12. Damit ist auch die zweite Aktion des Makros erfolgreich erstellt. Speichern Sie die Änderungen am Makroentwurf z. B. mit der Tastenkombination [Strg] + [S].

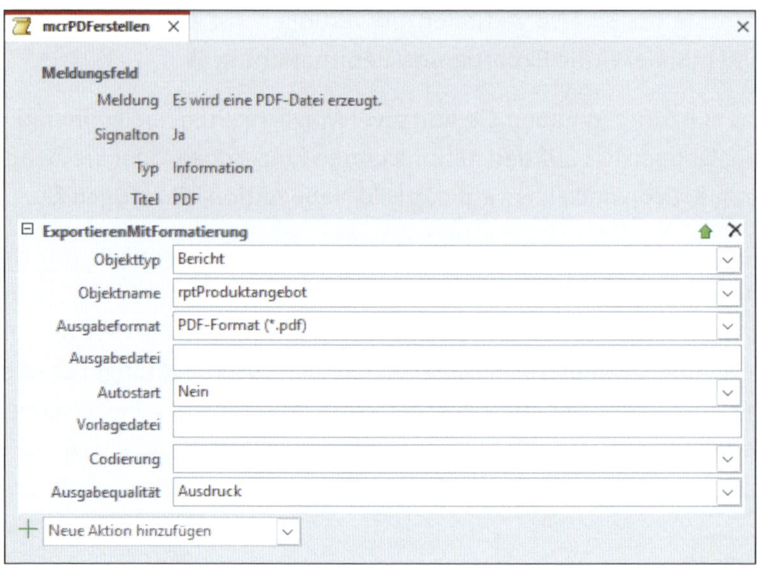

Das Makro ist damit fertig erstellt. Schließen es mit einem Klick auf das Kreuzsymbol im Registerreiter. In Abschnitt 10.1.2, »Das Makro bearbeiten«, erfahren Sie, wie Sie ein Makro schrittweise testen können.

Eigenständige Makros werden im Navigationsbereich in der Gruppe **Makros** aufgeführt. Doppelklicken Sie hier auf einen Makronamen, wird das Makro direkt ausgeführt. Sie können dies gleich mit dem gerade erstellten Makro **mcrPDFerstellen** ausprobieren.

1. Doppelklicken Sie auf den Makronamen im Navigationsbereich. Es erscheint der Dialog **PDF**, den Sie mit **OK** bestätigen.

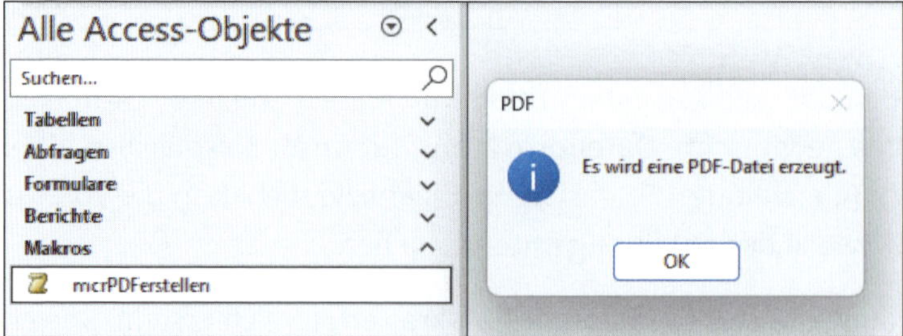

2. Anschließend öffnet Access den Dialog **Ausgabe in**. Navigieren Sie zu dem Ordner, in dem die PDF-Datei gespeichert werden soll.

3. Als Dateiname wird der Name der Berichtsdatei, hier also **rptProduktangebot**, vorgeschlagen. Diesen Namen sollten Sie überschreiben. Geben Sie einen neuen Namen ein, dem Sie am besten eine Versionsangabe hinzufügen, für unser Beispiel etwa »Produktangebot_Sept23«. Den Dateityp **PDF-Format** behalten Sie bei. Bestätigen Sie die Angaben mit **OK**.

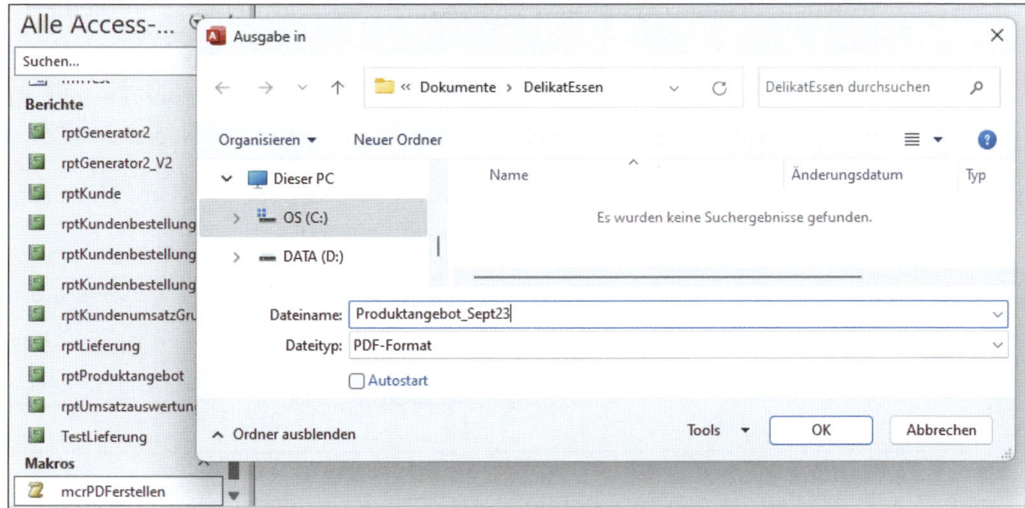

Access erstellt nun aus dem Bericht **rptProduktangebote** eine PDF-Datei mit dem Namen **Produktangebot_Sept23**. Diese enthält die aktuellen Berichtsdaten. Führen Sie das Makro später erneut aus, werden die zu jenem Zeitpunkt gültigen Daten berücksichtigt. Wenn Sie die Datei dann unter einem anderen Namen speichern, erhalten Sie quasi ein Archiv über Ihre Produktangebote. Sollten Sie das Makro versehentlich gestartet haben, klicken Sie im Dialog **Ausgabe in** einfach auf **Abbrechen**.

10.1.2 Das Makro bearbeiten

Klicken Sie ein eigenständiges Makro im Navigationsbereich doppelt an, wird es sofort ausgeführt. Falls Sie Änderungen an dem Makro vornehmen möchten, führen Sie stattdessen auf dem Makronamen einen Rechtsklick durch und wählen im Kontextmenü den Befehl **Entwurfsansicht**.

Falls im Makro-Generator nur die Namen der Aktionen aufgeführt werden, klicken Sie in der Gruppe **Reduzieren/Erweitern** des Registers **Makroentwurf** auf die Schaltfläche **Aktionen erweitern**. Markieren Sie nun eine Aktion per Mausklick, können Sie die Argumente der Aktion anpassen.

Bei der Ausführung eines Makros wird eine Aktion nach der anderen abgearbeitet. Falls Sie die Reihenfolge der Aktionen ändern möchten, nutzen Sie das grüne Pfeilsymbol [↑] bzw. [↓], um die Aktion nach oben bzw. unten zu verschieben. Über das Symbol **Löschen** [X] lässt sich eine Aktion entfernen.

Mit einem Klick auf die Schaltfläche **Ausführen** im Register **Makroentwurf** wird ein Makro direkt ausgeführt. Falls das Makro aus mehreren Aktionen besteht, ist es häufig sinnvoll, diese schrittweise zu testen. Hierzu gehen Sie folgendermaßen vor:

1. Klicken Sie im Register **Makroentwurf** in der Gruppe **Tools** auf **Einzelschritt**, um die schrittweise Ausführung zu aktivieren.

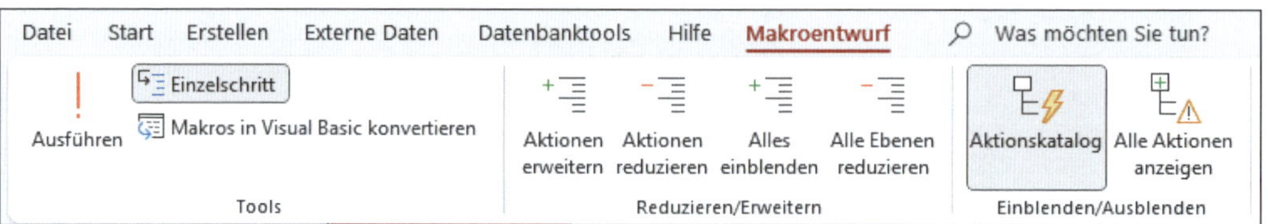

2. Klicken Sie nun auf **Ausführen**. Der Dialog **Einzelschritt** wird geöffnet. Nach einem Klick auf **Schritt** wird die im Feld **Aktionsname** aufgeführte Aktion ausgeführt. In unserem Beispiel ist dies das Meldungsfeld, das Sie mit **OK** schließen.

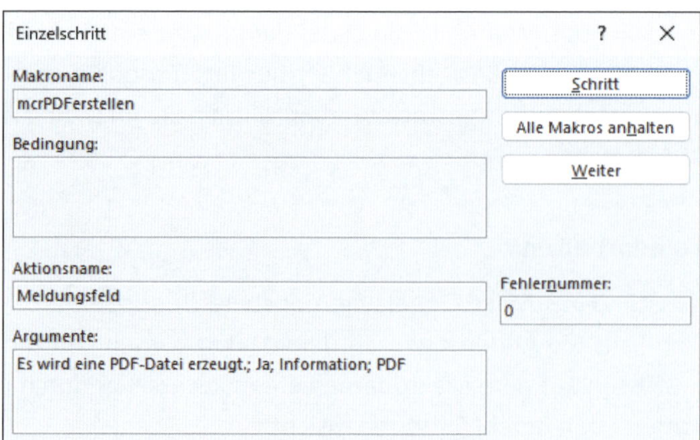

3. Es erscheint wieder der Dialog **Einzelschritt**. Dem Feld **Aktionsname** entnehmen Sie, welche Aktion als Nächstes per Klick auf **Schritt** durchgeführt wird.

In unserem Beispiel ist dies die Aktion **ExportierenMitFormatierung**. Den Dialog **Aktion ausführen**, der nun eingeblendet wird, können Sie mit **Abbrechen** schließen.

4. Um die schrittweise Ausführung wieder auszuschalten, klicken Sie erneut auf **Einzelschritt**. Diesen Schritt sollten Sie keinesfalls vergessen, denn sonst bleibt der Modus aktiv. Sollte es Ihnen doch durchrutschen und der Dialog **Einzelschritt** erscheinen, können Sie die Makroausführung mit einem Klick auf **Alle Makros anhalten** abbrechen.

Falls Sie Änderungen an den Aktionen des Makros vornehmen, müssen Sie sie anschließend speichern.

10.2 Ein eingebettetes Makro erstellen

Bei dem gerade vorgestellten Makro handelt es sich um ein eigenständiges Objekt, das sich über den Makronamen im Navigationsbereich ausführen lässt. Ein Makro kann aber auch in ein Formular oder einen Bericht eingebettet werden. Damit steht das Makro nur in dem Formular bzw. Bericht zur Verfügung.

Das Einbinden des Makros erfolgt über eine Schaltfläche, die jeweils im gewünschten Formular bzw. Bericht ergänzt wird. Als Beispiel wählen wir den Bericht **rptGenerator2** aus Abschnitt 9.3.2, »Einen Bericht mit Diagramm erstellen«.

1. Öffnen Sie den Bericht **rptGenerator2** in der Entwurfsansicht.
2. Wählen Sie im Register **Berichtsentwurf** in der Gruppe **Steuerelemente** das Steuerelement **Schaltfläche** ▭ per Mausklick aus ❶.
3. Wo Sie die Schaltfläche platzieren, ist natürlich Ihnen überlassen. In unserem Beispiel wollen wir sie rechts vom Berichtskopf **Sonderaktion – Kunden über 50** einfügen. Hierzu wird der Mauszeiger im Berichtskopf etwas rechts vom Titel positioniert ❷ und dann die linke Maustaste gedrückt.
4. Falls der **Befehlsschaltflächen-Assistent** gestartet wird, schließen Sie den Dialog mit **Abbrechen**. Wird das Eigenschaftenblatt noch nicht eingeblendet, öffnen Sie es über **Berichtsentwurf • Tools • Eigenschaftenblatt**.

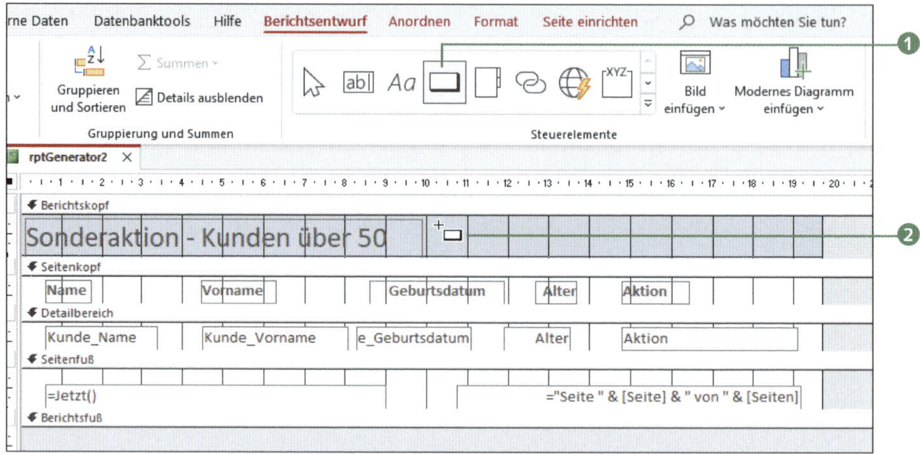

5. Stellen Sie sicher, dass in der Entwurfsansicht die gerade eingefügte Befehlsschaltfläche markiert ist. Im Register **Format** geben Sie im Feld **Beschriftung** nun einen aussagekräftigen Text ein, der auf der Schaltfläche angezeigt werden soll, für unser Beispiel etwa »PDF erstellen«. Sobald Sie ihn durch Drücken der Taste [↵] bestätigen, wird er auf der Schaltfläche angezeigt.

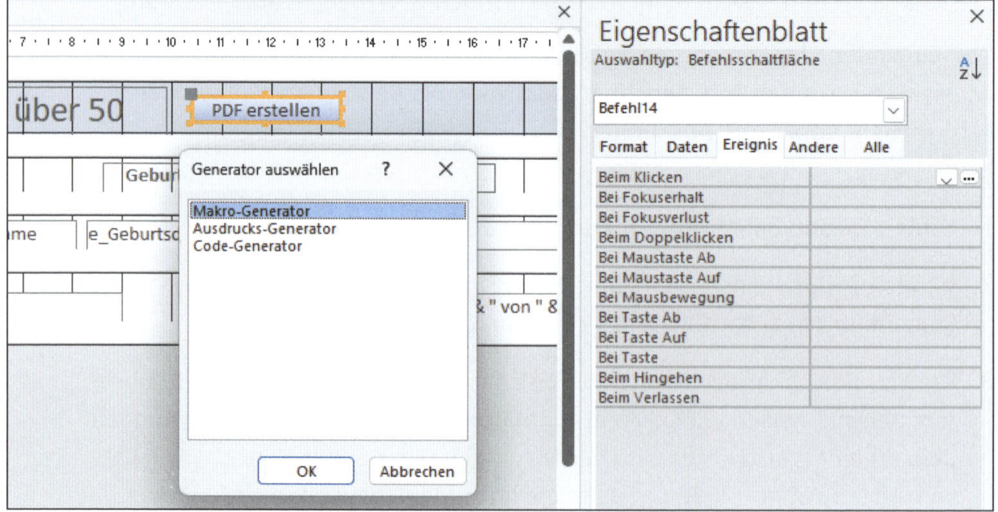

6. Wechseln Sie in das Register **Ereignis**. Hier klicken Sie in das Feld rechts von **Beim Klicken** und anschließend auf das nun sichtbare Symbol mit den drei kleinen Punkten. Es wird der Dialog **Generator auswählen** gestartet, in dem Sie den **Makro-Generator** auswählen und mit **OK** bestätigen.

7. Der Makro-Generator wird nun in einer eigenen Registerkarte geöffnet. Den Makronamen, der im Registerreiter angezeigt wird, behalten Sie bei.

8. Das Vorgehen zum Erzeugen des Makros haben Sie bereits in Abschnitt 10.1.1, »Ein Makro erzeugen«, kennengelernt. Für unser Beispiel können Sie also analog vorgehen, nur dass Sie für die Aktion **ExportierenMitFormatierung** im Feld **Objektname** dieses Mal den **rptGenerator2** auswählen.

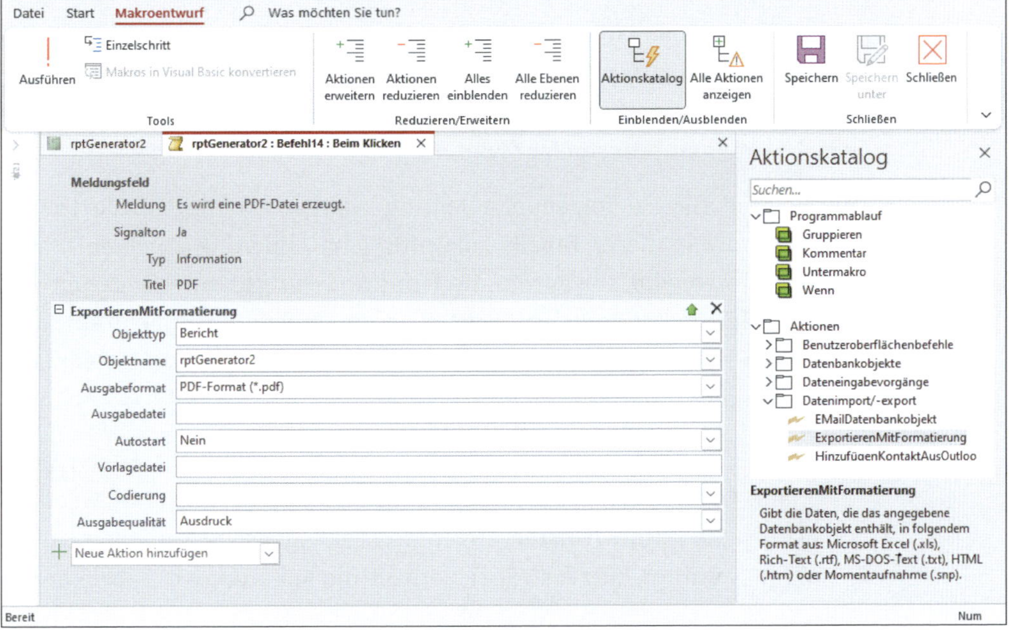

9. Haben Sie alle Aktionen hinzugefügt, beenden Sie den Makro-Generator mit einem Klick auf die Schaltfläche **Schließen** im Register **Makroentwurf**. Die Nachfrage, ob Sie die am Makro vorgenommenen Änderungen speichern und die Eigenschaften aktualisieren möchten, bestätigen Sie mit **Ja**.

10. Im **Eigenschaftenblatt** erscheint rechts von **Beim Klicken** nun **[Eingebettetes Makro]**. Falls Sie Änderungen am Makro vornehmen möchten, klicken Sie rechts davon auf das Symbol mit den drei kleinen Punkten. Hierdurch wird automatisch der Makro-Generator gestartet.

11. Speichern Sie die Änderungen am Berichtsentwurf mit der Tastenkombination `Strg` + `S`. Wechseln Sie dann in die Berichtsansicht.

In der Berichtsansicht wird im Berichtskopf die Schaltfläche angezeigt. Klicken Sie sie an, wird der Dialog **PDF** eingeblendet. Sobald dieser mit **OK** bestätigt wird, erscheint der Dialog **Ausgabe in**, in dem Sie den Speicherort auswählen und einen Dateinamen angeben, bevor Sie den Dialog mit **OK** schließen.

10.3 Das ereignisgesteuerte Datenmakro

Als letzte Makrovariante sehen wir uns das ereignisgesteuerte Datenmakro an. Ein solches Makro wird immer dann automatisch ausgeführt, wenn in einer Tabelle Daten hinzugefügt, geändert oder auch gelöscht werden, je nachdem, für welches Ereignis es festgelegt wird.

Als Beispiel für die folgende Anleitung wählen wir die Tabelle **tblProdukt**. Wann immer in dieser Tabelle zukünftig eine Änderung an einem Datensatz vorgenommen wird, soll automatisch das Änderungsdatum eingefügt werden. Das Feld für das Änderungsdatum ist in der Tabelle noch nicht enthalten, es muss also noch ergänzt werden. Erst dann erzeugen wir das Datenmakro. All dies funktioniert so:

1. Öffnen Sie die Tabelle **tblProdukt** in der Entwurfsansicht. Fügen Sie in der Spalte **Feldname** den Eintrag **Produkt_Aenderung** hinzu. Als Felddatentyp wählen Sie **Datum/Uhrzeit** aus In den Feldeigenschaften legen Sie als **Format** das **Datum, kurz** fest. Speichern Sie die Änderung am Tabellenentwurf.

2. Klicken Sie im Register **Tabellenentwurf** in der Gruppe **Feld-, Datensatz- und Tabellenereignisse** auf **Datenmakros erstellen**. In der aufklappenden Liste wählen Sie dann **Vor Änderung**.

3. Es wird der Makro-Generator gestartet. Der Name des Makros, der im Registerreiter angezeigt wird, sollte nicht geändert werden. Wählen Sie im Feld **Aktion hinzufügen** die Aktion **FestlegenFeld** aus.

4. Im Feld **Name** geben Sie den Feldnamen des gerade hinzugefügten Feldes an, also **Produkt_Aenderung**. Sobald Sie die ersten Buchstaben tippen, blendet Access bereits alle auswählbaren Felder ein, so dass Sie das gewünschte bequem per Mausklick markieren können.

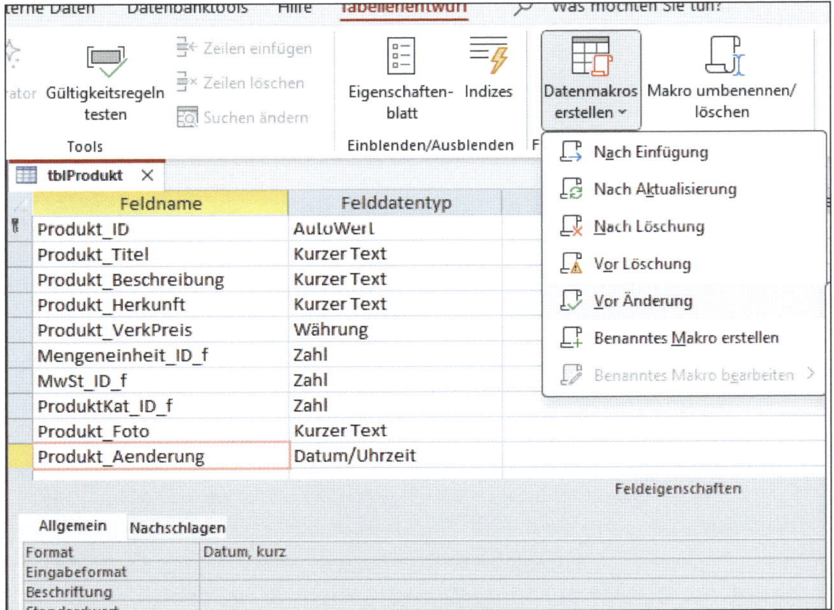

5. Im Feld **Produkt_Aenderung** soll nach jeder Änderung an einem Datensatz automatisch das aktuelle Datum eingetragen werden. Dies erledigt die Formel `=Jetzt()`, die Sie im Feld **Wert** eintragen.

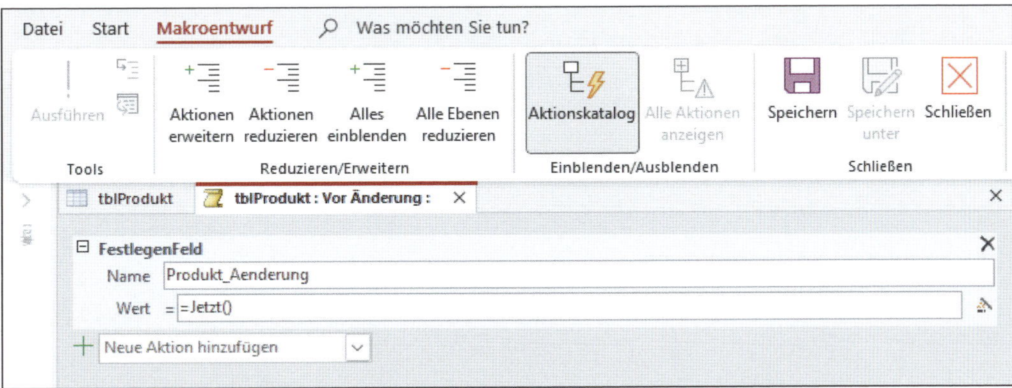

6. Klicken Sie im Register **Makroentwurf** in der Gruppe **Schließen** auf die Schaltfläche **Schließen**. Die folgende Nachfrage, ob Sie die am Makro vorgenommenen Änderungen speichern und die Eigenschaften aktualisieren möchten, bestätigen Sie mit **Ja**.

Falls Sie an den Aktionen eines ereignisgesteuerten Datenmakros Korrekturen vornehmen möchten, gehen Sie folgendermaßen vor:

1. Öffnen Sie die Tabelle, die das Datenmakro enthält, in der Datenblattansicht, hier also die Tabelle **tblProdukt**.
2. Wechseln Sie in das Register **Tabelle**. Hier finden Sie die beiden Gruppen **Vorabereignisse** sowie **Nachfolgeereignisse**. Das Ereignis, für das ein Datenmakro erstellt wurde, wird hier hervorgehoben. In unserem Beispiel gilt dies für **Vor Änderung**. Klicken Sie auf die Schaltfläche.

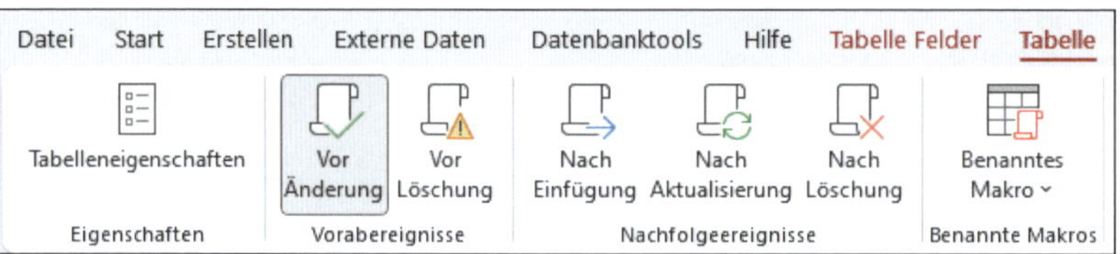

3. Es startet der bereits bekannte Makro-Generator, in dem Sie nun die gewünschten Änderungen vornehmen können. Um sie zu speichern, klicken Sie im Register **Makroentwurf** auf **Schließen** und bestätigen die Nachfrage mit **Ja**.

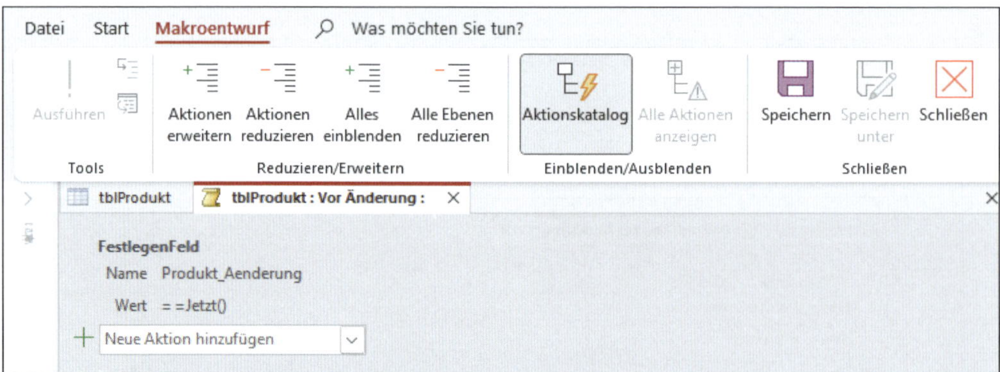

4. Falls Sie ein Datenmakro löschen möchten, klicken Sie im Register **Tabelle** auf die Schaltfläche **Benanntes Makro** und in der aufklappenden Liste auf **Makro umbenennen/löschen**.
5. Es öffnet sich der Dialog **Datenmakro-Manager** mit einer Liste aller Tabellen, die Datenmakros enthalten. Um ein Makro zu entfernen, klicken Sie in der entsprechenden Zeile auf **Löschen**.

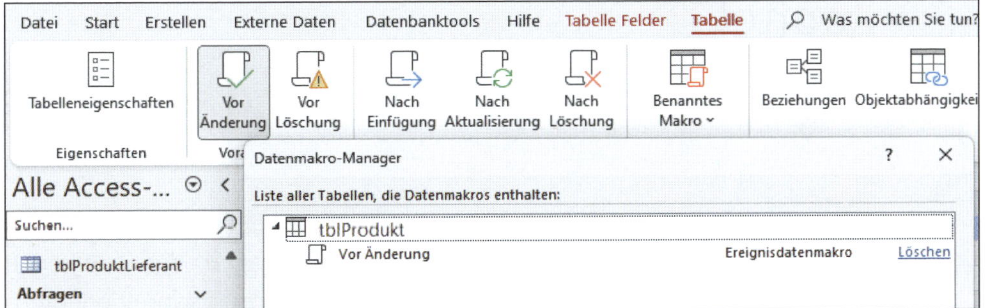

Feld in Formular oder Bericht hinzufügen und sperren

Wann immer Änderungen an einem Datensatz der Tabelle **tblProdukt** vorgenommen werden, wird im Feld **Produkt_Aenderung** das Datum der Änderung eingefügt. Dabei ist es unerheblich, ob die Änderung in der Datenblattansicht der Tabelle vorgenommen wurde oder beispielsweise über ein Formular. Soll das Änderungsdatum auch in einem bereits bestehenden Formular oder Bericht aufgeführt werden, müssen Sie das entsprechende Feld **Produkt_Aenderung** noch hinzufügen. Wie Sie hierzu vorgehen, haben wir bereits im Zusammenhang mit den Formularen in Kapitel 7 und den Berichten in Kapitel 9 beschrieben. Damit niemand Änderungen in diesem Feld vornehmen kann, sollten Sie es sperren. Markieren Sie es hierzu in der Layout- oder auch Entwurfsansicht des Formulars bzw. Berichts. Öffnen Sie das **Eigenschaftenblatt**. Im Register **Daten** stellen Sie im Feld **Aktiviert** ein **Nein** ein und im Feld **Gesperrt** ein **Ja**. Vergessen Sie nicht, die Änderungen z. B. mit [Strg] + [S] zu sichern.

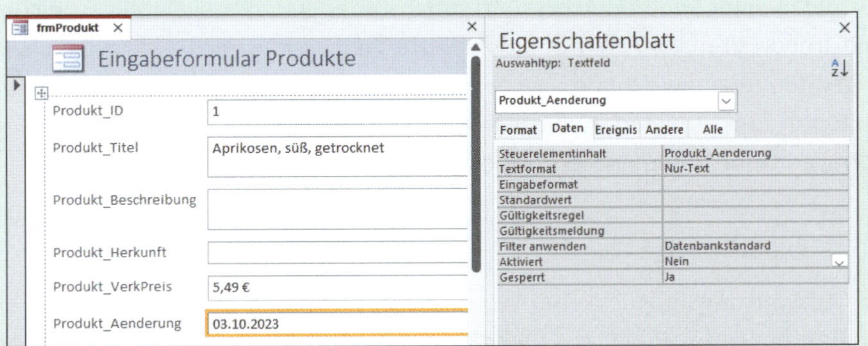

Abbildung 10.2 *Damit niemand das Änderungsdatum ändern kann, sollten Sie über das Eigenschaftenblatt das Feld sperren.*

Kapitel 11
Datenbankoptimierung und -wartung

Auch wenn eine Datenbank vermeintlich fertig ist, gibt es immer wieder etwas zu tun. So benötigen Sie die Daten aus Tabellen, Abfragen oder auch Berichten eventuell in anderen Programmen. Ein solcher Export ist schnell erledigt, wie wir Ihnen gleich im ersten Abschnitt zeigen.

Ein Navigationsformular, das direkt beim Start der Datenbank geöffnet wird, kann wiederum die Nutzung von Formularen, Berichten und mehr erleichtern. Wie Sie ein solches Formular anlegen, erfahren Sie in Abschnitt 11.2, »Ein Navigationsformular erstellen«.

Access bietet einige interessante Datenbanktools, mit denen Sie Ihre Datenbank optimieren und analysieren können. Auch sie werden wir im Verlauf dieses Kapitels vorstellen. Den Abschluss macht ein kleiner Überblick über die wichtigsten Optionen von Access. Unter anderem erfahren Sie, wie Sie Ihre Datenbank mit einem Kennwort schützen können, so dass nicht jeder Zugriff auf die sensiblen Daten hat.

11.1 Daten exportieren

In Abschnitt 5.2, »Daten importieren«, haben Sie bereits erfahren, wie Sie Daten, die in einer anderen Access-Datenbank oder einer Excel-Datei gespeichert sind, importieren können. Der umgekehrte Weg ist natürlich auch möglich. Im Folgenden zeigen wir Ihnen, wie der Export nach Excel, in eine PDF- und in eine Textdatei funktionieren. Außerdem erfahren Sie, wie Sie die Ergebnisse einer Abfrage in einer neuen Access-Tabelle speichern können.

11.1.1 Export nach Excel

Die Auswertungsmöglichkeiten von Access sind überschaubar. Hier hat ein Programm wie Excel weitaus mehr zu bieten. Aus diesem Grund besteht häufig der Wunsch, die Daten einer Access-Tabelle oder auch die Ergebnisse einer

Abfrage in eine Excel-Datei zu übertragen. Das Exportieren ist schnell erledigt. Der Export-Dialog lässt sich auf zweierlei Weise öffnen:

- Öffnen oder markieren Sie die zu exportierende Tabelle oder Abfrage über den Namen im Navigationsbereich. Rufen Sie dann das Register **Externe Daten** auf. In der Gruppe **Exportieren** finden Sie nun alle Exportmöglichkeiten. Klicken Sie auf **Excel**.
- Klicken Sie die gewünschte Tabelle oder Abfrage im Navigationsbereich mit der rechten Maustaste an. Im Kontextmenü wählen Sie nun **Exportieren • Excel**.

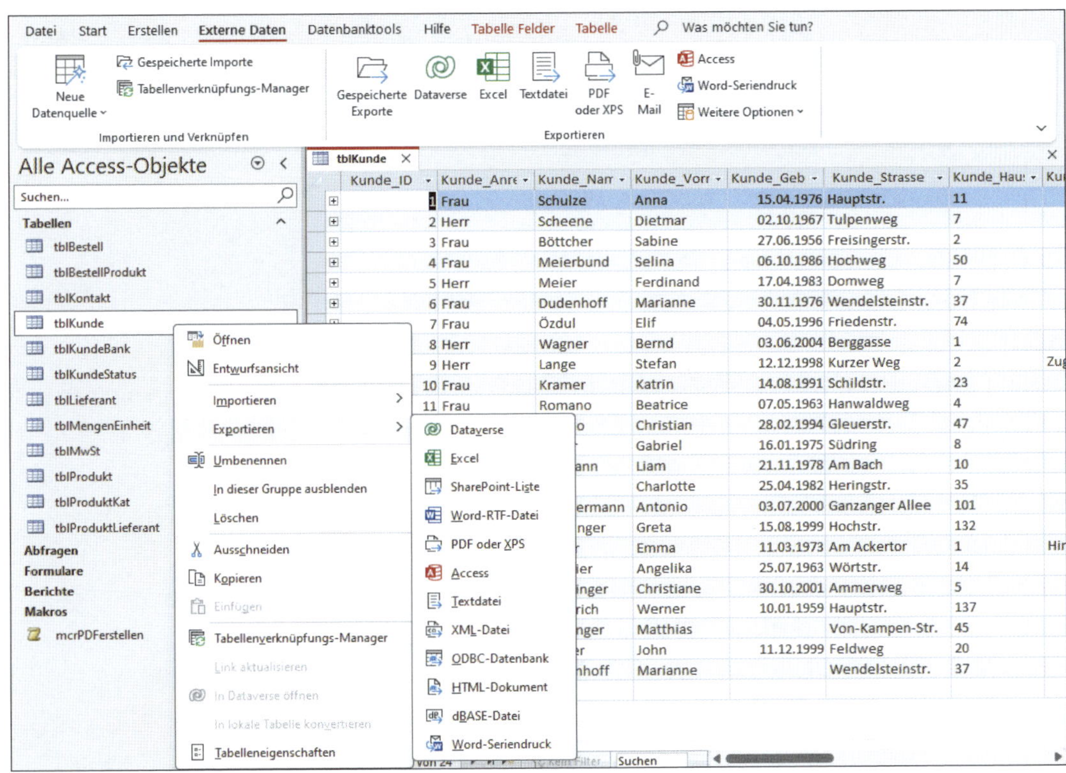

Abbildung 11.1 *Der Export nach Excel oder in andere Formate lässt sich über das Register »Externe Daten« oder das Kontextmenü eines Objekts starten.*

Nach der Auswahl von Excel öffnet sich der Dialog **Exportieren – Excel Tabelle**. Hier geht es folgendermaßen weiter:

1. Klicken Sie auf **Durchsuchen**, und navigieren Sie im Dialog **Datei speichern** zu dem Verzeichnis, in dem die Datei abgespeichert werden soll.
2. Als Dateiname schlägt Access den Namen der Tabelle oder der Abfrage vor. Sie können ihn übernehmen oder natürlich auch ändern. Schließen Sie den Dialog dann mit **Speichern**.
3. Falls die Formatierung und das Layout beim Export übernommen werden sollen, versehen Sie das entsprechende Kontrollkästchen mit einem Häkchen. Bestätigen Sie Ihre Angaben mit **OK**.

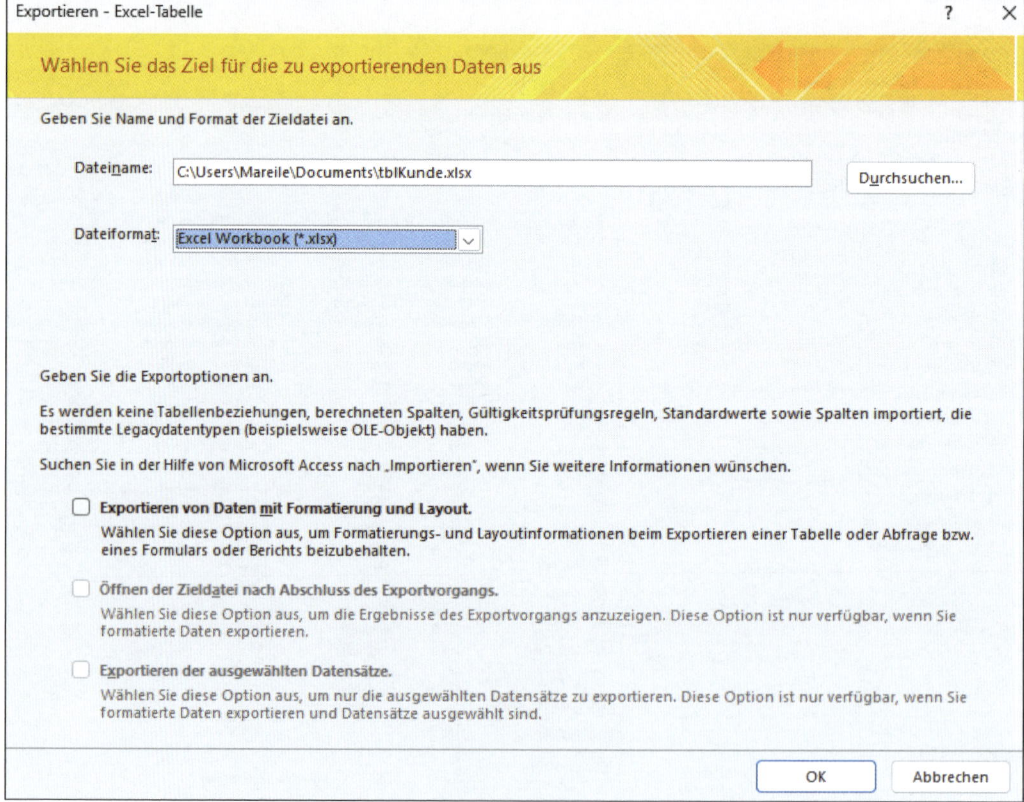

4. Falls Sie den Export der ausgewählten Tabelle oder Abfrage häufiger ausführen, bietet Ihnen Access nun die Möglichkeit, die Exportschritte zu speichern. Da die Schritte aber so schnell erledigt sind, ist dies im Grunde genommen nicht notwendig. Mit einem Klick auf **Schließen** beenden Sie den Exportvorgang.

Die Excel-Datei steht nun im angegebenen Verzeichnis zur weiteren Bearbeitung zur Verfügung. Es ist übrigens auch möglich, nur eine Auswahl an Datensätzen der Access-Tabelle oder -Abfrage zu exportieren. Markieren Sie hierzu den Datensatzmarkierer des ersten Datensatzes, der exportiert werden soll. Ziehen Sie den Mauszeiger nun mit gedrückter linker Maustaste nach unten, bis alle gewünschten Datensätze markiert sind. Wählen Sie **Externe Daten • Exportieren • Excel**. Legen Sie den Speicherort und den Dateinamen fest. Aktivieren Sie außerdem **Exportieren von Daten mit Formatierung und Layout**, damit beim Export auch die Formatierung und das Layout der Tabelle beibehalten werden. Anschließend lässt sich auch das Kontrollkästchen **Exportieren der ausgewählten Datensätze** mit einem Häkchen versehen. Bestätigen Sie nun mit **OK**, werden nur die markierten Datensätze nach Excel exportiert.

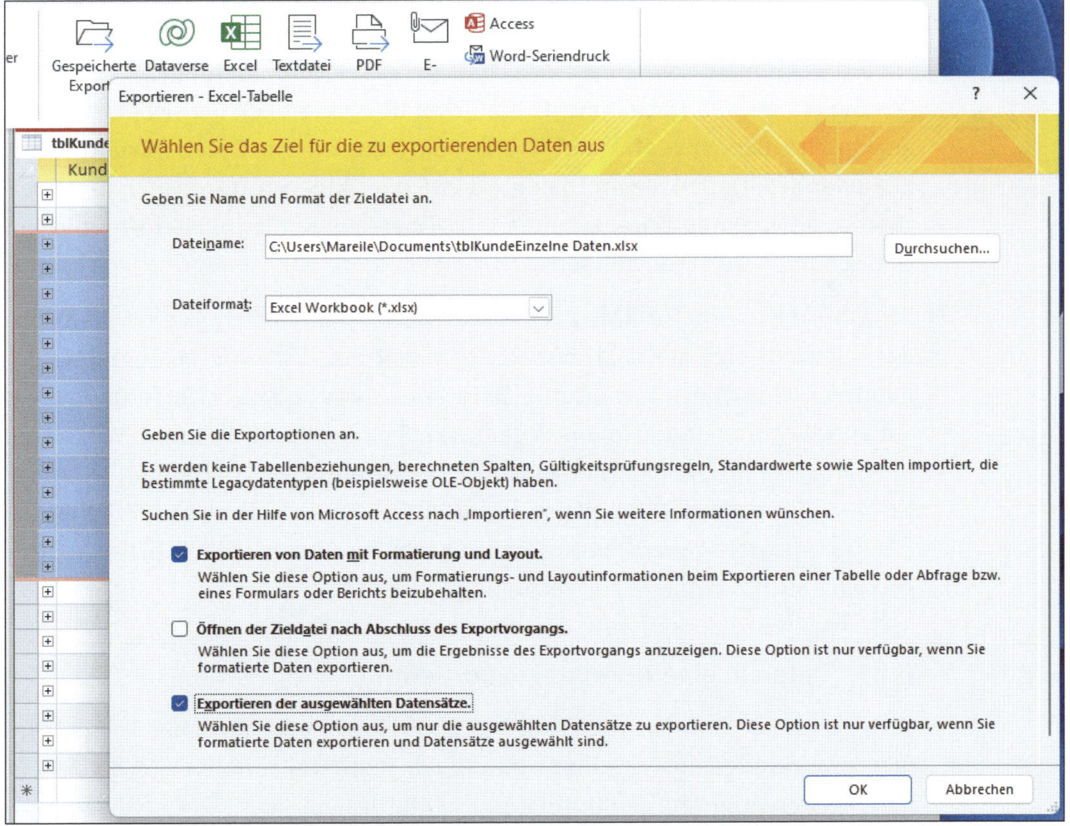

Abbildung 11.2 *Falls nur ausgewählte Datensätze exportiert werden sollen, müssen Sie sie zuvor in der Tabelle oder Abfrage markieren.*

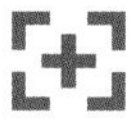

Daten per Copy & Paste nach Word, PowerPoint und Co. exportieren

Umfangreiche Tabellen oder Abfragen in ein Programm wie Word, PowerPoint oder auch OneNote zu exportieren, ist meist kein guter Gedanke. Handelt es sich aber über eine überschaubare Anzahl an Feldern und Datensätzen, ist das Einfügen mit Copy & Paste, also Kopieren & Einfügen, schnell erledigt. Markieren Sie hierzu einfach die gewünschten Datensätze, und drücken Sie dann die Tastenkombination `Strg` + `C`, um die Daten zu kopieren. Wechseln Sie anschließend zu der Anwendung, in der die kopierten Daten eingefügt werden sollen. Dort drücken Sie zum Einfügen die Tastenkombination `Strg` + `V`.

11.1.2 Export als PDF -Datei

Ein fertiger Bericht soll schnell als PDF-Datei gespeichert werden? Oder benötigen Sie ihn als XPS-Datei? Nichts einfacher als das. Stellen Sie sicher, dass der gewünschte Bericht geöffnet ist. Wählen Sie dann **Externe Daten • Exportieren • PDF oder XPS**. Geben Sie im Dialog **Als PDF oder XPS veröffentlichen** den Speicherort sowie einen Dateinamen an, und bestätigen Sie mit **Veröffentlichen**. Und schon ist die PDF-Datei fertig.

Bei *XPS* (Abkürzung für XML Paper Specification) handelt es sich übrigens um das Microsoft-eigene Konkurrenz-Dateiformat des doch weitaus häufiger genutzten PDF-Formats. Wie die PDF-Datei wird auch die XPS-Datei formatgetreu auf allen Geräten dargestellt und gedruckt. Falls Sie das XPS-Format vorziehen, müssen Sie es im Dialog **Als PDF oder XPS veröffentlichen** als **Dateityp** auswählen. Auf die beschriebene Weise lassen sich natürlich nicht nur Berichte als PDF-Datei exportieren. Die Möglichkeit steht Ihnen auch für Tabellen, Abfragen oder auch Formulare zur Verfügung.

11.1.3 Daten in eine Textdatei exportieren

Wenn es um den Austausch einfach strukturierter Daten zwischen verschiedenen Anwendungen geht, kommt häufig die Textdatei zum Einsatz, da sie von den meisten Programmen unterstützt wird. Dies gilt auch für Access. So können Sie z. B. eine Tabelle oder auch Abfrage als *.txt*- oder *.cvs*-Datei exportieren.

1. Öffnen oder markieren Sie die gewünschte Tabelle oder auch Abfrage im Navigationsbereich. Wählen Sie dann **Externe Daten • Exportieren • Textdatei**.
2. Legen Sie nach einem Klick auf **Durchsuchen** den Speicherort und den Dateinamen für die Textdatei fest. Übernehmen Sie die Angaben mit **Speichern**.
3. Im Dialog **Exportieren – Textdatei** aktivieren Sie dieses Mal nicht **Exportieren von Daten mit Formatierung und Layout**. Fahren Sie mit **OK** fort.

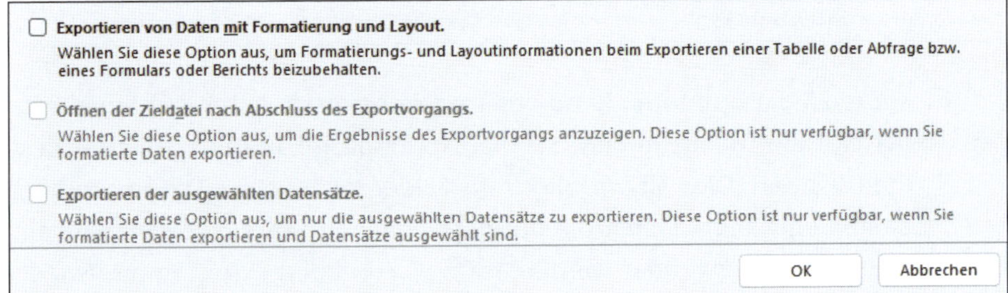

4. Der Textexport-Assistent wird gestartet. Wählen Sie hier zunächst aus, ob die Daten mit Trennzeichen oder fester Breite exportiert werden sollen. Meist ist die voreingestellte Option **Mit Trennzeichen** die beste Wahl. Fahren Sie mit **Weiter** fort.

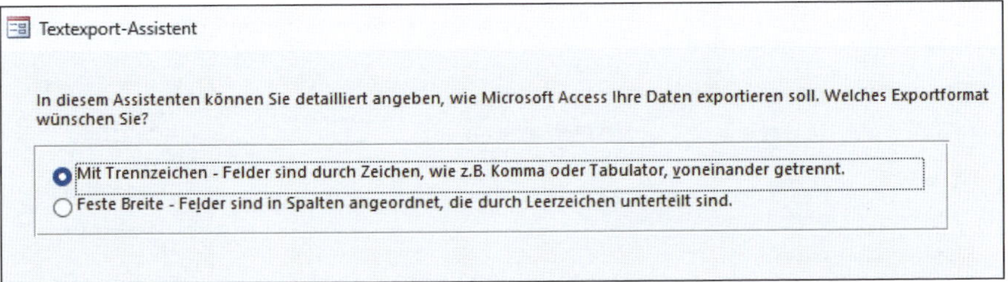

5. Wählen Sie das Trennzeichen aus. Per Standardeinstellung ist die Option **Semikolon** aktiviert. Sollen die Feldnamen beim Export berücksichtigt werden, versehen Sie das Kontrollkästchen vor **Feldnamen in erste Zeile einbeziehen** mit einem Häkchen. Im Feld **Textqualifizierer** legen Sie fest, ob Textfelder durch doppelte Anführungszeichen eingerahmt werden sollen.

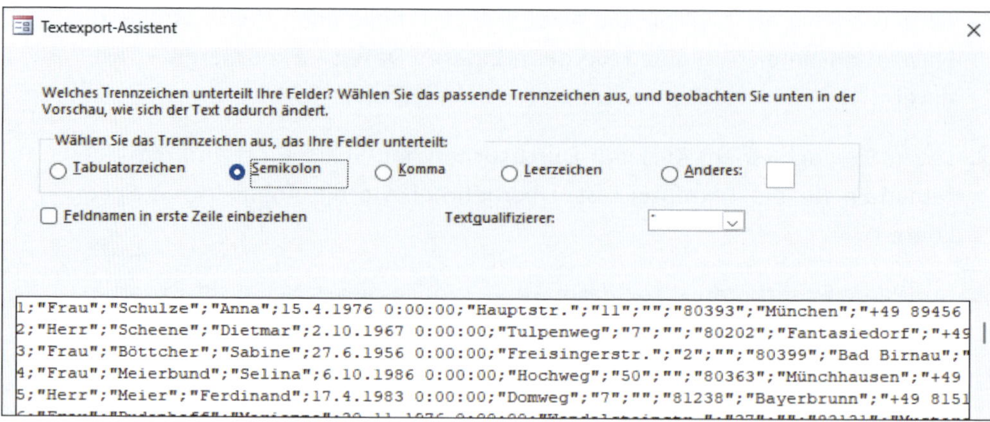

6. Klicken Sie am unteren Rand des Textexport-Assistenten auf **Erweitert**, öffnet sich ein Dialog, in dem Sie die Exportspezifikation detaillierter bestimmen können. Dies ist vor allem für Felder wichtig, die Datumswerte oder Zahlen enthalten. Durch die unterschiedlichen Schreibweisen, die von Anwendungen verwendet werden, kann es hier beim Export immer wieder zu Problemen kommen. Welche Einstellungen Sie verwenden, hängt davon ab, in welcher Anwendung Sie die Textdatei anschließend nutzen möchten. Bestätigen Sie Ihre Auswahl mit **OK**.

7. Fahren Sie im **Textexport-Assistenten** mit **Weiter** fort. Mit einem Klick auf **Fertig stellen** beenden Sie den Assistenten.

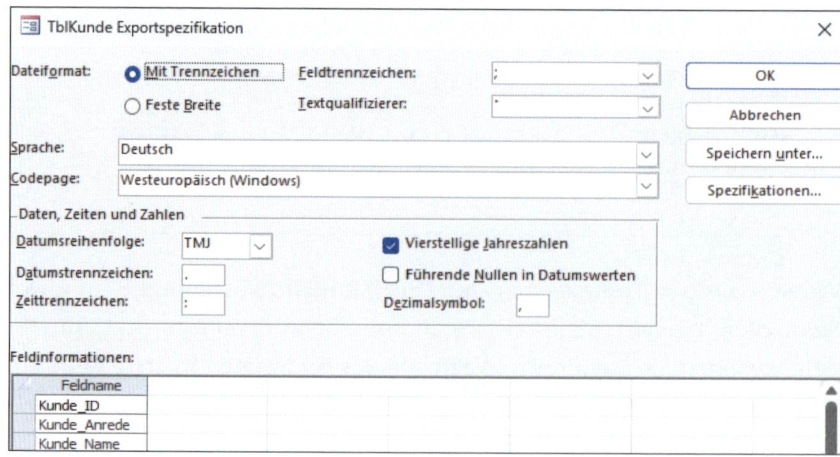

11.1.4 Abfrageergebnis in einer neuen Access-Tabelle speichern

Sie benötigen das Ergebnis einer Abfrage in einer neuen Tabelle zur weiteren Bearbeitung? In Access lässt sich dies schnell umsetzen:

1. Öffnen Sie die Abfrage, deren Ergebnisse Sie in eine Tabelle einfügen möchten, in der Entwurfsansicht. Für unser Beispiel wählen wir die Abfrage **qryLieferantenstruktur**. Wie Sie sie erstellen, haben wir in Abschnitt 6.3.1, »Tabellen und Felder auswählen, Beziehungen überprüfen«, gezeigt.
2. Klicken Sie im Register **Abfrageentwurf** in der Gruppe **Abfragetyp** auf **Tabelle erstellen**.

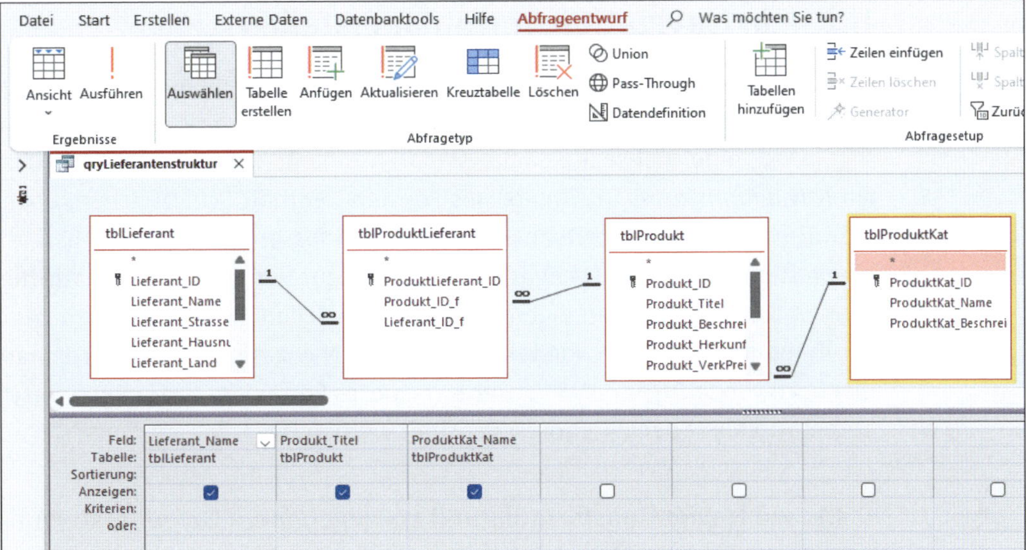

3. Es öffnet sich der Dialog **Neue Tabelle erstellen**. Geben Sie hier den Namen für die neue Tabelle ein, etwa »tblLieferantenstruktur«.
4. Falls die Tabelle in der aktuell geöffneten Datenbank gespeichert werden soll, behalten Sie die Option **Aktuelle Datenbank** bei. Benötigen Sie die Tabelle in einer anderen Datenbank, aktivieren Sie **Andere Datenbank**. Nach einem Klick auf **Durchsuchen** navigieren Sie im folgenden Dialog zum Speicherort der anderen Datenbank. Markieren Sie die Datenbankdatei, und bestätigen Sie mit **OK**. Der Pfad zur Datenbank wird nun im Dialog **Neue Tabelle erstellen** eingeblendet.

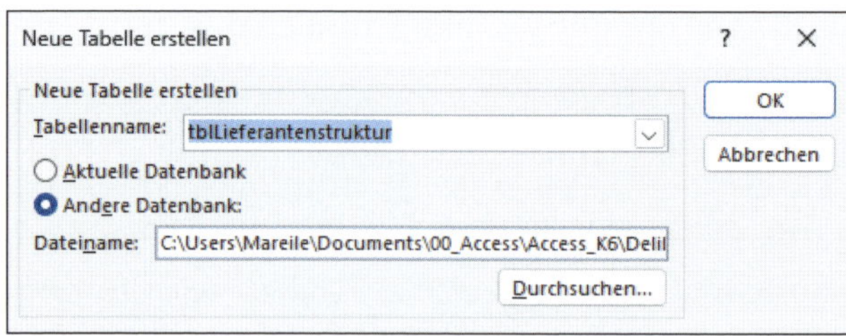

Je nach gewählter Aktion wird die neue Tabelle nun in der geöffneten oder in der anderen Datenbank erzeugt.

11.2 Ein Navigationsformular erstellen

Eine Datenbank verfügt meist über eine Vielzahl an Tabellen, Abfragen, Formularen und Berichten. Falls Sie anderen Anwender*innen, aber natürlich auch sich selbst, eine mühselige Suche ersparen möchten, erstellen Sie am besten ein *Navigationsformular*. Ein solches Formular enthält Schaltflächen, über die sich die benötigten Datenbankobjekte öffnen lassen. Access stellt bereits einige fertige Layouts für Navigationsformulare zur Verfügung. Alternativ hierzu können Sie aber auch ein eigenes Formular erstellen. Beide Varianten werden wir Ihnen im Folgenden vorstellen. Statt von Navigationsformular ist manchmal auch von *Startformular* die Rede, da dieses Formular – sofern gewünscht – automatisch mit der Datenbank geöffnet werden kann.

11.2.1 Ein Navigationsformular mit vorgegebenem Layout erstellen

Access stellt einige Layouts für Navigationsformulare bereit. Jedes Formular besteht dabei aus mehreren Registerkarten, die sich jeweils über eigene Reiter einblenden lassen. Per Klick auf einen Registerreiter wird der Inhalt des entsprechenden Datenbankobjekts angezeigt.

Wählen Sie eines der einfachen Layouts, werden die Register des Navigationsformulars auf einer Ebene untereinander (sprich vertikal) oder auch nebeneinander (also horizontal) angezeigt. Die etwas komplexere Variante an Layouts ermöglicht eine Anordnung der Registerkarten auf zwei Ebenen. Im folgenden Beispiel werden wir ein Navigationsformular mit auf zwei Ebenen angeordneten Registerkarten erstellen.

1. Klicken Sie im Register **Erstellen** in der Gruppe **Formulare** auf die Schaltfläche **Navigation**. In der aufklappenden Liste markieren Sie das gewünschte Layout. Für unser Beispiel wählen wir **Horizontale Registerkarten, 2 Ebenen**.

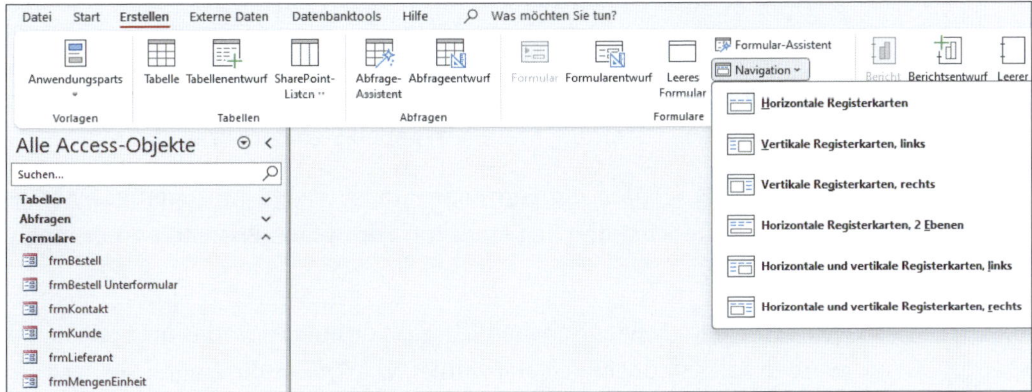

2. Das Formular wird nun erzeugt und in der Layoutansicht angezeigt. Um es zu speichern, klicken Sie in der Schnellzugriffsleiste auf **Speichern** und geben dann im Dialog **Speichern unter** einen Formularnamen an. Falls Sie es bei dem einen Navigationsformular belassen wollen, können Sie den vorgegebenen Namen übernehmen. Für unser Beispiel wählen wir den Namen »frmNavigation_1«. Bestätigen Sie mit **OK**.

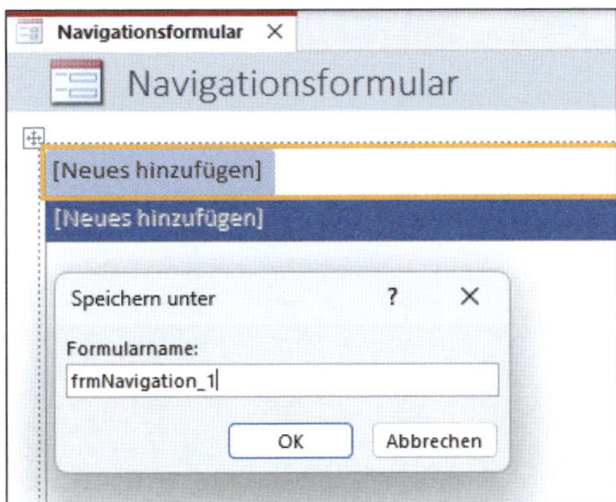

Im Navigationsformular sind die Registerkarten auf zwei Ebenen verteilt. Die obere Ebene ist hellblau gefärbt. Bei ihr handelt es sich um die Hauptebene, in der wir die beiden Rubriken »Formulare« und »Berichte« festlegen. In der unteren, dunkelblau gefärbten Ebene sollen dann jeweils die dazugehörigen Formulare bzw. Berichte hinzugefügt werden.

3. Um den ersten Rubrikentitel zu ergänzen, doppelklicken Sie auf den hellblau hinterlegten Registerreiter mit der Bezeichnung **[Neues hinzufügen]**. Geben Sie für unser Beispiel »Formulare« ein, und bestätigen Sie die Eingabe durch Drücken der Taste [↵].

4. Der Registerreiter **Formulare** wird nun ebenfalls dunkelblau gefärbt. Rechts davon erscheint ein neuer Reiter mit der Bezeichnung **[Neues hinzufügen]**. Wiederholen Sie Schritt 3. Diese Mal geben Sie »Berichte« ein.

5. Als Nächstes werden die Formulare und Berichte hinzugefügt. Markieren Sie hierzu zunächst den Registerreiter **Formulare**. Er sollte nun orange umrahmt sein.

6. Wählen Sie im Navigationsbereich das Formular aus, das als Erstes ergänzt werden soll. Für unser Beispiel wählen wir **frmKunde**. Ziehen Sie das Formular mit gedrückter linker Maustaste aus dem Navigationsbereich auf den mit **[Neues hinzufügen]** beschrifteten Registerreiter direkt unterhalb von **Formulare**. Lassen Sie die Maustaste los.

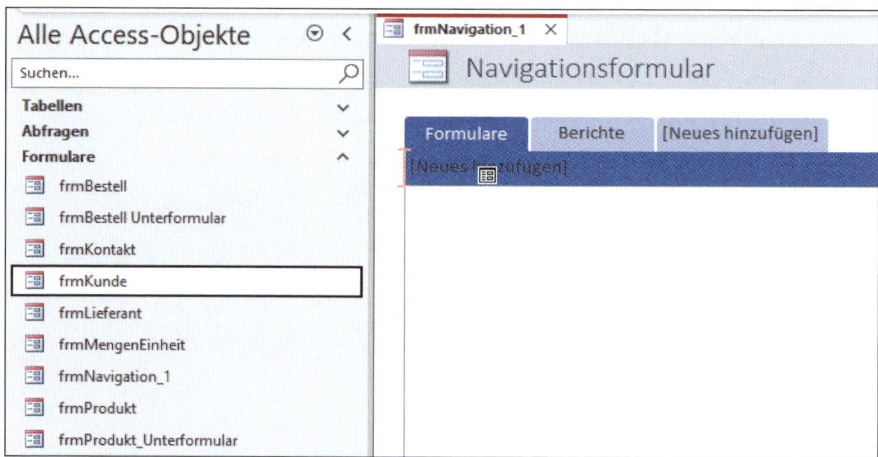

7. Unterhalb von **Formulare** erscheint nun der Formularname **frmKunde**. Direkt darunter wird der Inhalt des Formulars angezeigt. Rechts von **frmKunde** ist jetzt eine neue Registerkarte mit der Bezeichnung **[Neues hinzufügen]** verfügbar. Ergänzen Sie hier das nächste Formular, für unser Beispiel **frmLieferant**, indem Sie es aus dem Navigationsformular auf den neuen Registerreiter ziehen. Analog können Sie weitere Formulare hinzufügen.

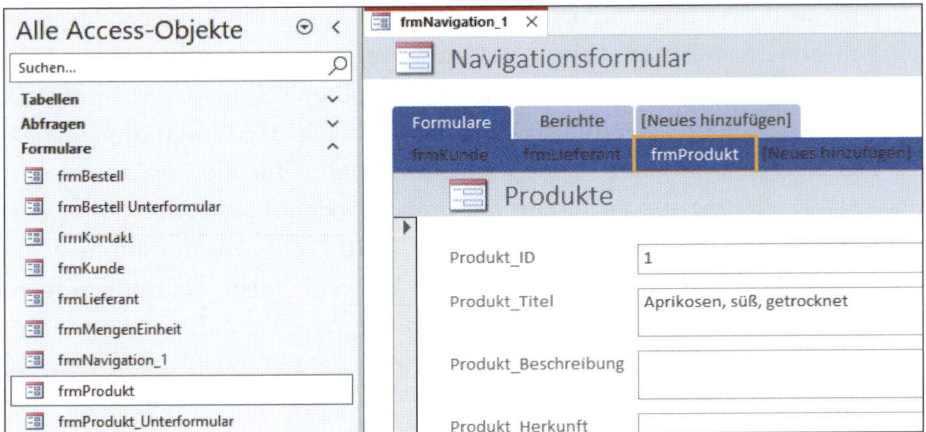

8. Die Berichte werden auf die gleiche Weise hinzufügt. Markieren Sie hierzu zunächst den Registerreiter **Berichte**. Wählen Sie dann den ersten Bericht aus, etwa **rptProduktangebot**, und ziehen Sie ihn auf den Registerreiter **[Neues hinzufügen]** in der zweiten Ebene. Sobald Sie die Maustaste loslassen, erscheint im Registerreiter der Name des Berichts. Darunter ist der Inhalt des Berichts zu sehen.

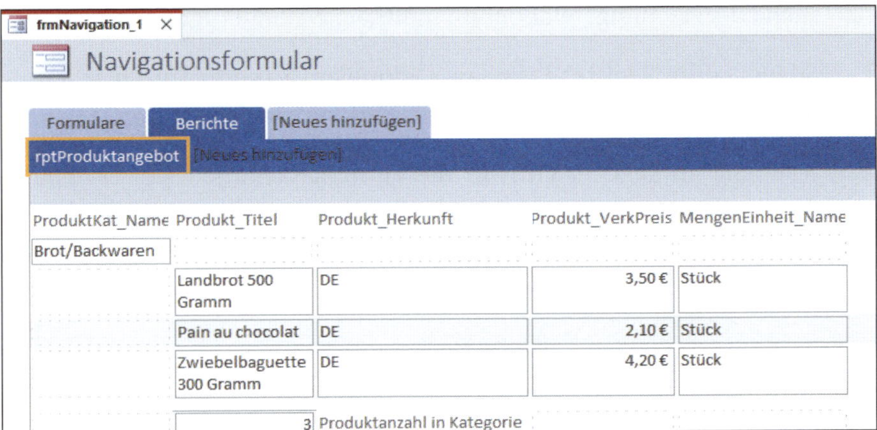

9. Speichern Sie das Navigationsformular z. B. mit der Tastenkombination Strg + S, und wechseln Sie in die Formularansicht, um das Formular auszuprobieren.

Falls Sie die Hintergrundfarbe der Registerreiter und die Farbe der Beschriftungen ändern möchten, kehren Sie zur Layoutansicht zurück. Sobald Sie hier einen Registerreiter der ersten oder auch zweiten Ebene markiert haben, können Sie ihn über die Formatmöglichkeiten im Register **Format** anpassen. Auch das **Eigenschaftenblatt** können Sie wie gewohnt für die Gestaltung nutzen. Falls Sie ein Register entfernen möchten, markieren Sie es ebenfalls per Klick auf den Registerreiter. Ein Drücken der Taste `Entf` reicht, und es wird aus dem Navigationsformular entfernt. Vergessen Sie nicht, alle Änderungen am Formularentwurf abschließend zu speichern. Wie Sie dafür sorgen, dass das Navigationsformular automatisch beim Start der Datenbank geöffnet wird, erfahren Sie im folgenden Abschnitt.

11.2.2 Ein eigenes Navigationsformular gestalten

Die von Access zur Verfügung gestellten Navigationsformulare lassen wenig Freiheit in der Gestaltung. Wer sich mit den Layouts nicht so ganz anfreunden kann, kann natürlich auch selbst ein Navigationsformular erstellen. Mit der folgenden Anleitung möchten wir Ihnen hierfür ein paar Anregungen liefern. Das Navigationsformular wird auf Basis eines leeren Formulars erzeugt, in das anschließend Bezeichnungsfelder und Schaltflächen eingefügt werden.

1. Wählen Sie im Register **Erstellen • Formulare • Leeres Formular** aus. Speichern Sie das Formular unter der Bezeichnung »frmNavigation_2«.
2. Klicken Sie im Register **Entwurf des Formularlayouts** in der Gruppe **Kopfzeile/Fußzeile** auf **Titel**. Ersetzen Sie den Platzhalter, den Access nun im Formular einblendet, durch einen Titel, etwa »Navigationsformular«. Übernehmen Sie die Eingabe durch Drücken der Taste `↵`.

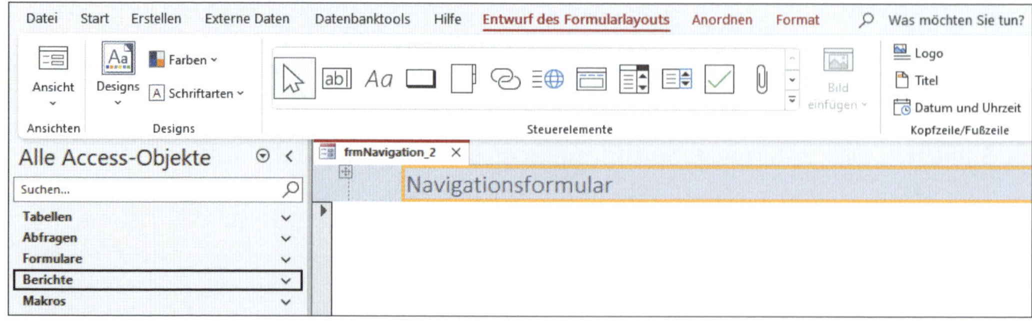

Als Nächstes fügen Sie eine Schaltfläche im Formular ein, über die dann wiederum das Formular **frmLieferant** geöffnet werden soll.

3. Wählen Sie im Register **Entwurf des Formularlayouts** in der Gruppe **Steuerelemente** das Steuerelement **Schaltfläche** ▭ per Mausklick aus. Positionieren Sie den Mauszeiger auf der Stelle im Formular, an der die Schaltfläche erscheinen soll, und drücken Sie die linke Maustaste. Der Befehlsschaltflächen-Assistent wird gestartet.

4. Markieren Sie in der Liste **Kategorien** die **Formularoperationen** und in der Liste **Aktionen** den Eintrag **Formular öffnen**. Fahren Sie mit **Weiter** fort.

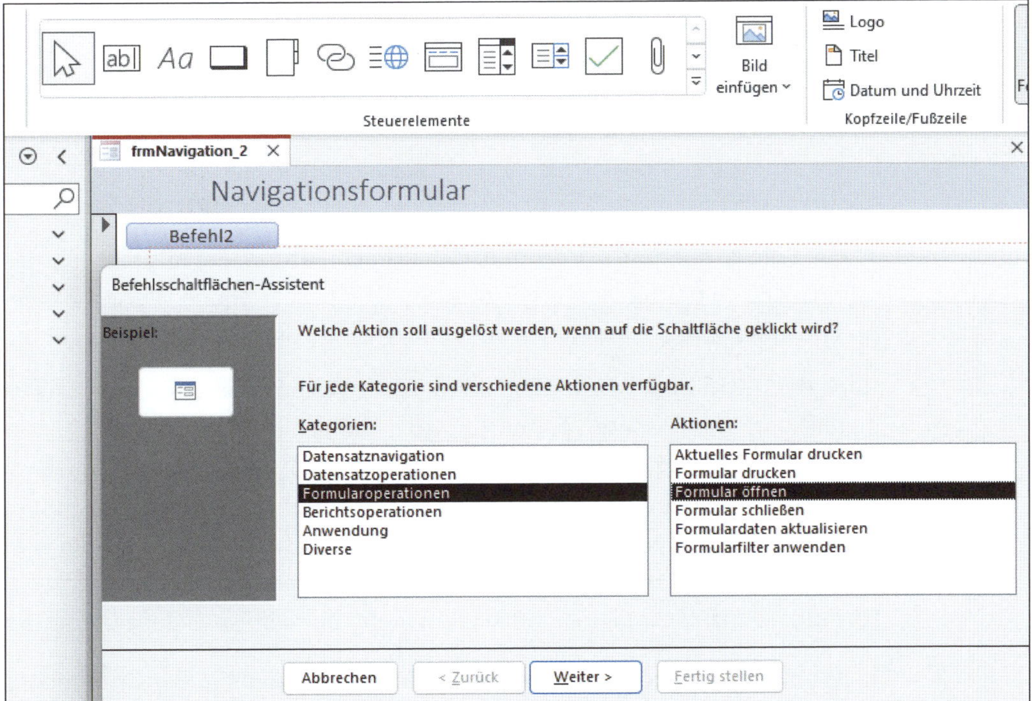

5. Wählen Sie nun das Formular aus, das mit einem Klick auf die Schaltfläche geöffnet werden soll, hier **frmLieferant**. Bestätigen Sie mit **Weiter**.

6. Über das Formular sollen alle Datensätze erreichbar sein. Behalten Sie also die Option **Das Formular öffnen und alle Datensätze anzeigen** bei, und klicken Sie auf **Weiter**.

7. Die Schaltfläche soll eine Beschriftung erhalten. Aktivieren Sie daher die Option **Text**, und geben Sie dann rechts den gewünschten Beschriftungstext ein, hier schlicht »Lieferanten«.

8. Beenden Sie den Befehlsschaltflächen-Assistenten mit **Fertig stellen**.

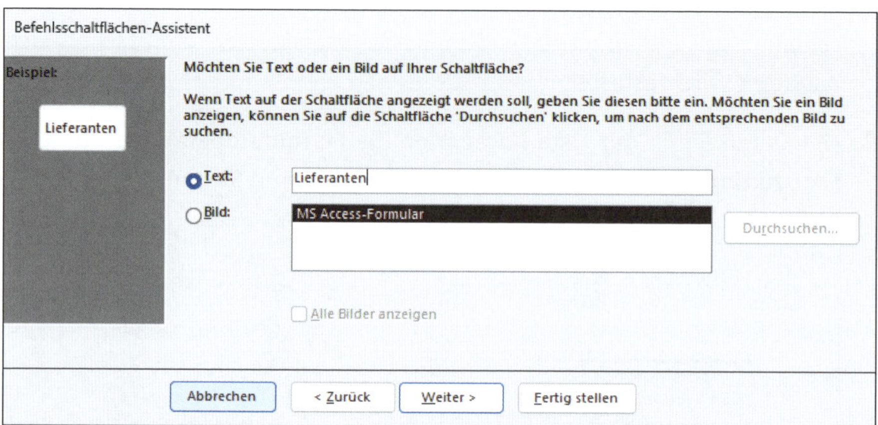

Wie Sie die Größe und Farbe einer Schaltfläche anpassen, erfahren Sie in Abschnitt 8.6, »Schaltflächen ergänzen«. Auf die beschriebene Weise können Sie nun noch weitere Schaltflächen zum Öffnen von Formularen hinzufügen.

Nach dem Öffnen des Formulars werden alle Datensätze angezeigt. Das Navigieren zum gewünschten Datensatz über die Navigationsschaltflächen kann aber durchaus Zeit kosten. Weitaus praktischer ist es, wenn Sie den Anwender*innen bereits im Navigationsformular die Chance bieten, einen bestimmten Datensatz gezielt auszuwählen. Um dies umzusetzen, fügen wir im Formular nun ein Kombinationsfeld sowie eine Schaltfläche zum Öffnen des Formulars hinzu. Wir bleiben auch hier wieder beim Beispiel der Lieferanten.

1. Wählen Sie im Register **Entwurf des Formularlayouts** in der Gruppe **Steuerelemente** das **Kombinationsfeld** aus, und fügen Sie es per Mausklick an der gewünschten Stelle im Formular hinzu.

2. Im Dialog **Kombinationsfeld-Assistent** behalten Sie die Option **Das Kombinationsfeld soll die Werte aus einer Tabelle oder Abfrage abrufen** bei. Bestätigen Sie mit **Weiter**.

3. Wählen Sie die Tabelle **tblLieferant** aus, und fahren Sie mit **Weiter** fort. Übernehmen Sie dann die Felder **Lieferant_ID** und **Lieferant_Name** in die Liste **Ausgewählte Felder**, bevor Sie mit **Weiter** fortfahren.

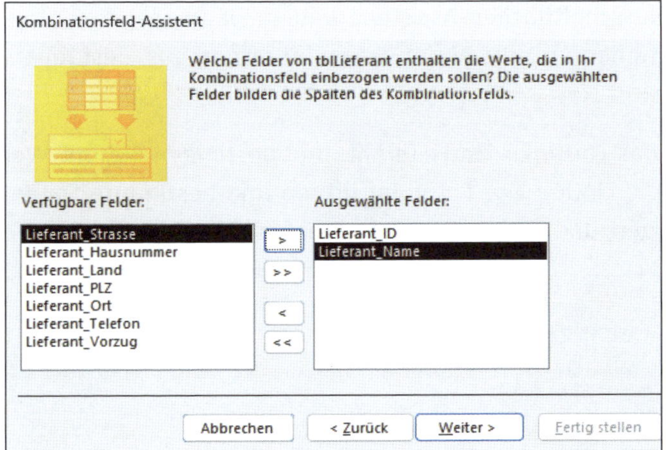

4. Wählen Sie als Sortierreihenfolge **Lieferant_Name**, und bestätigen Sie mit **Weiter**. Behalten Sie das Häkchen vor **Schlüsselspalte ausblenden (empfohlen)** bei, und klicken Sie auf **Weiter**.

5. Als Beschriftung für das Kombinationsfeld geben Sie »Lieferant auswählen« ein. Nun können Sie den Assistenten mit **Fertig stellen** beenden.

6. Klicken Sie das Kombinationsfeld (also nicht das Bezeichnungsfeld links davon) mit der rechten Maustaste an, und wählen Sie im Kontextmenü **Eigenschaften**, um das Eigenschaftenblatt einzublenden. Geben Sie hier im Register **Alle** im Feld **Name** eine aussagekräftige Bezeichnung für das Kombinationsfeld an, in unserem Beispiel etwa »cboLieferantwaehlen«.

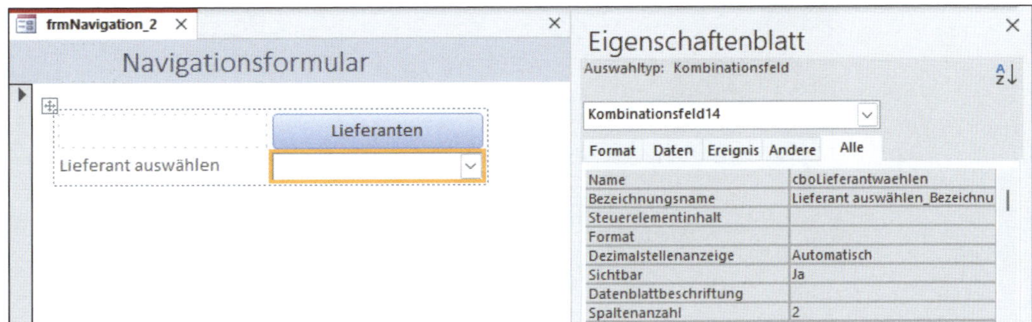

7. Als Nächstes fügen Sie über **Entwurf des Formularlayouts • Steuerelemente • Steuerelemente • Schaltfläche** wie zuvor beschrieben eine weitere Schaltfläche in das Formular ein.

8. Im Dialog **Befehlsschaltflächen-Assistent** wählen Sie wieder die Kategorie **Formularoperationen** und die Aktion **Formular öffnen** aus. Bestätigen Sie mit **Weiter**.

9. Markieren Sie das Formular **frmLieferant**, und bestätigen Sie mit **Weiter**. Aktivieren Sie die Option **Das Formular öffnen und bestimmte Daten suchen und anzeigen**, und fahren Sie mit **Weiter** fort.

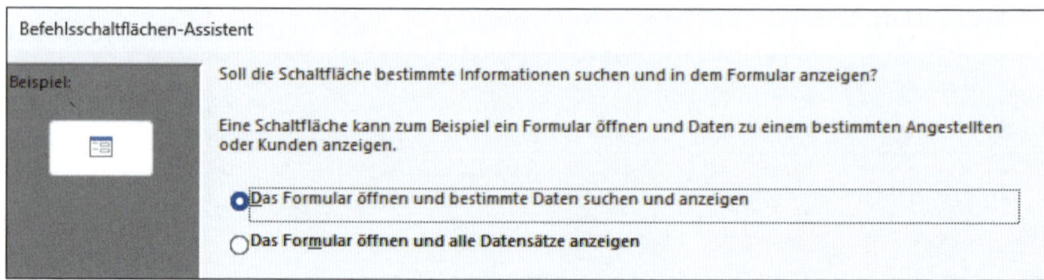

10. In der linken Liste unterhalb von **frmNavigation_2** wird das zuvor erzeugte Kombinationsfeld **cboLieferantwaehlen** aufgeführt. Markieren Sie nun rechts unter **frmLieferant** das Feld, das die übereinstimmenden Daten enthält, hier **Lieferant_ID**. Klicken Sie zwischen den beiden Listen auf das Symbol des Doppelpfeils, und bestätigen Sie mit **Weiter**.

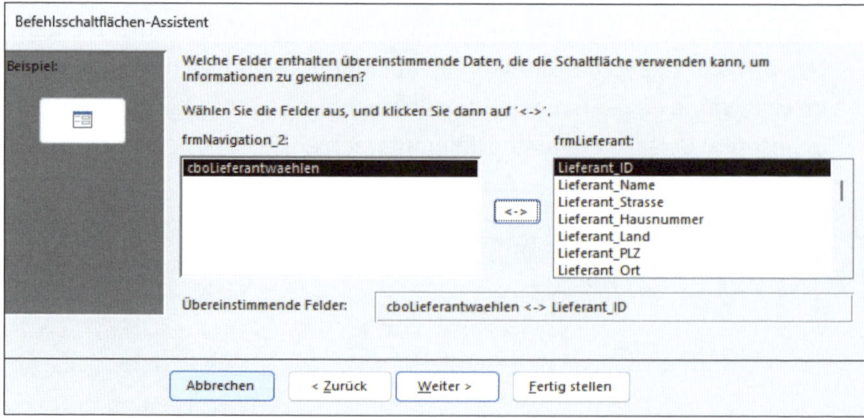

11. Wählen Sie für die Beschriftung der Schaltfläche wieder die Option **Text** aus, und geben Sie »Lieferant anzeigen« ein. Nach einem Klick auf **Weiter** müssen Sie der Schaltfläche noch einen Namen geben, etwa »cmdLieferant«. Nun können Sie den Assistenten mit **Fertig stellen** beenden.

12. Vergessen Sie nicht, die Änderungen am Formularentwurf zu speichern. Wenn Sie das Formular gleich testen möchten, wechseln Sie in die Formularansicht.

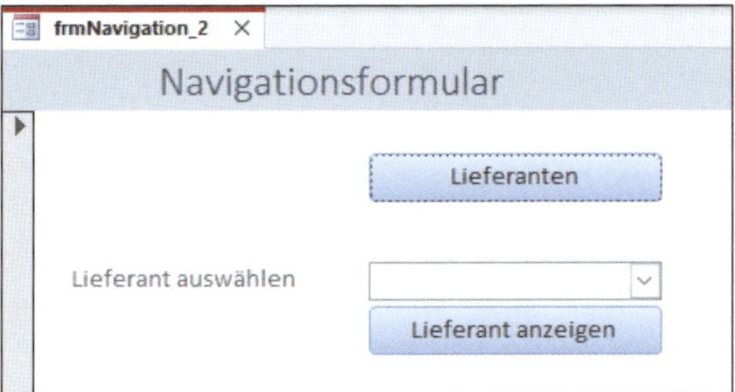

Sie können Ihr Formular nun natürlich noch um beliebige weitere Schaltflächen, Kombinationsfelder und Bezeichnungsfelder ergänzen. Falls Sie einen Bericht per Schaltfläche öffnen lassen möchten, ist auch dies möglich. Sie müssen hierzu im **Befehlsschaltflächen-Assistenten** nur die Kategorie **Berichtsoperationen** und die Aktion **Bericht öffnen** auswählen. Die weiteren Schritte erfolgen so, wie für die Formulare beschrieben.

Besonders komfortabel für die Anwender*innen ist es natürlich, wenn das Navigationsformular automatisch beim Start der Datenbank geöffnet wird. Dies stellen Sie folgendermaßen ein:

1. Wechseln Sie zum Register **Datei**, und klicken Sie hier links unten auf **Optionen**.

2. Im Dialog **Access-Optionen** markieren Sie in der linken Spalte **Aktuelle Datenbank**.

3. In der rechten Fensterhälfte finden Sie im Bereich **Anwendungsoptionen** das Feld **Formular anzeigen**. Wählen Sie nach einem Klick auf den Pfeil Ihr Navigationsformular aus. Schließen Sie den Dialog mit einem Klick auf **OK**.

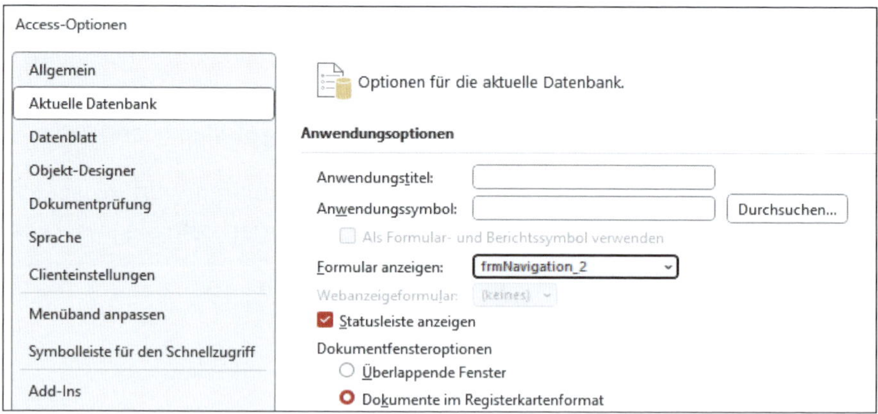

4. Bestätigen Sie den folgenden Hinweis, dass die angegebene Option erst wirksam wird, wenn die Datenbank geschlossen und erneut geöffnet wurde, mit **OK**. Schließen Sie die Datenbank nun über **Datei • Schließen**, und öffnen Sie sie dann wie gewohnt.

Falls Sie das Navigationsformular irgendwann wieder entfernen möchten, öffnen Sie wie zuvor beschrieben die **Access-Optionen**. Im Feld **Formular anzeigen** wählen Sie **(keines)** aus. In Abschnitt 11.4, »Access-Optionen im Blick«, erfahren Sie, welche weiteren interessanten Einstellungen Sie für Ihre Datenbank vornehmen können.

11.3 Interessante Datenbanktools

Die neu erstellte Datenbank läuft flott und reibungslos. Doch im Laufe der Zeit reagiert sie immer langsamer auf Ihre Eingaben und Anweisungen. In einem solchen Fall sollten Sie über eine Komprimierung der Datenbank nachdenken. Wie Sie diese vornehmen, werden wir im nächsten Abschnitt beschreiben.

Je mehr Tabellen, Abfragen, Formulare oder auch Berichte verfügbar sind, desto schneller verliert man den Überblick. Hier ist derjenige gut dran, der eine Dokumentation erstellt hat. Keine Sorge, Access hilft Ihnen dabei. Das Programm zeigt Ihnen auch mit wenigen Mausklicks an, welche Objekte die Datenbank enthält und welche Abhängigkeiten zwischen ihnen bestehen.

11.3.1 Datenbank komprimieren und reparieren

Eine Datenbank benötigt im Laufe der Zeit immer mehr Speicherplatz. Ein Grund hierfür sind natürlich all die Daten, die gespeichert werden. Doch kurioserweise erhöhen auch die gelöschten Objekte und einzelnen Datensätze den Speicherbedarf. Dies liegt daran, dass Access den nicht mehr benötigten Platz nicht automatisch freigibt. Bei einer großen Datenbank kann dies zu Leistungseinbußen führen. Damit Sie sich nicht irgendwann über zäh startende Formulare oder eine langsame Ausführung von Abfragen ärgern, sollten Sie die Datenbank regelmäßig komprimieren. Dies sorgt dafür, dass ungenutzter Speicherplatz wieder freigegeben wird. Bevor Sie die Komprimierung starten, erstellen Sie am besten eine Sicherungskopie der Datenbank. Wie Sie hierzu vorgehen, haben wir im Kasten »Zur Sicherheit ein Backup erstellen« in Abschnitt 4.1.3, »Tabelle umbenennen oder löschen«, beschrieben.

Um die Komprimierung durchzuführen, öffnen Sie die Datenbank. Rufen Sie das Register **Datenbanktools** auf, und klicken Sie hier in der Gruppe **Tools** auf **Datenbank komprimieren und reparieren**. Die Komprimierung wird sofort gestartet, den Fortschritt können Sie in einem Statusbalken in der rechten unteren Ecke des Programmfensters verfolgen. Es wird zugleich eine Reparatur der Datenbank durchgeführt. Sobald der Balken verschwunden ist, sind beide Aktionen abgeschlossen.

Abbildung 11.3 *Der Aufruf des Tools »Datenbank komprimieren und reparieren« erfolgt über das Register »Datenbanktools«.*

11.3.2 Datenbank dokumentieren

Eine Dokumentation über alle in der Datenbank enthaltenen Tabellen, Abfragen, Formulare, Berichte oder auch Makros ist für all diejenigen interessant, die die Datenbank pflegen müssen. Access bietet hierfür ein eigenes Tool, den sogenannten *Datenbankdokumentierer*. Da die Dokumentation sehr umfangreich werden kann, sollten Sie genau festlegen, welche Informationen Sie benötigen.

Die fertige Dokumentation können Sie ausdrucken oder z. B. in einer Word-Datei speichern.

1. Um eine Dokumentation der Datenbank zu erstellen, klicken Sie auf **Datenbanktools • Analysieren • Datenbankdokumentierer**.

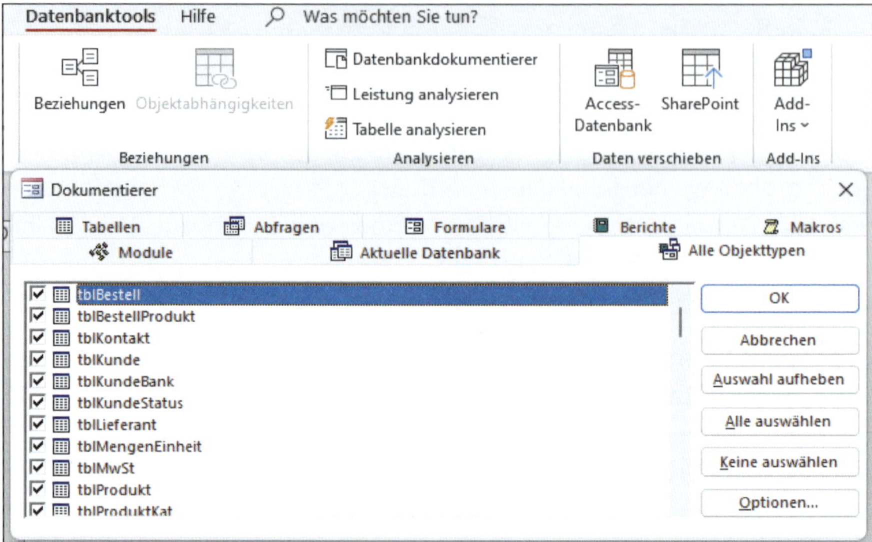

2. Im Dialog **Dokumentierer** wechseln Sie in das Register **Alle Objekttypen**. Hier werden alle Tabellen, Abfragen, Formulare, Berichte und Makros aufgelistet. Mit einem Klick auf **Alle Auswählen** wählen Sie alle Objekte für die Dokumentation aus. Falls ein Objekt von der Dokumentation ausgeschlossen werden soll, entfernen Sie das Häkchen vor seinem Namen.

   In der Dokumentation werden zunächst alle Details der Datenbank erfasst. Dazu zählen auch Angaben zu Benutzerrechten oder die Feldeigenschaften (z. B. Feldgrößen, Formate und mehr). Damit die Dokumentation nicht zu umfangreich wird, sollten Sie genau festlegen, welche Informationen Sie wirklich benötigen.

3. Wechseln Sie in das Register **Tabellen**, und klicken Sie hier auf **Optionen**.

4. Wählen Sie nun aus, welche Informationen in die Dokumentation aufgenommen werden sollen. Die **Berechtigungen für Benutzer und Gruppen** sind beispielsweise meist überflüssig, so dass Sie das Häkchen hier entfernen können. Auf die Eigenschaften bei Feldern und Indizes kann man eben-

falls verzichten. Markieren Sie also die Optionen **Namen, Datentypen und Größen** bzw. **Namen und Felder**. Bestätigen Sie Ihre Auswahl mit **OK**.

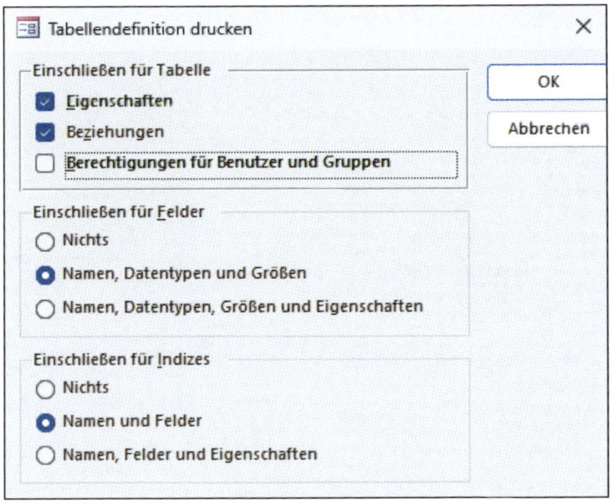

Tabellendefinition drucken

Einschließen für Tabelle
- [x] Eigenschaften
- [x] Beziehungen
- [ ] Berechtigungen für Benutzer und Gruppen

OK

Abbrechen

Einschließen für Felder
- ( ) Nichts
- (•) Namen, Datentypen und Größen
- ( ) Namen, Datentypen, Größen und Eigenschaften

Einschließen für Indizes
- ( ) Nichts
- (•) Namen und Felder
- ( ) Namen, Felder und Eigenschaften

5. Wechseln Sie nun in das Register **Abfragen**, und klicken Sie auf **Optionen**. Wählen Sie die gewünschten Informationen aus, und bestätigen Sie mit **OK**. Wiederholen Sie dies für die Formulare, Berichte und Makros. Die angebotenen Optionen unterscheiden sich etwas von Objekttyp zu Objekttyp.
6. Haben Sie alle Einstellungen vorgenommen, starten Sie die Dokumentation im Dialog **Dokumentierer** mit einem Klick auf **OK**.

Die fertige Dokumentation wird in der Seitenansicht angezeigt. Über die Navigationsleiste unterhalb des Berichts können Sie von Seite zu Seite blättern. Sie können die Dokumentation nun ausdrucken oder auch über **Seitenansicht • Daten • Weitere Optionen • Word** in eine Datei im Rich-Text-Format exportieren.

11.3.3 Beziehungen anzeigen und drucken

Welche Tabellen stehen in Beziehung zueinander? Access zeigt Ihnen diese Informationen blitzschnell an. Das Datenbanktool *Beziehungen*, das die Verknüpfungen zwischen den Tabellen grafisch darstellt, haben Sie u. a. in Abschnitt 4.4, »Beziehungen zwischen Tabellen«, kennengelernt. Es wird über **Datenbanktools • Beziehungen • Beziehungen** aufgerufen. Möchten Sie die Tabellen anders anordnen, verschieben Sie sie einfach mit gedrückter linker Maustaste.

Auch die Größe eines jeden Elements lässt sich verändern. Achten Sie darauf, dass alle Felder einer Tabelle gut lesbar sind.

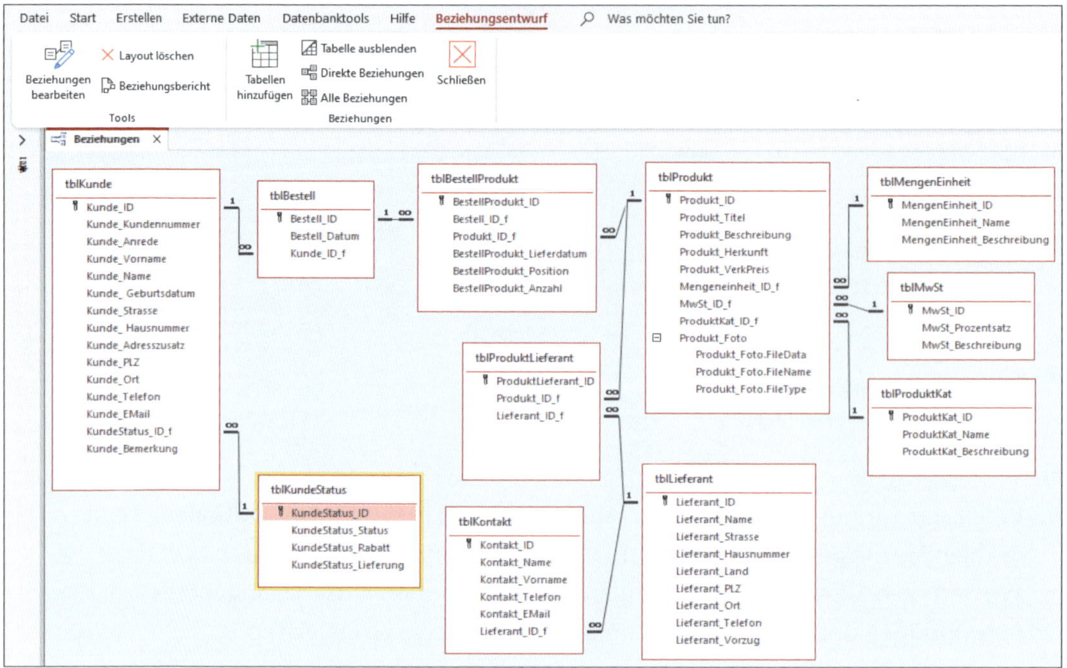

Abbildung 11.4 *Bevor Sie den Bericht erzeugen, sollten Sie die Anordnung der Tabellen anpassen.*

Über **Beziehungsentwurf • Tools • Beziehungsbericht** können Sie nun einen Bericht erzeugen, der in der Seitenansicht angezeigt wird. Falls Sie den Bericht ausdrucken möchten, klicken Sie auf **Drucken** (siehe auch Abschnitt 9.5, »Berichte drucken«). Entspricht der Bericht noch nicht Ihren Wünschen, schließen Sie ihn per Klick auf das Kreuzsymbol im Registerreiter, und nehmen Sie dann die notwendigen Korrekturen vor.

11.3.4 Objektabhängigkeiten in Erfahrung bringen

Welche Abfragen, Formulare oder auch Berichte hängen von einer bestimmten Tabelle ab? Und aus welchen Datensatzquellen bezieht ein Formular seine Daten? Diese Informationen sind sehr wichtig, falls Sie eines der Datenbankobjekte einmal anpassen oder gar löschen möchten. Das Tool **Objektabhängigkeiten** hilft bei der Aufklärung.

1. Markieren Sie zunächst im Navigationsbereich das Datenbankobjekt, das Sie analysieren möchten. Für unser Beispiel wählen wir die Tabelle **tblLieferant**.
2. Klicken Sie im Register **Datenbanktools** in der Gruppe **Beziehungen** auf **Objektabhängigkeiten**.
3. Am rechten Bildschirmrand erscheint nun der Aufgabenbereich **Objektabhängigkeiten**. Ist er zu schmal, ziehen Sie den linken Rand mit gedrückter linker Maustaste nach links, bis Sie alle Elemente gut erkennen können.
4. Am oberen Rand des Aufgabenbereichs ist zunächst die Option **Objekte, die von mir abhängen** aktiviert. Im unteren Bereich werden nun alle Objekte aufgelistet, die von der Tabelle **tblLieferant** abhängen. Mit einem Klick auf den nach unten weisenden Pfeil vor einem Objekt blenden Sie weitere Details ein.
5. Markieren Sie eines der Objekte, z. B. die Tabelle **tblKontakt**, per Mausklick, wird es im Anzeigebereich in der Entwurfsansicht geöffnet.

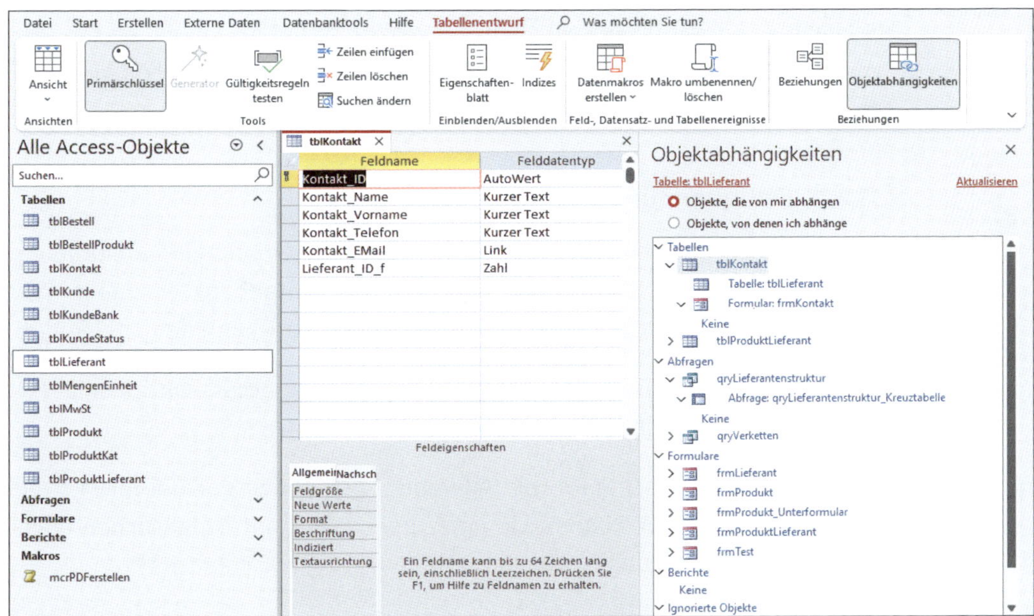

6. Interessiert es sie umgekehrt, von welchen Objekten das im Navigationsbereich markierte Objekt abhängig ist, aktivieren Sie im Aufgabenbereich **Ob-**

jektabhängigkeiten die Option **Objekte, von denen ich abhänge**. Klicken Sie anschließend auf **Aktualisieren**.

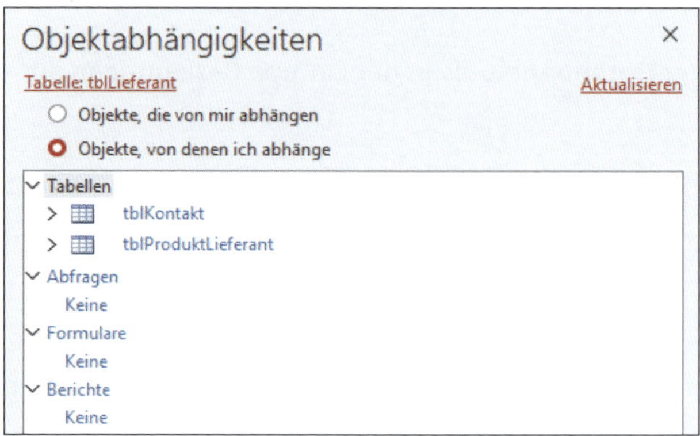

11.4 Access-Optionen im Blick

Jedes der Office-Programme von Microsoft verfügt über eine Vielzahl an Optionen, über die Sie eine Anwendung Ihren persönlichen Wünschen entsprechend anpassen können. Dies gilt auch für Access. Zum Abschluss dieses Buches möchten wir Ihnen noch einige interessante Einstellungen vorstellen, die Sie für Ihre Datenbanken vornehmen können.

11.4.1 Optionen für die aktuelle Datenbank

Öffnen Sie eine Datenbank, wird in der Titelleiste ein langer Dateipfad eingeblendet, an dem erst am Ende der Name der Datenbank erscheint. Wer es etwas kürzer und vor allem auch ansprechender mag, kann den Titel ändern.

1. Rufen Sie hierzu über **Datei Optionen** den Dialog **Access-Optionen** auf. Markieren Sie links die **Aktuelle Datenbank**.

2. Geben Sie nun rechts im Feld **Anwendungstitel** den gewünschten Titel ein. Falls Sie möchten, können Sie nach einem Klick auf **Durchsuchen** noch ein anderes Anwendungssymbol auswählen.

3. Das Feld **Formular anzeigen** haben Sie bereits im Zusammenhang mit dem Navigationsformular kennengelernt. Das in diesem Feld ausgewählte Formular wird automatisch beim Start der Datenbank geöffnet.

4. Soll die Datenbank automatisch beim Schließen komprimiert werden, versehen Sie das entsprechende Kontrollkästchen **Beim Schließen komprimieren** mit einem Häkchen.

5. Blättern Sie etwas weiter nach unten, gelangen Sie zum Bereich **Navigation**. Entfernen Sie hier das Häkchen vor **Navigationsbereich anzeigen**, wird der Navigationsbereich ausgeblendet. Zum Einblenden muss die Taste F11 gedrückt werden.

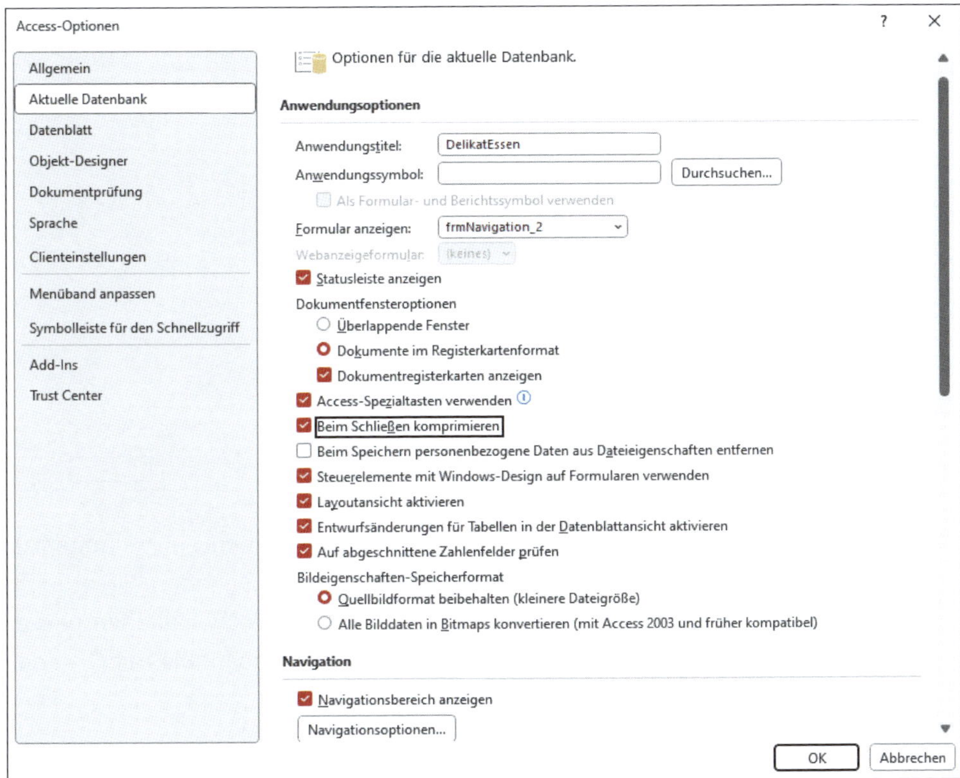

6. Da der Dialog **Access-Optionen** geöffnet ist, können Sie gleich einen Blick in eine weitere interessante Kategorie werfen: die **Symbolleiste für den Schnellzugriff**. In der Schnellzugriffsleiste werden per Standardeinstellung lediglich die Symbole **Speichern** (von Datenbankobjekten), **Rückgängig** und **Wiederholen** eingeblendet. Fehlt Ihnen ein wichtiges Symbol, markieren Sie es in der linken Liste und übernehmen es mit einem Klick auf **Hinzufügen** in die Symbolleiste für den Schnellzugriff.

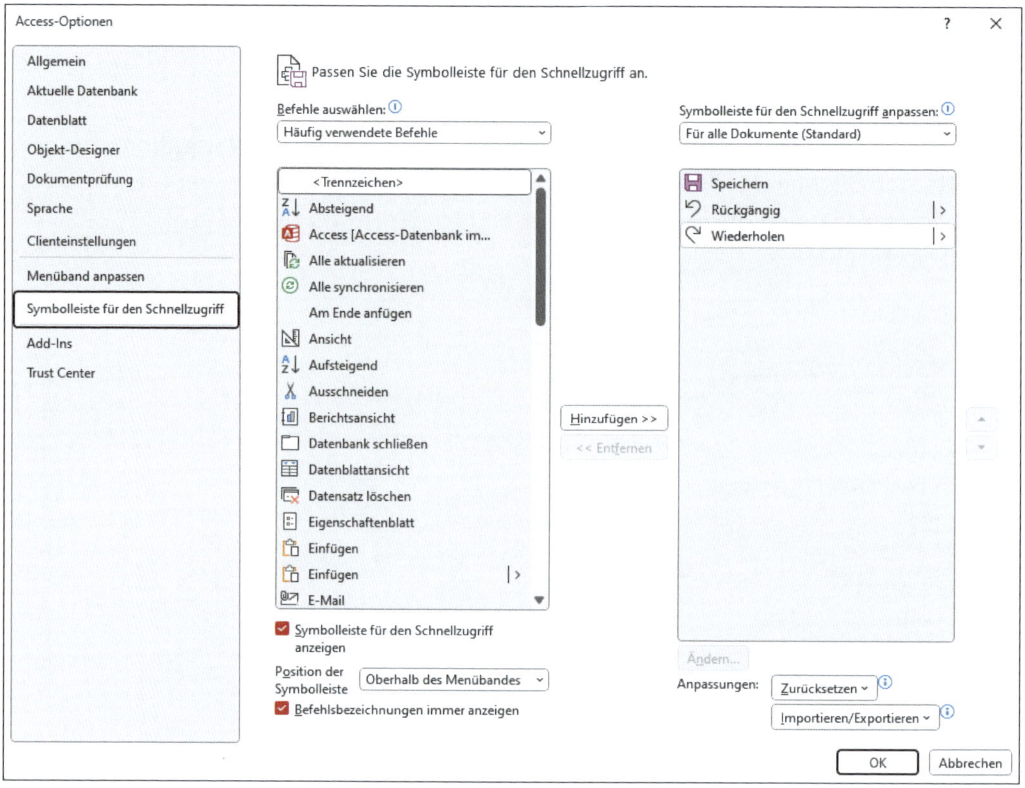

Access-Optionen

Allgemein
Aktuelle Datenbank
Datenblatt
Objekt-Designer
Dokumentprüfung
Sprache
Clienteinstellungen
Menüband anpassen
Symbolleiste für den Schnellzugriff
Add-Ins
Trust Center

Passen Sie die Symbolleiste für den Schnellzugriff an.

Befehle auswählen: Häufig verwendete Befehle

<Trennzeichen>
Absteigend
Access [Access-Datenbank im...
Alle aktualisieren
Alle synchronisieren
Am Ende anfügen
Ansicht
Aufsteigend
Ausschneiden
Berichtsansicht
Datenbank schließen
Datenblattansicht
Datensatz löschen
Eigenschaftenblatt
Einfügen
Einfügen
E-Mail

Hinzufügen >>
<< Entfernen

Symbolleiste für den Schnellzugriff anpassen: Für alle Dokumente (Standard)

Speichern
Rückgängig
Wiederholen

Symbolleiste für den Schnellzugriff anzeigen
Position der Symbolleiste: Oberhalb des Menübandes
Befehlsbezeichnungen immer anzeigen

Ändern...
Anpassungen: Zurücksetzen
Importieren/Exportieren

OK Abbrechen

7. Damit alle in den **Access-Optionen** vorgenommenen Einstellungen übernommen werden, müssen Sie den Dialog mit **OK** beenden. Eventuell werden Sie noch aufgefordert, die aktuelle Datenbank zu schließen und dann erneut zu öffnen. Diesen Hinweis bestätigen Sie ebenfalls mit **OK** und folgen ihm anschließend.

AutoKorrektur-Optionen anpassen

Alle Office-Programme von Microsoft verfügen über eine *AutoKorrektur-Funktion*. Das gilt auch für Access. Für einen Brief, den Sie mit Word erstellen, ist das automatische Korrigieren ausgesprochen praktisch, in Access ist das eigenmächtige Korrigieren aber nicht immer erwünscht, etwa dann, wenn Sie die Namen von Datenbankobjekten oder wichtigen Abfrageargumenten festlegen. Rufen Sie über **Datei • Optionen** den Dialog **Access-Optionen** auf, und markieren Sie links die **Dokumentprüfung**. Nach einem Klick auf **AutoKorrektur-Optionen** können Sie nun bestimmen, welchen Text Access während der Eingabe korrigieren soll.

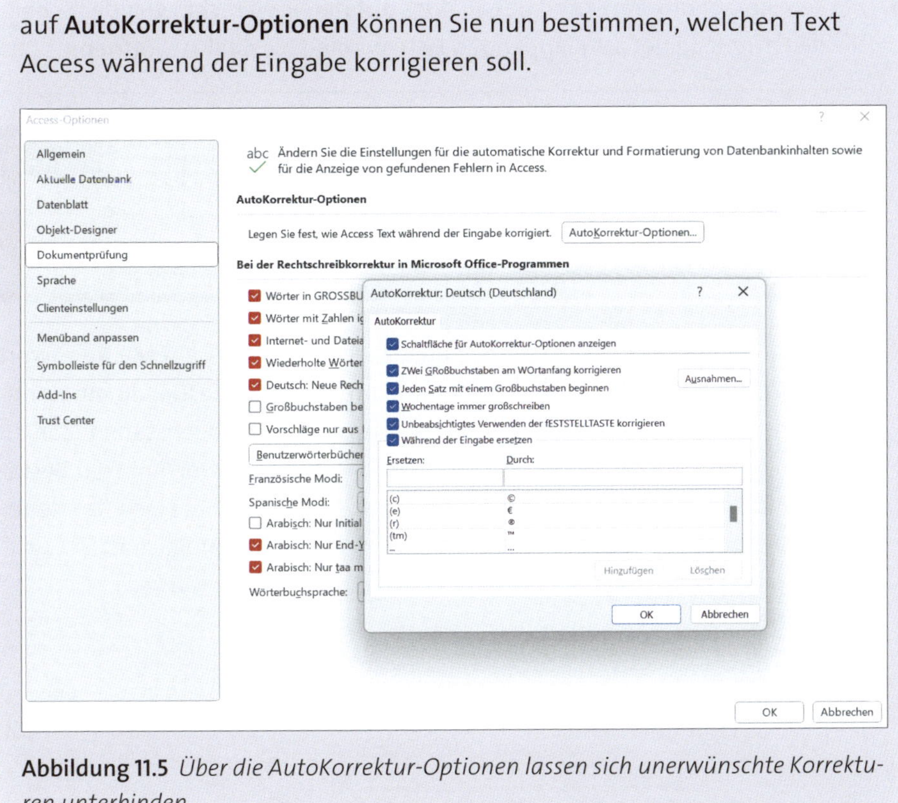

Abbildung 11.5 *Über die AutoKorrektur-Optionen lassen sich unerwünschte Korrekturen unterbinden.*

11.4.2 Die Datenbank mit einem Kennwort schützen

Eine Datenbank enthält meist hochsensible Daten, die nicht in fremde Hände geraten sollten. Damit nicht jede beliebige Person sie öffnen kann, sollten Sie die Datenbank mit einem Kennwort versehen. Dies können Sie allerdings nur dann erledigen, wenn ausschließlich Sie die Datenbank geöffnet haben. Dies stellt Access durch den sogenannten Exklusiv-Modus sicher.

1. Sollte die Datenbank, für die Sie den Kennwortschutz festlegen möchten, geöffnet sein, schließen Sie sie über **Datei • Schließen**. Klicken Sie anschließend erneut auf **Datei** und dann links auf **Öffnen**.

2. Mit einem Klick auf **Durchsuchen** rufen Sie den Dialog **Öffnen** auf. Markieren Sie nun die gewünschte **Datenbankdatei**.

3. Klicken Sie am unteren Rand des Dialogs auf den Pfeil rechts von der Schaltfläche **Öffnen**. In der aufklappenden Liste wählen Sie **Exklusiv öffnen**.

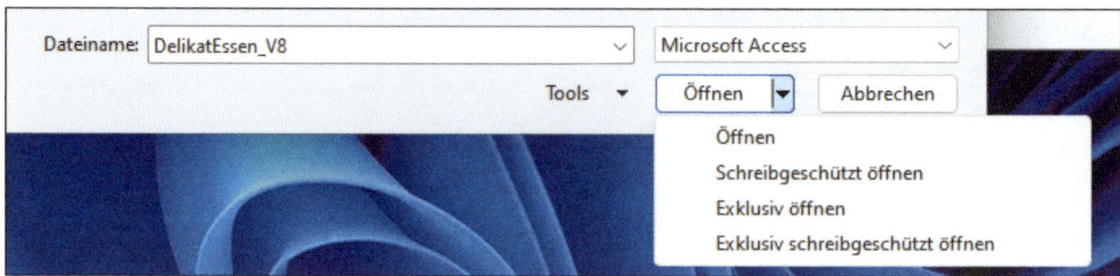

4. Rufen Sie nun **Datei • Informationen** auf. Nach einem Klick auf **Mit Kennwort verschlüsseln** geben Sie im Dialog **Datenbankkennwort festlegen** ein Kennwort ein. Ein gutes Kennwort sollte aus Groß- und Kleinbuchstaben, Zahlen und Sonderzeichen bestehen. Wiederholen Sie das Kennwort im Feld **Bestätigen**, und schließen Sie den Dialog dann mit **OK**. Merken Sie sich das Kennwort gut, da sonst ein Öffnen der Datenbank nicht mehr möglich ist!

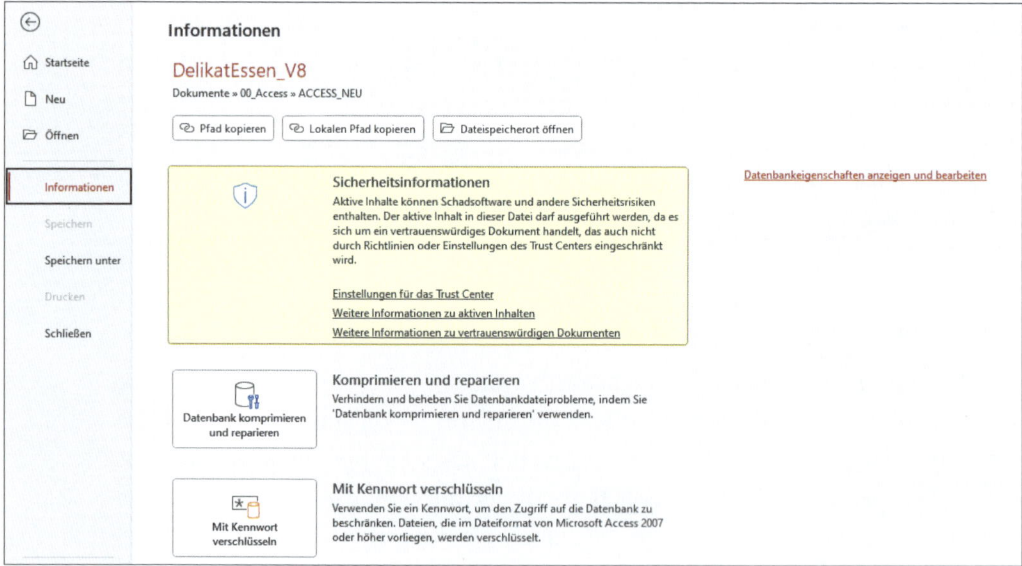

Zukünftig wird beim Öffnen der Datenbank das Kennwort abgefragt. Falls Sie das Kennwort irgendwann entfernen möchten, wählen Sie **Datei • Informationen • Datenbank entschlüsseln**. Sie werden nun nochmals aufgefordert, das Kennwort einzugeben. Bestätigen Sie den Dialog mit **OK**. Das Kennwort wird nun entfernt. Über **Datei • Informationen • Mit Kennwort verschlüsseln** können Sie jederzeit wieder ein neues Kennwort vergeben.

Anhang A
Tastenkombinationen

Mit diesen Tastenkombinationen lassen sich in Microsoft Access allgemeine Aktionen schneller durchführen:

Tastenkürzel	Format
Alt + R	zur Registerkarte **Start** wechseln
Alt + D	zur Registerkarte **Datei** wechseln
Alt + L	zur Registerkarte **Erstellen** wechseln
Alt + E	zur Registerkarte **Externe Daten** wechseln
Strg + N	neue Datenbank erstellen
Strg + O oder Strg + F12	vorhandene Datenbank öffnen
Strg + S	Datenbankobjekt speichern
F12	Dialog **Speichern unter** öffnen
F1	Dialog **Hilfe** einblenden
Strg + P	Dialog **Drucken** für Datenblätter, Formulare und Berichte öffnen
⇧ + F2	Dialog **Zoom** öffnen
Strg + F4	aktuelles Dialogfenster schließen
Alt + F4	Programmfenster schließen

Tabelle A.1 *Tastenkombinationen für Microsoft Access*

Zum Navigieren innerhalb der Datenblattansicht stehen Ihnen folgende Shortcuts zur Verfügung:

Tastenkürzel	Format
⇆, ↵ oder →	zum nächsten Feld navigieren
⇧ + ⇆ oder ←	zum vorherigen Feld navigieren
↑	zum aktuellen Feld im vorherigen Datensatz wechseln
↓	zum aktuellen Feld im nächsten Datensatz wechseln
Strg + ↑	zum aktuellen Feld im ersten Datensatz wechseln
Strg + ↓	zum aktuellen Feld im letzten Datensatz wechseln
Strg + +	zum neuen Datensatz navigieren
Pos1	zum ersten Feld navigieren
Strg + Pos1	zum ersten Feld im ersten Datensatz wechseln
Ende	zum letzten Feld navigieren
Strg + Ende	zum letzten Feld im letzten Datensatz wechseln

Tabelle A.2 *Tastenkombinationen zur Navigation in der Datenblattansicht*

Für die Eingabe, das Löschen und das Bearbeiten von Datensätzen sind diese Tastenkombinationen sowohl in der Datenblatt- als auch in der Formularansicht sehr nützlich:

Tastenkürzel	Format
Strg + ⇧ + ;	das aktuelle Datum einfügen
Strg + ⇧ + :	die aktuelle Uhrzeit einfügen
Strg + Alt + Leertaste	Standardwert des Feldes einfügen

Tabelle A.3 *Hilfreiche Tastenkombinationen in der Datenblatt- sowie Formularansicht*

Tastenkürzel	Format
Strg + #	Wert aus dem vorherigen Datensatz übernehmen
Strg + ↵	Zeilenumbruch einfügen
Strg + *	neuen Datensatz einfügen
Esc	Änderungen abbrechen
Strg + Z	letzte Aktion rückgängig machen
⇧ + ↵	Datensatz speichern
Entf	Datensatz löschen

Tabelle A.3 *Hilfreiche Tastenkombinationen in der Datenblatt- sowie Formularansicht (Forts.)*

Für die Bearbeitung von Steuerelementen stehen Ihnen im Formular- sowie im Berichtsentwurf folgende Tastenkombinationen zur Verfügung:

Tastenkürzel	Format
→	markiertes Steuerelement nach rechts verschieben
←	markiertes Steuerelement nach links verschieben
↑	markiertes Steuerelement nach oben verschieben
↓	markiertes Steuerelement nach unten verschieben
⇧ + ↑	Höhe eines Steuerelements vergrößern
⇧ + →	Breite eines Steuerelements vergrößern
⇧ + ↓	Höhe eines Steuerelements verkleinern
⇧ + ←	Breite eines Steuerelements verkleinern

Tabelle A.4 *Tastenkombinationen zum Bearbeiten von Steuerelementen*

Für den Wechsel zwischen Ansichten und das Ein- und Ausblenden von Fensterbereichen und Dialogen können Sie diese Tastenkombinationen verwenden:

Tastenkürzel	Format
F11	Navigationsbereich ein- bzw. ausblenden
F6	zwischen verschiedenen Bereichen des Programmfensters wechseln
F4	Eigenschaftenblatt ein- bzw. ausblenden
F2	in der Entwurfs- und Datenblattansicht zwischen Bearbeitungs- und Navigationsmodus wechseln
F5	in einem Formular von der Entwurfs- in die Formularansicht wechseln

Tabelle A.5 *Tastenkombinationen zum schnellen Wechsel von Ansichten bzw. Ein- und Ausblenden von Dialogen*

Diese klassischen Tastenkombinationen funktionieren auch in Microsoft Access:

Tastenkürzel	Format
Strg + C	markierten Text oder markiertes Steuerelement in die Zwischenablage kopieren
Strg + V	markiertes Element an der Position der Einfügemarke einfügen
Strg + X	markierten Text oder markiertes Steuerelement in die Zwischenablage kopieren und dann ausschneiden
Entf	markiertes Element löschen

Tabelle A.6 *Klassiker, die immer funktionieren*

Anhang B
Namenskonventionen

Für die Benennung der Objekte einer Access-Datenbank hat sich die sogenannte *ungarische Notation* (auch *Leszynski Naming Convention*, kurz LNC) eingebürgert. Demnach wird jedem Namen ein Präfix bestehend aus drei Buchstaben vorangestellt. Das Präfix leitet sich aus dem Datenbankobjekt ab. Ob Sie sich für die englische oder die deutsche Variante entscheiden, liegt ganz bei Ihnen, Hauptsache, Sie verwenden sie einheitlich.

Datenbankobjekt (englische Bezeichnung)	**englisches Präfix**	**deutsches Präfix**
Tabelle (*table*)	tbl	tab
Abfragen (*queries*)	qry	abf
Formulare (*forms*)	frm	frm
Berichte (*reports*)	rpt	ber
Makros (*macros*)	mcr	mak

Tabelle B.1 *Namenskonventionen nach der LNC für Datenbankobjekte*

Generell können bei der Namensvergabe für Felder, Tabellen, Formulare, Abfragen und mehr alle Zeichen mit Ausnahme von Anführungszeichen (»"«), Ausrufezeichen (»!«), eckigen Klammern (»[« und »]«), Hochkomma (»'«) und Punkt (».«) verwendet werden. Ein Name darf maximal 64 Zeichen umfassen; Leerzeichen zu Beginn oder am Ende eines Namens sind nicht gestattet.

Für Steuerelemente, die beispielsweise in Formularen oder auch Berichten zum Einsatz kommen, haben sich folgende Namenskonventionen als Präfixe eingebürgert:

Steuerelement	Präfix
Bezeichnungsfeld	lbl
Textfeld	txt
Kombinationsfeld	cbo
Listenfeld	lst
Kontrollkästchen	chk
Schaltfläche	cmd
Unterformular/-bericht	sub

Tabelle B.2 *Präfixe für Steuerelemente nach der LNC*

Anhang C
Glossar

1:1-Beziehung

Eine Beziehung zwischen Daten in Datenbanktabellen, in der ein Datensatz in der ersten Tabelle mit genau einem Datensatz in einer anderen Tabelle verknüpft ist.

1:n-Beziehung

Auch »1-zu-viele-Beziehung« genannt. Dabei handelt es sich um eine Beziehung zwischen Daten in Datenbanktabellen, in der ein Datensatz in der ersten Tabelle mit mehreren Datensätzen in einer anderen Tabelle verknüpft ist.

.accdb

Dateiendung für eine mit der Datenbankanwendung Microsoft Access erstellte Datenbankdatei.

.accdt

Dateiendung einer Datenbankvorlagendatei der Datenbankanwendung Microsoft Access.

.csv

Dateiendung einer *Comma-separated-values*-Datei. Bei dieser Textdatei werden die Werte (auf Englisch »values«) durch Kommata voneinander abgegrenzt.

Abfrage

Mithilfe einer Abfrage lassen sich in einer Microsoft-Access-Datenbank z. B. Daten hinzufügen, bearbeiten, formatieren, sortieren oder auch anhand von Formeln berechnen.

Attribut

Ein Attribut beschreibt eine Eigenschaft eines *Entitätstyps*. In einem relationalen Datenbankmodell entspricht ein Attribut einer Spalte einer Tabelle.

AutoWert

Ein von Access automatisch generierter eindeutiger Wert, der der eindeutigen Identifizierung von Datensätzen dient. Er wird z. B. zur Erzeugung von *Primärschlüsseln* verwendet.

Backup

Englische Bezeichnung für eine Datensicherung.

Bericht

Mithilfe eines Berichts lassen sich in einer Access-Datenbank Informationen anzeigen, formatieren oder auch zusammenfassen. Ein Bericht kann am Bildschirm betrachtet oder auch ausgedruckt werden.

Beziehung → Relation

Datenblattansicht

Die Datenblattansicht dient in Access dazu, Datensätze hinzuzufügen, zu ändern oder auch zu löschen.

Datenbankobjekte

Jede Access-Datenbank besteht aus unterschiedlichen Arten von Objekten wie etwa Tabellen, Abfragen, Formulare, Berichte, Makros oder auch VBA-Modulen.

Datenfeld

Bezeichnet die kleinste Einheit eines *Datensatzes*.

Datensatz

Eine Zeile innerhalb einer Tabelle wird Datensatz genannt.

Dublette → Duplikat

Duplikat

Ein in einer Tabelle mehrfach vorkommender Datensatz; wird manchmal auch als *Dublette* bezeichnet.

Entität

Physisch oder gedanklich wohlunterscheidbares Objekt der Wirklichkeit, etwa der Kunde »Markus Schmidt« oder das Produkt »0815«. Jede Entität verfügt über Eigenschaften, die sogenannten *Attribute*.

Entitätstyp

Auch als *Entitätsmenge* bezeichnet. Eine Menge an gleichartigen Entitäten (etwa alle Kunden) werden in einem Entitätstyp zusammengefasst.

Entwurfsansicht

In der Entwurfsansicht wird die Struktur einer Tabelle definiert, indem Felder hinzugefügt, geändert oder auch gelöscht und Feldeigenschaften festgelegt werden. Die Entwurfsansicht lässt sich auch zum Erstellen von Abfragen, Berichten und Formularen nutzen.

Feld

Bezeichnung für eine Spalte innerhalb einer relationalen Datenbank. Teilweise auch als Abkürzung für *Datenfeld* verwendet.

Felddatentyp

Der Felddatentyp legt fest, welche Art von Werten in ein Feld eingefügt werden dürfen, etwa Zahlen, Text oder ein Datum.

Feldeigenschaft

Mithilfe von Feldeigenschaften lässt sich die Eingabe fehlerhafter Daten einschränken. Dabei kann es sich etwa um Bedingungen handeln, die die eingegebenen Daten erfüllen müssen.

Feldliste

In einer Feldliste werden alle Felder einer Tabelle aufgeführt. Sie ist vor allem beim Erstellen von Formularen und Berichten praktisch, wenn es an die Auswahl der benötigten Felder geht.

Filter

Filter sorgen dafür, dass nur die Datensätze eingeblendet werden, die den zuvor definierten Kriterien entsprechen.

Formulare

Eine vom Anwender definierte Benutzeroberfläche, die die Dateneingabe und -bearbeitung erleichtert.

Fremdschlüssel

Ein Fremdschlüssel ist ein Feld innerhalb einer Tabelle, das sich auf den *Primärschlüssel* einer anderen Tabelle bezieht. Mithilfe eines Fremdschlüssels lässt sich eine *Beziehung* zwischen zwei Tabellen herstellen. Eine Tabelle kann mehrere Fremdschlüssel enthalten.

ID-Feld

ID ist die Abkürzung für *Identifikationsnummer*. Bei einem ID-Feld handelt es sich um die erste Spalte einer Tabelle, die Access automatisch generiert und die entsprechend den Namen *ID* erhält. Das Feld enthält den *Primärschlüssel* der Tabelle. Der Feldname kann geändert werden.

Index

Der Index einer Tabelle lässt sich mit dem Stichwortverzeichnis eines Buches vergleichen. Dabei handelt es sich um eine Art vorsortierte Hilfstabelle, mit deren Hilfe sich Datensätze schneller finden lassen.

Inkonsistenz

Von Inkonsistenz spricht man bei einer Datenbank, wenn Datensätze z. B. unvollständig oder fehlerhaft sind. Dies passiert unter anderem, wenn Daten geändert oder gelöscht werden und die Beziehungen zwischen Tabelleneinträgen anschließend nicht mehr eindeutig sind.

Kombinationsfeld

Ein Kombinationsfeld bietet die Möglichkeit, aus einer Liste von Werten auszuwählen, statt den gewünschten Wert selbst einzugeben.

Komprimieren

Wird in Access ein Datenbankobjekt gelöscht, wird der hierdurch frei werdende Speicherplatz nicht automatisch freigegeben. Beim Komprimieren einer Datenbankdatei wird dieser nicht genutzte Speicherplatz entfernt. Die Leistung der Datenbank wird somit verbessert.

Link

In Microsoft Access Bezeichnung für einen Datentyp zur Speicherung von Internetadressen.

Makros

Ein Makro ist eine automatisierte Abfolge von Aktionen, die mit nur einem Mausklick ausgeführt oder durch ein bestimmtes Ereignis ausgelöst werden können.

n:m-Beziehung

Eine Beziehung zwischen Daten in Datenbanktabellen, bei der mehrere Datensätze in der ersten Tabelle mehreren Datensätzen in einer anderen Tabelle entsprechen und umgekehrt. In einer Access-Datenbank muss jede m:n-Beziehung mithilfe einer Zwischentabelle in zwei *1:n-Beziehungen* aufgelöst werden.

Normalisierung

Bei der Normalisierung geht es darum, Daten so in Tabellen aufzuteilen, dass weder Redundanzen noch Inkonsistenzen entstehen.

PDF

Abkürzung für *Portable Document Format*. Im PDF-Format abgespeicherte Dokumente werden auf allen Computern originalgetreu angezeigt, unabhängig von der für die Erstellung verwendeten Software, dem Betriebssystem oder der Hardware.

Primary Key → Primärschlüssel

Primärschlüssel

Der Primärschlüssel bezeichnet ein Feld innerhalb einer Tabelle, mit dem ein Datensatz eindeutig identifiziert werden kann.

Redundanz

Unter Redundanz versteht man in einer relationalen Datenbank die Mehrfachspeicherung derselben Daten.

Referentielle Integrität

Wird bei der Erzeugung einer Tabellenbeziehung die referentielle Integrität aktiviert, achtet Access darauf, dass ein Fremdschlüssel nur Werte annimmt, für die in einer anderen Tabelle die dazugehörigen Primärschlüsselwerte vorhanden sind.

Relationale Datenbank

In einer relationalen Datenbank werden die Daten in verschiedenen Tabellen organisiert, die über Beziehungen (auch *Relationen* genannt) miteinander verknüpft werden.

Startformular

Formular, das automatisch nach dem Öffnen einer Datenbank angezeigt wird.

SQL

Abkürzung für *Structured Query Language*. Dabei handelt es sich um eine Programmiersprache, mit der in einer Datenbank Tabellen angelegt und Daten eingefügt, geändert, abgerufen und gelöscht werden können.

Steuerelement

Grafisches Element innerhalb eines Formulars oder auch Berichts, wie etwa ein Textfeld, ein Kontrollkästchen oder eine Beschriftung.

Unterformular

Ein Formular innerhalb eines anderen Formulars, das zur Darstellung und Bearbeitung von untergeordneten Daten dient.

URL

Abkürzung für *Uniform Resource Locator*, wird hauptsächlich als Synonym für eine Internetadresse verwendet.

VBA

Abkürzung für *Visual Basic for Applications*, eine Programmiersprache, die in allen Anwendungen von Microsoft Office integriert ist.

Stichwortverzeichnis

^-Operator 236
.accdb 435
.accdt 435
.csv 435
&-Operator 240
1:1-Beziehung 15, 435
1:n-Beziehung 15, 45, 435

A

Abfrage 211, 435
ausführen 83, 217
Berechnung 236
Beziehung erzeugen 249
Feld ein-/ausblenden 225
Keine Duplikate 226
Kriterien 83, 220
leere Felder 225
mehrere Tabellen 248
neue Tabelle erstellen 407
öffnen 84, 219
Parameter 233
Platzhalter 227
speichern 218
Vergleichsoperatoren 223
Abfrage-Assistent 81
Duplikatsuche 269
Inkonsistenzsuche 271
Abfrageentwurf 211
Sortierung 216
Access
an Taskleiste anheften 26
beenden 56
Build 42
Version 42
Access-Optionen 27, 32, 98, 424
Standardfelddatentyp ändern 98
Aktionsabfrage 272
Aktualisierungsabfrage 273
Aktualisierungsweitergabe 143
Alias 255
Allgemeine Zahl 109
Anfügeabfrage 275
Anlage 113, 175, 325
Anwendungstitel 424
Anzeigebereich, Breite anpassen 35
Attribut 436
Ausdrucks-Generator 115, 241, 331
Auswahlabfrage-Assistent 82
AutoKorrektur 426
Automatisches Layout 284
AutoWert 54, 111, 436
Long Integer 108

B

Backup 102, 436
Bedingte Formatierung 360, 363
Bericht 348–349, 436
Ansicht 350
aus Abfrage erstellen 360
bearbeiten 85
Datum/Uhrzeit hinzufügen 371
Diagramm 366
drucken 88, 379
Entwurfsansicht 351
erstellen 85
Feld entfernen 352
Feld hinzufügen 353
filtern 350
gestapelter 374
gruppieren 373
Layoutansicht 351
leerer 349
Logo einfügen 372
öffnen 88
schließen 88

Seitenansicht 350
sortieren 373
Tabelle 374
Titel hinzufügen 371
Berichtsansicht 38, 350
Berichts-Assistent 349, 360
Berichtsentwurf 349, 367
Berichtsfuß 359
Beschreibung 114
Beschriftung 114
Bezeichnungsfeld 324
Beziehung → Relation
Beziehungen 134
Alle Beziehungen anzeigen 146
bearbeiten 146
direkte einblenden 148
doppelte Tabellen ausblenden 148
drucken 421
erstellen 137
Fenster einblenden 138
Fenster schließen 146
Layout ändern 139
Layout speichern 146
löschen 146
überprüfen 70
zwischen Tabellen erzeugen 63
Beziehungsentwurf 138
Byte 108

C

CamelCase-Schreibweise 50
CD-Sammlung 43

D

Datei 31
Daten
eingeben 166
korrigieren 170
mithilfe von Abfrage filtern 81
sortieren 80
speichern 169
Datenbank
Archiv 43
flache 13
komprimieren 419
leere 53
mit Formular öffnen 417
neu erzeugen 53
relationale 13
reparieren 419
schließen 31
Speicherort 53
Datenbankdatei, Verknüpfung auf Desktop 26
Datenbankdiagramm 71
Datenbankdokumentierer 419
Datenbankmodell entwerfen 43
Datenbankobjekt 33, 436
Abfragen 33
Ansicht 37
Berichte 34
Formulare 33
Makros 34
Module 34
öffnen 36
schließen 37
Tabellen 33
Datenbanktools 418
Beziehungen 70
Datenblattansicht 37, 54, 436
Daten eingeben 167
Datensätze hinzufügen 72
Entwurfsänderungen unterbinden 121
Tabelle erstellen 91
Tastenkombinationen 430
Dateneingabe
Besonderheiten 172
in Datenblattansicht 71
per Formular 71

Datenfeld 13, 436
Dateninkonsistenz 18
Datenmakro 385, 396
ändern 398
ereignisgesteuertes 396
erstellen 396
Datenmodellierung 16
Datenredundanz 18
Datensatz 13, 436
Eingabe abbrechen 74
korrigieren 74, 171
löschen 74, 179
suchen 79
Datenschutzeinstellungen 27
Datum/Uhrzeit 111
Format 111
Dezimal 109
Double 108
Dublette → Duplikat
Duplikat 437
Duplikatsuche 269

E

Eigenschaftenblatt 226, 304
Eingabe erforderlich 170
Eingabeformat 61, 122
Zeit, lang 62
Eingabeformat-Assistent 61, 122
Platzhalterzeichen 62
PLZ, fünfstellig 122
Entität 437
Entwurfsansicht 38, 56, 351, 437
Abfrage 212
Tabelle erstellen 94
Etiketten 349, 382
Euro 109
Exponentialrechnung 236
Exponentialzahl 110
Export 400
Excel 400
OneNote 404
PDF 404
PowerPoint 404
Textdatei 404
Word 404, 421
XPS 404

F

F1 41
Feld 13, 437
hinzufügen 55, 161
löschen 163
sperren 399
umbenennen 164
Felddatentyp 437
ändern 165
Anlage 113
AutoWert 52, 111
Berechnet 114
Datum/Uhrzeit 52, 60, 111
Ja/Nein 52, 112
Kurzer Text 52, 104
Langer Text 106
Link 113
OLE-Objekt 113
Währung 110
Zahl 52, 107
Felddatentypen 51, 103
Feldeigenschaft 59, 121, 437
Eingabe erforderlich 59, 133
Eingabeformat 61
Feldgröße 107
Format 109
Gültigkeitsmeldung 130
Gültigkeitsregel 130
in Datenblattansicht anpassen 121
Leere Zeichenfolge 133
Standardwert 128

Feldliste 438
Feldnamen ändern 54
Feldüberprüfung 71
Festkommazahl 109
Filter 207, 438
ausblenden 208
einblenden 208
löschen 208
Flache Datenbank 13
Format
Allgemeine Zahl 109
Datum/Uhrzeit 111
Euro 109
Exponential 110
Festkommazahl 109
Prozentzahl 110
Standardzahl 110
Währung 109
Zahl 109
Formatierung
bedingte 360, 363
Formular 283, 438
ausfüllen 77
Dateneingabe beeinflussen 311
Datensatzquelle 306
Detailbereich 298
Eigenschaftenblatt 304
Entwurfsansicht 286
Entwurfsbereich 298
erstellen 284
Feld hinzufügen 295, 304
Formularansicht 286
Formularentwurf 322
Formularkopf 298
gebundenes 284
geteiltes 307
Hintergrundfarbe 299
Layout entfernen 300
Layoutansicht 286
leeres 322
Mehrere Elemente 285
Navigation 288
Navigationsformular 408
öffnen 77
Spaltenbreite anpassen 291
Steuerelement verschieben 292, 302
ungebundenes 284
Unterformular 313
Zeilenhöhe anpassen 292
zur Dateneingabe 75
Formularansicht 38
Tastenkombinationen 430
Formular-Assistent 75
Formulareigenschaften 304
Formulartyp 307
Fremdschlüssel 14, 46, 438
Long Integer 108
Funktion 241

G

Gruppierung 253
Gültigkeitsmeldung 130
Gültigkeitsregel 130

H

Hilfe 39

I

ID 46
ID-Feld 438
Import
aus anderer Access-Datenbank 196
Excel 181, 183
HTML-Dokument 183
Schlüsselverletzung 189
Textdatei 183
Vorbereitungen 181
XML-Datei 183

Importieren 181
Index 156, 438
einfacher 157
entfernen 160
erstellen 157
Primärschlüssel 156
zusammengesetzter 158
Inkonsistenz 438
Inkonsistenzsuche 271
Inner Join 252
Integer 108
Integerzahl 108
Integrität
referentielle 147
Integrität, referentielle 140, 147

J

Ja/Nein 112

K

Kombinationsfeld 117, 324, 332, 337, 439
Komprimieren 439
Komprimieren und reparieren 419
Kontrollkästchen 324
Kreuztabellenabfrage-Assistent 264
Kurzer Text 52, 55, 104
Formatierung 106

L

Langer Text 106
Formatierung 107
Layoutansicht 351
Leere Datenbank 53
Leerer Bericht 349
Left Join 253
Leszynski Naming Convention 50, 433
Link 113, 175, 439
Listenfeld 324, 332
LNC → Leszynski Naming Convention
Logo 372
Long Integer 108
Fremdschlüssel 108
Löschabfrage 277
Löschweitergabe 143, 180

M

Makro 385
bearbeiten 391
eigenständiges 385
eingebettetes 385
Einzelschritt 392
erstellen 386
unsichere Aktionen 387
Makro-Design → Makro-Generator
Makro-Generator 385
Makros 439
Memo 106
Menüband 29
reduzieren 29

N

n:m-Beziehung 15, 45, 149, 439
Nachschlage-/Kombinationsfeld 173
Nachschlage-Assistent 64, 117
Nachschlagefeld 64
Schlüsselspalte ausblenden 66
Namenskonventionen 48, 433
Navigationsbereich 33
ausblenden 34, 425
Breite anpassen 35
einblenden 34
Gruppierung 35
Navigationsformular 408, 412
Normalformen 20

Normalisierung 18, 439
Notation, ungarische 433
NULL 225

O

Objekt speichern unter 366
Objektabhängigkeiten 422
Objekt-Designer 98
Oder-Operator 230
OLE-Objekt 113

P

Parameter 233
  Ja/Nein-Felder 235
PDF 440
Platzhalter 227
Platzhalterzeichen 62
Primärschlüssel 14, 46, 440
  AutoWert 54, 111
  Bedingungen 135
  in Entwurfsansicht festlegen 57
  von Access erzeugt 137
Primary Key 440
Prozentzahl 110

Q

Quickinfo 30

R

Redundanz 440
Referentielle Integrität 140, 147, 249, 440
Relation 436
Relationale Datenbank 13, 440
Rich-Text 107
Rückgängig 170, 293

S

Schaltfläche 325, 344
Schnellzugriffsleiste, anpassen 32
Seitenansicht 350
Seitenumbruch 379
Sicherheitswarnung 29
Sicherungskopie 161
Single 108
Sortieren 80
Spaltenbreite anpassen 73
Speichern 169
SQL 279, 440
SQL-Ansicht 279
Standardfelddatentyp ändern 98
Standardformular 284
Standardwert 128
Standardzahl 110
Startformular → Navigationsformular
Startseite 53
Steuerelement 323, 441
  Abstand automatisch ändern 293
  Bild 344
  entfernen 294
  hinzufügen 325
  Kombinationsfeld 332
  Listenfeld 332
  markieren 290
  Name ändern 332
  Rechteck 342
  Schaltflächen 344
  Tastenkombinationen 431
  Textfeld 328
  Unterformular/-bericht 316
  verschieben 292
Steuerelement-Assistent 326
Suchen 79, 203
  Platzhalter 205
Suchen und Ersetzen 205
Summen 210

T

Tabelle 13
anlegen 53, 56
Backup erstellen 199
Beziehungen erzeugen 63
einfügen 199
erstellen 91
filtern 207
Gitternetzlinien ein-/ausblenden 201
kopieren 199
kopieren und einfügen 199
löschen 100
navigieren 167
Primärschlüssel 54
sortieren 206
Spaltenbreite anpassen 201
speichern 55
Textformatierung 201
umbenennen 100
verknüpfen 47
Zeilen färben 202
Tabellenentwurf 57, 94
Tabellenstruktur, Änderungen 161
Tastenkombinationen 429
Textdatei exportieren 404
Textfeld 324, 328
gebundenes 331
Textformat 107
Top-Ten-Liste 239
Trust Center 27

U

Und-Operator 230
Unterdatenblatt 178
hinzufügen 179
Unterformular 313, 441
entfernen 315
Unterformular/-bericht 325
Unterformular-Assistent 315
URL 441

V

VBA 441
Verketten 240
Verknüpfungseigenschaften 252
Vorlagen anzeigen 27

W

Währung 109–110
Wenn-dann-Abfrage 243
Wertlistenbearbeitung 337
Wie-Operator 227

Z

Zahl 107
Feldgröße 107
Format 109
Zoom 232
Zoom-Fenster 177
ZWISCHEN-Operator 232
Zwischentabelle 45